नवजागरण की इतिहास चेतना

नवजागरण की इतिहास चेतना

इतिहास-दर्शन के यूरेशियाई सन्दर्भ और परिप्रेक्ष्य
भारतीय पुनर्जागरण-नवजागरण के आयाम
ऐतिहासिक द्वन्द्व, इतिहासकार और ऐतिहासिक चुनौतियाँ

सम्पादक
प्रदीप सक्सेना

वाणी प्रकाशन

वाणी प्रकाशन

4695, 21-ए, दरियागंज, नयी दिल्ली-110 002

फ़ोन : + 91 11 23273167, 23275710

शाखाएँ

अशोक राजपथ, पटना-800 004, बिहार

कॉफ़ी हाउस कैम्पस, महात्मा गांधी मार्ग, प्रयागराज-211 001, उत्तर प्रदेश

महात्मा गांधी अन्तरराष्ट्रीय हिन्दी विश्वविद्यालय, वर्धा-442 001, महाराष्ट्र

36/ए, शेक्सपियर सरणी, रानी बिरला गर्ल्स कॉलेज के पास, कोलकाता-700 017, प. बंगाल

sales@vaniprakashan.in

vaniprakashan@gmail.com

NAV JAGRAN KI ITIHAS CHETNA

Edited BY PRADEEP SAXENA

ISBN : 978-93-87409-34-7

HISTORY/CRITICISM

प्रथम संस्करण

मूल्य : ₹ 795

सिटी प्रेस, दिल्ली-110 095 में मुद्रित

वाणी प्रकाशन का लोगो मक़बूल फ़िदा हुसेन की कूची से

डॉ. रामविलास शर्मा

को

समर्पित

प्रारम्भ

'पहल' ने समय-समय पर कुछ विशेष अंक प्रकाशित किये हैं जिनको बौद्धिक वर्गों, अकादमिक संस्थानों और गम्भीर पाठकों की सराहना मिली। इन अंकों का मूल्य समकालीन तो था ही, भविष्य के लिए भी उनकी उपयोगिता बनी रही। कई विश्वविद्यालयों में इन अंकों को सन्दर्भ ग्रन्थों के रूप में पाठ्यक्रमों के लिए स्वीकृत किया गया। प्रकाशन के समय हमें इन अंकों के महत्त्व का पूरा अनुमान नहीं था जो भविष्य में स्थापित हुआ। इन अंकों में मार्क्सवादी सौन्दर्यशास्त्र, पाकिस्तान में उर्दू कलम, नामवर सिंह, आलोचना, इतिहास, कविता, वाल्टर बेंजामिन, बांग्लादेशीय साहित्य और फिलिस्तीनी साहित्य सम्बन्धी अंकों की ज़रूरत आज भी बनी हुई है। इन अंकों को अत्यन्त सीमित साधनों के बीच, कई बार तो सस्ते काग़ज़ पर भी निकाला गया। ये सभी अंक अब दुर्लभ हैं, किन्हीं की तो दफ़्तरी प्रति भी सुरक्षित नहीं रह सकी। इन अंकों के सम्पादन में सर्वश्री विनोद शाही, प्रदीप सक्सेना, श्याम कश्यप, शकील सिद्दीकी, त्रिनेत्र जोशी, विजय कुमार, स्व. कमला प्रसाद, मंगलेश डबराल, स्व. वीरेन डंगवाल और स्व. अमिताभ चक्रवर्ती आदि ने बड़ा सहयोग किया है। 'पहल' ने देश-देशान्तर के साहित्य और कला के अब तक लगभग चालीस हज़ार पृष्ठ प्रकाशित किये। इनमें सौन्दर्यशास्त्र, आख्यान, इतिहास, कविता, आलोचना और देश-देशान्तर साहित्य शामिल हैं। अफ़ज़ाल अहमद की शायरी और पाश की कविता को 'पहल' ने पहली बार विश्वसनीय रूप में छापा।

यह सुखद है कि देश के एक बड़े प्रकाशक **वाणी प्रकाशन** ने इन सभी अंकों और पहल पुस्तिकाओं को सजिल्द रूप में प्रकाशित करने का संकल्प किया है। ये सभी अंक क्रमशः समय-समय पर प्रकाशित होंगे और 'पहल' के इन अंकों में लेखन करने वाले साहित्यकारों को मानदेय के रूप में रायल्टी का हिस्सा भी मिलेगा। 'पहल' को नये संस्करणों के रूप में पुनः प्रकाशित करने की योजना को मूर्त रूप देने में **वाणी प्रकाशन** के सहयोग के लिए हम कृतज्ञ हैं।

–ज्ञानरंजन

‘पहल’ के ‘इतिहास अंक’ के रजत जयन्ती वर्ष में कुछ सम्बोधन-कुछ उद्‌बोधन

1990 में ‘पहल’ का **इतिहास अंक** तैयार हो गया था। वह सम्बोधनों और उद्‌बोधनों से परिपूर्ण था। इसकी मूल योजना के बारे में सम्पादकीय–‘पहल की यह कोशिश’ का पहला पैरा स्पष्ट करता है–

‘पहल’ के **इतिहास अंक** की योजना पहले-पहल मुझे तब मिली, जब इमर्जेंसी के बाद राष्ट्र ‘नयी सुबह’, ‘नयी दस्तक’, ‘खुले आकाश’ या ‘किसी हवा के ताज़े झोंके’ के पृष्ठों पर बड़ी उत्तेजना के साथ हस्ताक्षर कर रहा था। उसने जिस स्याही से यह हस्ताक्षर किये थे, वह ‘चाहे जिसे चुनो पर इसे बदलो’ के तत्त्वों से बनी हुई थी। उसके बाद जब दोबारा इस अंक की बात उठी तो पूरे बारह वर्ष बीत चुके थे और ‘पहल’ ने इस बीच एक गम्भीर यात्रा पूरी कर ली थी और कई पग-चिह्न छोड़ दिये थे। फिर भी बारह वर्ष बहुत होते हैं, यह कहा ही जायेगा।”

अर्थात् **आपात् कालोत्तर** आयोजन था यह! और इस बीच ‘सोवियत संघ’ अपने विघटन की ओर बढ़ रहा था। ज़ाहिर है, इससे सवालों की वर्षा हो रही थी। या कहें कि झड़ी लगी हुई थी सवालों की। और, ये सवाल महज़ भाषा और साहित्य तक सीमित न थे। ऐसे में ‘पहल’ ने जब ‘इतिहास अंक’ का अतिथि-सम्पादन सौंपा तो मुझे बेहद बौद्धिक उत्तेजना प्राप्त हुई और मैं स्वयं अपने अग्रज ज्ञानरंजन के प्रस्ताव के पीछे छिपी उनकी दृष्टि को समझते हुए, महसूस करते हुए प्रसन्न हो उठा कि ‘पहल’ क्यों हिन्दी की सर्वश्रेष्ठ पत्रिका बनती जा रही है! अपने समय के सवालों से एकदम रू-ब-रू है। और युवा प्रतिभाओं की खोज-अभियान का रूप ले रही है। कथाकार ज्ञानरंजन का सम्पादक रूप ऐतिहासिक बनता जा रहा था। उस समय (1990) तक समाजविज्ञानों और विशेष रूप से इतिहास-प्रेम की कई फ़सलें डॉ. रामविलास शर्मा तैयार कर चुके थे। शायद कहीं यह ज़रूरत महसूस हो रही थी कि कहानी-कविता से बाहर उच्च चिन्तन, बड़े लक्ष्य और पद्धतिगत सैद्धांतिक विकास का समय आ गया है। और इसे ‘पहल’ ने पहचान लिया है। तीव्र इतिहास-बोध भी प्रगति के आघात-चरित्र के पीछे था जैसा कि सम्पादकीय का यह अंश दर्शाता है–

"जब तकनीक आयातित होगी तो ज्ञान क्यों न होगा? यहाँ तक कि मार्क्सवाद भी हम किसी न किसी देश से उठा लायेंगे। पैर दिल्ली में रहेंगे दिमाग़ फ्रैंक फुर्त्त में। भयंकर त्रासदी रच रहा है बीसवीं सदी का यह अन्तिम दशक। बुर्जुआ ज़रूरतें, मार्क्सवादी शब्दावली, पेटी-बुर्जुआ मानसिकता : विचित्र समीकरण गहराया है। इन बारह वर्षों में एक यू.जी.सी. मार्का मार्क्सवाद विकसित हुआ है। और, मार्क्सवादी रीतिवाद बढ़ा है–यह अलग बात है कि कुछ सिद्ध हैं, कुछ बद्ध हैं और कुछ मुक्त। और कहीं ऐसी मासूमियत दिखायी देती है कि 'अब क्या करे मार्क्सवाद'? '70 साल चल लिया यही बहुत है।' यह कि 'हर विचारधारा की एक सीमा होती है, इसकी भी है।' और 'जब यह जहाँ जन्मी थी; वहीं फल-फूल न सकी तो भारत में इसकी सफलता और भी सन्दिग्ध है।' "

इन्हीं प्रश्नों के प्रकाश में 'पहल' का **इतिहास अंक** तैयार किया गया था। कहा गया था–

"इतिहास की लालसा का विस्तार हमारी बहुत बड़ी उपलब्धि है। क्योंकि इसका अर्थ है–राष्ट्रीय कौमें प्रगति का मार्ग ढूँढ़ने में व्यस्त हैं।"

और–

"जब किसी देश की कौमें अपनी-अपनी भाषा में मौलिक इतिहास-चिन्तन-लेखन को प्रस्तुत करने लगती हैं तो भय और आनन्द, संकट और सन्तोष, बनाव और तनाव एक साथ आ उपस्थित होते हैं। क्योंकि एक ओर प्रगतिशील शक्तियाँ अपने उभार को प्रमाणित करती हैं तो दूसरी ओर उस उभार के दुश्मन अपनी ऐतिहासिक शक्तियों को भी बुलावा देते हैं। इतिहास-लेखन इस टकराव को दर्शन के बिना नहीं झेल सकता। लेकिन दर्शन इतिहास नहीं है। वह सिर्फ़ ऊर्जा है। निहित। गति। इतिहासकार इस गति को किसी में भी भर सकता है। लिहाज़ा दर्शन भी चुना जायेगा, जिसने विश्व को ऐतिहासिक गति दी हो, जिसमें विश्व को समझने-समझाने की क्षमता हो, जो विश्व की व्याख्या ही नहीं उसे बदल भी सकता हो और विश्व बदलने की इस महान् प्रक्रिया में खुद को भी बदलता चलता हो। उसी दर्शन में ऐसे इतिहास-लेखन की ऊर्जा होती है जो कौमों को, देश और विश्व को बड़ी व्यवस्था में देख-परख सके और व्यवस्थित कर सके।"

इधर यह अंक आया उधर सोवियत संघ का विघटन हो गया।

यानी इतिहास अंक के साथ ही "इतिहास का अन्त" के चिन्तक मैदान में आ डटे। ज़ाहिर है फिर अन्तों का युग ही आ गया। इतिहास, विचारधारा, सोवियत संघ, मार्क्सवाद, कम्युनिस्ट पार्टियाँ सब पर "अन्तों" का क़हर नाज़िल हुआ। पिछले पच्चीस वर्षों में यानी 1990 के बाद 2015 तक यह अन्त-धारा बराबर और तेज़ और तेज बहती आ रही है। इस धारा का पूर्वानुमान मुझे था। इसका

पर्याप्त संकेत सम्पादकीय में उपलब्ध है। लेकिन सोवियत विघटन काल में विस्तृत विश्लेषण सम्भव नहीं था। चीज़ों को सही नाम से पुकारने के लिए कुछ समय, और अध्ययन, और अनुभव भी चाहिए होता है। अतः अपने आकलनों को 'इतिहास अंक' के अन्त में मैंने सूत्रों के रूप में प्रस्तुत कर दिया था। ये 86 सूत्र हैं और इनकी आभा अभी मन्द नहीं पड़ी है। इनकी अन्तर्वस्तु को निम्नलिखित शीर्षक से ही समझा जा सकता है–

"भारतीय समाज में समाजवाद के निर्माण के सन्दर्भ में इतिहास-तर्क और ऐतिहासिक भौतिकवाद का 'सामयिक' अर्थ।" ये 86 सूत्र इस समसामयिक अर्थ की ही व्याख्याएँ हैं जो आज भी प्रासंगिक हैं।

x x x

हर चीज़ की सीमा होती है–इस अंक की भी थी।

जो कुछ, और जितना कुछ हम कवर करना चाहते थे, वह सब नहीं हो सका था। यदि हो जाता तो यह एक विश्वकोश जैसा हो जाता। फिर शायद विशेषांक न रहता। जहाँ तक मेरी दृष्टि की बात थी, वह तो 'पहल' के विविध अंकों में ज़ाहिर हो चुकी थी। ख़ासकर 'पहल' के पहले सांस्कृतिक बुलेटिन–'सांस्कृतिक संकट गहरा रहा है' के ड्राफ्ट और उस पर आयी बहस ने उसे उजागर कर दिया था। यह 1988 की बात थी। अंक 43-44 इतिहास अंक के रूप में 1990-91 में आया था। तैयार 1990 में हो गया था। यानी कि वह दौर था जिसमें हिन्दी में इतिहास-लालसा का पर्याप्त प्रकाशन हो रहा था।

प्रसिद्ध इतिहासकारों में प्राचीनकाल के आचार्य रामशरण शर्मा, मध्यकाल के आचार्य इरफ़ान हबीब और आधुनिक काल के आचार्य बिपन चंद्रा के और उनकी इतिहास-लेखन-पद्धति के सम्पर्क में अपनी सोच को ठोस होता हुआ पा रहा था। इन लोगों के सम्पर्क में रहने के कारण ही मैंने डॉ. रामविलास शर्मा के इतिहास-लेखन की पद्धति और निष्कर्षों की आलोचना भी की थी। उस समय 'राही मासूम रज़ा' के आग्रहों को भी मैं मान दे रहा था। वे उस दौरान लिख रहे थे–'**लगता है बेकार गये हम!**' उसमें उन्होंने टिप्पणी की थी–"यह जो हमारा देश विभाजन के रास्ते पर चल पड़ा है, उसके लिए दोषी हैं वह इतिहासकार जो क्षेत्रीय भावनाओं को ध्यान में रखते हुए इतिहास लिखते हैं। दोषी हैं वह गुरु जो शिष्यों को यह सिखलाते हैं कि तुम भारत माँ के बेटे नहीं हो, तेलुगु माँ के बेटे हो। भारतीय नहीं हो मराठी हो, पंजाबी नहीं हो सिख हो। दोषी हैं, वह साहित्यकार जो अपने साहित्य में अपने क्षेत्र के समूचे यथार्थ को समेटने का प्रयत्न नहीं करते। यदि पंजाबी साहित्य यह

बताता कि पंजाब में 18 प्रतिशत हिन्दू हैं तो सन्त भिण्डरांवाला के कहे में 55% सिख न आते। यदि मराठी साहित्य यह बताता कि मराठी जीवन का एक हिस्सा मुसलमान भी है। और औरंगज़ेब के खिलाफ़ कुतुबशाही और आदिलशाही मुसलमान बादशाह भी डटकर लड़े थे तो आज शिवाजी पार्क में किसी नेता की तक़रीर पर मराठी भीड़ ताली न बजाती कि मुसलमान विदेशी हैं। यदि हमारे पत्रकार ईमानदार होते तो चुनाव के दिनों में वह मुसलमान वोटरों की गिनती अलग से न बताते कि यहाँ इतने मराठी, इतने गुजराती, इतने सिंधी और इतने मुसलमान वोटर हैं। यह जो मुसलमान वोटर है, वह भी तो किसी क्षेत्र का होगा या फिर यह भी बताइए कि इतने वैष्णव हैं। और **दोषी है उन बुद्धिजीवियों का पूरा समुदाय जो इन आँधियों का चढ़ाव देख रहा है और चुप है।"**

'पहल' का यह अंक इस "चुप" का विरोध करता है। यही है, इसका ऐतिहासिक अन्तर्य! उपर्युक्त लक्षणों, अभिलक्षणों और अधिलक्षणों का विरोध राष्ट्रवादी इतिहास-लेखन को पूरी ताक़त से करना चाहिए था—लेकिन वह ताक़त उसमें थी कहाँ? वह तो साम्राज्यवाद विरोधी सर्वोच्च दौर में भी सशस्त्र संग्रामों, क्रान्तिकारी कार्रवाइयों, उग्र प्रतिरोधों को दर्ज़ भी नहीं कर सका। अभी तक भी। उसकी उचित आलोचना करते हुए आधुनिक इतिहासाचार्य बिपन चंद्रा ने लिखा था—

"भारत के ज्यादातर आधुनिक इतिहासकारों ने खुल्लम-खुल्ला, प्रयत्क्ष और साफ़ रुझान राष्ट्रवाद की ओर नहीं दर्शाया। उन्होंने इस खुल्लम-खुल्ला रुझान से सम्बन्धित प्रश्नों को जिनका सम्बन्ध सीधा राष्ट्रवाद से था या जो इसका संकेत करते थे या इधर बढ़ाते थे उन पर ध्यान नहीं दिया। अर्थात् जिन समस्याओं की चक्की में जनता पिस रही थी या जिनका सामना कर रही थी, न उन्हें प्रतिबिम्बित किया, न अपने शोध का विषय बनाया। यहाँ तक कि उन्हें विषय सूची तक में शामिल नहीं किया। व्यावहारिक अध्ययन तो दूर रहा उन्होंने उस उग्र राष्ट्रीय संघर्ष तक पर दृष्टि नहीं डाली जो उस समय एक केन्द्रीय या निर्णायक समस्या बना हुआ था। जबकि, केवल राष्ट्रवादी नज़रिए से ही नहीं बल्कि एक इतिहासकार के दृष्टिकोण से भी ऐसा करना ज़रूरी था। सच में, मुझे तो लगता है कि अधिकतर इतिहासकारों ने अगर कोई महत्त्वपूर्ण निर्णायक प्रश्न पर विचार किया तो वह राष्ट्रवादी संघर्ष न होकर यह था कि कैसे एक आफिशियल सांविधानिक परिवर्तन हो रहा है, कैसे ब्रिटेन की ट्रस्टी की भूमिका में बदलाव आ रहा है, कैसे ब्रिटिश सत्ता धीरे-धीरे क़दम-दर-क़दम 'शुभेच्छु तानाशाही' से 'शुभेच्छु जनतन्त्र' में बदल रही है। इस प्रकार अधिकांश, आधुनिक भारतीय इतिहासकारों ने राष्ट्रीय मूल्यों के प्रति कोई जागरूकता नहीं दिखायी, और ज़ाहिर है, उसमें भागीदारी तो नगण्य ही की।"

ये और ऐसी सभी चिन्ताएँ तब इतिहास अंक के केन्द्र में थीं। और 'पहल' ने उन्हें आगे बढ़ाया।

x x x

मार्क्सवादी, यानी ऐतिहासिक भौतिकवादी द्वन्द्वात्मक पद्धति में तब भी हमारी निष्ठा थी; अब भी है। व्यवस्था को समझने-समझाने में वह अचूक है। अन्य सभी इतिहास-लेखन-पद्धतियों की तुलना में अधिक विश्वसनीय, गहन और प्रामाणिक। क्योंकि अन्तर्विरोधों में वस्तुओं को देखना और वस्तुओं के अपने अन्तर्विरोधों में उनके सार को खोजना और कहीं सम्भव नहीं है। मानवीय सारतत्त्व की खोज और उसका अंकन—ऐसा अंकन जो पद्धति को भी समृद्ध करता हो, अन्यत्र दुर्लभ है। प्रतिक्रियावादी हो या प्रगतिशील—इतिहास से समर्थन सभी माँगते हैं। इतिहास, राजनीति को प्रभावित करता है। सत्ता के निर्माण में उसकी सामग्री, साधन और निष्कर्ष सहायक रहे हैं। उसका विस्तार उसे सामाजिक भौतिक शक्ति में बदल रहा है। **इतिहास स्वयं एक भौतिक शक्ति है।** शताब्दियों से वह राजनीति के साथ क़दम-ब-क़दम चल रहा है। प्रतिक्रिया उसे मिथक बनाने में रुचि रखती है, प्रगति उसे विज्ञान में ढालती है। लेकिन जहाँ भी प्रगति अन्तर्विरोधों का साथ छोड़ती है, इतिहास प्रतिक्रिया की सेवा करने लगता है।

लेकिन इतिहास राजनीतिक निष्कर्षों का नाम नहीं है। न ही उसे, उनसे नियन्त्रित होना चाहिए। उसे अपने स्वरूप की रक्षा और विकास करते रहना चाहिए। दर्शन का उपयोग वह कर सकता है—किसी सत्य तक पहुँचने के लिए। लेकिन वह स्वयं दर्शन नहीं है। व्यक्तियों और तथ्यों के बीच, संगठनों और जनों के बीच, पार्टी और जन संगठनों के बीच, शोषण की पद्धतियों और प्रवृत्तियों के बीच, जातियों, वर्णों, वर्गों और समुदायों के बीच सैकड़ों प्रक्रियाओं और तथ्यों की छानबीन, ग्रहण और निरसरण के विवेक के साथ उसका स्वरूप और चरित्र विकसित होता है। **ग्रुपों, संगठनों, दलों से नियन्त्रित इतिहास की उम्र एक महासचिव से दूसरे महासचिव तक की होती है।**

इतिहास का सत्य उतना ही दीर्घजीवी होता है, जितनी व्यापकताओं को वह समाहित करता है। जिन इतिहासों ने समाज की लम्बे समय सेवा की है वे मार्क्सवादी या गैरमार्क्सवादी होने के कारण नहीं—वस्तुओं, घटनाओं, श्रम-रूपों और तथ्यों की निजता को सुरक्षित रखने के कारण ही यह सेवा कर सके हैं। पेशेवराना सामर्थ्य के अभाव में वे व्यर्थ हो जाते हैं। स्रोतों पर अधिकार न रहने से दृष्टि बस एक डोर बनकर रह जाती है, जिससे बँधता कुछ नहीं। अपनी कमज़ोरियों का अध्ययन और अभिव्यक्ति हमें मज़बूत ही बनाती है।

इतिहास अंक उपर्युक्त सामर्थ्य की भी अभिव्यक्ति था। अन्यथा न उसके इतने संस्करण होते, न उद्धरण, न समीक्षाएँ, न प्रतिक्रियाएँ! न आज उसकी फिर ज़रूरत महसूस होती। उसके सन्देश आज और भी सार्थक हैं। प्रेरक हैं। आज भी वे 'पहल-गामी' हैं।

आशा है, इतिहास अंक का पुन'प्रकाशन **प्रतिक्रिया के पुनर्जागरण के दौर में** पाठकों की विचारधारात्मक सेवा कर सकेगा। इस कार्य में मित्र, साथी, अग्रज ज्ञानरंजन ने जो रुचि ली है, उससे वह पौधा लहलहा उठा है जिस पर आदर और प्रेम के फूल खिलते हैं। लेकिन जिसका पराग विचारधारात्मक है। इत्यलम्।

आपका साथी,

02.03.2017

प्रदीप सक्सेना

प्रो. हिन्दी-विभाग, अ.मु.वि.,
अलीगढ़-202002 (उ.प्र.)
मो. 09259017982

अनुक्रम

सम्पादकीय

'पहल' की यह कोशिश

'पहल' के **इतिहास अंक** की योजना पहले पहल मुझे तब मिली जब इमर्जेंसी के बाद राष्ट्र किसी 'नयी सुबह', 'नयी दस्तक', 'खुले आकाश' या 'किसी हवा के ताजे झोंके' के पृष्ठों पर बड़ी उत्तेजना के साथ हस्ताक्षर कर रहा था। उसने जिस स्याही से यह हस्ताक्षर किये थे, वह 'चाहे जिसे चुनो पर इसे बदलो' के तत्त्वों से बनी हुई थी। उसके बाद जब दोबारा इस अंक की बात उठी तो पूरे बारह वर्ष बीत चुके थे और 'पहल' ने इस बीच एक गम्भीर यात्रा पूरी कर ली थी और कई पगचिह्न छोड़ दिये थे। फिर भी बारह वर्ष बहुत होते हैं—यह कहा ही जाएगा।

आज विश्व बदलने का कार्य लगभग दो दशकों में पूरा होने लगा है। पहले विश्व किसी बड़े परिवर्तन के लिए दो सौ वर्ष ले लेता था। योरोपीय पुनर्जागरण के बाद इतिहास ने अपने काल-मानक को शताब्दी तक सीमित कर लिया। फ्रेंच रेवोल्यूशन के बाद उत्तरार्द्ध और पूर्वार्द्ध का समय आया। और अब इस बीसवीं सदी ने केवल दशकों को पसन्द किया है। ये दशक इतिहास में जैसा कि **मार्क्स-एंगेल्स** ने लक्ष्य किया था, केवल रसायन शास्त्र में लागू होते थे। अब उसकी जगह तकनीक व इलेक्ट्रोनिक्स ने ले ली है। कोई आश्चर्य नहीं इक्कीसवीं सदी, इतिहास के इस काल-कलन पर हँसे और वर्ष को ही सबसे बड़ी अवधि समझे। उसका बोध हमसे भी अधिक कटा हुआ, अलगाव से ग्रस्त, शंकाओं से भरपूर और अक्षर केन्द्रित हो।

सो ये बारह वर्ष, जिनमें इस अंक की योजना विश्राम कर रही थी, अतितीव्र घटनाक्रम के रहे हैं। योरपीय देशों का संगठन मज़बूत हुआ है और उनकी पूँजी ने बहुराष्ट्रीय निगमों के दैत्याकार संगठनों में सुरक्षा पा ली है। तकनीक का प्रचण्ड विकास हुआ है और उस पर यूरोप के इशारे ने विचारधारा को मार गिराने की कोशिश की है। डी-आइडियॉलॉजी का जन्म इसका सैद्धान्तिक व पूर्वी यूरोप की आँधी इसका व्यावहारिक प्रमाण है। पेट्रो-डॉलर ने अपने ही क्षेत्रों और प्रतिष्ठा को धूल में मिला दिया है। 'स्टारवार' और 'न्यू वर्ल्ड ऑर्डर' की कान्त मैत्री उभरी है और दो महाशक्तियाँ तैयार हुई हैं। तीसरी दुनिया का अस्तित्व दाँव पर लगा है और विदेशी पूँजी का डंका पूरे विश्व में गूँज रहा है। यह सब इन्हीं बारह वर्षों में।

और भारत! वह कर्ज लेने वालों का शुभ्र किरीट बनकर चमक रहा है।

अन्तरराष्ट्रीय मुद्रा का सबसे बड़ा कर्जदार। सरकारों की अस्थिरता का दौर, राष्ट्रपति राजों का दौर, सुरक्षाबलों का दौर, आतंक और विघटन, साम्प्रदायिक ध्रुवीकरण और सामूहिक हत्याओं का दौर शिखर की ओर बढ़ रहा है। अकेले पंजाब में एक दशक में दस गवर्नर बदले जा चुके हैं। मृत्यु सिर्फ़ सूचना है और संवेदना एक शब्द। अगर आधा देश भी मर जाए एक साथ तो भी मेरा ख़याल है कि चाय की चुस्की तक को प्रभावित नहीं कर सकेगा!

जब तकनीक आयातित होगी तो ज्ञान क्यों न होगा? यहाँ तक कि मार्क्सवाद भी हम किसी-न-किसी देश से उठा लाएँगे। पैर दिल्ली में रहेंगे दिमाग फ्रैंकफुर्त्त में। भयंकर त्रासदी रच रहा है बीसवीं सदी का यह अन्तिम दशक। बुर्जुआ ज़रूरतें, मार्क्सवादी शब्दावली, पेटी बुर्जुआ मानसिकता—विचित्र समीकरण गहराया है। इन बारह वर्षों में एक यू.जी.सी. मार्का मार्क्सवाद विकसित हुआ है। और मार्क्सवादी रीतिवाद बढ़ा है—यह अलग बात है कि कुछ सिद्ध हैं—कुछ बद्ध हैं और कुछ मुक्त। और कहीं ऐसी मासूमियत दिखाई देती है कि 'अब क्या करे मार्क्सवाद? 70 साल चल लिया यही बहुत है' या कि 'हर विचारधारा की एक सीमा होती है, इसकी भी है।' और 'जब यह जहाँ जन्मी थी, वहीं फलफूल न सकी तो भारत में इसकी सफलता और भी सन्दिग्ध है।'

लेकिन यह बारह वर्षों का एक पक्ष है। केवल कृष्ण-पक्ष।

इससे भी बड़ी घटनाएँ हुई हैं। बूर्ज्वाज़ी के पास अब चौधराहट तो है, यह तो है कि उसने 'बिग सेविन्स' को थाम लिया है और अमरीका को चौधरी बनाने में कामयाब हो गयी है लेकिन उसके पास आकर्षित करने के लिए कुछ नहीं बचा है सिवा बी-52 बमवर्षक के। उसने तीसरी दुनिया के सारे भ्रम तोड़ दिये हैं। अब है कहाँ तीसरी दुनिया? अब तो यह ध्रुवीकरण और सघन हो गया है। अब सही मायने में पूरा विश्व दो दुनियाओं में बँट गया है। आमने-सामने। सारी लफ्फाजियाँ अब भक् से जल गयी हैं।

जब सभी भ्रम टूट रहे हों तो कुछ समय के लिए सन्नाटा-सा होना अनिवार्य है।

लेकिन यह सन्नाटा वह नहीं है, जिसे पहले 'बुना' जाता था। इसमें पल रहा है भीषण आगत का इतिहास-बोध। जब सभी भ्रम टूट रहे हों तो, इतिहास, जिसकी आँख के नीचे ही सब कुछ घटित हो रहा है, कैसे करवट न ले? उसकी शक्तियों की जितनी गम्भीर, तीव्र और वैज्ञानिक पहचान भारत में वर्षों में हुई है, उतनी कभी पहले नहीं थी।

इतिहास-लेखन में मानकों को सही-सही लागू करने की माँग का दूसरा पक्ष उभर आया है कि सही मानक हैं क्या? कहीं जिसे हम लागू कर रहे हैं वह मानक ही न हो—हो कोई वह मात्र भावना, इच्छा, अवधारणा, दार्शनिक विचार, उद्देश्य कविता या उपदेश या ऐसी ही कोई वस्तु!

इस दौर की सबसे बड़ी उपलब्धि है—मार्क्स ही नहीं; मार्क्सवाद भी! पद्धति का ज्ञान, ग्रहण और विकास। इससे इतिहास समृद्ध हुआ है। सभी इतिहासों में पद्धति का प्रश्न निर्णायक बन गया है—चाहे वह समाज का इतिहास हो, राजनीति का, दर्शन का या स्वयं इतिहास का। स्वयं द्वन्द्वात्मक ऐतिहासिक भौतिकवाद को भी इस पद्धति की कसौटी पर चढ़ना पड़ा है।

और विज्ञान इससे क्यों डरे? उसने तो धर्म को चुनौती ही यह दी थी कि मैं प्रयोगशाला जा सकता हूँ और कह सकता हूँ; 'मेरे जिज्ञासुओ, मुझे छुओ, देखो, सूँघो, खाओ, परखो फिर करो मेरा विश्वास। मैं हूँ सतत विकासशील! द्वन्द्वात्मक!!'

और जब भी विकास का समय आता है, बहुत-सा अघट घटता है। विचित्र फूटता है। व्यर्थ छूट जाता है। भारतीय मार्क्सवादी इतिहास-लेखन ने इस बीच इतिहास के औपनिवेशिक फ्रेम को तोड़ डाला है। वैसे नहीं, जैसे हमारे राष्ट्रवादी इतिहासकार करते थे। बल्कि वैसे, जैसे स्वयं मार्क्स-एंगेल्स और उनके गम्भीर शिष्यों ने किया था। ऐसा भी हुआ है कि बहुत से राष्ट्रवादी-जातीय, उदार और जनतान्त्रिक दृष्टिवाले इतिहासकारों ने मार्क्सवादी पद्धति की विश्वसनीयता को अपनाया है। यदि यह हुआ है कि औपनिवेशिक फ्रेम टूटा है तो यह भी हुआ है कि एक गिरफ्त से निकले और दूसरे औपनिवेशिक फ्रेम में जा फँसे।

इतिहास की लालसा का विस्तार हमारी बहुत बड़ी उपलब्धि है क्योंकि इसका अर्थ है—राष्ट्रीय कौमें प्रगति का मार्ग ढूँढ़ने में व्यस्त हैं।

हर चीज का इतिहास लिखा जा रहा है तो यह एक गम्भीर प्राप्ति है क्योंकि इसका अर्थ है—मध्यवर्ग का अपार विस्तार, जो विवशता में ही सही, अग्रगामी शक्तियों को सामग्री मुहैया कर रहा है।

इतिहास का वातावरण बन रहा है तो यह गर्व और सन्तोष की बात है क्योंकि इसी वातावरण को ब्रिटिश साम्राज्यवाद, पूरे तीन सौ वर्षों तक दुनिया भर में, जहाँ भी उसका वश चला, छिन्न-भिन्न करता रहा है। यह वातावरण स्वयं एक प्रत्युत्तर है और विकसित होता हुआ जनवाद है।

जब किसी देश की कौमें अपनी-अपनी भाषा में मौलिक इतिहास-चिन्तन-लेखन को प्रस्तुत करने लगती हैं तो भय और आनन्द, संकट और सन्तोष, बनाव और तनाव एक साथ आ उपस्थित होते हैं। क्योंकि एक ओर प्रगतिशील शक्तियाँ अपने उभार को प्रमाणित करती हैं तो दूसरी ओर उस उभार के दुश्मन अपनी ऐतिहासिक शक्तियों को भी बुलावा देते हैं। इतिहास-लेखन इस टकराव को दर्शन के बिना नहीं झेल सकता। लेकिन दर्शन इतिहास नहीं है। वह सिर्फ़ ऊर्जा है। निहित! गति!! इतिहासकार इस गति को किसी में भी भर सकता है। लिहाजा दर्शन भी चुना जाएगा, जिसने विश्व को ऐतिहासिक गति दी हो, जिसमें विश्व को समझने-समझाने की क्षमता हो, जो विश्व की व्याख्या ही नहीं उसे बदल भी सकता हो और विश्व

बदलने की इस महान् प्रक्रिया में खुद को भी बदलता चलता हो, उसी दर्शन में ऐसे इतिहास-लेखन की ऊर्जा होती है जो कौमों को, देश और विश्व को बड़ी व्यवस्था में देख-परख सके और व्यवस्थित कर सके।

लेकिन ये अलग-अलग इतिहास, चाहे फिर वह साहित्य का इतिहास ही क्यों न हों, समग्र इतिहास-दृष्टि के अभाव में नहीं लिखे जा सकते। इसका यह अर्थ भी नहीं है कि किसी भी संज्ञान का अपना कोई अनुशासन ही नहीं हो। हिन्दी में ये बारह वर्ष इतिहास-वर्ष रहे हैं।

हिन्दी की यह विशिष्ट अभिलाक्षणिकता है कि उसका उन्मेष ही विचारधारात्मक रहा है।

हिन्दी का यह सौभाग्य है कि उसके मार्क्सवादी लेखक इतिहासकार भी रहे हैं और उनकी एक समृद्ध परम्परा है।

इन्हीं बारह वर्षों में **डॉ. रामविलास शर्मा** ने अपने विशाल इतिहास ग्रन्थ प्रस्तुत कर इस परम्परा को आगे बढ़ाया है। हिन्दी इससे गौरवान्वित हुई है, दर्शन समृद्ध और वामपन्थ लाभान्वित!

और इन्हीं वर्षों में हिन्दी में बाकायदे अनेक इतिहास-चेतना सम्पन्न लेखकों का उदय हुआ है। इन इतिहास-चेतना सम्पन्न लेखकों को हम व्यापक अर्थ में मार्क्सवादी कह सकते हैं। पार्टी प्रतिबद्धताओं की बात यहाँ नहीं की जा सकती। इन सभी इतिहास-चेतना सम्पन्न लेखकों ने क्योंकि ऐतिहासिक भौतिकवाद को अपना आधार बनाया है अतः न्याय यही है कि उन सभी को मार्क्सवादी कहा जाए। इनके अतिरिक्त एक ओर यदि ऐसे लेखकों की भी बड़ी संख्या है जो उदार-जनतान्त्रिक, सामाजिक-जनवादी, प्रगतिशील-जनवादी आदि श्रेणियों में गिने जाते हैं और सारतः जिनके निष्कर्ष भारतीय प्रतिक्रिया की सेवा नहीं कहते, उन्हें भी हम समान आदर के साथ उसी व्यापक अर्थ में ग्रहण कर रहे हैं क्योंकि उनका श्रम श्रमजीवी जनगणों के विरुद्ध नहीं जाता। क्योंकि विदेशी पूँजी के हमले के युग में समाजवाद के प्रश्न को राष्ट्रीय एकता के प्रश्न ने पीछे ढकेल दिया है, अतः ऐसे गम्भीर लेखकों की सार्थकता और भी असन्दिग्ध है। ये सभी लक्ष्य सहयोगी हैं व देश को उनके योगदान की आवश्यकता है। इनमें कई ऐसे हैं जिनकी इतिहास-चेतना का स्तर और अनुशासन का ज्ञान अत्यन्त प्रौढ़ हैं। दूसरी ओर एक ऐसी भावुकता का विकास भी हुआ है जो इतिहास को विचारधारा से स्थानापन्न करती हुई 'इतिहास भास' में बदल देने में कामयाब हुई है, यहाँ इतिहास के उपकरणों की जगह श्रद्धा ने ले ली है। ऐसा मार्क्सवादी इतिहास-चिन्तन के सन्दर्भ में भी दिखाई दिया है।

जब इतिहास अंक की रूपरेखा को मैंने अन्तिम रूप दिया तब मार्क्सवादी इतिहास-चेतना का एक बड़ा अन्तर्विरोध बराबर मेरे सामने रहा और वह यह कि एक ओर तो स्वयं मार्क्सवादी चिन्तक मार्क्सवादी इतिहासकारों की, उनके प्रिय

शब्द का प्रयोग करूँ तो बेरहम शल्य-चिकित्सा कर रहे थे और दूसरी ओर 'ऐसे' इतिहासकारों में बड़ी गहराई में जाकर बल्कि तला खुरचकर 'मिल गया-मिल गया' शैली में मार्क्सवाद ढूँढ़ रहे थे। ठीक यही बात हिन्दी-साहित्यकारों के बारे में सही है। मार्क्सवादी लेखकों पर इस कदर बिगड़ना हुआ बल्कि कहना होगा कि उन्हें रिहाते-रिहाते प्रतिक्रियावाद के सिंह द्वार तक छोड़ आये और उन लेखकों को (जो अगर आज होते तो इससे स्पष्ट इनकार कर देते) मार्क्सवादी सिद्ध कर डाला जिन्होंने इस दर्शन को न ही स्पष्टतः अपनाया और न जिनके सभी निष्कर्ष सर्वहारा वर्ग के पक्ष में जाते हैं। यह सब किसलिए?

वे शायद इसे माने या न जानते हों; यह सब तकनीकी युग की बीमारियाँ हैं, जो गणित की अत्यन्त विरूप सांख्यिकी की गर्भ से पैदा हुई हैं तथा जिनमें निम्न पूँजीवादी क्रान्तिकारिता की आत्मघाती रोशनी फैली हुई है। इस सांख्यिकी ने वामपन्थ की शैली को सिर्फ़ 'रैली-शैली' बना दिया है।

जब हम इस मार्ग से शिखर की ओर बढ़ते हैं तो सपना मार्क्स का देखते हैं और बन जाते हैं विटगंस्टीन या व्हाइटहैड के छिछले संस्करण।

यह ठीक है कि कुछ वर्षों पहले भारत में एक पुस्तक पर्याप्त प्रशंसित हुई थी—**ई.एच. कार** की 'इतिहास क्या है' लेकिन एक तो इसकी चाहत के आधार अनमेल और अठोस थे, दूसरे यह भी **श्री कलिंगवुड** के फ्रेम को तोड़ नहीं सकी बल्कि इसने उसे अन्तर्मुक्त कर लिया। इससे पैदा हुआ फ्रेम पर्याप्त ढीला था जबकि अनेक मार्क्सवादी चिन्तकों ने इसकी जगह **रेमण्ड विलियम्स, गोल्डमान, फिशर, गारोदई, मानहाइम**, और **ग्रामशी** की मान्यताओं को समाहित कर लिया।

एक अन्य अर्थ में भी यह दौर विकृत था, वह इस तरह कि अधिकांश लेखन विश्वविद्यालयीय तथा अन्य संस्थाओं से सम्बद्ध प्रतिभाओं ने ही प्रस्तुत किया—जिनकी स्वाभाविक कमज़ोरी है कि विश्व की, विशेषकर यूरोप की संस्थाओं के बौद्धिक उत्पादन की तुलना में विकास करना, और भी सीमित रूप में कहें तो उन्हें सीधे-सीधे ग्रहण कर लेने को विकास कहना। इस प्रक्रिया का सबसे घृणित पक्ष रहा उनकी थ्योरियों को भारतीय आवश्यकता के विरुद्ध थोप देना। इस पक्ष की इतिहास में कुछ अत्यन्त आपत्तिजनक परिणतियाँ रही हैं; जिनमें से एक है—इतिहास के फैसले 'सेमेण्टिक्स' से हल किये जाएँ। व्याकरण, राजनीतिक-आर्थिक मामले देखे और 'डी-कांस्ट्रक्शन' समाज की धुरियों पर वक्तव्य दे।

मार्क्सवाद का व्यवसायीकरण इन वर्षों में तीव्र हुआ है।

'आइडिया ऑफ प्रोग्रेस' आयात नहीं किया जा सकता। उसे यहीं बनाना होगा। क्योंकि एलियनेशन पर जो प्रोफेसर बीस साल से वक्तव्य दे रहा है, वह नहीं जानता कि इन वर्षों में व्यवस्था ने उसे कितना अकेला कर दिया है! स्वाभाविक है कि वह इतिहास को सिर्फ़ एक विचार या तर्क या आँकड़े में अपघटित कर दे।

यह 'आइडिया ऑफ प्रोग्रेस' गैरमार्क्सवादी क्षेत्रों में भी होता है। वहाँ भी वह विकास करता है और संघर्ष में पुराने शस्त्र को मार गिराता है जो कि आज उसके वर्ग की नयी ज़रूरतों के अनुकूल नहीं है। उदाहरण के लिए **वासुदेवशरण अग्रवाल** पूरे जीवन इसी लाइन में काम करते रहे कि इतिहास तो पश्चिम की वस्तु है। भारत में तो इतिहास एक रस है, काल क्रम से नहीं, अनन्त से जुड़ा है, पुराण चेतना है। अजरत्व और अमरत्व की ही एक शाखा है। उनकी इस पुष्टि के पीछे **शंकराचार्य** जैसे विद्वान् की वह इतिहास धारणा है जो उन्होंने 'देवादिवदपि लोके' (2/1/25) के भाष्य में व्यक्त की थी–

"यथा लोके देवाः पितर ऋषयः इत्येवमादया महाप्रभावाश्चेतना अपि सन्तोऽनपक्ष्यैव किंचिद्बाह्य साधनमैश्वर्य विशेष योगादिमध्यान मात्रेण स्वत एव बहूनि नाना संस्थानानि शरीराणि प्रासादादीनि च रथादीनि च निर्मिमाणाः उपलभ्यन्ते मन्त्रार्थवादेतिहास पुराणप्रामाण्यात्।"

अर्थात् मन्त्र, अर्थवाद, इतिहास, पुराण सबमें यह बात मिलती है कि देव, पितर और ऋषि अपनी शक्ति से बाह्यसाधन के बिना अनेक शरीर, महल और सवारी बना लेते हैं। क्या भूमिका है इतिहास की यहाँ?

यह वासुदेव जी का एक सिरा है और दूसरा सिरा है–जर्मनी के प्रतिभाशाली विद्वान् **श्री ओसवाल्ड स्पेंगलर** और उनकी पुस्तक 'डिक्लाइन ऑफ द वेस्ट' इसे श्री अग्रवाल 'ग्रन्थ महोदधि' कहते हैं तथा कहते हैं कि "हमारा विद्वानों से विनीत अनुरोध है कि वे इस ग्रन्थ का (जिसका अंग्रेजी अनुवाद हो गया है) पारायण करें। उसी के सिद्धान्तों से प्रेरित होकर हमने भारतीय इतिहास के विषय में कुछ विचार प्रस्तुत किये हैं।" यह रहा उनका 'आइडिया ऑफ प्रोग्रेस'–शंकराचार्य और स्पैंगलर की एकतानता।

आज स्वयं वासुदेव जी के अनुयायी इससे सहमत नहीं हैं। अब केन्द्र बदल गये हैं। अब राष्ट्र में शंकराचार्य की जगह विश्व हिन्दू परिषद है और जर्मनी की जगह अमरीका ने ले ली है। मार्क्सवादी चिन्तकों के एक उच्च वर्ग में **कार्ल मार्क्स** की जगह **कार्ल पॉपर** और **कार्ल ग्रून** और **कार्ल मानहाइम** ने ले ली है। और इतिहास पर तत्त्वमीमांसा का वज्र मारा जा रहा है। बात इतिहास की ही चल रही है लेकिन समाजशास्त्र, अर्थशास्त्र, जीव-रसायन और भौतिकी की भाषिक संरचनाओं में। अन्तर्वस्तु विहीन-विटफोगल के शिष्यों ने एक मार्क्सवादी रूपवाद गढ़ डाला है। हम किसी की नीयत पर शक नहीं करते लेकिन यह नीयत यदि अनजाने ही ऐसा घालमेल करती है, जिससे ऐसा मार्क्सवाद पैदा होता हो, जो मार्क्सवाद हो भी और नहीं भी तो उस नीयत की परीक्षा करने का अधिकार अवश्य ही रखना चाहेंगे। यदि एक ऐसा मार्क्सवाद बनाया जा रहा हो, जिसमें उसकी आत्मा-द्वन्द्ववाद ही नष्ट की जा रही हो, तो चुनौती देनी ही होगी!

1908 में **लेनिन** ने रूसी क्रान्ति की सफलता को सुनिश्चित करने के लिए 19वीं सदी के महानतम सर्वहारा आन्दोलन के महानतम उदाहरण पेरिस कम्यून की दो मुख्य गलतियाँ लक्ष्य की थीं और उनका स्पष्ट मत था कि इन "दो गलतियों ने शानदार विजय के फल नष्ट कर दिये।" इन गलतियों में से एक यह थी कि सर्वहारा वर्ग आधे रास्ते पर रुक गया और उसने "सम्पत्तिहरणकर्त्ताओं का सम्पत्तिहरण" करने के बजाय एक समान "सर्वराष्ट्रीय कार्यभार से ऐक्यबद्ध देश में न्याय पूर्ण प्रणाली की स्थापना के सपनों पर अपने को मोहित होने दिया" यानि उसने बैंक जैसी संस्थाओं तक को हस्तगत नहीं किया जैसा कि मार्क्स ने नोट किया है। और जब 'न्यायपूर्ण' विनिमय की बात उठी तो सर्वहारा वर्ग प्रूदोंवाद के सैद्धान्तिक जाल में फँस गया, जिसका कि समाजवादियों के बीच बोलबाला था। दूसरी गलती लेनिन ने यह पकड़ी कि सर्वहारा में बेहद महा अन्यमनस्कता थी। जब "अपने दुश्मनों को नष्ट करना जरूरी था, परन्तु उसने उन पर नैतिक प्रभाव डालने का प्रयास किया।" इसका लाजिमी नतीजा यह था कि उसने गृहयुद्ध में प्रत्यक्ष फौजी कार्रवाइयों के महत्त्व को बहुत कम करके आँका और "पेरिस में अपने विजयाभिषेक के हेतु वेर्साई पर निर्णायक धावा बोलने के बजाय वह देरी करता रहा और उसने वेर्साई सरकार को दुष्ट शक्तियाँ जमा करने और मई की रक्त रंजित सप्ताह के लिए तैयारी करने का वक्त दिया।"

इतिहास इस बात का साक्षी है कि एक भी राजनीतिक गलती कभी-कभी पूरे आन्दोलन को हमेशा के लिए तबाह कर देती है। राजनीतिक मामलों में इसका कोई विकल्प नहीं है। कोई क्षमा नहीं। परिणाम भुगतना ही होगा। फिर कम्यून ने जब दो-दो ऐसी बड़ी गलतियाँ कीं तो फिर बचने का कोई सवाल ही नहीं था।

लेकिन मार्क्स ने कम्यून के ऐतिहासिक महत्त्व का अति उच्च मूल्यांकन किया। वैसे ही जैसे एंगेल्स ने जर्मनी में किसान युद्ध के ऐतिहासिक महत्त्व का अति उच्च मूल्यांकन किया। क्या इतिहास में कुछ ऐसी पराजयें भी होती हैं जो आगत की विजयों में अन्तर्भुक्त हो जाती हैं? क्या वे भी इतिहास बनाती हैं? क्या कम्यून इसका कोई प्रमाण देता है? निश्चित ही उसने अपनी पराजय से, जो उसकी उपर्युक्त उन दो गलतियों के स्वाभाविक परिणाम के रूप में सामने थी, "पूरे यूरोप में समाजवादी आन्दोलन का उफान पैदा कर दिया। उसने गृहयुद्ध की शक्ति प्रदर्शित कर दी। उसने देशभक्तिपूर्ण भ्रमों का जाल काट दिया और एक समान सर्वराष्ट्रीय ध्येयों के लिए बुर्जुआ वर्ग के प्रयत्नों में भोलेपन भरे विश्वास को नष्ट कर दिया।" कहा जा सकता है कि कम्यून ने यूरोपीय सर्वहारा वर्ग को समाजवादी क्रान्ति के कार्यभारों को ठोस ढंग से पेश करना सिखाया। हम इसे इसलिए नोट कर रहे हैं क्योंकि कुछ गलतियाँ इतिहास के ऐसे मोड़ पर होती हैं, जिनसे ऐसे विराट् परिणाम सामने आते हैं। लेकिन इससे गलतियाँ करने का अधिकार सुरक्षित रखने की इच्छा रखने वाला

वामपन्थ जनवाद का विकास नहीं कर सकता। लेनिन ने इन गलतियों की आड़ में रूसी क्रान्ति में गलतियाँ होने का रास्ता साफ़ नहीं किया बल्कि यह सुनिश्चित किया कि ऐसी गलतियाँ बोल्शेविक न करें। जबकि भारतीय वामपन्थ के अनेक स्तरों में गलतियों को सामान्यीकृत करके उनसे भी कुछ शानदार ऐतिहासिक नतीजों की कल्पना की जाती है। इससे निश्चित ही ऐतिहासिक संकट को बल मिलता है। इसका कारण साफ़ है कि अपने इतिहास को सही अन्तर्विरोधों में देखने का कष्ट नहीं किया जा रहा है।

यह प्रवृत्ति इतिहास लेखन में घृणित ग्लोरिफिकेशन के रूप में प्रकट होती है। इस बीमारी की तुलना बाकायदे हम एड्स से कर सकते हैं जो उस इतिहास की जान लिए बिना नहीं छोड़ती, जिसमें भी पैदा हो जाती है। इसके कीटाणु मरते नहीं मार डालते हैं। एक गत आन्दोलन का ग्लोरिफिकेशन आगत आन्दोलन के भ्रूण को ही विकृत कर देता है। यह ग्लोरिफिकेशन केवल 'कम्यूनल' ही नहीं करते कम्युनिस्ट भी करते हैं। अतीत के प्रेतों को आग्रहपूर्वक वे भी बुलावा देते हैं। अतीत से वे भी परिधान माँगते हैं। जातीय स्मृतियाँ उनकी भी आवश्यकता होती हैं। लेकिन यह 'आवश्यकता' यदि स्वतन्त्रता द्वारा पहचानी न जाकर उसे ही नष्ट कर डालती है तो विचारों के क्षेत्र में **क्रिस्टोफर कॉडवेल** की जगह **मानहाइम** ले लेते हैं और मार्क्सवाद की जगह संशोधनवाद।

मार्क्स, एंगेल्स, लेनिन—तीनों ने ही इतिहास में ऐतिहासिक भौतिकवाद को लागू करते समय अतिशय सावधानी बरती, उच्चतम नैतिकता का परिचय दिया और सभी को उनका ड्यू देने के गम्भीरतम उदाहरण पेश किये। कम्युनिस्टी लीग का इतिहास आयर्लैण्ड के ऐतिहासिक विवरण, **हीगेल** और **ब्रूनोबावेर** का मूल्यांकन, दिसम्बरवादियों, अराजकतावादियों, नरोदनिकों, चार्टिस्टों—सभी को इन ऐतिहासिक भौतिकवाद के प्रणेताओं से कोई शिकायत नहीं होगी। न जर्मनी के किसान, न फ्रांस के मजदूर, कोई शिकायत नहीं कर सकते। ऐसी थी उनकी इतिहास-दृष्टि। वहाँ कोई डिस्टार्शन नहीं है। न थ्योरी में, न तथ्यों में। न ही अपने प्रयत्न के बारे में कोई ग्लोरिफिकेशन।

एंगेल्स की महान् रचना 'जर्मनी में किसान युद्ध', को ही लिया जाय तो हम पाते हैं कि वे मुक्तकण्ठ से ज़िम्मरमान की प्रशंसा कर रहे हैं। कोई इतिहासकार यह कहने का साहस नहीं करेगा कि उक्त कृति इतिहास की पुस्तक नहीं है। लेकिन एंगेल्स इसे स्पष्ट स्वीकार करते हैं कि "यह कृति स्वतन्त्र अनुसन्धान से प्राप्त सामग्री को प्रस्तुत करने का दावा नहीं करती। इसके विपरीत किसान विद्रोहों तथा **टामस मुंजर** से सम्बन्धित समस्त विषयवस्तु ज़िम्मरमान से ली गयी है। उनकी पुस्तक में यत्र-तत्र रिक्त स्थल होते हुए भी वह तथ्य-सामग्री का सबसे सुन्दर संकलन है। इसके अलावा वृद्ध ज़िम्मरमान को अपना विषय खूब भाता है। जिस क्रान्तिकारी प्रवृत्ति ने

उन्हें इस पुस्तक में उत्पीड़ित वर्गों की हिमायत करने के लिए उत्प्रेरित किया, उसी ने उन्हें फ्रैंकफुर्त के उग्रवामपन्थियों में बेहतरीन वामपन्थी बनाया।"

ऐसे बहुत से ग्रन्थ दिखाई दिये हैं हिन्दी में भी और हिन्दीतर भी जो केवल अधिक-से-अधिक 'सोशियो-पॉलिटिकल अप्रेज़ल' की शर्तों को ही एक सीमा तक पूरा करते हैं 'इतिहास' की नहीं; जबकि उनके लेखक व समीक्षक उन्हें मानक-इतिहास की तरह ही पेश कर रहे हैं।

क्या इण्टरप्रेटेशन ही इतिहास की जगह ले ले?

मार्क्सवाद की संशोधनवाद से जंग नयी नहीं है। और न ही वह किसी देश के 'ऐम्पीरिकल आकलनों' का समुच्चय मात्र है। मार्क्सवाद की अपनी जीवन-धारा का इतिहास अनेको प्रचण्ड संघर्षों और चुनौतियों में विजय का इतिहास रहा है। पेरेस्त्रोइका जैसे कितने ही मोड़ आये और गये। हर मोड़ उसे और अधिक भास्वर, जीवन्त और सत्य सिद्ध करने वाला ही सिद्ध हुआ। शुद्ध स्वर्ण ने कभी यह परवाह नहीं की कि बह पानी में है या भट्ठी में, काँच में है या कीचड़ में, उसकी आभा कभी मन्द नहीं हुई। यह अवश्य है कि इतिहास में ऐसे पारखी पैदा हो गये जो उसे पीतल की कसौटी पर परख रहे हैं।

अपने अस्तित्व की पहली अर्द्ध-शताब्दी में 1840 के बाद से ही वह उन सिद्धान्तों से लड़ता रहा है जो उसके विरोधी थे। आरम्भिक दौर में मार्क्स-एंगेल्स ने लेनिन के शब्दों में आमूल तरुण हेगेल पन्थियों से 'हिसाब चुकता' किया। तब दार्शनिक भाववाद कोई कम बड़ी शक्ति न था। 1845-1849 के बीच यह संघर्ष आर्थिक शिक्षाओं के क्षेत्र में प्रूदोंवाद के विरुद्ध मोर्चा लेता रहा। 1848 के तूफानी साल में सामने आनेवाली पार्टियों तथा शिक्षाओं की आलोचना के रूप में छठी दशाब्दी में इस संघर्ष की परिणति हुई। सातवीं दशाब्दी में यह संघर्ष आम सिद्धान्तों के क्षेत्र से ऐसे क्षेत्र में पहुँचा, जो प्रत्यक्षतः मजदूर आन्दोलन के अधिक निकट था: इण्टरनेशनल से बकूनिनवाद का निष्कासन कोई सामान्य घटना नहीं थी। वह सैद्धान्तिक संघर्ष की ही व्यावहारिक परिणति थी। इसके बाद उसने आठवीं दशाब्दी में दो प्रचण्ड मतियों से टक्कर ली। प्रूदों के प्रतिनिधि **म्यूल बर्गर** से एक तरफ और जनाब **यूजेन ड्यूहरिंग** से दूसरी तरफ। इस तरह कितनी ही सर्वहारा वर्ग विरोधी विचारधाराओं से टकराता जूझता मार्क्सवाद 19वीं शताब्दी के अन्तिम दशक में अपनी विजय का सूर्यनाद कर सका। लेकिन यह भी सत्य है कि जब, जैसा कि लेनिन ने नोट किया था "मार्क्सवाद ने अपने प्रति वैमनस्य रखने वाली सभी न्यूनाधिक अविकल शिक्षाओं को निकाल बाहर किया, तब उन शिक्षाओं में अभिव्यक्त प्रवृत्तियाँ अपने लिए अन्य मार्ग ढूँढ़ने लगीं।" और आज तक ढूँढ़ रही हैं। कभी इनका नाम डी-आइडियालॉजी होता है, कभी यूरो कम्युनिज्म और कभी पेरेस्त्रोइका। लेनिन के इस मत की सत्यता स्पष्ट है कि 'प्राक्-मार्क्सवादी समाजवाद चकनाचूर हो चुका है। अब वह अपने

स्वतन्त्र आधार पर नहीं, बल्कि संशोधनवाद के रूप में मार्क्सवाद के आम आधार पर संघर्ष चला रहा है।" इस संघर्ष के विरुद्ध अनथक लड़ने वाले वीर विचारक थे **प्लेखानोव**। इस समय इतिहास की माँग यही है कि प्लेखानोवों का जन्म हो और उनकी परिणति लेनिन में हो।

व्यक्ति की भूमिका को जितना ही मार्क्सवाद ने सर्वाधिक तार्किक और सुसंगत दृष्टि से प्रतिपादित किया, उतना ही यह शोर मचाया गया कि समाजवाद तो व्यक्ति की भूमिका को शून्य बना देता है। और ऐसा कहने वाले मार्क्सवादियों में यू.जी.सी. मार्का यानि प्रोफेसर रैंक के विद्वान् सबसे अधिक थे। मार्क्स कहते हैं कि "मानवजन अपना इतिहास स्वयं बनाते हैं" ये कहते हैं मार्क्सवाद में व्यक्ति की कोई जगह नहीं है। जबकि इनका दावा यह है कि ये सब आज के सुसंगत मार्क्सवादी हैं।पार्टी की कतारों में भी यह स्वर सोवियत संघ की घटनाओं के बाद ऊँचा उठा है। लेकिन जो मार्क्स ने कहा ही नहीं वह ऊपर क्यों थोपा जा रहा है? क्या डिस्टॉर्शन ही अमोघ अस्त्र बनेगा?

उन्होंने सिर्फ़ यह जोड़ा है कि इतिहास तो बनाते हैं मानवजन स्वयं ही अपना लेकिन "अपने मनचाहे ढंग से नहीं" क्योंकि "वे उसे मनचाही परिस्थितियों में नहीं, अपितु ऐसी परिस्थितियों में बनाते हैं जो उन्हें अतीत से प्राप्त और अतीत द्वारा सम्प्रेषित होती हैं।" उन्होंने इन मानवजनों को इतिहास में खूब पकड़ा है और गम्भीर बात यह है कि प्रतिक्रियात्मक तत्त्वों के रूप में उन व्यक्तियों की मारक प्रगति विरोधी शक्तियों की गहन छान-बीन की है। कम्यून के उच्च मूल्यांकन में मार्क्स ने व्यक्ति की भूमिकाओं को प्रतिक्रिया की सेवा में इस तरह पाया—"हर क्रान्ति में उसके **सच्चे अभिकर्ताओं** (व्यक्ति की भूमिका की मार्क्सवाद में जगह नहीं है!?) के साथ **दूसरे किस्म के लोग** भी प्रायः घुस आते हैं। इनमें से कुछ तो अतीतकाल की क्रान्तियों के पश्च्चाज्जीवी एवं भक्त होते हैं जिन्हें वर्तमान आन्दोलन की समझ नहीं होती पर जो अपनी सुविदित ईमानदारी और दिलेरी के कारण, अथवा केवल परम्परावश जनता में प्रभाव रखते हैं, **दूसरे लोग** कोरे चिल्लाने वाले होते हैं जो विद्यमान सरकार को लगातार, वर्षों से घिसे-पिटे मुहावरों में कोसते-कोसते अव्वल दर्जे के क्रान्तिवादी होने की ख्याति हासिल कर लेते हैं।" क्या हमारे यहाँ ऐसे दूसरी तरह के लोगों का वर्तमान कुछ अधिक उज्ज्वल नहीं हो रहा है? "18 मार्च के बाद कम्यून में इस तरह के कुछ लोग आ गये थे और कुछ ने तो काफी प्रमुख भूमिकाएँ अदा कीं।" अर्थात् "जहाँ तक उनमें शक्ति थी, उन्होंने मजदूर वर्ग के वास्तविक कार्यों में विघ्न डाला, ठीक उसी तरह जैसा कि इस तरह के लोग पहले की प्रत्येक क्रान्ति के पूर्ण विकास में डालते रहे हैं। ऐसे लोग एक प्रकार की अनिवार्य व्याधि हैं जिनसे समय पाकर निस्तार मिल जाता है पर कम्यून को समय मिला ही कहाँ?"

ज़ाहिर है कि संशोधनवाद की अनिवार्यता का कारण आधुनिक समाज में उसकी वर्गीय जड़ें हैं। संशोधनवाद एक अन्तरराष्ट्रीय परिघटना है। और जब

बौद्धिक वर्ग मूल वर्गों का किसानों और मजदूरों का प्रतिनिधित्व न करके उनके नाम पर, मार्क्सवाद को संस्थानों की ज़रूरतों और हदों के भीतर विकसित करता हो, अलगाव का शिकार हो और सुविधाओं के लिए संघर्ष कर रहा हो, यह परिघटना उसे आसानी से दबोच लेती है क्योंकि कमज़ोर आन्दोलन उसे अपनी ओर खींच पाने में उसके निष्कर्षों को गलत साबित करने में असमर्थ रहते हैं। गलाज़त की पराकाष्ठा तब होती है जब इस संशोधनवाद को भी वह सामाजिक तौर पर न लेकर नितान्त निजी और केवल अपने लिए अपना लेता है। इस संशोधनवाद को आज हजार-हजार बाँहों वाली विषकन्या के रूप में देखा जा सकता है।

हिन्दी में एक व्याधि और व्यापक रूप से विद्यमान है वह यह कि 'अमुक तो भाई थ्योरी के आदमी हैं उनके व्यावहारिक निष्कर्ष गलत होते हैं लेकिन सैद्धान्तिक अध्ययन में कोई जवाब नहीं' या यह कि 'वे सिर्फ़ व्यावहारिक काम निबटाते हैं। बहुत ही शानदार। लेकिन सैद्धान्तिक मामले में सब गुड़-गोबर कर देते हैं।' हिन्दी की इस ऐतिहासिक विडम्बना का साम्य ढूँढ़े न मिलेगा। आश्चर्य और दुख तो यह है कि यह रोग मार्क्सवादियों में भी व्याप्त है।

इसका मूल कारण वही अलगाव है। सिद्धान्त का व्यवहार से। व्यक्ति का समाज से। ज्ञान का निष्ठा से। एक घृणित अस्पष्टता की छाया में पनपता हुआ। छूँछा और सारहीन अध्ययन शैली का कोढ़ है यह। यह मार्क्सवाद नहीं लासाल पन्थ है, जिसे इतिहास सौ वर्ष पहले दफ्न कर चुका है लेकिन जिसकी परिस्थितियाँ अभी खत्म नहीं हुई हैं। **लासाल** को पूरा **'कम्युनिस्ट मेनीफेस्टो'** अक्षरशः कण्ठस्थ था लेकिन उसकी अन्तर्वस्तु आधी भी पकड़ में नहीं थी और आधी का भी लाभ जर्मन सामाजिक-जनवाद-विरोधियों को ही मिला। **शिववर्मा** ने भी अपने एक परिचित का उल्लेख किया है कि जब वह जेल में था तो मेनीफेस्टो का गीता की तरह पारायण करता था और उन्हें लगता था कि वे इसे राष्ट्र को समर्पित कर सकेंगे लेकिन वह जेल से निकलकर सीधा कांग्रेस में चला गया।

इसे **माओ** ने ज्ञान का द्वन्द्ववाद कहा था, जो व्यवहार से अपनी एकता यदि कायम नहीं करता तो सिर्फ़ प्रतिक्रिया की सेवा करता है।

रूपरेखा को जब अन्तिम रूप देने का प्रश्न उठा तो यह स्वाभाविक था कि इसे कुछ बड़े भारतीय प्रश्नों से जोड़ा जाए। इसके लिए दो ध्रुव हमने चुने—**पुनर्जागरण-नवजागरण** और **भारतीय-जनवादी चिन्ताधारा**, जिसे मुख्यतः मध्यकाल में, सामान्यतः आधुनिक काल में और विशेषतः कुछ पुराने कालखण्ड में देखना तय किया ताकि जनवादी चिन्ताधारा का वह स्वाभाविक विकास स्पष्ट किया जा सके जो औपनिवेशिक इतिहास-दृष्टि और राष्ट्रीय-बूर्ज्वा-इतिहास दृष्टि ने दबा दिया है।

यूरोप में भी ऐसा हुआ है। पुनर्जागरण को स्वायत्तता दी गयी है। और वह 'स्वायत-जगत्', इतिहास में अपनी स्वतन्त्र नियति और गति रखता हुआ दिखाया

गया है। **वाल्टेयर** और **काण्ट** और **हीगेल** के परिप्रेक्ष्य में ही नहीं **बर्कहार्ट** और **बिल डूरण्ट** तक। यह गलत था, लेकिन यह साम्राज्यवाद के हित में था, यही पूँजीवाद के विकास की अनिवार्य शर्त थी। लेकिन यह डिस्टार्शन था और इतिहास विरुद्ध। यूरोपीय पुनर्जागरण का स्वाभाविक विकास है ही मार्क्सवाद। ठीक ऐसा ही भारत में हुआ। यहाँ भी पुनर्जागरण की पहले तो स्वाभाविक प्रक्रियाएँ रोकी गयीं। फिर इसे गढ़ा गया और लाद दिया गया। यदि वहाँ स्वायत्तता इटली से जुड़ी थी तो यहाँ बंगाल से।

जिस तरह सम्पूर्ण यूरोपीय पुनर्जागरण इटली में 'रिड्यूस' करके व्याख्यायित किया गया है तो यहाँ बंगाल में। जिस तरह इटली के पुनर्जागरण में भी असमान विकास को बहुत कम ध्यान में रखा जाता है, उसी प्रकार हमारे यहाँ बंगाल के साम्राज्यवाद विरोधी चरित्र को लम्बे समय से डुबोया जा रहा है। जो नवजागरण बनाया गया है, वह साम्राज्यवाद को भी सूट करता है और उसकी सहयोगी पूँजी को भी। यह बँगला नवजागरण ऐसा कण्डीशण्ड नवजागरण रहा है जिसने समस्त कौमों और प्रान्तों के नवजागरण की कीमत पर अपनी इमारत खड़ी की है। यह स्पष्ट है कि ऐसा करने में पश्चिमी इतिहासकारों को उनके प्रतिक्रियावादी दर्शन ने बेहद मदद की है। ज़ाहिर है कि ये दर्शन उपनिवेशों की जनता के हितों की पूरी तरह अनदेखी करते हैं। उनकी रेंज बहुत बड़ी तथा विविध है। अतः यह जानना बहुत उपयोगी और आवश्यक प्रतीत हुआ कि हमारे भारतीय सन्दर्भों की सापेक्षता में यह दार्शनिक सामग्री क्या भूमिका अदा करती है। विशेषकर इस सन्दर्भ में जो कि एक ऐतिहासिक, अपिरहार्य सन्दर्भ है, कि समस्त उपनिवेशों के पहले-पहले आधुनिक इतिहास उनके स्वामियों ने लिखे हैं।

दूसरी ओर जनवाद की अवधारणा को विकसित करने के लिए स्वयं मार्क्सवादी दर्शन और उसके दार्शनिकों का जायजा लेना जरूरी था जो कि भारतीय इतिहास को समझने में कई चरणों व पक्षों का प्रतिनिधित्व करते हैं; जैसे आरम्भ में मार्क्सवादी इतिहासकारों ने मार्क्स की अवधारणा एशियाई उत्पादन पद्धति तथा चार समाजों (आदिम साम्यवादी, सामन्ती, पूँजीवादी और समाजवादी) की शृंखला ही स्वीकार की थी, जिससे भारतीय समाज की भ्रामक-यान्त्रिक और बाँझ व्याख्याएँ होती रहीं और यान्त्रिक मार्क्सवाद का बोलबाला रहा। अतः यह देखना जरूरी लगा कि मार्क्स ने तथा मार्क्सवाद ने क्या वास्तव में ऐसी ही यान्त्रिक व्यवस्थाएँ दी हैं या उनके शिष्यों की अपनी बुद्धि का ही कमाल अधिक है? जबकि यह सत्य है कि इसकी सापेक्षताएँ हैं; जबकि यह भी सत्य है कि यान्त्रिक मार्क्सवाद ने भी इतिहास में प्रतिक्रियावादी फ्रेमों को तोड़ने में गम्भीर भूमिका अदा की है?

यह स्पष्ट है कि बूर्ज्वा वर्ग जब सभी कुछ को न केवल वस्तुओं में बदल देता है बल्कि वस्तुओं का विकृतिकरण भी करता है तो इतिहास को भी नहीं छोड़ता।

इतिहास का विकृतिकरण उसके लिए अनिवार्य है। यह उसके आर्थिक-राजनीतिक वर्चस्व की अपरिहार्य शर्त है कि वह उन कौमों की, जिनका उसे शोषण करना है वैचारिक रूप से तबाह कर दे, विशेषकर उपनिवेशों के मामले में, और उनकी विरासत को तेजाब से सींच दे। यह अनिवार्य है कि उन कौमों को अपंग अतीत 'सप्लाई' करे और 'फ्यूचर' पर कब्जा कर ले। इस तरह उन कौमों को जानवरों में बदलने और भूखा मारने के लिए जब वह तत्पर होगा तो मानवाधिकार संगठन को भी कोई ऐतराज न होगा। वह भी कह सकेगा कि 'यह पृथ्वी पशुओं का भार नहीं ढो सकती' और 'प्रकृति की मेज कुछ निश्चित मेहमानों के लिए है' मार्क्स-एंगेल्स ही यह देख सकते थे कि भारत और आयरलैण्ड ब्रिटिशों की चरागाह कैसे बन गये!

उन्होंने और लेनिन ने पाया कि साम्राज्यवाद ऐसी इतिहास-चेतना का निरन्तर उत्पादन कर रहा है जो उसके हितों की सीधे-सीधे पूर्ति करे। बर्बरता, जंगलीपन, जड़ता, निरंकुश तानाशाही, आबादी, बोलियाँ कोई भी बेतुकी गढ़ी-मढ़ी थ्योरी उठाता है और जड़ देता है।

जो कौमें राष्ट्रीय अपमान की ज्वाला में ही दो-दो शताब्दियाँ बिताती हैं उनमें प्रतिक्रियावाद के लिए भूमि अत्यन्त उर्वरा हो जाती है। चाहे जर्मनी हो चाहे भारत, 'नेशनल ह्यूमिलियेशन' ने यहाँ प्रतिक्रियावाद की जड़ों को जमाने में महत्त्वपूर्ण भूमिका अदा की है। दोनों के ही दर्शनों ने नवजागरण के दौर में प्रतिक्रियावादी दर्शन सामग्री को क्रान्तिकारी बनाकर पेश किया है। दुर्भाग्य से भारत में इस दृष्टि से कोई गम्भीर प्रयत्न देखने में नहीं आया है।

अपमानित कौमों की इतिहास-चेतना का निर्माण समाजवादी शक्तियाँ विद्रोही विरासत की मदद के बिना नहीं कर सकतीं, कैसा आश्चर्य है; बल्कि दुखद आश्चर्य ही है कि भारतीय नवजागरण में से इसी अंश को निकालकर भारतीय वामपन्थ अधिकांशतः क्रान्तिकारी चेतना का निर्माण और इतिहास-चेतना का पुनर्गठन करता रहा है। इससे तुरन्त मुक्ति अपेक्षित है।

अंक को तैयार करते समय कुछ ये ही चिन्ताएँ और दुख मन में रहे हैं। अवश्य ही यह इच्छा भी रही है कि हिन्दी में जो पत्रिकाएँ समर्थ हैं वे विविध सामाजिक विज्ञानों की ओर भी उन्मुख हों और अन्तरानुशासनिक चरित्र ग्रहण करें, जबकि ऐसा करने का पहला दायित्व I.C.H.R. और I.C.S.S.R. का बनता था। लेकिन शायद हिन्दी में और भारतीय भाषाओं में उच्च संज्ञान को प्रस्तुत करना इन संस्थाओं पर कलंक होगा, ऐसा समझा जाता रहा है। योजना बड़ी थी निश्चित रूप से। उससे भी प्रभावी था उसका भारी-भरकम रूप, जिसने सबसे बड़ी चुनौती यह दे रखी थी कि इन लेखों को आखिर लिखेगा कौन? योजना महत्त्वाकांक्षी, पुस्तकीय, कुछ-कुछ विश्वकोश जैसी कोशिश भी प्रतीत होती थी। लेकिन मुझे पूरी योजना के कार्यान्वित होने का पूर्ण विश्वास था। इन वर्षों में जो लेखक इतिहास में, सौन्दर्यशास्त्र, दर्शन

और समाज-राजनीतिशास्त्र में श्रम कर रहे थे, उससे अपना परिचय हो जाने के कारण यह समस्या हल हो गयी।

लेख बाकायदे उन सभी के विशेष क्षेत्रों से जुड़े हैं। वर्षों से उन्होंने इन क्षेत्रों को समृद्ध किया है और हिन्दी में; जो अभी उन्हें भौतिक मानदेयों को तो नहीं ही दे सकती; जो अभी उनका मूल्यांकन करने तक में असमर्थ है, वर्तमान व्यवस्था में; अपने सर्वोच्च चिन्तन को प्रस्तुत किया है। सभी लेखकों, जिनसे स्वीकृति प्राप्त हुई थी, उनमें से कुछ आकस्मिक कारणों से समय से सहयोग नहीं कर सके, उनका विकल्प भी निश्चित करने से योजना पर्याप्त अंशों में पूरी हो गयी है। अग्रज लेखकों के, सहयोगियों के योगदान के बदले में आभार शब्द बहुत हल्का है। मैं जानता हूँ निर्धारित विषय और समय पर कार्य करके उन्होंने जो सहयोग दिया है, उसे महज कृतज्ञता के दो शब्दों से नहीं तोला जा सकता। फिर भी मेरे अनुरोध पर जो श्रम व स्नेह उन्होंने प्रदर्शित किया है, उसके प्रति हार्दिक कृतज्ञता ज्ञापित किये बिना नहीं रह पा रहा हूँ।

अधिकतम आयाम और कोण उभर सकें, ऐसा प्रयत्न करना चाहा है।

अंक को तैयार करने का संकल्प नवम्बर 1990 में ठोस रूप ग्रहण करने लगा था और तब से निरन्तर नवम्बर 1991 तक यह संकल्प मूर्त्त होता रहा है।

अंक के बारे में मुझे जो कहना है वह यही कि पिछड़े हुए समाज में यों ही एक व्यक्ति की सीमाएँ कम नहीं होतीं, मेरी कुछ अधिक ही हैं। पंजाब में भी, अमृतसर। दहशत के बीच काम करने की एक अपनी ही चुनौती होती है। अतः अंक की समस्त कमजोरियों का श्रेय मुझी को जाता है। मेरा उनपर सर्वाधिकार सुरक्षित है। हाँ, जो इसकी शक्ति है, वह सभी लेखकों की संयुक्त शक्ति है, जिसमें मेरी कमजोरियाँ कुछ हद तक छिप जाती हैं।

साथी **ज्ञानरंजन** ने जिस तरह का विश्वास, इस अंक के लिए, मुझमें व्यक्त किया, उसके लिए मैं उनका आभारी हूँ। कह नहीं सकता उनका विश्वास करना किस हद तक ठीक रहा है! फिलहाल मैं यही कहना चाहूँगा कि प्रस्तुत प्रयत्न से देश में समाजवाद के निर्माण में लगी शक्तियों को कुछ मदद मिली तो श्रम को सार्थक समझूँगा। वामपन्थ के विकास के लिए अपनी समस्त विरासत का मूल्यांकन और उसका वैज्ञानिक प्रस्तुतीकरण प्रत्येक देश में आवश्यक रहा है; अपने देश में भी हर चीज का वैज्ञानिक इतिहास उसी 'आवश्यकता' की एक कड़ी है, जो स्वतन्त्रता को पहचानती हुई, उसी के गर्भ से जन्म लेती है। **पहल** की यह कोशिश भी इसी आवश्यकता की एक पहचान है, यह हमें सही ढंग से स्वतन्त्र होने में सहायक हो, ऐसी इच्छा के साथ!

आपका साथी,

प्रदीप सक्सेना

खण्ड-एक

इतिहास-दर्शन के यूरेशियाई सन्दर्भ और परिप्रेक्ष्य

"साठ वर्षों से श्रम की मुक्ति के सम्बन्ध में लम्बी-चौड़ी बातें की गयी हैं, बहुत-सा साहित्य लिखा गया है, पर ज्यों ही मजदूर कहीं पर भी इस मुक्ति के कार्य को दृढ़ता से अपने हाथों में ले लेते हैं, त्यों ही परस्पर विरोधी दो ध्रुवों—पूँजी और उजरती श्रम वाले मौजूदा समाज के भोंपे गरज-गरज कर हर प्रकार की पक्ष समर्थक लफ्फ़ाज़ी उगलने लगते हैं, मानो पूँजीवादी समाज अभी तक अपने विशुद्धतम कुमारीत्य के भोलेपन की अवस्था में है, उसके अन्तर्विरोध अभी तक अविकसित हैं, उसकी भ्रान्तियाँ अभी तक अविस्फुटित हैं और उसकी अश्लील वास्तविकता अभी तक अप्रत्यक्ष है।"

—कार्ल मार्क्स

मार्क्सवादी इतिहास-विश्लेषण की समस्याएँ

इरफ़ान हबीब

भारतीय इतिहास की मार्क्सवादी व्याख्या की शुरुआत स्वयं **मार्क्स** द्वारा ही की गयी। 1853 में "न्यूयार्क ट्रिब्यून" में प्रकाशित उनके दो लेखों ने ('भारत में अंग्रेजी राज' और 'अंग्रेजी राज के भावी परिणाम' में) भारत में औपनिवेशिक प्रभावों की तह तक जाने की गहन अन्तर्दृष्टि के प्रमाण प्रस्तुत किये। सारतत्त्व की दृष्टि से इस विश्लेषण का स्थायी महत्त्व है और वह भारत में अंग्रेजी साम्राज्यवाद के मूल्यांकन में न सिर्फ़ मार्क्सवादी बल्कि सभी प्रगतिशील मूल्यांकनों की भी आधारशिला रहा है। इन दो लेखों में ब्रिटिश-विजय से पूर्व के भारत के बारे में कुछ सामान्यीकरण भी है। जिन्हें सार रूप में इन पंक्तियों में देखा जा सकता है–

"भारतीय समाज का कोई इतिहास कम-से-कम ज्ञात इतिहास तो नहीं रहा है। जिसे हम उसका इतिहास कहते हैं, वह सिर्फ़ एक के बाद दूसरे आक्रमणकारियों का इतिहास है, जिन्होंने प्रतिरोधविहीन और परिवर्तनशून्य समाज पर अपने साम्राज्य कायम किये।"

मार्क्स ने भारतीय समाज की निष्क्रियता की व्याख्या जातियों में जकड़े परम्परागत ग्रामीण समुदाय के अस्तित्व द्वारा की है, जिसका सिंचाई के साधनों के लिए, "एशियाई निरंकुशता" पर आश्रित रहना अपरिहार्य था। उत्पादन की दृष्टि से यह एक ऐसी व्यवस्था थी, जिसमें भूमि के निजी सम्पत्ति के रूप का पूरी तरह अभाव था–"मार्क्स की एशियाई उत्पादन पद्धति की अवधारणा का विकास और उसकी प्रस्तुति सर्वप्रथम इन्हीं लेखों में हुई थी।"*

इसके पाँच या छः वर्ष बाद मार्क्स ने कुछ और टिप्पणियाँ कीं जो "पूर्व पूँजीवादी आर्थिक विरचनाएँ" नाम से अंग्रेजी में लन्दन से 1964 में प्रकाशित हो चुकी हैं, इन टिप्पणियों में 'एशियाई पद्धति का अधिक सघन' विश्लेषण है। इस रूप का उदय,

---

* ये लेख बार-बार छपे हैं। सबसे उपयोगी संस्करण है, कार्ल मार्क्स, "भारत पर लेख" बम्बई, 1951, पृ. 21-29 और 66-73

इनके अनुसार आदिम समुदाय से ही हुआ और जो सम्पत्ति की विविध प्रणालियों में सबसे प्राचीन होने के साथ ही सबसे व्यापक भी था। (एशिया, रूस और दूसरे स्लाव-क्षेत्रों, प्राचीन केल्टों आदि का सन्दर्भ) सिंचाई की जो निर्णायक स्थिति मार्क्स पहले मानते थे, अब वह केन्द्र में नहीं थी, यद्यपि उसका उल्लेख उनके विश्लेषणों में बाद में भी होता रहा। उन्होंने एशियाई पद्धति के समानान्तर दो प्रारूप प्रस्तुत किये—1. क्लासिकल नगर केन्द्रित समाज, जिसकी विशिष्टता थी; दास प्रथा, जो उसकी अग्रगति का मूल बनी और 2. जर्मन प्रारूप; जिसका आगे चलकर चरम विकास भू दासता में निहित हुआ। अपने पूर्व मत के क्रम में ही मार्क्स ने एशियाई प्रारूप को इन तीनों में सबसे कम गतिशील पाया और घोषित किया कि यह "अनिवार्यतः दीर्घ कालिक और नितान्त अनम्य है।"[1] ये निर्णय और निष्कर्ष एशिया के इतिहास के लिए मार्क्स के अन्तिम विचार-सूत्र थे, यह मानना और वह भी केवल उपर्युक्त तर्क के आधार पर, गलत होगा। इसके विपरीत मार्क्सवाद के संस्थापकों ने अपनी बाद की रचनाओं में न तो उनकी पुनःप्रतिष्ठा की और न ही उसका विकास किया। यह सन्दर्भ पहले कम और 1867 में 'पूँजी' के पहले खण्ड के प्रकाशन के बाद तो लगभग समाप्तप्राय ही हो गया। यहाँ तक कि 'पूँजी' के पहले खण्ड में जबकि वहाँ 'ग्राम-समुदाय' पर (श्रम विभाजन के ही एक विशिष्ट प्रतिनिधि रूप में) और भारतीय धनिकवर्ग की आर्थिक स्थिति (जो अतिरिक्त उत्पादन का अपहर्ता था और जो उत्पादन तथा पुनरुत्पादन की विकासशील प्रक्रिया भी सम्पन्न करता या लेकिन बिन पूँजी के हस्तक्षेप के)[2] पर अलग-अलग अंश हैं वहाँ भी उन्हें एक समग्र प्रणाली का हिस्सा दिखाने की कोशिश नहीं की गयी है।

मार्क्स-एंगेल्स की, उत्तर-चिन्तन में यह चुप्पी, यहाँ तक कि एशियाई उत्पादन पद्धति के अपेक्षित सन्दर्भ में भी, **हाब्सवाम** के इस कथन को कि "कम से कम मार्क्स एशियाई पद्धति की धारणा को छोड़ने का कोई संकेत नहीं देते"[3] संगत नहीं माना जा सकता। यहाँ इस बात को परिलक्षित किया जाना चाहिए कि मार्क्स अपने जीवनकाल में 'पूर्व पूँजीवादी आर्थिक विरचनाएँ' की पाण्डुलिपि से कुछ भी प्रकाशित कराने में असमर्थ रहे, स्पष्ट है कि इसे उनका अन्तिम मत मानने में सही परिस्थिति उत्तरदायी है जबकि सम्भवतः वे इसे एक तात्कालिक और प्रयोगशील अवधारणा ही मानते थे। और जब ऐसी रचना प्रस्तुत हुई, जिसकी विषयवस्तु इसी से सम्बन्धित थी और जो यद्यपि मार्क्स के द्वारा न भी लिखी गयी हो लेकिन उन्हीं जैसे व्यक्तित्व एंगेल्स के द्वारा, लिखी गयी; उनके नोट्स के आधार पर ही सही; तो उसमें भी इस एशियाई पद्धति का कोई उल्लेख नहीं किया गया। यह रचना थी 'परिवार, निजी सम्पत्ति और राज्य की उत्पत्ति', जो मार्क्स की मृत्यु के कुछ समय बाद ही 1884 में प्रकाशित हुई।

यह सही है कि मार्क्स-एंगेल्स ने अब ग्राम समुदाय को एक स्वायत्त रूप में

आदिम साम्यवाद की अवस्था की उत्तरजीविता के रूप में—एक ऐसी अवस्था जिसे उन्होंने **मॉर्गन** की जानकारी के क्रम में विकसित करना शुरू किया...लिया हो।

लेकिन एशियाई पद्धति पर उनकी चुप्पी की व्याख्या, सरलीकृत ढंग से, इस आधार पर नहीं की जा सकती कि उन्होंने उसे अब 'आर्ष टाइप' में स्थानान्तरित कर दिया था और उसे बाद में इसी संज्ञा से अभिहित करने लगे थे। वास्तव में एंगेल्स ने समाज का वर्गीकरण सिर्फ़ चार मंज़िलों में किया है। पहली मंज़िल आदिम साम्यवाद थी और शेष तीनों शोषण की 'प्रणालियाँ' थीं। "दास प्रथा शोषण का सर्व प्रथम चरण थी जो प्राचीन विश्व की अभिलाक्षणिकता थी। जिसने मध्ययुग में भूदासता और आधुनिक युग में उजरती-श्रम का रूप लिया। दासता के तीन महान् रूप ही सभ्यता के तीन महान् युग रहे हैं।"[4] लेकिन हाब्स वाम इन उद्धरणों की सापेक्षता में, जिन्हें वह भी उद्धृत करते हैं सीधे-सीधे यह कहने से बचते हैं कि एंगेल्स एशियाई पद्धति को आदिम साम्यवाद का ही एक रूप समझते थे; जो कि मार्क्स द्वारा चित्रित अतिरिक्त-उत्पाद-अपहर्त्ता भारतीय धनिक वर्ग की धारणा का विकृतिकरण होगा। वह 'सभ्यता' शब्द को पकड़ लेते हैं और घोषणा कर देते हैं कि एंगेल्स ने एशियाई पद्धति को 'सभ्यता' के सन्दर्भ में प्रागैतिहासिक माना[5] अतः इसकी अभिव्यक्ति न करना इसी में निहित है कि उन्होंने इसे शोषण का ही एक 'असभ्य' रूप माना।

मार्क्स और एंगेल्स ने एशियाई पद्धति की अपनी पहली अवधारणा का परित्याग क्यों किया? चूँकि मार्क्स और एंगेल्स ने पूर्वोक्त अख़बार में प्रकाशित लेखों को छोड़कर, जो उस समय तक पूरी तरह भुलाये जा चुके थे, इस सिद्धान्त की प्रकाशित रूप में फिर कभी व्याख्या नहीं की, इसलिए उन्हें यह कैफियत देने की कोई ज़रूरत नहीं थी कि उनका दृष्टिकोण वही क्यों नहीं रहा जो शुरू में था। जहाँ तक हमारा सम्बन्ध है, हमारे लिए कम-से-कम इस वैचारिक परिवर्तन के दो गम्भीर कारणों का पता लगाना कठिन नहीं है। पहला तो यह कि मार्क्स तो प्राप्त सूचनाओं की सीमा को व्यक्त करता है जो 1850 के उनके विचारों में दृष्टिगोचर होती है। उस समय उनके पास स्पष्ट रूप से बहुत ही सीमित जानकारी थी। भारत पर उनकी टिप्पणियाँ अंग्रेजी संसद के काग़ज़ात और **बर्नियर** की यात्राओं के सावधानी से किये गये अध्ययन पर आधारित थीं। उस समय भारत के अंग्रेज प्रशासकों में इस सरकार के पितृसत्ताक चरित्र को संगत ठहराने के लिए इस 'ग्राम समुदाय' की संस्था पर बल देने की प्रवृत्ति विशेष रूप में थी। इस प्रवृत्ति ने सरकारी रिपोर्टों को बहुत गहराई तक प्रभावित किया। अन्ततः उसकी सबसे सुव्यवस्थित (और अतिशयोक्तिपूर्ण भी) अभिव्यक्ति **सर हेनरी माइने** की रचनाओं में पायी गयी। लगता है कि अपने जीवन के अन्तिम वर्षों को छोड़कर मार्क्स ने अंग्रेजों के पूर्व भारतीय इतिहास का विशेष अध्ययन नहीं किया था।[6] अन्तिम वर्षों में उन्होंने **कोवालेव्स्की** की पुस्तक 'सामुदायिक भू सम्पत्ति' को दिलचस्पी के साथ पढ़ा था और उसका अनुमोदन किया था। इस

पुस्तक में भारतीय ग्रामीण संगठन और उसके विकास का उससे कहीं अधिक जटिल चित्र प्रस्तुत किया गया था, जैसा कि उन्होंने पहले समझा था। मार्क्स ने अब भारतीय समाज में निजी सम्पत्ति और उससे उत्पन्न अन्तर्विरोधों को स्पष्ट लक्षित किया।[7]

मार्क्स और एंगेल्स को अपने प्रारम्भिक वर्षों में उपलब्ध सूचना सामग्री में निहित कमजोरियों के साथ ही यह महत्त्वपूर्ण प्रश्न उठता था कि एशियाई उत्पादन पद्धति को मान लेने से क्या मानवजाति का विशाल अंश इतिहास की भौतिकवादी अवधारणा में अपवाद नहीं हो जाएगा, जो पहले 'कम्युनिस्ट मेनीफेस्टो' में प्रकट हुई और बाद में 1859 में 'राजनीतिक अर्थशास्त्र की समीक्षा' की भूमिका के चर्चित उदाहरण में पुष्ट हुई। क्या वर्ग-संघर्षों और उन्हीं द्वारा सम्पन्न ऐतिहासिक परिवर्तन; केवल यूरोपीय जगत् की घटनाएँ ही माने जाएँ और उन्हें किसी भी दशा में कम से कम दुनिया पर पूँजीवाद की जीत से पहले विश्व व्यापक नहीं मानना चाहिए? इस तथ्य को ध्यान में रखकर कि मार्क्स और एंगेल्स ने चूँकि न तो प्रत्यक्ष रूप से और न ही परोक्ष रूप से इतिहास में वर्ग-संघर्ष की भूमिका के बारे में अपनी प्रस्थापनाओं को यूरोप तक ही सीमित रखा[8] और वैसे भी उनके लिए एक साथ दो पूर्ण विरोधी मतों को प्रस्तुत करना सम्भव नहीं था।

इन्हीं दो कारणों से, विशेषकर दूसरे कारण से मार्क्स के क्रान्तिकारी अनुयायियों ने सामान्य रूप में एशियाई पद्धति को स्वीकार नहीं किया और न ही उस पर जोर दिया। इसके विपरीत जब एशिया में क्रान्ति ज्वार उठा तो साम्राज्यवादियों ने इस सिद्धान्त का सहारा लिया और उसका जीर्णोद्धार करते हुए मार्क्स का प्रयोग क्रान्तिकारियों के उपहास के लिए किया। 1957 में मार्क्स द्रोही **विटफोगल** ने अपनी पुस्तक 'पूर्वी निरंकुशताः सम्पूर्ण सत्ता का तुलनात्मक अध्ययन' प्रकाशित की। यह सबसे सुव्यवस्थित आधुनिक समाजशास्त्र के पारिभाषिक शब्दों और प्रतिपत्तियों से लैस उस सिद्धान्त की व्यापक व्याख्या करती थी, जिसका दुर्भाग्य से मार्क्स ने कभी प्रतिपादन किया था।

न तो प्रचार की दृष्टि से और न ही उच्च अकादमिक उपलब्धि की दृष्टि से विटफोगल का कारनामा छः साल भी जीवित रह सका। हाँ, यह है कि संशोधनवाद ने अब इस हथियार को उठा लिया है, जिसे साम्राज्यवाद बिल्कुल छोड़ चुका है।

साठ के दशक में हमने एक अजीब तमाशा देखा। पूर्वी निरंकुशता, उत्पादन की एशियाई पद्धति के अस्तित्व को मानने में एशिया के मार्क्सवादियों की सामान्य असमर्थता के बावजूद यूरोप के कुछ मार्क्सवादी जोरदार दावा कर रहे हैं कि उन्हें इस विषय की बेहतर जानकारी है और उन्होंने परस्पर उस पर फिर से बहस शुरू कर दी है।[9] इसमें पूर्व पूँजीवादी आर्थिक विरचनाएँ की पाण्डुलिपि की खोज ने ठीक वही भूमिका अदा की है, जो समाजशास्त्र के क्षेत्र में परम्परागत मार्क्सवाद पर प्रहार करने में पहले 'आर्थिक और दार्शनिक पाण्डुलिपियों' ने अदा की थी। अंग्रेजी के

पाठकों को इस पुस्तक का परिचय कराते हुए आगे बढ़कर हाब्सवाम यहाँ तक लिख जाते हैं कि “यह बिना किसी हिचक के कहा जा सकता है कि जिस मार्क्सवादी ऐतिहासिक बहस में मौजूदा पुस्तक को ध्यान में नहीं रखा गया है, और यह कहने का तात्पर्य वस्तुतः यही है कि 1941 से पहले के सम्पूर्ण और उसके बाद भी अधिकांश विचार-विमर्श पर इसके प्रकाश में पुनर्विचार होना चाहिए।” वस्तुतः यह एक अजीबोगरीब कठमुल्लापन है क्योंकि वह इसे मानकर चलता है कि कार्ल मार्क्स की प्रकाशित क्रान्तिकारी शिक्षाओं के सारतत्त्वों और मार्क्सवादियों के वास्तविक अनुभवों और अध्ययनों पर आधारित किये गये सम्पूर्ण कार्य काग़ज़ पर मार्क्स द्वारा लिखे गये कुछ शब्दों के मिलते ही, चाहे वे पहली बार किसी भी परिस्थिति में लिखे गये हों, एकाएक निरर्थक हो जाते हैं।[10]

एशियाई पद्धति की पुनर्स्थापना की कोशिश का अनिवार्य रूप से प्रयोजन एशिया के समाजों में वर्ग विरोधों और वर्ग संघर्षों से इनकार करना और एशिया में निरंकुशता पर और व्यक्ति विरोधी परम्पराओं पर जोर देना है, ताकि यह स्थापित किया जा सके कि सामाजिक प्रगति का सम्पूर्ण विगत इतिहास यूरोप की बपौती है और उसके द्वारा एशिया के वर्तमान इतिहास से जो सबक मिले हैं, उनका महत्त्व न्यूनतम किया जा सके।

“सिंचाई-व्यवस्था वाले (अर्थात् पूर्वी) समाज का इतिहास बताता है कि वर्ग-संघर्ष सम्पूर्ण मानवता का पुराना मर्ज होना तो बहुत दूर, सिर्फ़ बहुकेन्द्रीय और खुले (अर्थात् पश्चिमी यूरोपीय) समाजों की ही अभिलाक्षणिकता है।[11] ऐसे हैं श्री विटफोगल! न तो हाब्सवाम और न ही **गोल्डेलियर** इतनी दूर जाने को तैयार हैं। दोनों ही ‘एशियाई समाजों’ में कुछ परिवर्तन और कुछ वर्ग शोषण की रियायत देने को तैयार हैं।[12] लेकिन वे इस मामले में एकमत हैं कि ये एशियाई समाज थे आदिम वर्ग समाज ही। हाब्सवाम का कहना है, “इसलिए एशियाई समाज (यह मार्क्स से उसका अपना निष्कर्ष है—इ.ह.) अभी तक वर्ग समाज नहीं है और यदि वह वर्ग समाज है भी तो उसका स्वरूप सबसे प्रारम्भिक है।”[13] गोल्डेलियर भी अनिवार्य रूप से उसी मुद्दे पर जोर देते हुए कहते हैं कि एशियाई समाज “समुदाय संरचनाओं और वर्ग संरचनाओं के मिश्रित संस्तर के सूचक है।”[14] चूँकि ये दोनों ही लेखक (जो भी हो, हाब्सवाम सिर्फ़ परोक्ष रूप से) मानते हैं कि आधुनिक काल तक एशियाई पद्धति यूरोप के बाहर इन सभी क्षेत्रों में जड़ता के ही भिन्न-भिन्न स्तरों में मौजूद रहा है, इसलिए विटफोगल से उनका मतभेद केवल डिग्री का ही है। और उनके विचारों के खण्डन में उन्हीं तर्कों पर जोर देना पर्याप्त है जो सभी दृष्टिकोणों के विद्वानों द्वारा विटफोगल के खण्डन में दिये गये थे।[15]

एक बार जब मार्क्स और एंगेल्स ने यूरोप के बाहर के विभिन्न समाजों का विश्लेषण

करने के लिए एशियाई पद्धति को 'ढाँचे' के रूप में त्याग दिया तो फिर उनमें और उनके अनुयायियों में यह प्रवृत्ति स्वाभाविक थी कि उन्होंने यूरोप के लिए विकास की सामाजिक मंज़िलों का जो क्रम निर्धारित किया था, अर्थात् आदिम साम्यवाद—दास प्रथा, सामन्त प्रथा और पूँजीवाद (अब इसके बाद यह उल्लेख इन मंज़िलों के पहले अक्षरों अर्थात् आ-दा-सा-पूँ द्वारा किया जाएगा) उसे विश्व व्यापक रूप से प्रयुक्त किया जा सकता है। मार्क्स को लिखे गये अपने एक पत्र में एंगेल्स ने उस्मानी तुर्की को अर्ध-सामन्ती कहा था।[16] जो भी हो, इस विषय पर लेनिन और दूसरे मार्क्सवादी विद्वानों द्वारा भी स्पष्ट रूप से मत प्रकट नहीं किया गया। 20 के दशक में चीनी क्रान्ति के जबर्दस्त प्रभाव के साथ ही वहाँ के पुराने कृषि समाज के गर्भ में किसान संघर्षों के स्पष्ट प्रमाण मिले। इनसे हर किसी को 1789 में क्रान्तिकारी फ्रांस में किसान विद्रोहों की याद आ गयी। यह एशियाई पद्धति का सबसे अच्छा खण्डन था और 1931 की लेनिनग्राद की बहसों में यह आम सहमति बन गयी कि आ-दा-सा-पूँ के क्रम को अन्तरराष्ट्रीय स्तर पर लागू किया जा सकता है।[17] इस पर **स्तालिन** के स्थायी रूप से महत्त्वपूर्ण निबन्ध 'द्वन्द्वात्मक और ऐतिहासिक भौतिकवाद' ने मोहर लगा दी।

हालाँकि इस पर विश्व के लिए 'मानक, एक रेखीय' या यान्त्रिकीकरण का आरोप लगाकर स्यापा किया जा सकता है लेकिन इसमें सन्देह नहीं है कि उसने भारतीय इतिहास के क्षेत्र में सफल मार्क्सवादी कार्यों के लिए बड़ी शक्ति प्रदान की। यह सच है कि 1853 के मार्क्स के निर्णयात्मक वक्तव्यों को दृष्टि में रखकर विशेषकर सोवियत भारत-विदों ने एक साथ दो घोड़ों पर सवार होने की कोशिश की है। और भारत को एशियाई समाज के साथ ही सामन्ती माना है और दोनों प्रस्थापनाओं में पहली को दूसरी का ही एक रूप बताकर तालमेल बिठाया है।[18] यह निश्चित रूप से दुविधापूर्ण समस्या को हल करने की सोच का वैज्ञानिक नहीं बल्कि धार्मिक तरीका है। जो भी हो, जब मार्क्सवादियों ने यह मान लिया कि अंग्रेजों के पूर्व भारतीय समाज सामन्ती हो सकता था, तो उन्होंने भारत में वर्ग संघर्षों और उन दूसरे विशेष तत्त्वों की, जो यूरोपीय सामन्त प्रथा के विशेष चरित्र को बताते थे, खोज शुरू कर दी। फलस्वरूप **रीज़नर** और **डब्ल्यू.सी. स्मिथ** ने विस्मृति के गर्भ से 17वीं शती के किसान विद्रोहों को खोज निकाला।[19]

अवश्य ही यह स्तालिन का दोष नहीं था कि एस.ए. डांगे ने अपनी विलक्षण पुस्तक 'भारत : आदिम साम्यवाद से दास प्रथा तक', बम्बई 1949, लिख डाली, जिसमें उन्होंने किसी भी तरह पुरातत्त्व का वास्तविक इतिहास के सन्दर्भों के बगैर आ-दा के संक्रमण का बारीक ब्योरा भी दे दिया। न ही यह स्वर्गीय प्रो. कोसाम्बी का दोष था कि उनकी पैनी आलोचना के बावजूद उनकी पुस्तक के संशोधित अंग्रेजी (साथ ही रूसी) संस्करण बराबर निकल रहे हैं।

सैद्धान्तिक रूप से, जो भी हो, मानक आ-दा-सा-पूँ नमूने को हर समाज में आयात करने का औचित्य साबित करना मुश्किल है। व्यवहार में ज्यों ही हम सबसे सरल सामान्यीकरणों से आगे जाने की कोशिश करते हैं और अपने प्रमाणों की विस्तृत छानबीन शुरू करते हैं, तो इतनी विशेषताएँ प्रकट हो जाती हैं कि बुनियादी वर्गीकरण ही निरर्थक हो जाता है।

सबसे पहले तो आ-दा-सा-पूँ के नमूने में दास-प्रथा और सामन्त-प्रथा के बीच सही स्थान निर्धारित करने के लिए कहीं कोई विशिष्ट और तर्क संगत विभाजन रेखा नहीं है। जैसे ही किसी समाज में व्यक्ति या समुदाय अतिरिक्त उत्पादन करने लगते हैं, शोषण की प्रक्रिया आरम्भ हो जाती है। और शोषण के भिन्न-भिन्न रूपों का अनुमान किया ही जा सकता है : (क) एक कबीले द्वारा दूसरे कबीले की अधीनता और उसे अतिरिक्त उत्पादन का एक हिस्सा देने को विवश करना, (ख) किसानों को अतिरिक्त उपज को, शासकों या मुखिया या अन्य विविध शोषक सत्ताधारियों को देने के लिए विवश करना, (ग) दूसरों के खेतों पर किसानों से जबरन बेगार (मुक्त काम कराना); (घ) दूसरों के खेतों पर काम करने वाले अर्धदास मजदूर, (ङ) कृषि और दस्तकारी में दास-मजदूर इत्यादि इत्यादि। अब (ख) और (ग) सामन्त प्रथा के समान हो सकते हैं और (घ) और (ङ) दास प्रथा के समान। बहुत से मामलों में यह स्थूल वर्गीकरण भी मुश्किल होगा; उदाहरण के लिए (क) में। हरेक दशा में हमें यह क्यों मान लेना चाहिए कि जिन समाजों में (घ) और (ङ) रूप अधिक प्रमुख हैं, वे हमेशा उनसे पहले रहे हैं जिनमें (ख) और (ग) रूप पाये जाते हैं। तुरन्त ही हमें अमेरिका में नीग्रो दासता का ख़याल आ जाता है, जो पूँजीवाद की बुनियादों पर पनपी।

दूसरे, किसी विशेष समय में शोषण के अनेक रूप एक साथ रह सकते थे या अलग-अलग, जो कई देशों में कारकों की भिन्नता–जलवायु, जनसंख्या आदि–हो सकती थी, जिनकी पूँजीवाद के पहले के युगों में निर्णायक भूमिका हो सकती थी। 'कम्युनिस्ट मेनीफेस्टो' में स्पष्ट मान्यता है कि "सिर्फ़ पूँजीवाद ने ही विश्व बाज़ार के शोषण द्वारा उत्पादन को वैश्विक स्वरूप दिया है।" हम कल्पना कर सकते हैं कि चावल पैदा करने वाले क्षेत्रों जैसे बंगाल और केरल तथा मध्यकालीन यूरोप के तीन गेहूँ और जौ पैदा करने वाले क्षेत्रों में कृषि सम्बन्धों का सम्पूर्ण सन्दर्भ अलग-अलग हो सकता था। अलग-अलग देशों में मनुष्य और भूमि के अलग-अलग अनुपात का उत्पादन के सम्बन्धों पर प्रभाव अनिवार्य था, विशेषकर इसलिए कि आबादी के समायोजन में बहुत अधिक समय लग जाता है। इससे भी महत्त्वपूर्ण मामला है तकनीकी वैविध्य का और शिल्प विज्ञान का। तकनीकी आविष्कारों के प्रसार की प्रक्रिया इतनी धीमी रही है कि एक ही उप महाद्वीप के दो क्षेत्रों में उत्पादन का आधार तकनीकी प्रगति की दृष्टि से भिन्न या बुनियादी तौर पर अलग-अलग हो

सकता था। (उदाहरण के लिए प्राचीन सुमेर से कुम्हार के चक्के को मिस्र पहुँचकर उसके उपयोग के शुरू होने में बहुत समय लगा; भारत में भी चीन के आविष्कार जैसे काग़ज़, रेशमी कीड़े पालना, बारूद, छापाखाना आदि उतनी ही देर से अपनाये गये।)

तीसरे, यह बिल्कुल सम्भव है कि यदि अनेक निर्णायक कारकों में से एक भी भिन्न हो तो शोषण का सम्पूर्ण तन्त्र और सम्पत्ति का चरित्र भी पूरी तरह बदल जाए। चलिए मान लें कि उत्पादन की तकनीकी प्रगति किसानों द्वारा खेती के लिए सबसे अनुकूल है और मनुष्य और भूमि का अनुपात भी उत्पादन की दशाओं में उपयोग के लिए उपयुक्त है, तो इसका परिणाम सामन्त प्रथा में हो सकता है अर्थात् व्यक्तिगत सामन्तों की अलग-अलग जागीरें हों सकती हैं, जो किसानों को उनकी जमीनों से बाँध कर रखें। (जैसा कि सामन्तकालीन यूरोप में था) अपेक्षाकृत अधिक माल उत्पादन की दशा में फिर भी ठीक इन्हीं कारकों का परिणाम भाड़े/अतिरिक्त उत्पादन (उदाहरण के लिए लगान) की वसूली का केन्द्रीकरण हो सकता है ताकि किसान वह चाहे जहाँ भी रहे, शोषण से न बच सके (उदाहरण के लिए मुग़लकालीन भारत)।[20] ऊपरी दृष्टि से पहला निजी सम्पत्ति के अपेक्षाकृत अधिक विकसित रूप का सूचक है, लेकिन दूसरा भलीभाँति विकास की उच्चतर मंज़िल का द्योतक हो सकता है क्योंकि वह माल उत्पादन के रूप में अधिक उन्नति का प्रतीक है। इन दोनों में से कौन-सा सैद्धान्तिक रूप से पूँजीवाद के निकट है और क्या दूसरा लेशमात्र भी सामन्ती है?

सचमुच इन परिस्थितियों में शोषण-प्रणालियों को तीन तक ही सीमित रखने में होने वाली कठिनाई स्पष्ट हो जाती है। उदाहरण के लिए मुग़ल कालीन भारतीय प्रणाली को सामन्त प्रथा की सार्थकता को खींच तान कर और उसमें किसानों पर सभी बन्धनों को शामिल करके ही 'डाब' की परिभाषा में अन्ततः अर्थ सामन्ती कहा जा सकता है।[21] लेकिन वह **स्वीजी** की परिभाषा के अनुसार अर्ध सामन्ती (उपयोग के लिए उत्पादन प्रणाली) नहीं रहेगी।[22] पहला रास्ता पारिभाषिक शब्द सामन्त प्रथा या सामन्तवाद को इतना व्यापक बना देगा कि पूँजीवाद के पहले की सभी शोषण प्रणालियों को उसके अन्दर फिट किया जा सकता है।

पारिभाषिक शब्द दास-प्रथा के द्वारा सामन्त शब्द के प्रयोग में लचीलापन न पा सकने के कारण मार्क्सवादी अपनी सम्पूर्ण सद्भावनाओं के बावजूद अभी तक दास-समाज खोज निकालने में असफल रहे हैं, जिसे हरेक सभ्यता के यौवन में पाया जाना चाहिए था। चीन में उसका युग सुदूर पुराकाल के अँधेरे में धकेल दिया गया है।[23] भारत में उसके (अवश्य ही दास प्रथा के नहीं, बल्कि दास समाज के) अस्तित्व से इनकार किया जाता है।[24] यहाँ तक कि जो निर्धारित नमूने के पक्ष में तर्क देते हैं, वे भी विकास की आवश्यक मंज़िल के रूप में दास प्रथा छोड़ने के लिए इस प्रकार इस नमूने के आ-(दा)-सा-पूँ के रूप में सुधारने के लिए तत्पर दिखाई देते

हैं। जो भी हो, ऐसे सुधार का असंगत परिणाम यह होगा कि अधिकांश देशों के लिए सामन्त प्रथा (या सामन्तवाद) पूँजीवाद से पहले के सभी शोषणपूर्ण युगों का पर्यायवाची बन जाएगी और हमें उन युगों में वर्ग-सम्बन्धों में हुए सार्थक परिवर्तनों को खोज निकालने की क्षमता से वंचित कर देगी।

अन्त में यह प्रश्न भी उठता है कि क्या मानक यूरोपीय शृंखला आ-दा-सा-पूँ की हरेक कड़ी को तत्कालीन विश्व में सामाजिक विकास की सर्वोच्च सम्भव मंज़िल का सूचक मानना चाहिए? उदाहरण के लिए जिस समाज से पूँजीवाद का विकास हुआ, क्या उसे अपने समय के सबसे उन्नत समाज के रूप में देखना चाहिए?[25] इस पर क्षण भर के विचार से ही मालूम हो जाएगा, यह किसी भी अर्थ में निश्चित नहीं है। चीन आज एक समाजवादी देश है और सामाजिक व्यवस्था की दृष्टि से अमेरिका से पूरा एक युग आगे है लेकिन यह किसी भी अर्थ में इस बात का द्योतक नहीं है कि 1949 के पहले का पुराना चीनी समाज अमेरिका से उन्नत था या यहाँ तक उसकी बराबरी के स्तर पर भी था। 20वीं शती में चीन में समाजवाद इसलिए कायम नहीं हुआ कि उसकी अपनी अर्थ-व्यवस्था पूरी तरह पूँजीवाद में विकसित हो चुकी थी बल्कि ऐसा इसलिए सम्भव हो सका कि दुनिया के दूसरे हिस्सों में पूँजीवाद का पूरी तरह विकास हो चुका था।[26] यदि इसी प्रकार यूरोप में सामन्त प्रथा से पूँजीवाद का उदय हुआ, तो वह चीन से आगे कुछ महत्त्वपूर्ण उन्नत तकनीकी आविष्कारों के उपयोग द्वारा अदा की गयी भूमिका के कारण सम्भव हुआ।[27] खुद सामन्ती यूरोप इन आविष्कारों की खोज में उतना ही कमज़ोर और धीमा होता, जितना कि स्वयं अपने परस्पर विरोधों से पूँजीवाद का विकास करने में चीन। यह बिल्कुल साफ़ है कि **मार्को पोलो** के समय का चीन माल उत्पादन और तकनीकी प्रगति या शिल्प विज्ञान दोनों ही लिहाज से सामन्ती यूरोप से बहुत आगे था। इसलिए हमें इस अनुमान को, कि विकास की सर्वोच्च मंज़िल पर पहुँचने वाला समाज स्वयं अपने आप अपरिहार्य रूप से अगली उच्चतर मंज़िल पर पहुँच जाएगा, अनैतिहासिक (और द्वन्द्वात्मक भी) न होने के कारण स्वीकार नहीं करना चाहिए। वास्तव में हमें विश्व पैमाने पर सामान्य उन्नति के लिहाज से हरेक समाज के विकास को प्रगति और अवनति के क्रम में देखना चाहिए।

इसलिए यह निश्चित है कि आ-दा-सा-पूँ के तहत सभी आदिम वर्ग समाजों को नहीं लाया जा सकता, जिनका न कभी अस्तित्व रहा है न ही वह एक के बाद होने वाले दूसरे परिवर्तन के किसी विश्व व्यापक क्रम के सूचक हैं, जिससे कुछ लिहाज से सामन्त प्रथा से मिलते-जुलते समाज का उदय अपरिहार्य रूप से दास प्रथा से मिलते-जुलते समाज के बाद हुआ हो और इसका क्रम इसके विपरीत न रहा हो। अन्त में इस विश्वास का कोई कारण नहीं है कि पूँजीवाद के उदय से पहले सबसे उन्नत समाजों का पथ आ-दा-सा-पूँ ही था। इतिहास की भौतिकवादी व्याख्या एक

निश्चित काल विभाजन को निर्धारित नहीं करती है बल्कि वर्ग समाजों के विकास के विश्लेषण के लिए सिर्फ़ एक ढाँचा प्रस्तुत करती है। किसी देश विशेष में जो रास्ता तय किया गया, वह आ-दा-सा-पूँ था, या आ-सा-दा-पूँ या आ-क्ष-त्र-ज्ञ-पूँ था जहाँ पूँ पूँजीवादी या औपनिवेशिक मंज़िल का द्योतक है, उससे मार्क्सवाद के सारतत्त्वों पर कोई प्रभाव नहीं पड़ता।[28] निर्णायक बात किसी समाज में प्रमुख परस्पर विरोधों (अर्थात् वर्ग विरोधों) को परिभाषित करना, उन्हें तेज करने वाले कारकों को पहचानना, अलग करना और सामाजिक व्यवस्था के क्रम के स्वरूप निर्माण का बारीकी से सही नक्शा तैयार करना है, ताकि विरोध विशेष का समाधान किया जा सके। यह सम्भव है कि आ-दा-सा-पूँ के चौखटे से मुक्ति मार्क्सवादियों को इस समस्या से निपटने के लिए बेहतर तौर पर लैस कर सकें क्योंकि अब उन्हें "युग के उन्हीं बुनियादी नियमों" (चहेते सोवियत शब्द) या यथा भूमिका स्वरूप प्रस्तावित तदनुकूल यूरोपीय युग के 'प्रधान चालक' को खोजने की विवशता नहीं रहेगी।

अतः यान्त्रिक नकल या उदारवादी मतों से समझौता किये बगैर मार्क्सवाद के सार तत्त्वों पर प्रत्यक्ष रूप से आधारित विश्लेषण की ज़रूरत है—हालाँकि उससे मार्क्सवादी इतिहासकारों की जिम्मेदारी स्वाभाविक रूप से बहुत बढ़ जाएगी। जो स्थिति आज है, उसमें यदि भारतीय इतिहास के विभिन्न पहलुओं पर व्यक्तिगत मार्क्सवादी अध्ययनों के शुद्ध परिणाम एक साथ रखे जाएँ, तो अधिकांश मामलों में निर्धारित काल विभाजन को छोड़ने की ज़रूरत के प्रति उनके लेखकों की अचेतनता के बावजूद यह स्पष्ट रूप से दिखाई देगा कि उनमें आ-दा-सा-पूँ के नमूने का प्रयोग नहीं किया गया है।

पर्याप्त प्रमाणों के अभाव में यह कहना असम्भव है कि सिन्धु सभ्यता में दास प्रथा थी या नहीं। प्रारम्भिक भारतीय आर्यों के समाज की व्याख्याएँ भी लगभग अनुमान ही हैं, हालाँकि उसमें भूमि के निजी स्वामित्व, किसानों द्वारा कृषि और कृषि दास प्रथा, सभी के रूप मिलते हैं। **कोसाम्बी** विशिष्ट भारतीय ग्रामीण समाज का निर्माण काल मौर्यों के बाद निश्चित करते हैं और उनके अनुसार इस समाज में आन्तरिक विकास से सामन्ती व्यवस्था का निर्माण हुआ। सामन्त प्रथा और विकेन्द्रित समाज की मौजूदगी के कारण **प्रो. रामशरण शर्मा** भी 400-1200 के काल में यूरोपीय सामन्त प्रथा के साथ उत्तरोत्तर बढ़ती हुई समानताएँ देखते हैं।

लेकिन 1200 के बाद के युग में ये समानताएँ लुप्त हो जाती हैं। मुग़ल कालीन अर्थात् 16वीं और 17वीं शती के भारतीय समाज की संरचना के जो अनिवार्य तत्त्व सामने आये हैं, वे संक्षेप में इस प्रकार हैं : किसानों में पर्याप्त स्तरीकरण/उपवर्गों का उदय; एक उच्च ग्रामीण वर्ग (ज़मींदार) जिसे किसान के अतिरिक्त उत्पादन, जिसे

व्यापक रूप से नकद लगान के रूप में वसूल किया जाता था; के अपेक्षाकृत छोटे हिस्से पर सम्पत्ति अधिकार प्राप्त थे; बादशाह की अफसरशाही में से बनाया गया छोटा-सा शासक वर्ग (जागीरदार) जिसमें उत्पादन का बाकी बड़ा हिस्सा बँट जाता था। इसलिए मुख्य विरोध बादशाह की अफसरशाही और किसानों के बीच था। एक बड़ा शहरी बाज़ार भी मौजूद था, जो सामन्तों और उनके सैनिक दस्तों के खर्च पर आश्रित था। व्यापारिक साख, बीमा और प्रारम्भिक जमा बैंक प्रणाली के संगठन को देखकर पुनर्जागरण कालीन यूरोप की दशाओं का चित्र हमारे सामने आ जाता है।

उपर्युक्त समाज को उससे पहले के हजार वर्षों में मौजूद तथाकथित सामन्ती समाज के युग का ही हिस्सा मानना निरर्थक होगा। न ही कोई यह अधिकारपूर्वक कह सकता है कि सिर्फ़ व्यापक माल उत्पादन (और इस प्रकार कुछ अंश तक मुद्रा-चलन) के कारण इस समाज में पूँजीवाद के लिए स्थिति परिपक्व हो रही थी। (सन्दर्भ : अमानोवा और पावलोव के मत) किसी को भी मार्क्स की यह चेतावनी नहीं भूलनी चाहिए कि उत्पादन के तरीके के रूप में पूँजीवाद (जिसमें उजरती मजदूर को उसके औजारों से अलग करना अनिवार्य है) ऐतिहासिक दृष्टि से व्यापारिक पूँजीवाद का प्रतिवाद है।[29]

अधिक सावधानी से विचार करने पर अवसरवादी मूल्यांकनों को रोका जा सकता है। 17वीं शती के भारत में पूँजीवादी विकास की सम्भावनाओं को देखने पर अगला क़दम कौमों (नेशनालिटी) के उदय की खोज और फिर **शिवाजी** जैसे लूटपाट करने वाले दमनकारी सरदार को मराठा कौम का राष्ट्र नायक मानने की घोषणा होगी।[30]

इस तरह के अन्धे क्षेत्रीयतावाद पूरी तरह अनैतिहासिक हैं और अन्ततः प्रतिक्रियावादी चक्की में दाना डालते हैं। इस प्रकार वे दोनों ही दृष्टियों से गलत हैं।

मार्क्सवादियों को सबसे पहले और सबसे अधिक अपना ध्यान वर्ग संघर्षों पर केन्द्रित करना चाहिए। उदाहरण के लिए 17वीं शती में किसान विद्रोहों के व्यापक प्रमाण हैं और उन बुनियादी कारकों (फैक्टर्स) (उदाहरण के लिए लगान कम करने की माँग) जिनसे उनका उदय हुआ, का विश्लेषण; उन्हें उकसाने या दबाने में ज़मींदारों द्वारा अदा की गयी भूमिका का अध्ययन; और उन विद्रोहों की (जहाँ वे औपचारिक रूप से सफल रहे) प्रगति और आगे के विकास का पता लगाना सबसे महत्त्वपूर्ण है।[31]

जिस क्षेत्र में मार्क्सवादियों को अग्रदूत का काम करना है, वह है तकनीकी शिल्प वैज्ञानिक (टेक्नॉलॉजिकल) विकास का अध्ययन। चूँकि हम उत्पादन के साधनों और उत्पादन के सम्बन्धों के बीच घनिष्ठ सम्बन्ध होने पर जोर देते हैं इसलिए इस क्षेत्र में समुचित कार्य न होने के कारण हमारे सामने भारी रुकावट आती है।

मार्क्सवादी दिशा में काफी कार्य होने के बावजूद हमारा पथ अभी भी बहुत कठिन और बाधाओं से भरपूर है। अवश्य ही इसके अनेक कारण हैं, याने भारत में आधुनिक इतिहास-लेखन की प्रारम्भिक अवस्था, अन्धी राष्ट्रीयता और प्रतिक्रियावादी

विचारों के रंग की परिवर्ती/आनुषंगिक (सेकेण्डरी) पुस्तकों/कार्यों पर गहरी परत; ऐसे विदेशी मार्क्सवादी इतिहास लेखन पर, विशेषकर यूरोप में, संशोधनवाद का उत्तरोत्तर बढ़ता हुआ दबदबा जो हमें अपने खोज/व्यावसायिक कार्य के दौरान अक्सर मिलता है; और अन्त में जिस वर्ग के हितों की रक्षा का झण्डा बुलन्द करने का हम दावा करते हैं, उस वर्ग से हम लोगों में अधिकांश का, जैसे स्वयं मेरा, वास्तविक अलगाव।

हमारा कार्य जितना कठिन है, उतना ही वह उत्तेजनाप्रद और लाभप्रद भी है! यदि हम दृढ़ता के साथ क्रान्तिकारी मार्क्सवाद के आधार पर निरन्तर खड़े रहे, तो कोई कारण नहीं है कि किसी दिन हम प्रतिक्रियावाद द्वारा लादे गये अन्धकार के पर्दे को न चीर सकें और भारत की मेहनतकश जनता के वास्तविक इतिहास को आलोकित न कर सकें।

अंग्रेजी से अनुवाद : भुवनेश्वरी प्रताप

सन्दर्भ

1. देखिए पूँजीवाद के पूर्व आर्थिक विरचनाएँ, पृ. 68-83
2. पूँजी, सम्पादिका डोना टार, पृ. 610
3. हाब्सवाम, पूर्व पूँजीवादी आर्थिक विरचनायें (भूमिका), पृ. 58
4. परिवार आदि की उत्पत्ति, मास्को, 1948, पृ. 248
   पूँजी 1, सम्पादिका डोना टार, पृ. 610
5. नोट 52 के सामने उद्धृत। यह याद रखना चाहिए कि जब एंगेल्स 1888 में कम्युनिस्ट मेनीफेस्टो की इस प्रसिद्ध प्रस्थापना को कि "अभी तक मौजूद समाज का इतिहास वर्ग संघर्ष का इतिहास है", विशिष्ट बताना चाहते थे, तो ऐसा उन्होंने "इतिहास" के पहले "लिखित" विशेषण को जोड़कर उसमें सुधार करके किया और बताया कि इस सामान्य नियम का एकमात्र अपवाद आदिम समाज था, जिसके जीवित अवशेष दोनों महाद्वीपों—भारत से लेकर आयरलैण्ड तक में मिलते हैं। उन्होंने कोई भी भौगोलिक अपवाद नहीं किया।
6. जैसा कि एलफिंस्टन और स्वेल की रचनाओं के उनके नोटों में दिखाया गया है, जो अब अंग्रेजी में 'भारतीय इतिहास पर नोट्स (664-1858)' मास्को एन.डी. के नाम से प्रकाशित हो चुके हैं।
7. देखिए डेनियल थार्नर, "भारत और उत्पादन के एशियाई तरीके पर मार्क्स" भारतीय समाज शास्त्र को योगदान, 1966, पृ. 60-62
8. 1879 में जर्मन सोशल डेमोक्रेटों के नाम एक परिपत्र में मार्क्स और एंगेल्स ने फिर से लिखा कि "लगभग 40 वर्षों से **हम दोनों वर्ग संघर्ष पर इतिहास की फौरी चालक शक्ति के रूप में**, और विशेषकर आधुनिक सामाजिक क्रान्ति के महान् लीवर के रूप में पूँजीपतियों और सर्वहारा के बीच, वर्ग संघर्ष पर बराबर जोर देते रहे हैं।" (मार्क्स और एंगेल्स, पत्र व्यवहार, कलकत्ता, 1945, पृ. 332-3, रेखांकन मेरा) पहले उपवाक्य की प्रस्थापना में एशिया, अफ्रीका, उत्तर और दक्षिण अमेरिका को छोड़ने और अपवाद बनाने के बारे में कोई बकवास नहीं है।
9. देखिए, हाब्सवाम की 'पूँजीवाद के पूर्व आर्थिक विरचनाएँ' की भूमिका पृ. 64, नोट और उसके सन्दर्भ। पेरिस के एम. गोल्डेलियर ने "उत्पादन के विकास के एशियाई तरीके का विचार" और

समाज के विकास की मार्क्सवादी योजना पर एक लम्बा लेख प्रकाशित किया, जिसका संक्षिप्त अंग्रेजी अनुवाद एन्क्वायरी एन. एस. 11 अंक 2, 22-48 और 3, 76-102 में निकला था। सोवियत रूस में भी इस विषय पर ताजी दिलचस्पी की खबरें मिली हैं।

10. मार्क्स द्वारा इन नोटों में और दूसरे समय व्यक्त किये गये विचारों और साथ ही स्वयं अपने द्वारा स्वतन्त्र रूप से इकट्ठे किये गये तथ्यों को एक साथ रखकर गोल्डेलियर एशियाई पद्धति की योजना बनाता है, जो वास्तविकता से शून्य और चालाकी से भरपूर है। देखिए, भारतीय समाजशास्त्र को योगदान।* में डी. थार्नर की समीक्षा, पृ. 63 नोट।
11. विटफोगल, पूर्वी निरंकुशता, पृ. 71
12. हाब्सवाम, पृ. 61 के सामने उद्धृत।
13. वही, पृ. 34
14. एन्क्वायरी एस.एन. II, 3, पृ. 38, हाब्सवाम से अलग गोल्डेलियर का विश्वास है कि पश्चिमी दास प्रथा का विकास एशियाई समाज से हुआ।
15. विटफोगल की स्वयं मेरी समीक्षा : एन्क्वायरी 6, पृ. 54-73 (विटफोगल के पूर्वी निरंकुशता के सिद्धान्त की परीक्षा) में देखी जा सकती है।
16. मार्क्स और एंगेल्स, चुना हुआ पत्र व्यवहार, 1846-1895, कलकत्ता, पृ. 363
17. दुर्भाग्य से स्वयं विटफोगल की निहित स्वार्थपूर्ण कलम से दिये गये उद्धरणों को छोड़कर इन बहसों की कोई रिपोर्ट अंग्रेजी में उपलब्ध नहीं है। पृ. 402-404 पर उद्धृत।
18. अधिकारी सोवियत भारत विशेषज्ञों का इसलिए विश्वास है कि "मार्क्स और एंगेल्स की रचनाओं में भारतीय सामन्त प्रथा के कुछ ऐसे विशिष्ट लक्षण हैं, जिनका **सुव्यवस्थित तौर पर कार्य के लिए** बुनियादी महत्त्व है।" (वी. पावलोव, **भारतीय पूँजीपति वर्ग, एक ऐतिहासिक अध्ययन**, दिल्ली, 1964, पृ. 1-रेखांकन मेरा) जो भी कार्ल मार्क्स की वास्तविक रचनाओं से परिचित है, वह इसकी असंगति स्पष्ट देख सकता है।
19. रीजनर की रचनाएँ, जिनके सन्दर्भ मैंने देखे हैं, अंग्रेजी में नहीं छपी हैं। स्मिथ का अग्रदूत निबन्ध "मुग़ल साम्राज्य में निम्न वर्ग के विद्रोह" **इस्लामिक कल्चर**, कलकत्ता, 1994, पृ. 21-40 में निकला था। उनके इससे पहले के लेख "मुग़ल साम्राज्य और मध्य वर्ग", वही पृ. 349-63 के साथ पूर्वोक्त निबन्ध से किसी को भी इसमें सन्देह की गुंजाइश नहीं रह जाती है कि वह 17वीं शती पर सामन्त प्रथा के अन्तिम चरण के रूप में विचार कर रहे थे, जिसमें पूँजीवाद के बीज निहित थे।
20. किसानों के ऐसी शोषण प्रणाली के अध्ययन के लिए सन्दर्भ : मेरी "मुग़ल भारत में कृषि प्रणाली" बम्बई, 1963
21. **पूँजीवाद के विकास का अध्ययन**, पृ. 35
22. **भूदास प्रथा से पूँजीवाद में संक्रमण : एक परिसंवाद**, लन्दन III, पृ. 2 और अन्य सन्दर्भ।
23. **माओ त्ज़े तुंग, चुनी हुई रचनाएँ**, लन्दन, 1954 III, पृ. 74
24. कौसाम्बी, भारतीय इतिहास के अध्ययन की भूमिका
25. सन्दर्भ : गोल्डेलियर द्वारा यूरोपीय सामन्तवाद और दूसरी प्रणालियों पर उसकी श्रेष्ठता की स्तुति का ठीक यही कारण है (एन्क्वायरी, II.3 पृ. 75)
26. सन्दर्भ : माओ त्ज़े तुंग, 77-82 के सामने उद्धृत।
27. जे. नीथम, चीन में विज्ञान और सभ्यता, I, 2 कैम्ब्रिज, 1965, पृ. 6-8
28. जब हाब्सवाम बिना किसी ब्यौरेवार औचित्य के यह कहता है कि "ऐतिहासिक भौतिकवाद के सामान्य सिद्धान्तों के लिए सिर्फ़ उत्पादन के तरीकों में एक के बाद दूसरे के उदय होने का एक क्रम होना चाहिए, हालाँकि यह जरूरी नहीं है कि वे विशेष निश्चित तरीके ही हों और शायद

किसी विशेष पूर्व निर्धारित क्रम में ही हों" (पूँजीवाद से पूर्व आर्थिक विरचनाएँ, पृ. 19-20) तो भी इसमें कोई अपवाद नहीं किया जा सकता।

29. पूँजी III, मास्को, 1959, पृ. 322, मार्क्सवादी ग्रन्थ का यह सारांश कुछ अंशों में 26 जुलाई 1966 के टाइम्स लिटरेरी/सप्लीमेण्ट में प्रकाशित मेरे सारांश को उद्धृत करता है, और मेरे उस व्यापक सारांश पर आधारित है, जो सेमीनार 39, **पास्ट एण्ड प्रेजेण्ट** और **एन्क्वायरी** एन.एस. II, 3, पृ. 21-75 ("अंग्रेजों के पहले भारत में भूसम्पत्ति का वितरण") में प्रकाशित हुआ था और जिसमें पूरे सन्दर्भ मिल सकते हैं।

30. पीपुल्स पब्लिशिंग हाउस शिवाजी को ऐसा ही राष्ट्रीय नायक मानता था और उनके सम्मान में उनके राज्याभिषेक के अवसर पर संस्कृत में लिखी गयी एक लम्बी संस्कृत कविता का संस्मरण भी उसने निकाला था, हालाँकि उसमें एक दरबारी कवि की अतिशयोक्ति के अलावा ऐतिहासिक मूल्य की दृष्टि से कुछ भी नहीं है। **न्यू एज** ने एक बार शिवाजी को, वे जो कुछ भी थे, अर्थात् दमनकारी कहने के लिए मोरारजी के बारे में भला-बुरा भी लिखा था।

31. चीन में किसान विद्रोहों की ऐतिहासिक सार्थकता से तुलना बहुत दिलचस्प साबित होगी (सन्दर्भ : माओ त्ज़े तुंग, **चुनी हुई रचनाएँ**, III, पृ. 75-76)

इतिहास के तथ्य और इतिहास का बोध

भगवान सिंह

न तो इतिहासहीन समाज का भविष्य होता है, न ही भविष्यहीन समाज का इतिहास। केवल वर्तमान में जीने वाले समाज के पास न तो इतिहास होता है, न ही भविष्य। और वर्तमान? वह तो मात्र एक संकल्पना है—वास्तविकता के स्तर पर मात्र एक प्रक्रिया जो पकड़ में आने के साथ हाथ से छूट जाती है और बोध के स्तर पर तीन चौथाई अतीत और एक चौथाई भविष्य। केवल संकट के घोर क्षणों में—युद्ध और आपदा में, सामाजिक क्षय और निजी हताशा के दौर में—वर्तमान अपने क्षणवादी रूप में अतीत और भविष्य दोनों से शून्य होकर प्रधान हो उठता है। युद्ध की भूमि पर खड़ा होकर ही कोई कृष्ण पण्डितों की ऐसी परिभाषा कर सकता है जो गत और आगत की चिन्ता नहीं करते। ऐसे क्षणों में केवल काल ही नहीं सिकुड़ता स्थान या दिक्प्रसार भी सिकुड़ कर चिड़िया की आँख की कनीनिका मात्र रह जाता है। हमें केवल हमारा लक्ष्य दिखाई देता है। अन्य सभी विचार और चिन्ताएँ लुप्त हो जाती हैं। देश, समाज, नैतिकता, मनुष्यता सब कुछ गौण और अपना जैव अस्तित्व, अपना पशु प्रधान।

आज जब सुपठित और जागरूक माने जाने वालों का भी एक बड़ा हिस्सा इतिहास की ओर दृष्टि डालने को अतीतग्रस्तता का पर्याय मानता दिखाई देता है तो हम सोचने को बाध्य होते हैं कि क्या हम सचमुच संकट के ऐसे ही दौर से गुजर रहे हैं। उसकी दृष्टि में इतिहास के अज्ञान का अर्थ होता है वर्तमान का गहरा ज्ञान और भविष्य की अन्तर्दृष्टि। **'यदि आप पीछे देखना बन्द कर दें तो दृष्टि आगे ही तो जाएगी!'** देखने का एक ऐसा भी रूप होता है जिसमें आँखें खुली रहने पर भी आत्मग्रस्त होने के कारण कुछ भी दिखाई न दे, इसकी ओर उसका ध्यान ही नहीं जाता। वह समझदारी की अपनी परिभाषा के अनुसार सीखे और जाने हुए इतिहास को अन-सीखा और अन-जाना करने लगता है।

यदि यह नकार समग्र इतिहास के नकार के रूप में आता तो हम इसे किसी ऐसे संकट के रूप में ग्रहण कर सकते थे जो वर्तमान से कोई गहरा सम्बन्ध रखता

है। परन्तु इसकी अभिव्यक्ति मात्र उस इतिहास को नकारने के रूप में होती है जो अतीत के उस खण्ड से सम्बन्ध रखता है जिसे लम्बे समय तक 'अहो-अहो' कहकर सराहा जाता रहा है और जिसकी विकृतियों को या तो अनदेखा कर दिया जाता रहा है या दबे स्वर से स्वीकार करते हुए किसी न किसी बहाने उचित ठहराने का प्रयत्न किया जाता रहा है। कहें, इतिहास की यह निषेधवादी दृष्टि अति-अतीतवादी के विरुद्ध, प्रतिक्रिया है, न कि एक सुविचारित निर्णय की उपज।

इस निषेधवादी दृष्टि की एक अन्य परिणति होती है, ऐसी किसी चीज को बढ़ कर सराहने की प्रवृत्ति, जिसे कहीं बाहर से हासिल किया हुआ सिद्ध किया जा सके। यह पहली प्रतिक्रिया का ही एक भिन्न रूप है और है उन लोगों को जवाब देने का एक प्रयत्न, जो मोटे तौर पर 'अहो-वादी' कहे जा सकते हैं। इसी का एक अन्य रूप है प्राचीन इतिहास से केवल उसकी विकृतियों को उभारते हुए, उपलब्धियों को जहाँ तक सम्भव हो, दबे स्वर में स्वीकार करते हुए अहोवाद को 'छीः धिक्-वाद' से स्थानान्तरित करना। यह प्रवृत्ति अनजाने ही ठीक उस काल से बाद के इतिहास को और इसकी उपलब्धियों को अधिक उज्ज्वल बनाकर रख रखती है जब से भारत पर विदेशी आक्रमणों का सिलसिला आरम्भ हुआ। यह भी अपने आप में एक विशेष दृष्टि के विरुद्ध एक प्रतिक्रिया ही है जिसमें इन आक्रमणों को राष्ट्रीय स्वाभिमान पर चोट के रूप में और पहले से चले आ रहे विविध क्षेत्रों के विकासों में अवांछित व्यवधान के रूप में ही देखा जाता रहा है।

जब हमारे एक प्रबुद्ध मित्र पूरे आत्मविश्वास से और तदनुरूप वितृष्णा के साथ कहते हैं, "हमारे यहाँ सूई तक तो थी नहीं, यहाँ था क्या?" और एक अन्य मित्र कहते हैं, "बाबरनामा के अनुसार यहाँ रोटी बनाना तो लोग जानते नहीं थे, गेहूँ यहाँ भला कहाँ पैदा होता रहा होगा।" और एक तीसरे मित्र कहते हैं, "हड़प्पा काल में पहली बार पहिये का आविष्कार हुआ, उसके बाद से कुछ हुआ ही नहीं।" तो हम इस बात पर चकित होते हैं कि इस तरह की प्रतिक्रियाओं ने किस सूक्ष्म ढंग से एक अन्धे-ज्ञान का रूप ले लिया है जिसमें स्वयं इन मित्रों की जानकारी का ही निषेध हो रहा है। ये सभी सुपठित और विचारशील रचनाकार हैं जो अपनी रचनाओं के माध्यम से दुनिया-जहान को उलट-पुलट देना चाहते हैं। इनमें से एक, एक प्रख्यात पत्र के सम्पादक और दूसरे प्रोफेसर; और तीसरे, एक पूर्व सम्पादक, उपन्यासकार व सम्मानित पदाधिकारी। अतः यह बात तो सोची भी नहीं जा सकती कि वे यह नहीं जानते कि वे जो कुछ कह रहे हैं, वह सच नहीं है और इसके बावजूद हम पाते हैं कि ज्ञान का स्थान एक अन्धबोध ने ले लिया है, जिसकी शक्ति और दबोच का उन्हें पता तक नहीं।

दूसरे शब्दों में कहें तो हमारे पहले मित्र के पूरे प्राचीन इतिहास को सूई की नोक पर उठाकर किनारे फेंक देने के पराक्रम के पीछे अज्ञान न होते हुए भी पंचवर्षीय

योजनाओं की प्राथमिक सफलताओं को गिनाने के लिए बार-बार दुहराये जाने वाले उस वाक्य का हाथ जरूर हो सकता है, जिसमें बताया जाता था कि हमारे देश में जहाँ एक सूई तक नहीं बनायी जाती थी, वहाँ हमने इस्पात के विशाल संयन्त्र निर्मित कर लिए हैं। इस प्रचार के साथ इस बोध का जुड़कर एक स्थिर मत का रूप ले लेना स्वाभाविक है कि प्राचीन भारत में सिले कपड़े तो पहने ही नहीं जाते थे—चोली तक नहीं। अब भले ही इस लेखक के अपने ही मस्तिष्क के किसी दूसरे खाने में अति प्राचीन काल से चले आ रहे सूचीभेद्य अन्धकार, प्राचीन कलाओं में सूचीकर्म, कृमियों में सूचीमुख; **सूच्यग्र-सूच्यग्र न दास्यामि विना युद्धेन केशव**, सूचना और सूच्य जैसे प्रयोग संचित हों, जो किसी दूसरे सन्दर्भ में स्मरण भी आएँगे ही, पर इस समय उसके अन्तःसंचार का सूत्र इस तरह कट जाता है कि वह सचमुच यह मानकर चलता है कि प्राचीन भारत में सूई का प्रचलन नहीं था। उसे रुक कर यह सोचने की भी फुर्सत नहीं कि धोती और साड़ी ही सही इनमें खरोंच आते ही इन्हें फेंक तो दिया नहीं जाता रहा होगा, अतः कम से कम गरीबों ने चिथड़ों से अपनी लाज ढँकने के लिए सिलने और पैबन्द लगाने का कोई तरीका तो निकाला ही होगा और यह सूई से छोटी किसी चीज के द्वारा सम्भव न था। सबसे बड़ी बात यह कि जिस धातुविद्या और इस्पात के मामले में अपनी प्रगति का प्रचार करने के लिए 'सूई तक नहीं बनती थी' का जाप किया जा रहा था, उसी क्षेत्र में अपने समकालीन जगत् के महान् आश्चर्य अशोक के लौहस्तम्भ के विषय में तो उन्हें निश्चय ही ज्ञान रहा होगा, जिसमें इस्पात की निन्यानबे प्रतिशत शुद्धता आज भी विस्मय की चीज बनी हुई है। हमारे सम्पादक मित्र को सूई न सही कुछ तो दिखाई दे ही सकता था, पर इस लौह स्तम्भ की बात इतने गर्व से इतने बार दुहरायी गयी है कि अतिआवृत्ति से उत्पन्न बोरियत ने, निषेधवाद के ठीक इस क्षण में, इस तथ्य को भी स्मृति पटल से उड़ा कर साफ़ कर दिया और यदि कोई उन्हें इसकी याद दिलाता भी तो इससे वह अपनी प्रतिक्रिया में सुधार करने के स्थान पर किसी और युक्ति से अपने कथन पर अडिग बने रहने का बहाना निकाल ही लेते। यह मात्र अनुमान की बात नहीं है। मैंने जब उनको बताया कि सूई से भारत बहुत प्राचीन काल से परिचित है और ऋग्वेद में भी ठीक सिलाई का ही काम करने वाली, छेद देने वाली सूई का प्रमाण मिलता है तो उन्होंने और भी तिरस्कार के साथ कहा, "ऋग्वेद में तो पता नहीं किन-किन चीजों का प्रमाण ढूँढ़ लेते हैं लोग।" गरज कि हजार प्रमाण एक ओर, हमारे मन की यह धारणा सबसे ऊपर।

अतः प्रश्न जानने या न जानने का नहीं, मानने या न मानने का है। इसीलिए लाख बहस करके भी आप न तो दूसरे मित्र को कम-से-कम उस खास क्षण में जब वह रोटी की वे किस्में जो बाबर को पसन्द थीं, भारत में अदृश्य पाकर भारत को गेहूँ तक से अपरिचित सिद्ध करने पर तुले हुए थे, आप न तो प्राचीनतर ग्रन्थों से

गेहूँ के हवाले देकर अपनी बात से कायल कर सकते थे, न ही यह कहकर कि रोटी बनाने के लिए गेहूँ का होना जरूरी शर्त भी नहीं है—यह जौ, बाजरा, ज्वार और बेसन की भी बनायी जा सकती है और आज भी बनायी जाती है। आप उन्हें यह भी नहीं समझा सकते थे कि किसी क्षेत्र में किसी चीज का प्रयोग यदि बहुत जतन से और कौशल से किया जाता है तो यह इसके उस क्षेत्र में किंचित् दुर्लभ होने का भी प्रमाण है। पंजाब का आदमी जली अधपकी रोटियाँ भी खा लेगा पर बंगाली उसे लूची से कम की शर्त पर नहीं अपनाएगा। बंगाली मोटा-पतला, जैसा भी चावल हो, खा लेगा, पर पंजाबी जब चावल खाएगा तो बासमती और वह भी पुलाव या बिरयानी से नीचे नहीं। अतः यदि बाबर के क्षेत्र में सामन्तों को विविध प्रकार की रोटियों का स्वाद मालूम था तो जरूरी नहीं कि आम जनता को गेहूँ की रोटियाँ ही नसीब होती रही हों। उनकी रोटी राई की भी हो सकती थी जिसके लिए घास के मैदान उपयुक्त इलाके थे। प्रश्न तर्क या प्रमाण का है ही नहीं। अतः आप तीसरे रचनाकार को यह नहीं समझा सकते हैं कि भाप की शक्ति का पता चलने से पहले तक पूरी दुनिया घोड़ागाड़ी और बैलगाड़ी की रफ्तार से ही चल रही थी और उसकी समग्र उपलब्धि को देखते हुए भारत को अकिंचन नहीं कहा जा सकता था। इसके बाद आविष्कारों और नये अनुसन्धानों का विस्तार नहीं अपितु विस्फोट-सा हुआ है और यह विस्फोटकता भी इतनी तेज होती गयी है कि आज के बिन्दु से यदि पीछे मुड़ कर देखें तो पुरानी दुनिया का सब-कुछ न-कुछ के बराबर लगेगा। परन्तु इस न-कुछ के भीतर जो कुछ छिपा है उसको दुनिया समझे और जाने बिना बाद के विकासों को पूरा सम्मान नहीं दिया जा सकता।

परन्तु इतिहास को नकारने के पीछे यदि आधुनिक युग के वैज्ञानिक प्रयासों का ही हाथ होता तो हम इसे मूल्यांकन की एक भिन्न दृष्टि मान सकते थे, अन्धप्रतिक्रिया मानने की विवशता नहीं होती। यह अन्धप्रतिक्रिया यदि कम पढ़े-लिखे लोगों के बीच पायी जाती तो अपेक्षाकृत अधिक व्यापक जनसमाज में फैली होने के बावजूद इतनी विकट नहीं प्रतीत होती। यह विशेष रूप से प्रबुद्ध समाज के उस हिस्से में पायी जाती है जिसे मोटे तौर पर पश्चिमी सोच का कायल माना जा सकता है और इसलिए जिसने अपने अनजाने या सचेष्ट रूप में उपनिवेशवादी चिन्तन को आत्मसात किया है। साहित्यकारों और कलाकारों में कुछ हद तक बुद्धिजीवी वर्ग में इसकी एक वजह यह भी है कि स्वाधीनता प्राप्ति के ठीक बाद पश्चिमी जगत् से एक स्वतन्त्र देश के रूप में सम्पर्क ने उन मानसिक अवरोधों को ढीला किया जो पाश्चात्य विचारों के ग्रहण में बाधक थे और जिनके कारण प्रत्येक मामले में किसी भारतीय विकल्प की तलाश करनी होती थी जो हमारी राष्ट्रवादिता का अंग था। पर पश्चिम के समकक्ष आने की स्पर्धा ने पश्चिम की हर चीज को आत्मसात करने की जो लहर पैदा की, उसमें हमारे बुद्धिजीवी वर्ग ने विवेकहीन ढंग से अनुकरण किया

और साहित्य और कला में ही नहीं समाजशास्त्र और अर्थशास्त्र में भी पश्चिमी जगत् के यथार्थ को ही अपना यथार्थ, उनके अपने समाज को लेकर किये गये विश्लेषणों को ही हमारे अपने समाज के लिए पर्याप्त मानकर एक नव उपनिवेशवादी रुझान के शिकार हुए। रचनाकारों में जो अस्तित्ववाद, अतियथार्थवाद आदि से सीधे प्रभावित हुए उनकी तो बात ही अलग है, शेष पर भी इसका सूक्ष्म प्रभाव पड़ा और जिस अतिवर्तमानवादी क्षणवाद की हम चर्चा कर आये हैं वह भी इसी क्रम में बुद्धिजीवियों की चेतना पर हावी हुआ। वामपन्थी रुझान के प्रबुद्धजन भी इस पश्चिम केन्द्री प्रभाव में मार्क्सवाद को आँख बन्द करके अपनाने के कारण आये और, इसलिए, मार्क्सवादी इतिहासकारों को भी हम इसका अपवाद नहीं पाते। सच बात तो यह है कि मार्क्सवादी इतिहासकारों ने इस अन्धप्रतिक्रिया को बढ़ाने और श्लाघ्य बनाने में एक प्रमुख भूमिका निभायी है।

यदि कहीं पर कुछ न हो और लोगों को वहाँ रोशनी डालकर दिखाया और बताया जाए कि कुछ वहाँ नहीं है तो इसे स्वीकार करने में लोगों को आपत्ति नहीं होती। इसके विपरीत यदि रोशनी के खेल से यह दिखाया जाए कि वहाँ कुछ है या जो कुछ है वह असाधारण और विराट है तो वे प्रसन्न होकर इसे स्वीकार तो कर लेते हैं पर विवेक के क्षणों में वे उलझन में पड़ जाते हैं। परन्तु यदि कुछ हो और उस पर किसी सदिच्छा के कारण भी परदा डालकर छिपाते हुए यह बताया जाए कि वहाँ कुछ भी नहीं है और उन्हें इसका आभास हो जाए कि उनसे वास्तविकता को छिपाया जा रहा है तो उनके मन में उस विशेष मामले में अविश्वास ही नहीं पैदा होता अपितु ऐसे लोगों द्वारा जो कुछ भी सही सिद्ध किया या माना जाता है, उसके प्रति भी अविश्वास पैदा होता है! जब-तब तो यह विकर्षण का रूप भी ले लेता है। भारतीय बुद्धिजीवी वर्ग का बहुत बड़ा हिस्सा मार्क्सवादी आदर्शों और विचारों का सम्मान करने के बावजूद मार्क्सवाद के प्रति प्रकट या गोपन खीझ का अनुभव करता रहा है तो उसका एक प्रधान कारण मार्क्सवादी इतिहासकारों का प्राचीन इतिहास और भारतीय परम्परा के प्रति किंचित तिरस्कारपूर्ण रवैया भी रहा है। इससे नीचे के स्तर पर यदि मजदूरों के एक छोटे से हिस्से को छोड़कर जो लाल झण्डे और **'लाल देह लाली लसै'** वाले दानव-दलन-कपि-सूर के बीच ताल-मेल बैठाने में सफल रहे हैं, शेष भारतीय समाज में मार्क्सवाद का प्रवेश न के बराबर रहा तो उसका भी एक कारण यही है। यदि पूरा समाज भी उतना ही प्रबुद्ध और निःसंग होता, जितना हमारा पश्चिमी रुझान का और विशेषतः वामपन्थी बुद्धिजीवी वर्ग रहा है, तो समस्या भिन्न होती। मानव समाज यदि शुद्ध चेतना का ऐसा पुंज होता, जिसे यह समझाने पर कि इतिहास से पूरी तरह मुक्त हो जाने पर हम अतीत की बेड़ियों से मुक्त होकर अपनी पूरी मानसिक ऊर्जा और शारीरिक शक्ति को आगे बढ़ने में लगा सकते हैं और आगे बढ़ने की यह परिकल्पना सचमुच निर्दोष होती और वह

एक अच्छे बच्चे की तरह इसे मान कर दवा के कड़वे घूँट की तरह पी जाता तो कोई भी समस्या नहीं रहती। पर न तो यह सही दृष्टि है, न समाज इस तरह सोचता और समझता है, न वह केवल तर्क से परिचालित होता है, न आगे बढ़ने की यह दृष्टि सही है, अतः इतनी सारी कुर्बानियाँ देकर समाज मार्क्सवाद के पास आकर इसे समझता, इससे अधिक जरूरी था कि स्वयं मार्क्सवादी विचारक और इतिहासकार अपने समाज को समझते, उसके इतिहास को समझते, उसकी भौतिक ज़रूरतों के साथ उसकी सांस्कृतिक ज़रूरतों को समझते और एक वस्तुपरक और वैज्ञानिक दृष्टिकोण लेकर काम करते, जिसकी ज़रूरत नहीं समझी गयी। यहाँ तक कि यह देखकर कि अन्य देशों के मार्क्सवादी विचारकों ने केवल आर्थिक शोषण की बात की है क्योंकि वहाँ शोषण का यही ज्ञात रूप रहा है। भारतीय मार्क्सवादी विचारकों ने सामाजिक शोषण के रूपों को अपने कार्यक्रम में प्रमुखता से कभी स्थान ही नहीं दिया, जब कि इसके बूते पर ही वे समाज के उस विशाल वर्ग के भीतर प्रवेश पा सकते थे, जो गाँवों से लेकर शहरों तक फैला था और दुहरे शोषण का शिकार था।

हम मार्क्सवादी सिद्धान्तों के बल पर एक नया संसार बनाने की बात कर रहे थे पर हमें उस कच्चे माल का पता नहीं था, जिससे यह नया संसार बनना था। हम नया इंसान बनने की बात कर रहे थे पर यह जानने की कोशिश नहीं कर रहे थे कि वह किन विचारों, संस्कारों, सामाजिक अनुभवों और विकृतियों से किन रूपों में जकड़ा है। हमारी मोटी समझ यह रही है कि जैसे रूस के दिन फिरे वैसे ही हमारे भी फिर जाएँगे। जो कुछ रूस में हुआ, वह हमारे यहाँ भी हो जाएगा। अब सम्भवतः वे भी मानेंगे कि ऐसा न हो तो ही अच्छा। यह एक भाववादी रुख था, जो आज भी किसी न किसी रूप में बना हुआ है। इतिहासकारों को इसका अपवाद नहीं माना जा सकता। उन्होंने अपने क्षेत्र में इस भाववाद को इसकी चरम स्थिति तक पहुँचा दिया और प्राचीन इतिहास की उपलब्धियों के प्रति लगाव रखने वालों को प्रतिक्रियावादी, अन्ध-राष्ट्रवादी, सम्प्रदायवादी आदि कहकर उनकी भर्त्सना करते रहे और अपनी व्याख्याओं में उन तथाकथित राष्ट्रवादियों और अन्धराष्ट्रवादिसों की स्थापनाओं को उलटने के प्रयत्न में एक काल्पनिक इतिहास गढ़ते रहे। यह काल्पनिक इतिहास वैज्ञानिक इतिहास के नाम पर गढ़ा जाता रहा, यह भी इतिहास का एक व्यंग्य है।

कोसाम्बी इतिहास की भूमिका के विषय में लिखते हैं, "इतिहासकार का काम न तो अतीत को प्यार करना है, न ही अतीत से पिण्ड छुड़ाना बल्कि उसका काम है इतिहास को वर्तमान को समझने की कुंजी के रूप में समझना और इस पर महारत हासिल करना। महान् इतिहास...ठीक उस समय लिखा जाता है, जब इतिहासकार की दृष्टि वर्तमान समम्याओं की अन्तर्दृष्टि से आलोकित होती है। ...इतिहास से ज्ञान अर्जित करना कभी केवल इकहरी प्रक्रिया नहीं होता। वर्तमान को अतीत की

रोशनी में जानने का अर्थ है अतीत को वर्तमान की रोशनी में जानना। इतिहास का काम वर्तमान और अतीत के बीच के अन्तःसम्बन्धों के माध्यम से इन दोनों की अधिक गहरी समझ अर्जित करना है।"

सिद्धान्त रूप में यह इतिहास के प्रति एक विवेकपूर्ण दृष्टि को प्रकट करता है पर यह अपने आप में पर्याप्त नहीं है। कारण वर्तमान की रोशनी में इतिहास को देखने की कोशिश इस रूप में भी सामने आ सकती है कि विमान, विद्युत-ऊर्जा और परमाणु शक्ति से परिचित होने के बाद वेदों में भी इसके प्रमाण ढूँढ़ लिए जाएँ और इतिहास की रोशनी में वर्तमान को देखने की कोशिश में मध्यकाल से लेकर बाद तक चले आ रहे साम्प्रदायिक तनावों और टकरावों को और केवल तनावों और टकरावों को, इस रूप में पेश किया जाए कि एक सम्प्रदाय दूसरे की नजर में राक्षस प्रतीत होने लगे। इस तरह के विश्लेषण में जो सबसे बड़ी कमी होती है, वह है अपनी इच्छा या ध्येय के अनुरूप कुछ सीमित तथ्यों को चुनकर एक कामचलाऊ ढाँचा तैयार कर लेना और फिर इसके मेल में लाने के लिए दूसरे सभी तथ्यों को काट-मरोड़ कर पेश करना। इससे बचने का एक मात्र उपाय है कि वह अपने पवित्रतम आग्रहों को भी संयत रखते हुए तथ्यों और घटनाओं की समग्रता को सम्मान देते हुए एक वैज्ञानिक की तरह तटस्थभाव से उनका विश्लेषण करना और उनकी प्रकृति को समझ लेने के बाद यह तय करना कि हमारी वर्तमान समस्याओं के समाधान में इस ज्ञान का क्या उपयोग हो सकता है। इस अपेक्षा की पूर्ति मार्क्सवादी इतिहासकार भी नहीं कर पाये हैं।

यह याद रखना जरूरी है कि सभी गैरमार्क्सवादी इतिहासकार प्रतिक्रियावादी और पुनरुत्थानवादी ही नहीं रहे हैं और उनका समस्त लेखन कूड़े का ढेर नहीं है। इन इतिहासकारों में अनेक की अकादमिक हैसियत उनका उपहास करने वाले 'मार्क्सवादी' इतिहासकारों से भारी पड़ेगी। सच बात तो यह है कि जिन्हें हम राष्ट्रवादी इतिहासकार कहकर खारिज कर देते हैं, वे स्वयं पाश्चात्य विद्वानों के दबाव से बाहर आने की छटपटाहट के बावजूद उनके दबाव में ही काम कर रहे थे। यह दबाव केवल इस रूप में नहीं था कि साधन, सुविधाएँ, पद और अकादमिक प्रतिष्ठा सब कुछ उपनिवेशी शासकों और विद्वानों के हाथ में थी। इसका एक बहुत बड़ा कारण यह भी था कि प्राचीन भारत की मूल कृतियों का भी अनुवाद, विवेचन, कोश-निर्माण आदि का काम मुख्य रूप से उनके द्वारा ही किया गया था और किया भी इतने मनोयोग के साथ गया था कि उनसे असहमति प्रकट करना या उनका उन्मूलन करना इतना आसान नहीं था। अतः जहाँ तथाकथित राष्ट्रवादी इतिहासकार अतीत भारत की किन्हीं विशेष उपलब्धियों की बात करते हैं, वहाँ भी वे एक सम्भ्रम की स्थिति में दिखाई देते हैं और जब तब तो उनकी उलझन इतनी बढ़ जाती है कि उनकी स्थापनाएँ परस्पर असम्बद्ध प्रतीत होती हैं। मार्क्सवादी इतिहासकार स्वयं भी इस

सम्भ्रम और उपजीविता के शिकार रहे हैं क्योंकि इनमें से अनेक ने तो मूल कृत्यों का सामना करने तक का साहस नहीं किया है और इसके बावजूद साहसिकता के निकट पहुँचने वाली 'मौलिक स्थापनाएँ' दे डाली हैं।

हम इतिहास के सायास निषेध की जिस प्रवृत्ति का उल्लेख कर आये हैं उसके मूल में पाश्चात्य उपनिवेशवादी इतिहासकारों और धर्मप्रचार के लिए व्यग्र मिशनरियों की व्याख्याएँ रही हैं। स्वयं मार्क्स ने भी भारतीय समाज और इतिहास के विषय में अपनी राय इन्हीं के विवरणों के आधार पर बनायी थी। उनका उद्देश्य भारतीय समाज को निसर्गजात रूप में सभी योग्यताओं से शून्य सिद्ध करते हुए अपनी श्रेष्ठता सिद्ध करना और अपने हितों की रक्षा और विस्तार करना था। दुनिया का कोई बड़ा देश ऐसा नहीं है, जिसके पूरे विस्तार में सामाजिक विकास की गति समान रही हो या जिसमें एकाधिक नृजातियों का निवास न हो या जिसमें एकाधिक बोलियाँ न बोली जाती रही हों या जो बाहरी आक्रमण से अप्रभावित रहा हो। स्वयं ब्रिटेन जैसा छोटा सा देश भी जिसमें अलग-अलग समयों पर केल्ट, सैक्सन और नार्डिकजनों ने और रोम, फ्रांस आदि देशों ने आक्रमण करके उसकी समाज रचना और भाषा आदि को प्रभावित किया, इसका अपवाद नहीं। पर भारतीय सन्दर्भ में इसके समन्वयमूलक पक्ष की तुलना में इसके वैविध्य को बार-बार रेखांकित करते हुए इसे यथासम्भव छोटे-से-छोटे टुकड़ों में बाँट कर देखने-दिखाने और इन टुकड़ों को एक-दूसरे के विरुद्ध उभार कर सतत टकराव की स्थिति में रखने के प्रयत्न निरन्तर जारी रहे, जिसे उपनिवेशवादियों की 'फूट डालो और राज्य करो' की नीति कहा जाता है।

राष्ट्रवादी इतिहासकारों की व्याख्याओं में और जो भी कमियाँ दिखाई दें, उन्हें इस बात का श्रेय तो देना ही होगा कि वे इस षड्यन्त्र को पहचानकर इसके विरुद्ध संघर्ष कर रहे थे। मार्क्सवादी इतिहासकारों के विषय में और जो कुछ भी कहा जाए, यह तो स्वीकार करना ही होगा कि उन्होंने इस षड्यन्त्र को पहचानते हुए भी राष्ट्रवादिता के खतरों से आतंकित हो कर ठीक वही जमीन अपनायी जो मोटे तौर पर उपनिवेशवादियों की थी। उनको भारत को एक विशाल देश के स्थान पर अनेकानेक जातीयताओं वाले एक उपमहाद्वीप के रूप में देखने का भारतीय अतीत का लगभग वैसा ही चित्रण करने का, जो उपनिवेशवादी इतिहासकारों की व्याख्याओं में पाया जाता है और उनके द्वारा धर्म के आधार पर नितान्त कृत्रिम रूप में गढ़े गये दो राष्ट्र के सिद्धान्त को तूल देने का दोषी तो मानना ही होगा। यदि उनके द्वारा किया गया ऐतिहासिक विवेचन वैज्ञानिक होता या यदि इससे मार्क्सवाद के प्रसार में किसी तरह की मदद मिली होती तो यह चूक क्षम्य भी मानी जाती। परन्तु इससे वर्गचेतना के उभार के स्थान पर धर्मचेतना को बल मिला, अलगाववाद की जड़ें गहरी हुईं, क्षेत्रवाद पनपा, इतिहास की समझ कुण्ठित हुई और न केवल देश का विभाजन हुआ अपितु विभाजित देशों में भी विघटनकारी शक्तियों और प्रवृत्तियों

को प्रोत्साहन मिला, यह अपने आप में मार्क्सवादी विचारकों और इतिहासकारों की सोच और समझ पर एक दुखद टिप्पणी है।

यह एक रोचक बात है कि मार्क्सवादी इतिहासकार जब सिद्धान्त की बात करते हैं तब वे सुलझे हुए दिखाई देते हैं पर व्यवहार में आते ही राष्ट्रवादी इतिहासकारों से भी अधिक उलझे और अन्तर्विरोधों के शिकार सिद्ध होते हैं। सिद्धान्त उन्हें उधार मिला था। अमल उनकी अपनी सूझबूझ पर निर्भर करता था और इसमें वे मार्क्सवादी न रहकर एक खास अर्थ में भाववादी और किंचित् प्रतिक्रियावादी सिद्ध हो जाते हैं। यहाँ पहुँच कर कुछ मामलों में उनके और राष्ट्रवादी इतिहासकारों के बीच की भेद-रेखा समाप्त हो जाती है। यदि राष्ट्रवादी प्राचीन भारत के विषय में उपनिवेशवादी इतिहासकारों को अनुदार मानते हुए, उनकी स्थापनाओं को बदलने की छटपटाहट अनुभव करते हुए, हर तरह की सीधी-टेढ़ी दलील जुटाने के लिए प्रयत्नशील थे, तो मध्यकाल के विषय में उन्हीं की स्थापनाओं से लगभग पूरी तरह सहमत। दूसरी ओर मार्क्सवादी इतिहासकार प्राचीन काल के विषय में उपनिवेशवादियों की स्थापनाओं से मोटी तौर पर सहमत, पर मध्यकाल के विषय में उनको अनुदार मानकर ठीक उसी तरह की दलीलें जुटाने को व्यग्र। हम कह सकते हैं कि मार्क्सवाद के साथ ही उनके सरोकारों में से एक सरोकार साम्प्रदायिक सौहार्द भी था, और यह अपने आप में एक सराहनीय बात है परन्तु प्राचीन भारत के विषय में उनकी दृष्टि ने हिन्दू समाज के बहुत बड़े हिस्से को उदासीन ही नहीं बनाया अपितु क्रमशः हिन्दू सम्प्रदायवादियों की ओर उन्मुख किया। मुस्लिम सम्प्रदाय में इसकी सम्प्रदाय-निरपेक्षता का कितना असर हुआ, इस पर किसी टिप्पणी की आवश्यकता नहीं। इन दोनों अतियों का जवाब था समग्र इतिहास के प्रति वस्तुपरक और वैज्ञानिक रुख अपनाते हुए इतिहास का विश्लेषण करना, जो मार्क्सवादी इतिहासकार ही कर सकते थे पर यहाँ वे चूक गये।

यह आरोप हमें जितना भी क्षोभकर क्यों न लगे पर इसमें सचाई का बहुत बड़ा अंश है कि मार्क्सवादी इतिहासकार और विचारक भारतीय वास्तविकताओं को रूस और चीन की नजर से देखते रहे और इस क्रम में भारतीय समाज रचना और इतिहास को समझने में नाकाम रहे। यहाँ यह याद दिलाना जरूरी है कि थोड़ी-सी असावधानी से जिस प्रकार राष्ट्रवाद अन्धराष्ट्रवाद में बदल सकता है, उसी तरह अन्तरराष्ट्रवाद अन्धअन्तरराष्ट्रवाद में बदल सकता है और वस्तुपरक विश्लेषण में ये दोनों समान रूप से बाधक हो सकते हैं और हुए हैं।

अब हम कुछ मार्क्सवादी भारतीय इतिहासकारों के सिद्धान्तपक्ष और व्यवहार की समझ पर कुछ उदाहरणों के साथ विचार कर सकते हैं। हम अपनी चर्चा केवल वैदिक काल तक सीमित रखेंगे क्योंकि एक वही ऐसा काल है, जिसके विषय में हम कुछ अधिकार से अपनी बात कह सकते हैं।

कोसाम्बी, जो भारतीय मार्क्सवादी इतिहासकारों में सबसे प्रखर दृष्टि रखते और

इतिहास के विवेचन के क्रम में समकालीन भारतीय वास्तविकताओं पर भी नजर डालते रहते हैं, वह इस तथ्य को अनदेखी नहीं करते कि भारत एक गणितीय शून्य नहीं, अपितु एक विशाल देश है, जिसमें अति प्राचीन काल से एकाधिक नृजातियों का निवास रहा है और जिसका विकास इतना विषम रहा है कि इसमें आज भी ऐसी अनेक जातियाँ हैं जो आहार संचय की अवस्था से आगे नहीं आ पायी हैं। वह अस्थिर रचना के आधार पर नृजातियों के वर्गीकरण को भी सन्देह से देखते हैं क्योंकि "नृतात्त्विक लक्षण, जिनमें शिरोरचना के भेद भी शामिल हैं, अच्छी या बुरी जीवन पद्धति के कारण कुछ ही पीढ़ियों में बदल जाते हैं। भारत में बच रहे सभी आदिम जन पहली नजर में, आस-पास की आबादी से सम्मिश्रण की छूट देते हुए, कुछ छोटे और शारीरिक दृष्टि से अविकसित लगते हैं। परन्तु अन्यथा उनकी शरीर-रचना में कोई अन्तर नहीं पाया जाता। ...अच्छे आहार और खेतों पर नियमित काम करने से कुछ ही पीढ़ियों में उनका कद और शरीर-रचना बदल जाती है।" (1965:40) अन्यत्र वह लिखते हैं, "प्रायः किसानों के नाम वे ही होते हैं जो उस इलाके के आदिवासियों के। ये दोनों समूह परस्पर शादी-ब्याह नहीं करते हैं क्योंकि किसान की हैसियत अधिक ऊँची हो गयी है। वास्तव में खाद्य-आपूर्ति के अन्तर, पर्याप्त और नियमित आहार से कुछ ही पीढ़ियों में आकृति में और यहाँ तक कि चेहरे-मोहरे में भी परिवर्तन आ जाता है।" (वही, 21) वह यह भी लक्ष्य करते हैं कि किस तरह ऐतिहासिक कालों में भी अपनी स्थिति सुधारने के बाद आदिम जन क्रमशः ब्राह्मणों और क्षत्रियों में शामिल हुए हैं और कुछ आदिम जातियों के गोत्र नाम प्रसिद्ध राजवंशों से मिलते-जुलते हैं (1953, 1951 आदि) परन्तु जब आर्यों की बात आती है तो यह सारा ज्ञान और पर्यवेक्षण भूल जाता है और वह आर्यों को अनास और कृष्ण वर्ण आदिवासी जनों पर आक्रमण करते दिखाने को व्यग्र हो जाते हैं। (65:79) यदि **कोसाम्बी** ने यहाँ भी अपनी नजर खुली रखकर यह देखा होता कि अनास का परम्परागत अर्थ क्या है और इस बात पर गौर किया होता कि कृष्ण का प्रयोग किन सन्दर्भों में और किसके लिए हुआ है, तो उन्होंने इतिहास का ही नहीं स्वयं अपना भी कुछ कल्याण किया होता। ऋग्वेद में अनास का अर्थमूक या बेज़बान है और कृष्ण या कृष्णयोनि अन्धकार या रात में क्रियाशील तत्त्वों, निशाचरों या अपराधकर्मियों के लिए प्रयोग में आया है।

कोसाम्बी एक हित्ती मुहर पर ककुद्मान सैन्धव वृषभ की आकृति के आधार पर यह मानते हैं कि तुर्की में आर्यभाषा-भाषी भारत से गये थे। उन्हें ककुद्मान वृषभ से यह भी आभास मिलना चाहिए था कि वहाँ पहुँचे हुए आर्यभाषा-भाषी जन स्वयं सैन्धव जन थे। कारण, हित्ती अभिलेखों की भाषा भारत से बाहर किसी भी अन्य भारोपीय शाखा से अधिक पुरानी मानी जाती है अतः **कोसाम्बी** का ध्यान इस ओर जाना चाहिए था कि चूँकि सबसे पुरानी भारोपीय शाखा भारत से बाहर गयी

थी इसलिए इसका विकास भारत में ही हुआ था। पर अपनी ही खोज की सहज परिणति की ओर से आँख मूँदकर वह बताते हैं कि आर्य आक्रमणकारियों को या तो भारत में मुँह की खानी पड़ी और इसलिए वे यहाँ से वापस मुड़े या उन्हें यह देश पसन्द नहीं आया, इसलिए लौट कर तुर्की पहुँचे। क्या यह भी विचित्र नहीं है कि वह उन्हीं आर्य आक्रमणकारियों को भारत का विजेता और हड़प्पा सभ्यता को नष्ट करने वाला मान लेते हैं और इसके पुरातात्त्विक प्रमाण भी जुटा लेते हैं और उन्हें ही यहाँ से हारकर भागा हुआ भी सिद्ध करते हैं!

पर इससे भी विचित्र बात यह है कि वह मानते हैं कि वैदिक समाज के ब्राह्मण या पुरोहित बाहर से नहीं आये थे। ये सिन्धु जनों के ही पुरोहित थे। (1953) जिन पुरोहितों के रचे हुए साहित्य पर पूरी वैदिक संस्कृति और भारोपीय परिवार का सारा दारोमदार है, जब वे ही सैन्धव सिद्ध हो गये तो बाकी क्या रहा?

जो हो, जातीय या वर्णगत आधार पर कहें तो यदि आक्रमणकारी ब्राह्मण नहीं थे तो वे क्षत्रिय ही हो सकते थे। सुविधा के लिए हम मान लें कि पहले आर्यों में वर्णव्यवस्था नहीं थी, यह शरीर के रंग तक सीमित थी। (1965:62) और क्षत्रियों से यहाँ तात्पर्य यह कि आर्य आक्रमणकारी बाद में या भारत प्रवेश के ठीक बाद क्षत्रिय माने गये। पर क्षत्रियों का रंग तो काला बताया गया है (धूम इव राजन्यः—काठक संहिता, 11.6)। जब बात और बातों से हट कर रंग पर आ गयी तो कोसाम्बी आर्यों को वैश्य मान सकते थे क्योंकि वैश्यों को गोरा बताया गया है (शुक्ल इव वैश्यः जायते—वही) पर इस दशा में आक्रमण की बात तो गलत हो ही जाती, लूट-पाट की कहानियाँ भी खण्डित हो जातीं। आर्यों को सांस्कृतिक दृष्टि से बर्बर भी नहीं सिद्ध किया जा सकता था। सिन्धु सभ्यता के नगरों के ऊपर आर्यों के आक्रमण का उल्लेख करने के बाद **कोसाम्बी** इसे कुछ और दारुण बनाते हुए लिखते हैं, "अवशेषों की खुदाई से इस बात के प्रमाण मिले हैं कि इन नगरों के अन्त से पहले भी शहरों के भीतर लुटेरे या रहजन-राबर्स ऑर ब्रिगैण्ड्र्स-लूटपाट कर रहे थे।" (1965:70) **कोसाम्बी** ने यह पता कैसे लगा लिया कि यदि लूट-पाट हुई भी थी तो लुटेरे आर्य ही थे। रोचक बात यह कि वह वृत्र की कथा की व्याख्या इस रूप में करते हैं कि वृत्र का अर्थ बाँध है और आर्यों ने इसे तोड़ कर मोहनजोदड़ो को पानी में डुबा दिया था। उन्हें यह तय कर लेना चाहिए था कि डुबाने का यह कार्य लूटपाट करने के लिए किया गया या लूट-पाट करके भागते समय, पीछा करने वाले नागरिकों को डुबोने के लिए।

पर बाँध की बात फिर गड़बड़ हो जाती है। वह आर्यों का सांस्कृतिक स्तर निम्न सिद्ध करने के लिए प्रमाण देते हैं कि ऋग्वेद में "रथों की दौड़ के, नर्तकियों के और मुष्टियुद्ध के उल्लेख हैं। इसमें सन्देह नहीं कि आर्य सांस्कृतिक दृष्टि से उन शहरीजनों से नीचे थे, जिन्हें उन्होंने तबाह कर दिया।" (वही : 81) हम यह याद

दिलाना जरूरी नहीं समझते कि इन तीनों में से कोई भी लक्षण ऐसा नहीं है जिससे गैरशहरी जीवन और निम्न स्तर का पता चले। याद केवल यह दिलाना चाहते हैं कि जिस मुष्टि-युद्ध की बात उन्होंने की है, वह तो इस वृत्र के ही सन्दर्भ में है (नि येन मुष्टि हत्यया नि वृत्रा रुणधामहै—ऋ. 1/8/2 आदि)। क्या बाँधों को मुष्टि प्रहार से तोड़ा गया था? वृत्र का प्रयोग भी यहाँ तथा अनेक दूसरे स्थलों पर बहुवचन में हुआ है, यह स्मरणीय है।

विशिष्ट सांस्कृतिक पहचान की दृष्टि से बर्तनों का बहुत महत्त्व है। वैदिक समाज कलश, कुम्भ, कोश, द्रोण, उखा, ग्रह, चमस आदि विविध भाण्डों का प्रयोग करता था। **कोसाम्बी** लिखते हैं, "आर्यों का अपना कोई विशेष बर्तन नहीं था।... दूसरी सहस्राब्दी ई.पू. के अन्त तक भी पुरातत्त्वविद् किसी विशेष आर्य या भारतीय-आर्य तकनीक की शिनाख्त नहीं कर सके हैं।" (वही : 84) पर यह प्रमाण किस बात का है? इससे क्या स्वतः यह सिद्ध नहीं हो रहा था कि हड़प्पा काल से लेकर वैदिकों के आगमन के लिए निर्धारित कालों तक एक जैसे बर्तनों का ही प्रयोग हो रहा था। किसी नये तत्त्व का, जो ही इनके प्रवेश का प्रमाण हो सकता था, भारत में प्रवेश नहीं हुआ, अतः वैदिक समाज हड़प्पा के समाज से अभिन्न था?

असल में **कोसाम्बी** भारत के गौरवमय अतीत के विवरणों से और इनको रेखांकित करने वाले इतिहासकारों से इतने खीझे हुए प्रतीत होते हैं कि वह तथ्यों और प्रमाणों की बात तो दूर, स्वयं अपनी स्थापनाओं में आने वाले अन्तर्विरोधों की भी चिन्ता न करते हुए आर्य आक्रमण व आर्यों को बर्बर और असभ्य सिद्ध करने के लिए बेताब दिखाई देते हैं। वह एक विश्लेषक के स्थान पर प्रतिक्रियावादी भूमिका में उतर जाते हैं। उनकी पीड़ा को उन्हीं के शब्दों में रखें तो "सामान्य बुद्धि तक की चिन्ता किये बिना भारत के गौरवमय अतीत की जो बातें की जाती हैं, उनका अधिकांश भारतीय निर्वाचनों से भी अधिक बेलगाम है। इन चर्चाओं के भँवरजाल अस्पष्ट तिथियों और राजाओं और अवतारों की उतनी ही अस्पष्ट जीवनियों के चारों ओर मँडराते रहते हैं।" (वही, भूमिका, पृ. 11)

यह सच है कि पुराणों और महाकाव्यों में वर्णित राजाओं, ऋषियों और अवतारों की ऐतिहासिकता सन्दिग्ध है। बहुत कुछ कविगढ़न्त भी है। किसी इतिहासकार के लिए इनका कोई विशेष महत्त्व नहीं। पर ये सारे विवरण भी उतने निराधार और काल्पनिक तो कदापि नहीं, जितना आर्यों के आक्रमण का सिद्धान्त रहा है—जिसे कोसाम्बी ऐतिहासिक महत्त्व देते हैं। महत्त्वपूर्ण बात यह कि यह कहना कि इतिहासकारों ने भारतीय अतीत की उपलब्धियों का जो विवरण दिया है, वह इन कहानियों पर आधारित है, अपनी सुविधा के लिए कोसाम्बी द्वारा जान-बूझकर किया गया विरूपण है। यह कहना भी अर्धसत्य है कि सुविधाजनक होने पर स्वयं मार्क्सवादी इतिहासकारों ने, जिनमें कोसाम्बी भी आते हैं, इन्हीं अस्पष्ट तिथियों,

राजाओं और अवतारों का मनचाहा उपयोग नहीं किया है। भारतीय अतीत का एक लम्बा काल ऐसा है जिसे इतिहास की दृष्टि से अन्धकार युग कहा जा सकता है। अन्धकार युग इसलिए नहीं कि इस दौर में विकास और क्रियाशीलता बाधित थी अपितु इसलिए कि इतिहास की वर्तमान अवधारणा प्राचीन काल में भारत में प्रचलित नहीं थी अतः विवरण अस्पष्ट और कालक्रम की दृष्टि से गड़बड़ हैं। जो क्षीण सूचनाएँ मिलती हैं वे अनेक क्षेत्रों में जिनमें राजनीति, अर्थशास्त्र, दर्शन, गणित, ज्योतिष, व्याकरण, रसायन, भौतिकी, चिकित्सा, वनस्पति विज्ञान और धातु विद्या आदि शामिल हैं, उल्लेखनीय प्रगति की द्योतक हैं। कुछ विशिष्ट क्षेत्रों में पूर्ववर्तियों के कार्यों के सन्दर्भ व आलोचना के स्पष्ट उदाहरण भी मिलते हैं, जिनके विस्तार में यहाँ जाना उचित नहीं है। कभी-कभी केवल सचाई का वर्णन कर देने से ही यह भ्रम पैदा हो जाता है कि गौरवगान किया जा रहा है और दुर्भाग्य से भारतीय अतीत में ऐसा भी कुछ है।

जो भी हो हम इस बात को पुनः दोहरा दें और ऐसा करना इस बार स्वयं **कोसाम्बी** को ध्यान में रखते हुए जरूरी है कि यदि इतिहासकार का काम अतीत से प्रेम करना नहीं है तो उसका काम अतीत से घृणा करना भी नहीं है। साथ ही यह भी कि अतीत की रोशनी में वर्तमान और वर्तमान की रोशनी में अतीत को देखते हुए, दोनों की गहरी समझ अर्जित करने के सैद्धान्तिक दावों के बावजूद हम दोनों के विषय में अपनी दृष्टि धूमिल भी कर सकते हैं। कसौटी यह है कि हमारी सैद्धान्तिक घोषणाएँ व्यवहार में कितनी खरी सिद्ध होती हैं।

कोसाम्बी सिद्धान्त में मार्क्सवाद से प्रभावित हुए हैं जो उनकी शक्ति है और व्यवहार में बैशमवाद के शिकार हुए जो उनकी सबसे बड़ी दुर्बलता है और इन दोनों के सम्मिलित प्रभाव से उनका इतिहास-लेखन प्रखर अन्तर्दृष्टि और अनमेल स्थापनाओं का एक ऐसा नमूना बना रहता है, जो टुकड़ों में आकर्षक और विकर्षक दोनों है। समग्र दृष्टि के मामले में **कोसाम्बी** हमें निराश करते हैं।

परन्तु कुछ अन्य मार्क्सवादी इतिहासकारों को हम उत्तराधिकार के रूप में, भले यह सचेत हो या अवचेतन, कोसाम्बी से उनकी दुर्बलताओं को ही लेकर उनको उनकी तार्किक परिणति पर पहुँचाते पाते हैं। उदाहरण के लिए **आर.एस. शर्मा** सिद्धान्त प्रतिपादन और उसके व्यावहारिक विश्लेषण के लिए बड़े श्रम और जतन से एक फलक तैयार करते हैं। वह सिद्धान्त पक्ष जहाँ उधार का और तर्कसंगत है, वहाँ उसके अनुसार तथ्यों को ढालने, तोड़ने और बदलने का प्रयत्न करते हैं और जहाँ उनका अपना है, वहाँ व्यवहार के स्तर पर वह अपनी ही निष्पत्तियों को भूल जाते हैं। कहीं-कहीं वह अपने विवेचन की सीमाओं को ढकने के लिए सिद्धान्त में ही तोड़-मरोड़ करते हैं।

ऋग्वैदिक समाज के अध्ययन के लिए वह जो सैद्धान्तिक फलक तैयार करते

हैं, वह इस प्रकार है, "पिछले 25 वर्षों के दौरान आदिम जातियों के बीच किये गये क्षेत्रीय अनुसन्धान के आधार पर एक महत्त्वपूर्ण तथ्य लक्ष्य किया गया है। (इमैनुएल टेरी : मार्क्सिज्म एण्ड प्रिमिटिव सोसायटीज, लन्दन, 1972) कबीलाई उत्पादन में विभिन्न रूपों और आकारों के एककों में शिकार, पशुपालन, कृषि आदि की प्रक्रियाओं के अनुसार जो कुछ भी कबीलाई जनों द्वारा संचित या उत्पादित किया जाता है, उसे कबीले के सरदार या प्रधान को, जो ही एकक का मुखिया होता है, सौंप दिया जाता है। इसे खाद्य वस्तुओं का परिधि से केन्द्र को अन्तरण कहा जाता है। इस तरह के एकक में कबीले का सरदार उत्पाद को कबीले के लोगों में बराबर वितरित करता है। इसे पुनर्वितरण कहा जाता है। रस्मी मौकों पर सम्पन्न सरदार बड़े पैमाने पर कबीले के लोगों के लिए भोज, मनोरंजन और उपहार वितरण का आयोजन करते हैं; उनके उपहार आडम्बरपूर्ण वितरण के द्वारा प्रतिष्ठा और प्रभाव अर्जित करने के इरादे से किये जाते हैं।" (1983:39) और फिर वह इसकी जाँच करने चलते हैं कि क्या यह प्रथा ऋग्वेद में पायी जाती है और दान के विवरणों को खींच तान कर इसका प्रमाण बना देते हैं।

एक बार अर्थव्यवस्था के विषय में इतना बड़ा फैसला इतने सतही ढंग से कर लेने के बाद वह ऋग्वेद के पाठ्य भाग पर ध्यान दिये बिना ही मात्र अनुक्रमणी से कुछ सांस्कृतिक शब्दों को लेकर उनकी मनचाही व्याख्या करते हुए उल्टे प्रमाण भी गढ़ डालते हैं। अनुक्रमणी पर आधारित व्याख्या में उनका जोर कुछ शब्दों की आवर्तिता गिनने तक सीमित रहता है और स्वयं अपनी स्वीकृति के अनुसार भी उन्होंने न तो यह देखा है कि उन शब्दों का किन सन्दर्भों में प्रयोग हुआ है न ही यह कि कितनी बार उनका प्रयोग किस अर्थ में हुआ है। रोचक बात यह कि इसके बावजूद वह यह दावा कर देते हैं कि चूँकि ऋग्वेद के वंश मण्डलों में गो का प्रयोग 167 बार हुआ है। (जैसा कि हमने अन्यत्र उल्लेख किया है आवृत्ति गणना भी गलत है और इसमें भी असावधानी बरती गयी है। संख्या इससे अधिक है और इसके लिए वंश-मण्डलों का शेष ऋग्वेद से अन्तर करने की आवश्यकता भी नहीं थी क्योंकि दोनों में अनुपात का कोई अन्तर नहीं है।) अतः समाज निश्चित रूप से पशुचारी था!

अब आगे का सारा काम मात्र अनुमान से चल जाता है। कसौटी यह है कि एक कबीलाई समाज में क्या हो सकता है और क्या नहीं। ऋग्वेद में राजाओं का उल्लेख है पर कबीले में राजा कहाँ हो सकता है! अतः राजा शब्द का प्रयोग सरदार के लिए होता था। राजबलि का प्रयोग है और एक स्थल पर राजा के लिए जनभक्ष शब्द का प्रयोग भी हुआ है, जिससे प्रकट है कि कर भाग अधिक रहा होगा और इसकी वसूली कठोरता से की जाती रही होगी। पर कबीलाई सरदार कर कैसे वसूल सकता था? अतः यह कबीले के सदस्यों द्वारा राजा को दिया जाने वाला उपहार था। सेनाओं का, सेनापति या सेनानी का, वर्म आदि से लैस हो कररथ पर सवार

होकर लड़ने वाले सैनिकों तक का विवरण है और एक स्थल पर तो यह उल्लेख भी है कि विशाल सेनाएँ रखने वाले राजा अपने शत्रुओं को उसी तरह झुलस देते थे जैसे ग्रीष्म का दहकता सूर्य धरती को—**तपन्ति शत्रुं स्वः न भूमा महासेनासः अमेभिः एषात्।** (ऋ. 7.34.19)—पर कबीलाई सरदार के पास सेना कहाँ हो सकती? अतः शर्मा जी कबीले के लोग स्वयं ही लड़ते रहे होंगे। ऋण लेने और ऋणग्रस्तता से बचने की कामना के, ऋणग्रस्तों की दशा के और रत्ती-पाई करके ऋण चुकाने के ब्याज के दिन गिनने के विवरण हैं। पर शर्मा जी सोचते हैं कि कबीलाई समाज में ऋण और ब्याज का अस्तित्व कैसे हो सकता? अतः यह कबीलाई हथफेर रहा होगा। नौकाओं के और समुद्रगामी नौकाओं के विवरण भरे पड़े हैं, नौयात्राओं के अनुभव हैं, इन यात्राओं का उद्देश्य धन कमाना या व्यापार बताया गया है—पर वह इसकी उपेक्षा कर जाते हैं और समुद्र तो किसी भी जलाशय और यहाँ तक बादलों के अर्थ में भी प्रयुक्त हो सकता था, इसका सीधा अर्थ जल से भरा हुआ या जल का भण्डार ही तो है, अतः वह मान लेते हैं कि वे समुद्र से परिचित नहीं थे, क्योंकि कबीलाई जीवन में नौचालन और समुद्र का क्या स्थान? विविध पेशों में असाधारण निपुणता प्राप्त लोगों और उनकी आश्चर्यजनक कृतियों के विवरण हैं। पर शर्मा जी मानते हैं कि पेशों का विशेषीकरण नहीं हुआ था, क्योंकि कबीलाई समाज में ऐसा सम्भव नहीं। कृषिकार्य और हल आदि के एक-एक पुर्जे का उल्लेख है पर यह केवल 21 बार आया है और यद्यपि एक पूरा सूक्त वंश मण्डलों में ही है, पर वह इसे बाद में जोड़ा गया और इस मण्डल को वंश मण्डलों में सबसे बाद का मानकर छुट्टी पा लेते हैं।

अपनी अधिकांश मुश्किलों को शर्मा जी नये और पुराने मण्डलों के भेद से दूर कर लेते हैं और बारीकी में जा कर यह भी नहीं देखते कि जिन विकासों को वह नये मण्डलों से सम्बन्धित मानते हैं, उनकी भी पुष्टि पुराने मण्डलों से होती है या नहीं। यदि ऋग्वेद के सबसे पुराने सूक्त का पता लगा लिया गया होता और उसी में समस्त विकासों की तलाश कर शेष को खारिज करने का इन्तजाम किया गया होता, तो यह उनके लिए और भी उपयोगी होता।

शर्मा जी की स्थापनाओं के लँगड़ेपन की जाँच हमने अन्यत्र अपनी पुस्तक में की है अतः इस ब्योरे में जाने की आवश्यकता नहीं पर उनके सिद्धान्त प्रतिपादन और व्यवहार की असंगतियों के दृष्टान्त के रूप में यह चर्चा जरूरी है। शर्मा जी का विवेचन, जैसा कि ऊपर के उदाहरणों से प्रकट है, खासा यान्त्रिक है। इसे वह स्वयं भी जानते हैं अतः यान्त्रिकता की भी वकालत करने से वह नहीं कतराते। वह 'यन्त्र युग में यान्त्रिक होने या कहे जाने को अपने लिए गौरव की बात मानते हैं।' (1983:9) वह इसे कुछ और स्पष्ट रूप में रखते हुए लिखते हैं, "आधार और अधिरचना के सिद्धान्त पर जमे रहने को कभी भोंडा मार्क्सवाद, यान्त्रिक भौतिकवाद, प्रौद्योगिक

नियतिवाद आदि कहा जाता है। पर ऐतिहासिक भौतिकवाद को परिष्कृत करने के प्रयत्न में हमें इस तरह की लफ्फाजी के प्रति इतना सचेत नहीं हो जाना चाहिए कि यह हमें अन्धी गली में पहुँचा दे।" (वही, भूमिका) कहें मार्क्सवादी इतिहासदर्शन को अधिक निर्दोष और त्रुटिहीन बनाने के लिए मार्क्सवादी इतिहासविदों द्वारा किये गये काम को वह धो-पोंछ कर साफ़ कर देते हैं।

वह यह मानते हैं कि इतिहास के सभी सवालों का जवाब आधार और अधिरचना की अवधारणा से नहीं दिया जा सकता और इतिहास में अनेक अनवगाह्य (इम्पाण्डरेबल) तत्त्व भी होते हैं और इसकी मिसाल के रूप में वह भाषा की—और इसलिए हम कहें शब्दों की भी उत्पत्ति को रखते हैं। इन्हें वह अधिरचना बाह्य तत्त्व मानते हैं। पर आश्चर्य यह कि अपना सारा विश्लेषण इस अधिरचना बाह्य और रहस्यमय तत्त्व की व्युत्पत्तिपरक व्याख्या के ही सहारे करते हैं। वह यह भूल जाते हैं कि इच्छा और संकल्प होने पर गोस्वामी, गोत्र, गवेषणा, अनुसन्धान आदि शब्दों के आधार पर, जो आज भी प्रचलित हैं, आज के समाज को भी पशुचारी सिद्ध किया जा सकता है।

शर्मा जी अफ़सोस ज़ाहिर करते हैं, "शिल्पवस्तुओं और कौशलों, औजारों और हथियारों का अध्ययन दो अतिवादी दृष्टिकोणों के द्वारा दूषित हो गया है। आर्यवादी और संकीर्णतावादी सोचते हैं कि विश्व सभ्यता में जो कुछ अच्छा और महान् है, यहाँ तक कि कुछ नितान्त हाल के आविष्कार तक, भारत से आरम्भ हुए थे। दूसरी ओर प्रसारवादी सोचते हैं कि कांसा, पक्की ईंटें, चित्रित धूसर भाण्ड, इस्पात, धातु के सिक्के बनाने की विधियाँ, यहाँ तक कि पत्थर के औजार, लेखन कला और शहरी जीवन भी भारत में बाहर से आया। यदि दक्षिणी और पूर्वी भारत को उपकरण संस्कृति के मामले में दक्षिण-पूर्व एशिया से और उत्तरी और पश्चिमी भारत को पश्चिमी एशिया से उधार लेने वाला मान लिया जाता है तो एक सांस्कृतिक इकाई के रूप में भारत निश्शेष हो जाता है। यह हमारे इतिहास में उपनिवेशवादी रुझान का पश्च-प्रक्षेप है।" (वही, 13) पर अमल में वह आर्यवादी और संकीर्णतावादी दृष्टिकोण के प्रति जो रुख अपनाते हैं, उसमें उतने ही उत्कट भाव से हर चीज का निषेध कर देते हैं और जहाँ तक उपनिवेशवादी रुझान से उबरने का प्रयत्न है, वह उनके विश्लेषण में कहीं दिखाई नहीं देता। इसके विपरीत लोहा, चित्रित धूसर भाण्ड ही नहीं, जैसा कि हम देख आये हैं, भारतीय कबीलाई जीवन-पद्धति तक को समझे बिना वह भिन्न देश काल और विकास-स्तर के लक्षणों को भारतीय इतिहास पर यान्त्रिक रूप में आरोपित करने का प्रयत्न करते हैं और इसे अपनी व्याख्या की धुरी बना बैठते हैं।

शर्मा जी इस बात पर सन्तोष प्रकट करते हैं कि "हाल के वर्षों में इतिहासकारों के बीच एक सुखद सचेतता आयी है कि 'सिद्धान्त नहीं तो इतिहास भी नहीं'" (वही) पर उनकी अध्ययन-विधि को देख कर हम इसमें यह भी जोड़ना चाहेंगे कि यदि सिद्धान्त गड़बड़ तो इतिहास भी गड़बड़। पर शर्मा जी के विषय में यह कहना कि

उनमें सिद्धान्त की गड़बड़ी मार्क्सवाद के कारण आयी है, उतना ही गलत है जितना यह कहना कि यह गड़बड़ी अकेले उन्हीं में पायी जाती है। यह कहना भी गलत होगा कि यह गड़बड़ी केवल सिद्धान्त की गड़बड़ी तक सीमित रह जाती है। यह उस गड़बड़ सिद्धान्त को भी इतने अनर्थकारी रूप में अमल में लाती है, जहाँ पहुँच कर हम अवाक् रह जाते हैं। प्राचीन भारतीय इतिहास की उपलब्धियों को तहस-नहस करने में उनकी भूमिका **तुलसीदास** की चौपाई "उलटि पलटि कपि लंका जारी" की याद दिलाती है। हमारे विस्मय का एक कारण यह है कि इन गड़बड़ियों के स्रोत वे विद्वान् हैं, जिनको हम आस्थाप्रतीक मानते रहे हैं और यह सब उस दर्शन का नाम लेकर किया जाता रहा है, जिसे हम समाजवादी जगत् के एक बड़े हिस्से में पिछले कुछ वर्षों के दौरान आये स्खलन के बावजूद, अब तक का सबसे अधिक वैज्ञानिक और मानवतावादी दर्शन मानते हैं और इसलिए जिसकी निष्पत्तियों को हम वहाँ भी अचूक मानने की भूल करते रहे हैं जहाँ प्रक्रियागत दोष और परवर्ती विचलन ही नहीं, कतिपय आन्तरिक असंगतियाँ भी बार-बार उभर कर सामने आती रही हैं। हम इस पहलू पर कुछ आगे चलकर विचार करेंगे। यहाँ कम से कम रोमिला थापर पर विचार कर लेना इसलिए भी जरूरी है कि वह पुनर्विचार का विभ्रम पैदा करती हुई कुछ नये कोणों से पुरानी मान्यताओं की उतनी ही जोरदार पुष्टि करती हैं, जितनी शर्मा जी स्वयं।

हमारे समाज में जहाँ किसी विषय का ज्ञान अंग्रेजी ज्ञान से इस तरह जुड़ा हुआ है कि सही अंग्रेजी में गलत बात करने वाला गलत अंग्रेजी में सही बात करने वाले से अधिक बुद्धिमान लगता है, रोमिला जी का महत्त्व और भी बढ़ जाता है। उनकी अंग्रेजी में सहजता और सफाई ही नहीं, एक खास तरह की चुस्ती भी है, जो पैनी समझ का आभास देती है। हमें यह समझने में कुछ समय लगता है कि प्राचीन भारत के इतिहास के सम्बन्ध में 'मार्क्सवादी समझ' की उनकी अवधारणा दूसरों से अलग नहीं है और उनकी 'सावधानी' के बावजूद यह उतनी ही यान्त्रिक बनी रह जाती है, जितनी अन्य मार्क्सवादी इतिहासकारों की। इसका प्रधान कारण यह है कि वह भी किसी-न-किसी तर्क से यह मानती हैं कि आर्यों को आक्रमणकारी न माना गया या वैदिक समाज को उन्नत मान लिया गया तो अतीत गौरवशाली बन कर वर्तमान को धुँधला बना देगा।

रोमिला जी के विवेचन में भी क्षीण-से-क्षीण आभास पर बहुत बड़े निर्णय कर बैठने की प्रवृत्ति दिखाई देती है पर इसके बावजूद स्थापनाओं में वही आत्मविश्वास और द्वन्द्वहीनता दिखाई देती है जो सामुद्रिक विज्ञानियों और तान्त्रिकों की याद दिलाती है जिनके सम्मुख सब कुछ इतना प्रत्यक्ष और पारदर्शी होता है कि उनके आत्मविश्वास से आतंकित होकर ही ग्राहक ऐसी बहुत-सी बातों को सही मान लेता है जिन पर सामान्य स्थिति में उसे सन्देह होना चाहिए था। परन्तु इसका कारण यह

नहीं है कि रोमिला जी ने स्वतः कोई नये निष्कर्ष दिये हैं। कारण यह है कि वह स्वयं भी उस सामूहिक अकादमिक सम्मोहन के असर में हैं जिसमें कुछ बातों को बार-बार दुहरा कर अन्तश्चेतना का ऐसा हिस्सा बना दिया गया है कि उनके उसी रूप में होने के विषय में कोई सन्देह उत्पन्न ही नहीं होता अतः क्षीण संकेत भी अकाट्य प्रमाण जैसा प्रतीत होता है और तदनुरूप आत्मविश्वास और निर्द्वन्द्वता पैदा करता है। उनका ध्यान भी अपने पूर्ववर्ती इतिहासकारों की तरह उन असुविधाजनक तथ्यों की ओर नहीं जाता जिनकी सही व्याख्या होने पर इन आभासिक सत्यों का एक भिन्न समाधान दिखाई देता है। उन्हें योद्धा का विशेषण गोजित तो दिखाई देता है (1884:24) जिससे उन्हें यह सोचने में मदद मिलती है कि वैदिक समाज के लोग गाय लूटने का काम कर लेते थे पर (पुस्तक में रोमिला थापर द्वारा निर्दिष्ट ऋचा छापे की भूल के कारण सही नहीं छप पायी है। अतः 2/21/1 पर जिसमें सचमुच यह शब्द आया है या ऋ. 3/31/20 पर जो ही सम्भवतः उनका अभिप्रेत रहा हो, दृष्टि डालना अधिक उपयोगी है।) परन्तु यह नहीं दिखाई देता कि सन्दर्भित ऋचा में उसी इन्द्र को विश्वजित, धनजित, स्वर्जित, सत्राजित, नृजित, उर्वराजित, अश्वजित, गोजित और अब्जित कहा गया है अतः अनुवादकों ने (यथा ग्रिफिथ) स्थिति की नाजुकी को देखते हुए यहाँ '-जित्' का अर्थ जीतने या लूटने वाला नहीं अपितु स्वामी किया है। ठीक ऐसी ही बात सोम के विषय में ऋ. 9/59/1 में भी कही गयी है। ऋ. 3/31/20 में जहाँ 'गोजित' शब्द आया है वहाँ किसी जल प्रसार को पार करने, अपने शत्रुओं से त्राण पाने और धनी बनने की आकांक्षाएँ इतनी स्पष्ट हैं कि इन्हें न तो चरवाही से जोड़ा जा सकता है, न लूट से। **रोमिला थापर** स्वयं उसी प्रसंग में पणियों को गायों की चोरी करने वाला (काउलिफ्टर) मानती हैं और जिन गायों की चोरी वे करते थे वे वैदिक यजमानों की गायें थीं, यह भी स्पष्ट है। अर्थात् वैदिक जन स्वयं दूसरों की गायें नहीं चुराते थे अपितु किन्हीं विशेष परिस्थितियों में उनकी सारी डींग और बड़बोलेपन के बावजूद उनकी अपनी गायें ही असभ्य लोग चुरा ले जाते थे। रोमिला जी अपनी तस्वीर को सही हाशिया देने के लिए यह भी सुझाती हैं कि चरवाहों को नये चरागाहों की तलाश रहती है और इसका प्रमाण ऋ. 1/42/8 में सूयवसं शब्द से जुटा लेती हैं। हम इस पर केवल विस्मित होकर रह जाते हैं। कारण, यद्यपि सूयवसं का अर्थ निश्चित रूप से 'सस्य श्यामल' या उर्वर प्रदेश ही होता है, पर यदि पूरे सूक्त पर रोमिला जी की दृष्टि गयी होती तो वह पातीं कि यहाँ भी किस प्रकार के और किस स्रोत से अर्जित धन की बात की गयी है। मूल को देखे बिना जहाँ-तहाँ से शब्द उठा कर इतने बड़े दावे कर बैठना मार्क्सवादी समझ का उपहास है।

हमने इन असंगतियों को किसी एक और सर्वसमंजनकारी व्यवस्था में ढालने में रोमिला जी की असमर्थता का उल्लेख उनकी त्रुटियों पर दृष्टिपात करने के लिए नहीं

किया है। इस तरह के प्रमाण और इस तरह की अटकलबाजियों का एक इतिहास है और जैसा कि हम कह आये हैं अनेक दूसरे इतिहासकारों की तरह रोमिला जी भी इसके दबाव में आ गयी हैं, अतः उन्हें इसके लिए दोष देना ज्यादती होगी। हम यह उल्लेख इसलिए कर रहे हैं कि हम केवल रोमिला जी की ही नहीं, अपने अन्य मार्क्सवादी अग्रजों की भी अपनी स्वविशिष्ट देन का मूल्यांकन कर सकें। यदि वे ठीक उन्हीं बातों को बदली हुई शब्दावली में दुहराते हैं जो लम्बे अरसे से उपनिवेशवादी इतिहासकारों द्वारा ही नहीं, राष्ट्रवादी इतिहासकारों द्वारा भी दुहरायी जा रही थीं, तो उनका वह विशिष्ट योगदान क्या है, जिसके आधार पर हम उन्हें प्राचीन इतिहास का अधिकारी विद्वान् कह सकें? हम हतप्रभ रह जाते हैं और तभी हमें याद आता है कि जो बात मूल कृतियों की जानकारी के कारण उपनिवेशी इतिहासकार तक डरते हुए और राष्ट्रवादी इतिहासकार उनकी धौंस में कुछ विरोध और झिझक के साथ दुहराते आ रहे थे, उन्हें ही मूल कृतियों से और उनके अनुवादों से भी आत्मीय परिचय के अभाव में हमारे मार्क्सवादी इतिहासकार अपने द्वारा खोजे गये परम सत्य के रूप में दुहराते गये हैं। मूल कृतियों से अपरिचय की इससे अच्छी क्षतिपूर्ति और इसके साथ ही मार्क्सवाद का इससे अच्छा सत्कार अन्य हो भी क्या सकता था। यह दूसरी बात है कि भारत की कुछ भाषाओं में सत्कार का अर्थ अन्तिम संस्कार भी होता है। **रोमिला थापर** और **आर.एस. शर्मा** तथा अन्य मार्क्सवादी इतिहासकारों में अल्पज्ञता को भी आत्मविश्वास से पूरा करने का जो मनोबल पैदा हुआ, उसके मूल में निश्चय ही यह विश्वास था, बदगुमानी थी कि ऐसा करके भारतीय समाज को अतीत ग्रस्तता से मुक्त करके और भारतीय इतिहास के सन्दर्भ में विकासवाद की अचूक और अव्याहत परम्परा का प्रतिपादन करके वे मार्क्सवाद की और भारतीय समाज की ही सेवा कर रहे हैं।

शर्मा जी की ही तरह रोमिला जी भी देश-विदेश के जाने कितने सांस्कृतिक माडलों या प्रतिदर्शों की सहायता से यह समझने और उससे भी अधिक हमें समझाने का प्रयत्न करती हैं कि भारत में राजसत्ता का उदय किस प्रकार हुआ, हो सकता है। नृतत्त्वविज्ञान और समाज शास्त्र में अविकसित समाजों के किन्हीं विशिष्ट वैशिष्ट्यों के आधार पर निर्मित माडलों और विकसित या विकासमान समाजों से इनकी तुलना करते हुए दोनों में पायी जाने वाली समानताओं और भिन्नताओं के सन्दर्भ में समाज की रचना सामाजिक संस्थाओं के विकास, सभ्य समाजों के अन्धकार-कालीन इतिहास की संस्थाओं और उनके कारकों को समझने के प्रयास काफी लोकप्रिय हैं और इनका उपयोग भारतीय इतिहास के सन्दर्भ में भी किया जाए यह सर्वथा उचित है। यदि डूबते को तिनके का सहारा काफी है तो अन्धकार में दूर से आती एक किरण भी एक वरदान है, बशर्ते कि वह सही दिशा में रोशनी डाले।

प्रतिदर्शक अध्ययनों के लिए यह जरूरी है कि किसी अन्य सभ्यता के सन्दर्भ

में हम जिस सभ्यता के सन्दिग्ध घटकों का अध्ययन करना चाहते हैं, उसके विशिष्ट चरित्र का हमें इतना ज्ञान अवश्य हो कि ज्ञात मामलों में वह सन्दर्भित सभ्यता के लक्षणों से समानता रखती हो। जहाँ यह काम सन्दिग्ध या अधूरा पड़ा हो वहाँ सबसे बड़ी और पहली चुनौती उस सभ्यता की विशिष्टताओं का गहन अध्ययन है जिस पर हम अमेरिका, अफ्रीका और पूर्व एशियाई द्वीपों की आदिम संस्कृतियों के सन्दर्भ में विचार करना चाहते हैं। यदि इस बात का ध्यान एक मार्क्सवादी इतिहासकार नहीं रखेगा कि एक ही संस्कृति अपने इतिहास के विभिन्न चरणों पर और एक ही समय में विभिन्न देशों में व्याप्त संस्कृतियाँ एक जैसी नहीं होतीं और उनमें पायी जाने वाली समानताओं के साथ उनके वैशिष्ट्यों का ध्यान रखते हुए ही कोई निष्कर्ष निकालना इतिहास के वैज्ञानिक अध्ययन के लिए जरूरी है तो इसका ध्यान दूसरा कौन रखेगा?

हमने अपने अध्ययन में यदि मार्क्सवादी इतिहासकारों की ही कठोरता से जाँच की है तो इसका कारण यह नहीं है कि तथाकथित राष्ट्रवादी इतिहासकार उनकी तुलना में अधिक सही हैं। वास्तविकता इसके ठीक विपरीत है। राष्ट्रवादी इतिहासकार जहाँ सही हैं, वहाँ भी यह श्रेय उनके मामले में आकाशपतित ही लगता है। कारण सही होना मात्र निष्कर्षों में त्रुटिहीन होने का दूसरा नाम नहीं है, अपितु सही सिद्धान्त की स्वाभाविक और अनिवार्य परिणति के रूप में उन निष्कर्षों पर पहुँचने के लिए बेचैन प्रतीत होते हैं और इस बेचैनी में अपने मनोनुकूल पड़ने वाले तथ्यों को छाँटकर उनकी मनचाही व्याख्या करने लगते हैं और यही कारण है कि तथ्य वे ही रहते हुए वे परस्पर विरोधी नतीजों पर पहुँचते हैं। व्यंग्य यह कि कंगन के दोनों छोरों की तरह दोनों एक-दूसरे के सबसे करीब भी पड़ते हैं। दोनों भाववादी सिद्ध होते हैं यद्यपि राष्ट्रवादियों को इसकी चिन्ता ही नहीं और मार्क्सवादी इस विषय में सचेत नहीं रह पाते। उनकी अपनी सीमाओं के लिए मार्क्सवादी इतिहासदर्शन नहीं, वे स्वयं जिम्मेदार हैं। उदाहरण के लिए यदि किसी कृति से सांस्कृतिक पहलुओं को सूचित करने वाले शब्दों को सीधे उसकी शब्दानुक्रमणी से छाँटकर इसलिए अलग किया जाए कि अल्पतम श्रम से सीधे तत्कालीन सामाजिक-आर्थिक स्तर का निर्धारण कर लिया जाए और फिर इनकी व्याख्या कुछ इस तरह की जाए कि ये अपने समय के वस्तुसत्य के स्थान पर इतिहासकार के भावसत्य को उजागर करने लगें तो इसमें दोष किसका है? यदि यह मार्क्सवाद है तो भाववाद किसे कहेंगे? जिसे इतिहासकारों ने मार्क्सवाद के नाम पर चलाया है उसे 'शोभाधर्मी मार्क्सवाद' कहना अधिक ठीक होगा।

इस शोभाधर्मी या श्रृंगारिक मार्क्सवाद ने मार्क्सवादी चिन्तन को तो क्षति पहुँचायी ही है, उस अनुशासन को, जिसमें इसका प्रयोग किया गया है और उन पाठकों को भी जिन्होंने मार्क्सवाद में आस्था रखने के कारण इन अध्येताओं को परम आप्त

मान लिया था, भी क्षति पहुँचायी है, जिसकी मिसाल हम उन प्रबुद्ध लेखकों के ऐतिहासिक अन्धबोध में देख आये हैं जो अपनी प्रतिक्रियाओं में तथा अपने लेखन में स्वयं अपने ज्ञान का ही निषेध करते पाये जाते हैं। व्यंग्य यह कि समझ की इस कमी को रुग्ण आत्मविश्वास से पूरा किया जाता है—रुग्ण इसलिए कि यह अपनी आलोचना, तर्क या प्रमाण के प्रति घोर असहिष्णु दिखाई देता है। यह आत्मविश्वास का नहीं, आत्मविश्वास के निपट अभाव का सूचक है।

हम एक ओर तो मार्क्स आदि को उन लेखकों के विचारों का तर्कशः खण्डन करते हुए अपने विचारों का प्रतिपादन करते पाते हैं और दूसरी ओर अपने मार्क्सवादी इतिहासकारों को उन इतिहासकारों के विचारों और तर्कों को दरकिनार करके ट्रेड यूनियन नेताओं में लोकप्रिय तकनीकी शब्दावली से उन्हें खारिज करते पाते हैं। जिस पूँजीवाद को हम संकटग्रस्त मानते आये हैं, उसके चिन्तकों और अध्येताओं को मार्क्सवादी विचारकों के मतों पर गम्भीरता से विचार करते उनके सशक्त पक्षों को सम्मान देते हुए अपनी दृष्टि में इसकी कमजोरियों का सतर्क उल्लेख करते पाते हैं, पर अपने अध्येताओं में उनकी मान्यताओं का इसी तरह का आलोचनात्मक विवेचन करते हुए उनके गुण-दोष में फर्क करने का विवेक नहीं पाते। मार्क्स ने जिन वैज्ञानिकों, समाजशास्त्रियों, नृतत्वविदों की रचनाओं के आधार पर अपने दर्शन का प्रतिपादन किया था वे मार्क्सवादी नहीं थे। उनसे उन्होंने ज्ञान लिया था, विचार नहीं। तब से लेकर आज तक विभिन्न क्षेत्रों में कई गुना काम हुआ है जो पहले से अधिक त्रुटिहीन भी है। ऐसा क्यों है कि इस समृद्धतर होते हुए ज्ञानभण्डार के आधार पर मार्क्सवाद को परिष्कृत और विकसित करने के स्थान पर, घोषित रूप से मार्क्सवादी लेखकों के विचारों को समग्र विचार-जगत् का प्रतिनिधि मानकर साम्प्रदायिकों की-सी हठ-धर्मी से मामूली तालमेल बैठाये गये और चिन्तन को अवरुद्ध कर दिया गया।

आज तक हम इस तरह के प्रश्नों से बचते आये थे। आज ऐसा कर पाना सम्भव नहीं है। यदि सम्भव हो तो इसे लज्जाजनक कहा जाएगा। हमें इस बात का उत्तर पाना ही होगा कि हमारे सोचने-विचारने और काम करने के तरीके में कौन-सी गड़बड़ी थी कि एक लम्बे अरसे तक पीछे सरकते रहने पर भी हम इस भ्रम में खोये रहे कि हमारे क़दम आगे बढ़ रहे हैं? यह कैसे हुआ कि जिस पूँजीवाद का संकट निरन्तर गहराता चला जा रहा था और जिसकी अन्तिम साँसें गिनने में ही हम अपनी गणित का उपयोग करते रहे थे, वह आधी समाजवादी दुनिया को एक झटके में निगल गया।

इसका जो उत्तर हमें दिखाई देता है, वह है **सर्वाइवल ऑफ द फिटेस्ट**। मार्क्सवादी इतिहासकार इस बात का ध्यान न रख सके कि जिस विकासवाद पर ऐतिहासिक और द्वन्द्वात्मक भौतिकवाद आधारित है, उसका मूल मन्त्र है अस्तित्व के संघर्ष में योग्यतम या सबसे उपयुक्त की अतिजीविता। केवल जैव विकास में ही नहीं,

मानव सभ्यता के इतिहास में भी सबसे शक्तिशाली, सबसे सुन्दर और सबसे उचित नहीं अपितु सबसे योग्य या उपयुक्त बचा रह पाता है या विजयी होता है। यह सर्वोपयुक्तता एक नीति-निरपेक्ष चीज है अतः अन्यायी, क्रूर और यदाकदा चालाक कायर जीवित रह जाता है और अपने शौर्य की परीक्षा में अपना ही सिर कटा देने वाले नैतिकता के आग्रह से अपना सब कुछ त्याग देने वाले दयावश अपने पराजित शत्रुओं तक को प्राणदान देने वाले उपहास, अपमान और अधोगति को पहुँच जाते हैं। महासृप मर जाते हैं और केंचुए और छिपकलियाँ और तिलचट्टे जीवित रह जाते हैं। यहाँ योग्यता बौद्धिक उत्कर्ष नहीं काइयाँपन सिद्ध होती है। कठोरता नहीं, लोच। अनुकूलन की क्षमता और इस अनुकूलन को ध्यान में रखते हुए अन्य गुणों, शक्तियों, नीतियों और कार्ययोजनाओं का विकास।

इसमें सन्देह नहीं कि मार्क्सवाद पूँजीवाद के जिस संकट के गहराने की बात करता आया है, उसमें सचाई है। पर संकट के गहराने के साथ ही तो उस चुनौती का सामना करने का मनोबल और जीवित रहने के लिए नयी मारक परिस्थितियों से अनुकूलन की क्षमता विकसित होती है। पूँजीवाद ने काम के घण्टे घटा कर, अवकाश के दिन बढ़ा कर, बेकारी योजनाएँ लागू करके, वेतन और जीवनस्तर में सुधार लाकर, स्वास्थ्य, शिक्षा और मनोरंजन की सुविधाओं का विस्तार करके, समस्या पैदा करने वाले मजदूरों की संख्या घटाते हुए स्वचालन को बढ़ावा देकर, अमानवीय स्थितियों के लिए यन्त्रमानवों का विकास करके, मजदूरों से लेकर सामान्य नागरिकों तक को शेयरधारकों में बदलकर पूँजीवादी संस्थानों में हितबद्ध करके विस्फोटक स्थितियों के दरवाजे विकसित पूँजीवादी देशों में कुछ अरसे के लिए बन्द कर दिये। जहाँ अनुमान यह था कि पूँजीवाद के विकास के साथ श्रमिकों की स्थिति और खराब होगी और वे संगठित होकर इस व्यवस्था को बदलने के लिए क्रान्ति करेंगे और यह क्रान्ति सबसे पहले, सबसे आगे बढ़े हुए पूँजीवादी देशों में होगी, वहाँ सबसे आगे बढ़े पूँजीवादी देशों में मजदूर संगठन और कम्युनिस्ट पार्टियाँ शोभा की चीज बनकर रह गयी हैं। पूँजीवाद की अनुकूलन क्षमता का यह भी एक प्रमाण है कि किसी भी पूँजीवादी देश ने न तो मजदूरों के संगठित होने, अपने मालिकों के विरुद्ध अपनी माँगों को लेकर प्रदर्शन और हड़ताल करने और अपने रोष और आक्रोश को प्रकट करने पर पाबन्दी लगायी, न कम्युनिस्ट पार्टियों को उस तरह प्रतिबन्धित किया जिस तरह समाजवादी देशों ने अपने से भिन्न विचारों के संगठनों को प्रतिबन्धित कर दिया। ये संगठन पूँजीवादी व्यवस्था के लिए बैरोमीटर या दबावमापी का काम करते रहे और इनके आन्दोलन और हड़ताल आदि स्टीम रिलीज कॉक का—विषमता की अनुभूति से उत्पन्न घुटन, असन्तोष और ऊब को मुक्त करके ये उसे भीतरी तनाव और दबाव को समझने का, उनके कारणों को कुछ हद तक दूर करने का, उनके असन्तोष को विस्फोटक अवस्था तक पहुँचने से पहले ही रिक्त और निष्प्रभाव होने का अवसर देते रहे।

इसके विपरीत समाजवादी देशों ने सत्ता पर अधिकार करने के बाद और पूँजीवादी और सामन्ती सम्बन्धों को निर्मूल साबित करने के बाद भी स्वयं अपने ही देशवासियों को जानने के अधिकार और अभिव्यक्ति की स्वतन्त्रता से वंचित रख कर अपनी व्यवस्था की दुर्बलताओं, विफलताओं, इनके कारण जान मानस में पैदा हो रहे असन्तोष को स्वयं भी जानने के अवसर से वंचित रखा, उनको दूर करने और नयी चुनौतियों के साथ अनुकूलन का तो प्रश्न ही नहीं उठता। अफ्रीका को पिछले शताब्दी अँधेरा महाद्वीप कहा जाता था। समाजवादी देश इस शताब्दी के अँधेरे देशों में बदल गये जिनके विषय में बाहरी दुनिया को सही जानकारी मिल ही नहीं सकती थी और जो मिल सकती थी उसे वह दुष्ट पूँजीवादियों का प्रचार कहकर लीप-पोतकर साफ़ कर देते थे। पर इस लीपा-पोती पर भरोसा करता कौन था? समाजवादी व्यवस्था के लिए संघर्ष करने वाले देशों के मार्क्सवादी जो स्वयं भी विश्वास करते थे कि पूँजीवाद अपने संकट को कम करने के लिए दुष्प्रचार कर रहा है। शेष लोग चाहे वे पूँजीवादी देशों के हों या विकासशील देशों के, इन सूचनाओं को सही मानते थे। इस तरह समाजवादी देशों के नागरिक और शेष दुनिया के मार्क्सवादी मार्क्सवाद के प्रयोगों के विषय में सबसे अधिक अनभिज्ञ प्राणी बनने को बाध्य थे, जब कि उन्हें ही इनके विषय में जानने की सबसे अधिक ज़रूरत थी। मार्क्सवादी बुद्धिजीवी ज्ञान-दुर्भिक्ष का कुपोषित चिन्तक बनने को और जिन देशों ने समाजवादी व्यवस्था कायम कर ली थी उनके पाँवों के निशान तलाशते हुए आगे बढ़ने को अभिशप्त था। अपनी लोच और संवेद्यता सायास समाप्त करके समाजवादी देश पूँजीवादी देशों से भी अधिक यथास्थितिवादी और क्रमशः निहित हितों के संरक्षक बन गये।

राजतन्त्र एक क्रूर तन्त्र है और ज़ारशाही तो इसका सबसे घृणित रूप थी। यह सच है। पर इससे भी सच यह है कि ज़ारशाही अपनी आलोचना करने वाले लेखकों और दार्शनिकों को अभिव्यक्ति की छूट दे सकती थी पर उससे अतुलनीय उत्कृष्ट मानवतावाद का लक्ष्य लेकर चलने वाला मार्क्सवाद अपनी सत्ता कायम कर लेने के बाद अपने क्रान्तिकारी संघर्ष में सक्रिय भाग लेने वाले लोगों को भी इसकी छूट नहीं दे सकता। पूँजीवादी देश ब्रिटेन अपने पूँजीवाद और उपनिवेशवाद की जड़ों पर प्रहार करने वाले दार्शनिक को अपनी क्रान्तिकारी कृतियों को प्रकाशित करने की, उसे आश्रय देने की और ब्रिटेन में ही साम्यवादी संगठनों को जन्म लेने की छूट दे सकता है पर समाजवाद अपने दर्शन में निष्ठा रखने वालों तक को यह छूट नहीं दे सकता। दुर्भाग्य की बात यह है कि नेतृत्व की मूर्खताओं को आज समाजवाद की दुर्बलता का नाम दिया जा रहा है और दुनिया के छठे हिस्से में, जो कल तक समाजवादी थी, समाजवाद और साम्यवाद के नाम तक से चिढ़ हो गयी है। अतः जब हम अपने इतिहासकारों की आलोचना कर रहे हैं, हमें यह नहीं भूलना चाहिए

कि यह जहनियत उस साँचे की देन है जिसे आत्मतुष्टि के साथ समाजवाद को एक लौह दुर्ग बनाने के क्रम में तैयार किया गया और जिसे देश-विदेश में बाँट दिया गया और जिसके अनुसार अपने को खरा मार्क्सवादी सिद्ध करने के लिए बहुतों ने अपने को ढाल लिया। जिन्हें मार्क्सवादी विचारक होना था और जो इस रूप में जाने भी जाते थे, वे मार्क्सवादी पुरोधा बनकर रह गये और आज भी बने हुए हैं।

निश्चय ही साम्यवादी विचारधारा की वर्तमान अधोगति के लिए मार्क्सवादी दर्शन नहीं, वे बौद्धिक तानाशाह उत्तरदायी हैं जिन्होंने आलोचना, असहमति और नये चिन्तन को अवरुद्ध कर दिया क्योंकि बहुत जल्दी ही उन्होंने मार्क्सवाद को एक विचारदर्शन से विश्वासदर्शन में बदल दिया और ऐसा किया भी अपने निजी स्वार्थों के कारण। सोवियत संघ का पतन ठीक उस समय ही आरम्भ हो गया था, जब यह उपभोक्ता वस्तुओं के उत्पादन में पिछड़ने लगा था। कुछ लोग यह मानते हैं कि इस पिछड़ने का कारण यह था कि सोवियत संघ को पूँजीवादी शिविर की सामरिक तैयारियों का मुकाबला करने के लिए अकेले अपने बल पर सब कुछ करना पड़ रहा था और इस पर उसकी राष्ट्रीय आय का बहुत बड़ा हिस्सा खर्च हो रहा था। अनेक समाजवादी देशों को और विकासशील देशों की कम्युनिस्ट पार्टियों को भी उसे आर्थिक सहायता देनी पड़ रही थी अतः वह अपने नागरिकों का जीवन-स्तर सुधारने के मोर्चे पर बहुत अधिक पिछड़ गया।

इस विषय में सन्देह नहीं कि विश्व साम्यवाद को अपने कन्धे पर ढोने का सोवियत संघ को भारी मूल्य चुकाना पड़ रहा था पर जिस दौर में यह बोझ सबसे अधिक था, उस पचास के दशक में समाजवादी देशों की, जिनमें सोवियत संघ और पूर्वी यूरोप के देश मुख्य रूप से शामिल हैं, आर्थिक प्रगति इतनी अच्छी थी कि शीतयुद्ध के अपने प्रचार अभियान में पूँजीवाद के समर्थक इससे आतंकित अनुभव करते थे। उनका कहना था कि समग्रतावादी व्यवस्था में निर्णय इतने सीधे और बाध्यकर होते हैं कि वहाँ लोगों को अधिक काम करने के लिए बाध्य किया जा सकता है जब कि लोकतन्त्र में निर्णय लेने में इतना विलम्ब और क्रियान्वयन में इतनी ढील बरती जाती है कि परिणाम उतने उत्साहवर्धक नहीं होते। कहें स्वयं पूँजीवाद के प्रवक्ता भी आर्थिक मोर्चे पर समाजवादी व्यवस्था के सम्मुख अपनी पराजय स्वीकार कर रहे थे। सामरिक तैयारी की स्थिति यह थी कि अमेरिकी नेताओं को यह दहशत सता रही थी कि यदि यही हाल रहा तो कुछ दिनों बाद अमेरिकी अन्तरिक्षयानों को सोवियत अन्तरिक्ष केन्द्रों पर चुंगी चुकाने के बाद आगे जाने की अनुमति मिलेगी। मित्र देशों और दूसरे देशों की कम्युनिस्ट पार्टियों को आर्थिक सहायता भी इसी काल में सर्वाधिक मिल रही थी। अतः यह मात्र एक भ्रम है कि आर्थिक मोर्चे पर पिछड़ जाने का प्रधान कारण सामरिक तैयारी और अन्य देशों और उनकी पार्टियों को आर्थिक सहायता देना था। इसका एकमात्र कारण है

समाजवादी उन्मेष में कमी आ जाना और इसके लिए केवल उस नेतृत्व को दोष दिया जा सकता है जिसने सामाजिक और आर्थिक सम्बन्धों को बदलने के बाद भी अपना तानाशाही रवैया जारी रखा, क्रान्ति के दो पीढ़ी बाद भी जब कोई सर्वहारा नहीं रह गया था, सर्वहारा के अधिनायकवाद को उचित ठहरा कर साम्यवाद की ओर बढ़ते हुए क्रमशः मानवीय अधिकारों और स्वतन्त्रताओं को बहाल करना तो दूर, अपनी भूलों को जानने से और सर्वविदित भूलों को मानने से इनकार करते हुए ऐसी उदासीनता पैदा कर दी कि समाजवादी प्रतिस्पर्धात्मक निर्माण का स्थान स्पर्धात्मक चापलूसी ने ले लिया। जो कीर्तिचिह्न असाधारण काम के लिए मिलते थे, वे अकीर्तिकर जी-हुजूरी और निकम्मेपन के लिए दिये जाने लगे। सामुदायिक फार्मों और राजकीय प्रतिष्ठानों का नारा 'धीरे चलो रे' बन गया। अपनी घोषित मृत्यु से पहले ही यह महान् राष्ट्र क्रमिक पक्षाघात से पंगु होता रहा और जब इसका असर हृदय पर भी होने लगा तो इसकी अन्त्येष्टि की तैयारियाँ आरम्भ होनी ही थीं। इस बात को रेखांकित करना जरूरी है कि सूचना के अधिकार और अभिव्यक्ति की स्वतन्त्रता पर रोक स्नायुतन्त्र को सुन्न कर देने के समान है और जैसे पक्षाघात से पीड़ित व्यक्ति को अपने प्रभावित अंग की वेदना का पता नहीं चलता, वैसे ही स्वयं वह राष्ट्र अपनी अधोगति को समझने में स्वयं भी अक्षम रहा। पार्टी के तानाशाहों ने नारे साम्यवादी रखे, पर संस्कार ज़ारशाही के ग्रहण कर लिए। इस दुर्गति के लिए दोष साम्यवाद को नहीं नवज़ारशाही को देना होगा, जो पुरानी ज़ारशाही से अधिक निर्मम और संवेदनशून्य सिद्ध हुई।

अभिव्यक्ति की स्वतन्त्रता मात्र एक छूट नहीं है अपितु इस स्वतन्त्रता को सुनिश्चित करने वाली व्यवस्था के पास यह सबसे बड़ी शक्ति है जो उसके एक हजार पातकों को अकेले ढँक लेती है। पूँजीवाद ने इसकी समाघात क्षमता को पहचानने और प्रयोग में लाने में कभी चूक नहीं की और अन्य किसी बात की तुलना में इस मामले में अपनी श्रेष्ठता के कारण उसने आधे समाजवादी संसार को समारोहपूर्वक एक साथ गटक कर बाज़ार अर्थव्यवस्था के नाम पर अपने बाज़ार में बदल दिया।

वास्तविकता यह है कि स्वयं पूँजीवादी देशों के आलोचक भी मार्क्सवाद की नहीं, मार्क्सवाद को मानवीय स्वतन्त्रताओं के हरण का पर्याय बना दिये जाने की ही आलोचना करते रहे हैं। उसकी मुख्य शिकायत यह रही है कि ज़ारशाही के समय से ही रूसियों को स्वतन्त्रता से वंचित रखा गया है और इसलिए वे इसका अर्थ ही नहीं जानते, न ही इसके अभाव की पीड़ा महसूस करते हैं।

जो बात व्यावहारिक राजनीति के क्षेत्र में गलत है वह चिन्तन और विश्लेषण के क्षेत्र में एक अक्षम्य अपराध। आज की स्थिति में इस बात को समझ लेना जरूरी है कि केवल बूर्जुवा विचारकों का मत, उपनिवेशवादियों का मत, राष्ट्रवादियों या प्रतिक्रियावादियों का मत कहकर किसी भी विचार को दरकिनार करने के स्थान

पर उसकी परीक्षा करते हुए प्रमाण सहित यह सिद्ध किया जाना चाहिए कि यह कितना गलत है, कितना भ्रामक और किन रूपों में हानिकर। इसी तरह अपने को मार्क्सवादी कहकर दूसरों से श्रेष्ठ सिद्ध करने से अधिक जरूरी है अपने विश्लेषण में मार्क्सवादी समझ को, आज की परिस्थितियों में और ज्ञान के आज के स्तर पर मार्क्सवादी समझ को प्रमाणित करना।

यदि मार्क्सवादी इतिहासकारों ने धर्मशास्त्रीय आस्था के साथ प्राचीन भारतीय इतिहास में रैखिक विकास को उदाहृत करने के प्रयत्न के स्थान पर विकासवाद के सिद्धान्त को उसकी पूरी जटिलता में समझते हुए प्राचीन भारतीय स्रोत सामग्री का अध्ययन और विवेचन किया होता, तो इससे केवल भारतीय अतीत को ही समझने में मदद नहीं मिली होती। इससे सांस्कृतिक विकास के आज भी उलझे रह गये अनेकानेक धागों को सुलझाने में भी मदद मिलती। मार्क्सवादी इतिहासदर्शन की शक्ति को उजागर करने में भी इससे सहायता मिलती। कारण यह है और यह बात जरठ मार्क्सवादी मित्रों से क्षमायाचनापूर्वक, कि भारत विश्व का अकेला ऐसा देश है जहाँ अति प्राचीन काल से, बिना किसी लम्बे व्यवधान के, किसी न किसी तरह की विपुल साहित्यिक सामग्री मिलती है। हम **कोसाम्बी** के इस मत से सहमत हैं कि यहाँ पुराण तो लिखे गये पर ऐसा कोई इतिहास नहीं जिस पर भरोसा किया जा सके। इसके साथ ही यह जोड़ना जरूरी है कि इतिहासकारों के काम की जितनी विपुल और विविधतापूर्ण सामग्री भारत में उपलब्ध है, उतनी अन्यत्र कहीं नहीं। ज़रूरत इतिहासकारों में इसके अनुरूप प्रखर दृष्टि की है।

मार्क्सवादी इतिहासकार क्यों सोचता है कि श्रम करना श्रमिकों का काम है, बुद्धिजीवी तो कुर्सी पर बैठकर सपने देखता है? वह क्यों सोचता है कि एक बना-बनाया इतिहास होता और उसे उसके सामने दस्तरखान की तरह बिछा दिया जाता तो वह स्वाद ले-ले कर इसका बखान आरम्भ कर देता और उसका मार्क्सवादी कार्यभार पूरा हो जाता? यदि कुछ—ध्यान रहे, सभी नहीं केवल कुछ—इतिहासकारों ने पुराण कथाओं के विश्लेषण का अधूरा और एकपक्षीय काम किया तो उस पूरी सामग्री को उठा कर फेंक देने से मार्क्सवाद का काम चल जाएगा? किताबों को फेंक दें पर वह पुराण-रचित इतिहास तो जनमानस का अंग बना हुआ है, हम उसका क्या करेंगे। उस मानस को मुक्त तो तभी किया जा सकता है जब इस पर गम्भीरता से काम करते हुए इसकी व्याख्या हो, इसमें जो भी, जितना भी जिस भी, रूप और परिमाण में सत्यांश है उसका उद्घाटन हो।

यह एक दुखद बात है, ऐसा नहीं किया गया। यह इससे भी दुखद बात है कि ऐसा करने वालों का उपहास ही किया जाता रहा। परन्तु सबसे दुखद बात यह है कि हमारा प्राचीन वाङ्मय जिस भाषा में है, उसके प्रति भी जुगुप्सा पैदा करने का प्रयत्न करते हुए इसे मार्क्सवाद-वर्ज्य सिद्ध किया जाता रहा। हम उस मार्क्सवादी

इतिहासकार के इस कथन पर लज्जित अनुभव करते हैं जिसके अनुसार यदि संस्कृत का रोग ही खतम कर दिया जाए तो छुट्टी मिले। यह मार्क्सवाद नहीं है। यह अपनी निजी धर्मान्धता के कारण पुस्तकालयों और संग्रहालयों में आग लगाने वालों की याद दिलाता है।

विकास का क्रम सरल नहीं है। जैव विकास में भी जाने कितने अन्धे और अनगढ़ प्रयोगों और चूकों के बाद उच्चतर क्षमताओं वाले प्राणी का उदय होता है, जो उच्चतर होते हुए भी सभी दृष्टियों से हीनतर प्राणियों से श्रेष्ठ नहीं होता। इसे हम मनुष्य की विविध ऐन्द्रिक और कायिक क्षमताओं की तुलना हीनतर जीवों-जन्तुओं से करें तो पाएँगे कि उनमें से अनेक किन्हीं न किन्हीं मामलों में मनुष्य से अधिक सक्षम हैं और जहाँ तक लोच या बल का प्रश्न है, यहाँ अनेक प्राणियों की श्रेष्ठता के लिए किसी तर्क की आवश्यकता नहीं। इसी तरह उच्चतर विकास के बाद नीचे के प्राणी न तो समाप्त हो जाते हैं, न सभी उच्च अवस्था में पहुँच पाते हैं अपितु इनमें से अधिकांश नयी स्थितियों के अनुरूप समायोजित हो जाते हैं। कुछ दूसरों के समान समायोजन न कर पाने के कारण नष्ट हो जाते हैं और कुछ दूसरों द्वारा खा-पचा कर समाप्त कर दिये जाते हैं, पर जो बच रहते हैं, उनमें कोई न कोई ऐसी क्षमता होती है जिसके बल पर वे अपने परिवेशीय प्राकृतिक व जैव आघातों को झेल या विफल कर सकें।

ठीक इसी तरह ऐतिहासिक विकास के क्रम में अनेक बार अगले चरण पर पहुँचा हुआ समाज किसी आपात या छीजन के कारण अपने आधार को नष्ट करके पीछे भी लौटने को बाध्य होता है, परन्तु यह वापसी सदा के लिए अगले चरण का निषेध नहीं होती। यदि यह बात अभी तक समझ में नहीं आ रही थी तो अब समझ में आ जानी चाहिए और इससे यह बात भी समझ में आ जानी चाहिए कि समाजवादी व्यवस्था का पराभव पूँजीवाद की अन्तिम विजय का नहीं अपितु समाजवादी व्यवस्था में नयी परिस्थितियों के साथ समय रहते आवश्यक अनुकूलन के अभाव का परिणाम है। नये मोहभंग, नये अनुकूलन और बलाबल बोध के साथ अतिजीविता के लिए संघर्ष तो जीवन-मरण के पहले मुकाबले के बाद शुरू होता है। जिस तैयारी के बल पर पहले टकराव में पूँजीवाद की विजय हुई है, उसी का निहितार्थ यह भी है कि पूँजीवाद पूरी मानवता को सम्मान और सुविधा और शान्ति की ज़िन्दगी नहीं दे सकता और इसीलिए कुछ अधिक प्रखर बोध और अन्तिम विकल्प के रूप में उस समस्त मानवता की जिजीविषा का अंग बनकर समाजवाद को ही उभरना होगा, जिसमें उसके औजार और हथियार और रणनीति सभी में परिवर्तन आएगा। परन्तु आज की स्थितियों में यह एक तरह का हास्यास्पद भविष्यवाद प्रतीत हो सकता है और आप कह सकते हैं कि जितनी गलतियाँ मनुष्य इसलिए करता चला जाता है कि अपनी गलतियों को भी वह अपनी प्रतिष्ठा का विषय बना लेता है और जो

शक्ति भूल सुधार में व्यय होनी चाहिए उसे वह गलतियों को सही सिद्ध करने में लगाता और नुकसान उठाता जाता है। नयी गलतियों और नये नुकसान के साथ उसकी जिद हारते हुए जुआरी की तरह बढ़ती भी जाती है।

जो भी हो, नये और सशक्त विचार एक बार जन्म लेने के बाद आसानी से मरते नहीं हैं और पुराने विचार और संस्थाएँ आसानी से समाप्त नहीं होतीं। मरने से पहले वे जीवित रहने के लिए कठिन संघर्ष करती और इस क्रम में नयी परिस्थितियों के अनुसार अनुकूलन या अपना रूपान्तरण करती हैं। आखिर आदि जीवद्रव्य ही तो नाना परिस्थितियों से संघर्ष करता, अनुकूलित और रूपान्तरित होता हुआ आज भी मानव के रूप में जीवित है। उसके इस उन्नत चरण पर पहुँचने के बाद भी निम्नतर स्तर की विविध जीव श्रेणियाँ न केवल आज भी विद्यमान हैं अपितु अपने अपने ढंग से जीवन संघर्ष में जुटी हुई हैं। मनुष्य के मानसिक विकास ने उसकी अनेक मूल प्रवृत्तियों और नैसर्गिक क्षमताओं को मन्द बना दिया है पर वे आज भी जीवित हैं और उसके स्वभाव में आज भी आधे से अधिक पशु विद्यमान हैं।

अपने सांस्कृतिक और प्रौद्योगिक विकास के क्रम में मनुष्य ने बहुत प्रगति की है पर उच्चतर विकल्पों के छिन जाने पर वह शेष से, जो उसके सांस्कृतिक बोध ही के, जो पुनः उसके जातीय अनुभव के ही अंश हैं, अपने जीवन संघर्ष को जारी रखता और पुनः उन अचूक विकल्पों को, जिनसे उसे वंचित कर दिया गया है, हासिल करने का प्रयत्न करता है। उसके अतिरिक्त जिन उपक्रमों में परस्पर अविरोध है, उन्हें वह एक साथ जारी रखता है। औद्योगिक युग ने न कृषि के आधार को समाप्त किया, न कर सकता है। औद्योगिक युग में कृषि में भी प्रौद्योगिकी का उपयोग होने लगता है। इसी तरह उद्योग और कृषि में समृद्ध देशों के पास यदि चरागाह उपलब्ध हैं तो, और यदि नहीं है तो कृषि उत्पाद का एक भाग, इसके लिए सुरक्षित रख कर, मनुष्य को आज भी जैव प्रोटीन के लिए पशु पालन करना पड़ता है और कुछ देशों में इसकी प्रधानता है। अन्तर यह आता है कि पशुवृद्धि, पशुलब्ध पदार्थों—दूध, चमड़ा, ऊन, हड्डी—को उन्नत बनाने, परिष्कृत करने और उपयोग में लाने में प्रौद्योगिकी का उपयोग होने लगता है। आबादी के दबाव आदि के कारण जंगलों और वन्य जीवों और उत्पादों में कमी आयी है पर न तो वे पूरी तरह समाप्त हो सकते हैं न किये जा सकते हैं अतः जहाँ भी इसकी सुविधा है, सभ्य नागर मनुष्य भी शिकार करता और सभ्य संसार भी वन्य उत्पादों का उपयोग करता है और यहाँ भी जहाँ सम्भव है प्रौद्योगिकी सामने आती है। प्रबल इच्छाशक्ति और अपने मनोगत स्तर को ही किसी काल का आर्थिक स्तर सिद्ध करने के लिए शेष पहलुओं को खारिज कर देने का साहस हो तो हम किसी समाज को कुछ भी सिद्ध कर सकते हैं। ऐसा करते समय हमें उन अभिलक्षणों से भी सहायता मिल सकती है जो आज भी सभ्य से सभ्य समाज में संस्थाओं, विश्वासों, रीतियों और संस्कारों के रूप में वन्य आहार

संचय के चरण से लेकर बीच के अनेक कालों से चलते हुए किंचित परिवर्तित होते हुए आज तक जीवित हैं।

अतः यदि हम सचमुच एक मार्क्सवादी के रूप में विकास के नियमों का सम्मान करते हुए इतिहास का विवेचन कर रहे हैं तो हमें यह नहीं देखना चाहिए कि किसी काल में आहार संग्रह या पशुपालन के प्रमाण मिलते हैं या नहीं। देखना यह चाहिए कि इनके अतिरिक्त क्या मिल रहा है और वह सांस्कृतिक विकास के किस चरण का द्योतक है। उदाहरण के लिए वैदिक काल पर विचार करते समय गाय-शुमारी कर लेने में कोई हरज नहीं, उसे आज के समाज में भी जारी रखना उचित ही है, पर ध्यान इस बात पर दिया जाना चाहिए था कि इसमें मैदानों और खेतों के स्थान पर जलधाराओं का और किसी एक क्षेत्र में बहने वाली किसी नदी का ही नहीं बल्कि एक विशाल भूभाग में प्रवाहित होने वाली समुद्रगामी नदियों का और उनके प्रवाह का ही क्यों उल्लेख आ रहा है? उनको पेय जल का स्रोत न बता कर आवागमन के मार्ग के रूप में क्यों सराहा जा रहा है? इसमें जो कमी रह जा रही है उसे भी पूरा करने वाली नौचालन की इतनी हलचल भरी गतिविधियों का जिक्र क्यों है और इनमें से कुछ जलपोतों और बेड़ों को समुद्रगामी और समुद्र पार के देशों को जाने वाला क्यों कहा गया है? सांस्कृतिक स्तर का निर्धारण इस उच्चतर भूमिका से होता है और होना चाहिए था और उस दशा में किसी भी सांस्कृतिक घटक का हीनार्थ ग्रहण करने, किसी की भी जानबूझ कर उपेक्षा करने या किसी के मामले में मामूली अनुपात भेद को छोड़ कर, जिसका औचित्य साहित्यिक विवरणों में सदा स्वीकार किया जाना चाहिए, तोड़-मरोड़ करने की आवश्यकता न होती। कहें यदि मार्क्सवादी प्रतिश्रुति के साथ मार्क्सवादी पद्धति भी विकसित और व्यवहृत हुई होती तो इतने सारे मॉडलों को जो एक-दूसरे से टकराकर टूट जाते हैं, जुटाने की ज़रूरत न होती या यदि किसी मॉडल की ज़रूरत होती ही तो वह समूचे विकास के अनुरूप और उसके कुछ, केवल कुछ दुर्बोध पहलुओं को उजागर करने वाला उपयुक्त मॉडल होता जिससे तुलना के क्रम में उस संस्कृति के भी कुछ पहलुओं को समझने में मदद मिलती, जिससे यह मॉडल लिया जाता। वैदिक समाज में गाय-बैल तो थे ही, अनेक दूसरे पशु भी थे पर रोचक भेद यह है कि इनका उपयोग कृषि कार्य में और भारवाही पशु के रूप में होने लगा है और ये और इनके उत्पाद व्यापारिक क्रय-विक्रय की मद भी बन गये हैं।

एक समस्या इसके बाद भी बनी रह जाती कि वैदिक काल से ठीक बाद के काल में हमें वह वाणिज्यिक स्तर क्यों नहीं दिखाई देता? इसका आधार मुख्यतः कृषिमूलक क्यों है? यही वह सवाल है जिसको ध्यान में रखते हुए रैखिक विकास की अवधारणा के कारण पूर्ववर्ती चरण को इससे पिछड़ा मानने की भी बाध्यता उत्पन्न हुई हो सकती है। पर इन प्रश्नों को कुछ दूसरे प्रश्नों से जोड़कर देखना

उचित था कि हड़प्पा की नगरीय सभ्यता का, जिसका प्रसार इतने विशाल क्षेत्र में था, क्या हुआ? उसके बाद हमें कृषिप्रधान समाज ही क्यों मिलता है? साथ ही केवल वैदिक परम्परा में भी कुछ जिज्ञासाएँ उठाने पर हमें कुछ रोशनी मिलती कि आखिर उत्तर-वैदिक काल को इतने विस्मय-विभोर होकर क्यों याद करती है? उस काल के मनस्वियों को इस काल के रचनाकार इतना असाधारण महत्त्व क्यों देते हैं? बाद के साहित्य का बहुत बड़ा हिस्सा वेदों के मर्म को समझने और, सही-गलत जो भी हो, समझाने के लिए इतना आतुर क्यों है? इनके उत्तर में ही हमारी उलझनों का समाधान छिपा था।

ऋग्वेद के असाधारण महत्त्व के विषय में कुछ लेखकों का, जैसे **अम्बेडकर** का जो इस मामले में अकेले नहीं हैं, यह मत है कि वेद में ब्राह्मणों ने बाद में पुरुष सूक्त को घुसा दिया था जिसमें परम पुरुष के मुख से उनकी उत्पत्ति दिखाई गयी है अतः वे बार-बार वेद की महिमा बखानते हुए अपनी श्रेष्ठता को प्रमापित करते रहे। यह सच हो सकता है पर प्रश्न फिर भी रह जाता है कि यह प्रक्षेप उन्होंने वेद में घुसा कर ही इसे परम आप्तता क्यों देनी चाही? यदि वेद इससे पहले से ही लोक की दृष्टि में आप्त न बना दिया गया होता तो उसका लाभ उठा कर इस झूठ को भी आप्त बनाने का अवसर न मिलता या इसे स्वतन्त्र रखकर भी या अपने समय की संहिताओं और ब्राह्मणों आदि में इसे रखकर भी यही प्रचार किया जा सकता था।

अतः वेद की श्रेष्ठता एक कृति की श्रेष्ठता के कारण या एक प्रक्षेप के कारण नहीं, एक युग के कारण थी, जिसके दौर में यह रचा गया था और बाद का समाज किसी न किसी युक्ति से उसका स्मरण करता, उसका रहस्य जानने को आतुर और उसे पुनः प्राप्त करने के लिए परेशान रहा है। ऋग्वेद की अन्तर्वस्तु का अध्ययन करने के बाद एक मार्क्सवादी के रूप में हमारे लिए यही एकमात्र सही निष्कर्ष उपलब्ध था।

हम यहाँ जिस बात को रेखांकित करना चाहते हैं, वह यह नहीं कि मार्क्सवादी इतिहासकारों के वैदिक समाज और सभ्यता के विषय में निष्कर्ष गलत प्रतीत होते हैं। इसके लिए इस लेख की आवश्यकता नहीं थी। हम बल इस बात पर देना चाहते हैं कि अपने को सही मार्क्सवादी सिद्ध करने के लिए हमारे कुछ समादृत इतिहासकारों ने गलत इतिहास लिखा और गलत इतिहास भी इसलिए लिखा कि वे मार्क्सवादी इतिहासदर्शन की सर्वमान्य और स्वयं अपने द्वारा भी दुहरायी गयी पद्धति पर अमल नहीं कर सके, जब कि ज़रूरत उसे और भी परिष्कृत और प्रभावकारी बनाने की थी। इस तरह नामतः मार्क्सवादी होते हुए भी वे अपने को सही मार्क्सवादी भी सिद्ध नहीं कर सके। यह भूल पद्धति से सम्बन्धित है अतः इसे केवल एक काल तक सीमित नहीं माना जा सकता। काल विशेष की चर्चा तो मात्र इन सीमाओं को अधिक स्पष्टता से उजागर करने की दृष्टि से महत्त्व रखती है। यह भूल सभ्यता

के आदि चरण पर ही दिखाई देती है अतः यदि यहीं से कोण गलत हो गया तो अगले चरणों में सचाई और विचलन के क्रमशः बढ़ते हुए अन्तराल की कल्पना की जा सकती है। कहें इस यान्त्रिक दृष्टि से वैदिक काल में कम से कम गाय-भैंस तो दिखाई देती थी पर इसकी जिस परिणति का हम उल्लेख कर आये हैं, उसमें तो पीछे कुछ भी दिखाई नहीं देता।

इस अतिवाद को छोड़ भी दें और केवल इतिहासकारों की ही बात लें तो यदि सचाई यह है कि वैदिक सभ्यता का किन्हीं भी कारणों से पतन होता है और उसकी नागर सभ्यता और वाणिज्यिक आधार छिन-भिन्न हो जाता है और आबादी का पूर्व और दक्षिण की ओर को दबाव बढ़ता है और इसे भुला कर हमारा इतिहासकार यह समझाना चाहता है कि वैदिक समाज पशुचारी था, अगला चरण कृषि का है और फिर इस दबाव को वे आक्रामक प्रसार के नितान्त सरलीकृत सूत्र के सहारे देखने और समझाने का प्रयत्न करते हैं तो क्या वे इतिहास की उन शक्तियों और विकृतियों को उजागर करने में समर्थ हो सकते हैं जिनके कारण एक उन्नत सभ्यता धराशायी होकर एक चरण पीछे खिसक जाती है? यदि इतिहास का एक काम वर्तमान पर रोशनी डालना भी है, तो क्या इस तरह की व्याख्या हमें अपने समकालीन जगत् में विघटन की प्रवृत्ति, मूल्यों के क्षय, कुछ देशों के एक उन्नत चरण पर पहुँच कर स्खलित होने की प्रवृत्तियों को पहचान कर समय रहते भावी संकट के प्रति सचेत कर सकती है? दो टूक कहें तो क्या इसने यह काम किया? पुनः यदि सघन कृषि को हम बौद्ध काल या इससे ठीक पहले के दौर तक खींच लाते हैं तो क्या हम इस दौर को या उसमें वाणिज्यिक गतिविधियों के उस उन्मोचन को समझ सकते हैं जिसके कारण वैचारिक स्तर पर भी तदनुरूप असाधारण ऊहापोह का आरम्भ हुआ था और जिसकी प्रखरतम अभिव्यक्ति बौद्ध धर्म और आन्दोलन था। यदि अन्य किसी बात की ओर ध्यान न देकर विद्वानों ने अनाथपिण्डक के दर्पघोष की ओर ही ध्यान दिया होता तो उन्हें पता चला होता कि यह नयी स्फुरण वाणिज्यिक गतिविधियों के दुबारा आरम्भ होने के क्रम में आता है, न कि कृषि के कारण। बौद्ध कथाओं में एक अनाथपिण्डक ही नहीं, अपार सम्पत्ति वाले और विदेशों तक वाणिज्यिक प्रसार कायम करने वाले अनेक श्रीमन्तों के उल्लेख हैं। इतिहास का रैखिक विकास ढूँढ़ते हुए उन्होंने इस सर्वाधिक भेदक पक्ष की अनदेखी कर दी।

कारण, मार्क्सवाद और जो कुछ भी मानता हो, भूमि से बँधे हुए समाज को क्रान्तिकारी ऊर्जा से सम्पन्न तो नहीं ही मानता। जैसे खूँटा पशु को एक सीमित दायरे से बाँधता है और उसकी स्वच्छन्दता को नियन्त्रित करता है या पिंजड़ा किसी पक्षी या वन्य पशु को, उसी तरह जमीन किसान को अपने साथ बाँध कर उसकी सोच और समझ को, उसके व्यवहार और प्रतिक्रियाओं को साँचाबद्ध कर देती है। उसे रूढ़िवादी अतीतप्रेमी, नवीनता के प्रति भीरु बना देती है। वैदिक

काल के बाद वाणिज्यिक गतिविधियों का एक लम्बे दौर के लिए लोप और खेत और चरागाह तक सिमट कर रहने की विवशता के सहारे ही हम ब्राह्मणों और आरण्यकों के दौर की इतिवृत्तात्मकता और रूढ़िवादिता को समझ सकते थे पर ऐसा कोई प्रयत्न तक नहीं किया गया। उल्टे ओजस्विता के दूसरे दौर—उपनिषद काल से ले कर बौद्ध-काल तक—को कृषि प्रधानता से समझने का प्रयत्न किया गया जो इतिहासकारों के विषय में तो हमें बहुत कुछ समझा सकता है पर बौद्धकालीन इतिहास के विषय में बहुत कम।

अब ऐसे इतिहासकारों को मौर्यकाल में यदि एकमात्र विशेषता यह दिखाई दे कि मौर्यवंश गैरक्षत्रिय राजवंश था—अकुलीन, तो रक्त में इतिहास के बीज ढूँढ़ने वाली समझ के विषय में हम क्या कह सकते हैं? यदि उन्होंने इसके स्थान पर इस पक्ष पर गौर किया होता कि इसके संस्थापक की योग्यता और केवल योग्यता के आधार पर इसको इस उन्नत अवस्था तक पहुँचाने वाला एक ब्राह्मण कूटनीतिज्ञ और राजविद् है और परम्परागत ज्ञान पर असाधारण अधिकार रखने वाले इस ब्राह्मण के दृष्टिकोण में यदि यह लोच दिखाई देती है तो इसके पीछे बुद्ध धर्म और वाणिज्यिक गतिविधियों द्वारा वर्णवादी कठोरता में लायी गयी ढील का हाथ हो सकता है, न कि भूमि से बँधी किसानी का तो वे इसे सही परिप्रेक्ष्य दे पाये होते।

यत्र तत्र जो संकेत मिलते हैं उनसे यह प्रकट होता है कि मार्क्सवादी इतिहासकारों ने प्राचीन भारत को समझने में राष्ट्रवादी इतिहासकारों से भी अधिक गलतियाँ कीं और इसका कारण यह है कि वे आधार और अधिरचना के सम्बन्धों को सही ढंग से समझ नहीं पाये और जैसा कि हम कह आये हैं, सांस्कृतिक विकास को भी अतिसरलीकृत रूप में पेश करने के लिए व्यग्र थे।

मध्यकाल की स्थिति क्या है, इसकी छानबीन करने की योग्यता न रहते हुए भी इस सन्देह से मुक्त हो पाना कठिन है कि वहाँ भी इसी यान्त्रिकता का सहारा कुछ भिन्न रूप में लिया गया हो सकता है।

आधुनिक काल के विषय में यह अवश्य कहा जा सकता है कि इसे और एक इतिहासकार के रूप में इसकी समस्याओं को समझने में उनकी वही विफलता दृष्टिगोचर होती है। यदि इतिहास का सम्बन्ध सामान्य जनों से है तो इतिहासकार उन संस्थाओं, विश्वासों, आग्रहों और विचारों की उपेक्षा नहीं कर सकता, जिनसे उसकी मानसिकता निर्मित होती है। इतिहासकारों को यह समझना होगा कि जैसे जीवित वर्तमान और मृत अतीत होता है, उसी तरह जीवित अतीत और मृत वर्तमान भी होता है और उनका अपना काम इस उत्तरवर्ती का अध्ययन करना है। एक समाज जिसकी सबसे प्रखर समस्याओं में धर्म और विश्वास की समस्या है, पुराणकथाओं और देवविश्वासों की समस्या है, उसमें उन सामाजिक-आर्थिक परिस्थितियों के ऐतिहासिक अध्ययन का अभाव जिनमें इनका जन्म, रूपान्तरण और किन्हीं विशेष मामलों में ह्रास और

लोप हुआ है, जिनमें इनके प्रति कट्टरता और अन्ध आग्रह प्रबल हुआ है—हमें मार्क्सवादी इतिहासकारों की दृष्टि के प्रति आश्वस्त नहीं करता। हम यह मानकर चलते रहे हैं कि ये सतही समस्याएँ हैं जो सामाजिक-आर्थिक बदलाव या समाजवाद की स्थापना के बाद स्वतः समाप्त हो जाएँगी। पर इस दिशा में जो महान् प्रयोग हुआ था, सोवियत संघ परिणाम इस दृष्टि से आशाजनक नहीं रहे। हम यह नहीं मानते कि सामाजिक-आर्थिक रूपान्तरण के साथ इनमें बदलाव नहीं आता। पर इस बदलाव के बाद भी सांस्कृतिक मोर्चे पर काम करने पर और एक लम्बे अरसे तक काम करने पर ही इन मामलों में अन्तर आ सकता है अतः सही मार्क्सवादी दृष्टि होने पर इन मोर्चों पर गहन अध्ययन और कार्य करना मार्क्सवादी इतिहासकारों, नृतत्त्वविदों और समाजशास्त्रियों के कार्यभार का ही हिस्सा था।

राजनीतिक संगठनों में अनुशासन प्रियता और आन्तरिक संवाद का प्रश्न सर्वत्र सदा बना रहता है और इसलिए पार्टी संगठन से जुड़े मार्क्सवादी कार्यकर्ताओं के मामले में तो इसकी अपेक्षा की जाती है कि वे अपनी निजी असहमति के बाद भी पार्टी की नीतियों और निर्णयों से अलग जा कर कुछ भी न कहेंगे। परन्तु यदि इसका विस्तार वामपन्थी रुझान रखने वाले कलाकारों, वैज्ञानिकों और विविध क्षेत्रों के विद्वानों तक भी किया जाए या वे अपने को मार्क्सवादी सिद्ध करने के लिए स्वयं इसकी अपेक्षा करने लगें तो और कुछ हो या न हो, मार्क्सवादी कहे जाने वाले कलाकारों, वैज्ञानिकों और अन्य विद्वानों का अपने क्षेत्र में कोई योगदान नहीं हो सकता। राजनीति के क्षेत्र में सक्रिय बुद्धिजीवियों के अन्य बुद्धिजीवियों से इस फर्क को उचित महत्त्व नहीं दिया गया है और इसकी एक परिणति विभिन्न वामपन्थी संगठनों के अपने साहित्यिक व सांस्कृतिक मंच, जिनमें व्यवस्था के स्तर पर जुड़े लोग पार्टी के निर्देशों से परिचालित होते हैं और इस बात की अपेक्षा करते हैं कि इनसे जुड़ने वाले रचनाकार भी उन निर्देशों की गिर्द में ही रहें। दूसरे अनुशासनों के लोगों ने भी पार्टी से निकटता रखकर अपने ऊपर इन सीमाओं को सहर्ष आरोपित किया है। कहें अधिक सच्चा मार्क्सवादी बनने की कोशिश में हम एक ऐसी व्यवस्था को स्वीकार कर लेते हैं जिसमें सोचने का सारा काम राजनीति में सक्रिय शीर्ष नेता करता है और शेष लोग उसकी अपेक्षाओं के दायरे में सोचते या सोचने का प्रयास करते हैं और इससे उनकी सोच प्रभावित होती है। राजनीतिक नेता एक जनरल होता है। वह सोचता नहीं, सामरिक आवश्यकताओं के अनुसार आगे बढ़ता, पीछे हटता, तालमेल बैठाता अपने पक्ष की विजय को सुनिश्चित करता है। वह आवश्यकता होने पर समझौते करता, अर्धसत्यों का सहारा लेता और भ्रम तक फैलाता है। वह उन आयुधों का विकास नहीं कर सकता जिन्हें लेकर लड़ता है। यह काम उसके लिए दूसरे करते हैं और इन्हें वह शत्रु के कब्जे से भी छीनता है। वैज्ञानिक चिन्तक उनमें से किसी भी हथकण्डे को अपना कर वैज्ञानिक व चिन्तक नहीं रह सकते और

वे अपने जनरलों के भी भरोसे के योग्य नहीं रह सकते। अतः सक्रिय राजनीतिज्ञ बुद्धिजीवियों का आदर्श नहीं हो सकता।

अपने को सही सिद्ध करने के लिए सोचे हुए को ही सोचना, माने हुए को ही मानना जिस बौद्धिक शून्य की सृष्टि करता है, उसे देखते हुए गलत सिद्ध किये जाने का खतरा उठाते हुए अपने विचारों को रखना सही चिन्तन की प्रक्रिया आरम्भ करने के लिए जरूरी है। जरूरी है कि हम किसी स्थापना या गवेषणा का मूल्यांकन करते समय मित्रवत् आलोचना और शत्रुवत् आलोचना के फर्क को भूल कर उनके गुणदोष के आधार पर और केवल इसी आधार पर मूल्यांकन करें। इस लेख को लिखते समय हमने केवल इसी बात का ध्यान रखा है और दूसरों से इसी की अपेक्षा करते हैं।

सन्दर्भ

दा.ध. कोसाम्बी : 'अर्ली स्टेजेज ऑफ कास्ट सिस्टम इन इण्डिया', 1946

'ऑन मार्क्सियन एप्रोच टु इण्डियन हिस्ट्री', 1951

'ब्राह्मण क्लैन्स', 'दि स्टडी ऑफ एनशियण्ट इण्डियन ट्रेडीशन', 1953

'ह्वाट कंस्टीट्यूट्स इण्डियन हिस्ट्री', 1955

'दि कल्चर एण्ड सिविलाइजेशन ऑफ इण्डिया', 1965

रा.श. शर्मा : 'मॅटीरियल कल्चर एण्ड सोशल फार्मेशन्स इन एनशिएण्ट इण्डिया', 1983

रोमिला थापर : 'फ्रॉम लीनियेज टू स्टेट', 1984

> "To maintain that history has always been made by such backward, ignorant, common people, and that they, not the high priest, glittiering autocrat, war-lord, financier, or demagogue, must shape it better in future, seems presumtuous formalism. Nevertheless, it is true. The properstudy of history in a class society means analysis of the differences between the interest of the classes on the top and of the rest of the people."
>
> **–D.D. Kosambi**

पाश्चात्य इतिहास-दर्शन : मेरी दृष्टि में

वीरेन्द्र सिंह

इतिहास अध्ययन की मूलतः दो शाखाएँ हैं—एक इतिहास-दर्शन (चिन्तन) और दूसरे इतिहास लेखन। मेरे विचार से इन दोनों शाखाओं का सापेक्ष सम्बन्ध है, लेकिन इतिहास लेखन की आधारशिला इतिहास दर्शन ही है। इस आलेख में मैं पाश्चात्य इतिहास-दर्शन के क्रमिक विकास को इसी दृष्टि से रेखांकित करूँगा और साथ ही, आवश्यकतानुसार उनका मूल्यांकन भी। इस विवेचन एवं मूल्यांकन से उसका सकारात्मक और नकारात्मक पक्ष भी क्रमशः उद्घाटित होगा। जब हम पाश्चात्य इतिहास-दर्शन की बात करते हैं तो दो बातें स्पष्ट नजर आती हैं। एक पाश्चात्य इतिहास-दर्शन की आधारशिला यूनानी-रोमी चिन्तन पर आधारित है। इस तथ्य के बावजूद कि उसमें अनेक न्यूनताएँ भी हैं। दूसरे, पाश्चात्य जगत् में इतिहास को लेकर जो चिन्तन हुआ है, वह अनेक आयामी है। उनमें समानताएँ भी हैं और असमानताएँ भी। इस आलेख में मैं संक्षेप में उन महत्त्वपूर्ण बिन्दुओं और विचारों को लूँगा जिन्होंने समग्र रूप से इतिहास-दर्शन को एक व्यापक परिप्रेक्ष्य प्रदान किया है।

जहाँ तक यूनानी साहित्य-दर्शन का प्रश्न है (5-6 शताब्दी ई. पूर्व) हमारे सामने दो इतिहासकार मुख्यतः आते हैं—**थ्यूसीडायडीज** और **हिरोडोटस**, जिन्होंने इतिहास को ऐतिहासिक (मिथ, पुरागाथा आदि) तत्त्वों से मुक्त कर उसे यथार्थ की कठोर भूमि पर आधारित किया और साक्ष्यों को महत्त्व देते हुए निकट अतीत की घटनाओं को अपना आधार बनाया। इस दृष्टि से थ्यूसीडायडीज लिखित "पेलोपोनेशियन युद्ध का इतिहास" (जो एथेन्स तथा स्पार्टा नगर-राज्यों के मध्य 431 ई.पू. में हुआ) महत्त्वपूर्ण रचना है। इसमें युद्धारम्भ के ठीक बाद की घटनाओं का समीक्षात्मक एवं तर्कपूर्ण विवेचन है। इससे एक बात यह स्पष्ट होती है कि क्लासिकल यूनानी चिन्तन समीक्षात्मक और तर्कशील पद्धति को महत्त्व देता है, जिसका पाश्चात्य जगत् में अपना विशिष्ट स्थान रहा है। इतिहास-दर्शन की दृष्टि से इन साक्ष्यों का विशेष स्थान है लेकिन मिथ, पुरागाथाएँ आदि को अ-ऐतिहासिक माना गया। यदि इतिहास मानव के प्रयत्नों और चेतना विकास का इतिहास है, तो मिथक और आदिम मानसिकता को

उससे अलग कैसे किया जा सकता है? कुछ विचारकों ने तो इसे **'आभासी इतिहास'** भी कहा है। मेरे विचार से मनुष्य के सारे विकास को इस प्रागैतिहासिक काल से जोड़कर ही देखा जा सकता है। यह अवश्य है कि उनमें जो अतिकल्पनात्मक तत्त्व है, उन्हें छोड़ा जा सकता है लेकिन अनेक ऐसे तत्त्व भी हैं जो मानवीय इतिहास को समझने में सहायक हो सकते हैं। उनका तर्कशील एवं विवेकपूर्ण चयन जरूरी है जो यूनानी इतिहासकार नहीं कर सके। फिर दूसरी बात यह कि ये इतिहासकार अतीत के निकट काल (50-70 वर्ष) को ही अपना आधार बना सके जो राजनीतिक युद्ध तक सीमित है। वे काल के बहुत ही छोटे खण्ड को अपना विषय बना सके जो इतिहास के सीमित रूप को (जो अपने में एक महत्त्वपूर्ण क़दम था) तर्कपूर्ण ढंग से प्रस्तुत करता है। आगे के इतिहास-दर्शन में काल के दीर्घ खण्ड को क्रमशः स्थान दिया गया जो यह तथ्य प्रकट करता है कि इतिहास की व्याख्या और उसका दर्शन भौतिक काल सापेक्ष है। भारतीयों में इतिहास को काल सापेक्ष माना गया और साथ ही पुराण या मिथ को इतिहास कहा गया जो एक प्रकार से इतिहास के व्यापक सन्दर्भ को प्रकट करता है जिसका संकेत मैं ऊपर कर चुका हूँ।

यूनानी इतिहास-दर्शन ने एक महत्त्वपूर्ण कार्य किया कि उसने दिव्य के स्थान पर मानवीय इच्छा शक्ति को महत्त्व दिया जो प्रारब्ध को भी अपने अधिकार में कर सकती है। **चाणक्य** ने 'अर्थशास्त्र' में पौरुष-काल की स्थापना की है जो देशकाल को भी अपने अधिकार वृत्त में ला सकती है।

यूनानी इतिहास-दर्शन की उपर्युक्त अवधारणा का विकास चौथी शताब्दी पूर्व में उस समय देखा जा सकता है जब यूनान और पारस का युद्ध होता है और पारसियों ने यूनान के प्रभुत्व को स्वीकार किया और इस प्रकार हेलनी युग का सूत्रपात होता है। हिरोडोटस ने पारसियों को शत्रु के रूप में स्वीकार किया, लेकिन **सिकन्दर** के आगमन के साथ इन्हें एक राजनीतिक इकाई के रूप में मान्यता प्राप्त हुई। हेलनी युग ने सम्पूर्ण संसार को एक ऐतिहासिक इकाई के रूप में देखा जो मूलतः स्ट्वायक अवधारणा का रूप है। हेलनी युग-साक्ष्यों (अतीत के) को एकत्र किया गया। इस युग के इतिहासकारों ने हिरोडोटस आदि के अतीत को अपना अतीत माना और इस प्रकार एक नये प्रकार का इतिहास-लेखन सामने आया, जिसमें नाटकीय एकसूत्रता के दर्शन होते हैं, जो इतिहासकार द्वारा एकत्र सामग्री को एक जैविक इतिवृत्त के रूप में प्रस्तुत करते हैं। यह कार्य **पॉलीबियस, लिवी** आदि ने सम्पन्न किया (रोम)। इन सबमें पॉलिबियस का स्थान विशिष्ट है और मैं इसी का सन्दर्भ यहाँ देना चाहूँगा। यूनानी-रोमी इतिहास-दर्शन को समझने के लिए पॉलिबियस के विचारों का आकलन जरूरी है।

पॉलिबियस ने प्रथम बार रोम का इतिहास लिखा जिसका क्षेत्र पाँच पीढ़ियों का इतिहास था, न कि एक का। इसका तात्पर्य यह हुआ कि उसने काल के अतीत

खण्ड के 150 वर्ष के इतिहास को लिया और साथ ही यूनानी परम्परा और विचार को भी आत्मसात् किया। थ्यूसीडायडीज और हिरोडोटस की अपेक्षा पॉलिबियस ने काल के अधिक विस्तार को अपना विषय बनाया। यही नहीं, उसने इतिहास को स्वयं इतिहास के लिए स्वीकार किया और उसे व्यावहारिक परिप्रेक्ष्य प्रदान किया। उसने इतिहास को राजनीतिक जीवन के लिए एक प्रशिक्षण स्थान माना। उसके इतिहास चिन्तन में एक तत्त्व है नियतिवाद का क्योंकि उसका मानना है कि इतिहास में नियति शक्ति अवश्यम्भावी है। यही कारण है कि पॉलिबियस और लिवी दोनों रोम के इतिहास को दिव्य और विश्वजनीन मानते हैं। यह मत तार्किक नहीं है क्योंकि इस भावना ने पाश्चात्य जगत् को अहंवादी प्रभुत्व के ओर अग्रसर किया जो आगे चलकर इस विचारणा को जन्म देता है कि पाश्चात्य इतिहास ही विश्व का इतिहास है। यह मत मध्यकाल के आरम्भ की उस अवधारणा से मेल खाता है कि ईसा का अवतरण मानव इतिहास का आरम्भ है। जहाँ तक मुझे ज्ञात है कि इस प्रकार की अवधारणाएँ हिन्दू, चीनी और मिस्र की सभ्यताओं में नहीं प्राप्त होती हैं। आगे चलकर **स्पैंग्लर** आदि इतिहासकारों ने पाश्चात्य इतिहास ही विश्व इतिहास है, इसका खण्डन किया, यह हम आगे देखेंगे।

लगभग इसी समय के चीनी साहित्य पर नजर डालें तो जोउ शासनकाल में 'शिह' नाम के व्यक्तियों की नियुक्ति इस आशय से होती थी कि वह प्राचीन घटनाओं, शासकों, परामर्शदाताओं, युद्धों आदि का लेखन करे जो भविष्य के लिए मार्गदर्शन करे। इसी समय छन छिउ ग्रन्थ की (वसन्त एवं शरद् इतिवृत्त) रचना भी हुई, जिसमें ऐतिहासिक तथ्यों का लेखन प्राप्त होता है और जिसका मूल्यांकन पूर्वकल्पित विचारों की सापेक्षता में होता है। चीनी इतिहास-लेखन की यह पद्धति कितनी तार्किक है, कहना न होगा और मेरी दृष्टि में यूनानी-रोमी इतिहास-दृष्टि से कहीं अधिक वैज्ञानिक है। समग्र रूप से हम कह सकते हैं कि क्लासिकीय इतिहास-दर्शन मूलतः राजवंशों और राजनीतिक सन्दर्भों से अधिक जुड़ा रहा और पूरी सांस्कृतिक प्रक्रिया को ग्रहण न कर सका। यह सही है कि इतिहास राजनीति और व्यवस्था से प्रभावित होता है, वह उसका महत्त्वपूर्ण तथ्य है, पर सब कुछ नहीं।

ग्रीक-रोम इतिहास-चिन्तन का विकास नवजागरण (रेनॉसॉ) काल से पुनः होता है और उस बीच (मध्यकाल 5 शताब्दी ई. से आगे) उसका प्रभाव पृष्ठभूमि में चला जाता है। इसका कारण ईसाई धर्म का इतिहास के रंगमंच पर नये रूप में आना है। इसने इतिहास-दर्शन को एक ऐसा मोड़ दिया जिसमें ईसाई मत के सृष्टि सिद्धान्त को मान्यता दी जिसके केन्द्र में यह धारणा थी कि ईश्वर के अतिरिक्त कुछ भी शाश्वत् नहीं है और सब कुछ ईश्वर के द्वारा रचा गया है। अतः मानव की रचना ईश्वर द्वारा हुई है। इस सन्दर्भ में **सन्त आगस्टीन** की प्रसिद्ध पुस्तक '**ईश्वर का नगर (City of God)**' में दो नगरों की कल्पना की गयी—एक ईश्वर का नगर और दूसरे

मनुष्यों का नगर। इन दोनों नगरों में सापेक्ष और अभेद का सम्बन्ध है। यहाँ पर ईश्वर का नगर धरती पर चर्च का प्रतिनिधित्व करता है और मनुष्य का नगर राज्य का। इससे एक बात यह स्पष्ट होती है कि चर्च का प्रभुत्व लगभग मध्यकाल में इस कदर रहा कि वह राज्य पर अपने पंजों को मज़बूत कर सका। रोमन कैथोलिक चर्च का इतिहास यह सिद्ध करता है। इस प्रकार ईसाई (यहूदी) मत के अनुसार इतिहास ईश्वर की योजना का मानवीय मोक्ष के लिए क्रमिक साक्षात्कार है। ईसाई विचारधारा ने यूनानी चक्रीय सिद्धान्त के स्थान पर इतिहास की रेखीय अवधारणा को स्थान दिया और इतिहास को एक लक्ष्य (मोक्ष) की ओर उन्मुख किया। इस अर्थ में यहाँ मनुष्य की स्वतन्त्रता पर प्रश्न चिह्न लगाया गया और उसके सभी कार्यों को ईश्वर की ओर उन्मुख करार दिया गया। यूनानी रोमी की मानवीय स्वतन्त्रता यहाँ पर धूमिल हो गयी और उसकी पुनः प्रतिष्ठा नवजागरण काल में हुई!

मेरे विचार से मध्यकाल का इतिहास-चिन्तन ईश्वर या दैवत् केन्द्रित था लेकिन इस केन्द्रीकरण में मनुष्य पृष्ठभूमि में चला गया था! अतः यूरोप का मध्यकाल यूनानी-रोमी मानवतावाद और तर्कशील बुद्धि का विकास नहीं कर सका जो पुनर्जागरण एवं ज्ञानोदीप्त काल (1400-1650) में सम्भव हो सका। पुनर्जागरण या नवजागरण के इतिहास-दर्शन में मनुष्य को केन्द्र में लाया गया और इसी के साथ स्कॉलरशिप का एक विशेष स्थान इस काल में प्राप्त होता है। नवजागरण और सुधारवाद दोनों की मूलतः यही चेष्टा थी कि वे प्राचीन विश्व की पुनः प्राप्ति करें जो खोयी जा चुकी है। उन्होंने चर्च की निरंकुशता को निराश किया तथा यूनान की चली आ रही मनुष्य तथा राजनीति में समीक्षात्मक बुद्धि को महत्त्व दिया। उसके लिए ऐतिहासिक कालों के अवबोधन तथा भिन्न समयों के मूल्यांकन की ज़रूरत थी। इसके हेतु प्राचीन (यूनानी रोमी) मध्य-आधुनिक का वर्गीकरण शुरू हुआ। प्राचीन (यूनानी-रोमी) साहित्य के प्रति जनसामान्य की रुचि समीक्षात्मक दृष्टि का एक सद्‌गुण के रूप में ग्रहण तथा प्राचीन इतिहास से ऐसे दृष्टान्तों की खोज का आरम्भ जो आधुनिक मनुष्य को सही अर्थ में "शिक्षित" कर सके। अतः हम इस काल से ही ऐतिहासिक रचनाओं का अनवरत विकास रेखांकित कर सकते हैं।

असल में ऐतिहासिक रीति विज्ञान में नाटकीय प्रगति इसी काल से शुरू हुई जिसमें लोरेन्जावल्ला की यह घोषणा थी कि कान्सटैण्टाइन का दस्तावेज़ (4-5 शताब्दी) जाली है जिसमें सम्राट कान्सटैण्टाइन द्वारा रोम के पोप की पार्थिव सत्ता के दान का लेखन प्राप्त होता है। वल्ला ने यह प्रमाणित किया कि यह प्रलेख 4 शताब्दी का नहीं हो सकता है जहाँ तक भाषा और तथ्यों का सम्बन्ध है। वल्ला ने ज्ञान और तथ्य के आधार पर चर्च के प्रभुत्व को अस्वीकार किया। प्रलेखों का ऐसा अध्ययन 17वीं शताब्दी तक होता रहा जो ऐतिहासिक अध्ययन का एक मूलभूत अंग बना रहा।

इतिहास-दर्शन के विकास में एक अन्य महत्त्वपूर्ण तत्त्व आधुनिक विज्ञान की

प्रविधि का विकास था, जिसने साक्ष्य तथा प्रत्यक्षानुभव को मात्र ज्ञान का प्रामाणिक आधार मान लिया। इतिहास ने भी इसी प्रवृत्ति को ग्रहण किया (जिसका इतिहास दर्शन के सम्बन्ध में विरोध भी हुआ) और अतीत की व्याख्या में अपरिवर्तनीय तथ्यों को महत्त्व दिया गया। **बेकन** (17वीं शताब्दी) ने ज्ञान को तीन शाखाओं में विभाजित किया—कविता, इतिहास और दर्शन, जो स्मृति, कल्पना और अवबोधन की शक्तियों से परिचालित होती है। यह कहना कि स्मृति इतिहास को अनुप्रेरित करती है, उसका तात्पर्य यह है कि इतिहास का मुख्य कार्य अतीत के तथ्यों को उसी रूप में एकत्र करना जैसा कि वे घटित हुए थे। यहाँ पर बेकन इतिहास को स्वयं के लिए मान्य ठहरा रहा है और अतीत के तथ्यों पर अत्यधिक बल दे रहा है। प्राकृतिक विज्ञानों में तथ्यों का जो रूप है, वह इतिहास में नहीं है और बेकन इस तथ्य को नहीं समझ सका। इतिहासकार तथ्यों को वर्तमान बिन्दु की सापेक्षता में विवेचित करता है और उसे भविष्योन्मुख भी बनाता है। दूसरी बात यह कि तथ्यों को उनके मूल रूप में जानना जब वे घटित हुए थे, शायद पूर्णरूप से सम्भव नहीं है। यहाँ अनुमान भी कार्य करता है। यही कारण है कि **डेकार्ट** ने यह मत रखा कि इतिहास में घटित अतीत की घटनाओं को नितान्त उसी रूप में जानना सम्भव नहीं है। असल में डेकार्ट विज्ञान और गणित में अधिक रुचि रखता था और इतिहास के प्रति उसका रवैया एकांगी था क्योंकि वह इतिहास को ज्ञान की शाखा नहीं मानता था।

इस बिन्दु पर आकर मैं 17-18 शताब्दी में इटली के कार्टिसन स्कूल के विचारकों के इस मत को रखना चाहूँगा कि लिखित प्रलेखों, विधियों और तथ्यों को समीक्षात्मक विश्लेषण करने के बाद ही स्वीकार करना चाहिए। दूसरी बात इन विचारकों की यह थी कि इतिहास की प्रक्रिया में एक स्थिर तत्त्व है जिसे "परमानेंस" कहते हैं। यहाँ पर "परिवर्तन" के महत्त्व को अस्वीकार किया गया जो इतिहास दर्शन की प्रकृति के अनुकूल नहीं है। इस पूरी परम्परा का विरोध **विको** ने और **बर्कले, ह्यूम** आदि ने भी किया।

18वीं शताब्दी के आरम्भ में विको एक ऐसा इतिहास विचारक था, जिसने ऐतिहासिक प्रक्रिया को रेखांकित किया, जिस प्रकार बेकन ने वैज्ञानिक प्रक्रिया को। उसका महत्त्वपूर्ण योगदान यह है कि वह इतिहास को एक प्रक्रम (प्रोसेस) के रूप में देखता है, जिसके द्वारा मानव भाषा, रीति, न्याय तथा राज्य की व्यवस्थाओं का निर्माण करता है, अर्थात् वह इतिहास के द्वारा अपनी सृजनात्मक ऊर्जा का प्रदर्शन करता है। मेरे विचार से यह इतिहास-दर्शन की विषयवस्तु ही आधुनिक अवधारणा है। मानव समाज के सभी तन्तु मानव द्वारा निर्मित हैं और उसके "मन" द्वारा ज्ञातव्य हैं। यहाँ पर ह्यूम आदि का प्रत्यक्षवाद ध्वनित हो रहा है। एक अन्य महत्त्वपूर्ण धारणा है "पूर्व स्थापित समरसता" (Pre-established Harmony) की जिसकी मान्यता यह है कि इतिहासकार के "मनस्" और उसके अध्ययन की वस्तु

के बीच एक पूर्वस्थापित समरसता है। यह समरसता **लेबनीज** के समान रहस्यात्मक नहीं है क्योंकि यहाँ उसका आधार मानव स्वभाव है जो इतिहासकार के मनस् को उस मानव से जोड़ती है जिसका कि वह अध्ययन करता है।

इस प्रकार विको कार्टिसियन विचारधारा का विरोधी है। यही नहीं विको सुदूर कालों के अध्ययन में भी दिलचस्पी रखता था। सुदूर अतीत का अध्ययन उसके अनुसार ऐतिहासिक ज्ञान का विस्तार है, न कि संकुचन। इसके लिए उसने कुछ नियमों का उल्लेख किया है जिसमें से एक नियम यह है कि इतिहास के भिन्न कालों में समान तत्त्व प्राप्त होते हैं, जिनका विवेचन जरूरी है, जैसे यूनान का होमरी काल और योरोप का मध्यकाल। इतिहास में कालों की यह आवृत्ति चक्राकार नहीं है (Cyclic) वरन् सर्पिल (Spiral) है। इस अर्थ में इतिहास का कोई भी काल नितान्त उसी रूप में आवर्तित नहीं होता है जैसा कि इस अवधारणा से समझा जाता है कि इतिहास की पुनरावृत्ति होती है। असल में इतिहास की कभी भी आवृत्ति नहीं होती है वरन् पहले की अपेक्षा उसका नया रूपान्तरण होता है। यहाँ पर भारतीय पुराण शब्द की ध्वनि प्राप्त होती है, जिसका अर्थ है पुराने का नित नया रूपान्तरण। यह रूपान्तरण पूर्व से नितान्त नया होता है। विको ने स्पष्ट रूप से यह भी कहा कि सुदूर अतीत के प्रति पूर्वाग्रहों को त्यागना जरूरी है। इस अध्ययन में व्युत्पत्ति विज्ञान का सहारा लेना जरूरी है क्योंकि इतिहास की व्याख्या में विचार और शब्द का गहरा सम्बन्ध है। इसी सन्दर्भ में विको मिथकों (आदिभौतिक) को अर्धकाव्यात्मक मानता है जो लोगों की सामाजिक संरचना को व्यक्त करते हैं, जिनको उन्होंने ही स्वयं निर्मित किया है। उसने परम्परा को सत्य नहीं माना है वरन् उसे "तथ्यों" की गड्डमड्ड स्मृति के रूप में स्वीकार किया है। मेरे विचार से मिथक में जो इस प्रकार के अतार्किक तत्त्व हैं, उनमें कुछ न कुछ 'तथ्य' का आभास अवश्य रहता है, उसे आत्मसात् करने की ज़रूरत है। मिथकीय प्रभामण्डल (फिक्शन) किसी न किसी तथ्य या सत्य को व्यंजित करता है। विको के विचारों से गुजरते हुए मुझे ऐसा लगता रहा है कि वह अपने समय से कुछ आगे था और यही कारण है कि उसकी पद्धति और विचार दो पीढ़ियों बाद जर्मन इतिहासकारों द्वारा ग्रहण की गयी।

इसके साथ ही हम ज्ञानोदीप्त (Enlighterment) काल में (18वीं शताब्दी) प्रवेश करते हैं जिसके पुरोधा **ह्यूम** और **वाल्टेयर** माने जाते हैं। ज्ञानोदीप्त का मुख्य विरोध दो चीजों से था–एक धर्म और दूसरे ईसाई मत। धर्म और अन्धविश्वास, उसके अनुसार वन्य प्रकृति के हैं, जो मानसिक विकास की अग्रगामी दशा में अर्थहीन हैं, अतः इनका स्थानापन्न क्रमशः विवेकशील विचार या दर्शन से होता है। मेरे विचार से ज्ञानोदीप्त ने धर्म और मिथक को जिस अर्थ में लिया है, वह इतिहास विरोधी है जैसा कि हम विको आदि विचारकों में देख चुके हैं। यह एक सत्य है कि इतिहास क्रम में अतार्किक (व्यय) और तार्किक दोनों का सापेक्ष महत्त्व है क्योंकि मानव

विकास में धर्म आदि का अपना योगदान है। **गिबन** ने उस विवेकशील विचार या प्रकाश को अधिक महत्त्व दिया और इसके भावी आगमन को 'स्वर्णयुग' की संज्ञा दी। फ्रांसीसी राज्य क्रान्ति के समय Condorcet ने कारावास में 'स्वर्णयुग' आगमन का यूटोपिया कल्पित किया जब वह फाँसी पर लटकने जा रहा था। **कालिंगवुड** ने इनके उस महान् देय को नहीं पहचाना जो किसी भी जाति को संघर्ष के लिए तैयार करती है। मैं इस प्रभावी सम्भावना को इतिहास विरोधी नहीं मान सकता हूँ, अधिक से अधिक ज्ञानोदीप्त के अतार्किक या वन्य के निर्धारण में एक गलत दृष्टि मान सकता हूँ।

इतिहास-दर्शन का बहुमुखी विकास 19वीं शताब्दी के रोमाण्टिक युग में हुआ। इस काल में ज्ञानोदीप्त की इस मान्यता का कस कर विरोध हुआ कि अतीत वन्य है और दूसरे, इस मत का विरोध हुआ कि मानव प्रकृति समान और स्थिर है। असल में, रूसी जिसे रोमाण्टिकवाद का जनक कहा जाता है, उसका यह मानना था कि अतीत को सहानुभूति और मानव प्रगति के महत्त्वपूर्ण घटक के रूप में देखना चाहिए। भारतीय रोमाण्टिकवाद में यह तथ्य अपनी पूरी अर्थवेत्ता प्राप्त करता है जहाँ अतीत को विवेकपूर्ण सहानुभूति के द्वारा वर्तमान की सापेक्षता में ग्रहण किया गया। फ्रांस की राज्यक्रान्ति को लेकर अंग्रेज विद्वान् **एडमण्ड बर्क** तथा **ब्हिग** व्याख्या का यह मत था कि 1868 की रक्तहीन क्रान्ति के द्वारा इंग्लैण्ड ने वह सब कुछ प्राप्त कर लिया जो रक्त क्रान्ति के द्वारा फ्रांस ने प्राप्त किया। यही नहीं बर्क ने यह भी स्पष्ट किया कि प्रत्येक नया प्रारूप प्राचीन से ही उद्भूत होता है। दूसरी ओर जर्मनी के इतिहास दार्शनिक भविष्योन्मुखता को भी अपने फ्रेमवर्क में स्थान दे रहे थे। **हिगेल मार्क्स काण्ट** और **रांके** का स्थान इस दृष्टि से महत्त्वपूर्ण है क्योंकि इन विचारकों ने इतिहास-दर्शन के प्रति जो "दृष्टियाँ" प्रदान कीं, वे योरोप के ही नहीं वरन् विश्व के इतिहास में अपना विशेष स्थान रखती हैं। यहाँ पर मैं काण्ट, हिगेल और मार्क्स की इतिहास व्याख्याओं को लेना चाहूँगा क्योंकि मेरी दृष्टि में इन तीन विचारकों ने इतिहास के प्रति एक जैविक अवधारणा देने का प्रयत्न किया है।

पाश्चात्य दर्शन में काण्ट का महत्त्वपूर्ण स्थान उसके विवेक-दर्शन में समाहित है जिसे उसने ऐतिहासिक प्रक्रम में लोकेट करने का प्रयत्न किया है। उसकी पुस्तक 'क्रिटिक ऑफ द प्योर रीजन' और 'एन आइडिया ऑफ यूनीवर्सल हिस्ट्री' (1784) में उसने सामाजिक व्यवस्था में विवेकशीलता की कथा को रेखांकित किया है। उसने अतीत को अतार्किक बताते हुए भविष्य में क्रमशः विवेकशील जीवन की प्रगति को रेखांकित किया है। यह विवेक प्रजातियों में प्राप्त होता है न कि व्यक्तियों में, जो क्रमशः उसे एक विश्व राज्य की कल्पना की ओर ले जाता है। इतिहास में यह विवेक की योजना प्राकृतिक नियम की तरह काम करती है और इतिहास की योजना भी। यहाँ पर काण्ट इतिहास क्रम को प्राकृतिक नियम के समान मानता

है। इस प्रकार इतिहास प्राकृतिक नियम का एक ऐसा प्रकटीकरण है जो एक पूर्ण 'राजनीतिक व्यवस्था' को स्थापित कर सकेगा। यहाँ पर काण्ट भविष्योन्मुखता की ओर अग्रसर है जिस प्रकार मार्क्स। दोनों की पद्धतियों में अवश्य अन्तर है लेकिन दोनों का लक्ष्य एक ऐसे समाज या राज्य की कल्पना है जो सुख और समानता को साकार कर सके। इसे मैं इतिहास का ही अंग मानता हूँ क्योंकि इसे काल की विस्तृत अवधारणा के द्वारा ही समझा जा सकता है जिसे मैं आगे विवेचित करूँगा। काण्ट की इस बात से मैं असहमत हूँ कि अतीत अतार्किक है, बुद्धिहीन है जिसकी ओर मैं पहले ही संकेत कर चुका हूँ। असल में इतिहास प्रक्रम में विवेक और अविवेक दोनों सापेक्ष रूप में चलते हैं जिसे व्यापक सन्दर्भ में नकारात्मक और सकारात्मक शक्तियाँ कहा जा सकता है। यही भारतीय दर्शन की उत्सर्पिणी और अधोसर्पिणी का द्वन्द्वात्मक रूप है, जिसे ऐतिहासिक सन्दर्भ में लोकेट किया जा सकता है।

काण्ट के बाद इतिहास-दर्शन को एक नया आयाम देता है हिगेल। 1837 में हिगेल की पुस्तक 'फिलासाफी ऑफ हिस्ट्री' प्रकाशित हुई, जो उसके व्याख्यानों का संकलन है। हिगेल ने इतिहास का दार्शनिकीकरण किया और यह दार्शनिकीकरण "विश्वात्मा" की धारणा के द्वारा होता है जो ईसाई मत के "ईश्वर" को ध्वनित करता है। यह विश्वात्मा एक गत्यात्मक शक्ति है जो अपना वस्तुकरण जागतिक स्तर पर अनेक रूपों में करती है। यह आत्मा या मन कला, धर्म, विज्ञान, राजनीति आदि में अभिव्यक्ति प्राप्त करती है। यदि गहराई से देखा जाए तो हिगेल का इतिहास दर्शन ब्रह्माण्डीय दर्शन है, मात्र मानवीय नहीं क्योंकि मानवीय इतिहास ब्रह्माण्डीय इतिहास का एक अंग है। आत्मा या चेतना का विकास क्रमश स्वतन्त्रता की चेतना का ही विकास है। इतिहास में आत्मा या मन लगातार सक्रिय रहता है "स्वतन्त्रता" के क्रमिक साक्षात्कार में। यहाँ पर यह ध्यान देने की बात है कि हिगेल मानवीय स्वतन्त्रता की अवधारणा को निरपेक्ष न मानकर सापेक्ष मान रहा है और साथ ही द्वन्द्वात्मक। इस आत्मा का अग्रगामी विकास हिंसा, संघर्ष, दुख और विषाद से संयुक्त है जो मानवीय इतिहास की एक अपनी विशेषता है। ये तत्त्व "छोटे" मनुष्यों में निराशा, जड़ता को भर देते हैं। लेकिन यहाँ पर हिगेल का यह मानना है कि ये तत्त्व (हिंसा आदि) आवश्यक स्थितियाँ हैं जिनके द्वारा "स्वतन्त्रता" का रूप साकार होता है। इनमें से प्रत्येक क़दम चाहे व्यक्तिगत दुखों को कितना ही बढ़ाए, अन्ततोगत्वा वे उस स्थिति को बढ़ावा ही देती हैं जो स्वतन्त्रता को सम्भावित बनाती हैं। यही नहीं राज्य के अन्दर द्वन्द्व और राज्यों के मध्य संघर्ष भी ऐसी दशाएँ हैं जो समष्टि रूप से एक संगठित जीवन की ओर ले जाती हैं जिसमें "आत्मा" अपना अत्यधिक साक्षात्कार व्यक्तियों की स्वतन्त्रता में चरितार्थ करती है। यह असल में हिगेल की दूरगामी आशा ही है जो "भवितव्य" को अपने अन्दर समेटे हुए है।

इस बिन्दु पर आकर हिगेल हीरो या नायक के महत्त्व को विश्वात्मा की

सापेक्षता में व्यक्त करता है। उसके अनुसार "विश्वात्मा" सभ्यता के इतिहास में कुछ व्यक्तियों को निर्वाचित करता है जो युग को नये एवं दुर्लभ मार्गों की ओर ले जाता है। ऐसे व्यक्ति "हीरो" होते हैं जो इतिहास की प्रक्रिया को गति देते हैं, उसे अर्थ प्रदान करते हैं।

इस प्रकार हम देखते हैं कि हिगेल का इतिहास-दर्शन आत्मा और स्वतन्त्रता के सापेक्ष महत्त्व को रेखांकित करता है और इस तथ्य का संकेत करता है कि इतिहास-दर्शन मूलतः विवेकशील प्रक्रिया है। यहाँ पर विवेकशीलता को ईसाई मत के देवत्व से भिन्न समझना चाहिए। यहाँ यह विवेक एक है जो "बड़े" और "छोटे" में एक सा है। यहाँ पर विवेक का सामान्यीकरण है जो मेरे विचार में मार्क्स के सर्वहारा दर्शन में साकार होता है।

पदार्थ का सार है गुरुत्वाकर्षण और आत्मा का सार है स्वतन्त्रता। इतिहास स्वतन्त्रता की चेतना की प्रक्रिया है। हिगेल का मानना है कि स्वतन्त्रता की चेतना का प्रथम उन्मेष यूनानियों में हुआ और रोमी यह मानते थे कि कुछ ही व्यक्ति स्वतन्त्र हैं, न कि सभी। उसी से वहाँ दास-प्रथा का प्रादुर्भाव हुआ।

हिगेल ने स्वतन्त्रता की धारणा को राज्य के निर्माण में भी गतिशील माना है। राज्य के गठन में स्वतन्त्रता का रूप न्याय और व्यवस्था में मूर्तमान होता है, यहाँ पर व्यक्तियों के संवेग और संवेदना राज्य और समाज के व्यापक सन्दर्भ में अपनी भूमिका अदा करते हैं, जो परोक्षतः न्याय और व्यवस्था को दृढ़ करने में सहायक होते हैं। महान् ऐतिहासिक "चरित्र" अपने निजी लक्ष्यों और संवेगों को अपेक्षाकृत अधिक व्यापक लक्ष्यों की ओर उन्मुख करते हैं और इस प्रकार वे विश्वात्मा की इच्छा को ही पूरा करते हैं। सामान्यतः ऐसे व्यक्तियों का अन्त (हीरो) दुखान्त ही होता है। ये हीरो भी मूलतः राज्य की व्यवस्था को ही दृढ़ करते हैं। किसी भी व्यक्ति की अर्थवत्ता राज्य के द्वारा ही सम्भव होती है। प्राकृतिक रूप में व्यक्ति स्वतन्त्र है पर जहाँ तक राज्य और समाज का प्रश्न है, उसे अपनी स्वाभाविक स्वतन्त्रता का परिसीमन करना होगा। यहाँ पर स्वतन्त्रता की धारणा में "बँधना" का भाव निहित है जो जैन विचारधारा में भी प्राप्त होती है। इस बन्धन के बगैर स्वतन्त्रता एकांगी ही रहेगी। इस प्रकार हिगेल के इतिहास-दर्शन का नायक राज्य है। राज्य का यह वर्चस्व हमें मार्क्स में भी प्राप्त होता है। इस वर्चस्व का फल यह भी हुआ कि राजा निरंकुशता की ओर अग्रसर हुआ स्वतन्त्रता के नकारात्मक प्रयोग के द्वारा।

उपर्युक्त विवेचन से हिगेल के इतिहास-दर्शन का केन्द्र विचार है क्योंकि उसके अनुसार समस्त इतिहास विचारों का इतिहास है। विचार की प्रकृति द्वन्द्वात्मक है और विवेक पर आश्रित है। प्रत्येक घटना, प्रक्रिया की पृष्ठभूमि में विचार की गत्यात्मकता वर्तमान रहती है। मार्क्स तथा लेनिन ने इस द्वन्द्वात्मकता को और व्यापक सन्दर्भ दिया है।

हिगेल के इतिहास-दर्शन का प्रभाव **मार्क्स** के इतिहास-दर्शन पर पड़ा क्योंकि मार्क्स ने हिगेल के द्वन्द्वात्मकता को और विवेक की धारणा को ग्रहण किया। इसके बावजूद मार्क्स तथा लेनिन आदि ने जिस इतिहास-दर्शन को समक्ष रखा, वह मेरे विचार से किसी भी पूर्व के इतिहास-दर्शन से नितान्त अलग है। उसने अर्थ और राजनीति के आपसी रिश्ते को ऐतिहासिक प्रक्रिया में जिस समग्रता से रेखांकित किया, वह अपने में अभूतपूर्व है। उसने पहली बार इतिहास प्रक्रिया में कामगर और सर्वहारा के दर्शन को ही स्थान नहीं दिया वरन् एक ऐसे वर्ग को, जो शोषित एवं दलित है, उसे उसकी अस्मिता प्रदान की। कालिंगवुड आदि पश्चिमी विचारकों ने मार्क्स के देय को आर्थिक और राजनीतिक इतिहास में तो माना है, लेकिन इतिहास दर्शन के क्षेत्र में नहीं माना है। मेरे विचार से यह मत पूर्वाग्रहपूर्ण है और एकांगी है क्योंकि मार्क्स ने इतिहास की जो द्वन्द्वात्मक भौतिकवादी व्याख्या की है, उसने इतिहास-दर्शन में ही नहीं, वरन् सम्पूर्ण दर्शन के क्षेत्र में अपनी भूमिका अदा की है। यह सही है कि प्रत्येक विचारधारा की अपनी सीमाएँ होती हैं और मार्क्सवाद की भी हैं लेकिन इसका यह अर्थ नहीं है कि उसे उसका उचित स्थान न दिया जाए।

मार्क्स का प्रसिद्ध ग्रन्थ 'पूँजी' या कैपिटल है जिसे एक ग्रन्थ के रूप में 1867 में प्रकाशित किया गया। 'कैपिटल' तथा उसकी इधर की प्रकाशित कृति 'फिलासॉफीकल एसेज' (मृत्यु बाद) में उनके अनेक विचार समक्ष आते हैं और इसी के साथ इतिहास दर्शन से सम्बन्धित विचार भी। उसकी मूल स्थापना यह है कि इतिहास आर्थिक वर्गों का संघर्ष है और अन्ततः इस संघर्ष में सर्वहारा की विजय एक ऐतिहासिक अनिवार्यता है। यह वर्ग संघर्ष राजतन्त्र, सामन्तवाद, पूँजीवाद और साम्यवाद में तीव्र से तीव्रतर होता हुआ सर्वहारा वर्ग के प्रभुत्व में पर्यवसान प्राप्त करेगा और उस स्थिति में वह वर्गहीन समाज की अवधारणा को प्रक्षेपित करता है। मार्क्स की वर्गहीन समाज की अवधारणा यथार्थ पर आश्रित धारणा है जो भविष्योन्मुख है। यहाँ पर वर्ग संघर्ष की दो दशाओं का संकेत महत्त्वपूर्ण है—एक वह दशा जो वर्ग संघर्ष के द्वारा समाज का क्रान्तिकारी पुनर्निर्माण करती है और दूसरी वह दशा जिसमें संघर्षशील वर्ग का समान रूप से विनाश अवश्यंभावी है। यह सर्वहारा एक वर्ग के रूप में उदित होकर क्रमशः एक शक्तिशाली राजनीतिक पार्टी के रूप में उभरता है जो कामगारों या सर्वहारा के हितों की रक्षा करती है। इस रक्षा में बुर्जुवा वर्ग के कुछ लोग भी शामिल हो सकते हैं या होते हैं। इसी से, इंग्लैण्ड में "दस घण्टे का बिल" पारित हुआ था। यही नहीं, शासक वर्ग से कुछ भाग इस क्रान्तिकारी वर्ग में, जिनके हाथ में भविष्य की बागडोर होती है, शामिल हो जाते हैं। दूसरी ओर निम्न मध्यवर्ग (कामगार, दुकानदार, शिल्पकार, किसान आदि) बुर्जुवा वर्ग से संघर्ष करता है, अपने हितों की रक्षा हेतु। इस दशा में मध्यवर्ग कंजरवेटिव ही रहता है और प्रतिक्रियावादी भी क्योंकि वह इतिहास की अग्रगामी गति को पीछे की ओर

ले जाता है। यदि यह वर्ग क्रान्तिकारी होता है, तो वह सर्वहारा का क्रमशः अंग बनता है और अपने वर्तमान हितों को छोड़ भविष्य के हितों की रक्षा हेतु सर्वहारा वर्ग का अंग बन जाता है।

इस प्रकार मार्क्स के इतिहास-दर्शन में द्वन्द्वात्मकता का विशेष हाथ है और सर्वहारा का आन्दोलन एक ऐसा बहुसंख्यक आन्दोलन है जो भविष्य में वर्गहीन समाज की संरचना कर सकेगा, जहाँ मात्र एक ही वर्ग होगा और समानता, सुख और स्वतन्त्रता का राज्य होगा। मैं इसे एक आदर्श का रूप ही मानता हूँ और कोई भी वर्ग या जाति आदर्श तक पहुँचना चाहती है, वह उसके लिए लगातार प्रयत्न करती है और यही 'प्रयत्न' इतिहास की गति को अग्रगामी बनाता है। आदर्श को पूरी तरह से शायद प्राप्त नहीं किया जा सकता है जैसे पदार्थ के सार को। गाँधी का रामराज्य, प्लेटो का आदर्श राज्य आदि ऐसे ही प्रत्यय हैं, जिनकी ओर मानव प्रयत्न करता है, पर शायद पूरी तरह से प्राप्त नहीं कर सकता है।

मार्क्सवादी एक विकासशील दर्शन है। मार्क्सवाद ने मात्र आर्थिक आधार को सत्य नहीं माना है जिस पर समस्त अधिरचना आश्रित रहती है। योरूपीय साम्यवाद का रूप, कुछ इस प्रकार का है जिसे योरोपीय पूँजीवाद ने अपने हितों के लिए प्रयुक्त किया है। यहाँ कामगारों को शीघ्र सभी सुविधाएँ दी गयीं क्योंकि यदि ऐसा नहीं होता तो यह भय था कि कहीं मार्क्सवाद के डर से योरूपीय साम्यवाद की पुनः व्याख्या हुई। इसी सन्दर्भ में मैं द्वन्द्वात्मकता को एक व्यापक सन्दर्भ में लेना चाहूँगा वह मात्र सामाजिक क्षेत्र में ही नहीं, वरन् मानसिक, ब्रह्माण्डीय और मानवीय सम्बन्धों में भी कार्य करती है।

काण्ट, हिगेल और मार्क्स ने इतिहास-दर्शन को जो व्यापकता और अर्थ प्रदान किया, बीसवीं शताब्दी में इतिहास-दर्शन पर विज्ञान की प्रविधि का विशेष प्रभाव पड़ा और यह प्रभाव एक विश्वजनीन पद्धति को जन्म दे सका। इतिहास-दर्शन ने उस पद्धति को कुछ सीमा तक स्वीकार किया। उसने विज्ञान के उस मत को स्वीकार नहीं किया जो यह मानता है कि विज्ञान ही एक मात्र ज्ञान है। इसका यह अर्थ नहीं कि यह विज्ञान के प्रति विरोध था पर स्थिति यह है कि यह विरोध, "विज्ञान ही एक मात्र ज्ञान है" के प्रति था। यही कारण है कि बीसवीं शताब्दी के इतिहास के ज्ञान को प्राकृतिक विज्ञानों के ज्ञान से भिन्न प्रकार का माना गया और सामाजिक विज्ञानों के निकट। मेरे विचार से वैज्ञानिक ज्ञान मात्र कार्य-कारण का सम्बन्ध नहीं है, वह यान्त्रिक अवधारणा को हर जगह सत्य नहीं मानता है वरन् अयान्त्रिक-विश्व की भी कल्पना करता है। यहाँ पर निश्चयवाद के साथ-साथ "अनिश्चयवाद" का भी रूप मुखर होता है। अतः बीसवीं शताब्दी के इतिहास-दर्शन में ऐतिहासिक ज्ञान के स्वरूप तथा क्षेत्र पर बल दिया गया और ऐतिहासिक ज्ञान, मानव सम्बन्धी ज्ञान का स्रोत है—इस मत को भिन्न-भिन्न रूपों से रखा गया। बीसवीं शताब्दी में ऐसे

इतिहास-चिन्तकों की एक लम्बी परम्परा है, जिन्होंने इतिहास-दर्शन को अभिज्ञानात्मक, स्वरूप प्रदान किया। **स्पैंग्लर, टायन्बी, क्रोचे, कालिंगवुड, ई.एच. कार, बैडले, डिल्थे तथा पॉपर** आदि अनेक इतिहास-चिन्तक इसी ओर अपने-अपने तरीके से गतिशील हुए। यहाँ पर मैं केवल चार इतिहास चिन्तकों को लूँगा क्योंकि प्रत्येक को लेना यहाँ सम्भव नहीं है, ये इतिहास दार्शनिक हैं—स्पैंग्लर, टायन्बी, क्रोचे और पॉपर।

जर्मन इतिहास-दार्शनिक स्पैंग्लर (1880-1936) की प्रसिद्ध पुस्तक 'पश्चिम का पतन' (Decline of west) एक ऐसी लोकप्रिय पुस्तक रही है, जिसकी करोड़ों प्रतियाँ एक-दो वर्षों में बिकीं। उसका कारण यह था कि पश्चिम अपने पतन के कारणों को जानने का इच्छुक था, और दूसरी ओर इस पुस्तक ने पाश्चात्य जगत् की इस धारणा पर प्रहार किया कि पाश्चात्य इतिहास ही विश्व का इतिहास है। अन्य अनेक संस्कृतियाँ रही हैं, जिन्हें विश्व-इतिहास के अन्तर्गत रखना चाहिए। इस तथ्य को ध्यान में रखकर स्पैंग्लर ने अपने इतिहास-दर्शन को प्रस्तुत किया। उसके अनुसार इतिहास एक चक्राकार गति है जो किसी संस्कृति से आरम्भ होती है और सभ्यता में समाप्त हो जाती है। यहाँ पर स्पैंग्लर संस्कृति और सभ्यता में भेद करता है जबकि दोनों का सापेक्ष सम्बन्ध है। संस्कृति संस्कारों का समूह है जो किसी न किसी रूप में जाति की गतिशील परम्परा को बनाये रखती है और सभ्यता बाह्य प्रसार है जो संस्कृति का अंग है। स्पैंग्लर के अनुसार इतिहास अनन्त सृजन और रूपान्तरण का क्रम है। असल में **कोपरनिक्स** की इतिहास-दृष्टि, विश्व-दृष्टि को रूपान्तरित करती है जो इतिहास को अनेक युगों में आवर्तित करती है। हरेक युग (Epoch) एक संस्कृति से आरम्भ होता है और एक सभ्यता में समाप्त हो जाता है। इतिहासकार को दो युगों के इतिहास में जो सामान्य तत्त्व हैं, उन्हें देखना है जैसा कि पश्चिम में हो रहा है। सभी महानगर (विश्वनगर) यथा रोम, एथेन्स, बर्लिन, न्यूयार्क आदि पतनोन्मुख या ह्रासोन्मुख सभ्यताओं के प्रतीक हैं। स्पैंग्लर के अनुसार ये विश्वनगर और उसके उपग्रह अन्ततः एक युग के अन्त की घोषणा करते हैं।

स्पैंग्लर के इतिहास-दर्शन में एक महत्त्वपूर्ण तत्त्व है जो रूपात्मक शैली के द्वारा व्यक्त होता है। प्रत्येक संस्कृति नाटक के चार अंकों के समान हैं—पथम, धर्म का आरोहणकारी रूप, दूसरे राजतन्त्र और कला का विकास और अवरोहण क्रम में अधर्म, प्रजातन्त्र, समाजवाद और महानगर का विकास। प्रेस, तकनीक, संगीत, कला, दर्शन, जन-संस्कृति सभी क्षेत्रों में ह्रास एवं अवमूल्यन के दर्शन हो रहे हैं जो एक प्रकार से अपसंस्कृति के पक्ष हैं। अतः स्पैंग्लर का इतिहास-दर्शन बहुवादी (Pluralism) है जो अनेक संस्कृतियों का चक्रीय रूप है। उसने प्रकृतिवादी और प्रत्यक्षवादी (Emperical) विचारों का समन्वय किया, अतः उसके इतिहास-दर्शन में विज्ञान और समाज विज्ञानों का समन्वय प्राप्त होता है।

इंग्लैण्ड के इतिहास दार्शनिक टायन्बी (1939-1961) की पुस्तक 'इतिहास

का अध्ययन' (The Study of History) में उसने सभ्यताओं के क्रमिक पतन का अध्ययन किया और इस बात पर बल दिया कि समाज का अध्ययन समग्र रूप से होना चाहिए न कि उसके खण्डों का नितान्त निरपेक्ष अध्ययन। यदि हमें औद्योगिक क्रान्ति या संसदीय प्रणाली का अध्ययन करना है तो एक राष्ट्र अथवा समूह के अध्ययन से यह कैसे सम्भव होगा? इस दृष्टि से वह विभिन्न समाजों और सभ्यताओं के अध्ययन पर जोर देता है। इसे वह मनोविज्ञान और सामाजिक विज्ञानों की सहायता से रेखांकित करता है और समाज-शास्त्रीय अध्ययन को महत्त्व देता है जिसके मुख्य तीन अंग हैं—संस्थानिक, तुलनात्मक और सांख्यिकी। इस प्रकार वह विश्लेषणात्मक इतिहास पद्धति को स्वीकार करता है। इस इतिहास अध्ययन में वह मात्र समाचार के तथ्यात्मक इतिहास को महत्त्व नहीं देता है वरन् उनके साहित्य में जो आदर्श और प्रेरणाएँ प्राप्त होती हैं उनका भी लोकेशन करता है।

इतिहास की प्रक्रिया में टॉयन्बी दो शक्तियों की कल्पना करता है—क्रिया और प्रतिक्रिया। यह प्रक्रिया चुनौती और संघर्ष से उद्भूत होती है। कोई भी सभ्यता या समाज इन चुनौतियों का सामना कर के अपनी अस्मिता और सृजन शक्ति का विकास करता है। अतः सभ्यता सृजनात्मक व्यक्तियों के द्वारा अपना स्वरूप मुखर करती है और यहाँ पर टॉयन्बी का यह मत है कि ऐसे व्यक्ति अल्पसंख्यक ही होते हैं जो इतिहास क्रम को गति देते हैं। इसी बिन्दु पर वह यह भी मानता है कि विकास का क्रम निम्न स्तर से क्रमशः उच्च स्तर तक होता है जो क्रमशः जटिलता को जन्म देता है। यह जीवशास्त्रीय तथ्य है जिसे टॉयन्बी सभ्यता या समाज के विकास पर लागू करता है। उसकी एक अन्य महत्त्वपूर्ण मान्यता यह है कि सभ्यता का पतन या उसका विखण्डन स्वयं उसके अन्दर से होता है न कि किसी बाह्य शक्ति के द्वारा। यह मत पूर्ण सत्य नहीं है क्योंकि यह सही है कि कोई भी सभ्यता अपनी कमजोरियों के द्वारा ही पतनोन्मुख होती है लेकिन इस प्रक्रिया में अक्सर बाह्य तत्त्वों का सम्प्रवेश भी अपना काम करते हैं। देखा यह गया है कि कोई सभ्यता बाह्य प्रभाव को अपनी प्रकृति के अनुकूल न ग्रहण कर सकने के कारण विकृतियों का शिकार होती है। सृजनशील अल्पसंख्यक व्यक्तियों में जब अन्तर्विरोध एवं विकृतियाँ आने लगती हैं, तब सभ्यता का पतन आरम्भ हो जाता है। सभ्यता के पतन के साथ नये धर्मों का उदय होता है जो हिंसावाद, सम्प्रदायवाद आदि को जन्म देते हैं। सभ्यता के पतन में सैन्यवाद भी एक प्रमुख तत्त्व है जिसका आरम्भ 5-6 शताब्दी से लेकर आज तक देखा जा सकता है। सामाजिक एकता का ह्रास, राज्य की उपासना, युद्धों का अमानवीय रूप आदि ऐसे तत्त्व हैं जो सभ्यता के पतन के सूचक हैं। टॉयन्बी का यह मत है कि पाश्चात्य सभ्यता अपनी सृजनात्मक शक्ति और क्रियात्मकता से क्रमशः कम होती जा रही है जो उसे पतन की ओर अग्रसर कर रही है। इन्हें समाप्त या कम करके ही सभ्यता को बचाया जा सकता है। अन्त में टॉयन्बी भविष्य

या सम्भावना की कल्पना करता है जब राज्य के स्थान पर एक संवैधानिक विश्व सरकार की स्थापना होगी जो राष्ट्रों की सहकारिता पर आधारित होगी। असल में, वह पीछे की ओर जाता है जहाँ एक सेकुलर अधिरचना का स्वरूप मुखर हो सके और आदि धर्म इसका आधार हो। यह कल्पना, मेरे विचार से एक अतिकल्पना है जो हमें यथार्थ से दूर ले जाती है क्योंकि उसकी गति रेखीय एवं सर्पिल है। मार्क्स का वर्गहीन समाज एक सम्भावना है लेकिन अधिक यथार्थमूलक एवं तार्किक। इतिहास यह बताता है कि युद्ध नकारात्मक भी होते हैं और सकारात्मक भी। टॉयन्बी ने मात्र नकारात्मक पक्ष को ही लिया है।

आधुनिक पाश्चात्य इतिहास-दर्शन में एक अन्य प्रकार का विचारक **क्रोचे** है (इटली) जो आत्मवादी है और अनुभूति को महत्त्व देता है। उसकी सबसे उत्तेजक धारणा है कि इतिहास कला है न कि विज्ञान। जहाँ तक तथ्य का सम्बन्ध है, उनका चिन्तन अनुभूति के धरातल पर होता है। क्रोचे ऐतिहासिक ज्ञान को मानव ज्ञान का एक सर्वश्रेष्ठ रूप मानता है जिस प्रकार कालिंगवुड ऐतिहासिक ज्ञान को अद्वितीय मानता है। कालिंगवुड भी विज्ञानवाद का विरोध करता है जिस प्रकार क्रोचे। क्रोचे का मानना है कि कला सम्भावना को वर्णित करती है जबकि इतिहास वही वर्णित करता है जो घटित हो चुका है। यहाँ पर एक विरोधाभास है। एक ओर क्रोचे यह कहता है कि इतिहास कला है, तो दूसरी ओर कला और इतिहास में सम्भावना और तथ्य के आधार पर अन्तर करता है। दूसरे शब्दों में वह ऐतिहासिक ज्ञान को वैज्ञानिक यथार्थवाद और सापेक्षतावाद से अलग करता है जबकि सापेक्षतावाद ऐतिहासिक ज्ञान का एक मुख्य आधार है। इस प्रकार क्रोचे का इतिहास-दर्शन इस बात पर आता है कि सम्पूर्ण इतिहास, वर्तमान का इतिहास है।

इतिहास-दर्शन को लेकर क्रोचे की एक दूसरी स्थापना है जो तर्कशास्त्र पर आधारित है। उसका पन्थ तर्कशास्त्र (Logic) इस बात पर बल देता है कि तर्कशास्त्र मूलतः दो प्रकार के निर्णयों में भेद करता है। निर्णय की प्रक्रिया विचार की प्रक्रिया है और इस आधार पर क्रोचे दो प्रकार के निर्णयों वैयक्तिक और सार्वभौमिक के मध्य अन्तर को न स्वीकार कर उन्हें ज्ञान प्रक्रिया में अभेद तत्त्व के रूप में स्वीकार करता है। सार्वभौमिक सत्य उसी समय सत्य होगा जब वह वैयक्तिक सत्य का अंग बन सके। इसे और स्पष्ट शब्दों में कहा जाए तो सार्वभौमिक सत्य को व्यक्ति में अवतरित होना चाहिए। इससे यह निर्गमित होता है कि एक ही प्रकार का निर्णय होता है जो वैयक्तिक भी है और सार्वभौमिक भी। वैयक्तिक उसी सीमा तक जब तक कि वह वैयक्तिक स्थितियों, दशाओं को वर्णित करता है और सार्वभौमिक उसी सीमा तक जब तक वह इस स्थिति और दशा को सार्वभौमिक प्रत्ययों की सापेक्षता में विचार करें। अतः क्रोचे का इतिहास-दर्शन व्यक्ति सापेक्ष है जिसमें सार्वभौमिक सत्य गतिशील रहता है। इस बिन्दु पर क्रोचे इस समस्या की ओर अग्रसर होता है

कि दर्शन कैसे इतिहास से सम्बन्धित होता है। वह इतिहास (व्यक्ति) और दर्शन (सार्वभौमिक सत्य) को अलग नहीं करता है वरन् उन्हें एक ऐसे फ्रेमवर्क में लाता है जिसका विषय व्यक्ति है जबकि उसका विधेय (Predicate) सार्वभौमिक है। यहाँ पर इतिहास मात्र व्यक्ति की अनुभूति नहीं है जो क्रोचे के अनुसार "कला में प्राप्त होता है।" इतिहास व्यक्ति सापेक्ष होकर प्राग आनुभविक (A-priori) स्वभाव की क्रिया है जो विचार-प्रक्रिया का अभिन्न अंग है। इतिहासकार एक चिन्तक के रूप में सामने आता है जो सार्वभौमिक को अर्थ प्रदान करता है, व्यक्ति के धरातल पर। यह चिन्तन प्रक्रिया "दर्शन" का विषय है और इस प्रकार ऐतिहासिक चिन्तन दार्शनिक चिन्तन का एक अभिन्न अंग है। इस प्रक्रिया में इतिहास का वैयक्तिक निर्णय इसलिए है कि वह अपने अन्दर दार्शनिक चिन्तन के तत्त्व समाहित किये हुए है।

क्रोचे के इतिहास-दर्शन में वैयक्तिक निर्णय को प्रधान माना गया है और वस्तुगत स्थितियों को उसकी सापेक्षता में। यहाँ पर दार्शनिक चिन्तन को अत्यधिक महत्त्व दिया गया है जिसका फल अक्सर यह हुआ है कि इतिहास की अपनी सत्ता पृष्ठभूमि में चली जाती है। फिर भी, इतना अवश्य कहा जा सकता है कि क्रोचे ने इतिहास और दर्शन के सम्बन्ध को रेखांकित किया।

इधर इतिहासवाद को लेकर कार्ल आर. पॉपर (अमेरिका) का मत काफी उत्तेजनापूर्ण रहा है क्योंकि उसने "**इतिहासपरकतावाद**" पर प्रहार ही नहीं किया है, वरन् उसे भ्रामक बताया है। उसकी दो पुस्तकें 'ओपन सोसाइटी एण्ड इट्स एनीमी' और 'पावर्टी ऑफ हिस्टोरिज्म' में उसने अपने उपर्युक्त मत को स्थापित करने का प्रयत्न किया है। उसकी प्रथम मान्यता, जो अन्य दार्शनिकों की भी है, इतिहास विज्ञान नहीं है क्योंकि इतिहास में परीक्षण सम्भव नहीं है भविष्य कथन की असमर्थता है तथा कारणात्मक व्याख्या की कमी। वह प्लेटो, मार्क्स, काण्ट आदि की निश्चयात्मक भविष्योन्मुखता का विरोधी है और इस दृष्टि से वह इतिहासपरकतावाद को पथभ्रष्ट और भ्रामक मानता है। इसी के साथ, वह इतिहास को वस्तुनिष्ठ, निर्वैयक्तिक बाह्य सजा मानता है जिसके अपने अटल नियम हैं, मानव मात्र उसका मोहरा है और उसके नियमों की अभिव्यक्ति। दोनों का भाग्य पूर्वनिर्धारित है। अतः मनुष्य न इतिहास को परिवर्तित कर सकता है और न बना सकता है। 'इतिहासवाद' मात्र एक प्रचारक है जो स्वयं या वर्ग विशेष के वांछित लक्ष्य को इतिहास का लक्ष्य बनाकर मानव जाति को पथभ्रष्ट करता है। उसके अनुसार राजनीतिक इतिहास हत्या, षड्यन्त्र और अपराध का इतिहास है और इस प्रकार इतिहास का कोई अर्थ नहीं है। स्वयं इतिहास में न कोई अर्थ है और न लक्ष्य, हम ही उसे अर्थ देते हैं। यहाँ पर पॉपर का मत पूरी इतिहासवाद की परम्परा पर चोट करता है लेकिन जब वह व्यक्ति द्वारा अर्थ देने की बात करता है तो वह इतिहास को किसी न किसी अर्थ में ग्रहण कर रहा है। यह कहना कि इतिहास को न परिवर्तित कर सकता है और न निर्माण

कर सकता है, एक ऐसी भ्रामक मान्यता है जो ऐतिहासिक ज्ञान को ही निर्मूल कर देती है। फिर दूसरी बात यह है कि पॉपर की पूरी स्थापना 'मार्क्सवाद' के विरोध में है जो साम्राज्यवादी विचार-दर्शन का लक्ष्य ही रहा है। मेरी अपनी मान्यता है कि पॉपर जैसे विचारक इतिहास को सही परिप्रेक्ष्य नहीं दे पाये जो हिगेल, मार्क्स, काण्ट तथा विको आदि ने अपने तरीके से दिये। फिर इतिहास मात्र राजनीति का इतिहास नहीं है, वह मानवीय सृजन के विविध पक्षों का इतिहास है जो मूलतः सांस्कृतिक है। इन सब कारणों से पॉपर का मत हमें उत्तेजित तो करता है लेकिन मानवीय सृजन शक्ति के विविध आयामों को नजरअंदाज़ कर देता है। मानव का विकास ही उसका इतिहास है।

मैंने उपर्युक्त विवेचना के द्वारा पाश्चात्य इतिहास-दर्शन के क्रमिक विकास को रेखांकित करने का प्रयत्न किया है, वह भी अपनी दृष्टि से निर्वाचित "इतिहास-दार्शनिकों के द्वारा।" उसमें कुछ दार्शनिक रह भी गये हैं जो कुछ लोगों के लिए महत्त्वपूर्ण है। उनके प्रति मेरा कोई पूर्वाग्रह नहीं माना जाना चाहिए क्योंकि मेरी अपनी सीमाएँ हैं और इस लेख की भी।

अस्तु अन्त में, मैं समग्र रूप से कुछ कहना चाहूँगा जो इतिहास के प्रति मेरी दृष्टि को साफ़ कर सकेगी। पाश्चात्य इतिहास-दर्शन के अनुशीलन से एक बात जिसकी ओर विचारकों का ध्यान परोक्ष रूप से ही गया है, उसका कोई व्यवस्थित रूप नहीं प्राप्त होता है, वह है काल की वह जागतिक एवं भौतिक अवधारणा जिससे इतिहास की गति और दिशा का अध्ययन किया जाता है। इतिहास की रेखीय, चक्रीय एवं सर्पिल गति का जिक्र विचारकों ने यदा-कदा किया है, ये सभी शब्द काल की गति और दिशा को व्यक्त करते हैं। अतीत, वर्तमान और सम्भावना (भविष्य) काल की गति के भिन्न खण्ड हैं और इतिहासकार अतीत और सम्भावना को वर्तमान बिन्दु की सापेक्षता में पुनःक्रियात्मक (अतीत) और अनुमानित (सम्भावना) करता है। यहाँ पर भविष्योन्मुखता को अनेक इतिहासकारों (पॉपर, विको आदि) ने नकारा है जो मेरे विचार से काल अवधारणा की दृष्टि से असम्भव है। दूसरी बात यह है कि व्यक्ति की चेतना भविष्योन्मुख होती है, वह जहाँ है, वहाँ से वह आगे की ओर अग्रसर होगी, यह चेतना की नियति है। अतः भविष्य दृष्टि सम्भावना है और इतिहास उस सम्भावना की ओर निर्देश करता है। यह सभावना जो एक "आदर्श" है उसे पूरी तरह से प्राप्त नहीं किया जा सकता है, उसके निकट पहुँचा जा सकता है। मानवीय ऊर्जा और चेतना की अग्रगामी एवं पश्चगामी गति उसे भविष्य और अतीत से किसी न किसी स्तर पर बाँधे रहती है। इतिहास की घटनाएँ (आर्थिक, सामाजिक, राजनीतिक आदि) परोक्षतः काल की ही घटनाएँ हैं जो यह तथ्य प्रकट करती हैं कि इतिहास काल सापेक्ष है और वह ब्रह्माण्डीय काल का एक विशिष्ट अंग है। भारतीय दर्शन की इतिहास पुरुष की अवधारणा का यहाँ सहारा लिया जा

सकता है और इतिहास के पूरे परिदृश्य को एक नयी "व्यवस्था" दी जा सकती है। मेरे विचार से मानव इतिहास निरपेक्ष एवं स्वायत्त नहीं है, वह ब्रह्माण्डीय काल का एक अंग है क्योंकि ब्रह्माण्डीय प्रक्रियाएँ, घटनाएँ और गतियाँ (ग्रह नक्षत्र) मानव क्रियाओं पर प्रभाव डालती हैं जो भारतीय ज्योतिष और खगोल विज्ञान द्वारा मान्य है।

इसी काल धारणा के साथ एक प्रश्न यह जुड़ा हुआ है कि इतिहास रेखीय या चक्रीय है या सर्पिल। कुछ विचारक इतिहास को रेखीय (कांट, थ्यूसीडायडीज़, हीगेल, मार्क्स आदि) रूप में स्वीकार करते हैं। मेरे विचार से इतिहास मूलतः रेखीय है क्योंकि उसकी गति अग्रगामी है। सर्पिल और चक्राकार उसमें घटित होते रहते हैं। जैसे मानव जीवन की गति रेखीय है लेकिन सर्पिल और चक्राकार घटनाएँ आती रहती हैं जैसे दिवसों का आना, जीवन-मृत्यु। यही स्थिति इतिहास की भी है। इतिहास की अतीत घटना नितान्त उसी रूप में पुनः घटित नहीं होती है, उस अर्थ में इतिहास कभी भी अपने को दोहराता नहीं है। दूसरी ओर यह भी एक सत्य है कि इतिहास की घटित घटनाएँ (व्यक्ति भी) वर्तमान समय की सापेक्षता में नया अर्थ प्राप्त कर प्रासंगिक बनती हैं। यह प्रासंगिक बनना पुनरावृत्ति नहीं है, वरन् इतिहास का "ध्वनन" है, जो हमें जातीय अस्मिता से जोड़ता है। इस "ध्वनन" को यदि कोई जाति ग्रहण नहीं कर पाती है तो वह क्रमशः पतन की ओर अग्रसर होती है। हमारी स्थिति कुछ इसी प्रकार की है कि हमने इतिहास से कम ही सीखा या उसके "ध्वनन" को आत्मसात नहीं किया। इसका कारण हमारे इतिहास की विकृति भी है जो विदेशी शासकों द्वारा की गयी। **रोमिला थापर, विपन चन्द पाण्डेय, वासुदेवशरण अग्रवाल** आदि ने उस विकृति को सामने रखा है और भारतीय इतिहास को उसके सही सन्दर्भ में प्रस्तुत किया है।

इतिहास-दर्शन को समझने के लिए काल अवधारणा के साथ दूसरा महत्त्वपूर्ण तत्त्व है "द्वन्द्वात्मकता", जो विचारों की गति को, उनके अन्तःसम्बन्ध को तथा उनकी घटना सापेक्षता को रेखांकित करती है। विचारों का एक गहरा सम्बन्ध सामाजिक स्थितियों से होता है और विचार, इस दृष्टि से इतिहास की गति को दिशा ही नहीं देते हैं वरन् इतिहास के प्रति हमारे दृष्टिकोण को व्यापक बनाते हैं। इसी सन्दर्भ में एक भ्रान्ति की ओर संकेत करना जरूरी है कि द्वन्द्वात्मकता का अर्थ मात्र द्वन्द्व या संघर्ष नहीं है, मात्र एण्टीथीसिस नहीं है लेकिन एण्टीथीसिस के बाद "संश्लेष" (सिन्थीसिस) भी है। मार्क्स तथा लेनिन आदि के विचारों का यदि सही रूप से मन्थन किया जाए तो वे "संश्लेष" को उतना ही महत्त्व देते हैं जितना द्वन्द्व और विश्लेषण को। मानव इतिहास के सम्बन्ध में इस "संश्लेष" को उचित स्थान मिलना चाहिए और द्वन्द्वात्मकता को मानव चेतना की गति से जोड़ना चाहिए। बाह्य द्वन्द्वात्मकता और मानसिक द्वन्द्वात्मकता का एक गहरा सम्बन्ध है। इतिहास इसी द्वन्द्वात्मकता को रेखांकित करता है। इतिहास की घटनाएँ इसी वैचारिक द्वन्द्व को किसी न किसी

रूप में संकेतित करती हैं। प्रत्येक ऐतिहासिक घटना के पीछे कोई न कोई विचार गतिशील रहता है। वाष्प इंजन के आविष्कार (घटना) के साथ औद्योगिक क्रान्ति का विचार और उसका इतिहास है। वास्टील के पतन के साथ फ्रांस की क्रान्ति का इतिहास जुड़ा हुआ है। सीजर की मृत्यु घटना के साथ रोम का इतिहास जुड़ा हुआ है। और हेमलेट की रचनात्मक घटना और एलिजाबेथ युग के नाटक का इतिहास मूलतः विचारों का ही इतिहास है। घटनात्मकता और वैचारिकता का यह द्वन्द्वात्मक सम्बन्ध इतिहास की अवधारणा का एक मुख्य तत्त्व है। इतिहास को समझने का अर्थ है इस द्वन्द्वात्मकता के सही अर्थ को समझना।

इतिहास की अवधारणा में एक अन्य तत्त्व है उसका मूल्य सापेक्ष रूप क्योंकि जब हम यह कहते हैं कि "इतिहास ही बताएगा" या "इतिहास साक्षी है" तो एक प्रकार से हम इतिहास की अर्थवत्ता को एक शक्ति मूल्य के रूप में स्वीकार कर रहे होते हैं। यहाँ पर इतिहास की भूमिका शक्ति या ऊर्जा के रूप में है जो मध्यकालीन दैवी शक्ति का स्थानान्तरण है। मेरे विचार से इतिहास के प्रति यह परिवर्तित दृष्टिकोण भी मानव अर्थवला से ही सम्बन्धित है। अतः मेरे लिए इतिहास एक शक्ति है जो चेतना की वैचारिक द्वन्द्वात्मकता और काल-सापेक्ष गति से युक्त होकर सम्भावना का प्रक्षेपण करती है।

"देश का उद्धार युद्धों से नहीं होने जा रहा है? इसे आत्मबल चाहिए, ऐक्य चाहिए, कर्तव्य पर स्थिर रहने का मन्त्र चाहिए? सबसे बड़ी बाधा है—राजा की विचित्र कल्पना, झूठे कुलाभिमान का दम्भ, मिथ्या विश्वासों पर धर्म-भावना। मुझे इस धर्म या उस धर्म के प्रति आस्था नहीं है? मैं चाहता हूँ मनुष्य के भीतर जो देवता स्तब्ध बैठा है, जो अन्याय के सामने नहीं झुकता, लोभ और मोह के प्रहारों से जर्जर नहीं होता, शताब्दियों से विरूप परिस्थितियों में भी चारित्र्य को, दया को, परोपकार को कसकर पकड़ने में आनन्दित होता है—उस देवता को उद्‌बुद्ध करना।"

—हजारी प्रसाद द्विवेदी

भारतीय साहित्य में इतिहास-परम्परा और इतिहास-चेतना

राधावल्लभ त्रिपाठी

इतिहास शब्द का सर्वप्रथम उल्लेख अथर्ववेद में मिलता है। वहाँ कहा गया है कि 'सृष्टि के आरम्भ में जो परम पुरुष उत्पन्न हुआ, उसका अनुगमन इतिहास, पुराण गाथाओं और नाराशंसियों ने किया। जो (व्यक्ति) इस बात को समझता है, उसके (व्यक्तित्व को) इतिहास, पुराण, गाथाएँ और नाराशंसियाँ अपना प्रिय धाम बना लेते हैं।'[1]

प्रस्थान-भेद और परम्परा-भेद होते हुए भी उपर्युक्त चार अनुशासनों—इतिहास, पुराण, गाथा तथा नाराशंसी का इतिहास के आधुनिक अर्थ तथा इतिहास चेतना से साम्य है। इतिहास का अर्थ यहाँ वह इतिवृत्त है, जो पहले होता आया है, पुराण उसकी पुनर्व्याख्या है। गाथा उससे निकला हुआ निष्कर्ष है जो लोक-विश्वास में संचित और सुरक्षित रहता है। नाराशंसी उन मनुष्यों की आशंसा या बखान है, जो इतिहास, पुराण या गाथा में नायक के रूप में स्थापित हुए हैं। अतः इतिहास, पुराण, गाथा तथा नाराशंसी—इन चारों को मिला कर भारतीय परम्परा में ऐतिहासिकता की अवधारणा समझी जा सकती है।

इस परम्परा में इतिहास-पुराण को उसी तरह जातीय धरोहर समझा गया, जिस तरह वेद को। अथर्ववेद में ही इतिहास और पुराण को महाभूत (परम पुरुष) से ऋग्वेद, सामवेद तथा यजुर्वेद के साथ ही निकला हुआ कहा गया।[2] इतिहास और पुराण को मिलाकर चार वेदों के साथ पाँचवाँ वेद मानने की परम्परा भी चल पड़ी।

यद्यपि इतिहास, पुराण का सम्बन्ध मनुष्य-समाज और हमारे संसार के वृत्तान्त से है, पर उसे वेद का दर्जा देने का अर्थ हो जाता है कि वेद की भाँति वह भी अनादि है। इतिहास और पुराण यदि अनादि हैं, तो उनमें वर्णित मनुष्य का चरित्र भी अनादि है। संक्षेप में इस परम्परा में निरवधि, निरवयव तथा अखण्ड के परिप्रेक्ष्य में ही सावधि, सावयव इतिहास-खण्ड की पहचान की गयी।

इतिहास, पुराण तथा आख्यान... इन तीनों की विभाजक रेखाएँ इस परम्परा में बड़ी क्षीण हैं और कई बार इन्हें पर्याय ही माना गया है। **वात्स्यायन** ने न्यायभाष्य

में बताया है कि इतिहास तथा पुराण दोनों का विषय लोकवृत्त है...

'यज्ञो मन्त्रब्राह्मणस्य, लोकवृत्तमितिहास पुराणस्य, लोकव्यवहारव्यवस्थापनं धर्मशास्त्रस्य विषयः!' (न्यायभाष्य 4/1/61)

इतिहास और पुराण दोनों को मिलाकर पाँचवाँ वेद भी वैदिक काल से ही माना जाता रहा। छान्दोग्य उपनिषद् (7/2) ने इतिहासपुराण को पंचम वेद बताया है। इसके साथ ही आख्यान को भी पंचम वेद कहकर इतिहास पुराण से आख्यान की समाकारिता या तादात्म्य मान लिया गया है। इस पंचम वेद का अध्ययन-अध्यापन उतना ही अनिवार्य था, जितना चारों वेदों का। छान्दोग्य ने स्थान-स्थान पर चारों वेदों के साथ इसके पढ़ने-पढ़ाने की बात कही है...

अधीत्य चतुरो वेदान् साङ्गानाख्यान पञ्चमान्। –7/9/29
वेदानाध्यापयामास साङ्गानाख्यान पञ्चमान्। –1/63/89
साङ्गोपनिषदान् वेदाश्चचतुराख्यान् पञ्चामान्। –3/45/8

रामायण और महाभारत दोनों ग्रन्थों के लिए भी इतिहास के साथ-साथ '**आख्यान**' की संज्ञा का प्रयोग कई बार हुआ है (रामायण 1/5/3, 6/131/119, 7/111/4)। महाभारत में आख्यान नामक पंचम वेद के अध्ययन-अध्यापन की महिमा अनेक स्थलों पर बखानी गयी है (वनपर्व 55/1, द्रोणपर्व 1/31, कर्णपर्व 1/44 आदि)

पंचम वेद कहने का आशय यह भी नहीं है कि शेष चार वेद इतिहास या आख्यान के तत्त्व से अछूते हैं। **यास्क** ने वेद के कुछ सूक्तों को इतिहास या आख्यान के रूप में परिभाषित किया है (निरुक्त 11/25)। ब्राह्मण-ग्रन्थों में शुनःशेप के प्रसंग को आख्यान कहा गया है। वस्तुतः शुनःशेप का वृत्तान्त उस समय की ऐतिहासिक घटना है। इस प्रकर के आख्यानों का गायन अश्वमेध तथा राजसूय यज्ञों के अवसर पर भी होता था।

जातीय स्मृति के रूप में इतिहास को संचित और सुरक्षित रखने की प्रवृत्ति का उदय वैदिक काल में हो चुका था। संहिताओं के अतिरिक्त आख्यान, उपाख्यान आदि के रूप में लोकप्रिय साहित्य वाचिक परम्परा में पल्लवित हो रहा था। याज्ञिक अनुष्ठानों में इन आख्यान, उपाख्यानों को कभी गद्य में तो कभी कथागायन की पद्धति से प्रस्तुत करने की परम्परा भी चल पड़ी थी। यजुर्वेद के तीसवें अध्याय में यज्ञ के अवसर पर अनिवार्यतया आमन्त्रित किये जाने वाले कारीगरों, कलाकारों आदि की लम्बी सूची दी गयी है। इसमें सूत और शैलूष का नाम सबसे पहले है। यहीं चारणों भाटों का समाज विकसित होने लगा, जो प्राचीन घटनाओं को लोगों के सामने गा गा कर प्रस्तुत करते थे। रामायण में कुशीलवों का उल्लेख है, जो आम जनता में घूम-घूम कर पुरानी कथाएँ गा गा कर सुनाते थे। महाभारत में सूत, मागध, बन्दी, भाट आदि के साथ ग्रन्थिक का भी उल्लेख किया गया है। ग्रन्थिक पुराण और इतिहास को ग्रन्थ से पढ़-पढ़ कर सुनाता था।

शतपथ ब्राह्मण (13/4/3) में वैदिक यज्ञ के अनुष्ठान में '**पारिप्लव**' आख्यान की प्रस्तुति का वर्णन है। ये आख्यान वीणा के साथ अनुष्ठान विशेष के प्रसंग में गेय थे। इस प्रकार के लोकप्रिय आख्यानों में देवासुर-संग्राम (शतपथ ब्रा. 1/2/4, 5/4/6, 9/2/3, 5/1/12, आदि), अमृतमन्थन, त्रिपुरवध, प्रलय की कथा आदि बार-बार आते हैं। निश्चय ही इनमें इतिहास बोध की जगह जातीय स्मृति अधिक है। इतिहास को कथा के रूप में ढालकर जिन्दा रखने की प्रवृत्ति के उदाहरण भी इस प्रकार के आख्यानों में पाये जा सकते हैं। इसका एक बढ़िया उदाहरण पुरूरवा और उर्वशी की कथा है। ऋग्वेद में पुरूरवा और उर्वशी के संवाद का एक मार्मिक सूक्त है और इसकी कथा पहली बार शतपथब्राह्मण (11/5/1) में विस्तार से बतायी गयी है। इस कथा में भरतवंशीय राजा पुरूरवा और गन्धर्व जाति के लोगों के बीच स्थापित हुए सम्बन्ध या सन्धि का संकेत स्पष्ट है।

इतिहास के मिथक में रूपान्तरण की प्रक्रिया वैदिक साहित्य में अनेक स्थलों पर पहचानी जा सकती है। ऋग्वेद (7/18/6) में '**विषाणिनः**' नाम के लोगों का उल्लेख है। यह माथे पर सींग लगाने वाली कोई आदिम जाति है। इस जाति के लोग शिवपूजक थे। आर.एन. दाण्डेकर का अनुमान है कि इस जाति के आराध्य देव शिव की कल्पना मस्तक पर द्वितीया का चन्द्रमा धारण करने वाले देवता के रूप में इसी आधार पर की गयी होगी क्योंकि मुड़े हुए सींग की आकृति बाल-चन्द्रमा से साम्य रखती है।[3] इसी प्रकार शिश्नदेवा या लिंगपूजक जाति के लोगों का भी उल्लेख ऋग्वेद में है।

पर काल की सनातनता की ओर दृष्टि रहने के कारण समकालीनता उपेक्षित छूट गयी हो, ऐसा भी नहीं कहा जा सकता। इसका पहला प्रमाण ऋग्वेद ही है जो विश्वसाहित्य की सबसे प्राचीन पुस्तक और आर्यों का आदि ग्रन्थ होने के साथ-साथ अपने समय का एक ऐतिहासिक दस्तावेज़ भी है। इसमें भरतवंशीय राजा सुदास का पुरोहित बनने के लिए विश्वामित्र तथा वसिष्ठ के बीच चलने वाली लाग-डाँट का जिक्र है जिसमें वसिष्ठ कुल विजयी हुआ। पर भरतों के युद्ध जीतकर लौटते समय विपाशा और शताद्रु (सतलज) के संगम पर उफनती नदियों को पार करने में उन्हें विश्वामित्र ने मदद दी। दस राजाओं पर विजय पाकर भरतवंशी राजा सुदास दाशराज कहलाया। इस युद्ध का आँखों देखा-सा वर्णन ऋग्वेद के सातवें मण्डल के अठारहवें सूक्त में मिलता है।

इसलिए ऋग्वेद के समय से चली आ रही इतिहास की इस प्रकार की परम्पराएँ आख्यान, उपाख्यान आदि के रूप में संवर्धित होने लगीं, तो यह स्वाभाविक ही था। इस प्रकार के आख्यान और उपाख्यानों की संचित सामग्री को कुछ लोकप्रिय विधाओं के साथ मिला कर इतिहास नाम दिया गया और ऐसे इतिहास को अध्ययन के अनिवार्य विषयों में शामिल किया गया। कौटिल्य ने अर्थशास्त्र में ऋक्, यजुष्

तथा साम को '**त्रयी**' कहा और अथर्ववेद तथा इतिहास की इस त्रयी के साथ वैदिक संहिताओं के भीतर ही गणना की।[4] भावी राजा की दिनचर्या बताते हुए कौटिल्य ने व्यवस्था दी है कि दिन के पूर्वार्ध में तो वह हस्तिविद्या, अश्वविद्या, अस्त्रविद्या आदि का अभ्यास करे और उत्तरार्ध में इतिहास सुने।[5] कौटिल्य की दृष्टि में इतिहास कोई एक ग्रन्थ या एक विषय न होकर महाविषय है, जिसके अन्तर्गत उसने निम्नलिखित छह विषयों की गणना की है... पुराण, इतिवृत्त, आख्यायिका, उदाहरण, धर्मशास्त्र तथा अर्थशास्त्र।[6]

इतिहास के दो अर्थ वैदिक काल से प्रचलित रहे हैं। एक उसका बृहत्तर अर्थ है, जिसे कौटिल्य ने परिभाषित किया है। दूसरे और अपेक्षाकृत सीमित अर्थ में इतिहास संस्कृत साहित्य की परम्परा में रामायण और महाभारत...इन दो ग्रन्थों के लिए व्यवहृत हुआ है। मनु ने जब धर्मशास्त्र, आख्यान तथा इतिहास को घर-घर में सुनाने का विधान बनाया (मनुस्मृति 3/232), तो उनका आशय इतिहास के इस सीमित अर्थ से प्रतीत होता है। पर यह सीमित और विशिष्ट अर्थ इतिहास शब्द का मुख्यार्थ नहीं है। रामायण और महाभारत इन दो ग्रन्थों में इतिहास के व्यापक लक्षण का मानक और निकष देखा गया, इसलिए उपचार या लक्षणा से इन्हें भी इतिहास कहा जाने लगा। महाभारत में ही अनेक स्थानों पर कहा गया है कि यह (महाभारत) इतिहास है। पर इतिहास का इतना व्यापक स्वरूप यहाँ स्वीकार किया गया कि उसकी परिधि से कुछ भी छूटा नहीं है। इस दृष्टि से महाभारत में ही महाभारत के विषय में कहा गया...

धर्मे चार्थे च कामे च मोक्षे च भरतर्षभ।
यदिहास्ति तदन्यत्र यन्नेहास्ति न तत् क्वचित्।।

(आदिपर्व, 62/23)

तथा...

अष्टादशपुराणानि धर्मास्त्राणि सर्वशः।
वेदाः साङ्गास्तथैकत्र भारतं चैकतः स्थितम्।।

(स्वर्गारोहण पर्व, 5/46)

महाभारत को वेदों का रहस्य, उपनिषदों का सार, इतिहास और पुराण का उन्मेष तथा भूत-भविष्य-वर्तमान का निदर्शक माना गया। समस्त सांसारिक विधाएँ, भूगोल और लोकयात्रा या लोकव्यवहार का भी इसे प्रामाणिक वृत्त कहा गया।[7]

इतिहास विभिन्न विद्याओं या विषयों का समुच्चय माना गया, पर ये विद्याएँ या विषय इहलौकिक ही मुख्य रूप से रही हैं। अभिनवगुप्त ने इतिहास शब्द की व्याख्या करते हुए कहा कि यहाँ '**इति**' प्रत्यक्षात्मकता का संकेत देता है, जो वस्तु जगत् में सचमुच में घटता आया है, उसका लेखा-जोखा इतिहास है।[8] इस वस्तुपरकता या इहलौकिकता के साथ इतिहास को सारी कला और साहित्य की परम्परा के मानक

और स्रोत के रूप में स्वीकारा गया। भरत मुनि ने अपने नाट्यशास्त्र में मिथकीय दृष्टान्त के द्वारा चारों वेदों से नाट्य की उत्पत्ति बताते हुए कहा कि इतिहास से युक्त यह पाँचवाँ नाट्यवेद ब्रह्मा ने निर्मित किया।[9] नाट्यवेद की इतिहास से समाकारिता बताने के लिए इसे भी इतिहास कहा गया।[10]

कुल मिलाकर पुरानी साहित्यिक परम्परा में इतिहास की संस्कृत-व्याकरण के आधार पर दी गयी निरुक्ति (इति ह आस... ऐसा ऐसा होता रहा है) को मानते हुए अतीत की वर्तमान में संसक्ति या उसके नैरन्तर्य पर बल दिया गया। महाभारत में ही बताया गया...

यस्य बुद्धिः परिभवेत् तमतीतेन सान्त्वयेत्।
चित्रार्थः पूर्वराज्ञां कथात्रयैः।। (आदिपर्व, 149/74)

जिसकी बुद्धि (दुख या द्वन्द्व से) परिभूत हो गयी हो, उसे अतीत के द्वारा सान्त्वना दें, जिसमें पहले के राजाओं के सुन्दर कथानक हों। इस तरह अतीत के पुनराख्यान के द्वारा इतिहास हमें निरन्तर जीने का सम्बल देता हुआ हमारे साथ है—यह धारणा हमारी इतिहास रचना के पीछे रही। इसके साथ ही इतिहास में कुछ ऐसी खूबी होनी चाहिए कि उसे कवि और रचनाकार बार-बार कहें या बखानें...

आचख्युः कवयः केचित् सम्प्रत्याचक्षते परे।
आख्यास्यन्ति तथैवान्ये इतिहासमिमं भुवि।।—(आदिपर्व, 1/24)

इतिहासविद् ई.एच. कार ने इतिहास को 'वर्तमान और अतीत के बीच कभी न चुकने वाला संवाद' कहा है।[11] यह धारणा महाभारत में प्रस्तुत इतिहास की उक्त अवधारणा के निकट पहुँचती है।

दसवीं शताब्दी के काव्यशास्त्र के दो बड़े आचार्यों—आनन्दवर्धन तथा कुन्तक—ने घोषणा की कि महाभारत में अंगी (प्रधान) रस शान्त है। शान्त रस का स्थायी भाव निर्वेद है जो जीवन और जगत् के प्रति तटस्थ दृष्टि से जन्म लेता है।

ताटस्थ्य और निर्वेद से इतिहास में स्वैच्छिक भागीदारी नहीं हो सकती पर इतिहास लेखन के लिए तटस्थ और निर्विण्ण होना एक अर्थ में अनिवार्य है। इसीलिए 11वीं शताब्दी के महाकवि कल्हण, जो आधुनिक अर्थ में भी महत्त्वपूर्ण इतिहास-लेखक हैं, अपने ऐतिहासिक महाकाव्य **'राजतरंगिणी'** में शान्त रस को ही सर्वोच्च रस मानते हैं।[12] कल्हण ने अपने समकालीन राजनीतिक वात्याचक्र की जो सही झाँकी राजतरंगिणी में प्रस्तुत की है, उससे लगता है कि अपने समय की राजनीति में सम्मिलित अनेक व्यक्तियों से वे व्यक्तिगत रूप से परिचित थे, पर इतिहास लेखक के रूप में न तो वे किसी से लगाव व्यक्त करते हैं, न वैर। उन्होंने इन लोगों का कच्चा चिट्ठा खोलने में कोई हिचक भी नहीं दिखायी है। काश्मीर के समकालीन शासक जयसिंह की असफलताओं और कमजोरियों का बेबाक विश्लेषण किया है। निर्वेद कल्हण के इतिहासकार का परमार्थ हो सकता है पर उसके पीछे सत्ता के

मद में डूबे लोगों से घृणा, आम लोगों के प्रति करुणा और न्याय के प्रति चिन्ता निरन्तर अनुस्यूत है। राजाओं, राजाधिकारियों तथा बिचौलियों के द्वारा सतायी जाती प्रजा के प्रति वे प्रबल पक्षधर हैं।[13] सत्तालोलुप राजनीति के प्रति उन्होंने गहरी धिक्कार-भावना प्रकट की है।[14]

कल्हण की राजतरंगिणी में कथ्य के दो स्तर हैं। जहाँ वे अत्यन्त प्राचीन इतिहास का विवरण देते हैं, वहाँ किंवदन्तियों और मिथकों को जस का तस स्वीकार कर लेते हैं। राजा अशोक तक के उनके विवरण के साथ यही बात है। पर जब वे मध्ययुगीन इतिहास और विशेषतः अपने समय के इतिहास पर आते हैं तो बहुत प्रामाणिकता का परिचय देते हैं। प्रामाणिकता की रक्षा के लिए उन्होंने अच्छी अन्वेषक बुद्धि का उपयोग किया है, अभिलेखों, राजाज्ञाओं, प्राचीन अन्य ग्रन्थों का अध्ययन किया है। कल्हण से पहले काश्मीर में इतिहास-लेखन की परम्परा थी। स्वयं कल्हण ने इस प्रकार के ग्यारह ग्रन्थों का सन्दर्भ के लिए उपयोग किया है। नीलमत पुराण उनके पहले लिखा जा चुका था, जिसमें काश्मीर का काफी इतिहास है। क्षेमेन्द्र अपनी '**नृपावली**' भी लिख चुके थे, जो अब अप्राप्य है पर कल्हण को प्राप्य थी और कल्हण ने गलत सूचनाओं के लिए 'नृपावली' की कड़ी समीक्षा भी की है।

इसमें कोई सन्देह नहीं कि कल्हण का काम उनके समय में भी महत्त्व का माना गया, और उसे आगे बढ़ाने की ज़रूरत समझी गयी। इसलिए राजतरंगिणी की परम्परा में ऐतिहासिक काव्य लिखे जाते रहे। जोनराज (मृत्यु 1459 ई.) ने राजतरंगिणी का उत्तरभाग लिखा, जिसमें सुल्तान जैनुल आब्दीन के शासन काल तक का विवरण दिया गया। जोनराज के शिष्य श्रीवर ने जैनराजतरंगिणी में चार भागों में 1459 से 1486 के काल का विस्तृत विवरण दिया। प्राज्यभट्ट और उनके शिष्य शुक ने '**राजावलिपताका**' में अकबर के द्वारा काश्मीर को अपने राज्य में सम्मिलित किये जाने के कुछ वर्ष बाद तक के इतिहास का वर्णन किया।

भौतिक यथार्थ और मिथकीय वृत्तान्तों का अन्तर्गुम्फन संस्कृत की अनेक साहित्यिक कृतियों में मिलता है। बाणभट्ट के '**हर्षचरित**' में बाण की आत्मकथा, हर्ष से उनकी भेंट और हर्ष को सुनायी गयी उनकी फटकार...ये ऐतिहासिक तथ्य हैं। पर जब बाण अपने पूर्वपुरुषों या हर्ष के पूर्वजों की कथा कहने लगते हैं, तो चमत्कारिक घटनाओं, देवताओं की उपस्थिति उनके लिए उतनी ही सहज है। बाण हर्ष के सैनिकों द्वारा खेतों को रौंदने, किसानों के प्रतिरोध करने, वनग्राम के आदिवासियों के जीवन आदि के जो चित्र बाण ने दिये हैं, उनमें उनके समय का यथार्थ है। पर समकालीन समाज को इतिहास-बोध के साथ प्रस्तुत करना बाण का उद्देश्य नहीं है, राज्यश्री की करुणकथा में उनकी रुचि अधिक है।

बाण की भाँति महाकवि बिल्हण ने अपने '**विक्रमांकदेवचरित**' (1088 ई.) में अन्तिम सर्ग में अपनी आत्मकथा लिखी है। कुछ अतिशयोक्तियों को छोड़ कर इस

आत्मकथा में कश्मीर का समकालीन यथार्थ हम पाते हैं। पर जब बिल्हण अपने चरित-नायक चालुक्य राजा विक्रमांक की कथा कहते हैं, तो उसे असाधारण और अलौकिक बनाकर ही प्रस्तुत करते हैं। ऐतिहासिक साक्ष्य की दृष्टि से अधिक मूल्यवान् रचनाओं में अतुल कवि का **'मूषकवंश महाकाव्य'** है, जो बारहवीं शताब्दी के उत्तरार्ध में लिखा गया। इसमें केरल के राजवंश का इतिहास है। चण्डकवि का **'पृथ्वीराज-विजय'** (1191 ई.) में पृथ्वीराज के सहाबुद्दीन गौरी पर विजय प्राप्त करने के तुरन्त बाद लिखा हुआ अपूर्ण महाकाव्य है। ऐसे काव्यों की संस्कृत में काफी बड़ी संख्या है, जिन्हें **'ऐतिहासिक महाकाव्य'** कहा जाता रहा है, पर इनमें ऐतिहासिक चेतना इतिहास-बोध का अभाव है, चरितनायक का अतिरंजित माहात्म्य-वर्णन अधिक है। इनमें से नयचन्द्र के **'हम्मीर महाकाव्य'** (15वीं शताब्दी) का स्तर इस दृष्टि से थोड़ा भिन्न है कि इसमें नायक की मृत्यु तथा हम्मीर की रानियों के सती होने के वर्णन के साथ करुण रस में काव्य का अवसान होता है।

चरितकाव्यों के रूप में समकालीन या पहले के किसी व्यक्ति का इतिहास लिखने की परम्परा बाण से लगा कर आज तक संस्कृत में बराबर चली आ रही है। ऐसे चरितकाव्यों में इतिहास के साथ प्रशस्ति, अतिशयोक्ति और मिथक का घाल-मेल अवश्य हुआ है। फिर भी ऐतिहासिक सामग्री की दृष्टि से इनमें से कुछ काव्य महत्त्व के हैं। मुग़ल काल में लिखा हुआ ऐसा ही एक काव्य रुद्रकवि का **'खानखानाचरितम्'** है, जिसमें अब्दुलरहीम खानखाना का जीवन-चरित्र वर्णित है। समकालीन कवि की रचना होने से कुछ घटनाएँ इसमें अवश्य ही प्रत्यक्ष परिचय के आधार पर लिखी गयी हैं। रुद्रकवि ने **'जहांगीरचरितम्'** भी लिखा। ऐतिहासिक तथ्यों की दृष्टि से एक दिलचस्प रचना लक्ष्मीपति का **'आब्दुलचरितम्'** (चम्पूकाव्य) है, जिसमें अब्दुल्लाह तथा हुसैन वली (सैयद बन्धु) की राजनीति और फर्रूखसियर, मुहम्मदशाह, आलमगीर आदि के शासनकाल की घटनाओं की अच्छी जानकारी दी गयी है।

ऐतिहासिक महाकाव्यों की परम्परा में सर्वानन्द का **'जगद्‌चरित'** भी उल्लेखनीय है। इसमें 1256 से 1258 ई. के बीच गुजरात में पड़े अकाल का चित्रण है और जगद्‌शाह नाम के सेठ द्वारा गरीबों या अकालपीड़ितों की सहायता के लिए किये गये प्रयासों का भी विवरण है।

लोकप्रिय कथाओं को धार्मिक कलेवर देते हुए बौद्ध और जैन परम्पराओं में संगृहीत किया गया। इनमें आचार्यों और शिष्यों की परम्परा का प्रामाणिक रूप में स्मरण रखने की भावना है, इसके साथ ही बुद्ध या उनके शिष्यों अथवा बौद्ध राजाओं के जीवन से जुड़ी घटनाओं तथा उस समय की धार्मिक परिस्थितियों की जानकारी की दृष्टि से दूसरी-तीसरी शताब्दी में रचित **'अशोकावदान'** भी उल्लेखनीय है। जैन परम्परा में मेरुतुंगाचार्य के **'प्रबन्धचिन्तामणि'** में भोज और मुंज जैसे राजाओं से जुड़ी घटनाएँ वर्णित हैं, जिनमें ऐतिहासिक तथ्य भी हैं।

लोकप्रिय कथाओं की परम्परा में मैथिल कवि विद्यापति का संस्कृत कथा-संग्रह '**पुरुषपरीक्षा**' आता है जिसमें कुछ ऐतिहासिक व्यक्तियों से सम्बद्ध कथाएँ भी हैं। बंगाल के राजा लक्ष्मणसेन (11वीं शताब्दी), हम्मीर तथा जयचन्द के बारे में इसमें कथाएँ हैं। जयचन्द की कथाओं में, उसे जिस रूप में चित्रित किया गया है, वह चन्दबरदायी के 'रासो' की तुलना में इतिहास के अधिक करीब है।

ऐतिहासिक चेतना का सम्बन्ध कालबोध से है। कहा जाता है कि भारतीय परम्परा काल की एकरेखीय अवधारणा को नकारती है। काल की पुनरावर्ती चक्राकार अवधारणा के कारण हमारा इतिहास-बोध पश्चिमी इतिहास-बोध से अलग है। पर इसे इतिहास का नकार कहना ठीक नहीं है। इसलिए भारतीय पारम्परिक दृष्टि की यह व्याख्या पुनर्विचारणीय है—'भारतीय प्रतिभा इतिहास को अस्वीकार करती हुई इतिहास के आतंक को तो जरूर नकार देती है क्योंकि इतिहास तभी आतंकित कर सकता है, जब वह कार्यकारण परम्परा को जन्म दे, जब इतिहास स्वयं किसी महत्तर उद्देश्य की अभिव्यक्ति का माध्यम हो, तो वह आतंक नहीं उत्पन्न कर सकता।'[15]

भारतीय साहित्य और भारतीय पारम्परिक चेतना में इतिहास के आतंक का तो नकार है पर इतिहास का नकार नहीं है। यह कहना भी पूरी तरह सही नहीं है कि 'भारतीय चिन्तन में इतिहासबोध एक सीमित मानवीय सन्दर्भ से मुक्त होकर अधिक व्यापक चेतन सन्दर्भ से जुड़कर पुराण-बोध (पुराने के नये में नवजायमान होने के बोध) में परिणत हो जाता है। यह पुराण-बोध खण्डकाल का अतिक्रमण तो करता ही है, खण्डदेश का भी अतिक्रमण करता है। इसीलिए भारतीय चिन्तन के सन्दर्भ में किसी जाति विशेष या भौगोलिक खण्ड-विशेष की चेतना की बात अप्रासंगिक हो जाती है।'[16]

इस प्रकार के कथनों से पुराण-बोध तथा इतिहास-बोध में विरोध मालूम पड़ता है। भारतीय साहित्य में सनातन-बोध का उदय समकालिकता तथा ऐतिहासिकता के अतिक्रमण के द्वारा नहीं, उसके वरण के साथ ही हुआ है। ऊपर जिन कुशीलवों, सूतों को पुराण-गायन की बात की गयी है, उनकी पद्धति भी मिथकीय काल से बार-बार ऐतिहासिक वर्तमान में लौट-लौट कर आने की है। भारतीय नाट्यपरम्परा में भी सूत्रधार या विदूषक काल की सनातनता में लगातार हस्तक्षेप करके साहित्य के बोध को वर्तमान में स्थापिन करते हैं। इतिहास की उपस्थिति एक आधार के रूप में इस बोध में है जिसे नकारने या अस्वीकार करने की बात गलत है।

सन्दर्भ

1. स बृहतीं दिशमनुव्यचलत्। तमितिहासः पुराणं च गाथाश्च नाराशंसी-श्चानुव्यचलन्। इतिहासस्य च वै पुराणस्य च गाथानां च नाराशंसीनां च प्रियं धाम भवति य एवं वेद।... अथर्ववेद, 15/6/11, पृ. 12

2. तस्य महतो भूतस्य निःश्वसितमेतद् यद् ऋग्वेदो यजुर्वेदः सामवेदः
   इतिहास : पुराणं च। ...वही।
3. दि स्पिरिट आफ हिन्दुइज्म, आर.एन. दाण्डेकर, पृ. 9
4. साभर्ग्यजुर्वेदास्त्रयस्त्रयी। अथर्ववेदेतिहासवेदौ च वेदाः।
   ...अर्थशास्त्र, विनेयाधिकरण 1/3/2
5. वही, 1/5/14
6. वही, 1/5/13
7. महाभारत, आदिपर्व, 1/62/70
8. नाट्यशास्त्र, 1/15 पर अभिनवभारती
9. वही।
10. वही, 1/19
11. दि कंसेप्ट ऑफ हिस्ट्री, तेजराम शर्मा, पृ. 1
12. राजतरंगिणी, 1/23
13. जिघांसवः पापकामाः परस्वादायिनश्चेताः।
    रक्षांस्यधिकृता नाम तेभ्यो रक्षेदिमाः प्रजा।। ...वही, 8/66
14. धिग् राज्यं यत्कृते पुत्राः पितरश्चेतरेतरम्।
    शङ्कमाना नं कुत्रापि सुखं रात्रिषु शेरते।। ...वही, 8/1146
15. भारतीय परम्परा, विद्यानिवास मिश्र, पृ. 30
16. वही।

"मानव समाज आगे बढ़ता है, पीछे की ओर भी छलांग लगाता है। एक बार यूरोप ने पीछे की ओर छलाँग लगायी तो दो हजार साल के लिए अन्धकार युग आया। वह अन्धकार युग समाप्त हुआ, पुनर्जागरण काल आया; यूनान और रोम ने पुरानी मंज़िल जहाँ छोड़ी थी, यूरोप ने दो हजार साल बाद वहाँ से नयी मंज़िल शुरू की। किन्तु इस बार? यदि यूरोप और अमरीका ने पीछे की ओर छलाँग लगायी तो पुनर्जागरण काल कब आएगा, दो हजार साल बाद या बीस हजार साल बाद, कोई उसे लाने को बचेगा भी या नहीं, किसी को नहीं मालूम!"

—रामविलास शर्मा

विचारधारा और इतिहास-लेखन : मार्क्सोत्तर मार्क्सवादी चिन्तन का परिप्रेक्ष्य

रामनिहाल गुंजन

इतिहास-लेखन के सन्दर्भ में मार्क्सवादी विचारधारा के महत्त्व को पहले स्वीकार किया गया है। **डी.डी. कोसाम्बी** जैसे इतिहासकारों ने इतिहास-लेखन के प्रसंग में इस तथ्य को स्पष्ट किया है। वैसे इसकी आवश्यकता अभी भी बनी हुई है और आने वाले समयों में भी जब वैचारिक दृष्टि और चेतना के आधार पर इतिहास-लेखन की नयी परम्परा रेखांकित की जाएगी तो इसका महत्त्व और बढ़ जाएगा। कहने की आवश्यकता नहीं कि किसी समय का इतिहास एक अर्थ में पूरे सामाजिक, राजनीतिक, सांस्कृतिक और आर्थिक सन्दर्भों का दस्तावेज़ होता है। इसकी अहमियत को वैसे इतिहासकारों ने ज्यादा प्रमुखता दी है, जो ऐतिहासिक तथ्यों के साथ-साथ सामाजिक और राजनीतिक स्थितियों का भी अध्ययन करते हैं। यह आकस्मिक नहीं है कि इस प्रकार के अध्ययन के सिलसिले में जो समस्याएँ उपस्थित होती हैं, उनका सरोकार भी विचारधारा से होता है। इसलिए किसी देश और समय के इतिहास की रचना करते वक्त उसके पूरे विकास की प्रक्रिया से गुजरना आवश्यक होगा। तभी उसके अन्तःसाक्ष्य और बहिर्साक्ष्य में सामंजस्य स्थापित किया जा सकता है। और यह इस बात पर ज्यादा निर्भर है कि वहाँ की सामाजिक तथा राजनीतिक स्थितियों के विकास की गति क्या रही है। दरअसल, इतिहास की अपनी गति होती है जिसके आधार पर, किसी देश अथवा काल की स्थितियों का विकास होता है, फिर, यह गति देश, काल और परिस्थिति के कारण निरन्तर बदलती भी रहती है, जिसका प्रामाणिक अध्ययन वैज्ञानिक दृष्टि-सम्पन्न इतिहासकार ही कर पाता है।

जहाँ तक किसी मुल्क के सामाजिक और राजनीतिक विकास का प्रश्न है, इस प्रसंग में वहाँ की सामाजिक और राजनीतिक स्थितियों का आकलन आवश्यक होता है। इसके लिए वहाँ की भाषा, इतिहास, धर्म, संस्कृति, लोगों का जीवन-स्तर, कला और साहित्य सम्बन्धी सूचनाएँ ज्यादा जरूरी हैं। कारण कि उसकी सामाजिक और

राजनीतिक स्थितियों से उनका गहरा सरोकार होता है। बिना उसके जन-जीवन के अध्ययन के, उनकी जानकारी अधूरी रह जाएगी। **डॉ. रामविलास शर्मा** ने एक जगह ठीक ही लिखा है कि "भाषा के बिना साहित्य का अस्तित्व असम्भव है। इस मानव-समाज के गठन के रूप बदलते रहते हैं, पूँजीवादी समाज, उससे पहले सामन्ती समाज और उससे भी पहले कबीलाई-समाज, इसमें सामाजिक गठन के रूप अलग-अलग तरह के होते हैं। किसी भी भाषा के साहित्य का इतिहास लिखना हो तो इस बात पर विचार करना आवश्यक होगा कि उस भाषा का व्यवहार करने वाले मानव-समाज के गठन का रूप कौन-सा है। वह मानव-समाज विकास की किस अवस्था में है, इसकी जानकारी के बिना उसके भाषा के साहित्य के इतिहास का विवेचन नहीं किया जा सकता, उस साहित्य की सामाजिक विषयवस्तु का ऐतिहासिक महत्त्व निर्धारित नहीं किया जा सकता।" (भारतीय साहित्य के इतिहास की समस्याएँ, पृ. 5)। चूँकि विचारधारा का प्रभाव भाषा पर सबसे अधिक होता है इसलिए साहित्य उससे ज्यादा गहरे प्रमाणित होता है। रामविलास जी ने इसलिए भाषा के आधार पर इस पुस्तक में भारतीय साहित्य के इतिहास-लोपन की समस्या पर विचार किया है और भारतीय समाज में सामन्ती व्यवस्था की स्थापना, उसके विकास के आधार तथा उसके पतन के कारणों का भी सप्रमाण विवेचन प्रस्तुत किया है।

दरअसल, अलग-अलग समयों में रचित साहित्य का सरोकार उस काल की सामन्ती अथवा पूँजीवादी व्यवस्था से रहा है तथा इसमें उस समय की भाषा की भी बहुत हद तक भूमिका रहती है, जिसमें साहित्य लिखा गया होता है। इसके आधार पर तत्कालीन समाज के विकास का अध्ययन करने में भी बहुत हद तक मदद मिलती है। इसे उदाहरण के रूप में देने का मेरा अभिप्राय यह दिखलाना है कि इतिहास-रचना की जो मूलभूत स्थितियाँ होती हैं वे बुनियादी तौर पर समान रहती हैं। साहित्य का इतिहास रचनेवाले तथा सामाजिक, राजनीतिक और आर्थिक यथार्थ पर आधारित इतिहास की रचना करनेवाले में यदि फर्क रहता भी हो, तो महज उसके दृष्टिकोण और चेतना को लेकर होता है। जो इतिहासकार किसी देश काल के इतिहास की रचना करते हैं, वे उसके सामाजिक, राजनीतिक, सांस्कृतिक और आर्थिक यथार्थ से जुड़ी उन सारी रचनाओं का अध्ययन-विश्लेषण करते हैं, जिनकी उस देश के अलग-अलग काल-खण्डों की जीवनस्थिति के आकलन में महत्त्वपूर्ण भूमिका होती है। अतः किसी काल के इतिहास पर काम करने वाला इतिहासकार उस काल के साहित्य, कला और भाषा तथा संस्कृति को नज़रअन्दाज़ नहीं कर सकता।

कार्ल मार्क्स भारतीय समाज की स्थितियों का विश्लेषण करते हुए इस निष्कर्ष पर पहुँचे थे कि भारतीय इतिहास में स्वर्णकाल कभी था ही नहीं, जबकि अन्य इतिहासकार इसे मानते रहे हैं और इस धारणा के तहत वे गुप्तकाल को स्वर्णकाल की संज्ञा देते हैं। इस मान्यता का आधार इस काल की कला, संस्कृति और साहित्य

को माना जाता है किन्तु इसका प्रमुख आधार कला और साहित्य को नहीं माना जा सकता, क्योंकि मुख्य रूप से उस काल के जन-जीवन के सामाजिक और आर्थिक स्तर को देखते हुए उसका निर्धारण किया जाना चाहिए। दरअसल, भारत में अंग्रेजों के आने के पहले राजाओं और सामन्तों का राज था, इसलिए सामन्ती समाज में जनता की जो स्थिति होती है, सम्भवतः उसके आधार पर मार्क्स ने उपर्युक्त धारणा निर्मित की थी। उनका यह भी कहना था कि भारतीय समाज की स्थितियों में कोई परिवर्तन नहीं दिखाई पड़ता, किन्तु मार्क्स की इस धारणा को बाद के इतिहासकारों द्वारा गलत ठहराया गया है।

यह सही है कि **मार्क्स** और **एंगेल्स** मूलतः राजनीतिक चिन्तक थे, किन्तु उनके पास वह इतिहास-दृष्टि भी थी जिसके जरिये उन्होंने इतिहास की बारीकियों को देखा था तथा उसकी धड़कनों को समीप से महसूस किया था। इसलिए जब मार्क्स **पूँजी** की रचना कर रहे थे तो उनके सामने सिर्फ़ इंग्लैण्ड का पूँजीवादी समाज ही नहीं था, बल्कि उनके सामने विश्व-इतिहास का सम्पूर्ण परिप्रेक्ष्य मौजूद था, जिसकी ओर एंगेल्स ने 'पूँजी' की भूमिका लिखते हुए स्पष्ट संकेत किया है। इसी प्रकार मार्क्स भारतीय इतिहास के पृष्ठ लिखते समय उन सारे ऐतिहासिक सन्दर्भों से गुजरे थे जो भारतीय पराधीनता और दमन-उत्पीड़न की गाथा प्रस्तुत करते हैं। 1857 के भारतीय विद्रोह तथा भारत में अंग्रेजी राज के बारे में लिखते हुए मार्क्स ने जो निष्कर्ष निकाले हैं, लगता है जैसे वे उन घटनाओं को अपनी आँखों से देख रहे थे। फ्रांस, चीन, यूरोप आदि देशों की क्रान्तियों का इतिहास लिखते वक्त भी उन्होंने इसी प्रकार का प्रामाणिक विवरण प्रस्तुत किया है।

मार्क्स ने जिस वैज्ञानिक विचारधारा और चिन्तन पद्धति का प्रवर्तन किया था, उसका विकास कई रूपों में हुआ। दूसरे शब्दों में, मार्क्सवाद एक वैज्ञानिक दर्शन के रूप में कला, साहित्य, संस्कृति, इतिहास व राजनीति के क्षेत्र में एक अभिनव प्रयोग था, जिसे बाद के चिन्तकों ने अपने ढंग से विकसित करने की कोशिश की तथा उसका चिन्तन के क्रम में सफल प्रयोग किया। कहने की आवश्यकता नहीं कि जो भूमिका मार्क्स ने अपने समय की वैचारिक चिन्तन-प्रणाली को एक वैज्ञानिक संगति प्रदान करने में एक नयी दिशा और विश्वसनीय आधार देकर अदा की थी, वही भूमिका उनके बाद मार्क्सवादी विचारधारा ने विश्व-दर्शन और इतिहास-दृष्टि को विकसित करने में निभायी। इसलिए यहाँ खासकर इतिहास-लेखन के क्षेत्र में विचारधारा की भूमिका को रेखांकित करना अभीष्ट होगा। इस अर्थ में मार्क्सोत्तर चिन्तन-परम्परा का एक प्रकार से मूल्यांकन करना भी आवश्यक होगा।

इतिहास-चिन्तन की परम्परा में यों तो इतिहास-लेखकों और चिन्तकों का प्रमुख स्थान रहा है किन्तु इतिहास की जो धारा है, उसकी निरन्तरता में साहित्य, कला, संस्कृति, राजनीति और इतिहास की समान साझेदारी है। साहित्यकार अपने साहित्य

के द्वारा और संस्कृति कर्मी अथवा कलाकार अपने संस्कृति-कर्म और कला-कर्म द्वारा इतिहास-रचना और चिन्तन को अपना महत्त्वपूर्ण योग देता है। **प्रेमचन्द** ने उपन्यास और कथा-रचना के क्षेत्र में जो काम किया, वह भी इतिहास-रचना का ही हिस्सा माना जाएगा। विश्व-साहित्य के क्षेत्र में **बालजाक, गोर्की, लू शुन, तालस्ताय, पुश्किन, जूलियस फ्यूचिक** आदि ने भी अपने देश की सामाजिक और राजनीतिक व्यवस्था को अपनी कृतियों द्वारा किसी न किसी रूप में किया है। कहना न होगा कि विश्व-साहित्य और विश्व-इतिहास की समानान्तर रेखाएँ एक-दूसरे को प्रभावित करती हैं तथा इतिहास-दृष्टि के निर्माण में अहम भूमिका का निर्वाह करती हैं। इसलिए यहाँ दोनों प्रकार के इतिहास-चिन्तकों के सोचने की पद्धति और प्रक्रिया पर विचार करना उपयुक्त होगा। ऐसे चिन्तकों में **लेनिन, लूकाच, स्तालिन, ग्राम्शी, माओ, फिदेल कास्त्रो, चेग्वेवेरा, डी. डी. कोसाम्बी, भगवतशरण उपाध्याय, राहुल, रांगेय राघव, रोमिला थापर, रामशरण शर्मा, इरफ़ान हबीब** और **विपिनचन्द्र** प्रमुख हैं, जिनके चिन्तन पर यहाँ अलग-अलग विचार किया जा रहा है।

लेनिन और लूकाच का मार्क्सवादी चिन्तन—विश्वदर्शन और इतिहास के क्षेत्र में मार्क्स ने 1844 में द्वन्द्वात्मक भौतिकवाद और ऐतिहासिक भौतिकवाद की जो स्थापनाएँ कीं, उसके कारण चिन्तन के क्षेत्र में क्रान्तिकारी परिवर्तन आ गया था। उसका प्रयोग परवर्ती मार्क्सवादी चिन्तकों ने किया। जिनमें **लेनिन** एक प्रमुख विचारक के रूप में सामने आते हैं। यह सही है कि रूसी क्रान्ति के सूत्रधार की हैसियत से लेनिन एक महत्त्वपूर्ण भूमिका निभाने के साथ-साथ एक मौलिक सिद्धान्तकार भी प्रमाणित हुए। उन्होंने मार्क्सवादी विचारधारा के आधार पर दर्शन और विश्व-इतिहास को एक नया मोड़ दिया। इसलिए मार्क्सोत्तर मार्क्सवादी चिन्तन-परम्परा के विकास में लेनिन की चिन्तन-पद्धति का विशेष महत्त्व है। उन्होंने रूस की तत्कालीन ठोस परिस्थितियों के आधार पर जो क्रान्तिकारी सिद्धान्त और चिन्तन-प्रणाली विकसित की, वह एक सुनिश्चित मार्क्सवादी चेतना के तहत निर्मित हुई थी। इसलिए मार्क्सवाद के विकास में लेनिन की सैद्धान्तिक और व्यावहारिक भूमिका के कारण लेनिनवाद भी इसके साथ जुड़ गया और जो अग्रगामी चेतना का प्रतीक बन गया।

लेनिन ने मार्क्स द्वारा प्रतिपादित सिद्धान्तों के आधार पर विश्व-इतिहास को तीन युगों में बाँटकर देखने की कोशिश की :

1. 1842 की क्रान्ति से पेरिस कम्यून (1871) तक
2. पेरिस कम्यून से रूसी क्रान्ति (1905) तक और
3. रूसी क्रान्ति के बाद का काल।

उपर्युक्त कालों को आधार बनाकर लेनिन ने विश्व-इतिहास की प्रमुख घटनाओं और परिवर्तन का एक प्रकार से अध्यापन प्रस्तुत किया है तथा वे इस निष्कर्ष पर पहुँचे थे कि मार्क्सवाद का विकास परवर्ती ऐतिहासिक परिस्थितियों के अनुरूप ही

किया जा सकता है। लेनिन ने 1913 में दो संस्कृतियों के सम्बन्ध में अपनी स्थापना देते हुए लिखा था–"प्रत्येक आधुनिक राष्ट्र में दो राष्ट्र हैं और प्रत्येक राष्ट्रीय संस्कृति में दो राष्ट्रीय संस्कृतियाँ हैं। वास्तव में यह अवधारणा विश्व-इतिहास के लिए एक नयी घटना थी। उन्होंने इसकी व्याख्या वर्ग-संघर्ष की मूल अवधारणा के अनुरूप ही की तथा इस बात को स्पष्ट किया कि वर्ग समाज की राष्ट्रीय संस्कृति में दो संस्कृतियाँ होती हैं–एक पूँजी संस्कृति, जो प्रभुत्वशाली होती है तथा दूसरी जनवादी और समाजवादी संस्कृति, जो मेहनतकश जनता के पक्ष में होती है। दूसरी ओर लेनिन ने सह-अस्तित्व की अवधारणा भी विकसित की थी, जिसकी आवश्यकता पर विचार करते हुए (1956) **लूकाच** ने राजनीतिक अकादमी में दिये गये अपने भाषण में कहा था कि "सह-अस्तित्व वर्ग-संघर्ष का ही एक नया रूप है।"

उल्लेखनीय है कि रूसी क्रान्ति (1977) के बाद लेनिन ने तत्कालीन साम्राज्यवादी शक्तियों पर प्रहार करना शुरू किया। चूँकि वे जानते थे कि साम्राज्यवाद का पतन निश्चित है, इसलिए उन्होंने विश्व-स्तर पर कम्युनिस्ट पार्टियों के संगठन और जनवादी शक्तियों के सन्तुलन पर विचार करते हुए कम्युनिस्ट इण्टरनेशनल की तीसरी कांग्रेस (1921) में कहा था : "सभी उच्च पूँजीवादी देशों में सर्वहारा वर्ग ने अपना हिरावल दस्ता अर्थात् कम्युनिस्ट पार्टियाँ बना ली हैं, जो बढ़ रही हैं, हर देश में सर्वहारा वर्ग के बहुमत को अपने साथ ले आगे की दिशा में दृढ़तापूर्वक अग्रसर हो रही हैं, ट्रेड-यूनियनों के पुराने नौकरशाहों और अमरीकी तथा यूरोपीय मजदूर वर्ग के उन ऊपरी स्तरों के प्रभाव को नष्ट कर रही हैं, जिसे साम्राज्यवादी विशेषाधिकारों ने भ्रष्ट कर दिया है।" (संकलित रचनाएँ, भाग-4, पृ. 212)। इसी क्रम में लेनिन ने तत्कालीन अमरीकी जनता की बारम्बार प्रशंसा भी की थी, जो ब्रिटिश डाकुओं के खिलाफ बहादुरी से लड़ी थीं। उल्लेखनीय है कि लेनिन को विश्व-इतिहास में मार्क्सवाद को प्रतिष्ठित करने के लिए रूस की कम्युनिस्ट पार्टी के भीतर और बाहर संघर्ष करना पड़ा था। उनकी पार्टी में **जोत्सकी** और **करवारिन** जैसे भितरघात करने वाले लोग भी थे, जिनसे पार्टी के भीतर खतरा पैदा हो गया था, जिसे उन्होंने अपनी कुशल रणनीति और कार्यनीति से दूर किया। इस संघर्ष में **स्टालिन** बराबर उनके साथ रहे और मार्क्सवाद-लेनिनवाद के विकास में अहम भूमिका अदा करते रहे। चूँकि वह साम्राज्यवाद का पतन काल था, जबकि दुनिया की समस्त क्रान्तिकारी शक्तियों का ध्रुवीकरण होने लगा था इसलिए लेनिन को साम्राज्यवाद पर बराबर चोट करने और सर्वहारा शक्तियों को एकजुट करने का अनुकूल अवसर प्राप्त हुआ था। लेनिन दुनिया के शोषित-उत्पीड़ित मुल्कों के लिए भी बराबर संघर्ष करते रहे और इस रूप में भी वे अपने भाषणों तथा लेखों से विश्व-राजनीति और इतिहास को प्रभावित करते रहे। सितम्बर 1917 में लेनिन ने एक लेख लिखा था–**"मार्क्सवाद और सशक्त विद्रोह"**। इसमें उन्होंने 'सशस्त्र विद्रोह को विकासमान क्रान्ति के इतिहास में निर्णायक मोड़'

बताया था और कहा था कि 'विद्रोह की सफलता के लिए षड्यन्त्र पर नहीं, किसी पार्टी पर नहीं बल्कि आगे बढ़े हुए वर्ग पर निर्भर होना चाहिए।' चूँकि लेनिन सशस्त्र विद्रोह को एक कला मानते थे इसलिए विद्रोह की सफलता पर ही वे क्रान्ति की सफलता भी मानते थे। उनके इन विचारों की काफी गहरी छाप दुनिया के तमाम मार्क्सवादी बुद्धिजीवियों और क्रान्तिकारियों पर पड़ी थी। क्योंकि रूसी क्रान्ति के बाद जिन देशों में समाजवादी क्रान्तियाँ हुईं, उनमें विद्रोह को क्रान्ति तक पहुँचाने में इन विचारों ने अहम भूमिका अदा की थी, इसमें सन्देह नहीं।

दरअसल, लेनिन एक इतिहास पुरुष थे। उन्होंने अपनी आँखों से साम्राज्यवाद की पतनशील शक्तियों को ध्वस्त और परास्त होते देखा था। इसलिए उनमें क्रान्ति के प्रति एक अटूट विश्वास पैदा हो गया था। उन्होंने विश्व-इतिहास में क्रान्तियों के नये इतिहास को जोड़ने का एक प्रकार से दृढ़ संकल्प लिया था। यही कारण था कि जिन देशों में आज़ादी और क्रान्ति के लिए संघर्ष हुए, उनको उन्होंने अपना सबल समर्थन प्रदान किया। भारतीय स्वाधीनता संघर्ष के दिनों में लेनिन ने बराबर भारत के समर्थन में अपना वक्तव्य दिया तथा अंग्रेजों की निरन्तर भर्त्सना की। अपने देश में भी 1905 की क्रान्ति की असफलता के बाद लेनिन ने जनता को भावी विजय के प्रति आशवस्त किया और इसमें उनको सफलता भी मिली। 1917 की क्रान्ति की सफलता का कारण भी लेनिन की अजेय संकल्प शक्ति ही थी। लेनिन ने साहित्य और कला के मोर्चे पर भी इसी दृढ़ संकल्प शक्ति का परिचय दिया। उन्होंने 'पार्टी संगठन तथा पार्टी साहित्य' नामक अपने लेख में उसकी आवश्यकता पर जोर दिया कि पक्षधर साहित्य की रचना जनता की चेतना के स्वस्थ विकास के साथ-साथ उनके उद्देश्यों को पूरा करने के लिए होनी चाहिए। उन्होंने इसी दृष्टि से गोर्की, तोल्सतोय, पुश्किन आदि की रचनाओं की बार-बार प्रशंसा की। उन्होंने **जॉन रीड** की पुस्तक 'दस दिन जब दुनिया हिल उठी' की चर्चा करते हुए उसकी प्रस्तावना में लिखा था "यह (पुस्तक) घटनाओं का सच्चाई से भरा और सर्वाधिक विविधतापूर्ण प्रतिपादन करती है जो यह समझने के लिए अत्यन्त महत्त्वपूर्ण है कि सर्वहारा क्रान्ति तथा सर्वहारा-वर्ग का अधिनायकत्व वस्तुतः क्या है।" लेनिन ने खुद भी अपने लेखों और भाषणों के जरिये विश्व-इतिहास को एक निर्णायक मोड़ तक पहुँचाने का काम किया था। इस प्रसंग में उनके लेखों—'क्रान्ति के बुनियादी कार्यभार', 'पूँजीपति वर्ग के खिलाफ संघर्ष की नयी अवस्था', 'सर्वहारा वर्ग के अधिनायकत्व के युग की अर्थ नीति तथा राजनीति', 'महाशक्तियों के बीच दुनिया का बँटवारा', 'इतिहास में साम्राज्यवाद का स्थान', 'समाजवादी क्रान्ति तथा जातियों के आत्मनिर्णय का अधिकार', 'पार्टी संगठन और पार्टी साहित्य', 'राज्य क्रान्ति', 'हम क्या करें', आदि का विशेष रूप से उल्लेख किया जा सकता है। लेनिन के इन लेखों में व्यक्त विचारों के आधार पर विश्व-इतिहास की वैज्ञानिक समझ विकसित की जा सकती है।

लेनिन की तरह लूकाच का भी मार्क्सवादी चिन्तन के क्षेत्र में एक अलग और महत्त्वपूर्ण स्थान है। वैसे लूकाच ने लेनिन की तरह व्यावहारिक राजनीति पर ज्यादा चिन्तन नहीं किया है, लेकिन मार्क्सवादी विचारधारा और दर्शन से प्रभावित होने के कारण इतिहास की व्याख्या अपने ढंग से की है। यह सही है कि अपनी सर्वाधिक चर्चित और विवादास्पद पुस्तक, 'इतिहास और वर्ग-चेतना' (1923) के लिखे जाने तक लूकाच मार्क्सवाद से परिचित हो चुके थे। हालाँकि उनके साहित्यिक जीवन का प्रारम्भ 1906 में ही हो गया था और 1917 से 1920 तक हंगेरियाई कम्युनिस्ट आन्दोलन में वे सक्रिय भी थे। उसी क्रम में अपने देश से निर्वासित होकर 1919 से 1944 तक वे वियना, बर्लिन तथा मास्को प्रवास में रहे। इसी अवधि में अर्थात् 1930 के आसपास मार्क्स की पेरिस में लिखी '1844 की कुछ पाण्डुलिपियाँ' पढ़ने का लूकाच को अवसर मिला था। इसी समय लेनिन के विचारों का भी उन्होंने अध्ययन किया तथा उनसे प्रभावित होकर उन पर 'लेनिन' नाम से एक पुस्तक भी लिखी।

चूँकि लूकाच को लेनिन की रचनाओं को पढ़कर मार्क्सवाद सम्बन्धी अपनी कमियों को समझने का अवसर मिला था, इसलिए उनपर मार्क्सवाद का प्रभाव लेनिन के विचारों के अध्ययन के कारण और गहरा हुआ। लिहाजा लूकाच भी लेनिन की तरह मार्क्सवाद को समझने के लिए **हिगेल** का अध्ययन जरूरी मानते थे। आरम्भ में लूकाच में मार्क्सवाद की समझ उतनी प्रौढ़ नहीं हुई थी। जब उन्होंने अपनी पुस्तक 'इतिहास और वर्ग-चेतना' की रचना की थी। यही कारण है कि पुस्तक विवादास्पद सिद्ध हुई। तीसरे इण्टरनेशनल की चौथी कांग्रेस में **जिनोविच** द्वारा इस पर संशोधनवाद का आरोप लगाया गया। 1928 में लूकाच ने हंगरी की कम्युनिस्ट पार्टी के महासचिव की हैसियत से 'ब्लुम थीसिस' लिखी, जिसमें प्रतिपादित किया गया था कि सामाजिक लोकतन्त्र और फासिज्म एक ही है। लूकाच ने एक इण्टरव्यू में स्वीकार किया है कि ब्लुम थीसिस तीसरे काल के संकीर्णतावाद के खिलाफ उनकी सुरक्षात्मक कार्यवाही थी। दरअसल, लूकाच लेनिन के 1905 के मजदूरों और किसानों के जनतान्त्रिक अधिनायकत्व के सिद्धान्त से सहमत थे, इसलिए वे उसे हंगरी की कम्युनिस्ट पार्टी में शामिल कर उसे यथार्थवादी नीति से लैस करना चाहते थे; किन्तु लूकाच उसे पार्टी को समझाने में असफल साबित हुए। इसके लिए उन्हें आत्मालोचना भी करनी पड़ी। अन्त में, 1929 में उन्हें पार्टी से संन्यास लेना पड़ा। हालाँकि लूकाच की उस थीसिस की सत्यता हंगरी में 1945-48 में मजदूरों और किसानों के जन-तान्त्रिक अधिनायकत्व स्थापित होने के बाद प्रमाणित हुई, जिसकी चर्चा लूकाच ने अपनी एक बातचीत में की है।

जैसा कि ऊपर कहा गया है, लूकाच एक मार्क्सवादी चिन्तक थे लेकिन लेनिन की तरह पूरे अर्थ में सक्रिय मार्क्सवादी नहीं थे। फिर भी लूकाच के चिन्तन का मार्क्सवादी आलोचना के क्षेत्र में विशेष स्थान है। उनकी वैचारिक दृष्टि से लिखी

गयी आलोचनात्मक कृतियों—इतिहास और वर्ग-चेतना (1923), विश्व साहित्य के रूसी यथार्थवाद (1945), अस्तित्ववाद और मार्क्सवाद (1947), बालजाक और फ्रांसीसी यथार्थवाद, समकालीन यथार्थवाद का अर्थ (1956), सौन्दर्यशास्त्र का पश्चिमी इतिहास (1963) के साथ-साथ गेटे और उनका युग, यूरोपीय यथार्थवाद, आदि का भी इस दृष्टि से उल्लेख किया जा सकता है। लूकाच ने अपनी पुस्तक 'समकालीन यथार्थवाद का अर्थ' में समकालीन समाजवादी यथार्थ को आधार बनाकर लिखी गयी कथा-कृतियों की आलोचना की है, जो यान्त्रिकता का शिकार हो गयी हैं। लूकाच ने **ब्रेख्त** के नाटकों और सौन्दर्यशास्त्र सम्बन्धी उनके गलत सिद्धान्त की भी आलोचना की थी, जिसका विरोध ब्रेख्त ने 'जार्ज लूकाच के विरोध में' शीर्षक निबन्ध लिखकर दिया था। दूसरी ओर, लूकाच ने अर्थवाद की भी आलोचना की जिसके कारण आर्थिक संघर्ष का अतिवादी रूप सामने आता है। इस बात से लेनिन की भी सहमति थी। वैसे लूकाच की शुरू में संसदीय प्रणाली में कम्यूनिस्टों के हिस्सा लेने के प्रश्न पर भी असहमति थी किन्तु लेनिन द्वारा 'वामपन्थी साम्यवाद : एक बचकाना मर्ज' नामक लेख में लूकाच की इस बात की आलोचना किये जाने पर और यह स्थापित किये जाने के बाद सहमत हो गये थे कि "संसद के चुनावों में तथा संसार के मंच से होने वाले संघर्षों में भाग लेना क्रान्तिकारी सर्वहारा-वर्ग की पार्टी के लिए ठीक इसलिए है कि वह अपने वर्ग के पिछड़े हुए लोगों को शिक्षित कर सकें और देहातों के अविकसित, दलित तथा अज्ञान-ग्रस्त जन-साधारण में जागृति और ज्ञान का प्रकाश फैला सके।" (संकलित रचनाएँ, खण्ड-4, पृ. 60)। अन्त में तो लूकाच की यह मान्यता भी हो गयी थी कि विश्व-मानव का विकास समाजवादी व्यवस्था में ही सम्भव है।

चूँकि लूकाच के सामने विश्व-इतिहास की घटनाओं का परिप्रेक्ष्य मौजूद था, जिसको लेकर उन्होंने अपनी कई कृतियों की रचना की थी। विश्व-युद्ध के बाद की स्थितियों का प्रभाव लूकाच की प्रारम्भिक कृति 'उपन्यास का सिद्धान्त' (1920) में देखा जा सकता है। इसी प्रकार उनकी अन्य कृतियाँ भी विश्व-इतिहास की किसी-न-किसी घटना का साक्ष्य प्रस्तुत करने में सहायक होती हैं। इस प्रसंग में **इस्तवान इरोसी** के उस कथन का उल्लेख किया जा सकता है जिसमें उसने लूकाच की इतिहास-दृष्टि को लक्ष्य कर कहा था—"लूकाच में एक विशिष्ट रीति सी संघटित पूर्णता थी। उपर्युक्त दो धारणाएँ एक सीधी रेखा की तरह उन्हें सार्वभौमिक इतिहास को घटनाओं के सम्प्रभाव से होकर मार्क्स तक ले गयीं। मार्क्स ने उन्हें विश्व-इतिहास की अपनी व्याख्या के अतिरिक्त परिवर्तनशील जगत् की पूर्णता की दार्शनिक धारा अर्थात् सामाजिक क्रिया से भी परिचित कराया।" (आलोचना, जुलाई-सितम्बर 1971, पृ. 13)। तीसरे इण्टरनेशनल के बाद की स्थितियों में लूकाच वस्तुपरक आलोचना के केन्द्र में स्थित हो गये थे। वैसे आज भी मार्क्सवादी आलोचना के क्षेत्र में लूकाच

की चर्चा अक्सर की जाती है, जो उनकी विवादग्रस्त स्थिति के बावजूद उनकी प्रासंगिकता का ही सूचक है।

स्टालिन और ग्राम्शी का वैचारिक चिन्तन—स्टालिन, लेनिन के शिष्य होने के साथ-साथ एक मौलिक चिन्तक भी थे। वे लेनिन के समय में सोवियत संघ की कम्युनिस्ट पार्टी के प्रमुख नेताओं में से थे। वे रूसी क्रान्ति के तुरन्त बाद जन-कमिसार की हैसियत से सोवियत जनता के बीच काम करते रहे। लेनिन के निर्देश पर रूसी जनता की सुरक्षा तथा राशनिंग आदि की व्यवस्थाओं की देख-रेख करने का भार उन्होंने अपने ऊपर ले लिया था। उस समय चूँकि क्रान्ति के बाद की स्थितियों का मूल्यांकन राष्ट्रीय प्रश्नों के सन्दर्भ में किया जा रहा था, इसलिए लेनिन के साथ स्टालिन ने भी इस विषय पर अपने महत्त्वपूर्ण विचार व्यक्त किये थे।

लेनिन के बाद स्टालिन अकेले ऐसे व्यक्ति थे जिन्होंने मार्क्सवाद के साथ-साथ लेनिनवाद को सोवियत रूस में तथा बाहर के मुल्कों में प्रतिष्ठित करने की कोशिश की। वे उसके विकास के लिए पार्टी के भीतर और बाहर संघर्ष करते रहे। दूसरी ओर मार्क्सवाद को संशोधनवाद से बचाने के लिए उनकी लड़ाई बराबर त्रोत्सकीपन्थियों से होती रही। इसी क्रम में उन्हें वर्ग-शत्रुओं और संशोधन-वादियों को दण्डित भी करना पड़ा। कहने की आवश्यकता नहीं कि स्टालिन को पार्टी संगठन और अनुशासन की शिक्षा लेनिन से मिली थी। उसका बखूबी निर्वाह वे शासन के दौरान भी करते रहे। उन्होंने मार्क्सवाद की शिक्षा खासकर दुनिया के पिछड़े मुल्कों की जनता को दी। उन्होंने विश्व-इतिहास को एक नया मोड़ दिया और मार्क्सवाद तथा लेनिनवाद की वैज्ञानिक व्याख्या के जरिये उसे पूरे विश्व में लोकप्रिय बनाने का महत्त्वपूर्ण कार्य किया। स्टालिन के विचारों का इस दृष्टि से काफी महत्त्व है। वे अपने समय की हर महत्त्वपूर्ण घटना पर प्रतिक्रिया व्यक्त करते थे। पिछड़े देशों की जनता की मुक्ति के लिए किये जा रहे संघर्षों को वे अपना बराबर समर्थन देते थे। **माओत्सेतुंग** ने स्टालिन की षष्ठिपूर्ति (21 दिसम्बर 1939) के अवसर पर विचार व्यक्त करते हुए कहा था, "मानव-जाति की भारी बहुसंख्या आज उत्पीड़ित है तथा मानव-जाति केवल स्टालिन द्वारा दिखाये गये रास्ते पर चलकर और उनकी सहायता से ही उत्पीड़न से मुक्ति प्राप्त कर सकती है।" (संकलित रचनाएँ, ग्रन्थ-2, पृ. 593)।

स्टालिन एक अद्‌भुत भाषाशास्त्री भी थे। भाषा के सम्बन्ध में लिखा उनका लेख वैचारिक दृष्टि से काफी उपयोगी है। उन्होंने राष्ट्रीय भाषा की समस्याओं पर विचार करते हुए लिखा था—"विकास की किसी एक मंज़िल पर मूल आधार समाज का आर्थिक ढाँचा होता है। हर मूलाधार की उसके अनुरूप एक अधिरचना होती है। अधिरचना समाज की वैचारिक, धार्मिक, कलात्मक और दार्शनिक दृष्टिकोण तथा राजनीतिक, वैधिक तथा अन्य सम्बद्ध संख्याएँ होती हैं। मूलाधार के बदलने या नष्ट होने के साथ ही अधिरचना भी बदल जाती है या नष्ट हो जाती है। जब एक नया

मूलाधार जन्म लेता है तो उसी से जुड़ी हुई उसकी कई विशिष्ट अधिरचना भी जन्म लेती हैं।" ज़ाहिर है कि स्टालिन ने भाषा को मनुष्य के उत्पादन-कार्यों से जोड़कर देखा था। इसलिए उनका यह भी मानना है कि 'भाषा की प्रकृति अधिरचना की प्रकृति से गुणात्मक रूप से भिन्न है। किसी समाज में "भाषा, पुराने या नये किसी एक मूलाधार का प्रतिफलन या उत्पादन नहीं होती, वरन् समाज के शताब्दियों के हर इतिहास और मूलाधारों के इतिहास की उपज होती है। यह किसी एक वर्ग द्वारा नहीं, बल्कि पूरे समाज द्वारा और सैकड़ों पीढ़ियों के प्रयत्नों से निर्मित हुई है।"

लेनिन की तरह स्टालिन भी इतिहास, कला, साहित्य और संस्कृति के क्षेत्र में किये गये महत्त्वपूर्ण कार्यों की सराहना करते थे। वे ऐसे लेखकों और कलाकारों को उचित सम्मान देते थे, जो जनता के स्वस्थ मनोरंजन के साथ-साथ उसमें जातीय चेतना के विकास के लिए अपनी कृतियों का निर्माण करते थे। स्टालिन जब तक जीवित रहे, वे सर्वहारा-वर्ग के पक्षधर, कला, संस्कृति और साहित्य को प्रोत्साहन देते रहे। उन्होंने व्यक्ति-पूजा का बराबर विरोध किया। उन्होंने संशोधनवादी रवैये के प्रति कड़ा रुख अख्तियार किया था, जिसके फलस्वरूप उनके समय तक सोवियत संविधान तथा मार्क्स और लेनिन की मूल स्थापनाओं में कोई संशोधन नहीं किया गया। स्टालिन के देहान्त के बाद **ख्रुश्चेव** के समय में सिद्धान्त और संविधान में मनमाने ढंग से संशोधन किया गया तथा मार्क्सवादी साहित्य में प्रक्षिप्त अंश भी जोड़े गये, जिसका वामपन्थी विचारधारा के विकास पर प्रतिकूल प्रभाव पड़ा। लेनिन के बाद इसीलिए स्टालिन का ऐतिहासिक महत्त्व कम्युनिस्ट आन्दोलन तथा मार्क्सवादी चिन्तन के क्षेत्र में आज भी सुरक्षित है, इसमें सन्देह नहीं।

लूकाच की तरह **अन्तोनियो ग्राम्शी** का मार्क्सवादी चिन्तन के विकास में महत्त्वपूर्ण सृजनात्मक अवदान रहा है। यों तो ग्राम्शी के चिन्तन का क्षेत्र मूलतः साहित्य, राजनीति, इतिहास और विचारधारा रहा है। वे **क्रोचे** के शिष्य थे, इसलिए आरम्भ वे उसके मनोगतवादी दर्शन के प्रभाव में थे लेकिन मार्क्सवाद के अध्ययन के बाद में उस प्रभाव से मुक्त होकर मार्क्सीय चिन्तन पद्धति के आधार पर वस्तुगत यथार्थ की व्याख्या करने लगे। उन्होंने अपने चिन्तन को मुख्य रूप से इटली की राजनीतिक स्थितियों और विश्व-इतिहास की चिन्ताधारा पर केन्द्रित किया था। यही कारण है कि उनके लेखों के विषय प्रायः तत्कालीन समाजार्थिक समस्याओं से सम्बन्धित होते थे।

उल्लेखनीय है कि 1921 में समाजवादी नेतृत्व का विघटन और इटली की कम्युनिस्ट पार्टी का गठन दोनों साथ-साथ हुए। ग्राम्शी उससे एक सदस्य की हैसियत से जुड़े। पुनः 1924 में वे पार्टी सेक्रेटरी चुने गये। 1924 में ही उन्होंने 'यूनिटा' नाम से एक समाचार-पत्र निकालना शुरू किया। ग्राम्शी ने इस दौरान लिखे अपने राजनीतिक लेखों को हथियार की तरह इस्तेमाल किया। इटली के मजदूर-आन्दोलनों

तथा वहाँ के क्रान्तिकारी बुद्धिजीवियों पर इन लेखों का गहरा असर पड़ा। उनके 8 अन्य लेखों का प्रकाशन बाद में उनके द्वारा सम्पादित 'आर्डाइन न्योवो' के अंकों में भी लगातार होता रहा। कहना न होगा कि 1900-1910 तक के दौर में इटली के मजदूर-आन्दोलनों में सबसे ज्यादा और गहरा संकट उपस्थित हो गया था। ऐसी स्थिति में ग्राम्शी ने वहाँ के मजदूर-आन्दोलनों का नेतृत्व किया और उसे अग्रिम मोर्चे तक पहुँचाने का काम किया। उन्होंने अकेले **मुसोलिनी** की निरंकुश सत्ता के खिलाफ लड़ाई लड़ने के बजाय उसे राजनीतिक और आर्थिक संघर्ष से जोड़ दिया। हालाँकि वह विश्व-इतिहास में साम्राज्यवाद की विजय का काल था। फिर भी ग्राम्शी ने एक बड़ी साम्राज्यवादी शक्ति के खिलाफ खड़े होकर उसे चुनौती देने का काम किया था। बाद में ग्राम्शी ने अपने को देश के राजनीतिक तथा आर्थिक ढाँचे में होने वाले निर्णायक परिवर्तनों के अध्ययन-विश्लेषण पर केन्द्रित कर दिया। इसी बीच अर्थात् 8 नवम्बर 1926 को ग्राम्शी गिरफ्तार कर लिए गये। जेल में भयानक यातना दिये जाने के कारण 27 अप्रैल 1937 को उनका देहान्त हो गया।

कहने की आवश्यकता नहीं कि ग्राम्शी ने अपने राजनीतिक और सांस्कृतिक लेखों के जरिये मार्क्सवादी चिन्तन का अपने ढंग से विकास किया। उन्होंने राजनीतिक, सामाजिक और आर्थिक प्रश्नों पर विस्तार से विचार किया है। इस दृष्टि से उनके लेखों—'मार्क्सवाद और आधुनिक संस्कृति', 'दर्शन और ऐतिहासिक भौतिकवाद का अध्ययन' आदि है। तथा विज्ञान की राजनीति से सम्बन्धित उनके सुप्रसिद्ध निबन्ध, 'माडर्न प्रिन्स' आदि का विशेष रूप से उल्लेख किया जा सकता है। इसी क्रम में ग्राम्शी ने करवारिन की प्रखर आलोचना, उसकी पुस्तक 'ऐतिहासिक भौतिकवाद : समाजशास्त्रीय पद्धति' के खिलाफ लिखते हुए की थी।

ग्राम्शी ने ऐतिहासिक अनिवार्यता का प्रतिपादन करते हुए उसे इतिहास-सापेक्ष माना है, जबकि क्रोचे इसके विपरीत उसे इतिहास-निरपेक्ष मानता है। ग्राम्शी चूँकि इतिहास को द्वन्द्वात्मक दृष्टि से देखते थे इसलिए उनकी इतिहास-दृष्टि विश्व-इतिहास के अनुकूल साबित हुई। वे साहित्य को भी ऐतिहासिक परिप्रेक्ष में ही रखकर देखते थे। दूसरी ओर, उन्होंने सांस्कृतिक, राजनीतिक और कलात्मक आलोचना में सामंजस्य की धारणा विकसित की थी। उनका मानना था कि इतिहास और साहित्य या कला के अध्ययन की प्राथमिकता मौलिकता और लेखकीय ईमानदारी पर निर्भर होती है। इसलिए वे रचना में रूप और वस्तु के सामंजस्य पर बल देते थे और उससे निर्मित सौन्दर्यशास्त्र को महत्त्व देते थे। इस दृष्टि से उन्होंने रूप और अन्तर्वस्तु की ऐतिहासिक अनिवार्यता का एक प्रकार से प्रतिपादन ही किया।

अन्तोनियो ग्राम्शी के अनुसार इतिहास गतिशील होता है तथा उसका सरोकार सांस्कृतिक राजनीति से होता है। उन्होंने इतिहास धारा में अपनी वर्गीय चेतना और दृष्टि के साथ शामिल होने के लिए बुद्धिजीवियों का आह्वान किया था क्योंकि

वे मानते हैं कि समाज और देश के क्रान्तिकारी परिवर्तन में बुद्धिजीवियों की महत्त्वपूर्ण भूमिका होती है। यही कारण है कि वे लेखक के सामाजिक चरित्र की परख उसको ऐतिहासिक परिप्रेक्ष्य में रखकर करते थे। इस प्रकार ग्राम्शी अपनी सैद्धान्तिक मान्यताओं तथा व्यावहारिक विचार-दर्शन के कारण मार्क्सवादी विचारधारा और चिन्तन के क्षेत्र में बराबर याद किये जाएँगे।

माओ, फिदेल कास्त्रो और चेग्वेवेरा का राजनीतिक चिन्तन—यों तो माओत्सेतुंग, फिदेल कास्त्रो और चेग्वेवेरा ने लेनिन और स्टालिन की तरह ही अपने देश के मुक्ति-संघर्ष में हिस्सा लिया था, इसलिए उनके चिन्तन का विषय मुख्यतः राजनीति रहा है। लेकिन जैसा कि पहले कहा जा चुका है, मार्क्सवादी विचारधारा के प्रभाव-क्षेत्र में दर्शन, राजनीति, इतिहास, कला, साहित्य, संस्कृति आदि सभी विषय आते हैं इसलिए इन राजनीतिक चिन्तकों ने अपने-अपने ढंग से मार्क्सीय चिन्तन-पद्धति को विकसित करने का प्रयास किया है। अतः यहाँ इनके अलग-अलग चिन्तन-पक्ष को लेकर विचार किया जाएगा।

माओत्सेतुंग ने अपने वैज्ञानिक चिन्तन के द्वारा मार्क्सवादी-लेनिनवादी विचारधारा का अभूतपूर्व विकास किया है। उन्होंने चीनी क्रान्ति की अगुवाई कर विश्व-इतिहास में इस बात को प्रमाणित कर दिया कि मार्क्सवादी-लेनिनवादी सिद्धान्त के आधार पर साम्राज्यवादी शक्तियों को निश्चित तौर पर परास्त किया जा सकता है। उन्होंने क्रान्ति में जनता और बुद्धिजीवियों की सहभागिता को आवश्यक मानकर उन्हें उसमें शामिल होने का आह्वान किया था। फलतः बड़ी संख्या में बुद्धिजीवी, लेखक और मजदूर-किसान उसमें शामिल हो गये थे। इसीलिए उन्होंने कलम और बन्दूक के मोर्चे को समान महत्त्व दिया। यही कारण है कि लू शुन, माओ तुन आदि लेखकों ने कलम के मोर्चे पर माओ के नेतृत्व में अपनी प्रभावशाली लेखकीय भूमिका अदा की थी। उन्होंने अपनी रचनाओं द्वारा जापानी साम्राज्यवाद की निरंकुश सत्ता-लोलुपता के खिलाफ चीनी जनता को बराबर क्रान्तिकारी चेतना से लैस रखा। माओत्सेतुंग के द्वारा येनान कला साहित्य-गोष्ठी (1942) में दिया गया भाषण एक ऐतिहासिक दस्तावेज़ है, जिसका सांस्कृतिक दृष्टि से काफी महत्त्व है।

माओ ने अपने कई महत्त्वपूर्ण भाषणों और लेखों में व्यापक रूप से राजनीति, दर्शन और इतिहास के प्रश्नों पर विचार किया है। इस दृष्टि से 'अन्तर्विरोध के बारे में' (1937), व्यवहार के बारे में (1937), नवजनवाद के बारे में (1940), जनता के जनवादी अधिनायकत्व के बारे में (1949), घिसे-पिटे पार्टी-लेखन का विरोध करो (1942), सांस्कृतिक कार्य में संयुक्त मोर्चा (1944), एक चिनगारी सारे जंगल में आग लगा सकती है (1930), जनता के बीच के अन्तर्विरोधों को सही ढंग से हल करने के बारे में (1940), दूसरे विश्व-युद्ध का मोड़ (1942), उदारतावाद का विरोध करो (1937), दीर्घकालीन युद्ध के बारे में (1938), बुद्धिजीवियों को बड़ी

तादाद में भरती करो (1939), वर्तमान परिस्थिति और पार्टी के कार्य (1939), इतिहास की आदर्शवादी धारणा का दिवालियापन (1949) आदि लेखों का विशेष महत्त्व है। माओ के बहुत सारे दस्तावेज़ी लेखों, अनगिनत पत्रों और तारों को क्वोमिन्तांग प्रतिक्रियावादियों ने नष्ट कर दिया था, जो उनके लेखन का महत्त्वपूर्ण हिस्सा था। बहरहाल उनके उपलब्ध लेखों के आधार पर इतिहास और संस्कृति की प्रामाणिक व्याख्या प्रस्तुत की जा सकती है। उनके अधिकांश लेख चीनी क्रान्ति के दौर के हैं जो भाषण के रूप में हैं। चीनी क्रान्ति के दौरान जापानी साम्राज्य के विरुद्ध न्यायपूर्ण लड़ाई को तेज करने के उद्देश्य से माओ ने समय-समय पर चीनी जनता को सम्बोधित किया था। वे विश्व की घटनाओं पर भी अपनी नजर रखे हुए थे। दूसरे विश्वयुद्ध के आरम्भ होने के तुरन्त बाद युद्ध के कारणों की व्याख्या करते हुए उन्होंने कहा था–"साम्राज्यवादी युद्ध का छिड़ जाना एक नये आर्थिक और राजनीतिक संकट से अपनी जान छुड़ाने की साम्राज्यवादी देशों की कोशिश का नतीजा है। चाहे जर्मन पक्ष की दृष्टि से देखा जाये या आंग्ल-फ्रांसीसी पक्ष की दृष्टि से, यह युद्ध अपने स्वरूप में अन्यायपूर्ण, अवहारक और साम्राज्यवादी युद्ध है।" (संकलित रचनाएँ-ग्रन्थ-2, पृ. 523)। बाद में इस कथन की सत्यता युद्ध के बाद दुनिया के तमाम मुल्कों पर पड़ने वाले कुप्रभाव से भी स्पष्ट हो गयी थी। दूसरे विश्व युद्ध की परिस्थितियों पर विचार करते हुए माओत्सेतुंग ने विश्व-इतिहास के इस महत्त्वपूर्ण तथ्य को रेखांकित किया था–"इतिहास में तमाम प्रतिक्रियावादी शक्तियाँ अपने सर्वनाश से पहले अनिवार्य रूप से क्रान्तिकारी शक्तियों के खिलाफ अन्तिम जी-तोड़ संघर्ष करती हैं तथा कुछ क्रान्तिकारी लोग उनकी बाहरी शक्तिशालिता और अन्दरूनी शक्तिहीनता से कुछ समय के लिए धोखा खा जाते हैं और इस सारभूत तथ्य को नहीं समझ पाते कि दुश्मन अपने विनाश के निकट पहुँचता जा रहा है जबकि वे खुद विजय तक पहुँचते जा रहे हैं।" (संकलित रचनाएँ, ग्रन्थ-3, पृ. 184)। बाद की परिस्थितियों में जर्मनी की पराजय और सोवियत रूस की विजय से माओ का यह भविष्य-कथन सही प्रमाणित हुआ।

उसी प्रकार 1949 में चीनी क्रान्ति सम्पन्न हो जाने के बाद चीनी इतिहास की गलत व्याख्या करने वाले, साम्राज्यवाद के पक्षधर प्रवक्ता, **अचेसन** के आरोपों का तर्कसंगत उत्तर देते हुए माओ ने लिखा था कि 'चीनी आबादी' और 'पश्चिमी प्रभाव' चीनी क्रान्ति के मूलभूत कारण नहीं रहे हैं। 174 वर्ष पूर्व सम्पन्न ब्रिटेन के खिलाफ अमरीकी क्रान्ति अथवा अन्य देशों की क्रान्तियाँ भी इसके उदाहरण हैं। माओ ने पश्चिमी प्रभाव के बजाय मार्क्सवादी-लेनिनवादी विचारधारा के प्रभाव को स्वीकार किया है। इस प्रकार माओ की राजनीति, इतिहास आदि विषयों और प्रसंगों पर की गयी बातचीत की प्रासंगिकता स्वतः सिद्ध है।

चूँकि फिदेल कास्त्रो और चेग्वेवेरा ने क्यूबाई क्रान्ति में एक साथ भाग लिया

था, इसलिए यहाँ दोनों के चिन्तन और ऐतिहासिक कार्यों पर एक साथ विचार करना उपयुक्त होगा। चेग्वेवेरा गुरिल्ला क्रान्ति के क्षेत्र में एक मिथक बन गये हैं। वे एक प्रतिभाशाली और तेजस्वी नेता के रूप में सामने आये। उन्होंने मेडिकल की पढ़ाई पूरी कर चीनी लेखक, लु शून की तरह क्रान्ति में हिस्सा लेना जरूरी समझा। वे इसी इरादे से ग्वाटेमाला, मेक्सिको तथा क्यूबा की यात्रा पर गये।

1945 में **फिदेल, कास्त्रो** तथा **राडल कास्त्रो** के क्यूबाई क्रान्ति में शरीक होने के आमन्त्रण को स्वीकार कर चे ने उसमें भाग लिया। क्रान्ति सफल होने पर चे क्यूबा के उद्योग मन्त्री बने। बाद में बोलिविया में गुरिल्ला-युद्ध लड़ते हुए मारे गये। चूँकि चे दुनिया के शोषित-उत्पीड़ित मुल्कों के सच्चे हमदर्द थे, इसलिए वे उन देशों की मुक्ति के बारे में बराबर सोचते रहे। क्यूबाई क्रान्ति के बाद बोलिविया की क्रान्ति में उनका शामिल होना इसी बात का प्रमाण है। वे एक निर्भीक और साहसी योद्धा के साथ-साथ एक मानवतावादी चिन्तक भी थे। उन्होंने मनुष्य के खिलाफ हर जोर-जुल्म का विरोध किया।

चे ने क्रान्ति की सफलता की सम्भावना का निर्धारण सशस्त्र संघर्ष के आधार पर किया है, जिसका उद्देश्य वे व्यक्ति और समाज की सामूहिक मुक्ति मानते हैं। चे ने कला और संस्कृति के यथार्थ की सहजता पर बल दिया है। उनके अनुसार कला और संस्कृति के दो अभिप्राय हैं—पहला मनुष्य को वस्तु बनने से रोकना और दूसरा उसे आत्म-निर्णय से युक्त बनाना। ये दोनों उद्देश्य चे के मानवीय चिन्तन के प्रतीक हैं। यही कारण है कि चे की रुचि **पाब्लो नेरूदा** की मानवतावादी कविताओं में ज्यादा थी। **चे** की डायरी से गुजरने पर भी यह पता चलता है कि उन्होंने अपना सम्पूर्ण जीवन मनुष्यता के हित में संघर्ष करने के लिए समर्पित कर दिया था। वे सिद्धान्त और व्यवहार की एकता के प्रति अधिक सजग थे इसलिए अपने जीवन में उन्होंने कभी भी पराजय और पराधीनता स्वीकार नहीं की। वे व्यक्तिवाद को क्रान्ति की दिशा में एक शत्रुतापूर्ण रवैया मानते थे। चे चूँकि सच्चे अर्थों में मानवतावाद के पक्षधर थे, इसलिए वे सर्वहारा-वर्ग तथा शोषितों-उत्पीड़ितों के प्रति बराबर सहानुभूतिशील बने रहे। जब वे क्यूबा में उद्योग मन्त्री थे, तो उन्होंने शासन में कई सुधार किये। उनका लक्ष्य था समाजवादी अर्थतन्त्र की स्थापना।

अपनी मृत्यु से कुछ समय पहले **चे** ने अपनी पत्नी और बच्चों के नाम लिखे पत्रों में आजीवन क्रान्तिकारी की तरह जीने और मरने की शिक्षा दी है। उल्लेखनीय है कि चे एक क्रान्तिकारी चिन्तक थे। वे दुनिया का इतिहास लिखने की बजाय उसे बदलने में विश्वास करते थे, इसलिए उन्होंने क्रान्तिकारी चिन्तन और कार्य को ज्यादा महत्त्व दिया। और सच पूछें तो इसी अर्थ में मार्क्सवादी विचारधारा को उन्होंने आगे बढ़ाया।

फिदेल कास्त्रो चे के रास्ते पर चलने के बावजूद उनकी तरह विश्व-इतिहास में

मिथक नहीं बने। वे अपने देश की राजनीतिक, सामाजिक और आर्थिक समस्याओं को सुलझाने में लग गये। फिदेल कास्त्रो का विश्वास है कि क्रान्ति के लिए मार्क्सवादी लेनिनवादी विचारधारा एकमात्र विकल्प है। उसी के जरिये विश्व में शान्तिपूर्ण सहअस्तित्व भी कायम किया जा सकता है। उन्होंने तीसरी दुनिया के देशों की जनता को इस दिशा में बराबर सजग रहने की आवश्यकता बतायी है। चूँकि क्यूबाई क्रान्ति दुनिया के सामने एक मिसाल कायम कर चुकी है और इसके सम्बन्ध समाजवादी तथा तीसरी दुनिया के मुल्कों के साथ अच्छे हैं, इसलिए अमरीकी साम्राज्यवाद इसे सबल समाजवादी देश के रूप में विश्व-इतिहास में उभरता देखकर उसके खिलाफ बराबर कुचक्र रचता रहता है। वैसे तो क्यूबाई क्रान्ति के तुरन्त बाद ही अमरीका ने क्यूबा के विरुद्ध लातिन अमरीकी देशों को युद्ध में शरीक करने की कोशिश की थी, किन्तु उन देशों ने अमरीकी कूटनीति और साजिशपूर्ण रवैये को जानते हुए अपने को इससे अलग रखा। अमरीका, क्यूबा और रूस के सम्बन्धों को भी अपनी नीतिगत सफलता में बाधक मानता है इसलिए वह आज भी दोनों देशों में अलगाव पैदा करने की हरचन्द कोशिश कर रहा है। लेकिन फिदेल कास्त्रो के नेतृत्व में साम्राज्यवादी शक्तियों के खिलाफ चलने वाले संघर्ष में अधिकांश समाजवादी और तटस्थ देशों का समर्थन प्राप्त है इसलिए अमरीका अपनी पराजय का स्वप्न देख रहा है। स्पष्ट है कि फिदेल की वैचारिक क्रान्ति के क्षेत्र में जो भूमिका रही है, शुरू से आज तक वह पिछड़े और गरीब मुल्कों के पक्ष में रही है। इस अर्थ में फिदेल कास्त्रो का चिन्तन और व्यवहार मार्क्सवादी विचारधारा के विकास में बहुत हद तक सहायक सिद्ध हो रहा है, इसमें सन्देह नहीं। फिदेल कास्त्रो ने दूसरी ओर, अपने देश में कला, संस्कृति और साहित्य के मोर्चे पर भी प्रभावशाली काम किया है। वहाँ लेखकों और बुद्धिजीवियों को मार्क्सवादी चिन्तन के साथ-साथ देश के निर्माण के लिए रचनात्मक कार्य करने की पूरी सुविधा और स्वतन्त्रता प्राप्त है। कृषि और उद्योग-धन्धों के अभूतपूर्व विकास ने क्यूबा को दुनिया के स्वावलम्बी राष्ट्रों की श्रेणी में ला दिया है।

राहुल सांकृत्यायन और रांगेय राघव का सर्जनात्मक इतिहास चिन्तन—राहुल और रांगेय राघव मूलतः इतिहास चिन्तक थे इसलिए उन्होंने भारतीय इतिहास की बारीकियों को लेकर वस्तुपरक चिन्तन किया है। दोनों समकालीन होते हुए एक-दूसरे से वैचारिक निष्कर्षों में बहुत हद तक साम्य रखते थे। चूँकि दोनों ने मार्क्सवादी चिन्तन-प्रणाली के तहत अपनी इतिहास-दृष्टि विकसित की थी इसीलिए दोनों की रचनाओं में प्रगतिशील शोधमूलक प्रवृत्ति लक्षित की जा सकती है। यह बात अलग है कि राहुल सांकृत्यायन को कई अवस्थाओं से होकर गुजरना पड़ा था और देश-विदेश की यात्राओं से कुछ नये और ऐतिहासिक जीवनानुभव प्राप्त हुए थे इसलिए राहुल के लेखन के साथ ऐतिहासिक विषयों का जुड़ जाना आकस्मिक नहीं था। उन्होंने

इसीलिए साहित्य और इतिहास से सम्बन्धित कई खोजें कीं। इसके अलावा उनमें एक और विशेषता थी जिसके कारण राहुल जी इतिहास-लेखन की दृष्टि से बहुत आगे दिखाई पड़ते हैं और यह थी एक साथ कई भाषाओं पर समान रूप से अधिकार प्राप्त कर लेने की अपूर्व क्षमता। रांगेय राघव ने भी वैसे अपने चिन्तन को बराबर जारी रखा तथा साहित्य और इतिहास की कृतियों का वे उत्पादन करते रहे।

उल्लेखनीय है कि राहुल ने अपनी 127 पुस्तकों में से इतिहास की चार पुस्तकों 'मध्य एशिया का इतिहास' (1952), 'ऋग्वैदिक आर्य' (1956), 'अकबर' (1956) और 'भारत में अंग्रेजी राज के संस्थापक' (1957) की रचना की थी। वैसे साहित्येतिहास से सम्बन्धित तीन पुस्तकों—'हिन्दी काव्यधारा' (1944), 'दक्खिनी काव्यधारा' (1952) और 'मार्क्स साहित्य का इतिहास' (1949) की रचना भी उन्होंने विभिन्न समयों में की थी। उनके साहित्येतिहास की पुस्तकों का महत्त्व तो साहित्य की दृष्टि से है ही, किन्तु, उनमें वर्णित रचनाओं और भाषाओं का भी अपना एक तथ्यात्मक इतिहास है जिसको उन रचनाओं के अध्ययन-विश्लेषण के जरिये रेखांकित किया जा सकता है। इसमें सन्देह नहीं कि राहुल जी की प्रखर इतिहास-चेतना, उनकी 'दिमागी गुलामी', 'तुम्हारी क्षय', 'साम्यवाद ही क्यों?' आदि निबन्ध संकलनों तथा कहानियों और उपन्यासों (सिंह सेनापति, बोल्गा से गंगा तक, दिपोदास आदि) में लक्षित की जा सकती है।

जहाँ तक राहुल जी के इतिहास-ग्रन्थों की बात है, ध्यान देने की बात यह है कि उनकी अपनी यात्राओं के दौरान इतिहास की विपुल सामग्री उपलब्ध हुई थी, जिसका उपयोग उन्होंने साहित्य परक और इतिहासमूलक ग्रन्थों की रचना करते समय किया था। 'मध्य एशिया का इतिहास', 'ऋग्वैदिक आर्य' जैसी पुस्तकें राहुल जी के इन्हीं प्रयत्नों की देन हैं। उन्होंने इन पुस्तकों के द्वारा इतिहास के कई ज्ञात-अज्ञात तथ्यों को संकलित करने का काम किया था। राहुल ने 'भारत में अंग्रेजी राज के संस्थापक' में, खासकर उन स्थितियों की विस्तार से चर्चा की है, जिनके अन्तर्गत भारत में अंग्रेजी राज की स्थापना हुई। वैसे भारतीय विद्रोह और देशभक्तों तथा क्रान्तिकारियों की चर्चा के क्रम में उन्होंने अंग्रेजी साम्राज्यवाद के पतन की ओर भी महत्त्वपूर्ण संकेत किये हैं। मार्क्स ने भारत सम्बन्धी अपने लेखों में अंग्रेजी राज का जो विवरण प्रस्तुत किया है, राहुल की पुस्तक से गुजरने पर, उसकी सत्यता और ज्यादा स्पष्ट हो जाती है। इसी प्रकार 'अकबर' नामक पुस्तक में अकबरकालीन भारत का दर्शन कराया गया है। राहुल पर मार्क्सवाद का गहरा प्रभाव पड़ा था। यह इसी से प्रमाणित होता है कि उन्होंने 1954 के आसपास मार्क्स, लेनिन, स्टालिन और माओत्सेतुंग की जीवनी सम्बन्धी पुस्तकों की रचना की थी। इन कृतियों की रचना के दो उद्देश्य स्पष्ट थे, एक तो यह कि उस समय हिन्दी में इन चिन्तकों पर पुस्तकों का नितान्त अभाव था, इसलिए राहुल जी ने इन पुस्तकों की रचना

कर हिन्दी के मार्क्सवादी लेखकों, बुद्धिजीवियों तथा सामान्य पाठकों के लिए इन्हें सुलभ कराना जरूरी समझा। दूसरा उद्देश्य इनके माध्यम से मार्क्सवादी चिन्तन का प्रचार-प्रसार करना भी था। इसके अलावा, राहुल ने चीन, जापान, रूस, तिब्बत, ईरान, लंका तथा यूरोप के यात्रा-संस्मरण भी लिखे हैं, जिनसे गुजरने पर उन देशों के ऐतिहासिक तथ्यों से भी साक्षात्कार हो जाता है। राहुल की इतिहास दृष्टि चूँकि प्रखर थी इसलिए इनकी प्रायः सभी रचनाओं में इतिहास से साक्षात्कार और संवाद का सहज ही अहसास होता है।

रांगेय राघव भारतीय संस्कृति, साहित्य और कला के एक प्रौढ़ चिन्तक थे। उनकी लिखी कुल सतहत्तर पुस्तकें हैं—जिनमें से अधिकांश कथा, कहानी, उपन्यास, नाटक और आलोचना सम्बन्धी हैं। आलोचनात्मक पुस्तकों में, 'भारतीय पुनर्जागरण की भूमिका' (1946), 'भारतीय सन्त-परम्परा और समाज' (1949), 'प्राचीन भारतीय परम्परा और इतिहास' (खण्ड-3), और 'गोरखनाथ और उनका युग' (1963), 'हिन्दी साहित्य की धार्मिक और सामाजिक पीठिका' आदि पुस्तकें इतिहास की दृष्टि से भी उल्लेखनीय हैं। यह सच है कि रांगेय राघव ने अपनी वस्तुपरक दृष्टि से प्राचीन भारतीय परम्परा का मूल्यांकन किया है। वे प्रायः अपने उपन्यासों में पात्रों को चित्रित करते हैं तो इस बात का अवश्य ध्यान रखते हैं कि वर्णन इतिहास-असम्मत न हो। वैसे तो उनकी इतिहास सम्बन्धी पुस्तकों में भी जहाँ-तहाँ तथ्यात्मक असंगतियों के दर्शन हो जाते हैं, तथापि उन्होंने इसके प्रति सतर्कता बरतने सम्बन्धी सूचना भी दी है जो इस प्रकार है—'इतिहास में जातियों के क्रियाकलापों का विवेचन करते समय किसी प्रकार का पूर्वाग्रह और पक्षपात नहीं होना चाहिए। यह सोचना कि आर्य अच्छे थे या द्रविड़ अच्छे थे, अवैज्ञानिक है। उस समय की जातियाँ इस मानदण्ड पर नहीं देखी जा सकतीं। इतिहास में तो आर्य या अनार्य जाति की व्यवस्था विशेष को देखना चाहिए। अनार्य दास-प्रथा के समाज की विषमता या उसके राज की निरंकुशता को तोड़ने वाले आर्यों को भी अनार्य समाज में पूज्य माना गया है। यही कारण है कि भूत, पिशाच और राक्षस, असुर, दैत्य, दानव आदि को कालान्तर में अनार्य जनता ने भी स्तुत्य नहीं कहा।" (महायात्रा, पृ. 478)

चूँकि रांगेय राघव ने एक विचारक की हैसियत से समाज की व्यापक जनता के लिए साहित्य की रचना की थी, किन्तु उनका रचना अभिप्राय निश्चित रूप से लोकमंगल के लिए था। उन्होंने इस दृष्टि से लिखते हुए इस तथ्य को नज़रअन्दाज़ नहीं किया कि समाज का चिन्तन करते रहनेवालों में सन्त उन सगुण भक्ति में निरत सन्तों से बेहतर थे, कारण कि उनका आराध्य सगुण होने के कारण उन्हें एकान्त उपासना करनी पड़ती थी जबकि ये निर्गुणिया सन्त समाज की सेवा को भी ईश्वर की सेवा ही मानते थे। इसलिए ऐसे सन्तों का अध्ययन प्रस्तुत करना रांगेय राघव ने उचित समझा था। दूसरी ओर, उनका मूल्यांकन सामाजिक चिन्तन के

आधार पर करने की बात से अपनी सहमति व्यक्त करते हुए वे कहते हैं—"ईश्वर के इन चिन्तकों का यह समाज-पक्ष भुला दिया जाय तो इनको याद रखने की कोई आवश्यकता नहीं है।" (भारतीय सन्त परम्परा और समाज, पृ. 2)

रांगेय राघव ने वेद, उपनिषद, वेदान्त, महाभारत आदि धार्मिक ग्रन्थों के मतों को उद्धृत कर उनकी समाज-सापेक्ष व्याख्या प्रस्तुत की है। उन्होंने अपने उपन्यासों, खासकर ऐतिहासिक उपन्यासों : मुर्दों का टीला, चीवर, पक्षी और आकाश, राह न रुके तथा अँधेरे के जुगनू आदि के जरिये अपनी इतिहास चेतना के साथ-साथ सर्जनात्मकता का भी अच्छा परिचय दिया है। 'महायात्रा' जैसी कृतियाँ भी उनकी चेतना और दृष्टि की ही उपज हैं। इस प्रकार रांगेय राघव का महत्त्व इतिहास-चिन्तन के क्षेत्र में भी सन्दिग्ध रूप से प्रतिष्ठित है।

डी.डी. कोसाम्बी और भगवतशरण उपाध्याय का इतिहास-चिन्तन—डी.डी. कोसाम्बी और भगवतशरण उपाध्याय के इतिहास-चिन्तन पर विचार करते समय इस तथ्य को भूलना नहीं चाहिए कि ये उन पुराने मार्क्सवादी इतिहासकारों में से हैं जिन्होंने विश्व-इतिहास के परिप्रेक्ष्य में भारतीय इतिहास और कला, संस्कृति का मार्क्सीय दृष्टि से अध्ययन-विश्लेषण प्रस्तुत किया था तथा पहली बार भारतीय समाज के राजनीतिक, सामाजिक और सांस्कृतिक अन्तर्विरोधों को उद्‌घाटित करने का प्रयास किया। डी. डी. कोसाम्बी ने अपनी पुस्तकों—'प्राचीन भारत की संस्कृति और सभ्यता: एक ऐतिहासिक रूपरेखा' तथा 'मिथक और यथार्थ' में तथा भगवतशरण उपाध्याय ने अपने पुरातत्त्व सम्बन्धी तथा सांस्कृतिक निबन्धों के जरिये यह काम बखूबी किया है। इन दोनों इतिहासकारों की इतिहास-योजना और दृष्टि को आत्मसात् करने के लिए इनके द्वारा किये गये इतिहास-चिन्तन पर अलग-अलग विचार करना उचित होगा।

डी. डी. कोसाम्बी मार्क्सवादी इतिहासकार के साथ-साथ एक वैज्ञानिक चिन्तक भी थे। उन्होंने इतिहास को देखने का एक नया दृष्टिकोण अपनाया था और वह था वस्तुपरक तथा समग्र दृष्टिकोण। कहने की आवश्यकता नहीं कि जिन दिनों इतिहास-लेखन के क्षेत्र में मार्क्सवादी चिन्तकों का अभाव था, उस समय कोसाम्बी ने इतिहास-रचना के महत्त्वपूर्ण दायित्व का निर्वाह किया। उनकी इस दृष्टि से लिखा गया सर्वाधिक महत्त्वपूर्ण इतिहास ग्रन्थ है 'प्राचीन भारत की सभ्यता और संस्कृति : एक ऐतिहासिक रूपरेखा' जिसमें उन्होंने मार्क्सवादी दृष्टि से ऐतिहासिक तथ्यों का अध्ययन उपस्थित किया है। पुस्तक के आरम्भ में ही उनका यह वाक्य कि 'इतिहास लिखने के बजाय इसे बदलना ही अधिक महत्त्वपूर्ण है' मार्क्स के उस कथन की याद दिलाता है जिसमें दुनिया की व्याख्या करने के बजाय उसे बदलने की समस्या का जिक्र है। इस पुस्तक के प्रारम्भ में कोसाम्बी ने इतिहास-रचना के प्रसंग में इतिहासकार की कठिनाइयों का उल्लेख किया है, जिसका सरोकार इस तथ्य से है

कि भारतीय इतिहास के सम्बन्ध में प्रायः एक आम धारणा प्रचलित है कि "भारत कभी भी एक राष्ट्र न था, कि भारतीय सभ्यता और संस्कृति विदेशी—चाहे मुस्लिम चाहे ब्रिटिश—की विजय की ही उपज है।" किन्तु अगर यह बात सही होती तो भारतीय इतिहास सिर्फ़ विजेताओं का ही इतिहास होता। कोसाम्बी ने इस धारणा को खण्डित करने के बाद पूरी पुस्तक में भारतीय सभ्यता और संस्कृति की प्राचीनता को रेखांकित किया है तथा संसार के दूसरे देशों रोम, चीन आदि की सभ्यता और संस्कृति के साथ इसे जोड़कर देखने का प्रयत्न किया है। दूसरे वे भारत की प्राचीन सभ्यता एवं संस्कृति को समझने के लिए उसके बुनियादी रूप, ग्रामीण और कबीलाई समाज के अध्ययन की आवश्यकता पर जोर देते हैं। चूँकि भारत किसानों का देश है अतः इसको आधार बनाते हुए वे भारतीय ग्राम्य जीवन की संस्कृति, पर्व-त्योहारों तथा अन्य सांस्कृतिक कार्य-कलापों का भी अध्ययन जरूरी मानते हैं। भारतीय इतिहास के अध्ययन के क्रम में कोसाम्बी ने प्रागैतिहासिक कालीन मानव, उत्पादन के साधनों के साथ-साथ अधिरचना के आदिम अवशेषों का भी विवरण प्रस्तुत किया है। पुस्तक में वैदिक धर्म तथा बौद्ध धर्म के विकास और समाज में राजनीतिक एवं आर्थिक परिवर्तन को विशेष रूप से अध्ययन का विषय बनाया गया है। उन्होंने भारतीय संस्कृति और सभ्यता के मूल स्रोतों की खोज कर उन पर यथार्थ चिन्तन किया है जिसका मार्क्सवादी चिन्तन की दृष्टि से काफी महत्त्व है।

डी. डी. कोसाम्बी के इतिहास-लेखन की यह खास विशेषता है कि वे ऐतिहासिक तथ्यों पर विचार करते हुए उसका वस्तुपरक ढंग से विश्लेषण प्रस्तुत करते हैं और इसी सिलसिले में वे उन अन्तर्विरोधों तक पहुँचते हैं जो मुख्य रूप से भारतीय इतिहास के सम्बन्ध में, भ्रामक धारणाओं से उपजे हैं। दरअसल, कोसाम्बी इस तथ्य से सुपरिचित थे कि साम्प्रदायिक और प्रतिगामी शक्तियाँ भारतीय इतिहास की वास्तविकताओं के मार्ग में बाधक होती हैं, इसलिए उन्होंने इतिहास का तथ्यात्मक विश्लेषण कर यह साबित किया है कि साम्प्रदायिक भावना इतिहास-विरोधी चेतना की परिणति है। कोसाम्बी ने अपनी पुस्तक के अन्तिम अध्याय 'सामन्तवाद की ओर' में मौर्यकाल के बाद कुषाण, सातवाहन, गुप्तकाल, हर्षकाल के उदय और अस्त का वर्णन किया है। उनके अनुसार सामन्तवाद कई मंज़िलों को पार करता हुआ जिस अवस्था को प्राप्त होता है, वह उसके पतन की चरम अवस्था होती है। इस अवस्था के लिए धार्मिक अन्तर्विरोध कम जिम्मेवार नहीं होते। इसीलिए डी. डी. कोसाम्बी का यह मत विचारणीय है कि "भारतीय सामन्तवाद की अन्तिम अवस्था के ठीक उषःकाल में ही शंकर था, अभ्युदय होता है और गीता अपने चरमोत्कर्ष पर पहुँचती है। गीता की विसंगतियाँ पूर्णतः भारतीय चरित्र में हैं; परन्तु भारतीय चरित्र अपने सुपरिचित साँचे में सामन्ती युग तक पूरी तरह ढल नहीं पाया था।" (प्राचीन भारत की संस्कृति और सभ्यता, पृ. 262)। अपनी पुस्तक 'मिथक और यथार्थ' में भी

डी. डी. कोसाम्बी इसी प्रकार भारतीय समाज में प्रचलित भ्रामक धारणाओं और प्रतीकों की व्यंजनामूलक व्याख्या प्रस्तुत करते हैं। दूसरी ओर, यथार्थ के नाम पर मौजूद मिथकों और रूढ़ियों के यथार्थपरक विवेचन द्वारा उन्होंने वस्तुपरक इतिहास-दृष्टि को विकसित करने का अभूतपूर्व कार्य किया है।

डी. डी. कोसाम्बी की तरह ही भगवतशरण उपाध्याय ने भी जैसा कि ऊपर कहा गया है, भारतीय समाज के इतिहास और विश्व-इतिहास पर विचार करते हुए अपनी भौतिक दृष्टि का परिचय दिया है। उन्होंने दुनिया के कई देशों के भ्रमण के दौरान वहाँ के ऐतिहासिक और पुरातात्त्विक स्थलों को देखा था। योरप के कई विश्वविद्यालयों में वे विजिटिंग प्रोफेसर भी रह चुके थे। इस दिशा में उनके द्वारा की गयी खोजों का इसी से पता चल सकता है कि उन्होंने भारतीय संस्कृति की आधारभूत सामग्री की खोज पश्चिमी एशिया, मिस्र आदि देशों के संग्रहालयों में अध्ययन द्वारा की तथा उसके आधार पर विश्व की संस्कृतियों के अन्तरावलम्बन का अनुशीलन करने का महत्त्वपूर्ण काम किया। 'भारतीय समाज का इतिहास विश्लेषण' नामक पुस्तक में संगृहीत निबन्ध 'संस्कृतियों का अन्तरावलम्बन' विशेषतः इस दृष्टि से उल्लेखनीय है। इसमें डॉ. उपाध्याय ने सभ्यता को सामाजिक विकास की एक मंज़िल माना है तथा संस्कृति को एक प्रकार का मानसिक विकास। इसी क्रम में उन्होंने सामूहिक संस्कृति पर भी विचार किया है तथा उसके अन्तरावलम्बन पर मार्क्सवादी दृष्टि से विचार करते हुए लिखा है—'राष्ट्र विशेष अथवा समाज विशेष की, संस्कृति विशेष की कल्पना शायद खरी समीक्षा से अवैज्ञानिक सिद्ध होगी। वस्तुतः संस्कृति एकदेशीय नहीं, अन्तर्देशीय, अन्तर्जातीय, अतः सामाजिक है। संस्कृतियों के स्वावलम्बन का कोई अर्थ नहीं होता। उनके अन्तरावलम्बन मात्र की वैज्ञानिकता सिद्ध है, ग्राह्य है।" (भारतीय समाज का ऐतिहासिक विश्लेषण, पृ. 33)

डॉ. उपाध्याय ने भारतीय चिन्तन की द्वन्द्वात्मकता पर भी विचार किया है। उन्होंने भारतीय इतिहास और संस्कृति के विकास में वर्ग (वर्ण) संघर्ष को कारण माना है। इसी सिलसिले में जहाँ भारतीय समाज का वर्गीय विश्लेषण किया गया है, वर्ग-संघर्ष का कारण आर्थिक विषमता और उत्पादन की बहुतता का सीधा परिणाम माना है। भगवतशरण उपाध्याय ने भी 'गीता' की व्याख्या 'गीता-दर्शन अथवा संघर्ष' शीर्षक लेख में की है और उसकी ऐतिहासिक दृष्टि से परख की है। उनका मानना है कि "प्रत्येक कृति चाहे वह साहित्यिक अथवा घटनापरक हो, साधारणतया ऐतिहासिक होती है। अतः उसकी ऐतिहासिक व्याख्या भी की जा सकती है। इतिहास के दृष्टिकोण से गीता रेखा के एक छोर पर खड़ी है जिसमें ब्राह्मण, क्षत्रियों के दो वर्ग-सचेत संघर्ष करते हैं।" (उपर्युक्त, पृ. 9)। साथ ही उन्होंने 'दास प्रथा का विकास', 'भारतीय वर्ण-व्यवस्था 'नारी की अधोघ प्रगति', 'संस्कृति के विरुद्ध प्राकृतों के विद्रोह' आदि लेखों में भारतीय समाज में मौजूद विभिन्न विसंगतियों की

चर्चा की है। डी. डी. कोसाम्बी ने इसके विपरीत अपनी पुस्तक 'मिथक और यथार्थ' में गीता के सामाजिक और आर्थिक पक्ष पर मुख्य रूप से विचार किया है, जो ज्यादा प्रासंगिक है। उन्होंने बतलाया है कि "गीता-प्रवचन का कोई प्रभाव सामान्यजन पर नहीं पड़ा है और न उन्हें इसकी आवश्यकता ही महसूस हुई। इसके विचारक हिन्दू थे तथा आराम की ज़िन्दगी बसर करने वाले वर्ग के थे।" (मिथक और यथार्थ, पृ. 16)। स्पष्ट है कि डी. डी. कोसाम्बी और डॉ. उपाध्याय ने अपने ऐतिहासिक चिन्तन के निष्कर्षों द्वारा इतिहास की अनेक गुत्थियों को सुलझाने का प्रयत्न किया।

रोमिला थापर, इरफ़ान हबीब, रामशरण शर्मा और विपिनचन्द्र का इतिहास-चिन्तन—जैसा कि डी.डी. कोसाम्बी और भगवतशरण उपाध्याय के इतिहास-चिन्तन के प्रसंग में चर्चा की जा चुकी है। इतिहास-लेखन के क्षेत्र में जो काम शुरू किया गया तथा जिसके व्यवस्थित चिन्तन के लिए वैज्ञानिक आधार प्रस्तुत किया गया, उसे विकसित करने का काम बाद के मार्क्सवादी इतिहास-लेखकों ने किया—इसमें सन्देह नहीं। इन लेखकों में रोमिला थापर, इरफ़ान हबीब, रामशरण शर्मा और विपिनचन्द्र के चिन्तन का विशेष महत्त्व है। कहने की आवश्यकता नहीं कि ये इतिहास-लेखक आधुनिक काल के हैं किन्तु इनके चिन्तन का क्षेत्र भारतीय इतिहास का प्रत्येक कालखण्ड रहा है। दूसरे शब्दों में इन्होंने प्राचीन भारत की सभ्यता और संस्कृति, दास प्रथा, सामन्तवाद, पूँजीवाद तथा साम्राज्यवाद आदि अनेक विषयों पर भी विचार किया है और इसे अलग-अलग कालों—प्राचीन काल, मध्यकाल और आधुनिक काल—में बाँटकर विवेचित किया है। इसलिए यहाँ उक्त इतिहास-चिन्तकों के विचारों को समवेत ढंग से प्रस्तुत किया जाएगा।

रोमिला थापर ने विशेष रूप से भारत की प्राचीन सभ्यता और संस्कृति के सम्बन्ध में चिन्तन किया है। वैसे इनके ऐतिहासिक निष्कर्ष बहुत कुछ डी. डी. कोसाम्बी के निष्कर्षों से मिलते-जुलते हैं लेकिन थापर की चिन्तन पद्धति कहीं-कहीं मौलिक होने के कारण उनकी कुछ स्थापनाएँ अलग हो जाती हैं। जहाँ तक प्रागैतिहासिक काल, सिन्धुघाटी की सभ्यता और भारतीय समाज ऋग्वेदिक युग में पशुपालन, दास-प्रथा, समाज में नारी का स्थान, वर्णाश्रम धर्म आदि का प्रश्न है, थापर की मान्यता, डी.डी. कोसाम्बी तथा रामशरण शर्मा जैसे इतिहासकारों की मान्यता से भिन्न नहीं है। दूसरे, इतिहास-लेखन के क्षेत्र में काम करने वाले अंग्रेज और दूसरे विदेशी इतिहासकारों का दृष्टिकोण साम्प्रदायिक रहा है, इससे भी प्रायः सभी मार्क्सवादी इतिहास-लेखक और चिन्तक सहमत रहे हैं। इन इतिहासकारों में साम्प्रदायिक इतिहास-लेखन की तीन कोटियाँ निर्धारित की हैं—प्राच्यवादी, उपयोगितावादी और राष्ट्रवादी। **हरिवंश मुखिया** के अनुसार साम्प्रदायिक दृष्टि से लिखे गये इतिहास में तीन बातों को प्रमुखता दी जाती है—1. मुसलमान शासक जजिया वसूल करते थे, 2. हिन्दुओं को मुसलमान बनाते थे और 3. मन्दिर तुड़वाते थे।

विपिनचन्द्र मानते हैं कि "साम्प्रदायिकता पिछले सौ वर्षों की इतिहास-प्रक्रिया की गलत समझदारी और बाद में सामुदायिक राजनीति के प्रभाव में इतिहासकारों द्वारा अतीत की गलत प्रस्तुति है।" (इतिहास-जनवरी 1983)

इस प्रकार उक्त इतिहासकारों की बातों से जो निष्कर्ष निकला, वह यह कि–

(1) **जेम्स मिल** ने अपनी पुस्तक 'हिस्ट्री ऑफ ब्रिटिश इण्डिया' लिखकर एक प्रकार साम्प्रदायिक इतिहास की नींव डाली। उसने भारतीय इतिहास को हिन्दू काल, मुस्लिम काल और ब्रिटिश काल में बाँटकर देखा।

(2) बीसवीं शताब्दी के शुरू से राष्ट्रवादी इतिहासकारों ने प्राच्यवादियों का सहारा लिया और वर्तमान के अपमान से पलायन के बजाय अतीत के गौरव में शरण लेना शुरू किया। उसने मिल के काल-विभाजन का विरोध नहीं किया।

(3) हिन्दू परम्परा में उन्हीं को हीरो के रूप में स्थापित किया गया, जिन्होंने शस्त्र उठाया और विजय प्राप्त की। राष्ट्रीय वीरों में अजातशत्रु, चन्द्रगुप्त मौर्य, कनिष्क, समुद्रगुप्त आदि विजेताओं के नाम प्रायः लिए जाते हैं। इसी सिलसिले में राणाप्रताप और शिवाजी का नामोल्लेख भी किया जाता है, जो हिन्दू राजे थे।

(4) प्राचीन काल के इतिहास-लेखन में प्रायः वेद, शास्त्र, उपनिषद और महाकाव्यों को आधार बनाया जाता है जिनमें मुख्य रूप से उच्च वर्ग की ही झलक मिलती है।

(5) शासकों और सामान्य जनता का इस्लाम, अकबर और औरंगजेब का इस्लाम तथा धर्म-गुरुओं और सूफी सन्तों का इस्लाम धर्म एक जैसा नहीं था।

(6) मध्यकाल का इतिहास ज्यादातर दरबारियों द्वारा लिखे गये तथ्यों पर आधारित है। ये दरबारी दरबार की गुटबन्दियों, षड्यन्त्रों में हिस्सा लेते थे और अपनी या उस गुट की गाथा लिखते थे।

(7) तथाकथित इतिहासकारों ने मुस्लिम शासन के हिन्दू विरोध को खूब उछाला। हिन्दू-मुस्लिम-एकता पर जोर देने वाले इतिहासकारों ने तथ्यों को उसी तरह नज़रअन्दाज़ किया, जिस तरह साम्प्रदायिक इतिहासकारों ने किया।

जहाँ तक जजिया कर वसूलने और मन्दिर तोड़ने की बात है, मार्क्सवादी इतिहास-चिन्तक इस बात से सहमत हैं कि जजिया एक प्रकार का कर था, जिसका आर्थिक आधार था न कि धार्मिक। सभी हिन्दू जजिया नहीं देते थे जबकि सभी मुसलमान जकात देते थे। मन्दिर तोड़ने के विवाद के पीछे भी साम्प्रदायिक भावना काम करती है क्योंकि इतिहास गवाह है कि मन्दिरों को तोड़ना विजय का प्रतीक था। इसीलिए वे प्रायः शत्रु-क्षेत्र में ही तोड़े जाते थे। ऐसा हिन्दू शासकों ने भी किया है। परमार शासक सुभट बर्मन (1193-1210) ने दमोई और कैम्बे के बहुत से जैन-मन्दिरों को तोड़ा था। **कल्हण** के हवाले से कहा जाता है कि काश्मीर के हर्ष नामक राजा ने धन के लिए मन्दिरों को लूटा था। इसलिए उस समय के शासक प्रायः राजनीति को धर्म से अलग करके देखते थे। आज का राममन्दिर और बाबरी

मस्जिद का विवाद भी साम्प्रदायिकता से प्रेरित है और इसके पीछे भी साम्प्रदायिक इतिहासकारों की दृष्टि काम कर रही है जो नितान्त भ्रामक है।

इरफ़ान हबीब और रामशरण शर्मा ने भी साम्प्रदायिक इतिहास-लेखन का इन्हीं दृष्टियों से विरोध किया है। हबीब ने वैसे मध्यकालीन भारत का इतिहास प्रस्तुत करने का महत्त्वपूर्ण काम किया है। 'मध्यकालीन भारत' नाम से एक इतिहास-पत्रिका भी सम्पादित की है जिसके तीन अंक ही अब तक प्रकाशित हुए हैं। इस पत्रिका के तीनों अंकों में इरफ़ान हबीब के तीन महत्त्वपूर्ण लेख प्रकाशित हैं—1. औद्योगिकीय परिवर्तन और समाज (13-14वीं सदी के सन्दर्भ में) 2. ब्रिटिश पूर्व भारत में भू-सम्पत्ति का सामाजिक वितरण और 3. मनसद व्यवस्था (1595-1637) इन लेखों के जरिये इरफ़ान हबीब ने मध्यकाल में औद्योगिक परिवर्तन, भू सम्पत्ति का वितरण और मनसद व्यवस्था पर वस्तुपरक दृष्टि से यथार्थवादी अध्ययन प्रस्तुत किया है। इसी प्रकार 'मध्यकालीन भारत' के तीसरे अंक में प्रकाशित लेख, 'भारतीय इतिहास में प्राचीन काल से मध्यकाल में संक्रमण की समस्या' में **रामशरण शर्मा** ने गम्भीरतापूर्वक विचार करते हुए इस समस्या के मूलभूत आधारों की व्याख्या की है।

उल्लेखनीय है कि रामशरण शर्मा ने भी मार्क्सवादी दृष्टि से इतिहास के प्रश्नों पर विचार किया है। उन्होंने भारतीय सामन्तवाद पर अलग से विस्तारपूर्वक चर्चा की है और यह प्रतिपादित किया है कि सामन्तवाद भारतीय इतिहास में प्रमुख अन्तर्विरोध के रूप में उपस्थित है, जिसका दूरवर्ती प्रमाण आधुनिक भारतीय समाज में भी दिखाई पड़ता है। सामन्तवाद के मूल स्वरूप और चरित की व्याख्या शर्मा जी की मौलिक चिन्तन-प्रक्रिया की देन मानी जा सकती है। आधुनिक काल पर चिन्तन करने वाले इतिहासकारों में विपिनचन्द्र का प्रमुख स्थान है। उन्होंने अपने कई लेखों में भारतीय इतिहास के आधुनिक काल को अपने चिन्तन का विषय बनाया है। अपने एक लेख—'भारत में ब्रिटिश शासन का प्रभाव' में उन्होंने लिखा है—"भारत का स्वतन्त्रता के लिए संघर्ष 1929 में शुरू नहीं हुआ, वरन् उसका आरम्भ कई दशक पहले से है।" चूँकि इस सम्बन्ध में इतिहासकारों में मतभेद रहा है इसलिए विपिनचन्द्र जैसे मार्क्सवादी चिन्तक इस सम्बन्ध में ऐतिहासिक तथ्यों की पड़ताल कर इस निष्कर्ष पर पहुँचे हैं कि जब ब्रिटानी ईस्ट इण्डिया कम्पनी की सेना ने बंगाल के नवाब सिराजुद्दौला को पलासी के युद्ध में पराजित किया था, तभी से अर्थात् 1757 से स्वाधीनता संघर्ष का प्रारम्भ माना जाना चाहिए। यह तथ्य इसलिए भी प्रामाणिक प्रतीत होता है कि अंग्रेजों का भारत में आगमन ईस्ट इण्डिया कम्पनी के जरिये अर्थात् व्यापार करने के उद्देश्य से हुआ था, लेकिन अंग्रेजों की दृष्टि भारतीय सम्पन्नता पर थी और इसलिए उन्होंने भारत पर अपना आधिपत्य जमाना चाहा। इसी उद्देश्य से पहले पहल बंगाल के नवाब सिराजुद्दौला पर हमला कर उसे पराजित किया। इसी

प्रकार विपिनचन्द्र की इस मान्यता के पीछे उनका वस्तुपरक दृष्टिकोण ही काम करता है, जो मार्क्सवादी चिन्तन के अनुकूल है।

इस प्रकार से ऊपर की चर्चा से यह बात साफ़ हो जाती है कि मार्क्सोत्तर वैचारिक चिन्तन की सुनिश्चित अवधारणा का विकास पिछले तीन-चार दशकों में दिखाई पड़ता है—जिसके लिए भारत की ठोस राजनीतिक और सांस्कृतिक परिस्थितियों में मूलभूत आधारों की खोज की जा सकती है। इधर के मार्क्सवादी चिन्तकों और इतिहासकारों ने इस दशा में महत्त्वपूर्ण पहल की है। ऊपर जिन लेखकों और चिन्तकों की चर्चा की गयी है, यदि उनके साहित्य और इतिहास का व्यापक विश्लेषण किया जाय तो सम्भव है इस कार्य से भारतीय समाज और इतिहास के बहुत से ऐसे सन्दर्भ और तथ्य उभरकर सामने आएँ, जो अभी भी अतीत के गर्भ में समाहित हैं। वैसे इधर जो इतिहास-ग्रन्थ प्रकाशित हुए हैं, उनसे भी इस दिशा में मदद मिल सकती है। चूँकि इतिहास-चिन्तन का क्षेत्र काफी व्यापक है, इसलिए इसकी अगली सम्भावनाओं से भी इनकार नहीं किया जा सकता।

खण्ड-दो

भारतीय पुनर्जागरण-नवजागरण के आयाम

"भारत की जनजातियों ने अपनी पैतृक भूमि पर बाहरी लोगों द्वारा अनधिकार प्रवेश का किस तरह अनेक बार संगठित हिंसात्मक ढंग से विरोध किया, उस पर इतिहासकारों ने नहीं के बराबर ध्यान दिया है। ...अक्सर यह वैसे संघर्ष की करुण कहानी है जो उन लोगों के द्वारा लड़ा जाता रहा है जिनके विरुद्ध एक शासन ने सरासर अन्याय किया है और जो विधि व्यवस्था कायम रखने के नाम पर अवदमित एवं अबोध जनजातियों के शोषकों के निहित स्वार्थों को बचाने के लिए सामने आता है।"

–क्रिस्टोफर फौन फ्यूरेर हैंमेनडॉर्फ

नवजागरण की परम्पराएँ और क्रान्तिकारी आन्दोलन*

रामविलास शर्मा

ग़दर की स्वर्ण जयन्ती

अंग्रेजों के लिए 1857 के स्वाधीनता संग्राम का दमन उनकी बहुत बड़ी विजय था। पचास साल बीतने पर उन्होंने इंग्लैण्ड में अपनी फ़तह का जश्न मनाया। अख़बारों के विशेषांक निकाले, नाटक और व्याख्यान आयोजित किये। इन आयोजनों में स्वाधीनता के लिए लड़ने वाले भारतवासियों को गालियाँ सुनायीं। इसके विरोध में विनायक दामोदर सावरकर और उनके सहयोगी नौजवानों ने 'इण्डिया हाउस' में सभा की। सावरकर के जीवनी-लेखक के अनुसार, "हिन्दुस्तानी घर में एक बड़ी भारी यादगारी मीटिंग बुलायी गयी। उपवास किये गये और कसमें ली गयीं कि उन बुजुर्गों की याद में एक हफ्ते तक कोई ऐय्याशी की चीज़ इस्तेमाल नहीं की जाएगी। छोटे-छोटे पैम्फ्लेट 'ओ शहीदो' (Oh! Martyrs) नाम से इंग्लैण्ड और हिन्दुस्तान में बाँटे गये। छात्रों ने आक्सफोर्ड कैम्ब्रिज और उच्चकोटि के कालेजों में छातियों पर बड़े-बड़े, सुन्दर-सुन्दर बैज लगाये जिन पर लिखा था, '1857 के शहीदों की इज़्ज़त के लिए'। गलियों-बाज़ारों में कई जगह झगड़े हो गये। एक कालेज में एक प्रोफेसर आपे से बाहर हो गया और हिन्दुस्तानी विद्यार्थियों ने माँग की कि वह माफी माँगे क्योंकि उसने उन विद्यार्थियों के राष्ट्रीय नेताओं का अपमान किया है और विरोध में सारे के सारे विद्यार्थी कालेज से निकल आये। कई की छात्रवृत्तियाँ मारी गयीं, कइयों ने इन्हें खुद ही छोड़ दिया। कइयों को उनके माँ-बाप ने बुलवा लिया। इंग्लिस्तान में राजनीतिक वायुमण्डल बड़ा तेज हो गया और हिन्दुस्तानी सरकार बड़ी हैरान व बेचैन हो गयी"।[1]

* यह लेख दिल्ली विश्वविद्यालय द्वारा डॉ. रामविलास शर्मा की चार खण्डों में शीघ्र प्रकाश्य पुस्तकमाला 'इतिहास और समकालीन परिदृश्य' (सम्पादक : श्याम कश्यप) के पहले खण्ड 'स्वाधीनता संग्राम : बदलते परिप्रेक्ष्य' का एक अध्याय है। डॉ. शर्मा ने इस लेख के लिए बहुत सारी सामग्री श्री दिनेश शर्मा से प्राप्त करने की सूचना देते हुए उनके प्रति आभार ज्ञापित किया है।

—सम्पादक

राजनीतिक वायुमण्डल इंग्लैण्ड का ही नहीं, भारत का भी तेज़ हुआ। ग़दर को पचास साल हो रहे हैं, फिर विद्रोह हो सकता है। विद्रोह की तैयारियों की खबरों से परेशान होकर सरकार ने नेताओं को पकड़ना और सजाएँ देना शुरू किया। इस प्रसंग में चन्द्रशेखर शास्त्री ने लिखा है : "इधर मई 1907 समीप आ रहा था। इस समय 1857 के भारतीय सैन्य विद्रोह को पूरे पचास वर्ष होने को थे, जिससे भारत तथा इंग्लैण्ड दोनों ही स्थानों में पूरा भय छाया हुआ था। सन् 1857 का विप्लव भी पलासी युद्ध के पूरे सौ वर्ष पश्चात् इसी मास में हुआ था। इस समय इंग्लैण्ड के कई समाचारपत्रों ने यह संकेत प्रकट किया कि पूर्वीय देशों के लोग विशेष समय की समाप्ति तथा तिथियों से प्रभावित होते हैं : इसलिए सम्भव है कि पंजाब में कोई बड़ा सैनिक विप्लव हो जाए। इधर सरकार के गुप्तचर भी इस सन्देह को बढ़ाते जाते थे। उन्होंने कहा कि पंजाब में आर्यसमाजियों की एक लाख सेना लाला लाजपत राय की सहायता में विद्रोह करने के लिए तैयार है और आर्यसमाज विद्रोह का केन्द्र है। इस सबके परिणामस्वरूप लाला लाजपत राय और सरदार अजित सिंह को गिरफ्तार करके 11 मई 1907 से पहिले बर्मा में निर्वासित कर दिया गया। देश ने इसका अर्थ यह समझा कि सरकार साधारण राजनीतिक आन्दोलन को दबाने के लिए किसी नियम को ध्यान में नहीं लाती। जनता की इस भावना का प्रभाव विप्लववाद पर बहुत काफी पड़ा और इसने बहुत बल दिया।"[2] इस तरह भारत में ग़दर की स्वर्ण जयन्ती मनाई गयी।

क्रान्तिकारियों की जिस पार्टी ने अपना नाम **ग़दर पार्टी** रखा था, वह हर साल ग़दर की जयन्ती मनाए, यह स्वाभाविक था। अप्रैल 1928 में पंजाबी पत्र **किरती** ने इस बारे में लिखा था : "ग़दर पार्टी के स्थापित होने के दिन से लेकर अब तक अमरीका में यह दिन सजधज से मनाया जाता है। बड़ी भारी मीटिंग होती है, जिसमें सब हिन्दुस्तानी एकत्र होते हैं। उसमें इन 1857 के शूरवीरों के जीवन और कारनामे बताये जाते हैं। इस तरह इन शहीदों की याद साल-दर-साल ताजा की जाती है और ऐसी कविताएँ—

ओ दर्दमन्द दिल, दर्द दे चाहे, हज़ार,
दस मई का दिन भुलाना नहीं।
इस रोज़ छिड़ी जंग आज़ादी की
बात खुशी की, ग़मी लाना नहीं।

आदि पढ़ी जाती हैं। विशेषतः 1914-15 में यह पंक्तियाँ प्रत्येक पुरुष की जीभ पर चढ़ी हुई थीं : क्योंकि उस समय वे एक और आज़ादी की जंग लड़कर हिन्दुस्तान को आज़ाद करवाना चाहते थे।"[3]

जगमोहन सिंह और चमनलाल द्वारा सम्पादित 'भगतसिंह और उनके साथियों के दस्तावेज़' पुस्तक में **किरती** का उक्त लेख दिया हुआ है (ऊपर सावरकर की जीवनी

से जो अंश उद्धृत किया गया है, वह भी उस लेख में है। सम्पादकों के अनुसार लेख का शीर्षक था '10 मई का शुभ दिन'। उसके साथ लेखक का नाम नहीं है, "लेकिन यह शहीद भगतसिंह के साथियों का ही लेख है, सम्भवतः भगवतीचरण बोहरा का। वे बहुत अच्छे लेखक थे और 'किरती' से गहरे रूप में जुड़े थे। मार्च 1925 से लेकर जुलाई 1928 तक भगतसिंह ने 'किरती' के सम्पादकीय विभाग में बहुत ही लगन से काम किया था। यह लेख उसी समय छपा था।"[4]

पलासी के सौ साल बाद ग़दर, ग़दर के पचास साल बाद लन्दन में सभा और भारत में लाला लाजपत राय की गिरफ्तारी, फिर ग़दर पार्टी की स्थापना और ग़दर की जयन्ती मनाने का उपक्रम, आगे 1928 के दौर के क्रान्तिक्रारियों द्वारा उसी परम्परा का अनुसरण—इस तरह ग़दर लोकजागरण का प्रेरक स्रोत बना रहा। उक्त लेख में ग़दर के महत्त्व के बारे में कहा गया है : 'दस मई वह शुभ दिन है जिस दिन कि 'आज़ादी की जंग' शुरू हुई थी। भारतवासियों का गुलामी की ज़ंजीरें तोड़ने का यह प्रथम प्रयास था। यह प्रयास भारत के दुर्भाग्य से सफल नहीं हुआ, इसलिए हमारे दुश्मन इस 'आज़ादी की जंग' को 'ग़दर' और बग़ावत के नाम से याद करते हैं—इस जंग की असफलता के बाद जो जुल्म और अत्याचार निर्दोष हिन्दुस्तानियों पर किया गया, उसे लिखने की न तो हमारे में हिम्मत है और न ही किसी और में। यह सब कुछ हिन्दुस्तान के आज़ाद होने पर लिखा जाएगा।"[5] गुलामी के दिनों में भी सावरकर ने इसका इतिहास लिखा था और उसने क्रान्तिकारियों को बड़ी गहराई से प्रभावित किया था।

'किरती' के लेख में इस इतिहास का मूल्यांकन इस प्रकार किया गया था : "जहाँ तक हमें पता है, इस आज़ादी की जंग को लेकर एकमात्र स्वतन्त्र इतिहास लिखा गया, जो कि बैरिस्टर सावरकर ने लिखा था और जिसका नाम '1857 की आज़ादी की जंग का इतिहास' (The History of the Indian war of Independence, 1857) था। यह इतिहास बड़े परिश्रम से लिखा गया था। लेकिन अत्याचारी सरकार ने इसे छपने ही नहीं दिया और अग्रिम रूप से जब्त कर लिया। इस तरह लोग सच्चे हालात पढ़ने से वंचित रह गये।"[6]

पंजाब में आर्यसमाज और स्वाधीनता आन्दोलन

चन्द्रशेखर शास्त्री ने भारत में ब्रिटिश गुप्तचरों की इस बात का हवाला दिया था कि पंजाब में आर्यसमाजियों की एक लाख सेना लाला लाजपत राय की सहायता में विद्रोह करने को तैयार है। यह बात अतिशयोक्ति-सी लगती है पर वह निराधार नहीं है। बीसवीं सदी के पहले दशक में पंजाब साम्राज्यविरोधी राजनीति का प्रमुख केन्द्र था और इस राजनीति से आर्यसमाज घनिष्ठ रूप में जुड़ा हुआ था। **लन्दन टाइम्स** पत्र के सम्पादक वैलेंटाइन शिरोल ने 'भारतीय असन्तोष' (इण्डिया अनरेस्ट, 1910)

पुस्तक में आर्यसमाज और राजनीतिक आन्दोलनों के सम्बन्ध पर कुछ महत्त्वपूर्ण बातें कही हैं (वासुदेव वर्मा की पुस्तक में वे संकलित हैं)।

स्वामी दयानन्द सरस्वती ने आर्यसमाज की स्थापना बम्बई में की थी। पर वहाँ उसका प्रभाव न बढ़ सका। जीवन के अन्तिम वर्षों में उन्होंने पंजाब में अपना काम शुरू किया। उन्हें "पंजाब के हिन्दुओं में बहुत बड़ी संख्या में जोशीले अनुयायी मिले थे।" अन्य प्रदेशों में जहाँ लोग समझते थे, अंग्रेजों के प्रभाव से समाजसुधार हो रहा है, वहाँ अंग्रेजी राज के प्रति विरोध बढ़ने पर वह काम धीमा पड़ा। किन्तु पंजाब में "आर्यसमाज की राष्ट्रीय गतिविधियों या कम से कम कुछ सुप्रसिद्ध सदस्यों, अंग्रेजीराज्य के विरुद्ध पिछले कुछ वर्षों से चल रहे आन्दोलन में प्रमुख भाग ले रहे थे"—इनके प्रभाव से समाजसुधार का काम आगे बढ़ा। आर्य समाज और राजनीतिक आन्दोलन समानान्तर चल रहे थे और एक-दूसरे को प्रभावित कर रहे थे। राजनीतिक आन्दोलन के तेजी पकड़ने पर समाजसुधार का काम ठप्प हो जाए, यह स्थिति न थी और न यह स्थिति थी कि समाजसुधारक अंग्रेजी राज को ईश्वरी वरदान समझ कर उसके युगों तक बने रहने की कामना करें। स्वामी दयानन्द ने जीवन के अन्तिम वर्षों में पंजाब को अपना कार्यक्षेत्र बनाया, यह तथ्य उनकी राजनीतिक दूरदर्शिता का परिचायक है।

पंजाब में आर्यसमाज के कुछ नेताओं ने वैलेण्टाइन शिरोल को विश्वास दिलाया था कि उनका काम धार्मिक और सामाजिक सुधारों तक सीमित है। लेकिन शिरोल का कहना था : "इसके प्रमाण सर्वोपरि प्रकट हैं कि कई दूसरे और बराबर के प्रभावशाली सदस्यों ने पिछले वर्षों में प्रमुख भाग लिया है। रावलपिण्डी के 1906 के उपद्रवों में मुख्य नेता आर्य थे और उपद्रवों से पूर्व लगभग दो वर्षों तक जो तीव्र प्रचार होता रहा, उसमें लाजपत राय व अजीत सिंह—दोनों प्रसिद्ध आर्यों से बढ़ कर किसी का नाम नहीं आया।" लाल लाजपत राय को तो पंजाब से बहुत दूर बर्मा की जेल में रखा गया, अजीत सिंह फरार हो गये। शिरोल के अनुसार उन पर अभियोग यह था कि उन्होंने "बम बनाने वाली, हत्या करने वाली और सरकारी भवनों को भस्मसात करने वाली राजद्रोही पुस्तकों का अनुवाद किया और छपवाया।" (अर्थात् अजीत सिंह क्रान्तिकारी कार्यों में संलग्न थे)। प्रसिद्ध क्रान्तिक्रारी श्यामजी कृष्ण वर्मा को लिखे हुए लाला लाजपत राय के पत्र अदालत में पेश किये गये। ये पत्र उन्हें "ऐसी पुस्तकें भेजने के लिए लिखे गये थे जिनसे लाहौर के छात्रों को राजनीति के सही विचार मिल सकें। एक पत्र में यह भी लिखा गया था कि "जनता बड़ी रोषपूर्ण मुद्रा में है और देहाती लोग भी आन्दोलन में कूद पड़े हैं। यह बात उसमें विशेष रूप से वर्णित थी कि उसे भय है कि कहीं यह विस्फोट समय पूर्व न हो जाए।" (किस समय से पूर्व? ग़दर की जयन्ती से पूर्व?) लाला लाजपत राय से पत्राचार करने वालों में डी.ए.वी. कालेज के अध्यापक भाई परमानन्द भी थे जिनके पास "बम बनाने के

विभिन्न फार्मूले और मानकटोला बाग कलकत्ता से पकड़ी जाने वाली नियमावली थी" (पंजाब के क्रान्तिकारी बंगाल के क्रान्तिकारियों से सम्पर्क बनाये हुए थे)।

आर्यसमाज के प्रभाव से दो तरह के शिक्षा संस्थान कायम हुए : एक तो पुरानी पद्धति से शिक्षा देने वाले गुरुकुल; दूसरे आधुनिक पद्धति से शिक्षा देने वाले डी.ए.वी. स्कूल और कालेज। ये दूसरी तरह के संस्थान राजनीतिक कार्रवाई का केन्द्र बने। इन्हीं में एक भाई परमानन्द का कार्यक्षेत्र था। शिरोल के अनुसार पटियाला रियासत में जिन लोगों पर राजद्रोह का मुकदमा चलाया गया, उनमें 76 आर्यसमाजी थे और सरकारी वकील का कहना था कि "अभियुक्तों में से कुछ एक शिक्षक अपने छात्रों को विद्रोहात्मक शिक्षा देते थे और पुराने शिष्यों से तत्सम्बन्धी ही पत्र-व्यवहार करते थे।" अन्य कार्यकर्ताओं पर "**युगान्तर** व **स्वराज्य** सदृश समाचार बाँटने का अभियोग था और कुछ पर गुप्त बैठकें करके भड़कीले भाषण करने तथा शेष लोगों पर मुजफ़्फ़रनगर के हत्यारे खुदीराम बोस सहित प्रसिद्ध क्रान्तिकारियों के चित्र और फोटो बाँटने के अभियोग थे।"[7]

खुदीराम बोस को फाँसी दी गयी, सारे देश पर इसका गहरा असर पड़ा। चन्द्रशेखर शास्त्री ने बताया है कि **केसरी** में इस विषय पर लेख लिखने के कारण तिलक को छह महीने जेल की सजा दी गयी थी : उसी विषय पर **काल** में लिखने के कारण परांजपे को भी सजा दी गयी थी।[8] अपने एक व्याख्यान में बालकृष्ण भट्ट ने खुदीराम के लिए शोक प्रकट किया तो उन्हें अपने अध्यापक की नौकरी से हाथ धोना पड़ा। खुदीराम के चित्र और फोटो अनेक प्रान्तों में बाँटे गये थे क्योंकि उनका एक चित्र प्रेमचन्द ने (जीवनी-लेखक अमृतराय के अनुसार) अपने कमरे में टाँगा था। पटियाला में जिन लोगों पर राजद्रोह का अपराध लगाया गया था, वे आर्यसमाज से सम्बद्ध थे। शिरोल ने लिखा है : "न केवल इनमें से अधिकांश आर्य थे बल्कि प्रसिद्ध आर्य थे, जिन्होंने समाज की स्थानीय शाखाएँ स्थापित की थीं, या पटियाला रियासत की कमेटियों के सदस्य थे।"[9]

छात्रों की उग्र कार्रवाइयों से परेशान होकर लाहौर के म्युनिसिपल बोर्ड ने एक प्रस्ताव पास किया था कि "शहर में सभी कालेजों के प्रिंसिपलों से कहा जाए कि वे विद्यार्थियों को राजनीतिक आन्दोलनों में भाग लेने से रोकें और उन्हें छात्रावास से बाहर न जाने दें। जो विद्यार्थी उनकी आज्ञा का पालन न करे उसे कड़े से कड़ा दण्ड दिया जाए।"[10] इसके विरोध में तिलक ने **केसरी** में एक लेख लिखा। उनका कहना था: "पचास वर्ष बाद आज देश के युवकों में थोड़ी-सी जागृति दिखाई दी है। उसे एक साधारण से बलवे के कारण नष्ट करने का प्रस्ताव क्यों किया जाए? आज जब युवकों में देशभक्ति की भावनाएँ उमड़ रही हैं और वे स्वाधीनता के लिए बेचैन हैं तो उनको प्रेम के साथ समझाना चाहिए कि वे अपनी शक्ति का इस प्रकार अपव्यय न करें।"[11]

पच्चीस वर्ष बाद युवकों में जागृति दिखाई दी है। किस घटना के पचास वर्ष बाद? अवश्य ही प्रथम स्वाधीनता संग्राम के पचास वर्ष बाद!

स्वामी दयानन्द की स्वाधीन चेता शिष्य परम्परा

वासुदेव वर्मा ने अनेक क्रान्तिकारियों और राजनीतिज्ञों के मत उद्धृत करके दिखाया है कि स्वामी दयानन्द ने भारतीय राजनीति पर व्यापक प्रभाव डाला था। इनमें श्यामजी कृष्ण वर्मा भी थे। उनका कहना है : "स्वामी दयानन्द सरस्वती को मैं अपना मार्गदर्शक गुरु मानता हूँ। उनके चरणों में रहकर मैंने बहुत कुछ पाया है। उनकी मुझ पर सदैव कृपा रहती थी। स्वामीजी की यह इच्छा थी कि विदेशों में भी वैदिक विचारधारा का प्रचार हो। उन्होंने विदेशों में वैदिक संस्कृति का प्रचार करने की प्रेरणा दी। मैंने राष्ट्र, जाति तथा समाज की भी जो सेवा की है, उसका श्रेय महर्षि दयानन्द को प्राप्त है। मैंने जो कुछ प्राप्त किया है उसमें सबसे बड़ा हाथ सर्वहितैषी, वेदज्ञ, तेजस्वी युगद्रष्टा का है। मुझे उस स्वतन्त्र विचारक का शिष्य होने का अभिमान है।" विचारस्वातन्त्र्य, धार्मिक अन्धविश्वासों और सामाजिक रूढ़ियों का विरोध, वेदों से प्रेरित नवजागरण : इसके साथ राष्ट्र और समाज की सेवा, स्वाधीनता प्राप्ति के लिए सशस्त्र क्रान्ति द्वारा प्रयास—श्यामजी कृष्ण वर्मा के जीवन में दोनों धाराएँ आकर मिल गयी थीं।

लाला लाजपत राय का कहना था : "स्वामी दयानन्द मेरे गुरु हैं। संसार में मैंने सिर्फ़ उन्हें अपना गुरु माना। आर्यसमाज मेरी माता है। इन दोनों की गोद में खेला हूँ। मेरा हृदय और मस्तिष्क दोनों को उन्होंने घड़ा (गढ़ा) है। मेरे गुरु एक महान् स्वतन्त्र मनुष्य थे, इसका मुझे अभिमान है। उन्होंने मुझे स्वतन्त्रतापूर्वक विचार करना सिखाया है। यह मेरा निश्चित मत है कि महात्मा गाँधी के असहयोग कार्यक्रम में एक भी विचार ऐसा नहीं है जो स्वामी दयानन्द महाराज की शिक्षा में न मिलता हो।" स्वतन्त्रतापूर्वक विचार करना, रूढ़ियों का विरोध करना और कांग्रेस संचालित असहयोग आन्दोलन में भाग लेना नवजागरण और राष्ट्रीय आन्दोलन की धाराएँ लाला लाजपत राय के व्यक्तित्व में घुलती-मिलती दिखाई देती हैं।

आर्यसमाज के कार्यों में अनेक सिखों ने भाग लिया था। वासुदेव वर्मा ने सरदार भगतसिंह के भाई रणवीर सिंह का यह कथन उद्धृत किया है : "आर्य समाज में मेरे दादा सरदार अर्जुनसिंह जी शामिल थे, फिर मेरे पिता सरदार किशन सिंहजी और चाचा सरदार अजीतसिंह जी को महात्मा हंसराजजी तथा लाला लाजपत राय के साथ समाज का कार्य करने का शुभ अवसर प्राप्त रहा है। हम चारों नहीं, बल्कि पाँचों भाई यानी सरदार भगतसिंह जी भी डी.ए.वी. स्कूल में पढ़ते रहे हैं और हमारे विचारों और मानसिक उन्नति भी बड़ी हद तक आर्यसमाज की देन है। इसलिए और बहुत से दूसरे उपकारों के लिए हम आर्यसमाज के ऋणी हैं।"[12]

सरदार अजीतसिंह और लाला लाजपत राय, इन दोनों ने जन-जागरण के कार्य में महत्त्वपूर्ण भूमिका निभाही। एक सभा में उन दोनों ने एक साथ भाषण किया। उस भाषण का हाल भगतसिंह ने लिखा है। पंजाब में एक 'अंजुमन मुहिब्बाने-वतन' नाम की संस्था थी, आगे चल कर वह 'भारत माता सोसाइटी' के नाम से प्रसिद्ध हुई। (सरदार किशनसिंह और सरदार अजीतसिंह ने लाहौर से 'भारत माता' नाम का एक मासिक पत्र निकाला था) लायलपुर में एक मेला होता था, इसमें हजारों पशु ख़रीदे और बेचे जाते थे। यहाँ 'ज़मींदार' दैनिक पत्र के मालिक मियाँ सिराजुद्दीन और उनके सहयोगियों ने सभा की। उसमें "दो-एक दिन भाषण देकर 'भारत माता सोसाइटी' के कार्यकर्ताओं ने जनसाधारण की सहानुभूति प्राप्त कर ली"।[13] यहाँ सरदार अजीतसिंह ने भाषण दिया। भगतसिंह ने लिखा है : "आप बहुत ही प्रभावशाली व्याख्यानदाता थे। आपकी निर्भीक भाषण शैली ने जनता को आपका भक्त बना दिया और श्रोतागण भी जोश में आ चुके थे। जिस समय इस सभा के आयोजक जलूस को लेकर पण्डाल में पहुँचे, जनता 'भारत माता सोसायटी' के साथ हो चुकी थी। एक-दो नर्मदली नेताओं ने स. अजीतसिंह को बोलने से रोकने की कोशिश की थी लेकिन श्रोताओं ने उनको ऐसी फटकार लगाई कि वह अपना-सा मुँह लेकर रह गये। इससे जनता के जोश में और भी वृद्धि हो गयी।"

इसके बाद लाला लाजपत राय का भाषण हुआ। "लालाजी पंजाब के बेजोड़ भाषणकर्ता थे, किन्तु उस दिन के वातावरण में वे जिस शान, जिस निर्भीकता तथा निश्चयात्मक भावनाओं के साथ बोले, उनकी बात ही कुछ निराली थी। लालाजी के भाषण की एक-एक लाइन पर तालियाँ बजती थीं और जय के नारे बुलन्द होते थे। सभा के पश्चात् बहुत-से व्यक्तियों ने अपने को देश का कार्य करने हेतु अर्पित करने की घोषणा की।"

दोनों प्रमुख वक्ताओं को नजरबन्द कर दिया गया। इसका कारण यह था : "लायलपुर के डी.सी. भी वहाँ उपस्थित थे। सभा की कार्यवाही देखकर उन्होंने यह परिणाम निकाला कि यह सारा आयोजन एक षड्यन्त्र था। लाला लाजपत राय इन सबके गुरु हैं और नवयुवक स. अजीतसिंह उनका शिष्य है। सरकार का यह विचार बहुत दिनों तक बना रहा। सम्भवतः लालाजी और अजीतसिंह जी को नजरबन्द करने का भी यही कारण था।"[14]

पंजाब की युवापीढ़ी और लोकमान्य तिलक

सरदार अजीतसिंह और उनके भाई सरदार किशनसिंह के एक प्रेरणा स्रोत **लोकमान्य बालगंगाधर तिलक** थे। सन् 1906 में कांग्रेस के कलकत्ता अधिवेशन में उसके सभापति **दादा भाई नौरोजी** ने कहा था कि "यदि हम कुछ प्राप्त करना चाहते हैं तो अपने अन्दर ताक़त पैदा करनी होगी।"[15] लाला लाजपत राय ने भी एक साल

पहले ठीक यही बात कांग्रेस के बनारस अधिवेशन में कही थी। गोखले के साथ वह एक डेपुटेशन में इंग्लैण्ड भेजे गये थे। वहाँ से लौटकर उन्होंने एक बहुत ही गरम भाषण दिया था। बीसवीं सदी के प्रथम दशक में लोकमान्य तिलक की राजनीतिक कार्यवाही का मूल्यांकन सरदार भगतसिंह ने इस तरह किया था : "1906 के कांग्रेस अधिवेशन में लोकमान्य तिलक का बोलबाला था। नवयुवक समुदाय उनकी खरी और स्पष्ट बातों के कारण उनका भक्त बन गया था। उनकी निर्भीकता, कुछ कर गुजरने की भावना और बड़े से बड़े कष्ट सहने के लिए हर क्षण तैयार रहने के कारण नवयुवक उनकी ओर खिंचे चले आ रहे थे। कांग्रेस अधिवेशन के अतिरिक्त कांग्रेस के पण्डाल के बाहर भी लोकमान्य के अनेक भाषण इस अवसर पर हुए थे।"

आज जो कल्पनातीत-सा है—वह उस समय घटित हो रहा था : "जो युवक लोकमान्य के प्रति विशेष रूप से आकर्षित हुए थे, उनमें कुछ पंजाबी नौजवान भी थे। ऐसे ही दो पंजाबी जवान उस अवसर पर लोकमान्य से मिले। उनका उत्साह तथा सक्रियता देखकर लोकमान्य को बहुत प्रसन्नता हुई और पंजाब में राजनीतिक आन्दोलन को ताक़तवर बनाने का परामर्श देकर लोकमान्य ने उन दोनों नवयुकों को विदा किया। यह दोनों नवयुवक मेरे पूज्यपिता स. किशन सिंह और मेरे आदरणीय चाचा स. अजीत सिंह जी थे।"[16]

जो नवयुवक तिलक की ओर खिंचे चले आ रहे थे, उनमें हिन्दी कवि और राजनीतिक कार्यकर्ता **माखनलाल चतुर्वेदी** भी थे। उन्होंने अपना राजनीतिक जीवन क्रान्तिकारी के रूप में आरम्भ किया था। तिलक जो क्रान्तिचेता नवयुवकों के लिए आकर्षण के जबर्दस्त केन्द्र बने थे, उसका सशक्त वर्णन माखनलाल चतुर्वेदी ने एक कविता में किया है :

तेरी हुंकारों का फल था, अगणित वीरों ने प्राण दिया,
राष्ट्रीय शक्ति ने तुझ से ही अमृतसर में था भाग लिया।
तुझको अब कष्ट नहीं देंगे, हाथों में झण्डा ले लेंगे,
माँडले के क्या, शूली के कष्टों को सादर झेलेंगे
इंग्लैण्ड नहीं नभमण्डल में हम तेरे हैं, हो आवेंगे
तूने नरसिंह बनाये हैं, अपना तिलकत्व दिखावेंगे।[17]

संयोग की बात है कि लोकमान्य तिलक का जो महत्त्व 1947 के पहले असन्दिग्ध था, वह 1947 के बाद एक खास रुझान के नौजवानों में धूमिल पड़ता गया है। ये लोग समाज-सुधार को स्वाधीनता आन्दोलन से अधिक महत्त्वपूर्ण मानते हैं। इनके अनुसार अंग्रेजी राज ने प्रगतिशील भूमिका निबाही। उसने सती प्रथा जैसी कुरीतियों को बन्द किया। यानी देश में जो वास्तव में 'प्रगतिशील' विचारक थे उन्होंने अंग्रेजी राज का स्वागत किया और समाजसुधार के काम को आगे बढ़ाया। इसके विपरीत तिलक जैसे विचारक तो 'रूढ़िवादी' थे। वे समाज में पुरानी कुरीतियाँ बरकरार

रखना चाहते थे और अंग्रेज इन कुरीतियों को मिटा रहे थे इसलिए वे शासन का विरोध करते थे।

दरअसल ये सारी बेहूदा बातें अंग्रेजों ने 1857 के स्वाधीनता संग्राम के बारे में कही थीं। उन्होंने प्रचारित किया था कि अंग्रेजों ने रेल चलायी, हिन्दू समाज की कुरीतियों का विरोध किया, इसलिए लोग उनके खिलाफ हो गये। लेकिन 1857 में अंग्रेज मुसलमानों को अपना सबसे बड़ा दुश्मन समझते थे। इसलिए दिल्ली को उन्होंने खँडहरों का ढेर बना दिया था क्योंकि यहाँ बहुत बड़ी आबादी मुसलमानों की थी। मुसलमानों के समाज में उन्होंने कौन-सी कुरीतियों का विरोध किया था? और हिन्दू समाज में कुरीतियों के इस विरोध की प्रतिक्रिया दक्षिण भारत में क्यों नहीं हुई?

सन् 1947 में भारत से प्रत्यक्ष रूप में अंग्रेजों का प्रभुत्व उठ गया परन्तु उनके आर्थिक हित कायम रहे। क्रमशः अंग्रेजों के सभी उपनिवेशों में अमरीकियों ने पाँव पसारना आरम्भ किया और भारत में क्या शिक्षा और क्या साहित्य संस्कृति के सभी क्षेत्रों में अमरीका 'आधुनिकता बोध' का मुख्य सूत्रधार बना। विश्व पैमाने पर वह 'स्वाधीनता और जनतन्त्र' की परम्पराओं का मुख्य वारिस सभी देशों में इनका मुख्य संरक्षक बना। एशिया-अफ्रीका के पिछड़े हुए देशों पर अपना प्रभुत्व कायम करके गोरा ने यहाँ सभ्यता का प्रकाश फैलाया—इस पुरानी स्थापना को 1947 के बाद नये-नये रूपों में बराबर दोहराया गया। विदेशी पूँजी के हितों की रक्षा के लिए इतिहास की यह व्याख्या बहुत उपयोगी साबित हुई। **इसीलिए भगतसिंह जैसे क्रान्तिकारी तिलक के राजनीतिक कार्यों का मूल्यांकन किस तरह करते थे, इसे आज याद कर लेना जरूरी है। तिलक का अवमूल्यन करने वालों में कुछ ऐसे लोग भी हैं जो स्वयं को क्रान्तिकारी कहते हैं। सशस्त्र क्रान्ति से कम उन्हें कोई बात पसन्द नहीं है।** उसके लिए देशी पूँजी और विदेशी पूँजी में कोई फर्क नहीं है। लेकिन उनके इतिहास-विवेचन में विदेशी पूँजीपतियों के प्रवेश के पहले भारतीय समाज में कहीं कोई परिवर्तन नहीं होता।

यदि तिलक प्रतिक्रियावादी थे तो स्वामी दयानन्द को और भी प्रतिक्रियावादी होना चाहिए, क्योंकि वह वेदों के आगे किसी और को कुछ मानते न थे। नवजागरण के प्रसंग में उनका नाम कम ही लिया जाता। राजा राममोहन राय भी उपनिषदों के आगे और किसी को कुछ न मानते थे। नवजागरण के विशेषज्ञ कहीं यह अवश्य अनुभव करते हैं कि स्वामी दयानन्द अंग्रेजी राज के विरोधी थे इसलिए नवजागरण के साथ उनका नाम लेने से कतराते हैं। भगतसिंह का लालन-पालन जिस वातावरण में हुआ था, उस पर आर्यसमाज का गहरा असर था, यह तथ्य स्मरणीय है। उन्होंने लिखा है: "मेरे बाबा जिनके प्रभाव में मैं बड़ा हुआ, एक रूढ़िवादी आर्यसमाजी हैं। एक आर्यसमाजी और कुछ भी हो, नास्तिक नहीं होता। अपनी प्राथमिक शिक्षा पूरी

करने के बाद मैंने डी.ए.वी. स्कूल लाहौर में प्रवेश किया और पूरे एक साल उसके छात्रावास में रहा। वहाँ सुबह और शाम की प्रार्थना के अतिरिक्त मैं घण्टों गायत्री जपा करता था। उन दिनों मैं पूरा भक्त था।"[18] भगतसिंह जब नास्तिक हो गये थे तब उन्होंने अपने बाबा को रूढ़िवादी आर्यसमाजी कहा था। उनके पिता उदार विचारों के थे पर वे भी "मुझे प्रतिदिन पूजा प्रार्थना के लिए प्रोत्साहित करते रहते थे"।[19] पूजा-प्रार्थना के लिए इस आग्रह के बावजूद "उन्हीं की शिक्षा से मुझे स्वतन्त्रता के ध्येय के लिए अपने जीवन को समर्पित करने की प्रेरणा मिली।"

भगतसिंह का पारिवारिक परिवेश और आर्यसमाज

भारतीय नवजागरण से आर्यसमाज का सम्बन्ध, इस नवजागरण से स्वाधीनता आन्दोलन का सम्बन्ध और इन दोनों से सरदार भगतसिंह के परिवार का सम्बन्ध—इन सारे सम्बन्धों का बहुत अच्छा विवरण और विवेचन सुश्री वीरेंद्र सिन्धु की पुस्तक **युगद्रष्टा भगतसिंह और उनके मृत्युंजय पुरखे** पुस्तक में है।

"सन् 1857 के स्वतन्त्रता-विप्लव की असफलता के बाद" अंग्रेजों ने दमन चक्र चलाया और बहुत से लोगों के मन में यह बात बैठ गयी कि अब कुछ नहीं हो सकता। फिर भी प्रतिरोध की आग पूरी तरह बुझ न गयी थी। अंग्रेजों ने "गुप्तचरों के द्वारा भारत के बौद्धिक वर्ग की जो जाँच-पड़ताल की उससे पता चला कि ऊपर से शान्ति दिखने पर भी भीतर अशान्ति है।" तब 1885 में ह्यूम ने कांग्रेस की स्थापना की जिससे कि बौद्धिक वर्ग को अपनी महत्त्वाकांक्षा की पूर्ति के रास्ते अंग्रेजों की छाया में खुलते दिखाई दें। इसी समय एक अछूत ओजस्वी महापुरुष स्वामी दयानन्द ने आर्यसमाज की स्थापना की। इतिहास का कितना अद्‌भुत संयोग है कि कांग्रेस की स्थापना के दिनों में ही आर्य समाज की स्थापना हुई और इस प्रकार देश में नवजागरण काल का आरम्भ हो गया। नवजागरण की दोनों धाराओं में अन्तर था। पहली धारा "अंग्रेजों के सहारे से, समाज में अपने (शिक्षित जनों के) विशिष्ट व्यक्तित्व का निर्माण, यह कांग्रेस की राह थी।" दूसरी धारा "पूरे समाज को जाग्रत करना, उसे उभारना, उठाना, यह आर्यसमाज की राह थी।"

भगतसिंह के दादा सीधे स्वामी दयानन्द के सम्पर्क में आये। "सरदार अर्जुनसिंह ने ऋषि दयानन्द के दर्शन किये तो मुग्ध हो गये और उनका भाषण सुना तो नवजागरण की सामाजिक सेना में भरती होकर आर्यसमाजी बन गये। वे उन थोड़े-से लोगों में थे जिन्हें स्वयं ऋषि दयानन्द ने शिक्षा दी थी। यज्ञोपवीत अपने हाथ से पहनाया था। यह सरदार अर्जुनसिंह का सांस्कृतिक पुनर्जन्म था...उनका जीवन पूरी तरह से बदल गया था और यह बदल एक क्रान्तिकारी छलाँग थी...सचमुच अर्जुनसिंह का आर्यसमाजी होना एक बड़ा क्रान्तिकारी क़दम था। इसे यों समझा जा सकता है कि किसी हिन्दू का आर्यसमाजी हो जाना ही बड़ी बात थी। फिर सरदार अर्जुनसिंह तो

सिख से आर्यसमाजी हुए थे...उन्होंने ऋषि दयानन्द के मिशन को पूरी तरह समझा और अपने विचारों को पूरी तरह उनके साँचे में ढाला, उन्होंने आर्यसमाज के साहित्य का बहुत गहरा अध्ययन किया। इस गहराई का पता इससे चलता है कि सनातन धर्मपण्डितों के साथ मूर्तिपूजा और श्राद्ध जैसे विषयों पर हुए कई शास्त्रार्थों में वे ही आर्यसमाज के प्रमुख प्रवक्ता रहे और आर्य समाज के उत्सवों में दूर-दूर भाषण देने के लिए जाते रहे। वे अपने क्षेत्र के प्रमुख आर्यसमाजी नेताओं में गिने जाते थे। और हर काम में उनकी सलाह मानी जाती थी।"[20]

सरदार अर्जुनसिंह ने कांग्रेस के लाहौर अधिवेशन में भाग लिया, और उन्होंने अपने दो पुत्रों किशनसिंह और अजीतसिंह को साईंदास ऐंग्लो-संस्कृत हाई स्कूल जालंधर में पढ़ने भेजा। ऐसा करने वाले "वे पहले जाट सिख थे"। सरदार किशनसिंह ने अपने पुत्र भगतसिंह को डी.ए.वी. स्कूल में पढ़ने भेजा। यह भी एक क्रान्तिकारी काम था क्योंकि "उन दिनों सिखों के बालक सिख जाति द्वारा स्थापित और संचालित खालसा स्कूलों में ही पढ़ा करते थे। सबके आग्रह करने पर भी सरदार किशनसिंह ने उन्हें खालसा स्कूल के बजाय डी.ए.वी. स्कूल में भरती किया।"[21] अन्य विषयों के साथ भगतसिंह ने यहाँ संस्कृत भी पढ़ी थी।[22] स्कूल की पढ़ाई उन्होंने पूरी नहीं की; नौवीं कक्षा में थे तब उन्होंने असहयोग आन्दोलन में भाग लिया और स्कूल छोड़ दिया।[23] बाद में उन्होंने नेशनल कालेज में इण्टर की पढ़ाई पूरी की। इस कालेज की स्थापना कांग्रेस के नेताओं ने की थी "जिनमें लाला लाजपत राय प्रमुख थे"।[24] स्वभावतः असहयोग आन्दोलन में भाग लेने वाले छात्रों की संख्या ही यहाँ अधिक थी। इसके एक अध्यापक भाई परमानन्द थे जो राजनीतिक विद्रोह के अपराध में काले पानी की सजा भोग कर आये थे। एक अन्य अध्यापक थे जयचन्द्र विद्यालंकार और वह एक मात्र ऐसे आदमी थे, जिनका सम्पर्क बंगाल के क्रान्तिकारियों से था। यहाँ के पाठ्यक्रम में रोलेट कमेटी की रिपोर्ट भी थी! "इसमें भारत की स्वतन्त्रता के सशस्त्र प्रयत्नों का ब्यौरेवार वर्णन था। इस अध्ययन ने उन्हें (भगतसिंह को) अहिंसा के विचार से और दूर कर दिया।"[25]

सरदार किशनसिंह ने 'भारत माता सोसायटी' संगठित की वह उसके प्रमुख विधाता थे। इसके प्रमुख सदस्यों में लाला हरदयाल भी थे। "ग़दर पार्टी की अमरीका में स्थापना लाला हरदयाल की प्रेरणा और प्रयत्नों से हुई थी और वह 'भारत माता सोसायटी' की योजना के अनुसार अमरीका गये थे।"[26] भगतसिंह ने भगवतीचरण बोहरा के सहयोग से **नौजवान भारत सभा** संगठित की और उसके महासचिव बने।[27] अक्टूबर 1928 में जब साइमन कमीशन लाहौर पहुँचा, तब काले झण्डे लेकर उसके विरोध प्रदर्शन में **नौजवान भारत सभा** सबसे आगे थी। प्रदर्शन का नेतृत्व करना था लाला लाजपत राय को। भगतसिंह स्वयं लाला लाजपत राय के पास गये थे और उन्हें भीड़ के आगे रहने को राजी कर आये थे। लालाजी को क्रान्तिकारियों

की टोली ने अपने में घेर लिया था और एक युवक ने उन पर छतरी भी तान ली थी।[28] भीड़ को तितर-बितर करने के लिए पुलिस ने लाठीचार्ज किया। भगतसिंह और उनके साथियों की कोशिशों के बावजूद लालाजी का छाता टूट गया और उनके कन्धे और छाती में भी चोट आयी। फिर भी शाम को विशाल जन-समूह के सामने उन्होंने भाषण किया। लाला लाजपत राय भाषण कला के बादशाह थे, पर उस दिन तो वे और भी गरमा कर बोले। पुलिस के अंग्रेज अफ़सर भी जलसे में थे, इसलिए उन्होंने अंग्रेजी में कहा—"आई डिक्लेयर दैट द क्लोज स्ट्रक ऐट मी विल बी द लास्ट नेल्स इन द काफिन ऑव द ब्रिटिश रूल इन इण्डिया—मैं घोषणा करता हूँ कि मुझ पर जो चोट पड़ी है, वह भारत में अंग्रेजी राज के कफ़न की आखिरी कील साबित होगी"।[29]

अंग्रेज सरकार ने लाला लाजपत राय और **नौजवान भारत सभा** के कार्यकर्ताओं पर लाठियाँ बरसायी थीं। लालाजी का देहान्त 17 नवम्बर 1928 को हुआ।" उनकी मृत्यु से देश की जनता में उनके प्रति अपार श्रद्धा और अंग्रेजी सरकार के प्रति अपार क्रोध उफन आया। इसके ठीक एक महीना बाद 17 दिसम्बर, 1928 को **राजगुरु** और **भगतसिंह** ने साण्डर्स का वध किया। यह कार्य डी.ए.वी. कॉलेज के सामने हुआ, इसमें भी इतिहास का व्यंग्य था। आर्यसमाजी होने के नाते लाला लाजपत राय इस कालेज से सम्बद्ध थे और साण्डर्स जहाँ मारा गया, उस "पुलिस दफ्तर के सामने ही डी.ए.वी. कॉलेज था।"[30]

दूसरे दिन जगह-जगह दीवारों पर पोस्टर चिपके हुए देखे गये। इनमें लाल रोशनाई से अंग्रेजी में लाला लाजपत राय की मृत्यु का बदला लेने की बात कही गयी थी। पोस्टर **हिन्दुस्तान समाजवादी प्रजातन्त्र सेना** की ओर से लगाया गया था। उसमें लिखा था :

> "जे.पी. साण्डर्स की मृत्यु से लाला लाजपत राय की हत्या का बदला ले लिया गया।
>
> "यह सोचकर कितना दुःख होता है कि जे.पी. साण्डर्स जैसे एक मामूली अफ़सर के कमीने हाथों देश की तीस करोड़ जनता द्वारा सम्मानित एक नेता पर हमला करके उनके प्राण ले लिए गये। राष्ट्र का यह अपमान हिन्दुस्तानी नवयुवकों और मर्दों को चुनौती था।
>
> "आज संसार ने देख लिया है कि हिन्दुस्तान की जनता निष्प्राण नहीं हो गयी है। हिन्दुस्तानियों का खून जम नहीं गया, वे अपने राष्ट्र के सम्मान के लिए प्राणों की बाजी लगा सकते हैं।"[31]

इस समय राष्ट्र के इस सम्मान के प्रतीक थे लाला लाजपत राय। और उसकी रक्षा में डटे थे भगतसिंह और उनके साथी।

भगतसिंह, रामप्रसाद बिस्मिल और अशफ़ाक़

ऐसा कम होता है कि एक क्रान्तिकारी किसी दूसरे क्रान्तिकारी की छवि का वर्णन करे और दोनों शहीद हो जाएँ। **रामप्रसाद बिस्मिल** 19 दिसम्बर 1927 को शहीद हुए, उससे पहले मई 1927 में भगतसिंह ने 'किरती' में 'काकोरी के वीरों से परिचय' लेख लिखा। शचीन्द्रनाथ सान्याल का परिचय देने के बाद उन्होंने बिस्मिल के बारे में लिखा : "श्री शचीन्द्र के बाद अत्यन्त प्रसिद्ध वीरश्री रामप्रसाद हैं। आप जैसा सुन्दर, मज़बूत जवान खोजने से मिलना भी मुश्किल है। बहुत योग्य आदमी हैं। हिन्दी का बड़ा लेखक है। आपने 'कैथराइन', 'बोल्शेविकों के काम', 'मन की लहर' आदि अनेक पुस्तकें लिखीं। आप उर्दू के माने हुए शायर हैं। आपकी उम्र 28 बरस की है। पहले 1919 में मैनपुरी षड्यन्त्र में आपके वारण्ट निकले और आपके गुरु श्री गेंदालाल जी आदि पकड़े गये लेकिन आप नेपाल की ओर चले गये और वहाँ बड़ी मुश्किलें सहन कर गुजारा करते रहे। पूरा दिन हल चलाना, कुदाल चलाना, मेहनत-मशक्कत करना और रात में सिर्फ़ डेढ़ आना पाना, जिससे पेट-भर रोटी भी नहीं खा सकते थे। कई बार तो घास तक खाना पड़ा। लेकिन मजा यह कि फिर भी बैठकर कविता लिखना, और भारत माता की याद और प्रेम में आँसू बहाने और गीत गाने। ऐसे नौजवान कहाँ से मिल सकते हैं? आप युद्ध विद्या में कुशल हैं और आज उन्हें फाँसी का दण्ड मिला और आप हँस दिये। ऐसा निर्भीक वीर, ऐसा सुन्दर जवान, ऐसा योग्य और उच्च कोटि का लेखक और निर्भय योद्धा मिलना मुश्किल है।"[32] भगतसिंह अवश्य ही रामप्रसाद बिस्मिल से अच्छी तरह परिचित थे, और उन्होंने उनसे युद्ध विद्या के बारे में बातें भी की होंगी।

रामप्रसाद बिस्मिल आर्यसमाजी थे, उन्हें कट्टर आर्यसमाजी भी कह सकते हैं। अपने नास्तिकपन के प्रसंग में भगतसिंह ने लिखा है : "रामप्रसाद बिस्मिल एक रूढ़िवादी आर्यसमाजी थे।"[33] और उनके परम मित्र और सहयोगी थे अशफ़ाक़ उल्लाह। जैसा भगतसिंह ने बिस्मिल का जीवन्त चित्र खींचा है, वैसा ही बिस्मिल लिखित अशफ़ाक़ का संस्मरण है। और बिस्मिल तथा अशफ़ाक़ एक ही दिन शहीद हुए। फाँसी की प्रतीक्षा करते हुए अपनी जीवन कथा में अशफ़ाक़ को लक्ष्य करके बिस्मिल ने लिखा :

"तुम्हारे बड़े भाई मेरे उर्दू मिडिल के सहपाठी तथा मित्र थे, यह जानकर मुझे बड़ी प्रसन्नता हुई। थोड़े दिनों में ही तुम मेरे छोटे भाई के समान हो गये थे, किन्तु छोटे भाई बनकर तुम्हें सन्तोष न हुआ। तुम समानता का अधिकार चाहते थे, तुम मित्र की श्रेणी में अपनी गणना चाहते थे। वही हुआ। तुम सच्चे मित्र बन गये। सबको आश्चर्य था कि एक कट्टर आर्य समाजी और मुसलमान का मेल कैसा? मैं मुसलमानों की शुद्धि करता था। आर्य समाज मन्दिर में मेरा निवास था, किन्तु

तुम इन बातों की किंचित् मात्र चिन्ता न करते थे। मेरे कुछ साथी तुम्हारे मुसलमान होने के कारण कुछ घृणा की दृष्टि से देखते थे किन्तु तुम अपने निश्चय में दृढ़ थे। मेरे पास मन्दिर में आते-जाते थे। हिन्दू-मुसलमान झगड़ा होने पर, तुम्हारे मुहल्ले के सब कोई तुम्हें खुल्लमखुल्ला गालियाँ देते थे, काफिर के नाम से पुकारते थे परन्तु तुम कभी भी उनके विचारों से सहमत न हुए। सदैव हिन्दू-मुसलमान ऐक्य के पक्षपाती रहे। तुम एक सच्चे मुसलमान तथा सच्चे देशभक्त थे। तुम्हें यदि जीवन में कोई विचार था तो यही कि मुसलमानों को खुदा अक्ल देता, कि वे हिन्दुओं के साथ मिल कर के हिन्दोस्तान की भलाई करते। जब मैं हिन्दी में कोई लेख या पुस्तक लिखता तो तुम सदैव यही अनुरोध करते कि उर्दू में क्यों नहीं लिखते, जो मुसलमान भी पढ़ सकें? तुमने स्वदेश भक्ति के भावों को भलीभाँति समझने के लिए ही हिन्दी का अच्छा अध्ययन किया। अपने घर पर जब माता जी तथा भ्राता जी से बातचीत करते थे तो तुम्हारे मुँह से हिन्दी के शब्द निकल जाते थे, जिससे सबको बड़ा आश्चर्य होता था।"

"तुम्हारी इस प्रकार की प्रवृत्ति देखकर बहुतों को सन्देह होता था, कि कहीं इस्लाम धर्म त्याग कर शुद्धि न करा लो। पर तुम्हारा हृदय तो किसी प्रकार अशुद्ध न था, फिर तुम शुद्धि किस वस्तु की कराते? तुम्हारी इस प्रकार की प्रगति ने मेरे हृदय पर पूर्ण विजय पा ली। बहुधा मित्र मण्डली में बात छिड़ती कि कहीं मुसलमान पर विश्वास करके धोखा न खाना। तुम्हारी जीत हुई, मुझमें तुममें कोई भेद न था। बहुधा मैंने-तुमने एक थाली में भोजन किया। मेरे हृदय से यह विचार ही जाता रहा कि हिन्दू-मुसलमान में कोई भेद है।"[34]

जब भी क्रान्तिकारी आन्दोलन बढ़ता है, हिन्दू मुसलमान एक-दूसरे के पास आते हैं। जब ऐसे आन्दोलन का ह्रास होता है तब तरह-तरह की क्रान्ति-विरोधी विचारधाराओं को पनपने का अवसर मिलता है और हिन्दू-मुसलमान एक-दूसरे की जान के ग्राहक बन जाते हैं। हिन्दी प्रदेश में उर्दू-हिन्दू का जैसा भेद है, वैसा बंगाल, महाराष्ट्र या केरल में नहीं है। जब क्रान्तिकारी आन्दोलन जोर पकड़ता है तब हिन्दी-उर्दू एक-दूसरे के नजदीक आती हैं, उनका व्यवहार करने वाले बुद्धिजीवी उनकी बुनियादी एकता पहचानते हैं। बिस्मिल और अशफ़ाक़ जब एक थाली में भोजन करते थे तब कोई दुभाषिया उनकी बातों का अनुवाद करने के लिए साथ न बैठता था। 'बिस्मिल' ने यह उपनाम उर्दू में शायरी के लिए अपनाया था, गद्य वह हिन्दी में लिखते थे। अशफ़ाक़ भी शायर थे और स्वदेश भक्ति के भावों को भलीभाँति समझने के लिए उन्होंने हिन्दी का अच्छा अध्ययन किया था। जिन लोगों की बोलचाल की भाषा एक हो और साहित्यिक भाषाएँ दो हों, उनकी अलग-अलग लिपि हो तो उनके नवजागरण में भारी रुकावटें पैदा होंगी, उन्हें क्रान्तिकारी संगठनों में एकजुट करना कठिन होगा। भाषा साहित्य, धर्म,

संस्कृति की समस्याएँ क्रान्तिकारी आन्दोलन से उन्हें जोड़कर देखें तो लगेगा—ये भी कोई समस्याएँ हैं।

अशफ़ाक़ जैसे क्रान्तिकारियों का ऐतिहासिक महत्त्व यह है कि वह किसानों और मजदूरों के आन्दोलन का महत्त्व समझ रहे थे और दूसरों को समझा रहे थे। ऐसा आन्दोलन स्वाधीनता प्राप्ति के लिए आवश्यक था, स्वाधीनता प्राप्ति के बाद नये भारत के निर्माण के लिए आवश्यक था। वैसा आन्दोलन ही हिन्दू-मुस्लिम एकता को पुख़्ता और अटूट बना सकता था। फाँसी पाने से पहले अशफ़ाक़ ने 'बिरादराने वतन के नाम क़ब्र के किनारे से पैगाम' भेजा था; यह ऐतिहासिक महत्त्व का दस्तावेज़ है। इसमें अशफ़ाक़ ने हर जगह देश के अपमानित होने की बात कही है, उसके आर्थिक शोषण की बात कही है, जनता पर अंग्रेजों के अत्याचारों की बात कही है, साम्प्रदायिकता की जहरीली हवा फैलाने वालों की कलई खोली है। "गवर्नमेण्ट के खुफिया एजेण्ट प्रोपेगेण्डा मजहबी बुनियाद पर फैला रहे हैं। इन लोगों का मकसद मज़हब हिफाजत या तरक्की नहीं है बल्कि चलती गाड़ी में रोड़ा अटकाना है।"[35] अशफ़ाक़ ने हर तरह की विचारधारा के लोगों से एकजुट होकर आज़ादी के लिए लड़ने को कहा।

खास तौर से उन्होंने कम्युनिस्टों से कहा कि देश की जनता में घुलमिलकर काम करना सीखें :

"मैं तुमसे काफ़ी तो मुत्ताफ़िक़ हूँ और कहूँगा कि मेरा दिल गरीब किसानों के लिए और दुखिया मजदूरों के लिए हमेशा दुखी रहा है। मैं अपने अयामे-फ़रारी में भी अक्सर इनकी हालत देख कर रोया किया हूँ क्योंकि मुझे इनके साथ दिन गुज़ारने का मौका मिला है। मुझसे पूछो तो मैं कहूँगा कि मेरा बस हो तो मैं दुनिया की हर मुमकिन चीज़ इनके वक्फ़कार दूँ। हमारे शहरों की रौनक इनके दम से ही। हमारे कारख़ाने उनकी वजह से आबाद और काम कर रहे हैं...यह बिल्कुल सच है कि वह जो पैदा करते हैं, जो वह बनाते हैं, उनमें उनका हिस्सा नहीं होता, हमेशा दुखी मफलूकूलहाल (फटेहाल) रहते हैं। मैं इत्तिफ़ाक करता हूँ कि इन तमाम बातों के जिम्मेदार हमारे गोरे आका और उनके एजेण्ट हैं। मगर इनका इलाज क्या है कि उनको उस हालात पर ले आये कि वह महसूस करने लगें कि वह क्या हैं? इसका जरिया (एक ही उपाय) यह है कि तुम उन जैसी वज़ा-क़िता इख्तियार करो और जंटिलमैनी छोड़कर देहात का चक्कर लगाओ। कारख़ानों में डेरे डालो।"

"मेरे दिल में तुम्हारी इज़्ज़त है और मैं मरते हुए भी तुम्हारे सियासी मकसद से बिल्कुल मुत्तफ़िक हूँ। मैं हिन्दुस्तान की ऐसी आज़ादी का ख्वाहिशमन्द था जिसमें गरीब खुश और आराम से रहते और सब बराबर होते। खुदा मेरे बाद वह दिन जल्द लाए जब कि छत्तर मंज़िल लखनऊ में अब्दुल्ला मिस्त्री लोको वर्कशाप और धनिया चमार किसान भी मिस्टर ख़लीकुज़्ज़मा और जगत् नारायण मुल्ला व राजा साहब

महमूदाबाद के सामने कुर्सी पर बैठे हुए नजर पड़े। मेरे कामरेडो—मेरे रिवोल्युशनरी भाइयो—तुमसे मैं क्या कहूँ और तुमको क्या लिखूँ, बस यह तुम्हारे लिए क्या कुछ कम मसर्रत की बात होगी, जब तुम सुनोगे कि तुम्हारा एक भाई हँसता हुआ फाँसी पर चला गया और मरते-मरते खुश था। मैं खूब जानता हूँ कि जो स्पिरिट तुम्हारा तबका रखता है—चूँकि मुझको भी फख्र है और अब बहुत ज्यादा फख्र है कि एक सच्चा रिवोल्युशनरी होकर मर रहा हूँ"।[36]

अशफ़ाक़ की क्रान्तिकारी चेतना में परिवर्तन हो रहा था, वह नये ढंग के क्रान्तिकारी बन रहे थे, ऐसे क्रान्तिकारी जो कारख़ानों में डेरा डालें; देहात का चक्कर लगाएँ। वह चाहते थे कि लोको वर्कशाप का मिस्त्री और गाँव का किसान सरकारी अफ़सरों के बराबर आ कर बैठें। वह अपने बलिदान की सार्थकता इसमें देख रहे थे कि उससे आगे की राजनीतिक कार्यवाही के लिए ज़मीन तैयार हो गयी है और जो काम उनकी पीढ़ी के लोग पूरा न कर सके, उसे अगली पीढ़ी के क्रान्तिकारी पूरा करेंगे। महान् क्रान्तिकारी अशफ़ाक़ उल्ला खाँ 'वारसी' जीवन की अन्तिम घड़ियों में अपने अतीत के बारे में न सोच कर देश के भविष्य के बारे में सोच रहे थे : "मेरे भाइयो, मेरा सलाम लो और इस नामुकम्मल काम को जो हम से रह गया है, तुम पूरा करना। तुम्हारे लिए यूपी में मैदाने-अमल तैयार कर दिया। अब तुम जानो, तुम्हारा काम जाने। इससे ज्यादा उमदा मौका तुम्हारे हजार प्रोपेगण्डे से न होता। स्कूल और कालेजों में तुलबा हमारी तरफ दौड़ रहे हैं, अब तुम्हें बहुत अर्से तक दिक़्क़त न होगी।

उठो उठो सो रहे हो नाहक पयामें-बांगे ज़रस[1] तो सुन लो,
बढ़ो कि कोई बुला रहा है निशान मंज़िल[2] दिखा दिखा कर[37]

क्रान्ति की नयी राहें

रामप्रसाद बिस्मिल ने भारतीय समाज में वर्गों की स्थिति पर विचार किया था : "भारतवर्ष के रईस तथा ज़मींदार सरकार के पक्षपाती हैं। मध्य श्रेणी के लोग किसी न किसी प्रकार इन्हीं दोनों के आश्रित हैं।" तब किस पर भरोसा किया जाए? बिस्मिल ने लिखा था : "जिसके हृदय में भारत वर्ष की सेवा के भाव उपस्थित हों या जो भारत भूमि को स्वतन्त्र देखने या स्वाधीन बनाने की इच्छा रखता हो, उसको उचित है कि ग्रामीण संगठन करके कृषकों की दशा सुधार कर, उनके हृदय से भाग्य निर्भरता को हटा कर, उद्योगी बनने की शिक्षा दे। कल, कारख़ाने, रेलवे, जहाज़ तथा ख़ानों में जहाँ कहीं श्रमजीवी हों, उनकी दशा को सुधारने के लिए श्रमजीवियों

---

1. घण्टे की आवाज़ का सन्देश; 2. लक्ष्य बिन्दु (पाद टिप्पणियों में दिये हुए ये अर्थ मूल पुस्तक से उद्धृत हैं)

के संघ की स्थापना की जाए ताकि उनको उनकी अवस्था का ज्ञान हो सके और कारख़ानों के मालिक मनमाने अत्याचार न कर सकें।"[38] श्रमजीवियों के संघ बनाना, राजनीतिक रूप से शिक्षित करना, किसानों को भाग्यवाद के दलदल से निकाल कर कर्मठ बनाना क्रान्ति का नया रास्ता था। बिस्मिल के विचार से जनता को शिक्षित करना बहुत जरूरी था। उसे शिक्षित किये बिना भारत में क्रान्ति सफल नहीं हो सकती थी। भारत की परिस्थितियाँ क्रान्ति के अनुकूल नहीं थीं।

"इसका कारण यही है कि भारतवासियों में शिक्षा का अभाव है। वे साधारण से साधारण सामाजिक उन्नति करने में भी असमर्थ हैं। फिर राजनीतिक क्रान्ति की बात कौन कहे।"[39]

सामाजिक कुरीतियों को दूर करना और स्वाधीनता के लिए राजनीतिक आन्दोलन चलाना, रामप्रसाद बिस्मिल के लिए दो भिन्न और परस्पर विरोधी बातें न थीं। इसलिए वह राजनीतिक आन्दोलन के साथ दलितों के उद्धार की बात भी करते हैं। दलितों के साथ वह स्त्रियों के उत्पीड़न की ओर भी ध्यान देते हैं। "और अछूतों को जिनकी संख्या इस देश में छः करोड़ है, पर्याप्त शिक्षा प्राप्त कराने का प्रबन्ध हो, उनको सामाजिक अधिकारों में समानता हो। जिस देश में छः करोड़ मनुष्य अछूत समझे जाते हों, उस देश के वासियों को स्वाधीन बनने का अधिकार ही क्या है? इसी के साथ ही साथ स्त्रियों की दशा भी इतनी सुधारी जावे कि वे अपने-आपको मनुष्य जाति का अंग समझने लगें। वे पैर की जूती तथा घर की गुड़िया न समझी जावें।"[40] अछूतोद्धार और स्त्रियों की दशा सुधारना रचनात्मक कार्यक्रम हो, राजनीतिक आन्दोलन उससे अलग हो, ऐसा कोई द्वैत भाव बिस्मिल के मन में नहीं था। ये सारे कार्य एक ही व्यापक सामाजिक आन्दोलन के विभिन्न पहलू थे। और इस आन्दोलन को चलाने के लिए एक मज़बूत क्रान्तिकारी पार्टी का संगठन जरूरी था। बिस्मिल जिस दल के नेता थे, उसकी कमजोरियों से परिचित थे। युवकों की भावुकता उभार कर उन्हें दल की ओर आकर्षित किया जाता था। "जिस समय उन्हें रिवाल्वर के दर्शन होते हैं, वे समझते हैं कि इष्ट देव के दर्शन प्राप्त हुए, आधा जीवन सफल हो गया।"[41] देश के और सम्भवतः विदेशों के राजनीतिक संगठनों का अध्ययन करके बिस्मिल इस नतीजे पर पहुँचे थे : "राजनीतिक क्रान्ति के लिए सर्वप्रथम क्रान्तिकारियों का संगठन ऐसा होना चाहिए कि अनेक विघ्न तथा बाधाओं के उपस्थित होने पर भी संगठन में किसी प्रकार त्रुटि न आये। सब कार्य यथावत् चलता रहे। कार्यकर्ता इतने योग्य तथा पर्याप्त संख्या में होने चाहिए कि एक की अनुपस्थिति में दूसरा स्थान पूर्ति के लिए सदा उद्यत रहे। भारतवर्ष में कई बार कितने ही काण्डों का भण्डा फूट गया और सब किया-कराया काम चौपट हो गया। जब क्रान्तिकारी दलों की यह अवस्था हो तो फिर क्रान्ति के लिए उद्योग कौन करे"[42]

बिस्मिल यहाँ दो तरह के क्रान्तिकारी दलों का चित्र देख रहे थे। एक, थोड़े-से

क्रान्तिकारियों का संगठन, दूसरा, व्यापक जनाधारवाला बहुत-से क्रान्तिकारियों का संगठन। रूस में बोल्शेविकों का संगठन दूसरी तरह का था। उन दिनों भारत में बोल्शेविकों की चर्चा बहुत होती थी। सीमित जानकारी होने पर भी नवयुवक उनकी ओर आकर्षित होते थे। इसलिए बिस्मिल ने लिखा कि क्रान्तिकारी दल में शामिल करने के लिए उन्हें बोल्शेविक सहायता की आशाएँ बँधा-बँधा कर तथा क्रान्तिकारियों के ऊँचे-ऊँचे आदर्शों तथा बलिदानों का उदाहरण दे-दे कर प्रोत्साहित किया जाता था।"[43] यह सम्भव है **रामप्रसाद बिस्मिल बोल्शेविक पार्टी के कार्यों से रूसी क्रान्ति में उसकी भूमिका से परिचित रहे हों।** अपने क्रान्तिकारी जीवन में उन्होंने देश की परिस्थितियों का और अन्य देशों की क्रान्तियों का अध्ययन करना बराबर जारी रखा था। सन् 1922 में प्रकाशित उनकी पुस्तक बोल्शेविकों की करतूत (हिन्दी साहित्य प्रचार कार्यालय, कलकत्ता) से उनकी आत्मकथा की तुलना करने से उनकी सतत विकासमान विचारधारा का ज्ञान हो सकता है। भगतसिंह लिखित बिस्मिल के परिचय में जिस **बोल्शेविकों के काम** का उल्लेख है वह यही पुस्तक है। उसके लेखक 'प्रोफेसर राम' हैं। 'राम' की ओर से पुस्तक परिचय में कहा गया है : "यूरोपीय युद्ध समाप्त हो गया किन्तु अपने पीछे ऐसी शक्ति छोड़ गया जिसने सारे संसार में हलचल मचा रखी है। संसार की शक्ति बोल्शेविकों से भयभीत हो रही है। लोग इस शक्ति पर बड़ी-बड़ी आशाएँ बाँध रहे हैं।" यह शक्ति युद्ध के बाद नहीं पैदा हुई। "बोल्शेविक सिद्धान्तों का प्रचार रूस में युद्ध के बहुत पहले से था। वहाँ एक राजद्रोही निहिलिस्ट दल था। इसी दल के कार्य का यह परिणाम हुआ कि रूस भर में प्रजा सत्ता की दुहाई फिर दी गयी।" इनका दमन करने के लिए बड़े उपाय किये गये पर ये लड़ते रहे "बम फेंके, डाइनामाइट लगाये, हत्याएँ कीं," रूस में क्रान्ति इन्होंने की और वे बोल्शेविक नाम से विख्यात हुए। "युद्ध काल में क्रान्ति कराना इन्हीं का काम था। अन्त में जब उनके सिद्धान्तों की विजय हुई तो अपनी शक्ति का संगठन कर रूस में प्रजातन्त्र स्थापित किया जो आज बोल्शेविक नाम से सारे संसार में हलचल मचा रहा है।" यहाँ बिस्मिल ने निहिलिस्टों और बोल्शेविकों को मिलाकर एक कर दिया है।

पुस्तक में निहिलिस्ट हर तरह की राज्यसत्ता के विरोधी हैं। अतः उनके कार्यक्रम में कहा गया है : "राज्यसत्ता को नष्ट किये बिना जनता का कल्याण नहीं हो सकता।"[44] ज़ार को जब सिंहासन छोड़ने को विवश किया गया, तब देश में कई दल हो गये; इनमें दो प्रधान थे—एक राज्यसत्तावादी, दूसरा प्रजासत्तावादी। बिस्मिल का संकेत करेंस्की और लेनिन के दलों की ओर है। एक है राज्यसत्तावादी तो दूसरा दल हुआ अराजकतावादी। बिस्मिल के लिए वही बोल्शेविक दल भी है। प्रजासत्ता और बोल्शेविज्म में भेद यह है। "दूसरा दल बोल्शेविक कहलाया क्योंकि बोल्शेविक एक रूसी भाषा के शब्द 'बोलशाया' से बना है जिसके अर्थ हैं 'बहुजन समाज' अतएव

बोल्शेविज्म का अर्थ हुआ 'बहु समाज का अधिकार' (,) इसमें जो योग दे वह 'बोल्शेविक'... ।"[45] बिस्मिल रूस की सोशल डिमोक्रैटिक पार्टी के विघटन, बोल्शेविकी और मेंशेविकों के रूप में उसके विभाजन से परिचित नहीं थे, पर बोल्शेविक का सम्बन्ध बहुलता से है, उनकी यह भाषा वैज्ञानिक पहचान सही है और रूसी जनता के इतिहास से उनकी गहरी दिलचस्पी का प्रमाण है।

लेकिन बोल्शेविकों के काम से बिस्मिल प्रसन्न नहीं हैं। "बोल्शेविक जन-साधारण में समानाधिकार तथा श्रमजीवियों के उत्थान की दुहाई देकर लोगों को अपने जाल में फँसाने का बड़ा भारी यत्न कर रहे हैं और इसी के प्रचार पर वे अपनी विजय निर्भर समझते हैं" किन्तु यह सब हैं—दूर के ढोल सुहाने वाली कहावत के समान। खतरा यह है कि "कहीं भारतवर्ष के श्रमजीवी भी बोल्शेविक लहर का स्वागत करने को उद्यत न हो जाएँ, वह दिन भारत की रही-सही समृद्धि का नाशक होगा, जिस दिन यहाँ भी ऐसे विचार पैदा होंगे। क्योंकि आज तक हमने प्रकृतिवादी (अर्थात् भौतिकवादी) यूरोप का अनुकरण कर अपनी दशा ऐसी हीन बना ली है कि आत्मिक ज्ञान तथा मोक्ष की प्राप्ति के सारे उद्योगों को छोड़ संसार की दिखावटी बातों में फँस गये।

यह सब आत्मकथा में बदल गया है। **बोल्शेविकों की करतूत** 'उपन्यास' है, उसका अराजकतावादी नायक एक राजकुमारी का प्रेमी भी है!

क्रान्ति के नये रास्ते

आत्मकथा के एक पैराग्राफ में बिस्मिल ने 1857 का ग़दर, अमरीका तथा फ्रांस की क्रान्तियाँ, रूस की फरवरी क्रान्ति, फिर समाजवादी क्रान्ति—इन सब का जिक्र एक साथ किया है। उनके तथा अन्य क्रान्तिकारियों के विचारों में जो परिवर्तन हो रहा था, उसकी बहुत अच्छी जानकारी इस पैरा से होती है। शुरुआत इस बात से करते हैं कि क्रान्ति का नाम ही भयंकर होता है। विपक्षी उससे डरते हैं यद्यपि उसका होना अनिवार्य होता है। "जहाँ पर रात्रि होती है तो दिन का आगमन जान निशिचरों को दुख होता है।"[46] ऐसे निशाचरों में अमीर और ज़मींदार हैं। पशु-पक्षी तक ठण्डे या गरम जलवायु के आदी होते हैं। मनुष्य का स्वभाव उसके अभ्यासों (अर्थात् कर्मों) से बनता है। उस स्वभाव के विपरीत कोई बात होती है तो उसे डर लगता है। आगे कहते हैं :

'इसके अतिरिक्त प्रत्येक सरकार के सहायक अमीर और ज़मींदार होते हैं। ये लोग कभी नहीं चाहते कि उनके ऐशो-आराम में किसी प्रकार की बाधा पड़े। इसलिए ये हमेशा क्रान्तिकारी आन्दोलन को नष्ट करने का प्रयत्न करते हैं। यदि किसी प्रकार दूसरे देशों की सहायता लेकर समय पाकर क्रान्तिकारी दल उद्योग में सफल हो जाए, देश में क्रान्ति हो जाए तो भी योग्य न होने से अराजकता फैला कर व्यर्थ की नर हत्या होती है और इस प्रयत्न में अनेक सुयोग्य वीरों तथा

विद्वानों का नाश हो जाता है, जिसका ज्वलन्त उदाहरण 1857 का ग़दर है। यदि फ्रांस तथा अमरीका की भाँति क्रान्ति द्वारा राजतन्त्र को पलट कर प्रजातन्त्र भी कर लिया जाए तो बड़े-बड़े धनी पुरुष अपने धन-बल से सब प्रकार के अधिकारों को दबा बैठते हैं। कार्य-कारिणी समितियों में बड़े-बड़े अधिकार धनियों को प्राप्त हो जाते हैं। देश के शासन में धनिकों का मत ही उच्च आदर पाता है। धन-बल से देश के समाचार-पत्रों, कल-कारख़ानों तथा खानों पर उनका ही अधिकार होता है। मजबूरन जनता की अधिक संख्या धनियों का समर्थन करने को बाध्य हो जाती है। जो दिमाग वाले होते हैं; वे भी समय पाकर बुद्धिबल से जनता की खरी कमाई से प्राप्त किये अधिकारों को हड़प बैठते हैं। स्वार्थ के वशीभूत श्रमजीवियों तथा कृषकों को उन्नति का अवसर नहीं देते। अन्त में ये लोग भी धनिकों के पक्षपाती होकर राजतन्त्र के स्थान में धनिकतन्त्र की स्थापना करते हैं। रूसी क्रान्ति के पश्चात् यही हुआ था। रूस के क्रान्तिकारी इस बात को पहले से ही जानते थे। अतएव उन्होंने राज्यसत्ता के विरुद्ध युद्ध करके राजतन्त्र की समाप्ति की। इसके बाद जैसे ही धनी तथा बुद्धिमानों ने अड़ंगा लगाना चाहा कि उसी समय उनसे भी युद्ध करके उन्होंने वास्तविक प्रजातन्त्र की स्थापना की।"[47]

अभ्यासों से मनुष्य की प्रकृति बनती है। "मनुष्य अभ्यासों का समूह है"। भौतिक परिस्थितियों के अनुसार मनुष्य जैसा कार्य करता है, वैसा ही उसका स्वभाव हो जाता है। इसी सिद्धान्त के अनुसार ऐशो-आराम में दिन बिताने वाले रईस और ज़मींदार क्रान्तिकारी आन्दोलन को नष्ट करने का प्रयत्न करते हैं। इनके भरोसे क्रान्ति सफल नहीं हो सकती। क्रान्ति का अर्थ अराजकता नहीं है। अराजकता में व्यर्थ की नरहत्या होती है। सुयोग्य वीरों तथा विद्वानों का नाश हो जाता है अर्थात् जो वीर और विद्वान-क्रान्तिकारी आन्दोलन को आगे बढ़ा सकते हैं, वे अराजक कार्यों में फँसकर प्राण गँवाते हैं। बिस्मिल ने ग़दर को इसका ज्वलन्त उदाहरण माना है। ग़दर में किसानों और सैनिकों की संगठन-शक्ति, उनके द्वारा स्थापित राज्यसत्ता के प्रगतिशील स्वरूप की सही जानकारी अब भी बहुत कम है, उस समय और भी कम थी। इसलिए अराजकता के उदाहरणस्वरूप उन्होंने ग़दर का उल्लेख किया तो यह आश्चर्य की बात नहीं है। मार्के की बात यह है कि उन्होंने उसे संसार की अन्य प्रसिद्ध क्रान्तियों के साथ याद किया है और ऐसा करने वाले मेरी जानकारी में वह पहले लेखक हैं। वास्तव में ग़दर का महत्त्व इन क्रान्तियों में विभिन्न वर्गों की कार्यवाही के अध्ययन से ही जाना जा सकता है। फ्रांस में राजतन्त्र को उलटकर प्रजातन्त्र बना लिया गया। वहाँ बादशाही थी, उसे खत्म कर दिया गया। पर ऐसा ही काम अमरीका में हुआ। अमरीका में तो बादशाही थी नहीं। बिस्मिल का आशय अमरीकी उपनिवेशों के उस स्वाधीनता संग्राम से है जिसने ब्रिटेन के बादशाह के आधिपत्य को ख़त्म किया था।

लेकिन फ्रांस हो या अमरीका, राजतन्त्र की जगह जो प्रजातन्त्र कायम हुआ, वह वास्तव में धनिकतन्त्र था। इसे हम पूँजीवादी जनतन्त्र (बुर्जुआ डिमोक्रेसी) कहते हैं। इस जनतन्त्र की विशेषता यह है शासनतन्त्र का संचालन करने वाली समितियों पर धनपतियों का नियन्त्रण होता है, शासन में उन्हीं के मत का आदर होता है। जो उत्पादन के साधन हैं, ख़ानें, कल-कारख़ाने आदि इन पर उनका स्वामित्व होता है। समाचारपत्रों और प्रचार के साधनों पर उनका अधिकार होता है। अधिकांश जनता उनका समर्थन करने को बाध्य होती है। इसलिए पूँजीवादी जनतन्त्र में कहने को जनता स्वतन्त्र होती है, वास्तव में वह पूँजीपतियों की सत्ता के आगे परतन्त्र होती है। जो दिमाग वाले होते हैं (बुद्धिजीवी, इण्टलीजेंशिआ) वे भी जनता के अधिकारों को हड़प जाते हैं। इस तरह श्रमजीवियों तथा कृषकों को उन्नति का अवसर नहीं मिलता। रूसी क्रान्ति (फरवरी क्रान्ति) के बाद सत्ता पूँजीपतियों ने हथिया ली। रूस के जो क्रान्तिकारी यह बात पहले से ही जानते थे, वे बोल्शेविक थे। उन्होंने राजसत्ता से युद्ध किया, बुद्धिजीवियों और पूँजीपतियों के विरोध को खत्म किया और इस तरह उन्होंने **वास्तविक प्रजातन्त्र** कायम किया। एक है पूँजीपतियों का प्रजातन्त्र, दूसरा है श्रमिक जनता का प्रजातन्त्र। पूँजीवादी जनतन्त्र की जगह रूसी क्रान्तिकारियों ने लोकवादी जनतन्त्र कायम किया।

सन् 1922 से 27 तक रामप्रसाद बिस्मिल ने एक लम्बी वैचारिक यात्रा पूरी की थी। इन दिनों रूसी क्रान्ति से सम्बन्धित अनेक हिन्दी पुस्तकें छपी थीं। बिस्मिल अवश्य ही इनमें से कुछ से परिचित रहे होंगे। उनके आगे की कड़ी हैं भगतसिंह।

भगतसिंह और बटुकेश्वरदत्त की ओर से 19 अक्तूबर, 1929 को पंजाब छात्र संघ के अधिवेशन को भेजे गये पत्र में कहा गया था :

"इस समय हम नौजवानों से यह नहीं कह सकते कि वे बम और पिस्तौल उठाएँ। आज विद्यार्थियों के सामने इससे भी महत्त्वपूर्ण काम है। आनेवाले लाहौर अधिवेशन में कांग्रेस देश की आज़ादी के लिए जबरदस्त लड़ाई की घोषणा करने वाली है—नौजवानों को क्रान्ति का यह सन्देश देश के कोने-कोने में पहुँचाना है, फैक्टरी, कारख़ानों के क्षेत्रों में गन्दी बस्तियों और गाँवों की जर्जर झोंपड़ियों में रहने वाले करोड़ों लोगों में इस क्रान्ति की अलख जगानी है, जिससे आज़ादी आएगी और तब एक मनुष्य द्वारा दूसरे मनुष्य का शोषण असम्भव हो जाएगा।"[48] क्रान्तिकारी आन्दोलन की नयी दिशा यहाँ स्पष्ट हो जाती है।

भारत में अपने हितों की रक्षा के लिए अंग्रेजों ने यहाँ बार-बार हिन्दू-मुस्लिम दंगे आयोजित किये। सन् 1857 में भी उन्होंने यह प्रयत्न किया था पर असफल हुए थे। बीसवीं सदी में वे बार-बार सफल हुए। दंगे रोकने के लिए अन्धविश्वासों के विरुद्ध आन्दोलन चलाना जरूरी था। जिस नौजवान भारत सभा के महासचिव भगतसिंह और प्रचारमन्त्री भगवतीचरण बोहरा थे, उसके घोषणापत्र में कहा गया था :

"धार्मिक अन्धविश्वास और कट्टरपन हमारी प्रगति में बहुत बड़े बाधक हैं। वे हमारे रास्ते के रोड़े साबित हुए हैं और हमें उनसे हर हालत में छुटकारा पा लेना चाहिए। 'जो चीज़ आज़ाद विचारों को बर्दाश्त नहीं कर सकती, उसे समाप्त हो जाना चाहिए।' इसी प्रकार की और भी बहुत-सी कमजोरियाँ हैं जिन पर हमें विजय पानी है। हिन्दुओं का दकियानूसीपना और कट्टरपना, मुसलमानों की धर्मान्धता तथा दूसरे देशों के प्रति लगाव और आम तौर पर सभी सम्प्रदायों के लोगों का संकुचित दृष्टिकोण आदि बातों का विदेशी शत्रु हमेशा लाभ उठाता है। इस काम के लिए सभी समुदायों के क्रान्तिकारी उत्साह वाले नौजवानों की आवश्यकता है।"[49] नवजागरण तभी सार्थक होता है, जब वह धार्मिक अन्धविश्वासों का निर्मूल करे। इन अन्धविश्वासों से लड़े बिना दंगे नहीं रोके जा सकते और दंगे रोके बिना स्वाधीनता-आन्दोलन शक्तिशाली नहीं हो सकता, स्वाधीन भारत का निर्माण नहीं हो सकता। पर कितना भी प्रचार किया जाए, यह नवजागरण तब तक सफल नहीं हो सकता जब तक कि उसके साथ किसानों और मजदूरों का वर्ग-संघर्ष न जुड़े। भगतसिंह और उनके साथियों को इस बात का श्रेय है कि उन्होंने असाम्प्रदायिक चेतना को खत्म करने के लिए वर्गचेतना के प्रसार पर जोर दिया था। जून 1927 की 'किरती' में प्रकाशित लेख में कहा गया है :

"लोगों को परस्पर लड़ने से रोकने के लिए वर्ग-चेतना की ज़रूरत है। गरीब मेहनतकशों व किसानों को स्पष्ट समझा देना चाहिए कि तुम्हारे असली दुश्मन पूँजीपति हैं, इसलिए, तुम्हें इनके हथकण्डों से बचकर रहना चाहिए और इनके हत्थे चढ़ कुछ न करना चाहिए... जो लोग रूस का इतिहास जानते हैं, उन्हें मालूम है कि जार के समय वहाँ भी ऐसी ही स्थितियाँ थीं, वहाँ भी कितने ही समुदाय थे जो परस्पर जूत-पतांग करते रहते थे। लेकिन जिस दिन से वहाँ श्रमिक शासन हुआ है, वहाँ नक्शा ही बदल गया। अब वहाँ कभी दंगे नहीं हुए।"[50]

साम्प्रदायिक दंगों वाले भारत का नक्शा भी बदला जा सकता है। किसानों और मजदूरों के संघर्षों द्वारा उनकी वर्गचेतना के परिष्कार द्वारा, उनकी देशभक्ति की चेतना के उभार द्वारा।

भगतसिंह की पत्रकारिता

पंजाबी और हिन्दी की पत्रकारिता से भगतसिंह का घनिष्ठ सम्बन्ध था। पंजाबी पत्र 'किरती' में उन्होंने क्रान्तिकारियों पर कई लेख लिखे थे। इनके हिन्दी रूपान्तर **भगतसिंह और उनके साथियों के दस्तावेज़** पुस्तक में दिये हुए हैं। इसमें उनके अनेक हिन्दी लेख भी शामिल किये गये हैं। इनमें कालक्रम विचार से पहला लेख "विश्वप्रेम" पर है और वह **मतवाला** में छपा था। लेख के साथ उक्त पुस्तक के सम्पादकों की यह टिप्पणी है : "बलवन्तसिंह के छद्मनाम से लिखा गया भगतसिंह का यह लेख

कलकत्ता से प्रकाशित साप्ताहिक 'मतवाला' (वर्ष : 2, अंक सं. 13-14) के दो अंकों में छपा था। इन अंकों की तारीखें क्रमशः 15 नवम्बर 1924 एवं 22 नवम्बर 1924 थी।"[51] भगतसिंह का जन्म 4 सितम्बर 1907 को हुआ था। इस तरह जब वह सत्रह के थे, तबसे हिन्दी में लेख लिखने लगे थे। उनका इससे पहले का और कोई लेख दस्तावेज़ों के संग्रह में नहीं है। पंजाब की भाषा और लिपि की समस्या पर उन्होंने हिन्दी में जो लेख 1924 में लिखा था, वह 1931 में **हिन्दी सन्देश** में छपा था। सूफी अम्बाप्रसाद पर भी उन्होंने अपना लेख 1924 में लिखा था। वह **प्रभा** में 1925 में छपा था। इस लेख में उनके सामने क्रान्ति का अराजकतावादी रूप है। कहते हैं : 'हमें प्रचार करना होगा समता-समानता का। अत्याचार करना होगा उन पर जो उससे इनकारी हों। अराजकता फैलानी होगी उन राज्य साम्राज्यों के स्थान पर जो शक्तिमद से अन्धे होकर करोड़ों की पीड़ा का कारण हो रहे हैं। क्या लोग उसके लिए तैयार है?"[52] इन वाक्यों से लगता है कि क्रान्तिकारी आन्दोलन के सिद्धान्त-पक्ष से भगतसिंह को शुरू से ही दिलचस्पी थी। अराजकता का अर्थ है राज्यसत्ता का अभाव। जहाँ राज्य साम्राज्य है, वहाँ अराजक समाज कायम करने हैं। तभी समता-समानता वाली व्यवस्था में मनुष्य अत्याचारों से मुक्त होंगे। इसके साथ ही पहला और प्रधान लक्ष्य देश को आज़ाद करना है। आज़ाद हुए बिना विश्वबन्धुत्व की बातें करना व्यर्थ है, उन दिनों विश्वबन्धुत्व की बातें कई बड़े-बड़े आदमी करते थे। इन्हीं को मानो ललकारते हुए भगतसिंह कहते हैं :

"आये! कौन माता का लाल सच्चे हृदय से विश्वबन्धुता का इच्छुक है। कौन है समस्त संसार के लिए अपने सुख का बलिदान करने वाला!"

"कोई गुलाम जाति इस उच्चतम सिद्धान्त का नाम तक लेने की अधिकारिणी नहीं है। एक गुलाम मनुष्य पददलित मनुष्य, पैरों तले रौंदे जाने वाला मनुष्य यदि कहे, "मैं विश्वबन्धुता का अनुगामी हूँ, Universal brotherhood का पक्षपाती हूँ, इसलिए इन अत्याचारों का प्रतिकार नहीं करता"– तो उसका कथन क्या मूल्य रख सकता है? कौन सुनेगा उसके इस कायरतापूर्ण वाक्य को?"[53] अंग्रेजी राज में सुख-सुविधा का जीवन बिताना और विश्व प्रेम के गीत गाना भगतसिंह की निगाह में कायरता है।

उनका दूसरा लेख 'युवक' अगले साल **मतवाला** में ही छपा था। इससे **मतवाला मण्डल** के प्रमुख सदस्य शिवपूजन सहाय सम्बद्ध थे। दस्तावेज़ के सम्पादकों ने आलोचना में प्रकाशित शिवपूजन सहाय की डायरी से एक अंश उद्धृत किया है। इसके अनुसार भगतसिंह ने लाहौर से भेजा था, लेखक के नाम की जगह बलवन्तसिंह छापने को लिखा था। शिवपूजन सहाय ने उसे "सँवार-सुधार कर" छापा था और 'युवक साहित्य' में संकलित भी किया था। लेख 16 मई 1925 के अंक में छापा था। सँवारने-सुधारने के चिह्न कई जगह बहुत साफ़ उभर आये हैं,

न केवल शिवपूजन सहाय के वरन् निराला के अलंकृत गद्य की छाप इन चिह्नों पर है। यथा—

'युवक ही रणचण्डी के ललाट की रेखा है। युवक स्वदेश की यशदुन्दुभि का तुमुल निनाद है। युवक ही स्वदेश की विजय-वैजयन्ती का सुदृढ़ दण्ड है। वह महासागर की उत्ताल तरंगों के समान उद्दण्ड है। वह महाभारत के भविष्य पर्व की पहली ललकार के समान विकराल है। प्रथम मिलन के स्फीत चुम्बन की तरह सरस है, रावण के अहंकार की तरह निर्भीक है, प्रह्लाद के सत्याग्रह की तरह दृढ़ और अटल है'।[54] इससे पहले 'विश्व प्रेम' का जो अंश ऊपर उद्धृत किया गया है, उसमें भगतसिंह की सहज ओजपूर्ण शैली के दर्शन होते हैं। इस शैली को सजाने-सँवारने की ज़रूरत न थी।

अप्रैल 1925 की **प्रभा** में 'स्वर्गीय देशभक्त सूफी अम्बाप्रसाद' लेख छपा है। लेखक हैं 'अज्ञात' अज्ञात के ही नाम से यह लेख **चाँद** के फाँसी अंक (नवं. 1928) में प्रकाशित हुआ है। दिनेश शर्मा का विचार है कि यह लेख 'बिस्मिल' का लिखा हुआ है। **प्रभा** का ही लेख कुछ संक्षिप्त करके और जहाँ-तहाँ कुछ परिवर्तन करके चाँद में छापा गया है, इसमें सन्देह नहीं है। जगमोहन सिंह और चमन लाल ने उसे भगतसिंह का लेख मानकर **दस्तावेज़ संग्रह** में शामिल किया है। यह लेख बहुत महत्त्वपूर्ण है। इसमें पहली बार पंजाब के क्रान्तिकारी आन्दोलन का अध्ययन किया गया है। हिन्दी में बंगाल के क्रान्तिकारी आन्दोलन पर काफी सामग्री सुलभ थी, पंजाब के बारे में जानकारी बहुत कम थी। जो लोग **चाँद** के फाँसी अंक में या **दस्तावेज़ संकलन** में यह लेख पढ़ें, उन्हें पूरी जानकारी के लिए प्रभा में अथवा दिनेश शर्मा की **रामप्रसाद 'बिस्मिल' रचनावली** में उसका मूल रूप अवश्य देखना चाहिए।

मूल पाठ में एक उल्लेखनीय वाक्य यह है : "आज सन् 1924 में उनके उस समय के लेख पढ़ जाइए, उनमें उन्नीसवीं शताब्दी की गन्ध नहीं आएगी।"[55] जो व्यक्ति पंजाब के क्रान्तिकारी आन्दोलन से और अम्बा प्रसाद की रचनाओं से अच्छी तरह परिचित हो, वही ऐसा वाक्य लिख सकता था। यह वाक्य **चाँद** और **दस्तावेज़** में नहीं है। लेख लिखा गया था 1924 में छपा, सन् 25 में। भगतसिंह ने **मतवाला** के लिए पहले लिखा या **प्रभा** के लिए, यह कहना कठिन है। यह निश्चित है कि सन् 24 में वह **प्रभा** और **मतवाला** दोनों से सम्पर्क बनाये हुए थे। **प्रभा** में सूफी अम्बाप्रसाद का चित्र छपा था। वह ईरान में खींचा गया था। घटना यों हुई : 'एक फोटोग्राफर ने उन्हें अपने घर में आश्रय दिया। बहुत देर वहीं रहे परन्तु पीछे वह सपरिवार जेल में भेज दिया गया। (यह चित्र **प्रभा** के मुखपृष्ठ पर दिया जा रहा है, उन्हीं फोटोग्राफर द्वारा प्राप्त हुआ था और यह है भी ईरानी वेष में ही)।[56] ये वाक्य **चाँद** और **दस्तावेज़** में नहीं है और इन दोनों में वह चित्र भी नहीं है। वीरेन्द्र सिन्धु ने ईरानी वेष में सूफी अंब प्रसाद का वह चित्र **युगद्रष्टा भगतसिंह** में दिया और उन्हीं

की स्मृतियों को अपनी पुस्तक समर्पित की है। अवश्य ही यह चित्र भगतसिंह के वंश की सम्पत्ति का महत्त्वपूर्ण अंश रहा है। भगतसिंह से ही वह **प्रभा** के सम्पादकों (गणेश शंकर विद्यार्थी या बालकृष्ण शर्मा नवीन) को प्राप्त हो सकता था। जब परिवर्तित रूप से वह लेख चाँद में छपा, तब किसी कारण वह भगतसिंह को सुलभ नहीं था। सूफी अम्बाप्रसाद का वह चित्र "उन्हीं फोटोग्राफर से प्राप्त हुआ था किसे प्राप्त हुआ था? उन्हीं को जो उनके साथ ईरान गये थे—सरदार अजीतसिंह को।

प्रभा वाले लेख में कहा गया है: "पैर में लेखनी पकड़ कर बड़ी अच्छी तरह लिख सकते थे। उस दिन एक महाशय कह रहे थे कि मुझे उन्होंने पैर से लिखकर नुस्खा दिया था।"[57] सूफी अम्बाप्रसाद को जो लोग जानते-पहचानते थे, उन्हीं की बातें सुनकर ये वाक्य लिखे जा सकते थे। (ये वाक्य भी **चाँद** और **दस्तावेज़** में नहीं हैं)। सूफी अम्बाप्रसाद का दाहिना हाथ जन्म से कटा हुआ था। उस हाथ के काम वे बायें हाथ से या पैर से पूरे करते थे। मेरा अनुमान है कि **प्रभा** के लेख को काट-छाँट कर भगतसिंह ने ही **चाँद** के लिए तैयार किया था। काँट-छाँट ज्यादा है, जोड़ने का काम कम है। पर एक जगह यह जोड़ने का काम भगतसिंह के हस्ताक्षर जैसा है। 'शीराज पर घेरा डाला गया। उसी समय सूफी जी ने बायें हाथ से रिवाल्वर चला कर मुकाबला किया था, परन्तु अन्त में आप अंग्रेजों के हाथ आ गये।" बायें हाथ से रिवाल्वर चलाने की बात **प्रभा** में नहीं है। परिवार से प्राप्त अपनी व्यक्तिगत जानकारी के आधार पर भगतसिंह ने उसे **लेख के चाँद में** छपते समय जोड़ा है।

जन-आन्दोलनों की भूमिका

पंजाब के क्रान्तिकारियों पर चाँद के फाँसी अंक में कई लेख छापे गये। उतने लेख अन्य प्रान्तों के क्रान्तिकारियों पर कुल मिलाकर भी नहीं छपे। ये लेख भगतसिंह या उनके भगवती चरण बोहरा जैसे किसी साथी के सहयोग के बिना न छप सकते थे। इस लेखमाला की पहली कड़ी है सूफी अम्बाप्रसाद पर भगतसिंह का लेख। अवध बिहारी, भाई बालमुकुन्द, भाई भागसिंह, आदि क्रान्तिकारी पंजाब के हैं, क्रान्तिकारियों पर लेखों से अधिक महत्त्वपूर्ण उनके चित्र हैं। पंजाब के क्रान्तिकारियों के इतने चित्र वहाँ कोई क्रान्तिकारी परिवार ही इकट्ठे कर सकता था। इन चित्रों के संग्रह पर ध्यान दें तो यह सम्भावना और पुष्ट होती है कि ये लेख भगतसिंह ने लिखे थे। ऐसा लगता है, **चाँद** के सम्पादक अन्य प्रान्तों के क्रान्तिकारियों पर लिखने वाले पूरी तरह खोज नहीं पाये। गेंदालाल दीक्षित पर लेख तो **प्रभा** (सितम्बर 1924) से लिया गया है। पंजाब के जिन क्रान्तिकारियों के बारे में जानकारी थी, उनका वृत्तांत लिखा गया है; जिनके बारे में कुछ जानकारी न मिली पर चित्र सुलभ थे, उनके चित्र छाप दिये गये हैं।

फ़िरोज़पुर ज़िले में एक गाँव के पास थानेदार मारा गया। इसके लिए काशीराम

और रहमत अली शाह को फाँसी दी गयी। थानेदार को मारा किसी और ने था, फाँसी इन दोनों को मिली। काशीराम के परिचय के साथ उनका चित्र है; रहमत अली शाह के चित्र के नीचे लिखा है : "आपको काशीराम के साथ ही फाँसी हुई थी। आप उन्हीं सात में एक हैं जिन्हें बाद में जज ने स्वयं निर्दोष माना था। बहुत खोज करने पर भी आपका जीवन-चरित्र नहीं प्राप्त हुआ।"[58] इसी तरह केहरसिंह और जीवनसिंह के चित्रों के नीचे लिखा है : "आपका जीवन चरित्र बहुत प्रयत्न करने पर भी न प्राप्त हो सका।"[59] कर्तारसिंह के चित्र के बारे में **दस्तावेज़** के सम्पादकों ने लिखा है : "शहीद कर्तारसिंह सराभा का चित्र भगतसिंह अपने पास रखते थे और कहा करते थे यह मेरा गुरु साथी व भाई है।"[60] इनका जो चित्र चाँद में छपा है, वह वही होगा जिसे भगतसिंह अपने पास रखते थे। वह क्रान्तिकारियों के जीवन वृत्तान्त इकट्ठे कर रहे थे, साथ ही उनके चित्र भी खोज-खोज कर सँजोते जाते थे। यद्यपि ये वृत्तान्त अलग-अलग लोगों के हैं, फिर भी वे एक ही क्रान्तिकारी आन्दोलन के इतिहास के अंश हैं। भगतसिंह ने अन्य देशों और भारत के अन्य प्रदेशों के क्रान्तिकारियों के जीवन का अध्ययन किया था; पर उन्होंने सबसे ज्यादा ध्यान पंजाब के क्रान्तिकारियों की ओर दिया था।

महारथी (फरवरी, 1928) में प्रकाशित 'कूका विद्रोह' निबन्ध में उन्होंने लिखा है : 'कूका आन्दोलन का इतिहास आज तक लोगों के सामने नहीं आया'।[61] भगतसिंह आन्दोलन की बात कर रहे हैं, उसका इतिहास लिखने की बात सोच रहे हैं। इस आन्दोलन में केवल सशस्त्र विद्रोह नहीं है, निःशस्त्र जन-आन्दोलन भी है। 1928 तक भगतसिंह सार्वजनिक आन्दोलन को कितना महत्त्वपूर्ण समझने लगे थे, यह उनके इस विवरण से ज्ञात होगा। गुरु रामसिंह के बारे में उन्होंने लिखा है : "उन्होंने उस समय ठीक उसी असहयोग का प्रचार आरम्भ कर दिया, जो 1920 में महात्मा गाँधी ने किया। उनका असहयोग महात्मा जी के असहयोग से भी कई बातों में बढ़-चढ़कर था। अदालतों के बहिष्कार, अफगनी पंचायतों के संस्थापन, सरकारी शिक्षा के बहिष्कार, विदेशी सरकार के पूर्ण बहिष्कार के साथ ही साथ रेल, तार तथा डाक के बहिष्कार का प्रचार भी हुआ। उस समय देश आज की तरह निर्जीव होकर उन वस्तुओं पर इतना निर्भर हो गया था कि उनके बहिष्कार की कल्पना भी न कर पाता। प्रत्युत उन्होंने डाक का अपना प्रबन्ध इतना अच्छा कर लिया था कि 'उनकी डाक सरकारी डाक से भी जल्दी पहुँच जाती थी'। (टिप्पणी : भाई परमानन्द के एक लेख के आधार पर) इस सबके साथ सादा वेश तथा स्वदेशी वस्त्र पहनने का जोर से उपदेश होता था।"[62] अंग्रेज इस आन्दोलन से घबरा गये। भगतसिंह ने इस प्रसंग में पंजाब के चीफ सेक्रेटरी फार साइथ का यह कथन उद्धृत किया है : "1863 में ही मैं इस आन्दोलन की तह तक पहुँच गया था और समझ गया था कि यह क्या भीषण परिणाम ला सकता है। अतः मैंने उनके प्रचार पर बहुत से

बन्धन लगा दिये थे, जिससे उनके प्रचार कार्य की गति कुछ हद तक रुक गयी।"[63]

यहाँ 1863 का वर्ष ध्यान देने योग्य है। ग़दर 1859 में समाप्त हुआ। चार साल बाद ही यह विदेशी वस्तुओं के बहिष्कार और सरकारी संस्थाओं से असहयोग का आन्दोलन शुरू हो गया। 1872 में कूका विद्रोह हुआ। जो लोग स्वदेशी का आन्दोलन चलाते थे, वे सशस्त्र विद्रोह भी कर सकते थे। उनका यह कार्य छोटे पैमाने पर हुआ और सफल रहा था। यही कार्य अमरीका में बड़े पैमाने पर हुआ था और सफल रहा था। 1917 सन् के बाद रूसी क्रान्ति और समाजवाद की चर्चा भारत की अनेक भाषाओं में हुई, हिन्दी में भी हुई। इस चर्चा के कई पक्ष थे। इनमें दो विशेष महत्त्वपूर्ण थे : क्रान्ति किसानों और मजदूरों ने की; पूँजीवादी राज्य सत्ता की जगह किसानों और मजदूरों का राज्य कायम हुआ। किसानों और मजदूरों का संगठन लेनिन की बोल्शेविक पार्टी ने किया था। इससे नतीजा यह निकलता था कि भारत के क्रान्तिकारियों को भी अपने लक्ष्य तक पहुँचने के लिए किसानों और मजदूरों को संगठित करना होगा। रूसी क्रान्ति और साम्यवाद पर पुस्तकें लिखने वाले अक्सर बता देते हैं कि बोल्शेविज्म भारत के लिए उपयुक्त नहीं है पर उसका चित्रण इस तरह करते हैं कि पढ़ने वाले की सहानुभूति उसके साथ हो जाए।

हिन्दी लेखक और रूसी क्रान्ति

रामचन्द्र वर्मा ने **साम्यवाद** (हिन्दी ग्रन्थ रत्नाकर, बम्बई : 1919) में लिखा : "बोल्शेविज्म हम भारतवासियों की प्रवृत्ति और प्रकृति के ही प्रतिकूल है"(पृ. 453)। लेकिन जिस यूरोप में धन ही सब कुछ था, वहाँ बोल्शेविक पार्टी ने धनी वर्ग की दुनिया उलट कर नये जीवन मूल्य स्थापित किये। वर्मा जी ने लिखा है : "यह बड़ी विचित्र बात है कि विषयसुख के साधनों का ही विस्तार करने को सभ्यता मानने वाले पाश्चात्य संसार में एक देश ऐसा भी है, जहाँ धनी की कोई प्रतिष्ठा नहीं और गरीबों का सब कुछ है, रूस में देश शासन का अधिकार गरीबों के ही हाथ में है।" (पृ. 412)

सन् 1919 में ही प्रताप पुस्तकालय कानपुर से "(सामयिक विषयों का एक विद्यार्थी) एक ग्रेजुएट" की **साम्यवाद** पुस्तक छपी। रूस में बोल्शेविकों का लक्ष्य यह है : 'शासन बड़े-बड़े लोगों और धनवानों के हाथ में न रहे किन्तु उनसे छीन कर अधिकांश जनता—गरीब किसानों, मजदूरों और मध्य श्रेणी के लोगों को सौंप दी जाएगा' (पृ. 81)। इनके नेता लेनिन हैं। "उनके दुर्दमनीय साहस, दृढ़ निश्चय और उनकी पूर्ण निस्पृहता के कारण उनके साथी उन्हें अत्यन्त पूज्य भाव से देखते हैं।" (पृ. 83)

रमाशंकर अवस्थी ने **रूस की राज्य क्रान्ति** (1920) में उस क्रान्ति की यह विशेषता बतायी : 'जनता ने बड़े विकट साहस के साथ नवम्बर की क्रान्ति की रचना रची—इस क्रान्ति ने ही जनता के हाथों में शक्ति और संगठन को सौंप दिया। इस अन्तर-क्रान्ति ने रूस में श्रमजीवियों और किसानों को उनकी असली सत्ता दी और

उन्होंने पंचायत शासन की रचना कर के अपनी भूमि पर अपना कब्जा कर लिया और सच्ची स्वाधीनता प्राप्त कर ली'। (पृ. 205)

सन् 1921 में हिन्दी साहित्य मन्दिर आगरा से विनायक सीताराम सरवटे की पुस्तक **बोल्शेविज्म** प्रकाशित हुई। इसमें रूसी क्रान्ति और मार्क्स तथा लेनिन के सिद्धान्तों की चर्चा काफी विस्तार से की गयी है। पुस्तक के अन्त में बताया गया है कि भारत की वर्ण व्यवस्था आदर्श समाज व्यवस्था है पर उसमें दो दोष पैदा हो गये हैं। पहला यह कि "यह व्यवस्था सर्वांश में जन्मसिद्ध बना दी गयी है," दूसरा यह कि "भिन्न-भिन्न वर्गों में ऊँच-नीच का भाव बड़ी तीव्रता से फैल गया है" और उससे आपस में द्वेष का संचार हो गया है (पृ. 184)। यदि ये दोष निकाल दिये जाएँ तो बोल्शेविज्म को भारत में आने से रोका जा सकेगा।

जिस समय बोल्शेविकों ने सत्ता पर अधिकार किया, उस समय शत्रु सेनाएँ हस्तक्षेप कर रही थीं, उत्पादन चौपट हो गया था और हर तरफ अव्यवस्था थी। बोल्शेविकों ने बाहरी और भीतरी शत्रुओं को परास्त किया। "केवल यह नहीं बल्कि देश की जनता में नवीन जीवन का संचार किया, अव्यवस्था में से व्यवस्था निर्माण की, सर्वत्र शान्ति स्थापन की, कारख़ाने शुरू किये, शासन पद्धति को अभीष्ट साँचे में ढाला और अपने तात्त्विक विचारों को दृश्य स्वरूप देना—कार्यरूप में परिणत करना—आरम्भ किया। रूस में और बातें चाहे जैसी हो रही हों, परन्तु यह बात उनके शत्रुओं को भी खेदपूर्वक स्वीकार करनी पड़ती है कि आज वहाँ शान्ति और सुव्यवस्था का राज्य है और शासन यन्त्र नवीन उत्साह के साथ सुचारु रूप से काम कर रहा है। इससे यह स्पष्ट होता है कि बोल्शेविक सरकार को रूसी जनता की काफी सहानुभूति और सहायता होनी चाहिए और जनता में उनके विचारों का प्रसार ही होना चाहिए। दूसरी बात यह है कि इन विचारों में ऐसा अद्भुत सामर्थ्य होना चाहिए जिससे उनके अनुयायियों में उत्साह और कार्यशक्ति निर्माण की जा सके।" (पृ. 123-28)

बोल्शेविक शब्द की व्याख्या करते हुए लिखा है : "इस शब्द की उत्पत्ति Bolshivstro शब्द से हुई है। रूसी भाषा में इसका अर्थ है—मताधिक्य या बहुमत" (पृ. 132)। सन् 1903 में समाजसत्ता दल में विभाजन हुआ : उसमें लेनिन के दल का बहुमत था। अतः वह बोल्शेविक हुआ। इस दल से लेनिन का गहरा सम्बन्ध है। "बोल्शेविज्म शब्द का उच्चारण करते ही लेनिन की मूर्ति आँखों के सामने आ खड़ी होती है। हमारी स्मृति में इन दोनों का सम्बन्ध नित्य-सा हो गया है। और यह उचित भी है। लेनिन ही इस सम्प्रदाय का आदि प्रवर्तक और संचालक है। उसी की कार्यक्षमता और साहस की बदौलत उसका प्रसार हुआ, उसके धुरीणत्व में ही यह दल अधिकाररूढ़ हुआ और आज भी इस सम्प्रदाय का कार्य सामर्थ्य और अन्तःस्फूर्ति लेनिन में केन्द्रीभूत है।" (पृ. 132-133)

ब्रिटिश प्रचार में लेनिन को रक्तपिपासु राक्षस के रूप में चित्रित किया जाता था, उससे पराधीन भारत के एक लेखक का यह मूल्यांकन एकदम भिन्न है। सरवटे ने लेनिन की पुस्तक **राज्यसत्ता और क्रान्ति** (द स्टेट एण्ड रेवोल्यूशन) पढ़ी है, उसके आधार पर उन्होंने लेनिन के सिद्धान्तों का परिचय दिया है। सर्वहारा डिक्टेटरशिप की व्याख्या करते हुए लिखा है : "मजदूरों की वर्तमान गुलामी को नेस्तनाबूद करने के लिए इसके सिवा दूसरी गति नहीं, आज सिर्फ़ मुट्ठी भर धनवान प्रजा की सत्ता समाज पर है। उसके स्थान पर, आगे बहुसंख्यक निर्धन प्रजा सत्ता दूसरे मुट्ठी भर लोगों पर चलेगी।" (पृ. 181)

"भारत और रूस की परिस्थितियों में कुछ महत्त्वपूर्ण अन्तर है। अन्य पश्चिमी देशों की अपेक्षा रूस यद्यपि पिछड़ा हुआ है तथापि भारत की अपेक्षा वहाँ के उद्योग-धन्धों का परिमाण बहुत अधिक है" (पृ. 175-76)। इसके सिवा "यूरोप के अधिकांश देशों की तरह यह देश (भारत) स्वतन्त्र नहीं; यद्यपि उसमें स्वतन्त्रता की लालसा भी उत्पन्न हो गयी है और इसके लिए उसने तीव्र आन्दोलन भी छेड़ रखा है" (पृ. 178)। आयरलैण्ड के उदाहरण से पता चलता है कि एक बार जहाँ "ऐसा घोर आन्दोलन छिड़ा वैसे ही देश की सब शक्तियाँ उसमें लग जाती हैं। दूसरे सब आन्दोलन उसी में मिल जाते हैं। यहाँ भी ज्यों-ज्यों यह स्वातन्त्र्य युद्ध बढ़ता जाएगा त्यों-त्यों निस्सन्देह यही स्थिति प्राप्त होती जाएगी" (पृ. 178)। लेनिनवादियों से भिन्न त्रोत्स्कीवादी छाप के क्रान्तिकारी रूस और भारत की परिस्थितियों के ये भेद बार-बार भूलते रहे हैं। विश्व पैमाने पर बोल्शेविज्म की स्थिति यह है—"बोल्शेविज्म का आन्दोलन अब इसमें सन्देह नहीं कि न तो रुक सकता है और न मर सकता है। पूँजीशाही सारे संसार में फैल गयी है—सब देशों में श्रमजीवी दल का निर्माण हो गया है और हो रहा है और वह इस बात की आवश्यकता समझने लगा है कि अपने उद्धार के लिए स्वयं हमीं को प्रयत्न करना चाहिए। ऐसी दशा में उनके पास बोलशेविज्म के सदृश दूसरा प्रभावशाली उपाय नहीं" (पृ. 171)।

विश्वम्भर नाथ जिज्जा ने **रूस में युगान्तर** (एस.आर. एण्ड कं. कलकत्ता, 1922) में युद्ध से पहले और युद्ध के दौरान यूरोप की राजनीतिक परिस्थितियों का परिचय देने के बाद ज़ारशाही के विरुद्ध पूँजीवादी क्रान्ति और बोल्शेविक क्रान्ति का विस्तार से वर्णन किया है। बोल्शेविक और मेन्शेविक रूसी भाषा के शब्द हैं, जिनका अर्थ है 'बहुमत' और 'लघुमत'। (पृ. 105) इनकी नीति में यह अन्तर था : "मेन्शेविक और अन्य क्रान्तिकारी नेता जो पूँजीवालों के पक्ष में थे, लेनिन ने उनसे अन्तिम बार कहा कि तुम लोग अमीरों का पक्ष छोड़कर मजदूरों के पक्ष में आओ। परन्तु उन नामधारी स्वार्थी नेताओं ने एक न सुनी, वे वैसे ही अमीरों के समर्थक बने रहे। (पृ. 104) मजदूरों और किसानों से बोल्शेविकों का सम्बन्ध इस प्रकार का था : "बोल्शेविक कहते थे, हम ज़मींदारों की ज़मीनें छीन कर किसानों को बाँट देंगे, हम

अमीरों और ताल्लुकेदारों की जायदाद, मिलकियत सब मजदूरों में बाँट देंगे। हम पूँजीवादी का नाम मिटा देंगे, ये मोटी दलीलें पद दलित मजदूर खूब समझता था, और अमीरों का नाश करने के लिए झट क्रान्तिकारी सेना में मिल जाता था।" (पृ. 108) जिज्जा ने रूसी स्त्रियों की दशा में जो परिवर्तन हो रहा था, उस पर विशेष ध्यान दिया है। 'स्त्रियों और बच्चों की रक्षा', बच्चों का पालन-पोषण और उनकी शिक्षा', 'ऐसी स्त्रियों की वीरता', 'बोल्शेविक स्त्रियों की सभा', 'श्रीमती लेनिन रूस की पहली स्त्री'–ये शीर्षक देकर उन्होंने अलग-अलग अध्याय लिखे हैं। लेनिन की पत्नी क्रुप्स्काया का चित्र भी दिया है। लेनिन के विचारों का परिचय देने के अलावा अन्तिम अध्याय 'महर्षि कार्ल मार्क्स' पर है। मार्क्स की विशेषता यह है : "मार्क्स एक महर्षि था, जिसने गरीब दीन-दुखियों को सुखी बनाने के लिए सदा कड़े से कड़े कष्ट झेले। वह साम्य धर्म का प्रचारक था, और उसने बड़ी तीव्र ध्वनि में साम्यवाद का सिंहनाद करके यूरोप को हिला दिया था"। (पृ. 229)

सन् 1922 में ही रमाशंकर अवस्थी की पुस्तक **बोल्शेविक रूस** (साहित्य पुस्तक भण्डार, इटावा) प्रकाशित हुई थी। बोल्शेविज्म की लोकप्रियता का एक कारण यह था कि ब्रिटिश साम्राज्यवाद उससे घबराता था और उसे मिटाने के लिए रूस में दखलन्दाजी कर रहा था। अवस्थी जी ने लिखा था : "बोल्शेविज्म का नाम हमारे पाठक सुन चुके हैं। उन्हें कम से कम यह मालूम है कि इंग्लैण्ड वाले और अन्य साम्राज्यवादी तथा पूँजी के पुजारी लोग 'बोल्शेविज्म' का नाम सुनते ही घबराते हैं। जो पाठक समाचार-पत्र पढ़ते रहते हैं, वे यह भी जानते होंगे कि इसी भय के कारण, कि इंग्लैण्ड में भी कहीं 'बोल्शेविज्म' न फैल जाए, इंग्लैण्ड, रूस के भीतरी मामलों में हस्तक्षेप करके 80 करोड़ पौण्ड खर्च कर चुका है। उसने बोल्शेविक सरकार के शत्रु जनरल डेनकिन, एडमिरल कोलचक तथा जनरल यूडनिच को 35 करोड़ पौण्ड का गोला-बारूद दिया था और गत ब्रिटिश बजट की बहस के समय 15 करोड़ पौण्ड की और सहायता देने की बात कही गयी थी" (पृ. 75)। रूसी क्रान्ति की साम्राज्य विरोधी भूमिका से संसार में दो शिविर बन गये हैं। वामपक्ष के दस्तावेज़ों में जो बात बहुत बार दोहरायी गयी, वह 1922 में यों कही गयी थी :

"जिन मुल्कों में उद्योग-धन्धों की उन्नति हो गयी थी, उन देशों के पूँजीवालों के उकसाने से सरकारों ने विदेशों में व्यापार क्षेत्र बनाने के लिए संसार की शान्ति भंग की। न्याय और अन्याय की तनिक भी परवाह न करके कमज़ोर राष्ट्रों की जनता क्रूर सैनिकता की शिकार बनी और यूरोपीय राष्ट्रों ने कमज़ोर देशों पर विजय प्राप्त करके अपना मतलब सीधा किया–इन सब बातों के कहने का तात्पर्य यह है कि संसार में सामाजिक दृष्टिकोण से दो दल हो गये हैं। एक तो पूँजीवाले और दूसरे गरीबी से तंग आकर पूँजीवालों और फैक्टरियों में काम करने वाले गरीब लोग।" (पृ. 48)

लेनिन और प्रताप का कार्यालय

रमाशंकर अवस्थी ने रूस पर और भी कई पुस्तकें लिखीं। वह कानपुर से प्रकाशित होने वाले पत्र **वर्तमान** के सम्पादक थे। उन दिनों स्वाधीनता आन्दोलन का समर्थक **वर्तमान** बहुत ही लोकप्रिय पत्र था। उग्र साम्राज्य विरोधी चेतना के प्रसार में प्रताप ने महत्त्वपूर्ण भूमिका निबाही। वामपन्थी विचारधारा के प्रसार का एक छोटा-सा केन्द्र सत्यभक्त ने कानपुर में कायम किया था। वहाँ से **भारतीय श्रमजीवियों को सन्देश** (1923) और **बोल्शेविज्म क्या है**? (1924) दो महत्त्वपूर्ण पुस्तिकाएँ प्रकाशित हुई थीं। इनके सहयोगी राधामोहन गोकुलजी **मतवाला** से जुड़े हुए थे। 6 सितम्बर, 1924 के **मतवाला** में 'भारतीय साम्यवादी दल' के बारे में सत्यभक्त की विज्ञप्ति छपी थी और 7 फरवरी 1925 के **मतवाला** में 'एक प्रत्यक्षदर्शी' के नाम से राधामोहन गोकुलजी का लेख 'कम्युनिस्ट पार्टी क्या चाहती है?' प्रकाशित हुआ था। पत्र-पत्रिकाओं में रूसी क्रान्ति पर बीसियों लेख छपे थे। हिन्दी तथा अन्य भाषाओं में इस तरह के साहित्य ने स्वाधीनता आन्दोलन को नयी शक्ति दी। अंग्रेज चाहते थे कि भारतीय राजनीति पर मार्क्स और लेनिन के विचारों की छाया भी न पड़े। इस साहित्य ने उनके इस प्रयत्न को व्यर्थ कर दिया। यह साहित्य हिन्दी नवजागरण का अभिन्न अंग था। उसने क्रान्तिकारियों के सामने ऐसी क्रान्ति का स्वरूप पेश किया जो कुछ गिने-चुने वीरों का प्रयत्न न थी वरन् जिसकी मुख्य शक्ति किसान और मजदूर थे और जिसकी उपलब्धि थी नये ढंग की लोकसत्ता-किसानों और मजदूरों की राज्यसत्ता। कोई आश्चर्य नहीं अशफ़ाक़ उल्ला खाँ अपने क्रान्तिकारी जीवन में नयी दिशाएँ खोजते हुए लेनिन को पत्र लिखने का विचार कर रहे थे।

अशफ़ाक़ के सहयोगी क्रान्तिकारी जोगेशचन्द्र चटर्जी ने अपने संस्मरण में उनके एक पत्र की चर्चा की है। यह पत्र उन्होंने अपने मित्र बनारसी लाल को भोपाल से लिखा था। देश आज़ाद हो, इस आकांक्षा के साथ लेनिन को पत्र लिखने की बात हो, अशफ़ाक़ को खतरनाक क्रान्तिकारी साबित करने के लिए इतना काफ़ी था। जोगेशचन्द्र चटर्जी को मूल उर्दू पत्र बहुत खोजने पर भी नहीं मिला पर हाईकोर्ट के रिकार्ड में उसका अंग्रेजी रूपान्तर था। उसका हिन्दी अनुवाद उन्होंने अपने लेख में दिया है। अशफ़ाक़ अपने मित्र से कहते हैं : 'मैं इस बार कुछ महत्त्वपूर्ण विषयों पर विचार-विमर्श करना चाहता हूँ। अतः मैंने उर्दू में पत्र लिखना ठीक समझा। मुझे लेनिन का पता आपके पत्र से मालूम हुआ। मैं आज ही उन्हें भी पत्र लिखने का विचार कर रहा हूँ।"[64] लेनिन का देहान्त जनवरी 1924 में हुआ। अशफ़ाक़ ने उन्हें पत्र लिखने की बात 1922-23 में सोची होगी।

लेनिन का नाम इस समय बहुत से हिन्दी लेखकों की जबान पर था। इनमें **मतवाला** के लेखक पाण्डेय बेचन शर्मा उग्र भी थे। लेनिन पर उनकी कविता 'दीनबन्धु

लेनिन' 5 फरवरी 1924 के **आज** में छपी थी लेनिन के निधन के तुरन्त बाद :

मुकुटों को जिनमें रक्त लगा था दीनों का—तूने तोड़ा!
कंकालों के सिंहासन को टुकड़े-टुकड़े करके छोड़ा!...
जो तुझे 'भयानक' कहते थे, शायद अब उनका त्रास गया!
पर 'उग्र' हृदय की कविता का अत्यन्त मनोहर प्रास गया!

अशफ़ाक़ ने लेनिन को पत्र लिखने का विचार किया था, पता नहीं भेजा कि नहीं। भेजा तो वह लेनिन को मिला या नहीं। भगतसिंह और उनके साथियों ने लेनिन दिवस पर जेल से कम्युनिस्ट इण्टरनेशनल को तार भेजा था। पता नहीं तार मास्को पहुँचा या नहीं, पर उसका मसौदा प्राप्त है। तार अदालत में पढ़ कर सुनाया गया था। शिव वर्मा ने उस घटना का वर्णन किया है :

"21 जनवरी 1930 को लेनिन के निर्वाण दिवस के अवसर पर भगतसिंह और उनके साथी अदालत में अपने गले में लाल रूमाल बाँध कर आये। अदालत के कठघरे में पहुँचते ही सबसे पहले उन्होंने सामूहिक रूप से सुप्रसिद्ध ग़ज़ल 'सरफ़रोशी की तमन्ना' गायी। तत्पश्चात् उन्होंने नीचे लिखे नारे लगाये।

'समाजवादी क्रान्ति ज़िन्दाबाद' 'कम्युनिस्ट इण्टरनेशनल ज़िन्दाबाद'
'मेहनतकश जनता ज़िन्दाबाद' 'लेनिन का नाम अमर रहेगा'
'साम्राज्यवाद का नाश हो'।

इसके बाद भगतसिंह ने अपने सभी साथियों की ओर से अदालत में यह तार पढ़ कर सुनाया और अदालत से माँग की कि वह उसे तीसरी इण्टरनेशनल के पास भेजे। तार यह था :

"आज लेनिन दिवस पर हम उन सब को हार्दिक बधाई भेजते हैं जो महान् लेनिन के विचारों को आगे बढ़ाने में कुछ भी योगदान दे रहे हैं। हम रूस द्वारा किये जा रहे महान् प्रयोग की सफलता की कामना करते हैं। हम अन्तरराष्ट्रीय मजदूरवर्ग के आन्दोलन की आवाज़ में अपनी आवाज़ मिलाते हैं। सर्वहारा की विजय सुनिश्चित है। पूँजीवाद पराजित होगा। साम्राज्यवाद मुर्दाबाद।"[65]

अशफ़ाक़ ने कहा था : "अब बहुत ज्यादा फख्र है कि एक सच्चा रिवोलूशनरी होकर मर रहा हूँ।" अशफ़ाक़ की तरह भगतसिंह भी नये ढंग के क्रान्तिकारी होकर मरे। देश के जिस राजनीतिक वातावरण में उनका और उनके साथियों का वैचारिक विकास हुआ, उसमें कानपुर का योगदान भी महत्त्वपूर्ण था। इस योगदान के दो प्रमुख माध्यम थे—एक राधामोहन गोकुलजी दूसरे गणेश शंकर विद्यार्थी।

कानपुर और राधामोहन गोकुलजी के बारे में शिव वर्मा ने लिखा है : "कानपुर में राधामोहन गोकुलजी, सत्यभक्त और मौलाना हसरत मोहानी अपने को कम्युनिस्ट कहते थे। इनमें से राधामोहन जी का नाम विशेष रूप से उल्लेखनीय है। उनके पास पुस्तकों का अच्छा संग्रह था। अध्ययनशील व्यक्ति होने के साथ ही वे एक सशक्त

लेखक भी थे। सन् 1927 में उन्होंने एक पुस्तक लिखी थी—कम्युनिज्म क्या है? सरल और सीधी भाषा में इस पुस्तक के माध्यम से उन्होंने हिन्दी के पाठकों के सामने कम्युनिस्ट सिद्धान्त के प्रमुख मुद्दों को प्रस्तुत किया था। इन पंक्तियों के लेखक को भी कम्युनिज्म का पहला सबक राधामोहन जी से ही मिला था। राधामोहन जी कट्टर नास्तिक थे। ईश्वर, धर्म, अन्धविश्वास आदि पर उन्होंने पत्र-पत्रिकाओं में काफी कुछ लिखा था। उनका यह रूप देखकर हिन्दी के उपन्यास सम्राट प्रेमचन्द ने उन्हें आधुनिक चार्वाक कहकर पुकारा था।"[66]

जिन पत्र-पत्रिकाओं में राधामोहन जी अक्सर लिखते थे, उनमें **मतवाला** भी था। सन् 1924 के उत्तरार्ध में उनके कई लेख रूसी क्रान्ति पर उस पत्र में प्रकाशित हुए थे। पहली मार्च, 1924 के अंक में 'श्रद्धालु' का लिखा हुआ उन पर एक लेख प्रकाशित हुआ था। इसमें चार बातें उल्लेखनीय हैं : (1) आगरे में उनकी भेंट स्वामी दयानन्द सरस्वती से हुई थी और वह पक्के आर्यसमाजी हैं। (2) जब वह बीस वर्ष के थे तब अंग्रेज अफ़सर से झगड़ा हो गया। उन्होंने नौकरी छोड़ दी और अफ़सरों से जो प्रमाण-पत्र मिले थे, उन्हें फाड़कर फेंक दिया। (3) उन्होंने कांग्रेस के आन्दोलन में भाग लिया और वह लोकमान्य तिलक को अपना गुरु मानते थे। (4) उन्होंने आगरे के मजदूरों को संगठित किया और इसके लिए उन्हें जेल काटनी पड़ी।

राधामोहन गोकुलजी हिन्दी साहित्यकारों और क्रान्तिकारियों के मित्र थे। उस समय के हिन्दी लेखन में जो वामपन्थी रुझान दिखाई देता है, उसका श्रेय काफी हद तक राधामोहन गोकुलजी को है।

गणेश शंकर विद्यार्थी ने **प्रताप** के माध्यम से नौजवानों के वामपन्थी रुझान को उभारा, क्रान्तिकारियों के सहृदय मित्र होते हुए उन्होंने उनकी जान बचाने, उनके विचारों को जनता तक पहुँचाने, उन्हें जन-आन्दोलन की ओर मोड़ने का बराबर प्रयत्न किया। यह आकस्मिक बात नहीं है कि विवाह से बँधने के लिए जब भगतसिंह घर से भागे तो सीधे **प्रताप** कार्यालय पहुँचे। इस घटना के बारे में शिव वर्मा ने लिखा है : "सन् 1923 में भगतसिंह नेशनल कालेज लाहौर में पढ़ते थे। घर में माता-पिता उनकी शादी की बात चला रहे थे। उनके सामने अपना तर्क न चलता देख पिता के नाम यह पत्र लिखकर छोड़ दिया और कानपुर चले गये और गणेश शंकर विद्यार्थी के पास 'प्रताप' में काम करने लगे। वहीं उनकी मुलाकात सुरेश भट्टाचार्य, बी.के. दत्त आदि क्रान्तिकारियों से हुई।"[67]

मेरा अनुमान है, 1924 में सूफी अम्बाप्रसाद पर अपना लेख भगतसिंह ने गणेश शंकर विद्यार्थी के लिए लिखा था, वह **प्रभा** में छपा था। भगतसिंह ने आयरलैण्ड का स्वातन्त्र्य-युद्ध नाम से 'वीर आयरिश क्रान्तिकारी श्री डेनब्रीन की आत्मकथा' का अनुवाद किया था। 99 पृष्ठों की यह पुस्तक 1928 में प्रताप कार्यालय "अनुवादक-बलवन्त" के नाम से छपी थी। भगतसिंह ने इसकी तथा प्रताप कार्यालय

से ही प्रकाशित शौकत उस्मानी की **मेरी रूस यात्रा** की समीक्षाएँ लिखी थीं। प्रताप से उनका सम्पर्क दीर्घकालीन था। जहाँ तक अशफ़ाक़ का सम्बन्ध है, वह घर से भागे तो पहले नेपाल गये। वहाँ से वह कानपुर गणेश शंकर विद्यार्थी के यहाँ पहुँचे। विद्यार्थी जी से उनका सम्बन्ध मृत्युपर्यन्त बना रहा। रियासत उल्ला खाँ ने अपने संस्मरण में लिखा है, "अशफ़ाक़ उल्ला खाँ पर गणेश शंकर विद्यार्थी बहुत मेहरबान थे।"[68] नेपाल से उनके यहाँ पहुँचे तो दो दिन **प्रताप** कार्यालय में रहे। फिर विद्यार्थीजी ने कुछ देकर उन्हें बनारस भेज दिया। बनारस से वह बिहार गये और डाल्टनगंज में इंजीनियर के दफ्तर में नौकर हो गये। पुलिस को कुछ महीने बाद पता चला तो वह फिर कानपुर आकर **प्रताप** कार्यालय में ठहरे। विद्यार्थीजी ने उन्हें दो सौ रुपये देकर भोपाल जाने को कहा। भोपाल में कुछ दिन रहकर वह दिल्ली गये, वहाँ एक परिचित व्यक्ति ने उन्हें गिरफ्तार करा दिया। जब अशफ़ाक़ को फाँसी की सजा हुई तो उन्होंने रियासतउल्ला खाँ से कहा, "गणेश शंकर विद्यार्थी से मिलिए।" जब वह उनसे मिले तब वह बहुत बीमार थे। बहुत कमज़ोर आवाज़ में बोले–अन्दर आ जाइए। जब मिले तब विद्यार्थी जी के आँसू जारी थे, जिन्हें वे बराबर रूमाल से पोंछ रहे थे। मुझसे कहा, आप कृपाशंकर हजेला एडवोकेट से तार दिलवा दीजिए कि हम प्रिवी कौंसिल में अपील करेंगे, सजाए मौत अभी टाल दी जाए। आप घर जाइए, हम रुपया आपको भेज देंगे।[69] प्रिवी कौंसिल में अपील हुई और खारिज हो गयी। फाँसी पाने के एक दिन पहले अशफ़ाक़ ने विद्यार्थी जी के नाम एक तार रियासत उल्ला खाँ को दिया। उसमें लिखा था कि "19 दिसम्बर को 2 बजे दिन में लखनऊ स्टेशन पर मुझसे मिलना। उम्मीद है कि आप मुझसे आख़िरी मुलाक़ात ज़रूर करेंगे..."। रियासत उल्ला खाँ ने तार भेज दिया। "दूसरे रोज़ इनकी लाश नहला कर कफ़ना कर एक पलंग पर एक डिब्बे में रखी गयी और फ़ैज़ाबाद से लखनऊ हम लोग दो बजे पहुँचे। स्टेशन पर श्री गणेश शंकर जी नौ साथियों के साथ मौजूद थे–वे डिब्बे के अन्दर आ गये और अशफ़ाक़ उल्ला खाँ का कफ़न मुँह से हटाकर परसीशाह फोटोग्राफर से उनका फोटो लिवाया और मुझसे कहा कि इनकी क़ब्र कच्ची बनवा देना। हम पुख़्ता करा देंगे और इनका मक़बरा हम ऐसा बनवाएँगे कि जिसकी नजीर यू.पी. में न होगी।"[70]

मोहनलाल सक्सेना के द्वारा विद्यार्थीजी ने दो सौ रुपये भिजवाये जिससे क़ब्र पुख़्ता कर दी गयी, "लेकिन अफ़सोस कि मकबरा बनाने से पेश्तर वह खुद ही शहीद हो गये।"[71]

कुछ साल पहले मुझे कानपुर के लोगों ने बताया था, जिस जगह विद्यार्थीजी शहीद हुए थे, वहाँ उनका कोई स्मारक नहीं है।

भाषा, साहित्य और जातीयता

गणेश शंकर विद्यार्थी ने **प्रभा** में दालाल दीक्षित और सूफी अम्बाप्रसाद पर लेख छापे थे, '**काकोरी के शहीद**' पुस्तक उनके प्रयत्न से छपी थी। वह क्रान्तिकारियों के सच्चे मित्र थे और स्वाधीनता आन्दोलन को साम्राज्य विरोधी दिशा में तेजी से आगे ले जाने में उनका बहुत बड़ा योगदान था। एक तरह से वह पंजाब और हिन्दी प्रदेश के क्रान्तिकारियों को जोड़ने वाली महत्त्वपूर्ण कड़ी थे। घर छोड़ने पर अशफ़ाक़ और भगतसिंह दोनों ही उनके यहाँ ठहरे, इस तथ्य से उनकी केन्द्रीय भूमिका पहचानी जाती है। **गणेश शंकर विद्यार्थी** पुस्तक में देवव्रत ने लिखा है : "**प्रताप** कार्यालय से 'काकोरी के शहीद' और 'आयरलैण्ड का स्वातन्त्र्य युद्ध' नामक दो पुस्तकें इधर प्रकाशित हुई थीं। दोनों ही ज़ब्त कर ली गयीं और तलाशी लेकर कार्यालय में जितनी प्रतियाँ इनकी मिलीं सभी पुलिस उठा ले गयी...20 मार्च 1920 ई. को तमाम हिन्दुस्तान में मेरठ षड्यन्त्र केस के सम्बन्ध में तलाशियाँ तथा गिरफ्तारियाँ हुई थीं।"[72] उस दिन भी 'प्रताप' प्रेस की तलाशी घंटों होती रही और प्रेस सम्बन्धी अनेक रजिस्टर तथा काग़ज़ात कई बोरों में भरकर और लारियों में लादकर पुलिस वाले ले गये। ऐसा था वामपक्ष से गणेश शंकर विद्यार्थी का सम्बन्ध।

गणेश शंकर विद्यार्थी समर्थ गद्य लेखक थे। रामप्रसाद बिस्मिल भी उच्च कोटि के कवि और गद्य लेखक थे। अशफ़ाक़ बहुत प्रभावशाली कविताएँ लिखते थे। '**सुनाएँ गम की किसे कहानी हमें तो अपने सता रहे हैं**'—यह ग़ज़ल ऐनुद्दीन मजिस्ट्रेट के इजलास में अशफ़ाक़ उल्ला खाँ ने गायी थी।[73] रामप्रसाद बिस्मिल की ग़ज़ल—**सरफरोशी की तमन्ना अब हमारे दिल में है,** भगतसिंह और उनके साथियों ने अदालत में गायी। भगतसिंह और उनके साथी देश की उन्नति के लिए भाषा और साहित्य का महत्त्व समझते थे। भगतसिंह उन थोड़े-से क्रान्तिकारियों में थे जिन्होंने पंजाबी जाति के गठन और विकास की समस्या पर विचार किया था। पंजाब के हिन्दी साहित्य सम्मेलन ने जिस निबन्ध पर भगतसिंह को पचास रुपये का पुरस्कार दिया था, उसमें उन्होंने लिखा था : "यह तो निश्चय ही है कि साहित्य के बिना कोई देश अथवा जाति उन्नति नहीं कर सकती परन्तु साहित्य के लिए सबसे पहले भाषा की आवश्यकता होती है और पंजाब में वह नहीं है। इतने दिनों से यह त्रुटि अनुभव करते रहने पर भी अभी तक भाषा का कोई निर्णय नहीं हो पाया। इसका मुख्य कारण है भाषा को मज़हबी बना देना। हिन्दी प्रदेश में हिन्दी-उर्दू की समस्या मज़हबी समस्या बनी हुई है। एक भाषा और लिपि बिना कोई जाति अपना भरपूर सामाजिक-सांस्कृतिक विकास नहीं कर सकती। पंजाबी और हिन्दी भारत की दो बड़ी और शक्तिशाली जातियाँ हैं। भाषा और लिपि के नाम पर इन्हें विभाजित कर दिया जाए तो न केवल जातीय साहित्य के विकास में बाधा पड़ेगी वरन् राजनीतिक

आन्दोलन में भी ये जातियाँ पिछड़ जाएँगी। पराधीन जातियों की भाषाओं का दमन अंग्रेजों की सुपरिचित नीति रही है।"[74]

अंग्रेजी पढ़े-लिखे भारतीय बुद्धिजीवियों में कम ही मौलिक भाषा के बारे में कुछ जानते होंगे। भगतसिंह ने सत्रह साल की उम्र में लिखा था : "आयरलैण्ड के पुनरुत्थान के साथ गैलिक भाषा के पुनरुत्थान का प्रयत्न भी उसी वेग से किया गया। शासक लोग आयरिश लोगों को दबाये रखने के लिए उनकी भाषा का दमन करना इतना आवश्यक समझते थे कि गैलिक भाषा की एक-आध कविता रखने के कारण छोटे-छोटे बच्चों तक को दण्डित किया जाता था।"[75] बोलचाल की भाषा एक हो पर साहित्यिक रूप दो हों तो यह भी भाषायी दमन का एक रूप है।

दस्तावेज़ के सम्पादकों के अनुसार भगतसिंह ने जेल में बहुत कुछ लिखा था। "उनमें से एक पंजाब की जागृति का इतिहास भी था।"[76] पंजाब की जागृति का इतिहास लिखने का अर्थ है पंजाबी जातीयता के गठन और विकास की समस्या पर ध्यान केन्द्रित करना। इसमें उन्होंने फिर लिखा है : "पंजाब की विशेष अपनी कोई भाषा नहीं। भाषा न होने के कारण साहित्य सृजन के क्षेत्र में कोई प्रगति नहीं हो सकी।"[77] जातीय गठन के सन्दर्भ में ही उन्होंने पंजाब के क्रान्तिकारियों के जीवनचरित्र लिखने की ओर विशेष ध्यान दिया था। इनके जीवन चरित्र लिखते हुए वह उनके पुरखों के त्याग और बलिदान की चर्चा भी करते थे। सन् 1915 में भाई बालमुकुन्द को फाँसी दी गयी। **चाँद** के फाँसी अंक के लिए 'विद्रोही' नाम से इनका जीवनचरित्र लिखते हुए भगतसिंह ने इनके पूर्वजों का परिचय इस प्रकार दिया :

"बहुत दिनों की बात है। तब दिल्ली में औरंगजेब का राज्य था, उन दिनों की धींगामुश्ती का क्या कहना है। एक बार हिन्दू-नेता श्री गुरु तेगबहादुर बुला भेजे गये। इस्लाम कुबूल करने से इनकार करने पर उन्हें मृत्युदण्ड दिया गया था। उन्हीं के साथ उनके परम भक्त श्री भाई मतिदासजी भी थे। उनको विशेष यातनाओं द्वारा यानी आरे से चीरकर मृत्यु के घाट उतारा गया था। उनका उस समय का साहस तथा गाम्भीर्य देखकर शत्रु तक मुग्ध हो उठे थे। तभी से उनके वंश को भाई की उपाधि दी गयी थी।"[78]

पंजाबी शहीदों पर **किरती** की लेखमाला में भगतसिंह ने फिर भाई बालमुकुन्द पर लिखते हुए उनके पूर्वज मतिदास को याद किया था :

"श्री गुरु तेगबहादुर साहब की जब औरंगजेब ने दिल्ली में हत्या करवायी थी, तब उसके साथ एक ब्राह्मण भाई मतिदास भी थे और उन्हें भी आरे से चीरकर शहीद किया गया था। तब से इनके खानदान को भाई का खिताब मिला हुआ है। भाई बालमुकुन्द इसी खानदान से थे।"[79] यह तो हुई पुरानी बात। आज की बात यह है : "वास्तव में अबका आन्दोलन 1909 से ही चलता है और फिर वह कभी किसी रंग में और कभी किसी ढंग से चलता गया।"[80] सन् 1907 से अबका आन्दोलन

चला और यह ग़दर की स्वर्ण जयन्ती का वर्ष था। संयोग की बात है भगतसिंह का जन्म भी इसी वर्ष हुआ था।

भगतसिंह ने गर्व से कहा था : “आज तक का इतिहास देखिए। भारत को स्वाधीन करने के लिए सर्वाधिक बलिदान इस प्रान्त ने किया है।” आगे दुख से उन्होंने कहा, “किन्तु इस पर भी हमें सिरहका कर यह स्वीकार करना पड़ता है कि राजनीतिक क्षेत्र में पंजाब सबसे पीछे है”।[81] इस पिछड़ेपन का कारण साम्प्रदायिक आधार पर पंजाबी जाति का विभाजन है। जब तक भारत और पाकिस्तान के पंजाबी-हिन्दू, सिख-मुसलमान-अपना पंजाबीपन नहीं पहचानते, पूरी पंजाबी जाति को एकताबद्ध नहीं करते, तब तक न पाकिस्तान के पंजाबी प्रगति कर सकते हैं, न भारत के। यह कार्य अवश्य कठिन है पर तभी तक कठिन है जब तक हम अंग्रेजों के बनाये चौखटे को बरकरार रखना चाहते हैं। एक बार पंजाबियों की समझ में आ जाए कि अंग्रेजों ने अपने हितों की रक्षा के लिए उनकी जाति के टुकड़े-टुकड़े किये हैं और अब भी कराते जा रहे हैं तो साम्राज्य विरोधी आन्दोलन के ज्वार में सारी कठिनाइयाँ एकबारगी बह जाएँगी। पंजाबी जाति इस ‘उपमहाद्वीप’ की बड़ी शक्तिशाली जाति है। साम्राज्य-विरोधी जन-उभार के दौरान वह एकताबद्ध हो तो भारत ही नहीं, एशिया का इतिहास बदल जाएगा, तब पंजाब और पंजाबी—ये दो शब्द बड़े गौरव के साथ सारी दुनिया में बोले और सुने जाएँगे।

स्वाधीनता आन्दोलन और नवजागरण

दो शब्द यहाँ नवजागरण और स्वाधीनता आन्दोलन के सम्बन्धों पर कहना आवश्यक है। किसी देश या उसके प्रदेश के सामाजिक-सांस्कृतिक आन्दोलन को हम **नवजागरण** कहते हैं। इसमें सामाजिक कुरीतियों को दूर करने के प्रयत्न शामिल हैं। शूद्रों और स्त्रियों की स्थिति को बदलने के प्रयत्न नवजागरण के अंग हैं। धार्मिक सुधार, अन्ध-विश्वासों के विरुद्ध प्रचार नवजागरण के अन्तर्गत हैं। शिक्षा प्रसार, साहित्य रचना जैसे कार्य तो उसके अन्तर्गत हैं ही। स्वाधीनता आन्दोलन विदेशी प्रभुत्व के विरुद्ध चलाया हुआ राजनीतिक आन्दोलन है। वह नवजागरण का एक भाग है, उसका पर्याय नहीं। वह नवजागरण को प्रेरित कर सकता है, उसमें घुल-मिल सकता है पर उसका स्थान नहीं ले सकता। स्वाधीनता आन्दोलन के बिना भी नवजागरण सम्भव है पर वह उच्च वर्गों तक सीमित रहेगा, वह समाज को बड़े पैमाने पर प्रभावित कर सकेगा। इसके विपरीत उच्च वर्गों के नेतृत्व में चलने वाला स्वाधीनता आन्दोलन भी नवजागरण के स्पष्ट उद्देश्य सामने न रखने पर भी, बड़े पैमाने पर उन उद्देश्यों की पूर्ति में सहायक होगा। इस प्रकार सन् 1920-21 का असहयोग आन्दोलन हिन्दी प्रदेश में पर्दाप्रथा को दूर करने में सहायक हुआ। मध्यवर्ग के पढ़े-लिखे लोग जितना ही स्वाधीनता आन्दोलन में भाग लेंगे उतना ही वे नवजागरण को व्यापक

बनाएँगे। नवजागरण यदि समाज में मौलिक परिवर्तन का उद्देश्य लेकर चलेगा, तो वह स्वाधीनता आन्दोलन की प्रेरक शक्ति बनेगा। स्वामी दयानन्द ने ऐसे ही नवजागरण का संगठन और संचालन किया था।

कोई भी नवजागरण हो, उसका जातीय स्वरूप अवश्य होगा। सामन्ती सम्बन्धों से बाहर निकलते हुए जन-समाज जातियों के रूप में गठित होते हैं। जातीय जागरण को ही अक्सर नवजागरण कहा जाता है। इस प्रकार हर नवजागरण जातीय गठन और विकास में सहायक होता है। किसी सम्प्रदाय तक नवजागरण को सीमित किया जाए तो वह जातीय गठन और विकास में बाधक होगा। राजा राममोहन राय और सर सैयद अहमद खाँ के नवजागरण हिन्दुओं और मुसलमानों तक सीमित थे, इस हद तक वे बंगाली और हिन्दी जातियों के गठन और विकास में बाधक थे। आर्यसमाज के आन्दोलन को भी साम्प्रदायिक रूप देकर उसके क्रान्तिकारी तेज को नष्ट किया जा सकता है। पर स्वामी दयानन्द ने सभी धर्मों की रूढ़ियों पर प्रहार किया था, उनका यह कार्य कबीर की परम्परा के अनुरूप था। कबीरपन्थ की आलोचना के बावजूद उनके और कबीर के तर्कों और उनकी तर्क-शैली में भी बहुत बड़ी समानता है। यह तर्क-शैली मनुष्य को स्वतन्त्र चिन्तन की ओर ले जाने वाली थी। रामप्रसाद बिस्मिल, लाला लाजपत राय और सरदार भगतसिंह इस स्वतन्त्र चिन्तन पद्धति की श्रेष्ठ देन हैं।

संसार के अधिकांश देशों में एक से अधिक जातियाँ रहती हैं। दीर्घकाल तक एक साथ रहने और ऐतिहासिक परम्पराओं में सहभागी होने से इनमें राष्ट्रीय भावना का विकास होता है। भारत में इसी प्रकार बहुजातीय राष्ट्रीयता का विकास हुआ है। उल्लेखनीय है कि भगतसिंह के लेखन में पेशेवर जाति (Caste) से भिन्न प्रदेशगत जाति (Nationality) की धारणा मौजूद है। भारत में कोई भी जातीय जागरण या प्रदेशगत स्वाधीनता आन्दोलन राष्ट्रीय स्वरूप ग्रहण किये बिना नहीं रह सकता। किसी का प्रभाव सीमित या अधिक व्यापक हो, वह अलग बात है। बंगाल के संन्यासी विद्रोह का प्रभाव अपेक्षाकृत सीमित था, पर उसके राष्ट्रीय महत्त्व को अस्वीकारना गलत होगा। ग़दर का प्रभाव अधिक व्यापक था पर उसका मुख्य क्षेत्र हिन्दी प्रदेश था, अतः उसके हिन्दी जातीय स्वरूप को अस्वीकारना गलत होगा। भारत का भक्ति आन्दोलन बहुराष्ट्रीय आन्दोलन का श्रेष्ठ उदाहरण है। संस्कृत और अरबी-फारसी से हटकर भारतीय लोकभाषाओं में विपुल मात्रा में साहित्य रचा गया। साहित्य रचना के इस कार्य में काश्मीर से केरल तक गुजरात से असम तक देश की विकासमान जातियों ने भाग लिया। भक्ति आन्दोलन में शूद्रों, मुसलमानों और स्त्रियों ने बड़े पैमाने पर भाग लिया। इसलिए उस आन्दोलन ने सीमित नव-जागरण का नहीं, व्यापक **लोक-जागरण** का रूप लिया। साम्प्रदायिक भेदभाव और सामाजिक वैषम्य दूर करने में उसकी

भूमिका युगान्तरकारी थी। यूरोप का **रिनैसांस** कभी **लोक- जागरण** का ऐसा रूप नहीं हो सका। उसकी नवजागरण की भूमिका सीमित थी।

जहाँ सामाजिक वैषम्य होगा, वहाँ सामाजिक अन्याय भी होगा। सामाजिक वैषम्य को दूर करने का अर्थ है सामाजिक न्याय के लिए संघर्ष करना। जितना ही स्वाधीनता आन्दोलन जनान्दोलन का रूप लेगा उतना ही सामाजिक वैषम्य को दूर करने की सम्भावना बढ़ेगी। अंग्रेजों का यह प्रयत्न बराबर रहा है कि सामाजिक वैषम्य से लाभ उठा कर समाज के एक हिस्से को दूसरे हिस्से से लड़ा दिया जाए। किन्तु समाज के विभिन्न स्तर यदि अंग्रेजों से लड़ें तो इन स्तरों की भिन्नता अपने-आप दूर होगी। अंग्रेजों ने 1857 में प्रयत्न किया कि जनजातियों को विकसित जातियों से, शूद्रों को द्विजों से, मुसलमानों को हिन्दुओं से लड़ा दिया जाए परन्तु इसमें उन्हें सफलता न मिली। बाघेर जनजाति अंग्रेजों से लड़ी, ग़दर से प्रेरित होकर, और उसने ब्राह्मण मूल शंकर (भविष्य में स्वामी दयानन्द) के हृदय में गहरी संवेदना जगायी। भक्ति आन्दोलन जैसे लोक जागरण बना वैसे ही देश के एक विशाल भाग में सन् सत्तावन का स्वाधीनता संग्राम जन-संग्राम बना। सुरेन्द्रनाथ सेन उसे न तो स्वाधीनता संग्राम मानते हैं न जन-संग्राम, अतः उनकी गवाही और भी महत्त्वपूर्ण है।

सुरेन्द्रनाथ सेन ने लिखा है : "आबादी के हर हिस्से में विद्रोही पैदा हुए। दिल्ली की रिज पर (ब्रिटिश पक्ष की ओर से) सिख थे तो शहर के भीतर (जन पक्ष की ओर से) सिख थे; पुरबियों से लड़ने के लिए सीमान्त प्रदेश के कबीलाई लोगों की भर्ती की गयी तो धार और मन्दसौर में विलायती या अफ़गान लोगों की विद्रोह दल में प्रधानता थी। एक समय बग़ावत (म्यूटिनी) को मुस्लिम आन्दोलन, अन्य समय उसे हिन्दू आन्दोलन मानने का फैशन था; लेकिन हर मंज़िल में विद्रोही सेना के भीतर दोनों सम्प्रदाय का अच्छा प्रतिनिधित्व था। नाना के साथ उनके अज़ीमुला थे, बहादुर खाँ के साथ उनके शोभाराम और झाँसी की रानी के साथ उनके भरोसेमन्द पठान अंगरक्षक थे। बग़ावत के प्रारम्भिक दिनों में कहा जाता था कि फसाद की जड़ ऊँची जात के हिन्दू हैं और उनके तोड़ के लिए निचली जातों और आदिम अवस्था वाले कबीलों को लामबन्द करने की कोशिश की गयी। लेकिन अवध में विद्रोहियों की सेना में पासी भरे हुए थे और राजपूताना तथा मध्य भारत में झील विद्रोहियों के साथ हो गये उधर सन्थालों ने एक बार फिर तै किया कि सूदखोरों की संरक्षक सरकार से लड़ना चाहिए। कोई भी सम्प्रदाय वर्ग या जात पूरी की पूरी सरकार के पक्ष या विपक्ष में नहीं थी।"[82]

ग़दर में समाज के हर स्तर के लोग अंग्रेजों से लड़े। जनजातियाँ लड़ीं, शूद्र लड़े, मुसलमान लड़े। किसिम-किसिम के सम्प्रदायवादी इतिहास की इसी स्मृति को मिटा देना चाहते हैं। जिन ऐतिहासिक परम्पराओं से उन्नत राष्ट्रों का निर्माण होता

है, उन्हीं में ग़दर की यह जन-संग्राम वाली परम्परा है। और ग़दर के बाद जब भी स्वाधीनता आन्दोलन ने जन-आन्दोलन का रूप लिया, वह परम्परा फिर जी उठी, बड़े जतन से उठायी हुई दीवारें एक क्षण में ढह गयीं। नवम्बर-दिसम्बर 1990 के भारत में किसे विश्वास होगा कि अयोध्या के मन्दिरों में पुजारियों ने मुसलमानों को आश्रय दिया था? लेकिन गाँधीजी के असहयोग आन्दोलन से पहले जब अवध में बाबा रामचन्द्र ने किसान आन्दोलन चलाया, तब ऐसा ही हुआ था। कपिल कुमार ने इस आन्दोलन के बारे में लिखा है :

"अवध का किसान आन्दोलन साम्प्रदायिक और जातिगत तनावों से मुक्त था...इलाहाबाद को जाने वाले किसान मार्च में हिन्दू-मुस्लिम दोनों सम्प्रदायों के किसानों ने काफी उत्साह के साथ भाग लिया। मुस्लिम किसानों ने किसान नेता बाबा रामचन्द्र को प्रतापगढ़ जेल से छुड़ाने में काफी सक्रियता दिखायी, जो उन्हें संगठित करने के लिए रामायण की चौपाइयों का पाठ किया करते थे और यह सब बिस्मिल्लाह कह कर किया गया। अयोध्या के किसान-सम्मेलन के दौरान पुजारियों ने मन्दिर के दरवाजे हिन्दू-मुस्लिम दोनों के लिए खोल दिये; ताकि वे रात में वहाँ आराम कर सकें।"[83]

जो विगत कल में हो चुका है, वह आगामी कल में भी हो सकता है।

शहीदों की यादगार

इतिहास की स्मृतियों को उत्पीड़क वर्ग मिटाते हैं, मिटा नहीं पाते तो उन्हें विकृत रूप में पेश करते हैं। पर ये स्मृतियाँ लोकमानस में सुरक्षित रहती हैं। वे नवजागरण और स्वाधीनता आन्दोलन की प्रेरक शक्ति बन जाते हैं। अवध का किसान आन्दोलन देश के स्वाधीनता आन्दोलन का एक हिस्सा था, वह हिन्दी जाति के स्वाधीनता आन्दोलन का भी अंग था। ग़दर भारत का स्वाधीनता आन्दोलन था, वह हिन्दी जाति का स्वाधीनता आन्दोलन भी था। बीसवीं सदी में उससे राष्ट्रीय आन्दोलन को प्रेरणा मिली, हिन्दी नवजागरण को प्रेरणा मिली। काशी के दैनिक **आज** में लेनिन पर 'उग्र' की कविता छपी, उस **आज** के संस्थापक शिवप्रसाद गुप्त हिन्दी भाषा और साहित्य के बहुत बड़े समर्थक थे। जब पिता की मृत्यु के बाद निराला काम की तलाश में घूम रहे थे, तब महावीर प्रसाद द्विवेदी ने अपना पत्र देकर उन्हें शिवप्रसाद गुप्त से मिलने को कहा था।

गुप्तजी अमरीकी नगर बोस्टन गये, तब उन्हें अंग्रेजों के विरुद्ध अमरीकियों के स्वाधीनता संग्राम के अनेक स्मारक देखने को मिले। उस समय उन्होंने अपने देश के स्वाधीनता संग्राम को याद करते हुए लिखा : "बोस्टन नगर में ही सबसे प्रथम यूरोपीय लोगों ने आकर अपना अधिकार इस देश में फैलाया है। इससे यह नगर बड़े ऐतिहासिक महत्त्व का है। जब अठारहवीं शताब्दी के मध्य में अंग्रेजों

के जुल्म से तंग आकर अमरीका निवासियों ने दासत्व शृंखला को तोड़ने के लिए कटिबद्ध हो शस्त्र उठाये थे, उस समय वह प्रयत्न भी प्रथम-प्रथम इसी नगर से प्रारम्भ हुआ था। स्वाधीनता के युद्ध के चिह्न व स्मरणरूप यहाँ अनेक हैं जिन्हें देख हृदय गद्‌गद हो जाता है। संसार की विचित्र लीला है "काने चाट कनौड़े मेट" की कहावत बहुत सत्य है। गुलामी के पंजे में पड़े हुए देशों में स्वतन्त्रता की लड़ाई जब प्रारम्भ होती है तो वह प्रथम-प्रथम थोड़े ही मनुष्यों के समूह द्वारा हुआ करती है। किन्तु यदि स्वतन्त्रता की विजय हुई तो यही छोटा दल देशभक्तों के दल के नाम से इतिहास के पृष्ठों पर अंकित होता है और आने वाली जातियाँ इन्हें सम्मान की दृष्टि से देखती हैं, इनका अनुसरण करती हैं, और ये युवकों के हृदय-मन्दिर में स्थान पाते और पूजे जाते हैं। यदि गुलामी का जुआ हटाने की चेष्टा करने वाले वीरों की हार हुई तो वे ही बागी पुकारे जाते हैं और भविष्य में जाति जालिमों के डर के मारे उनके नाम से डरती है। अपने को प्रतिष्ठित समझने वाले लोग उन्हीं देशभक्तों को दुष्ट-दुरात्मा-पापी कहकर पुकारते हैं और उनसे घृणा करते हैं। काल की विचित्र गति है।"[84]

अपनी पीढ़ी के क्रान्ति प्रयासों को याद करते हुए रामप्रसाद बिस्मिल ने लिखा था : "यदि परिस्थितियाँ अनुकूल होतीं तो यही इने-गिने नवयुवक अपने प्रयत्नों से संसार को चकित कर देते। गाली मुस्तफा कमाल पाशा जिस समय तुर्की से भागे थे उस समय केवल इक्कीस युवक आपके साथ थे–महामना लेनिन को एक दिन शराब के पीपों में छिप कर भागना पड़ा था, नहीं तो मृत्यु में कुछ देर न थी। वही महामना लेनिन रूस के भाग्य विधाता बने–सफलता ही मनुष्य के भाग्य का निर्माण करती है। असफल होने पर उसी को बर्बर, डाकू, अराजक, राजद्रोही तथा हत्यारे के नामों से विभूषित किया जाता है। सफलता उन्हीं सब नामों में बदल कर दयालु, प्रजापालक, न्यायकारी, प्रजातन्त्रवादी तथा महात्मा बना देती है।"[85]

रामप्रसाद बिस्मिल और शिवप्रसाद गुप्त की बातों में बहुत समानता है। दोनों ही अन्य देशों के स्वाधीनता संग्राम को सम्मान की दृष्टि से देखते हैं, दोनों ही इस बात से खिन्न हैं कि भारत में क्रान्तिकारियों को सफलता नहीं मिली, पर दोनों ही आश्वस्त हैं कि स्वार्थ-त्यागी सच्चे देशभक्त हैं। शिवप्रसाद ने बताया कि ज़ालिमों के डर के मारे लोग अपने देशभक्त वीरों का नाम नहीं लेते। इससे मिलती-जुलती बात काकोरी के वीरों के फाँसी पाने के बाद किरती ने सम्पादकीय रूप से कही : "आज हम कमज़ोर हैं, निशक्त हैं। आज हम गिरे हुए हैं, झूठे हैं। आज हम अपनी दिली भावनाएँ नहीं बता सकते–क्योंकि हम कायर हैं, डरपोक हैं, आज हमें सच कहने से डर लगता है; क्योंकि कानून की तलवार हमारे सिरों पर लटकती दिखाई देती है। इससे यह नहीं कह सकते "काकोरी के शहीदो! आपने जो किया भारत माता के बन्धन तोड़ने के लिए किया"... ।[86]

भगतसिंह ने किरती में भारतीय जनता के नाम रामप्रसाद बिस्मिल का सन्देश उद्धृत किया था। उसमें कहा गया था: "अब देशवासियों के सामने यही प्रार्थना है कि यदि उन्हें हमारे मरने का जरा भी अफसोम हो तो वे जैसे भी हो हिन्दू-मुस्लिम एकता स्थापित करें—यही हमारी आखिरी इच्छा थी, यही हमारी यादगार हो सकती है।"

शहीदों की यादगार–हिन्दू-मुस्लिम एकता!

वैसे तो हिन्दू-मुस्लिम समस्या सारे देश की समस्या है पर काशी, मथुरा, अयोध्या हिन्दी-प्रदेश में हैं हिन्दू-मुस्लिम हत्याकाण्डों से राष्ट्र का तो अहित होता है, हिन्दी जाति भीतर से टूटती है। बंगाली जाति राजनीतिक रूप से विभाजित होकर भी भाषा और साहित्य में एक है। हिन्दी जाति राजनीतिक रूप से एक होकर भी भाषा और साहित्य में विभाजित है। नवजागरण की पहचान यह है कि उसके सूत्रधारों को हिन्दी-उर्दू की बुनियादी एकता का ज्ञान है या नहीं; कौन जातीय निर्माण की प्रक्रिया कितना समझता है, इसकी कसौटी यह है कि वह भविष्य में उनके एकाकार होने पर विश्वास करता है या नहीं। स्वाधीनता आन्दोलन के दौर में नवजागरण के सूत्रधार इस कसौटी पर खरे उतरते हैं। इन्हीं में एक थे शिवप्रसाद गुप्त। सन् 1924 में उन्होंने कहा था: 'आज प्रायः पचास वर्ष से हिन्दी की तथा उसकी बहिन उर्दू की गोद में एक नया साहित्य पैदा होकर बढ़ रहा है। वह समय भी आ रहा है जब दोनों को मिलाकर एक करना होगा क्योंकि ऐसा किये बिना देश का उद्धार होना दुष्कर है। और यह मेल असम्भव नहीं है।" क्योंकि "वाक्य रचना, शब्दों का क्रम, क्रियावाचक और विभक्तिवाचक शब्द आदि तो हिन्दी-उर्दू दोनों में एक ही हैं।" गुप्त जी जानते हैं, "जैसे पंजाब की भाषा पंजाबी, बंगाल की भाषा बंगाली, अरब की भाषा अरबी, फारस की भाषा फारसी वैसे ही हिन्द देश की भाषा 'हिन्दी' है।"[87] यहाँ हिन्द सारा भारत नहीं है, बंगाल-पंजाब के साथ भारत में हिन्द भी है। बंगाली, पंजाबी के साथ यहाँ हिन्दी भाषा है। गुप्तजी के सामने भाषा और जाति का सम्बन्ध स्पष्ट है। इस जाति को आगे बढ़ाना है तो हिन्दी-उर्दू का भेद खत्म करना होगा। गुप्तजी का विचार है कि हिन्दी शब्द मुसलमानों को पसन्द नहीं है, इसलिए हिन्दुस्तानी का व्यवहार किया जा सकता है। पर हिन्दुस्तानी का आन्दोलन सफल नहीं हुआ, क्योंकि वह ऊपरवाले वर्गों में चलाया गया था। शुरुआत करना चाहिए वहाँ से जहाँ हिन्दी-उर्दू का भेद है ही नहीं या नहीं के बराबर है यानि मजदूरों और किसानों से। समाज के ये बहुसंख्यक भाग जब वर्ग रूप में संगठित होंगे अपने वर्ग-हित पहचानेंगे तब वे अपनी वर्ग-एकता संस्कृति के क्षेत्र में भी कायम करेंगे। इससे बिना वर्ग रूप में उनका विकास नहीं हो सकता, उनकी वर्ग-शक्ति उभर कर पूरी तरह कारगर नहीं हो सकती। वर्ग और जातीयता के प्रश्न

इस तरह एक-दूसरे से जुड़े हुए हैं। मजदूर वर्ग को यदि समाज का अगुवा बनना है तो उसे अपनी भाषा में एकता स्थापित करनी होगी। इस भाषाई एकता की सबसे ज्यादा ज़रूरत मजदूर वर्ग को है।

शहीदों की याद भी सबसे ज्यादा उसी को आनी चाहिए। यह याद राष्ट्रीय एकता की बुनियाद होगी। इस याद का सबसे मज़बूत पत्थर होगा—हिन्दी जाति की भाषाई एकता।

परिशिष्ट

क्रान्तिकारियों के उपनाम

क्रान्तिकारी युवक अपने सामाजिक जीवन या लेखन में एक ही उपनाम या छद्मनाम से काम चलाएँ, यह आवश्यक नहीं है। रामप्रसाद के साथ 'बिस्मिल' वैसे ही जुड़ गया है जैसे चन्द्रशेखर के साथ 'आज़ाद'। **बिस्मिल** नाम वह कविता में इस्तेमाल करते थे किन्तु **बोल्शेविकों की करतूत** में उन्होंने लेखक का नाम प्रोफेसर 'राम' दिया है। अक्टूबर 1922 की **प्रभा** में प्रकाशित देशमान्य बाबू मोतीलाल घोष के लेखक 'श्रीराम' हैं।

स्वर्गीय देशभक्त सूफी अम्बाप्रसाद लेख **प्रभा** और **चाँद** दोनों पत्रिकाओं में अज्ञात नाम से छपा है। गेंदालाल दीक्षित पर जो लेख **प्रभा** में छपा है, वह **फाँसी अंक** में भी है। दिनेश शर्मा का कहना है कि **चाँद** में यह लेख अज्ञात नाम से छपा है। मैंने इस अंक की जो प्रति देखी है, उसमें लेखक के नाम वाला पृष्ठ नष्ट हो गया है। **बिस्मिल रचनावली** में दिनेश शर्मा ने इस लेख के साथ उसके लेखक का नाम नहीं दिया। गेंदालाल दीक्षित के बारे में जैसी जानकारी उस लेख में है, उसे देखते निश्चयपूर्वक कहा जा सकता है, वह लेख बिस्मिल का है।

चाँद के फाँसी अंक में **अज्ञात** का एक लेख और है—**बाबू हरिनाम सिंह।** पंजाब के पुराने क्रान्तिकारियों के जीवन से अच्छी तरह परिचित लोगों से जिसने ग़दर पार्टी के वीरों की कहानियाँ सुनी हों, वही आत्मीयता और विश्वास से लिख सकता था। सेना में "आपका अलग जत्था था, जिसमें शबद-कीर्तन हुआ करता था। साधारणतया आप कहा करते थे—'हमारा भी क्या जीवन है, हम इतने पतित हो गये हैं कि दस या ग्यारह रुपये के लिए मारे-मारे फिरते हैं...।' आपके एक-दो मित्र हँस कर पूछते—'क्यों जी अगर आपका ऐसा मनोभाव है तो नौकरी छोड़ क्यों नहीं देते?' तो आप मुस्काकर उत्तर देते—जानते तो हो कि रुपये के लिए नौकरी नहीं करता हूँ..." (पृ. 288)। पुरानी पीढ़ी के क्रान्तिकारियों से प्राप्त इसी तरह की जानकारी सूफी अम्बाप्रसाद वाले लेख में है। मेरी समझ में ये दोनों ही लेख भगतसिंह के हैं और दोनों के साथ **अज्ञात** नाम छपा है।

मई 1925 की **प्रभा** में **राज्य क्रान्ति का एक अंक** लेख बंगाल के क्रान्तिकारी **नलिनी बागची** पर है। इसके लेखक का नाम भी अज्ञात है। यह किसी बँगला लेख का अनुवाद है। मूल लेख किसका है, पता नहीं। भगतसिंह बँगला जानते थे। सम्भव है यह अनुवाद उनका हो। **चाँद** के फाँसी अंक में **श्री नलिनी बागची** लेख छपा है। लेखक का नाम दिया है सूर्यनाथ। **प्रभा** वाले लेख से यह छोटा है पर लिखा गया है उसी के आधार पर। दो-चार वाक्य जहाँ-तहाँ से मिलने पर उस आधार का पता चल जाता है :

प्रभा—"कुछ दिन बाद वह भागलपुर कालेज में पढ़ने के लिए भेजा गया, अब उसके सिर पर चोटी थी, वह मोटी सी धोती और मिरजई पहनता और बिहारी भाषा बोलता था। नलिनी इस प्रकार पूरी बिहारी बनकर बिहार प्रदेश में क्रान्तिकारियों की सरकार का मालिक बन बैठा।" (रामप्रसाद 'बिस्मिल' रचनावली, पृ. 179)

चाँद—"अस्तु, वीरभूमि के श्री नलिनी बागची को भागलपुर कालेज में पढ़ने के लिए भेजा गया। यहाँ आकर नलिनी एक पूरा बिहारी बन गया। सर के लम्बे-लम्बे बाल कटा कर उन्होंने टोपी पहननी शुरू कर दी। एक मोटे कपड़े का कुर्ता तथा फेंटदार धोती बाँध कर उस कालेज में अपने दिन बिताने लगे।" (पृ. 298)

प्रभा—"हावड़ा स्टेशन पर पहुँच कर उसने देखा कि उसको लेने के लिए वहाँ कोई नहीं आया... इधर 10-15 दिन से भूखे रहने और जागते रहने से शरीर बेकाम हो रहा था। पहाड़ी कीड़े ने अभी तक पिण्ड न तोड़ा था। हावड़ा में आते ही तेज बुखार चढ़ आया।" (रामप्रसाद 'बिस्मिल' रचनावली, पृ. 181)

चाँद—"बंगाल में हावड़ा स्टेशन पर पहुँच कर आपको कोई भी साथी न मिला। शरीर बिल्कुल कमज़ोर हो चुका था। दो सप्ताह से खाना तो क्या, अन्न के दर्शन भी न हो पाये थे। पहाड़ी कीड़ा अब भी उसी भाँति चिपका था। अस्तु, उसके विष के कारण आपको ज्वर भी आने लगा।" (पृ. 298)

चाँद के फाँसी अंक के लिए भगतसिंह ने कई लेख तैयार किये थे; सम्भव है। उसके लिए नलिनी बागची पर यह लेख उन्होंने लिखा हो। लेख के साथ सूर्यनाथ नाम दिया है। पंजाब के क्रान्तिकारियों पर लेख वसन्त गौतम, रमेश, नटवर, चक्रेश आदि-आदि नामों से प्रकाशित हुए हैं। **चाँद** के फाँसी अंक में अवधबिहारी और बसन्तो कुमार विस्वास पर लेखों के साथ **विद्रोही** नाम दिया है। इन लेखों की सामग्री का उपयोग इससे पहले **किरती** में किया जा चुका है।

किरती की लेखमाला का परिचय देते हुए दस्तावेज़ के सम्पादकों ने लिखा है : "शहीद भगत सिंह ने 'आज़ादी के भेंट शहादतें' शीर्षक से एक लेखमाला 'किरती' में मार्च 1928 से अक्तूबर 1928 तक लिखी...लेखमाला 'विद्रोही' नाम से लिखी गयी थी" (पृ. 132) मदनलाल ढींगरा, भाई बालमुकुन्द, मास्टर अमीरचन्द, अवधबिहारी, वसन्त कुमार विस्वास, लेख मार्च से सितम्बर 1928 तक **किरती** में छपे। **दस्तावेज़**

के सम्पादकों के अनुसार इनके लेखक का नाम 'विद्रोही' दिया गया था। इन्हीं पर चाँद के फाँसी अंक में जो लेख छपे हैं, उनके नाम क्रमशः इस प्रकार हैं; वसन्त, रमेश, गौतम, विद्रोही। केवल दो लेखों में वही नाम है जो इनके साथ **किरती** में छपा है। शेष दो के नाम भिन्न हैं। चारों लेखों में उस सामग्री का उपयोग किया गया है जो **किरती** में पहले प्रकाशित हो चुकी थी। **चाँद** में 'विद्रोही' के नाम से जो लेख छपे हैं, वे **किरती** के लेखों का अनुवाद नहीं हैं। वे स्वतन्त्र लेख हैं, यद्यपि सामग्री वही है, जो **किरती** में आयी है।

चाँद के फाँसी अंक में भगतसिंह के योगदान के बारे में **दस्तावेज़** के सम्पादकों ने लिखा है : "फरवरी 1920 में 'चाँद' का फाँसी अंक प्रकाशित हुआ...**विद्रोही** छद्म नाम से भगतसिंह ने इसमें कई जीवन चरित्र लिखे। इस अध्याय में उनके लिखे तीन जीवन चरित्र प्रस्तुत हैं। इसी में कुछ और देशभक्तों के जीवनचरित्र भी दिये गये हैं" (पृ. 91)। **दस्तावेज़** में जो तीन जीवन चरित्र संकलित हैं, वे क्रमशः सूफी अम्बाप्रसाद, बलवन्त सिंह और डॉक्टर मथुरा सिंह के हैं। फाँसी अंक में इनके लेखक अज्ञात, मुकुन्द और ब्रजेश हैं, विद्रोही नाम किसी के साथ नहीं है। इनके बाद **दस्तावेज़** में करतार सिंह सराभा का जीवन चरित्र है। फाँसी अंक में इसके लेखक बलवन्त हैं। **दस्तावेज़** में इन चारों के जीवन चरित्र का रचनाकाल फरवरी 1928 दिया है, शायद इसलिए कि सम्पादकों की स्मृति में **चाँद** का फाँसी अंक फरवरी 1928 में प्रकाशित हुआ था। किन्तु फाँसी अंक में मुखपृष्ठ की कविता के ऊपर, पुनः सम्पादकीय विचार के नीचे नवम्बर 1928 छपा है। सूफी अम्बाप्रसाद पर लेख अप्रैल 1925 की **प्रभा** में छपा था और 1924 में लिखा गया था।

जहाँ तक उपनामों का सम्बन्ध है, रामप्रसाद बिस्मिल और भगतसिंह की रचनाएँ अनेक उपनामों अथवा छद्मनामों से छपी थीं, यह निश्चित है। यदि गेंदालाल दीक्षित पर बिस्मिल के लेख **प्रभा**, फिर **चाँद** में **अज्ञात** नाम से छपा हो, तो मानना होगा कि इसी नाम का उपयोग बाबू हरिनाम सिंह पर भगतसिंह के लेख के साथ किया गया था।

सन्दर्भ

1. जगमोहन सिंह और चमन लाल, भगतसिंह और उनके साथियों के दस्तावेज़, नयी दिल्ली, 1986, पृ. 130
2. चन्द्रशेखर शास्त्री, भारतीय आतंकवाद का इतिहास, कानपुर, 1989, पृ. 44-45
3. भगतसिंह और उनके साथियों के दस्तावेज़, पृ. 121
4. उप., पृ. 128
5. उप., पृ. 129
6. उप., पृ. 128-129
7. अठारह सौ सत्तावन और स्वामी दयानन्द, पृ. 70-72

8. उप., पृ. 72
9. भारतीय आतंकवाद का इतिहास, पृ. 46
10. भगतसिंह और उनके साथियों के दस्तावेज़, पृ. 155
11. अठारह सौ सत्तावन और स्वामी दयानन्द, पृ. 83
12. उप., पृ. 86
13. भगतसिंह और उनके साथियों के दस्तावेज़, पृ. 153
14. उप., पृ. 154
15. उप., पृ. 150-51
16. उप., पृ. 151
17. माखन लाल चतुर्वेदी रचनावली, दिल्ली, खण्ड 6, पृ. 67
18. भगतसिंह और उनके साथियों के दस्तावेज़, पृ. 369
19. वीरेन्द्र सिन्धु; युग द्रष्टा भगतसिंह, भारतीय ज्ञानपीठ, 1968, पृ. 1-2
20. उप., पृ. 39
21. उप., पृ. 132
22. उप., पृ. 133
23. उप., पृ. 140
24. उप., पृ. 139
25. उप., पृ. 141
26. उप., पृ. 19-20
27. उप., पृ. 152
28. उप., पृ. 166
29. उप., पृ. 167
30. उप., पृ. 168
31. उप., पृ. 170
32. भगतसिंह और उनके साथियों के दस्तावेज़, पृ. 52-53
33. उप., पृ. 370
34. अमर शहीद अशफ़ाक़ उल्ला खाँ, सम्पादक बनारसीदास चतुर्वेदी, आगरा, 1970, पृ. 136-37
35. उप., पृ. 106
36. उप., पृ. 108-10
37. उप., पृ. 110-11
38. दिनेश शर्मा द्वारा सम्पादित रामप्रसाद बिस्मिल रचनावली (दिल्ली, यन्त्रस्थ), पृ. 112-13
39. उप., पृ. 107
40. उप., पृ. 115
41. उप., पृ. 109
42. उप., पृ. 107
43. उप., पृ. 109
44. प्रोफेसर 'राम', बोल्शेविकों की करतूत, कलकत्ता, 1922, पृ. 73
45. उप., पृ. 123
46. उप., पृ. 107-108
47. उप., पृ. 108

48. भगतसिंह और उनके साथियों के दस्तावेज़, पृ. 286
49. उप., पृ. 245
50. उप., पृ. 192
51. उप., पृ. 82-83
52. उप., पृ. 84
53. उप., पृ. 85
54. उप., पृ. 88
55. रामप्रसाद बिस्मिल रचनावली, पृ. 172
56. उप., पृ. 175
57. उप., पृ. 176
58. चाँद, फाँसी अंक, नवम्बर 1928, पृ. 263
59. उप., पृ. 287
60. भगतसिंह और उनके साथियों के दस्तावेज़, पृ. 105
61. उप., पृ. 111
62. उप., पृ. 113-14
63. उप., पृ. 114
64. अमर शहीद अशफ़ाक़ उल्ला ख़ाँ, पृ. 141
65. शिव वर्मा, शहीद भगतसिंह की चुनी हुई कृतियाँ, कानपुर, 1987, पृ. 122
66. उप., पृ. 49
67. उप., पृ. 76
68. अमर शहीद अशफ़ाक़ उल्ला खाँ, पृ. 154
69. उप., पृ. 155-56
70. उप., पृ. 156
71. उप., पृ. 171
72. देवव्रत, गणेश शंकर, विद्यार्थी, बनारस, 1931, पृ. 194
73. अमर शहीद अशफ़ाक़ उल्ला खाँ, पृ. 97
74. भगतसिंह और उनके साथियों के दस्तावेज़, पृ. 40
75. उप., पृ. 38
76. उप., पृ. 147-48
77. उप., पृ. 148
78. चाँद, फाँसी अंक, पृ. 244
79. भगतसिंह और उनके साथियों के दस्तावेज़, पृ. 139
80. उप., पृ. 138
81. उप., पृ. 148
82. सुरेन्द्रनाथ सेन, एट्टीन फिफ्टी सेवन, दिल्ली, 1957, पृ. 406
83. कपिल कुमार, किसान विद्रोह, कांग्रेस और अंग्रेजी राज (अनुवादक असद ज़ैदी), नयी दिल्ली, 1991
84. शिवप्रसाद गुप्त : पृथ्वी प्रदक्षिणा, काशी, 1924, पृ. 68
85. रामप्रसाद बिस्मिल रचनावली, पृ. 106-7
86. भगतसिंह और उनके साथियों के दस्तावेज़, पृ. 70
87. पृथ्वी प्रदक्षिणा, उपोद्घात

इतिहास की भौतिकवादी अवधारणा के आविष्कार से अथवा सामाजिक घटनाचक्र के क्षेत्र में भौतिकवाद की सुसंगत निरन्तरता तथा विस्तार से पहले के ऐतिहासिक सिद्धान्तों की दो बड़ी कमियाँ दूर हो गयीं। एक तो पहले के ऐतिहासिक सिद्धान्त अधिक से अधिक लोगों की ऐतिहासिक गतिविधियों के केवल वैचारिक प्रयोजनों की जाँच करते थे, बिना इस बात की छानबीन किये कि उन प्रयोजनों का उद्भव किस चीज से होता है, बिना इस बात को ग्रहण किये कि सामाजिक सम्बन्धों की शृंखला का विकास किन नियमबद्धताओं द्वारा शासित होता है और बिना यह अवलोकन किये कि इन सम्बन्धों की जड़ें भौतिक उत्पादन के विकास की मात्रा में निहित होती हैं, दूसरे, पहले के सिद्धान्त सर्वसाधारण की गतिविधियों को अपनी परिधि में लेते ही नहीं थे, जबकि ऐतिहासिक भौतिकवाद ने जनसाधारण के जीवन की सामाजिक अवस्थाओं और उनमें होने वाले परिवर्तनों का पहले-पहल वैज्ञानिक सटीकता के साथ अध्ययन सम्भव बना दिया। प्राक्-मार्क्सी "समाज-शास्त्र" और इतिहास-लेखन अधिक से अधिक क्रमहीन ढंग से जमा किये गये अपरिपक्व तथ्यों का ढेर और ऐतिहासिक प्रक्रिया के निश्चित पक्षों का चित्रण ही प्रस्तुत करते थे।"

—व्ला.इ. लेनिन

भारतीय नवजागरण और पंजाब

गुरबख्श सिंह फ्रैंक

इन पंक्तियों के लेखक का बुनियादी सरोकार साहित्य है, और साहित्यिक तथ्यों के आधार पर पंजाबी संस्कृति का अध्ययन करना और इस विषय में किसी निष्कर्ष पर पहुँचना है। इतिहास का अध्ययन इन दोनों बातों के लिए ही है जो पृष्ठभूमि के तौर पर लाजिमी और इनका पूरक है। यह हमारा बुनियादी सरोकार नहीं है। यही हमारा प्रायोजन सांस्कृतिक पक्ष से एक विशेष युग का समय चित्र प्रस्तुत करना और इसके निर्णायक अंशों को निर्धारित करना है।

हमारे साहित्यिक सांस्कृतिक चिन्तन में कुछ त्रुटियाँ जाने-अनजाने आ जाती हैं। इनमें से पहली तो यह है कि धार्मिक या साम्प्रदायिक रंगत से पूरी तरह मुक्त हो पाना सबके वश की बात नहीं। बहुसंख्यक या अल्पसंख्यक होना भी सोचने और अभिव्यक्ति के ढंग को प्रभावित करता है। बहुसंख्यक होने पर हम अनेक बातें पूर्व स्वीकृत रूप में ले लेते हैं और इस बात की ओर ध्यान नहीं देते कि यह सम्पूर्ण समाज का यथार्थ है या नहीं? या यह अल्पसंख्यकों के अनुकूल है या उनके दृष्टिकोण से किसी प्रकार की सापेक्षता रखता है या नहीं। अल्पसंख्यक होना असुरक्षा का भाव पैदा करके चिन्तन के लिए सीमा भी बन सकता है या इसके नितान्त विपरीत अपने असुरक्षा के अहसास को दूर करने के लिए अपने अतीत को बढ़ा-चढ़ा कर प्रस्तुत करने का कारण भी बन सकता है। विशेष रूप से जब हमें साथ ही यह भी विश्वास हो कि हमारे लेखन को अन्य सम्प्रदायों में पढ़ा नहीं जा सकेगा।

इसी प्रकार की एक अन्य त्रुटि प्रत्येक व्यवहार को समग्र भारत के पैमाने पर समान रूप से देखना और स्थानीय भेदों को आँखों से ओझल करना है। यही तथ्य एक अन्य प्रकार से भी सामने आ सकता है कि क्योंकि कोई व्यवहार भारत में विशाल स्तर पर देखने में आता है इसलिए यह उसी समय हमारे प्रान्त या समाज में भी अवश्य ही होगा। इस प्रकार हम विशाल व्यवहार के लक्षणों को मुख्य मानकर अपने परिवेश में वे तथ्य तलाश करना शुरू कर देते हैं और इस प्रकार समाज में भी उसके अस्तित्व को सिद्ध कर देते हैं। इस प्रकार की समान्तरताएँ स्थापित करना

विशेष रूप से पंजाबी साहित्य-चिन्तन की एक विशेषता है हालाँकि बिल्कुल सम्भव है कि यह केवल पंजाबी साहित्य-चिन्तन की ही विशोषता न हो।

पंजाबी चिन्तन में पुनर्जागरण और नवजागरण जैसी लहरों का अपने ठोस सन्दर्भ में स्थानीय विषमताओं सहित अध्ययन हुआ नहीं मिलता। बीसवीं शताब्दी की साहित्यिक, सांस्कृतिक और सामाजिक लहरों का उल्लेख तो अनुकरण के पक्ष से अधिकतर मिल जाता है, ठोस यथार्थ के प्रकटीकरण के पक्ष से कम।

हम जिस समस्या को प्रस्तुत कर रहे हैं उसका सम्बन्ध उस काल से है, जिसका आरम्भ बंगाल में 19वीं शताब्दी के दूसरे दशक से **राजा राममोहन राय** के प्रयत्नों से हुआ माना जाता है। आम तौर पर इसे पुनर्जागरण का नाम दिया जाता रहा है। पर हमने इसे प्रबोधन का नाम दिया है। कारण स्पष्ट है कि पुनर्जागरण का अर्थ अतीत को तलाश कर अपने वर्तमान को उसके अनुसार ढालना होता है जबकि प्रबोधन से भाव पैदा हुए नये प्रकाश में अपने वर्तमान और अतीत पर पुनः दृष्टि डालना और इसका पुनर्मूल्यांकन करना होता है।

नाम में स्पष्टता के अतिरिक्त यह स्पष्ट होना भी जरूरी है कि इस लहर के बुनियादी लक्षण क्या थे जो इसे परिभाषित करते थे। इस पक्ष से जिन तथ्यों के बारे में आम सहमति मिलती है उनमें एक है—कि इसका मूल पश्चिम के सम्पर्क में देखा जाता है। इस सम्पर्क के कारण पश्चिमी शिक्षा, पश्चिमी विज्ञान और यूरोप के उदार तार्किक चिन्तन तक हमारी पहुँच हुई। टैगोर ने इस सम्पर्क को **'जादुई स्पर्श'** का नाम दिया **"जिसने बंगाल को निद्रा से जाग्रत किया।"**

बंगाल की सूरत में यह पश्चिम अंग्रेजों तक सीमित था पर समग्र भारत को लेने पर, इसमें अन्य यूरोप की कौमें भी आ जाती थीं, जिनके योगदान का इस पक्ष से अभी तक पूरी तरह विश्लेषण नहीं किया गया, दूसरी बात इस लहर का समग्र भारत के स्तर पर उद्भव कुछ दशकों तक फैला हुआ है। और कुछ दशकों में व्याप्त यह लहर जरूरी नहीं कि प्रत्येक स्थान पर एक समान भी हो फिर भी इसके बुनियादी लक्षण एक जैसे होने जरूरी हैं और यह बुनियादी लक्षण, जहाँ तक प्रबोधन की लहर का सम्बन्ध है, इस प्रकार गिने जा सकते हैं: सामन्तवाद का विरोध, जिसका प्रकटीकरण भले ही पूरी तरह तार्किक और वैज्ञानिक चिन्तन में न भी हुआ हो पर इसका मध्यकालीन अन्धकार वृत्ति और अन्धविश्वास के विरोध में होना जरूरी है। दूसरा लोकतान्त्रिक भावना जिसका प्रकटीकरण सामान्य लोगों तक पहुँचने और उनकी भाषा में उनके साथ संवाद स्थापित करने में होता है। यह किस सीमा तक शुद्ध सामाजिक सांस्कृतिक लहर रहती है किस सीमा तक स्वतन्त्रता प्राप्ति के राजनीतिक लक्ष्य को अपनी परिधि में समेट लेती है और इस राजनीतिक लक्ष्य तक इसका बुनियादी लक्षण रूपान्तरित हो जाता है या नहीं; ये इस प्रश्न के अगले चरण हैं।

जहाँ तक पंजाब का प्रश्न है यहाँ स्थिति अधिक जटिल है और स्पष्टता की अपेक्षा रखती है। (इससे यह सम्भावना जरूर लगती है कि हो सकता है कि दूसरे प्रान्तों के अपने विशेष लक्ष्य भी इसी प्रकार भिन्न हों।) प्रायः अनुकरण के अन्तर्गत इसे पुनर्जागरण का नाम ही दिया जाता है। और इसका आरम्भ उस समय से हुआ माना जाता है जबसे अंग्रेजों ने पंजाब पर अधिकार किया अर्थात् 1849 से। इसके बाद उनकी ओर से सामाजिक, सांस्कृतिक, शैक्षणिक, आर्थिक आदि प्रत्येक क्षेत्र में किये गये प्रयत्नों को इसी दृष्टि से देखा जाता है, भले ही इनका सारतत्त्व कुछ भी हो। इसी प्रकार की भ्रान्तियाँ इन लोगों के मनों में काम कर रही प्रतीत होती हैं जो "सिंह सभा" जैसी धार्मिक लहर को तथा इसके संस्थापकों के (जिनमें **भाई वीरसिंह** भी थे) कार्यों और रचनाओं को इस लहर का प्रकटीकरण बताया करते हैं, जबकि वास्तव में प्रबोधन की लहर के सामान्य प्रयोजनों से इसका कोई सम्बन्ध नहीं था, अतिरिक्त इसके कि इसने पंजाबी भाषा को अपना माध्यम चुना। इस पक्ष से अन्य धर्म सापेक्ष लहर—आर्य समाज, हिन्दू सभा, यहाँ तक कि अलीगढ़ लहरें—के पंजाब के अन्तर्गत योगदान पर भी पुनः ध्यान देना होगा, जिसे कि आगे देखने का प्रयत्न किया गया है।

यदि पश्चिम के सम्पर्क को ही प्रबोधन लहर का प्रस्थान बिन्दु माना जाए जो कि ठीक भी है तो पंजाब का पश्चिम से सम्पर्क भी 19वीं शताब्दी के पहले दशक के दौरान ही हुआ। अंग्रेजों से रणजीत सिंह की अमृतसर सन्धि 1809 में हुई। इस सन्धि से पहले, इसमें सम्मिलित दोनों पक्ष—शक्ति और राजनीति के दाँव-पेंच पूर्णतया प्रयुक्त कर चुके थे। दोनों पक्ष एक-दूसरे की शक्ति और अपनी-अपनी सीमा से परिचित हो चुके थे। इन सीमाओं की परिधि में ही यह सन्धि समानता के धरातल पर आदान-प्रदान से की गयी सन्धि थी।

पर पश्चिम से पंजाब के सम्पर्क का अभिप्राय केवल अंग्रेजों से सम्पर्क नहीं। **रणजीत सिंह** के राज-दरबार में अन्य यूरोपीय कौमों के प्रतिनिधि भी विद्यमान थे जैसे कि फ्रांसिसी, इतालवी, रूसी, स्पेनी, जर्मन, आयरिश और यहाँ तक कि अंग्रेज और अमरीकी भी।

इस पक्ष से अधिक विस्तार में न जाते हुए, कुछ निष्कर्ष प्रस्तुत किये जा सकते हैं।

रणजीत सिंह का काल पंजाब के पश्चिम से सम्पर्क का प्रारम्भ था, जबकि **राजा राममोहन राय** के समय तक अंग्रेजों से सम्पर्क को, यदि प्लासी की जंग से भी गिना जाये तो, आधी शताब्दी से अधिक समय हो चुका था। पंजाब का सम्पर्क पराधीन कौम का शासक कौम की संस्कृति से सम्पर्क नहीं था, बल्कि अंग्रेजों के सन्दर्भ में यह समानता के धरातल पर तथा अन्य यूरोपीय कौमों के सन्दर्भ में प्रमुखता के आधार पर था। और अपनी ज़रूरतों को सामने रखते हुए, स्वैच्छिक स्थापिन किया जा रहा था। अपने सैनिक प्रशिक्षण, संगठनात्मकता तथा शस्त्रों की स्थिति

को आधुनिक बनाने की योजना महाराजा की अपनी ही थी। और इसमें यूरोप के जरनैल उसकी योजनाओं को ही पूर्ण करने का साधन थे। तीसरी बात, यह सम्पर्क जहाँ तक मानवीय अंश का प्रश्न है, अन्य स्थलों की तरह विशाल पैमाने का सम्पर्क, नहीं था, बल्कि अत्यन्त सीमित था। उसमें भी योजना बनाने का काम केवल एक आदमी-केवल रणजीत सिंह का था। परामर्शदाताओं में आस-पास का बौद्धिक वर्ग था, जिसमें कौम, कौमियत, धर्म या जाति के धरातल पर कोई सीमाएँ नहीं थीं।

अतः 19वीं शताब्दी के प्रारम्भ में पश्चिम से पंजाब के सम्पर्क की प्रकृति उपर्युक्त प्रकार की थी।

जहाँ तक प्रबोधन लहर के शेष लक्षण—इसके सामन्तवाद विरोधी और लोकतान्त्रिक झुकाव का प्रश्न है, इस पक्ष से भी **रणजीतसिंह** काल पर दृष्टिपात करना रुचिकर होगा। इस काल के प्रत्यक्ष तथ्य इन दोनों बातों के विपरीत हैं। **रणजीत सिंह** को एक बड़ा सामन्त चित्रित किया जाता है—यही एक बात उसके राज्य के सामन्तविरोधी और लोकतान्त्रिक विशेषता के विरुद्ध जाती है। साथ ही इस तथ्य पर भी बल दिया जाता है कि महाराजा के अपने दरबार की बोली फारसी थी जो कि जनसाधारण की भाषा नहीं थी बल्कि शिष्ट वर्ग की भाषा थी। पर वास्तव में **रणजीत सिंह** के काल की प्रकृति नितान्त भिन्न थी। **रणजीत सिंह** स्वयं पढ़ा-लिखा न था और न ही उसका दैनिक जीवन महलों तक सीमित था। उसका विशाल धरातल पर सामान्य लोगों से सम्पर्क था। लोगों की शिकायतें दूर करने के लिए खुले दरबार लगाना और तुरन्त फैसला सुनाना कोई आज के युग की खोज नहीं बल्कि **रणजीत सिंह** की सामान्य परम्परा थी। इन दरबारों में भी उसका झुकाव लोक की ओर ही रहता था, 'अफ़सर' पक्षीय नहीं। उसके राज्य में किसी को मृत्युदण्ड नहीं दिया जाता था, न ही अंग-भंग या अन्य कोई शारीरिक दण्ड दिया जाता था। बड़े से बड़ा दण्ड भाईचारे से निष्कासन या देश निकाला था। धार्मिक क्षेत्र में महाराज सब धर्मों को संरक्षण प्रदान करता था पर राज्य कार्यों में किसी भी धर्म का दखल नहीं था। सिख धर्म का भी नहीं अतः रणजीत सिंह देखने में ही सिख था पर विश्वास में सन्देहवादी।

आर्थिक क्षेत्र में ज़मीन के प्रधान रूप में मालिक किसान थे उन पर लगान का बोझ अधिक नहीं था। सिंचाई के साधन राज्य द्वारा कायम किये गये थे। अकाल की स्थिति में राहत का प्रबन्ध था। यह व्यवस्था अंग्रेजों की नीति का हिस्सा नहीं थी। महाराजा के प्रकोप का शिकार यदि कोई हुआ तो वे सामन्ती रजवाड़े थे। सामान्य लोगों के हित को सामने रखते हुए रजवाड़ों पर किया गया प्रकोप लोगों के मन में आक्रोश पैदा नहीं करता था। इस प्रकार **रणजीत सिंह** ने अपनी नीतियों से सामन्तवाद की जड़ें खोखली कर दीं। **रणजीत सिंह** काल में उद्योग और व्यापार ने उन्नति की और इससे शहरीकरण की प्रक्रिया तीव्र हुई।

रणजीत सिंह निरंकुश शासक था। उसे सीमित करने के लिए कोई साधन नहीं था। कोई स्थापित संविधान नहीं था। उसकी इच्छा और उसका निर्णय अन्तिम होता था। फिर भी कुछ परम्पराएँ थीं जो उसके लिए अंकुश का काम करती थीं जिनकी उल्लंघना उसने कभी नहीं की। बल्कि उनका सम्मान किया। किसानों को ज़मीन का अधिकार देना उसे उत्तराधिकार में मिला था; इसे उसने और दृढ़ किया और किसान-पक्षीय बनाया। स्थानीय धरातल पर काम करते हुए पंचायतों के अधिकार उसने स्थापित किये, यह भले ही ग्रामीण पंचायतें थीं, व्यावसायिक पंचायतें थीं या जाति-पंचायतें थीं। धार्मिक परम्पराओं के वह विरुद्ध नहीं जा सकता था। इस प्रकार उसने चली आ रही अच्छी परम्पराओं को विकसित किया, न कि उन पर अपनी इच्छा को आरोपित किया।

जब हम किसी युगान्तरकारी लहर की बात करते हैं तब हम स्वाभाविक रूप में ऐतिहासिक धारा के भीतर की निरन्तरता के भंग होने, किसी छलाँग की स्थिति को मान्यता दे रहे होते हैं। शेप भारत के सन्दर्भ में प्रबोधन की लहर इसी प्रकार की स्थिति को प्रकट करती है पर पंजाब के सन्दर्भ में यह एक महज विकास था, जिसने सिख गुरुओं के आदर्शों को साकार किया तथा आर्थिक, सामाजिक क्षेत्र में **बन्दा बहादुर**, और मिसलों के समय में पैदा हो रही प्रजातान्त्रिक प्रकार के परिवर्तनों को अग्रसर किया। परिणाम स्वरूप **रणजीत सिंह** ने अपने प्रयत्नों से एक पंजाबी कौमियत का निर्माण किया। प्रायः कहा जाता है कि इससे पूर्व पंजाब एक भौगोलिक इकाई था, कौमी इकाई यह केवल **रणजीत सिंह** काल में ही बना, यह लक्षण-कौमियत का सृजन भी प्रबोधन लहर की देन था। इसकी भरपूर साक्षी इस काल में और विशेष रूप से ऐंग्लो-सिख युद्धों तथा पंजाब पर अंग्रेजों के अधिकार के प्रतिक्रम में सृजित साहित्य है जिसका प्रतिनिधि रूप **शाह मुहम्मद** का जंगनामा है।

रणजीत सिंह काल में प्रबोधन के समानान्तर चल रही इस प्रक्रिया का शेष भारत से एक अन्य महत्त्वपूर्ण अन्तर भी है। यह ठीक है कि प्रबोधन लहर तार्किकता, सामाजिक सुधारों और नये उपलब्ध पश्चिमी चिन्तन के प्रकाश में अतीत को पुनः तलाश करने पर जोर देती थी। पर यह भी ठीक है कि प्रत्येक स्थान पर किसी न किसी धर्म के ढाँचे के भीतर अपनी स्थिति बनाये हुए थी। यही ढाँचा समय पाकर इस समग्र लहर को इसकी तार्किकता सहित इसे खा गया। इसलिए 19वीं शताब्दी के अन्त तक भारतीय बुद्धिजीवियों को हम इसके अधिक विशाल तथा मान्यता प्राप्त विकल्प की तलाश में प्रयत्नशील देखते हैं तथा यह विकल्प राष्ट्रवाद (देशभक्ति और स्वतन्त्रता आन्दोलन, धर्मनिरपेक्षता, प्रगतिशीलता, समाजवाद तथा साम्यवाद के रूप में प्रस्तुत हुआ।

उपर्युक्त की तुलना में, पंजाब में चल रही प्रक्रिया सहज विकास की प्रक्रिया थी जिसका स्वरूप धर्म निरपेक्ष था, यह धर्म निरपेक्षता अपने सार तत्त्व में उसी प्रकार

की थी जिस प्रकार की अब भारतीय संविधान तथा भारत सरकार की नीतियों में स्वीकृत की गयी प्राप्त होती है।

अंग्रेजों की ओर से पंजाब पर अधिकार किये जाने के परिणामस्वरूप यह सहज प्रक्रिया भंग हुई और अंग्रेजों द्वारा पश्चिम के साथ सम्पर्क के जो निष्कर्ष प्राप्त हुए वे प्रबोधन लहर के उद्‌देश्यों से कोई सापेक्षता नहीं रखते थे।

मार्क्स ने भारत में अंग्रेजों के उद्‌देश्य का दोहरा प्रायोजन बताया था–एक विनाशकारी तथा दूसरा रचनात्मक। पर जब तक अंग्रेज पंजाब में आये तब तक अंग्रेजी राज शेष भारत में इतना आक्रोश पैदा कर चुका था कि लोग भारत में उस पर पहला बड़ा धावा बोलने के लिए तैयार होने लगे थे। और यह धावा उन्होंने पंजाब पर अंग्रेजों के अधिकार के 10 वर्ष से भी कम समय में (1857 में) बोल दिया। ऐंग्लो सिख युद्ध से उत्पन्न खिन्नता और निराशा तथा इनमें शेष भारत की सेनाओं की भूमिका (शाह मुहम्मद ने इसे हिन्द पंजाब की जंग कहा था) पंजाबियों के लिए 1857 की महत्ता समझने के रास्ते में रुकावट थी। जबकि सामन्ती रजवाड़े जो **रणजीत सिंह** से आतंकित थे तथा अपने नये अंग्रेज स्वामी के अधीन सुरक्षित महसूस कर रहे थे 1857 को सहज ही इस प्रकार प्रस्तुत कर सकते थे कि यह हिन्दुस्तानियों या मुग़लों की ओर से पुनः अपना शासन ठोंकने का प्रयत्न था। इस प्रकार पहले यदि कोई बात रह गयी थी तो 1857 के बाद अंग्रेजों का निर्माणात्मक प्रयत्न जिसकी मार्क्स ने बात की थी तथा पश्चिमी संस्कृति का जादुई स्पर्श जिसका **टैगोर** ने उल्लेख किया था, पूरी तरह से सन्देहात्मक प्रतीत हो रहे थे। तथा पंजाब ने इस स्थिति को भोगना था।

पंजाब पर अंग्रेजों के अधिकार को पंजाबी जनता कभी भी स्वीकार नहीं कर सकी। इसलिए शायद ही कोई दशक ऐसा गुजरा हो जब पंजाब में आज़ादी के लिए कोई बहुत बड़ा प्रयत्न न किया गया हो। ऐसा ही एक बहुत बड़ा प्रयत्न नामधारियों का था। अन्य बातों के अतिरिक्त नामधारी संघर्ष का एक पक्ष अंग्रेजों की प्रत्येक वस्तु का बहिष्कार था–जिसमें अंग्रेजी वेशभूषा, अंग्रेजी शिक्षा, अंग्रेजी वस्तुएँ और यहाँ तक कि अंग्रेजी आवागमन तथा संचार के साधन भी शामिल थे। यह **महात्मा गाँधी** का स्वदेशी का नारा था जो उनसे कुछ दशक पहले दिया गया था। नामधारियों के धार्मिक पक्षधरता का प्रयोग करते हुए (वे गोरक्षा के लिए अन्ध-विश्वास की सीमा तक उत्साही थे) अंग्रेजों ने मुसलमानों से उनके विवादों को तीव्र किया तथा इस बहाने से नामधारियों को तोपों से उड़ा दिया गया और उनके गुरु को देश निकाला दे दिया गया।

रणजीत सिंह के शासन काल में सुरक्षित किसान भी अंग्रेजों के कर आदि का बोझ सहन न करते हुए विद्रोह करने लगे तथा ज़मीनों पर निर्वाह होता न देखकर तथा सरकारी दमन से बचने के प्रयत्न में भाग कर विदेशों में जाने लगे। इस प्रकार

भारत की स्वतन्त्रता के लिए पंजाबियों के संघर्ष को अन्तरराष्ट्रीय प्रसार मिला। इन्होंने अमरीका, कनाडा तथा लातीनी अमरीका में अपने केन्द्र स्थापित कर लिए। ग़दर लहर का प्रारम्भ विदेशों में ही हुआ। स्वतन्त्रता तथा सामाजिक परिवर्तन के लिए आगामी संघर्ष इस लहर का बहुमूल्य योगदान था। गुरुद्वारों को महन्तों से मुक्त करवाने के लिए किया गया संघर्ष आज़ादी की लहर और साम्राज्य विरोधी लहर का रूप धारण करता गया क्योंकि शासन महन्तों की सहायता कर रहा था। इस संघर्ष ने अहिंसक संघर्ष के मापदण्ड स्थापित किये तथा इस संघर्ष की विजय को अखिल भारतीय नेताओं ने भारत की स्वतन्त्रता की पहली विजय बताया।

दूसरे दशक में जलियांवाला बाग काण्ड हुआ। पंजाब में तीसरा दशक **किरती** लहर का और **भगत सिंह** तथा उनके साथियों के संघर्षों का दशक था।

इस प्रकार अंग्रेजों से सम्पर्क में आने के बाद के पंजाबी जीवन का एक ज्वलन्त पक्ष ब्रिटिश साम्राज्य के विरुद्ध तथा आज़ादी के लिए निरन्तर संघर्ष था। पंजाब में इस संघर्ष की तीव्रता तब प्रकट हुई जब अंग्रेज साम्प्रदायिक धरातल पर चुनाव क्षेत्र कायम करते हुए साम्प्रदायिक दंगे भड़काने में सफल हो गये।

जहाँ तक पंजाबी जीवन के बौद्धिक क्षेत्र में योगदान का प्रश्न था, यहाँ भी अंग्रेजों की भूमिका उद्‌बोधनकारी नहीं थी। पंजाब में अंग्रेजों का पहला सरोकार पंजाब के तथा विशेष रूप से सिखों के इतिहास को बिगाड़कर पेश करना था। पंजाबी राजभाषा तो कभी नहीं थी, पर दिन-प्रतिदिन जीवन से भी इसे निकालने की पूरी कोशिश की गयी। उर्दू को विशेष रूप से इसी प्रयोजन से लागू किया गया। पंजाब को किसी भी साहित्यिक और सांस्कृतिक उपलब्धियों से शून्य बताने का प्रयत्न किया गया। इन सभी प्रयत्नों का प्रयोजन पंजाबियों में पैदा हो चुके एक कौमियत के अहसास को नष्ट करना था जो कि अभी बिल्कुल नया ही था और पूरी तरह जड़ें नहीं पकड़ सका था।

इस पक्ष से तथाकथित प्रबोधन की लहरों ने भी एक ऋणात्मक भूमिका अदा की। उदाहरण के तौर पर आर्यसमाज की भूमिका शेष भारत में जो भी रही हो, पंजाब में नकारात्मक थी। **स्वामी दयानन्द** को उस समय जितना भरपूर समर्थन पंजाब में प्राप्त हुआ, वह भारत में अन्य किसी भी स्थान पर नहीं मिला था। इसका कारण शायद यह था कि उनकी समानता तथा भ्रातृत्वभाव की शिक्षा पंजाब के लिए कोई अपरिचित नहीं थी पर अन्य संस्थाओं की भावनाओं के प्रति असहनशीलता आर्यसमाज का ज्वलन्त लक्षण था। ऐंग्लो तथा वैदिक के बीच इसके अतिरिक्त और कुछ भी न था। इसने सदैव पंजाबी भाषा तथा संस्कृति के विरुद्ध स्टैण्ड लिया। पंजाबी भाषा और संस्कृति के विरुद्ध इतना ही प्रबल स्टैण्ड उन संगठनों ने लिया जो मुसलमानों के बीच बौद्धिकता का प्रसार करने तथा उर्दू को संरक्षित करने का झण्डा उठा रहे थे। जहाँ तक पंजाबी संस्कृति का प्रश्न है, 'सिंह सभा' की भूमिका

तात्त्विक रूप में भिन्न नहीं थी। अतिरिक्त इसके कि इसने अपना माध्यम पंजाबी भाषा को बनाया हुआ था। इसकी निर्देशक संस्था चीफ खालसा दीवान थी जिसका सामन्तवादी और शासनपक्षीय रूप किसी से छिपा नहीं था।

इस प्रकार पंजाब में इन तथाकथित प्रबोधन लहरों के प्रयत्नों के निष्कर्षों को यदि वस्तुपरक ढंग से सूत्रबद्ध करें तो कहा जा सकता है कि इन्होंने पैदा हो चुकी साँझी कौमियत की भावना को नष्ट किया, अपने-अपने धर्मों का साम्प्रदायिकता की सीमा तक प्रचार किया, इनमें से अनेक ने प्रत्यक्ष तथा परोक्ष रूप में साम्राज्यपक्षीय भूमिका अदा की।

विरोधाभास यह है कि इन सभी लहरों ने अपने-अपने साम्प्रदायिक हितों के लिए उच्च शिक्षा की संस्थाओं की स्थापनाएँ कीं पर विज्ञान की शिक्षा भी कोई जरूरी नहीं कि व्यक्ति में जीवन के प्रति तर्कसंगत दृष्टिकोण, उदारभावना, सहनशीलता तथा आधुनिक बोध ही पैदा करे, यदि इसकी पृष्ठभूमि में कार्यरत प्रयोजन मध्यकालीन अन्धवृत्तिपूर्ण तथा अवैज्ञानिक हों फिर भी इन उच्च शिक्षा की संस्थाओं में ऐसे व्यक्ति पैदा हुए जिन्होंने राजनीतिक क्षेत्र में स्वतन्त्रता के लिए तथा सामाजिक परिवर्तन के लिए महत्त्वपूर्ण योगदान दिया। तब वे इन संस्थाओं के प्रयोजनों को पूरा नहीं कर रहे थे बल्कि अपने व्यक्तित्व के अनुसार उपलब्ध ज्ञान तथा चेतना को उच्चतर राष्ट्रीय हितों के लिए प्रयुक्त कर रहे थे। यहाँ एक अन्य लहर का उल्लेख किये बिना बात पूरी नहीं हो पाएगी। यह लहर 'प्रति लहर' है जिसका संचालक **गुरबख्श सिंह** था, जिसका मुखपत्र 'प्रीत लड़ी' था, जिसका माध्यम मूल रूप में पंजाबी था, यद्यपि प्रारम्भ में इस लहर ने हिन्दी, उर्दू और अंग्रेजी को भी अपना माध्यम बनाया। इसने अपना केन्द्र प्रीत नगर शहर बसाया। **गुरबख्श सिंह** ने अपने समर्थकों को संगठिन करते हुए इस संगठन को प्रीत सेना का नाम दिया, यदि आज़ादी के लिए संघर्ष कर रहे संगठनों (ग़दर, किरती, कांग्रेस, कम्युनिस्ट) के अतिरिक्त कोई भी लहर धर्म निरपेक्ष थी, तो वह प्रीत लहर थी, जिसका लक्ष्य किसी धर्म का प्रचार नहीं, बल्कि यह था :

किसे दिल साँझे दी धड़कन, किसे प्रीत गीत दी लो
पते प्रीत लड़ी दे दस्सण, जिस बिच प्रोती सुब्हो सो

प्रीत लड़ी ने सर्व-सांझ की भावना के साथ-साथ ज़िन्दगी के प्रत्येक क्षेत्र के नवीनतम ज्ञान को अपने पाठकों तक पहुँचाने का प्रयत्न किया। जीवन में सहज तार्किकता अपनाने का प्रचार किया।

प्रीतनगर के प्रभाव के अन्तर्गत पंजाबी संस्कृति का विकास सर्वांगीण और बेमिसाल था। पंजाब में किसी भी लहर को यदि प्रबोधन की लहर का नाम दिया जा सकता है तो वह प्रीत लहर है। पर 20वीं शताब्दी के चौथे दशक में (जब प्रीत लड़ी पत्रिका प्रारम्भ हुई) केवल प्रबोधन के प्रयोजनों को ही पूरा नहीं कर रही थी बल्कि

यह लहर राष्ट्रीय तथा अन्तरराष्ट्रीय स्तर पर भी अग्रसर हो रही थी। धर्म-निरपेक्षता, राष्ट्रवाद तथा समाजवाद उस समय के बुद्धिजीवी वर्ग की चेतना का अभिन्न अंग बन चुके थे। पर शुद्ध सामाजिक आदर्श को लेकर चल रही प्रीत लहर जल्दी ही इस पक्ष से भी समुचित प्रमाणित हुई तथा अग्रिम पंक्ति के प्रगतिशील बुद्धिजीवी क्षेत्रों में भी इसने लोकप्रियता प्राप्त की।

इस प्रकार, अन्त में हम कह सकते हैं कि प्रबोधन की लहरों के विषय में अखिल भारतीय स्तर पर स्थापित की गयी हमारी धारणाएँ पंजाब पर ज्यों की त्यों लागू नहीं की जा सकतीं। पश्चिम का सम्पर्क प्रबोधन लहर की मुख्य संचालक शक्ति माना जाता है। पंजाब से यह सम्पर्क 19वीं शताब्दी के प्रारम्भ में हुआ पर इस सम्पर्क की प्रकृति शेष भारत से अलग है। 19वीं शताब्दी के मध्य तक प्रबोधन की लहर की सामान्य विशेषताएँ पंजाबी जीवन में भी देखने को मिलती हैं। पर यह पंजाबी समाज के सहज विकास का परिणाम थीं—इसके पश्चिम से सम्पर्क की नहीं। अंग्रेजों के आने से यह सहज विकास आहत हुआ। अंग्रेजों के सजग प्रयत्नों ने इसे विपरीत दिशा देने का प्रयत्न किया, इसमें वे ही शक्तियाँ उनकी सहायक हुईं जो प्रबोधन के आदर्शों के विपरीत थीं। अखिल भारतीय स्तर पर इन शक्तियों के नकारात्मक पक्षों की ओर ध्यान न देना तथा इन्हें आज़ादी के संघर्ष में साँझे मोर्चों में शामिल रखना समय की मजबूरी थी। पर पंजाब पर इनका प्रभाव इतना गहरा तथा दूरगामी था कि जिसका खमियाजा आज का पंजाब भुगत रहा है।

अंग्रेजों की ओर से पंजाब पर अधिकार किये जाने से लेकर 20वीं शताब्दी के चौथे दशक के शुरू तक पंजाब को परिभाषित करने वाला लक्षण यह था कि इसके जन साधारण ने आज़ादी की लड़ाई में अग्रिम पंक्ति में स्थान बनाये रखा। यह पंजाबी प्रबोधन का प्रकटीकरण था तथा इसके आगामी विकास का स्रोत था। अंग्रेजी शिक्षा तथा अंग्रेजी जीवन पद्धति पंजाबियों में केवल एक व्यंग्य था पर इसकी विशालता और भरपूरता के रू-ब-रू इससे बचा नहीं जा सकता था। इसके सकारात्मक पक्षों को ग्रहण न करना भी समझदारी नहीं थी फिर भी यह कहा जा सकता है कि रोजी-रोटी से आतुर होकर परदेशों में गये पंजाबी अपने तल्ख अनुभवों के परिणामस्वरूप देश की आज़ादी के लिए संघर्षरत नये ज्ञान तथा नयी चेतना का उतना ही स्रोत बन पाये जितना कि कोई अन्य।

इसमें दक्षिण-पूर्व एशिया, कनाडा, अमेरिका तथा लातीनी अमेरिका में गये पंजाबियों ने योगदान दिया। सोशलिस्ट तथा मार्क्सवादी विचारों से पंजाबियों का पहला परिचय 'गदरियों' तथा 'किरतियों' के माध्यम से हुआ। **गुरबख्श** सिंह की प्रीत लहर का उदार आदर्शवाद उस समय के अमरीकी जीवन की देन था, जबकि अपने आप में यह राजनीतिक क्षेत्र से बाहर केवल एक मात्र लहर थी जो धर्मनिरपेक्षता,

तथा सहज तार्किक जीवन पद्धति को प्रचारित करने से शुरू करके नवीन चिन्तन तथा मानववाद तक पहुँची।

इन विलक्षणताओं को तलाश करने, प्रकाशित तथा प्रस्तुत करने के पीछे केवल यह विचारधारा काम करती रही है कि अन्य प्रान्तों में भी इसी प्रकार के प्रयत्नों के द्वारा समग्र भारत के सामाजिक-सांस्कृतिक जीवन के चित्र को सर्वांगीण तथा अधिक पूर्ण बनाया जा सकता है। केवल इस प्रकार ही इसे स्वस्थ, बलवान तथा फलदायक बनाया जा सकता है।

पंजाबी से रूपान्तर : सेवासिंह/प्रदीप सक्सेना

"इतिहास लेखन का कार्य इतिहास की रचना करने जैसा ही महत्त्वपूर्ण है? यदि इतिहास-लेखक इतिहास की रचना करने वाले के प्रति सत्यनिष्ठ नहीं होता तो सत्य का सही निर्वाह नहीं हो पाता और इसका दण्ड मानव समाज को भोगना ही पड़ता है?"

—कमाल अतातुर्क

भक्तिकाल का मार्क्सवादी मूल्यांकन

कुँवरपाल सिंह

भक्तिकाल को लेकर हिन्दी के ही नहीं इतिहास के विद्वानों में भी गहरे मतभेद हैं। कुछ लोग भक्तिकाल को हिन्दू धर्म से जोड़कर देखते हैं और इसे इस्लाम धर्म की प्रतिक्रिया के रूप में मानते हैं। कुछ लोगों की राय में यह तत्कालीन सामन्ती समाज और उसके मूल्यों के प्रति विद्रोह का स्वर है। एक तीसरा मत वामपन्थी इतिहासकारों का है जिसके अनुसार भक्ति आन्दोलन तेरहवीं-चौदहवीं और पन्द्रहवीं शताब्दियों में हुए महत्त्वपूर्ण राजनीतिक और आर्थिक परिवर्तनों के कारण विकसित हुआ जो **कबीर नानक** और **रविदास** की कविताओं में अपने चरमोत्कर्ष पर मिलता है।

असल में तुर्क शासन की स्थापना के बाद भारत की सामाजिक, आर्थिक और राजनीतिक परिस्थितियों में महत्त्वपूर्ण परिवर्तन आरम्भ हुए। सिंचाई में रहट का व्यापक रूप से प्रयोग आरम्भ हुआ, जिससे नदियों के किनारे विशेष रूप से पंजाब और दोआब के क्षेत्र में कपास और अन्य फसलों की पैदावार में बहुत वृद्धि हुई। सूत कातने के लिए तकली के स्थान पर चरखे का व्यापक प्रयोग होने लगा। इसी तरह रूई धुनने में ताँत का प्रयोग जन साधारण के लिए महत्त्वपूर्ण बन गया था। कपास ओटने में चरखी का भी प्रयोग शुरू हुआ। तेरहवीं शताब्दी में करघा के प्रयोग से बुनकरों और वस्त्र उद्योग की स्थिति में महत्त्वपूर्ण परिवर्तन हुआ। कपड़े की रंगाई और छपाई की भी इसी बीच व्यापक उन्नति हुई। मध्य एशिया के सीधे सम्पर्क के कारण भारत के व्यापार का भी बहुत प्रसार हुआ।[1] इन नयी परिस्थितियों ने व्यापारियों और कारीगरों का सीधा सम्बन्ध और गहरा करने में सहयोग दिया। ये व्यापारी कला और संस्कृति के आदान-प्रदान में भी महत्त्वपूर्ण संवाहक सिद्ध हुए। भारत के विभिन्न प्रदेशों के साहित्य में इस योगदान की विस्तार से चर्चा मिलती है। मध्यकाल के हिन्दी-साहित्य में भी छुटपुट रूप से हमें इस सम्बन्ध में अनेक उदाहरण मिल जाते हैं। **मुल्ला दाऊद, कबीर, नानक** और **सूरदास** का साहित्य विशेष रूप से द्रष्टव्य है। ये व्यापारी देश के अन्दर ही व्यापार नहीं करते थे बल्कि दूसरे देशों में भी जाते थे। इनके साथ भारत की कला, साहित्य और संस्कृति बाहर गयी

और वहाँ से भी अनेक विचारधाराएँ और साहित्य भारत में आया। इन व्यापारियों और बंजारों के सम्बन्ध में आज भी उत्तरी भारत में असंख्य लोक-कथाएँ और लोक गीत प्रचलित हैं जो इस बात का प्रमाण हैं कि इन घुमन्तू व्यापारियों का भारत के सामाजिक-आर्थिक और सांस्कृतिक जीवन पर कितना गहरा प्रभाव था। इन नयी परिस्थितियों ने शिल्पी वर्ग को बहुत महत्त्वपूर्ण और प्रभावशाली बना दिया था। सन्त मत में बहुसंख्या इसी शिल्पी वर्ग की है। इसके बाद व्यापारी और किसान आते हैं।

बारहवीं और तेरहवीं शताब्दियों में शहरीकरण की लहर उत्तरी भारत में फैलने लगी थी। यहाँ का नया शासक वर्ग नगर में रहना अधिक पसन्द करता था। कृषि और अन्य नये उत्पादन बढ़ने के कारण लगान बढ़ाने की माँग में भी वृद्धि हुई। यही बढ़ी हुई माँग तुर्क शासक वर्ग को उत्तराधिकार में मिली जिसे उन्होंने शासन-व्यवस्था का केन्द्रीयकरण करके और अधिक सुव्यवस्थित किया। इस प्रकार इस शासक वर्ग को कर पहले से कहीं अधिक उपलब्ध थे, जिन्हें अधिकतर शहरों में ही व्यय किया जाता था। इसी कारण कई एक नये शिल्पों का विकास हुआ जिनमें प्रधानतः नये ढंग की स्थापत्य कला, काग़ज़ बनाना, रूई साफ़ करने के नये तरीके और आतिशबाजी को लिया जा सकता है।[2]

इन नयी परिस्थितियों के सन्दर्भ में भक्ति आन्दोलन के परिवर्तन का भी पक्ष सार्थक रूप में विकसित होता है जिसका सबसे शक्तिशाली चित्रण **कबीर, नानक, रैदास** और **दादू दयाल** के साहित्य में हुआ है। एक ओर आर्थिक उत्पादन में कुशलता और वृद्धि जिसके कारण किसानों और दस्तकारों में शोषण और अन्याय के प्रति विद्रोह की भावना की प्रखर अभिव्यक्ति मिलती है। दूसरी ओर राज्यशक्ति की बढ़ती हुई माँग तथा विशेषकर राज्य कर्मचारियों के भ्रष्टाचार तथा तीसरी ओर सामाजिक अत्याचार जिसका सबसे ज्वलन्त उदाहरण जाति प्रथा है। सामाजिक और प्रशासनिक अत्याचार के प्रति विरोध की भावना का सबसे मर्मान्तक चित्रण कबीर और नानक के पदों में हुआ है।

कबीर के शब्दों में :

झंकार आदि है मूला।
राजा परजा एकहि भूला।।
हम तुम माँ है एकहि लोहू।
एक प्रान जीवन है मोहू।।
एक ही वास रहे दस मासा।
सूतग पातग एक आसा।।
एक ही जननी जन्याँ संसारा।
कौन ग्यान थे भये नियारा।।[3]

इन कवियों ने सामाजिक विद्रूपों पर तीखे आघात किये हैं परन्तु इनकी भावना

नैतिकता के स्तर पर बहुत सीमा तक केन्द्रित रही। **कबीर** के ये उद्धरण इस प्रवृत्ति पर यथेष्ट प्रकाश डालते हैं :

मेड़ी महल बावड़ी छाजाई।
छागिये सब भूपति राजा।
कहे कबीर राम त्यों लाई।
धरी रही माला काँहू खाई।।

x x x

टेढ़ी पाग टेढ़े चले लागे बीरे खान।
भाऊ भगति से कान न कछु ऐ मेरो का दीवाना।
राम बिसारियो है अभिमानी।
कनक कामिनी महा सुन्दरी पेखि पेखि सच मानी।।
लालच झूठ महामद इहि इहि विधि आँध बिहानी।।
कहि कबीर अन्त की बेर आयी लागो काल निदानी।।

x x x

एकै पवन एक ही पाणी।
करी रसोई न्यारी जानी।।
माँटी सूँ माटी ले पोती।
लागी कहो कहाँ धू छोती।।[4]

भक्ति काल के पथ-प्रदर्शकों ने अपने काल के सभी सामाजिक वर्गों के सामने प्रश्न-चिह्न लगाये परन्तु राजनीतिक संस्थाओं को स्वीकार करते हुए केवल यह नैतिक आपत्ति की कि इन संस्थाओं के संचालक अपने अधिकार और दायित्व का दुरुपयोग करते हैं और यह आशा व्यक्त की कि हर व्यक्ति पूरी ईमानदारी के साथ अपने कर्तव्य का निर्वाह करेगा, इसी में व्यक्ति और समाज का भला है :

दादू सो मोमिन मोम दिल होई।
साई कूँ पहिचाने सोई।।
जोर न करे हराम न खाई।
सो मोमिन भिस्ति में जाई।।[5]

भक्ति आन्दोलन के पास स्थापित सामाजिक व्यवस्था के किसी विकल्प की सम्भावना नहीं थी। केवल उसी समाज को एक आदर्श भाव से चलाने की कल्पना थी :

जिसको तिसको दीजिए।
सुत्रित पर उपगार।
दादू सेवत सो भले।
सिर नहिं लेवे भार।।[6]

यदि भक्ति आन्दोलन के पास समकालीन समाज-व्यवस्था के विकल्प की

परिकल्पना का अभाव था तो एक वैकल्पिक समाज-व्यवस्था की कल्पना का आधार उस समाज की संकटग्रस्त स्थिति में ही देखा जा सकता है। यह ऐसी संकटग्रस्त स्थिति है जिसका समाधान एक नयी सामाजिक और आर्थिक व्यवस्था की स्थापना में ही सम्भव हो सकता था। ऐसी स्थितियाँ और उनके समाधान यूरोप के इतिहास में बहुत स्पष्ट रूप से देखे जा सकते हैं, जब दास प्रथा पर आधारित समाज के संकट का समाधान सामन्ती समाजतन्त्र में ही सम्भव हुआ और सामन्ती समाज के संकट का समाधान करने के लिए पूँजीवादी व्यवस्था की स्थापना हुई जिसके पश्चात् समाजवाद का उदय हुआ।[7] भारत के इतिहास में संकट और उसके समाधान की अवस्थाएँ उतनी स्पष्ट नहीं जितनी यूरोप में रही हैं। यह सब होते हुए भी भारतीय इतिहास का मध्ययुग ऐसा था जिसमें कुछ परिवर्तन हो रहे थे तथा बहुत से तनाव और द्वन्द्व थे फिर भी यह स्थिति नहीं थी कि समूची स्थापित सामाजिक और आर्थिक व्यवस्था का उन्मूलन करके उसके स्थान पर नये समाज की स्थापना की जा सके। धर्म का आधार लेकर किसी नयी व्यवस्था का निर्माण करना सम्भव नहीं है, सुधार की सम्भावना ही हो सकती है।

भक्तिकालीन सन्तों ने छोटे किसान, जुलाहे और अन्य छोटे-छोटे व्यक्तियों की तुलना ईश्वर से की है। इस तरह इन छोटे लोगों के स्तर को अपनी कल्पना में ऊँचा उठाया है। उन्होंने यह कल्पना ईश्वर और उसके दरबार के प्रतिरूप में की है। **दादू दयाल**, ईश्वर को साहिब, सुल्तान, महाराज, राव आदि की संज्ञा देते हैं। और उसके दरबार में दासियों, कवियों, नर्तकों-नगाड़े बजाने वालों, खजाने और दूतों की उपस्थिति की कल्पना करते हैं। इस दरबार में सम्राट के दरबार के लगभग सभी कर्मचारी मौजूद रहते हैं।

कबीर, दादू, ईश्वर या गुरु और मानवीय सम्बन्धों को भी उसी रूप में देखते हैं जिसमें कि समसामयिक राजनीतिक विचारक या इतिहासकार सम्राट या प्रजा के सम्बन्धों की कल्पना करते हैं। इस कल्पना में गुरु के प्रति व्यक्ति की पूरी निष्ठा होती है। दूसरी ओर गुरु अपने शिष्यों की ओर दया और करुणा का रवैया रखता है।

भक्ति आन्दोलन के उत्तर भारतीय समाज की सबसे निम्न श्रेणियों और जातियों में इतना लोक प्रिय होने के बाद भी इससे शासक वर्ग को कोई खतरा नहीं दिखाई देता। इस आन्दोलन के केन्द्र में अन्याय के प्रति रोष है किन्तु विद्रोह नहीं। यदि पन्द्रहवीं-सोलहवीं शताब्दी के भारत के स्थापित समाज का उन्मूलन करके उसके स्थान पर एक नये समाज की कल्पना सम्भव नहीं थी तो भी उस समाज को झिंझोड़ना अनिवार्य था। भक्ति आन्दोलन के सभी नेता समाज की निम्न श्रेणियों और जातियों से सम्बन्धित थे। **कबीर** बनारस का जुलाहा, **नानक** एक छोटा व्यापारी, **धना** एक जाट किसान, **रैदास** एक चमार और **दादू** एक बंजारा था। इन सबने एकेश्वरवाद को अपने सुधार आन्दोलन का आधार बनाया था। एकेश्वरवाद में सामाजिक समानता

का सन्देश निहित होता है, जिसके कारण एकेश्वरवाद समाज की उन श्रेणियों के दिल को सबसे अधिक छूता है, जिनको सामाजिक असमानता का शिकार होना पड़ता है। इसी असमानता की पीड़ा का चित्रण उन सन्तों की वाणी में जिन्हें स्वयं भी इसका अनुभव था लेकिन उनका अनुभव उनके निजी अस्तित्व से कहीं अधिक व्यापक था। जिस रोष के साथ इन कवियों ने वर्ण और जाति भेद का विरोध किया है, उसी में इस वेदना की झलक मिलती है लेकिन अन्य पहलुओं की भाँति जाति प्रथा का विरोध भी नैतिक धरातल तक ही सीमित रहा। स्पष्ट है कि जाति प्रथा नैतिक धरातल पर आधारित संस्था नहीं थी बल्कि इसकी गहरी सामाजिक और आर्थिक नींव थी जिस पर उस समाज का पूरा ढाँचा खड़ा था। मध्ययुगीन सन्तों के रोष की अभिव्यक्ति के फलस्वरूप इस प्रथा में लचक अवश्य आयी। किसी भी संस्था पर, वैकल्पिक चेतना के अभाव में वैचारिक शक्तिशाली आक्रमण का निष्कर्ष यही निकलता है कि उस संस्था में आक्रमणकारी के लिए भी स्थान बन जाता है। इस बात की पुष्टि में सिख समुदाय का निर्माण और विकास एक दिलचस्प उदाहरण हैं।[8]

यहाँ भक्ति आन्दोलन का मोड़ है। **कबीर, रैदास** और **नानक** के शक्तिशाली आक्रमण के फलस्वरूप व्यवस्था में एक लचीलापन आया। यह मोड़ **"रामचरितमानस"** में समकालीन सामाजिक व्यवस्था के प्रति तीव्र रोष या विरोध के स्थान पर उस समाज के आदर्शपूर्ण ढंग से क्रियाशील होने का आदर्श है। गोस्वामी तुलसीदास में परिवर्तन की कामना नहीं है परन्तु ये सुधार अवश्य चाहते हैं। रामराज्य के रूप में एक यूटोपिया अवश्य प्रस्तुत करते हैं।

उत्तर की तरह दक्षिण में विदेशी आक्रमणों से उत्पन्न संकट और विदेशियों के आर्यीकरण का प्रश्न तो न था परन्तु पिछड़ी आदिम कबीलाई जातियों के सांस्कृतिकरण की समस्या वहाँ कम गम्भीर न थी। पुराना ब्राह्मण धर्म अनन्य प्रकृति के कारण यह कार्य करने में असमर्थ था। यह ऐसा कार्य था जिसे ईश्वर की सर्व सुलभ भक्ति पर आधारित वैष्णव और शैव मत सक्षमता के साथ सम्पन्न कर सकते थे। शूद्र और निम्न जातियों को उनकी सुधरी हुई और मज़बूत स्थिति तथा संख्या के अनुरूप कम से कम प्रशासनिक क्षेत्र में रियायतें व महत्त्व प्रदान करके उन्हें सन्तुष्ट करने का कार्य भी भक्त ही कर सकते थे।[9]

कुल मिलाकर दक्षिण में भक्ति की एक ऐसी धारा प्रवाहित हो रही थी जिसमें स्त्रियों सहित शूद्रों व निम्न वर्गों को जिनका अधिकांश वैष्णव धर्म के द्वारा सांस्कृतिकरण की प्रक्रिया से आदिम कबीलाई जातियों से आया होगा, को महत्त्वपूर्ण स्थान प्राप्त था। **"पेरिय पुराण"** के अनुसार नयनारों में कुछ ब्राह्मण थे, कुछ वैल्लाल और कुछ तो आदिवासी जातियों के थे।[10] इसी तरह बारह आलवारों में दो शूद्र और एक निम्न पनर जातियों का था।[11]

दूसरे उत्थानकाल में भी हम भक्ति के प्रवाह को पहले लोक प्रवाह के रूप में ही

पाते हैं। शैव व वैणव भक्त अधिकांशतया सामान्य जनता के लोग थे और उनकी अतिभावमूलक भक्ति सरल धर्म की द्योतक थी। लेकिन बाद में उनकी भक्ति गीतों की सरलता भावोज्ज्वलता और उनकी सौन्दर्य भावना को पौराणिक अन्धविश्वासों तथा तात्त्विक मताग्रहों के बीच दबा दिया गया।[12] आलवार भक्तों के उपरान्त आने वाले वैष्णव आचार्य कट्टर धार्मिक कुलों के थे और परम्परागत शास्त्रों की सब मर्यादाओं की रक्षा करना अपना कर्तव्य समझते थे।[13]

रामानुजाचार्य और **रामानन्द** जैसे व्यक्तित्व भी, जिनकी उदारता की बहुत चर्चा की जाती है, एक सीमा तक ही उदार थे। इस सम्बन्ध में विभिन्न लेखकों ने जो विचार प्रकट किये हैं, उनसे प्रकट होता है कि दोनों महापुरुषों की उदारता केवल औपासनिक क्षेत्र तक ही सीमित थी। सच सच कहा जाये तो **रामानुज** और **रामानन्द** में जितनी उदारता थी, वह वैष्णव मत में प्राचीन काल से ही रही है। सही सन्दर्भ में देखें तो दोनों आचार्यों ने जो कुछ किया, वह भक्ति की उस दोहरी परम्परा का अनुगमन ही था, जो मात्र कुछ वैचारिक तथा औपासनिक रियायतें देकर सामाजिक आचार व व्यवस्था में नितान्त कट्टरता का आग्रह करती रही है। विचार और आचार, सिद्धान्त और व्यवहार की द्वैधता हमारे धर्म एवं समाज तन्त्र की पुरानी बीमारी है जिसे साहित्यकारों और इतिहासकारों ने प्रायः रेखांकित किया है।[14] उच्च वर्ग के इस वैचारिक और समझौतावादी रुख का एक परिणाम तो यह अवश्य दीखता है कि हिंसात्मक विद्रोह की स्थितियाँ बहुत कम उत्पन्न हुईं।[15] साथ ही दलित जनता को मामूली छूटों से ही सन्तोष करके युगों-युगों तक भारी मूल्य चुकाना पड़ता रहा। सचमुच इस दृष्टि से भारत की प्राचीन मनीषा अन्य अनेक देशों के बुद्धिजीवियों से अधिक चतुर और व्यवहार कुशल थी।

भक्ति आन्दोलन में कई तरह के रंग और विचार रहे हैं। यहाँ यह प्रश्न उठता है कि क्या भक्ति आन्दोलन एक जन-आन्दोलन था? यह सीमित अर्थों में ही जन-आन्दोलन था, सम्पूर्ण अर्थों में नहीं। यह जनता के जीवन स्तर में किसी परिवर्तन का आह्वान नहीं करता। किसी आर्थिक संरचना का उद्देश्य भी इस आन्दोलन के सामने नहीं है। इस आन्दोलन की दार्शनिक परिणति स्वयं की मुक्ति और ईश्वर से एकात्म स्थापित करना था। गुरु की सहायता से मोक्ष प्राप्त अथवा प्रभुकृपा पर अधिक बल था।[16] इस आन्दोलन के दार्शनिक लक्ष्य भी भिन्न थे। भक्त और ईश्वर के सम्बन्ध, धर्मग्रन्थों की मान्यता तथा समाज के सम्बन्ध में इनके दृष्टिकोण अलग-अलग हैं। यही नहीं, शासक वर्ग के प्रति भी इनकी दृष्टि एक नहीं है, उसमें गहरे मतभेद हैं। हम इन के विचारों का विश्लेषण करें तो यह सुधारवाद से आगे नहीं बढ़ते। जाति-व्यवस्था और ब्राह्मण वर्ग पर इन्होंने चोट जरूर की लेकिन उस ढाँचे को तोड़ने में असमर्थ रहे। क्षेत्रों के अनुसार भी इस आन्दोलन की अपनी-अपनी विशेषताएँ थीं। कहीं यह लोकप्रिय भावनाओं को अभिव्यक्त करने का साधन बना

और उसने विभिन्न वर्गों के तथा पृष्ठभूमि के स्त्री-पुरुषों को निरंकुशता के विरुद्ध एकत्र और सक्रिय होने का आदान-प्रदान किया।

पंजाब का उदाहरण इस सम्बन्ध में विशेष उल्लेखनीय है। भक्ति आन्दोलन के विकास की ऐतिहासिक पृष्ठभूमि, परस्पर क्षेत्रीय विभिन्नता वाले समाज, राजनीति और संस्कृति पर प्रभाव, इसके उदय-विकास में सहायक तत्त्वों के अध्ययन की आज भी आवश्यकता है। जब तक यह गम्भीर अध्ययन नहीं होगा, तब तक भक्ति आन्दोलन के सम्बन्ध में कोई अन्तिम बात नहीं कही जा सकती।

अब महत्त्वपूर्ण सवाल यह है कि मध्यकाल में पूरे देश में यह आन्दोलन लोगों का ध्यान अपनी ओर आकर्षित कर रहे थे। समाज की जड़ मान्यताओं, उपासना-पद्धति आदि पर उन्होंने प्रश्न-चिह्न लगाये। समाज के उपेक्षित और पीड़ित लोगों को एक सम्मान का जीवन प्रदान करने का मार्ग भी दिखाया फिर आखिर मध्यकाल के आन्दोलन कोई मूलभूत परिवर्तन करने में असमर्थ क्यों रहे? ज्ञान-विज्ञान के नये द्वार खोलने में यह क्यों असमर्थ रहे? अपने पुराने ज्ञान-विज्ञान और टैक्नोलॉजी को नये रूप में ढालने में यह क्यों असमर्थ रहे? यूरोप जो भारत से कई दृष्टियों में पिछड़ा हुआ था, वह यह काम करने में कैसे समर्थ हुआ जबकि भारत औद्योगिकीकरण करने में क्यों असमर्थ रहा? इन कारणों पर बिना विचार किये हम अपने नवजागरण पर भी सही ढंग से विचार नहीं कर सकते हैं।

इन प्रश्नों का कोई सीधा-सादा उत्तर देना सम्भव नहीं है इसे भारत की जटिल सामाजिक-राजनीतिक स्थिति में खोजा जा सकता है—मध्यकाल के इतिहासकारों ने इसके उत्तर देने के प्रयास किये हैं, इस प्रश्न पर बहस जारी है। तमाम तथ्यों का उद्घाटन होगा। तभी हम सही निष्कर्षों पर पहुँचने में समर्थ होंगे।

सुप्रसिद्ध इतिहासकार **प्रो. इरफ़ान हबीब** ने, जो गत दो दशकों से इस विषय पर निरन्तर लिख रहे हैं, इसके निम्न प्रमुख कारण बताये हैं[17] :

1. चिन्तन और साहित्य की भाषा फारसी थी, जिसका साधारण जनता से कोई रिश्ता नहीं था, यह विशिष्ट लोगों की भाषा थी, जहाँ जनता और भद्रलोक की भाषाओं में इतनी भिन्नता हो वहाँ नये ज्ञान-विज्ञान का आदान-प्रदान मुश्किल है। इससे पूर्व संस्कृत भी जनता की भाषा नहीं थी।

2. मध्यकाल में भारत तथा इस्लामी दुनिया में दार्शनिकों और स्वतन्त्र चिन्तकों को धर्मशास्त्रियों के मुकाबिले कोई महत्त्व नहीं दिया जाता था। धर्मशास्त्रियों ने सदैव दर्शन और विज्ञान का जमकर विरोध किया। इन दोनों को धर्म-विरोधी बताया जाता रहा। इस सन्दर्भ में एक उदाहरण इसे स्पष्ट करने के लिए काफी होगा। **सूफी सन्त शेख निजामुद्दीन** का एक वार्तालाप एक समकालीन इतिहासकार ने लिखा है—एक बार खलीफा एक दार्शनिक के प्रभाव में आ गये। दार्शनिक खलीफा को ब्रह्माण्ड की गति के नये नियम समझा रहा था, यह बात सूफी **शहाबुद्दीन सुहरावर्दी**

को मालूम हुई तो, उन्होंने कहा कि हे दार्शनिक तुम क्यों झूठी बातें बता रहे हो, ये धरती और सितारों को तो ईश्वर के देवदूत चलाते हैं, प्रकृति और कोई अन्य शक्ति नहीं, दार्शनिक हँसकर चुप हो गया। इसके बाद खलीफा (सम्राट) ने उन विचारों को तिलांजलि दे दी और फिर से इस्लाम की शिक्षाओं पर पूर्ण विश्वास करने लगे।[18]

3. ज्ञान-विज्ञान और चिकित्सा में शास्त्र का प्रयोग केवल शासक वर्ग तक ही सीमित रहा। इसका प्रयोग भी बहुत सीमित रहा। ज्योतिष शास्त्र का प्रयोग मक्का की दिशा और नमाज का समय जानने के लिए ही होता था।[19]

4. कट्टर धार्मिक लोग, जिनका शासक वर्ग पर बहुत प्रभाव रहा है वे विज्ञान, तर्कशास्त्र और दर्शन को धर्मविरोधी मानते थे। हर नया विचार यदि धर्मशास्त्र की कसौटी पर कसा जाएगा तो कभी नये विचार को पनपने का अवसर नहीं मिलेगा। भारत में ऐसा ही हुआ। यहाँ के शासक वर्ग ने धर्मशास्त्र अथवा दूसरी व्याख्याओं को ही सदैव महत्त्व दिया। इससे विज्ञान, तकनीक और तर्कशास्त्र का एक सीमा से अधिक विकास सम्भव नहीं हुआ। यही नहीं भारत के पुराने विज्ञान, गणित और तर्कशास्त्र पर भी मध्यकाल में कोई विशेष काम नहीं हुआ। **अल बरूनी** ने भारतीय विज्ञान पर 11वीं शताब्दी में एक पुस्तक अवश्य लिखी थी—परन्तु बाद में इस दिशा में कोई काम नहीं हुआ।[20]

मध्यकाल के सुप्रसिद्ध विद्वान् और इतिहासकार **अबुल फ़ज़ल** ने भारत में वैज्ञानिक चेतना के अभाव पर अपनी महत्त्वपूर्ण टिप्पणी करते हुए लिखा था—परम्परा की तेज़ हवा ने ज्ञान के दीपक को सदैव मद्धिम रखा। किसी सम्बन्ध में क्यों और कैसे का प्रश्न नहीं हो सकता। तर्क करना व्यर्थ है। जाँच पड़ताल का कार्य कुफ्र की सीमा में आ जाता है। बस जो हमें पिता, अध्यापक, रिश्तेदार, मित्र और पड़ोसियों से मिलता है, वही ईश्वर कृपा समझ कर ग्रहण कर लिया जाता है। जो परम्परागत विचारों के विपरीत मत रखते हैं, वे अच्छी दृष्टि से नहीं देखे जाते। हालाँकि कुछ विद्वानों ने अलग मार्ग पर चलने का प्रयास किया लेकिन इस सत्य के पथ पर वे आधे मार्ग से अधिक कभी नहीं बढ़े।[21]

सूफी सन्तों ने आरम्भ में जड़ परम्पराओं का काफी विरोध करके नया मार्ग प्रशस्त करने का प्रयास किया। उनका भारत में एक समय बहुत व्यापक प्रभाव पड़ा। कठमुल्लापन का उन्होंने विरोध किया। लेकिन धीरे-धीरे धर्मशास्त्रियों और सूफियों के बीच विशेष मतान्तर नहीं रहा। दोनों विचारधाराओं के लोगों में एक मूक समझौता हो गया। अनेक ऐसे अनुयायी थे जो एक साथ कठमुल्ला धर्मशास्त्रियों को तथा सूफी सन्तों को समान रूप से प्रिय थे। प्रसिद्ध इतिहासकार **बर्नी** का नाम इस सन्दर्भ में विशेष रूप से उल्लेखनीय है। इसका एक परिणाम यह हुआ कि भारत में स्वतन्त्र और धर्म की परम्परागत परिभाषाओं से अलग विचारों की जो एक हवा चली थी, वह धीरे-धीरे मन्द पड़ती गयी। इसके पश्चात् सूफी वैचारिकता रहस्यवाद

की टेढ़ी-मेढ़ी पगडण्डियों की ओर अग्रसर होती गयी। इस प्रकार वैचारिक संघर्ष और विचारों की द्वन्द्वात्मकता से उत्पन्न नयी विचारधाराओं की सम्भावना नहीं पनप सकी। इसके साथ ही **'अहं ब्रह्मास्मि'** की भावना भी सूफी सन्तों में पैदा होती गयी। फलतः सामाजिक और धार्मिक उदारता पर आधारित सूफीवाद भी धार्मिक कठमुल्लेपन और परम्परावाद में जकड़ गया। **शेख़ अहमद सरहन्दी** का उदाहरण इसी प्रवृत्ति का द्योतक है। इसी प्रकार प्रचलित सूफी उदारता की धारणा के विपरीत शेख़ निजामुद्दीन, जो अपने युग के अत्यन्त प्रतिष्ठित सूफी सन्त थे, वे भी गैर मुसलमानों का स्वर्ग में प्रवेश वर्जित मानते थे।[22]

सूफियों की भाँति पन्थवादियों का भी एक सीमा तक तर्कसंगत आधार नहीं है। पन्थवादियों ने विवेकशीलता तथा तार्किकता को बहुत महत्त्व नहीं दिया। एक सीमा के बाद विभिन्न पन्थवादी पुराने विचारों का ही मन्थन करते रहे। एकेश्वरवादियों ने तत्कालीन समाज की बुराइयों पर प्रश्नचिह्न लगाते हुए समाज को चुनौती देने का जो साहसिक प्रयास किया, वह आगे चल कर पन्थवाद की परम्परा में धूमिल हो गया। इस प्रकार वैज्ञानिक चिन्तन के माध्यम से नये समाज की संरचना के विचार को बहुत धक्का लगा। एकेश्वरवाद की पन्थवाद में परिणति, समाज के अन्तर्विरोधों से एक सीमा के बाद संघर्ष के स्थान पर समझौतापरस्ती के कारण हुई।[23]

अकबर अत्यन्त उदार सम्राट थे। उन्होंने सुलह-कुल का सिद्धान्त प्रतिपादित किया, जिसका अर्थ था हर धर्म के अच्छे मूल्यों की एकता, सहनशीलता तथा विभिन्नता की स्वीकृति। लेकिन यहाँ भी सम्राट को ईश्वर के समकक्ष मानने की शर्त शी। उसे आध्यात्मिक मार्ग दर्शक के रूप में स्वीकार करना अनिवार्य था। सुलह-कुल का प्रभाव समाज के विभिन्न धार्मिक समुदायों पर तो अवश्य पड़ा। विभिन समुदायों के प्रति सहानुभूति और सहिष्णुता की भावना को बढ़ाने के लिए भी यह दर्शन सार्थक था लेकिन सुलह-कुल भी किसी प्रकार की कोई नयी वैज्ञानिक और तर्कसंगत विचारधारा प्रतिपादित नहीं कर सकता था। कारण, सुलह-कुल भी धार्मिक ढाँचे में यथास्थितिवाद का समर्थन करते हुए केवल धार्मिक और सामाजिक सम्बन्धों में सुधारवाद का ही एक रूप था।[24]

अबुल फ़ज़ल ने तार्किकता और विज्ञान की बात कही तो उसका भारी विरोध हुआ। उदाहरण स्वरूप **अबुल फ़ज़ल** ने गणित, कृषि, विज्ञान तथा बागवानी, सर्वेक्षण, ज्यामिति, गणित, खगोल शास्त्र, वास्तुकला, चिकित्सा शास्त्र, इतिहास आदि को शिक्षा के पाठ्यक्रम में सम्मिलित करने पर जोर दिया। भारत के प्राचीन ज्ञान-विज्ञान और दर्शन को भी शिक्षा में शामिल करना चाहिए यह **अबुल फ़ज़ल** का मत था। इसके लिए उन्होंने संस्कृत ग्रन्थों का व्यापक रूप से अनुवाद कराया। इसका भारी विरोध हुआ और **शेख़ अहमद सरहिन्दी** के नेतृत्व में कट्टर-पन्थियों ने उपर्युक्त शैक्षिक पाठ्यक्रम को मान्यता नहीं दी।[25]

यह तथ्य अत्यन्त दिलचस्प है कि **अकबर** के समय में यूरोप के लोगों का आवागमन काफी बड़ी संख्या में शुरू हो गया था। इसके बावजूद योरोपीय यात्रियों से विचार-विमर्श धर्म और दर्शन तक ही सीमित रहते थे, विज्ञान और तकनीकी पर अधिक बातचीत नहीं होती थी। **अकबर** के दरबार में कई योरोपीय मिशनरी आये। **अबुल फ़ज़ल** ने सम्राट **अकबर** की ओर से इन मिशनरियों को पत्र लिख कर आमन्त्रित किया था। यह आमन्त्रण भी केवल धार्मिक मामलों पर विचार-विमर्श के लिए ही था।[26]

मध्यकाल में एक प्रवृत्ति और भी थी कि साधारण लोगों को किसी प्रकार की शिक्षा प्राप्त करने का अधिकार नहीं था। बुद्धिजीवी विशिष्ट वर्ग में साधारण जन का प्रवेश निषिद्ध था। **शाह वलीउल्लाह** ने तो यहाँ तक कहा है कि शरीअत के कानून तक साधारण लोगों की पहुँच नहीं होनी चाहिए। इससे अनेक भ्रम उत्पन्न होते हैं। इस प्रकार हम देखते हैं कि शिक्षा एक विशिष्ट वर्ग तक ही सदैव सीमित रही। इससे साधारण वर्ग से बुद्धिजीवी और चिन्तक-विचारक वर्ग में रूपान्तरण नहीं के बराबर हुआ और समाज अनेक नये विचारों की सम्भावनाओं से वंचित रहा। इसके विपरीत योरोप में मध्यकाल तथा आधुनिक काल में एक बड़ी संख्या किसानों की शिक्षा हुई। इस नये शिक्षित वर्ग ने विज्ञान और तकनीकी में क्रान्तिकारी परिवर्तनों में महत्त्वपूर्ण भूमिका का निर्वाह किया। यह विज्ञान और तकनीकी क्षेत्र की क्रान्ति ही सामाजिक संरचना के परिवर्तन का एक प्रमुख कारण बनी। भारत में ऐसा कोई वैज्ञानिक अथवा तकनीकी उन्नति का आधार नहीं बन पाया क्योंकि यहाँ सभी परिवर्तनकारी प्रवृत्तियाँ केवल चन्द सामाजिक एवं धार्मिक सुधारों तक ही सीमित रहीं तथा शिक्षा विशिष्ट वर्ग की शोभा की वस्तु बन कर रह गयी। भक्ति आन्दोलन की यही सीमा है, बादल आये, गरजे भी, परन्तु बिना बरसे चले गये।[27]

सन्दर्भ

1. इरफ़ान हबीब : एवीडेन्स फार सिक्सटीन्थ सेन्चुरी एग्रेरियन कण्डीशन्स इन दि गुरु ग्रन्थ साहब (1961)
2. इरफ़ान हबीब : प्रेसीडेंशियल एड्रेस, हिस्ट्री कांग्रेस (1969)
3. श्याम सुन्दर दास : कबीर ग्रन्थावली (सम्पा.) पृ. 185, वाराणसी (1975)
4. वही : वही, पृ. 186
5. परशुराम चतुर्वेदी : दादू दयाल ग्रन्थावली (संपा), पृ. 151, पद-28
6. वही : पृ. 182, पद-50
7. हरबंस मुखिया : मार्क्स आन-प्रीकोलोनियल इण्डिया, पृ. 7-11 (1979)
8. इरफ़ान हबीब : 15-17वीं शताब्दी के एकेश्वरवादी आन्दोलन की ऐतिहासिक पृष्ठभूमि (अंग्रेजी-अप्रकाशित)
9. लक्ष्मीनारायण वर्मा : भक्ति आन्दोलन की सामाजैतिहासिक पीठिका, पृ. 16, कानपुर
10. डॉ. यदुवंशी : शैवमत, पृ. 151, पटना (1955)

11. डॉ. एस.एन. दास : भारतीय दर्शन का इतिहास, भाग-3, पृ. 59, जयपुर (1974)
12. के. दामोदरन : भारतीय चिन्तन परम्परा, पृ. 257, नयी दिल्ली
13. पीताम्बरदत्त बड़थ्वाल : हिन्दी काव्य में निर्गुण सम्प्रदाय, पृ. 77-78, लखनऊ, (1968)
14. आचार्य हजारी प्रसाद द्विवेदी : कबीर (हिन्दी साहित्य की भूमिका), पृ. 18, नयी दिल्ली (1969)
15. प्रो. नामवर सिंह : दूसरी परम्परा की खोज, पृ. 78, नयी दिल्ली (1982)
16. सतीश चन्द्र : उत्तर भारत में भक्ति आन्दोलन के उदय की ऐतिहासिक पृष्ठभूमि, आलोचना, अंक 76, पृ. 15, दिल्ली (मार्च 1986)
17. इरफ़ान हबीब : Reason and Science in Medieval India (Unpublished)
18. लतीफ मलिक : फवा-इ-दुल फु-आद (सम्पा.) पृ. 84-86, लाहौर, (1966), (यह वार्तालाप सन् 1310-1317 के बीच का है।)
19. इरफ़ान हबीब : वही, पृ. 5
20. इरफ़ान हबीब : वही, पृ. 6
21. ब्लॉचमान : आइन-ए-अकबरी (सम्पा.) भाग 2, पृ. 3
22. लतीफ मलिक : वही, पृ. 118-19 (इस दुनिया में शेख हिन्दुओं के साथ समानता की बात करते हैं। यह सूफियों के विचारों में गहरा अन्तर्विरोध है।)
23. अतहर अब्बास रिजवी : मुस्लिम रिवाइवलिस्ट मूवमेण्ट इन नार्दर्न इण्डिया-16-17वीं शताब्दी, पृ. 53-55, आगरा (1965)
24. ब्लॉचमान : आइन-ए-अकबरी (सम्पा.), पृ. 260
25. इरफ़ान हबीब : वही, पृ. 14 उद्धृत (यह आश्चर्यजनक बात है कि अलबरूनी की गणना को किसी भी विद्वान् ने 550 साल तक कसौटी पर नहीं कसा)
26. अबुल वक़ी निहावन्दी : मा-आ-सिर-ई रहीमी भाग 2, पृ. 592
27. इरफ़ान हबीब : वही, उद्धृत, पृ. 23

"संसार के श्रेष्ठतम ज्ञान और चिन्तन के मनन एवं प्रतिपादन द्वारा नये और सच्चे विचारों की अजस्र धारा प्रवाहित होने की आवश्यकता है। इंग्लैण्ड ही तो सम्पूर्ण विश्व नहीं है। अतः यह स्वाभाविक ही है कि संसार के सर्वश्रेष्ठ चिन्तन और ज्ञान का बहुत बड़ा अंश इंग्लैण्ड में नहीं अपितु विदेशों में उद्भूत हो।"

–मैथ्यू आर्नाल्ड

भक्ति आन्दोलन की क्रान्तिकारिता बनाम जनवादी चिन्ताधारा की विरासत

लल्लन राय

भक्ति आन्दोलन की क्रान्तिकारिता पर विचार करने के लिए उसे एक सामाजिक-सांस्कृतिक आन्दोलन के रूप में देखने से पूर्व इस तथ्य की ओर संकेत कर देना आवश्यक है कि धर्म, साहित्य, सभ्यता और संस्कृति के तमाम रूपों के परिष्कार और पोषण के केन्द्र प्रायः सत्ता प्रतिष्ठान ही रहे हैं। प्रत्यक्ष या परोक्ष रूप से साहित्य एवं संस्कृति के विभिन्न रूपों में व्यक्त मूल्य-मान भी प्रायः उन्हीं प्रतिष्ठानों द्वारा नियन्त्रित-निर्देशित होते रहे हैं। लेकिन कला और साहित्य का मूल स्रोत मेहनतकश आम जनता ही है और वही उसे प्रथमतः निर्मित भी करती है। इस तथ्य को रेखांकित करते हुए **ई.एम.एस. नम्बूदिरीपाद** ने लिखा है : 'इस सिलसिले में यह समझना होगा कि संस्कृति का निर्माण जनता करती है। दुनिया में जो कुछ भी सुन्दर है, शक्तिशाली है, मनुष्य जाति के सामूहिक श्रम की उपज है। मानव-समाज में जो कुछ भी अच्छा है, महान् है, सुन्दर है, शक्तिशाली है, जिसमें संस्कृति भी शरीक है, मेहनत करने वालों ने पैदा किया है। लेकिन संस्कृति का निखार, सुधार, विकास और परिष्कार प्रभुत्वशाली वर्गों से सम्बद्ध व्यक्ति या व्यक्ति-समूह करते हैं।' (कला, साहित्य एवं संस्कृति, पृ. 104) फलस्वरूप धर्म, साहित्य, संस्कृति एवं अन्यान्य कलाओं का चरित्र भी अपने आशय एवं आग्रहों की दृष्टि से प्रायः वर्गीय ही रहा है। लेकिन ऐसा कभी नहीं हुआ है कि महान् कलाकृतियों या संस्कृति के विभिन्न रूपों से मेहनतकश आम जनता के सभी उपयोगी तत्त्वों को पूरी तरह से निष्कासित किया जा सका हो।

इसके साथ ही इस वास्तविकता से भी इनकार नहीं किया जा सकता कि सामाजिक विकास के कुछ खास युगों में, कुछ विशिष्ट मोड़ों पर, ऐसे नये मूल्य-मान जन्म लेते रहे हैं जिनपर सत्ताधारी वर्ग की गिरफ्त ढीली हुई है। ऐसे ही विशिष्ट मोड़ों पर बौद्ध, जैन, ईसाई, इस्लाम आदि जैसे नये सामाजिक-धार्मिक आन्दोलन

सामने आये हैं जो परम्परागत एवं स्थापित मूल्य-व्यवस्था के विरोध और लोक-चेतना के दबाव के सूचक हैं। उत्पीड़ित एवं पद दलित जनसाधारण की आशा-आकांक्षा का प्रतिनिधित्व करने वाले ऐसे आन्दोलनों को सर्वत्र प्रभुता-सम्पन्न सत्ताधारी वर्गों के कोप का भाजन भी बनना पड़ा है। बौद्ध, ईसाई, इस्लाम आदि सभी आन्दोलनों को अपने विकास के आरम्भिक दौर में एक दमनकारी यन्त्रणा से गुजरना पड़ा है। लेकिन यह भी एक ठोस वास्तविकता है कि जब इन आन्दोलनों की वैचारिकता ने जन-जीवन में प्रवेश कर एक भौतिक शक्ति का रूप धारण कर लिया है तब सत्ताधारी सम्पन्न वर्गों ने उसे बिना किसी परेशानी के अपना कर, उसकी तीखी क्रान्तिकारी धार को कुण्ठित करते हुए, अपने हित में नियोजित कर लिया है। इस वास्तविकता के तहत बौद्ध, ईसाई, इस्लाम आदि धार्मिक-सामाजिक आन्दोलन कालान्तर में राजधर्म बने हैं। भक्ति आन्दोलन की अन्तिम परिणति भी प्रायः यही हुई है। फिर भी हमें यह स्वीकार करना पड़ेगा कि भक्ति-आन्दोलन की क्रान्तिकारिता, आज के सन्दर्भ में हमारी जनवादी चिन्ताधारा की एक समृद्ध विरासत बनने की पूर्ण क्षमता रखती है।

भारतीय समाजेतिहास के सन्दर्भ में विचार करें तो हमें स्पष्ट रूप से यह दिखाई देगा कि समाजार्थिक विकास के ऐसे विशिष्ट मोड़ों पर और लोक-चेतना के दबाव से जहाँ एक ओर संस्कृतेतर पाली, प्राकृत, अपभ्रंश आदि लोक भाषाएँ अपने साहित्यिक अस्तित्व में आयीं, वहीं आगे चलकर तमाम सारी आधुनिक भारतीय आर्यभाषाओं के साथ ही दक्षिण भारत की आधुनिक भाषाओं का विकास सम्भव हुआ। यदि हम आधुनिक भारतीय भाषाओं के उद्‌भव और विकास पर दृष्टिपात करे तो स्पष्ट रूप से देखेंगे कि आधुनिक तमिल, तेलुगु, कन्नड़, मलयालम आदि दक्षिण भारत से लेकर महाराष्ट्र, गुजरात, उड़ीसा, बंगाल और सम्पूर्ण उत्तर भारत में भाषिक विकास की यह घटना लगभग एक ही ऐतिहासिक युग में घटित हुई। इसे केवल एक संयोग मात्र नहीं माना जा सकता। ग्यारहवीं-बारहवीं शताब्दी के बाद इस समूचे देश में धार्मिक जनवाद का एक ऐसा तेज तूफान उठा था, जिसने इस भाषिक विकास को सम्भव बनाया। बदले में इस भाषिक विकास ने भक्ति आन्दोलन को अपूर्व शक्ति प्रदान की।

अपने आरम्भिक दौर में भारत की तमाम आधुनिक भाषाओं के साहित्य की वैचारिक चेतना और विषय-वस्तु लगभग समान रही है। इस सन्दर्भ में यह भी बहुत स्पष्ट है कि इस नये साहित्य, जिसे हम भक्ति-साहित्य की संज्ञा देते हैं, के उद्‌भव के मूल में लोक-चेतना का दबाव और शोषित-उत्पीड़ित लोक-जीवन की आशाओं-आकांक्षाओं का महत्त्वपूर्ण योगदान रहा है। इन पिछड़े हुए तथा जातीय तत्त्वों द्वारा ही इसका सूत्रपात भी हुआ है। लेकिन उत्तर भारत में भक्ति आन्दोलन के उद्‌भव को लेकर हिन्दी-साहित्येतिहास के क्षेत्र में जो धारणाएँ बनी हैं, उन पर व्यापक विचार-विमर्श के साथ पर्याप्त संशोधन की आवश्यकता है।

इस सम्बन्ध में सर्वप्रथम **जार्ज ग्रियर्सन** ने अपना विचार व्यक्त करते हुए लिखा है : "हम अपने को एक ऐसे धार्मिक आन्दोलन के सामने पाते हैं, जो उन सब आन्दोलनों से कहीं अधिक व्यापक और विशाल है, जिन्हें भारतवर्ष ने कभी देखा था। ...इस युग में धर्म ज्ञान का नहीं, बल्कि भावावेश का विषय हो गया था। यहाँ से हम साधना और प्रेमोल्लास के देश में आते हैं और ऐसी आत्माओं का साक्षात्कार करते हैं, जो काशी के दिग्गज पण्डितों की जाति का नहीं है बल्कि जिसकी एकता मध्य युग के यूरोपियन भक्त **बर्नर्ड ऑफ क्लेअरवक्स, टामस-ए-केम्पिस और सेण्ट थेरिसा** से है। ...बिजली की चमक के समान अचानक इस समस्त पुराने धार्मिक मतों के अन्धकार के ऊपर एक नयी बात दिखाई दी। कोई हिन्दू यह नहीं जानता कि यह बात कहाँ से आयी और कोई भी इसके प्रादुर्भाव का कारण निश्चय नहीं कर सकता।" ग्रियर्सन का अनुमान है कि ईस्वी सन् की दूसरी-तीसरी शताब्दी में नेस्टोरियन ईसाई मद्रास प्रेसिडेंसी के कुछ हिस्सों में आ बसे थे। **रामानुजाचार्य** को इन्हीं ईसाई भक्तों से भावावेश और प्रेमोल्लास की धार्मिक भावना का परिचय मिला था, जो उत्तर भारत में प्रचारित-प्रसारित हुआ। इसी आधार पर उन्होंने सिद्ध किया कि उत्तर भारत का भक्ति आन्दोलन ईसाईयत की देन है। **आचार्य रामचन्द्र** शुक्ल ने इस मान्यता का प्रतिवाद किया।

आचार्य रामचन्द्र शुक्ल ने भक्ति आन्दोलन के उद्भव का मुख्य कारण हिन्दुओं पर मुसलमानों के अत्याचार को माना। उन्होंने काफी विस्तार के साथ यह सिद्ध किया कि हारी हुई हिन्दू जाति की असहाय चित्त की प्रतिक्रिया के रूप में भक्ति आन्दोलन अस्तित्व में आया। आगे चलकर **आचार्य हजारी प्रसाद द्विवेदी** ने उपर्युक्त दोनों मान्यताओं का विस्तारपूर्वक खण्डन किया। उन्होंने बताया कि "भक्ति आन्दोलन न तो अचानक बिजली की चमक की तरह फैला और न ही वह ईसाई मत की देन था।" उसके लिए सैकड़ों वर्ष से मेघ-खण्ड एकत्र हो रहे थे। फिर भी ऊपर-ऊपर से देखने पर ऐसा लगता है कि उसका प्रादुर्भाव एकाएक हो गया। इसका कारण उस काल की लोक-प्रवृत्ति का ठोस शास्त्रसिद्ध आचार्यों और पौराणिक ठोस कल्पनाओं से युक्त हो जाना था। शास्त्रसिद्ध आचार्य दक्षिण के वैष्णव थे।" (हिन्दी साहित्य, पृ. 63) इसके साथ ही द्विवेदी जी ने बतलाया है कि भक्ति आन्दोलन हारी हुई हिन्दू जाति के असहाय चित्त की प्रतिक्रिया या मुसलमान शासकों के अत्याचार से उत्पन्न निराशा का भी परिणाम नहीं था। "मुसलमानों के अत्याचार के कारण यदि भक्ति की भावधारा को उमड़ना था तो पहले उसे सिन्ध में और फिर उत्तर भारत में प्रकट होना चाहिए था पर हुई वह दक्षिण में।" इस प्रकार आचार्य द्विवेदी ने उत्तर भारत में भक्ति आन्दोलन की कुछ भ्रान्तियों का निराकरण अवश्य किया है लेकिन तत्कालीन सामाजिक अन्तर्विरोधों के परिप्रेक्ष्य में उसके मूल चरित्र को वे भी स्पष्टता के साथ रेखांकित नहीं कर सके हैं। अतः इस पर गहराई से विचार करने की ज़रूरत है।

आचार्य शुक्ल और आचार्य द्विवेदी ने उत्तर भारत के भक्ति आन्दोलन के उद्भव के लिए, अपने-अपने ढंग से, दक्षिण के आलवार भक्तों की भूमिका को स्वीकार किया है। शांकर अद्वैत द्वारा भक्ति की धारा में अवरोध की स्थिति में दक्षिण के आचार्यों ने ही **शंकराचार्य** के मायावाद के विरोध में वैष्णव भक्ति को एक दार्शनिक आधार दिया, इसे भी दोनों आचार्यों ने स्वीकार किया है। दोनों ही आलोचक इस बात पर भी सहमत हैं कि उत्तर भारत में प्रवर्तित भक्ति का दार्शनिक आधार दक्षिण के वैष्णव आचार्यों का चिन्तन है। लेकिन आचार्य शुक्ल ने उत्तर भारत में इसके आन्दोलनकारी स्वरूप के लिए सारा श्रेय तत्कालीन मुसलमान शासकों द्वारा हिन्दुओं पर किये जा रहे अत्याचार को दिया है। इसके विपरीत आचार्य द्विवेदी ने आलवारों की वैष्णव भक्ति का स्वाभाविक विकास मानते हुए उसे प्रस्थान त्रयी (गीता, उपनिषद्, ब्रह्मसूत्र) तथा परवर्ती पौराणिक मान्यताओं के साथ सम्बद्ध किया है। लेकिन वास्तविकता यह है कि **कबीर** आदि निर्गुण सन्तों और प्रेमोल्लास में लीन सूफी सन्तों के द्वारा उत्तर भारत में जिस भक्ति आन्दोलन का सूत्रपात हुआ, उसमें हिन्दू, मुस्लिम सामन्तवादी तत्त्वों के विरुद्ध निम्न-वर्गीय साधारण हिन्दू-मुस्लिम आम जनता का विक्षोभ व्यक्त हुआ है। इन्होंने समान रूप से हिन्दू और इस्लाम धर्म की कट्टरता, शास्त्रबद्धता और पुरोहिती कर्मकाण्ड का विरोध किया है तथा जातीय एकता पर बल दिया है।

यह सही है कि दक्षिण के सभी वैष्णव आचार्यों ने 'प्रस्थान त्रयी' की नयी और उदार व्याख्याएँ कीं, जिसमें जाति-पाँति और छुआ-छूत के निराकरण का भी समुचित विद्यमान था। शंकराचार्य ने इस प्रस्थान त्रयी की व्याख्या द्वारा पूर्णाद्वैत की स्थापना के साथ ब्रह्म को भावावेश पर आधारित भक्ति भावना के क्षेत्र से निकाल कर निर्गुण-निराकार के रूप में केवल ज्ञान का विषय बनाया था। पूर्णाद्वैत की यह मान्यता सामाजिक क्षेत्र में सामन्ती हितों के विरुद्ध जा सकती थी। इस खतरे के प्रति सावधान होकर शंकराचार्य ने 'ब्रह्म सूत्र' के आधार पर वर्ण-व्यवस्था के औचित्य का भी प्रतिपादन किया। इस तथ्य को रेखांकित करते हुए **के. दामोदरन** ने लिखा है कि अपने मत को न्यायसंगत ठहराते हुए शंकराचार्य ने वादरायण के ब्रह्मसूत्र (1.3.34-8) का सहारा लेते हुए स्पष्ट शब्दों में यह प्रतिपादित किया है : "इन बातों के बारे में हम 'गौतम धर्मशास्त्र' में स्पष्ट निर्देश देखते हैं। 'जो शूद्र वेदों को सुने, उसके कानों में पिघला हुआ शीशा और लाख भर दिया जाना चाहिए।' केवल द्विज को ही यज्ञ-पाठ करने और दान देने व लेने का अधिकार है। 'शूद्र को ज्ञान नहीं दिया जाना चाहिए।' (भारतीय चिन्तन परम्परा, पृ. 270)। शंकराचार्य (आठवीं शती का अन्तिम भाग) की यह मान्यता आलवार भक्तों की सामाजिक समानता की भावना के विपरीत ही नहीं, वरन् असामाजिकता की सीमा का भी अतिक्रमण कर रही थी। उनके आध्यात्म-दर्शन के साथ ही उसके सामाजिक निहितार्थों का विरोध

दक्षिण के वैष्णव आचार्यों ने अत्यन्त प्रभावशाली ढंग से किया। इनमें **रामानुजाचार्य** (ग्यारहवीं शती का मध्य) और गुजरात के **मध्वाचार्य** (तेरहवीं शती का आरम्भ) का महत्त्वपूर्ण स्थान है।

आलवार वैष्णव भक्तों का गहरा प्रभाव रामानुजाचार्य पर बचपन से ही था। उन्होंने वेदों, उपनिषदों के साथ ही सभी धार्मिक-दार्शनिक ग्रन्थों का अध्ययन किया। उनकी सबसे महत्त्वपूर्ण कृति ब्रह्मसूत्र का भाष्य है—जो 'श्रीभाष्य' के नाम से जानी जाती है। 'भगवद्गीता भाष्य', 'वेदान्तदीप', 'वेदान्तसार' आदि उनकी अन्य रचनाएँ हैं। इन रचनाओं के माध्यम से उन्होंने अपनी दार्शनिक प्रणाली को प्रस्तुत किया, जो विशिष्ट द्वैतवाद के नाम से प्रसिद्ध है। शंकराचार्य के विरुद्ध उनकी मुख्य स्थापना थी कि ब्रह्म, जीवात्मा और भौतिक जगत् यथार्थ है और एक-दूसरे से भिन्न है। वे जीवात्मा की परमात्मा से एकाकारता को स्वीकार करते हुए भी जीवात्मा के अलग अस्तित्व को मानते थे। जीवात्मा परमात्मा का ही एक अंश है, जो सम्पूर्ण (ब्रह्म) के बराबर नहीं है वरन् उसके अधीन है। शंकराचार्य की वर्ण-व्यवस्था के विरुद्ध रामानुजाचार्य ने भक्ति के क्षेत्र में सबकी समानता को स्वीकार किया और अछूत जाति के एक भक्त **तिरुप्पन आलवार** द्वारा रचित 'तिरूवैमोली' को वैष्णवों का वेद बताया। बावजूद इसके रामानुजाचार्य को भी अपने सिद्धान्तों का विकास सामन्तवाद की परिधि में रहकर ही करना पड़ा। वैष्णव समाज को विभाजित करने वाले जाति-पाँत के बन्धनों को सामाजिक व्यवहार के क्षेत्र में चुनौती दे पाना उनके लिए भी कठिन हो रहा था। इसके लिए विवश होकर उन्होंने मध्यमार्ग का अनुगमन करते हुए यह निर्देश दिया कि सभी भक्त भजन कीर्तन तो एक साथ करेंगे लेकिन भोजन अपनी जाति के अनुसार अलग-अलग पंक्ति में बैठकर करेंगे। इस मान्यता को दक्षिणवाद या तेनकलाई के नाम से जाना जाता है। इस परम्परा के परवर्ती भक्तों ने इसे सामाजिक क्षेत्र में भी पर्याप्त शिथिल किया। इस दृष्टि में रामानन्द का नाम विशेष उल्लेखनीय है।

इससे स्पष्ट है कि रामानुजाचार्य भी सामाजिक क्षेत्र की जातीय विषमता का निराकरण करने में असमर्थ रहे। इनके परवर्ती गुजरात के वैष्णव **आचार्य मध्व** (तेरहवीं शती के आरम्भ) ने शंकराचार्य के पूर्णाद्वैत के साथ ही रामानुजाचार्य के विशिष्ट द्वैत मत के विरोध में अपने द्वैत मत की स्थापना की। इन्होंने ब्रह्म, जीवात्मा और जगत्—तीनों को शाश्वत यथार्थ के रूप में स्वीकार किया और तीनों का अपना अलग-अलग और एक-दूसरे से स्वतन्त्र अस्तित्व माना। ब्रह्म सूत्र और भगवद्गीता पर लिखे गये उनके भाष्य अध्यात्म-दर्शन के क्षेत्र में इतने क्रान्तिकारी सिद्ध हुए कि परम्परानिष्ठ-पुराणपन्थी पण्डितों के समुदाय में खलबली मच गयी। 'मध्व मुख-मर्दन' आदि जैसे कई ग्रन्थों द्वारा उनका विरोध भी किया गया। सामाजिक क्षेत्र में भी उनके विचार रामानुजाचार्य से अधिक क्रान्तिकारी

थे। उन्होंने शंकराचार्य द्वारा जाति-प्रथा और अन्यान्य सामाजिक असमानताओं के औचित्य-स्थापन का खुलकर विरोध किया। अपने शिष्यों को उनका स्पष्ट निर्देश था कि वे जाति और सम्प्रदाय-भेद पर आधारित सामाजिक कुरीतियों को दूर करने का प्रयास करें। उनका स्पष्ट मत था कि ब्राह्मणों तथा उच्च जातियों की भाँति ही शूद्रों को भी वेदों के अध्ययन का अधिकार होना चाहिए और अछूतों को भी विष्णु-भक्ति से रोका नहीं जाना चाहिए। वल्लभाचार्य के पुष्टिमार्ग में भी जातीय भेद-भाव का समावेश नहीं था। वल्लभ सम्प्रदाय में दीक्षित अष्टछाप के आठ कवियों में से **कृष्णदास, कुम्भनदास** और **चतुर्भुजदास** शूद्र जाति के थे। मुसलमान कृष्ण-**भक्त रसखान** को भी वल्लभाचार्य के पुत्र गोसाई विट्ठलनाथ का अत्यन्त प्रिय शिष्य बताया जाता है।

रामानुजाचार्य की शिष्य परम्परा में आनेवाले **रामानन्द** (चौदहवीं शती का आरम्भ) का उत्तर भारत के भक्ति आन्दोलन में विशिष्ट योगदान रहा है। उन्होंने देश के विभिन्न भागों का भ्रमण किया और भक्ति तथा धर्म के क्षेत्र में ब्राह्मणों के एकाधिकार और जाति-प्रथा से उत्पन्न छुआ-छूत की भावना का जोरदार खण्डन किया। उनके बारह शिष्यों की परम्परा में आने वाले **कबीर** जुलाहा, **रैदास** हरिजन, **धर्मदास** अछूत जाट किसान और **सेना** नाई जाति के थे। उत्तर भारत की निर्गुण भक्ति और महाराष्ट्र की सगुण भक्ति का नेतृत्व करने वाले अधिकांश भक्तों का सम्बन्ध नीची जातियों से था। **सधना** (कसाई), **धना** (जाट), **दादू** (धुनियाँ), मराठी **सन्त नामदेव** (दर्जी) और **तुकाराम** (नीची जाति के व्यापारी), **नानक देव** (मामूली व्यापारी) **पीपा** आदि सभी भक्त नीची श्रेणियों से ही आये थे। यह सही है कि उत्तर भारत में एक भक्ति के पुरस्कर्ता **रामानन्द** और **कृष्ण**-भक्ति के प्रमुख पुरस्कर्ता **वल्लभाचार्य** से लेकर **मध्वाचार्य, रामानुजाचार्य, निम्बार्क** आदि ब्राह्मण कुल से सम्बन्ध रखने वाले थे। लेकिन ये सभी अपनी जाति की सुविधाओं और उच्च वर्ग के दृष्टिकोण को त्याग कर ही भक्ति आन्दोलन में सम्मिलित हुए तथा उसका नेतृत्व किया। इन सभी ने धार्मिक कर्मकाण्डों, ब्रह्माचारों और ब्राह्मण पुरोहितों के वर्चस्व के साथ ही जातीय भेदभाव को भी अस्वीकार किया है।

मध्यकालीन भक्ति आन्दोलन की उद्देश्य सम्बन्धी एकता पर प्रकाश डालते हुए **के. दामोदरन** ने लिखा है : "भक्ति आन्दोलन उस समय आरम्भ हुआ था जब हिन्दू और मुसलमान पुरोहितों और उनके द्वारा समर्थित और समूह किये गये निहित स्वार्थों के खिलाफ संघर्ष एक ऐतिहासिक आवश्यकता बन गया था। जनता को, जो अब तक क्षेत्रीय निष्ठाओं से आबद्ध थी और युगों पुराने अन्धविश्वासों और दमन-शोषण के बावजूद हतोत्साह नहीं हुई थी, जगाया जाना और अपने हितों तथा आत्म-सम्मान की भावना के लिए उसे एक किया जाना आवश्यक था। स्थानीय बोलियों और क्षेत्रीय भाषाओं को एकता स्थापित करने वाली राष्ट्र भाषाओं के

स्तर पर उठाना था। भक्ति-आन्दोलन के नेताओं को ये ही कुछ काम करने थे।" (भारतीय चिन्तन-परम्परा, पृ. 328)। भक्ति आन्दोलन के अधिकांश नेताओं ने अपनी युगीन सीमाओं में बँधते और कभी-कभी उसे तोड़ते हुए यथा-शक्ति इस कार्य को सम्पन्न किया।

बंगाल में **चण्डीदास** से लेकर **चैतन्य** (1485-1533 ई.) ने मनुष्य मात्र की समानता पर जोर देते हुए वैष्णव-भक्ति-भावना को दृढ़ किया। चण्डीदास ने भक्ति के मंच से मनुष्य सत्य की सर्वोच्चता की इस प्रकार घोषणा की :

"शुनह मानुष भाई,
शबार उपरे मानुष शत्तो
ताहार उपरे नाईं।"

हिन्दू तथा मुसलमानों की निम्नतम श्रेणियों से सम्बद्ध लोग चैतन्य के शिष्य बने। **रुज, सनातन, हरिदास** आदि मुसलमान थे, जो चैतन्य के प्रधान शिष्यों में गिने जाते हैं। जाति पर आधारित धार्मिक प्रणालियों को त्यागकर कृष्ण की शरण में जाने का उन्होंने सन्देश दिया। **सन्त ज्ञानेश्वर, नामदेव** (तेरहवीं-चौदहवीं शती) तुकाराम और **रामदास** (सत्रहवीं शती) ने महाराष्ट्र में जातीय एवं साम्प्रदायिक एकता को दृढ़ किया। महाराष्ट्र में भक्ति आन्दोलन के आरम्भिक दौर में उसके पुरस्कर्ता सन्तों का विरोध भी हुआ, जिसका उल्लेख करते हुए **मुक्तिबोध** ने लिखा है : "निचली जातियों की आत्म-प्रस्थापना के उस युग में कट्टर पुराण पन्थियों ने जो-जो तकलीफें इन सन्तों को दी हैं, उनसे ज्ञानेश्वर जैसे प्रचण्ड प्रतिभावान सन्त का जीवन, अत्यन्त करुण, कष्टमय और भयंकर दृढ़ हो गया। उनका प्रसिद्ध ग्रन्थ **ज्ञानेश्वरी** (गीता का मराठी रूपान्तर) तीन सौ वर्षों तक छिपा रहा।" (रचनावली-5, पृ. 292)। लेकिन भक्ति आन्दोलन के दृढ़ हो जाने पर ऐसा सम्भव नहीं रह गया। सन्त तुकाराम और **समर्थ गुरु रामदास** तक आते-आते यह महाराष्ट्रीय जनजीवन की एक शक्ति बन गया और **शिवाजी** के माध्यम से राजनीतिक रूप से महाराष्ट्र का जन्म हुआ। बंगाल की भाँति ही महाराष्ट्र में भी भक्ति आन्दोलन के अन्तर्गत निर्गुण और सगुण का विवाद नहीं था। सन्त ज्ञानेश्वर से लेकर तुकाराम तक वहाँ निम्न जातीय जनता में सगुण कृष्ण भक्ति का निर्बाध प्रसार हुआ। इसके साथ ही वहाँ बंगाल और उत्तर भारत की भाँति शृंगार-कृष्ण-भक्ति भी नहीं थी और न ही भ्रमरगीत परम्परा अपने लिए स्थान बना पायीं।

उत्तर भारतीय भक्ति आन्दोलन का मूल चरित्र भारत के अन्य क्षेत्रों से भिन्न है। यहाँ **आचार्य हजारी प्रसाद द्विवेदी** का यह मत विचारणीय है : "स्पष्ट है कि आलवारों का भक्तिवाद भी जन-साधारण की वस्तु था, जो शास्त्र का सहारा पाकर सारे भारत वर्ष में फैल गया। भक्तों के अनुभूतिगम्य सहज सत्य को बाद के आचार्यों ने दर्शन का क्रम-बद्ध और सुनिश्चित रूप दिया। यही बात उत्तर भारत के विषय में भी सत्य

है। यहाँ भी साधारण जनता के भीतर जो धर्म-भावना वर्तमान थी, उसने शास्त्र की अँगुली पकड़कर अपने को शक्तिशाली रूप में प्रकट किया। इन प्रदेशों में पौराणिक धर्म का प्रचार पहले से ही था।... भक्ति के लिए जो बात नितान्त आवश्यक है, वह है भगवान के ऐसे रूप की कल्पना जिसके साथ व्यक्तिगत सम्बन्ध स्थापित किया जा सके।" (हिन्दी साहित्य, पृ. 63)। यहाँ भगवान के ऐसे रूप से द्विवेदी जी का स्पष्ट अभिप्राय है भगवान का अवतारी रूप, विशेषतः एक और कृष्ण का अवतारी रूप। अतः यह मत उत्तर भारत की वैष्णव भक्ति तक ही सीमित है, जिसका सम्बन्ध आलवारों के साथ ही 'प्रस्थान त्रयी' और उसके विशिष्ट भाष्यकर्ताओं—**रामानुज निम्बार्क, मध्व, वल्लभ** आदि आचार्यों के साथ जोड़ा जाता है। उत्तर भारतीय निर्गुण भक्ति आन्दोलन को प्रस्थान त्रयी या उसके विशिष्ट भाष्यकर्ताओं की सगुण वैष्णव-भक्ति के साथ एकमेक करके नहीं देखा जा सकता। सगुण राम भक्ति के प्रचारक रामानन्द एक सीमा तक ही इसके प्रेरक हैं। यदि परम्परा के साथ इसे जोड़ना ही हो तो सन्त ज्ञानेश्वर, नामदेव और सबसे अधिक इसे सिद्धों और नाथों की परम्परा से जोड़ा जा सकता है। भक्ति के उद्भव और विकास के सम्बन्ध में हिन्दी की यह उक्ति यहाँ विचारणीय है :

भक्ती द्राबिड उपजी लाए रामानन्द।
परगट किया कबीर ने सप्तदीप नौ खण्ड।।

संस्कृत की पुरानी उक्ति (उत्पन्ना दाबिडे...) पर आधारित उसका संशोधित रूप होने के बावजूद यह उक्ति उत्तर भारत के भक्ति आन्दोलन में निहित एक वास्तविक तथ्य को उद्घाटित करती है। मध्यकालीन हिन्दी साहित्य में अभिव्यक्त होने वाले भक्ति के आन्दोलनकारी स्वरूप को ध्यान में रखकर देखें तो उसका निर्गुण रूप कबीर, दादू, नानक आदि की बानियों में पहले प्रकट हुआ है। कबीर और उनके द्वारा प्रवर्तित निर्गुण पन्थ ने आरम्भ से ही सगुणोपासना और उसके अवतारवादी स्वरूप का तीखा विरोध किया है। जहाँ तक गहन लगाव और व्यक्तिगत सम्बन्ध-स्थापन के लिए वैष्णव अवतारवाद की परिकल्पना की अनिवार्यता का प्रश्न है, निर्गुणोपासक सन्तों ने इसके बिना भी निराकार ब्रह्म के साथ प्रेमी-प्रेमिका, पति-पत्नी, पिता-पुत्र, माता-पुत्र, स्वामी-सेवक सभी प्रकार के अत्यन्त रागात्मक सम्बन्ध स्थापित किये हैं। इन सन्तों ने चाहे वे सूफी ही क्यों न हों, शास्त्र की उँगली पकड़कर नहीं, उससे पीछा छुड़ा कर और अधिकांशतः उसके विरोध में भक्ति के मार्ग पर अग्रसर हुए हैं। इन सभी में हमें हिन्दू और इस्लाम धर्मों की साम्प्रदायिक और शास्त्रीय कट्टरता का सर्वत्र विरोध दिखाई देता है।

कबीरादि निर्गुण सन्तों ने जहाँ रामानन्द के प्रति गुरुवत् आदर व्यक्त किया है वहीं सन्त ज्ञानेश्वर और नामदेव के प्रति अपना पूरा सम्मान भी व्यक्त किया है। इन सभी में निर्गुण भक्ति के लिए पूरा अवकाश भी मिलता है। कबीर पर

रामानन्द के सामाजिक विचारों का गहरा प्रभाव था। स्वाधीन चेता रामानन्द अपने गुरु **राघवानन्द** के उत्तराधिकारी थे। लेकिन उनकी अतिशय अनुशासन प्रियता और मर्यादा-दृष्टि से असन्तुष्ट होकर रामानुजाचार्य के श्री सम्प्रदाय ही नहीं उसकी गद्दी के उत्तराधिकार का परित्याग कर पुनः उत्तर भारत की ओर चल पड़े थे। अपने इस उन्मुक्त स्वभाव के कारण ही उनकी शिष्य परम्परा में निर्गुण और सगुण दोनों ही प्रकार के शिष्यों को स्थान मिला। **आचार्य क्षितिमोहन** सेन कृत 'भारतीय मध्ययुगेर साधना' नामक पुस्तक का हवाला देते हुए आचार्य हजारी प्रसाद द्विवेदी ने लिखा है : "रामानन्द ने देखा कि भगवान के शरणागत होकर जो भक्ति के पथ में आ गया उसके लिए वर्णाश्रम का बन्धन व्यर्थ है इसीलिए भगवद्भक्त को खान-पान की झंझट में नहीं पड़ना चाहिए। यदि ऋषियों के नाम पर गोत्र और परिवार बन सकते हैं तो ऋषियों के भी पूजित परमेश्वर के नाम पर सबका परिचय क्यों नहीं दिया जा सकता? इस प्रकार सभी भाई-भाई हैं, सभी एक जाति के हैं। श्रेष्ठता भक्ति से होती है, जन्म से नहीं।" (हिन्दी साहित्य, पृ. 75) उपर्युक्त मान्यता का उल्लेख **रामानुज हरिवरदास** रचित 'भक्त माल' की टीका में हुआ है। रामानन्द का यह सन्देश ही कबीर की सामाजिक विचारधारा का स्रोत है, जिसे उन्होंने अपने जीवनानुभवों से और अधिक पुष्ट किया है।

उपर्युक्त तथ्यों से इसी बात की पुष्टि होती है कि द्राबिड देश में उत्पन्न भक्ति को रामानन्द उत्तर भारत में लाये और कबीर ने उसे सम्पूर्ण उत्तर भारत में प्रकट किया। इससे यह भी स्पष्ट होता है कि दक्षिण की आलवार भक्ति की विरासत के वास्तविक उत्तराधिकारी कबीरादि हैं, न कि अवतारवादी वैष्ण भक्त। यहाँ मैं इस तथ्य को विशेष रूप से रेखांकित करना चाहता हूँ कि एक विशेष युग के जिन आर्थिक-सामाजिक दबावों के तहत और सामन्ती शोषण की परिस्थितियों में दक्षिण की आलवार भक्ति का उदय हुआ था, तेरहवीं शताब्दी के बाद की उत्तर भारतीय परिस्थितियाँ उससे पर्याप्त भिन्न थीं। उत्तर भारत का यह भक्ति आन्दोलन हिन्दू-मुस्लिम सामन्ती शोषण और उसके कर्मकाण्डों, पुरोहितवाद के विरुद्ध हुआ था, जो आलवार भक्तों की तरह ही पूर्णतः शास्त्र-निरपेक्ष था। दक्षिण की आलवार भक्ति के मूल चरित्र को उद्घाटित करते हुए मुक्तिबोध ने लिखा है : "भक्ति आन्दोलन दक्षिण भारत से आया। समाज की धर्मशास्त्रवादी वेद-उपनिषदवादी शक्तियों ने उसे प्रस्तुत नहीं किया वरन् आलवार सन्तों ने और उनके प्रभाव में रहने वाले जनसाधारण ने उसका प्रसार किया।" (रचनावली-5, पृ. 293)। यही बात महाराष्ट्र की सगुण और उत्तर भारत की निर्गुण भक्ति आन्दोलन के विषय में भी सत्य है। निर्गुण भक्ति आन्दोलन के प्रवर्तक कबीर के प्राचीनतम मूल्यांकनकर्ता और गोस्वामी तुलसीदास के लगभग समकालीन भक्त नाभादास ने अपने 'भक्तिकाल' शीर्षक भक्तों के परिचय ग्रन्थ में लिखा है :

भक्ति विमुख जो धरम, ताहि अधरम करि गायो।
जोग जग्य व्रतदान भजन बिनु तुच्छ दिखायो।।
हिन्दू-तुरुक प्रमान रमैनी सब दी साखी।
पच्छपात नहिं बचन सबहि के हित की भाखी।
आरूढ़ दसा होइ जगत् पर, मुख देखी नाहिन कही।
कबीर कानि राखी नहीं, वर्णाश्रम षटदर्शनी।।

यह कबीरदास का समग्र मूल्यांकन है। शास्त्र-निरपेक्ष, अन्यान्य धार्मिक कर्मकाण्डों से विरहित, हिन्दू-मुसलमान–दोनों के लिए मान्य और वर्णाश्रम की मर्यादा को अस्वीकार करने वाली इस भक्ति अभियान में कबीर अकेले नहीं थे। उनके साथ रैदास, दादू, धर्मदास, सेना, पीपा, नानक, सधना, दरिया आदि अनेक निर्गुण सन्त थे। इन अधिकांश सन्तकवियों ने एक सद्गृहस्थ की तरह अपना जीवन-यापन किया था। वे बुनकर, मोची, नाई, धुनियाँ, किसानी, दर्जी आदि के पेशेवर व्यवसाय से पूरी तरह जुड़े हुए थे। निर्गुण भक्ति का यही वास्तविक जनाधार था, जिसमें शोषित-उत्पीड़ित हिन्दू एवं मुसलमान–दोनों ही सम्प्रदायों के निम्नवर्गीय और निम्नजातीय लोग सम्मिलित थे। यही बात सूफी सन्तों के विषय में भी कही जा सकती है।

तत्कालीन इस्लामी कट्टरता के विरुद्ध मुसलमान सूफी-सन्तों ने एक महत्त्वपूर्ण सामाजिक भूमिका का निर्वाह किया था। इन्होंने खण्डन-मण्डन की पद्धति का परित्याग कर प्रेम और भाईचारे का सन्देश दिया। भारत की लोक-संस्कृति और किसानी जीवन के साथ इनका गहरा सम्बन्ध था। इन सूफी सन्तों के साथ ही मुसलमानों का मेहदी आन्दोलन, रोशनिया सम्प्रदाय आदि मुस्लिम सामन्तों और उनके समर्थक कट्टरपन्थी काजी-मुल्लाओं के विरोध की भावना से प्रेरित था। इनके महत्त्व पर प्रकाश डालते हुए के. दामोदरन ने लिखा है : "इस्लाम के इन विधर्मी पन्थों की शिक्षाओं ने मध्ययुग के उत्तरार्ध में सामाजिक विचार-प्रणाली के समूचे विकास पर गहरा प्रभाव डाला। इनमें से अधिकांश पन्थ दिल्ली सल्तनत के शासनकाल में प्रकट हुए थे। ...इस्लाम के इन विधर्मी ग्रन्थों का संघर्ष न तो हिन्दू धर्म के खिलाफ था और न एक समुदाय के रूप में हिन्दुओं के खिलाफ। सच्चाई तो यह है कि इन ग्रन्थों के अनुयायियों ने उन अनेक हिन्दू सुधारकों के साथ नाता जोड़ा, जो एक श्रेष्ठतर सामाजिक व्यवस्था के लिए संघर्ष कर रहे थे।" (भारतीय चिन्तन परम्परा, पृ. 325)। उपर्युक्त तथ्यों के आधार पर मैं केवल इस ओर ध्यान आकृष्ट करना चाहता हूँ कि भक्ति आन्दोलन में कहीं भी हिन्दू-मुसलिम विरोध नहीं दिखाई देता, चाहे वह सगुण कृष्ण भक्ति ही क्यों न हो। अतः इसे हमारी जनवादी चिन्तनधारा की एक महान् विरासत के रूप में स्वीकार करना पड़ेगा।

उत्तर भारतीय भक्ति आन्दोलन के सन्दर्भ में एक अन्य वास्तविकता पर भी

विचार करना अपेक्षित है। कबीरादि ज्ञानाश्रयी निर्गुण सन्तों के साथ ही मुसलमान सूफी सन्तों तथा मेहदी, रोशनियाँ आदि सम्प्रदायों की सामाजिक चेतना निम्नवर्गीय उत्पीड़ित हिन्दू-मुस्लिम समुदायों की आशा-आकांक्षा के साथ जुड़ी हुई थी। इस दृष्टि से इसे कबीर-युगीन समाज की एक वर्गीय चेतना माना जा सकता है, जो उत्पादक वर्ग से जुड़ी हुई थी। अधिकांश निर्गुण सन्त अपने जातीय पेशे का निर्वाह करते हुए भक्ति-आन्दोलन में सम्मिलित हुए थे। इसके विपरीत मुट्ठी भर राजों-महाराजों और उनके निजी क्रिया-कलापों से जुड़ा हुआ कुछ थोड़े से सम्पन्न और कुलीनों का वर्ग था जो वास्तविक उत्पादन-कार्य से पूरी तरह कटकर केवल उपभोक्ता मात्र रह गया था। उत्तर भारत के अधिकांश सगुणोपासक इसी वर्ग से सम्बद्ध थे और प्रायः गृहस्थ जीवन का परित्याग कर उपासना के क्षेत्र में आये थे। अतः उनकी सामाजिक-सांस्कृतिक चेतना उत्पादक वर्ग से प्रायः विच्छिन्न थी। यह सही है कि सगुणोपासना के क्षेत्र में आये विभिन्न शास्त्रनिष्ठ आचार्यों और उनके सम्प्रदायों ने निम्नवर्गीय समुदाय की आशा-आकांक्षा को भी बहुमान अवश्य दिया। भक्ति एवं उपासना के क्षेत्र में उनकी समानता की भावना का समावेश भी हुआ, लेकिन सामाजिक क्षेत्र में उनके अनुरोध उपेक्षित रहे, अधिक से अधिक नैतिक आग्रह बन कर रह गये। वास्तविकता यह है कि अपने वर्गीय आधार के कारण सगुण और निर्गुण मतावलम्बियों की शोषित एवं उत्पीड़ित आम जनता की मुक्ति से सम्बन्धित धारणाएँ और उद्धार उपायों में पर्याप्त भिन्नता थी जो कालान्तर में उग्र विरोध के रूप में भी प्रकट हुई।

उपेक्षित-उत्पीड़ित जनता की मुक्ति के लिए कबीरादि निर्गुण सन्तों ने सुलह-समझौतों से रहित एक संघर्षधर्मी सुधार का मार्ग अपनाया था। वर्ण आश्रम एवं तमाम सारी शास्त्र-सम्मत मर्यादाओं की खुलेआम निन्दा करते हुए निर्गुणोपासक सन्तों ने हिन्दू और मुसलमान—दोनों के उत्पीड़ित तबके के लिए भक्ति का एक समान मार्ग प्रस्तुत किया। यह मार्ग था निर्गुण-निराकार की उपासना तत्कालीन परिवर्तित धार्मिक-सामाजिक परिस्थितियों में एक निश्चित उद्देश्य की पूर्ति के लिए उत्तर भारत की यह एक ऐतिहासिक अनिवार्यता थी। यह उद्देश्य शास्त्रनिष्ठ सगुण वैष्णव भक्ति के द्वारा पूरा नहीं हो सकता था। कबीर ने निर्गुण निराकार की उपासना के माध्यम से दीन-हीन और असहाय समझी जाने वाली जातियों के लिए भक्ति का द्वार खोल दिया। निर्गुण भक्ति आन्दोलन द्वारा निम्नजातीय धार्मिक जनवाद की घोषणा अपने समय का एक ऐसा क्रान्तिकारी सन्देश था, जो उपेक्षित जनता की आध्यात्मिक मुक्ति से लेकर उसकी सामाजिक-सांस्कृतिक और आर्थिक मुक्ति से भी जुड़ गया था। इसलिए इसे हम अपनी जनवादी चिन्ताधारा की एक अमूल्य विरासत के रूप में स्वीकार कर सकते हैं। कबीर ने अपनी निर्भ्रान्त वाणी में काजी-मुल्ला और पण्डित-पुरोहितों की इस प्रकार निन्दा की है :

क्या उजूँ जप संजम कीएँ क्या मसीति सिरु नाएँ।
दिल महि कपट निवाज गुजारै क्या हज काबै जाएँ।।
बाह्मन ग्यारसि करै चौबीसो काजी माँह रमजानाँ।
ग्यारह मास कहौ क्यूँ खाली एकहि माँह नियाना।।
जौ रे खुदाई मसीति बसतु है और मुलुक किस केरा।
तीरथि मूरति राम निवासी दुहु महिं किनहु न हेरा।।
पूरब दिसा हरिहि का बासा पच्छिम अलह मुकामा।
दिल महि खोज दिलै दिल खोजहु इहइँ रहीमा-रामा।।

आचार्य रामचन्द्र शुक्ल ने कबीरदास की इस तरह की उक्तियों के साथ ही मन्दिर-मस्जिद, वेद-पुराण, कतेब-कुरान आदि की निन्दा करनेवाली उक्तियों को चिढ़ानेवाली और भेदभाव की खामी को और गहरा करने वाली माना है। यह सही है कि इससे हिन्दू-मुसलमानों के सामन्ती-कुलीन तबकों और उनकी उच्चता को कायम रखने वाले पुरोहित वर्ग में खीझ और आक्रोश पैदा हुआ। उच्च हिन्दू-मुस्लिम वर्ग और निम्न हिन्दू-मुस्लिम वर्ग के बीच खाई भी बढ़ी। लेकिन यह भी सत्य है कि इससे निम्नवर्गीय हिन्दू-मुस्लिम एकता में वृद्धि हुई और उनकी चेतना पर छाये हुए धार्मिक-सामाजिक आडम्बर और झूठ के पर्दे का अनावरण भी हुआ। कबीर और उनके निर्गुण पन्थ का यही उद्देश्य था जो आज के सन्दर्भ में भक्ति आन्दोलन की एक अत्यन्त क्रान्तिकारी विरासत है। राम और रहीम की एकता केवल हिन्दू-मुसलमान की एकता नहीं थी। इसमें भाव मात्र की एकता, धार्मिक-सामाजिक दृष्टि से सबकी समानता का भाव निहित था। यह भावधारा साधारण जनता में फैली। निम्न जातियों में आत्मविश्वास और आत्म-गौरव के भाव का उदय हुआ। हमें पहली बार दिखाई देता है कि इतनी बड़ी संख्या में शूद्र और उपेक्षित समझी जाने वाली उत्पीड़ित जातियों के सन्त-महात्मा, कवि-कलाकार और चिन्तक सामने आते हैं। वे सामाजिक-सांस्कृतिक स्तर पर अपनी बराबरी का दावा प्रस्तुत करते हैं। कुलीनतावादी सम्भ्रान्त समाज इस दावे को स्वीकार करने के लिए विवश हो जाता है। समाज की उच्च वंशीय शासक-शोषक सत्ता को यह सब गवारा नहीं था। लेकिन जब निर्गुण भक्ति के बाद सगुण भक्ति आन्दोलन भी सामने आया तो उस तबके को एक सहारा मिला। यद्यपि कृष्ण भक्ति केवल सगुण-निर्गुण के उपासना सम्बन्धी विवाद तक ही सीमित रही लेकिन आगे चलकर सगुण रामभक्ति के माध्यम से उच्चवंशीय शासक-शोषक सत्ता का अपना मनोवांछित उद्देश्य पूरा हुआ। इस दृष्टि से देखा जाए तो कुलीन हिन्दू-मुस्लिम तबके में एक प्रकार से आपसी सहमति थी। मुग़लकाल में तुलसी की कुलीनतावादी वर्ण-व्यवस्था के समर्थन के साथ इसलाम धर्म के कट्टर-पन्थियों ने भी सामाजिक क्षेत्र में कुलीनतावाद की स्थापना पर काफी जोर दिया था।

श्री के. दामोदरन ने अपनी पुस्तक 'भारतीय चिन्तन-परम्परा' में इस बात का

स्पष्ट उल्लेख किया है कि मुग़लकाल के बहुत सारे प्रतिष्ठित मुसलमानों ने यह सिद्ध करने की कोशिश की थी कि समाज व्यवस्था में ऊँच-नीच की भावना तो अल्लाह के हुक्म से है अतः उसे कायम रखा जाना चाहिए। **मुहम्मद बाकिर खाँ** की रचना 'सरकार को आदेश' से एक उद्धरण देकर भी दामोदरन ने अपने मत की पुष्टि की है, जो इस प्रकार है : "शासकों को बुरे स्वभाव वाले अयोग्य लोगों को उन लोगों की बराबरी करने की इजाजत नहीं देनी चाहिए, जो पवित्र कुल में जन्मे और बुद्धिमान लोग हैं। उन्हें चाहिए कि वे अलग-अलग श्रेणियों को कायम रखना हुकूमत का बुनियादी उसूल और रिवाज मानें। वजह यह थी कि अगर वर्गों के बीच भेद मिट गये और निचले वर्ग के लोग मझोले वर्ग से बराबरी की हैसियत से और मझोले वर्ग के लोग ऊपरी तबके के लोगों के साथ बराबरी की हैसियत से रहने का दावा करने लगे तो हुकूमत करने वालों की इज़्ज़त धूल में मिल जाएगी और सल्तनत की नीवें पूरी तरह खत्म हो जाएँगी।" (भारतीय चिन्तन-परम्परा से उद्धृत, पृ. 306)। अतः मस्जिद के अन्दर नमाज़ या इबादत के समय सबकी बराबरी स्वीकार की जाती थी लेकिन बाहर आकर वे फिर 'शरीफ़' और 'अजलाफ़', सभ्य और असभ्य या ऊँच और नीच में विभक्त हो जाते थे।

आचार्य हजारी प्रसाद द्विवेदी ने भारतीय समाज में वर्ण-व्यवस्था-जन्य जाति-पाँत की भावना की कठोरता और तीव्रता की वृद्धि में इस्लामी सम्पर्क को सहायक माना है। इसका उल्लेख करते हुए उन्होंने लिखा है: "यह अद्भुत विरोधाभास है कि जाति-पाँत के कुफ्र को तोड़ने वाले धर्म-सम्प्रदाय के सम्पर्क में आने के बाद हिन्दुओं की जाति-पाँत की प्रथा और भी संकीर्ण और कठोर होती गयी और कसी जाने लगी। इस कसाव का परिणाम यह हुआ कि किनारे पर खड़ी हुई बहुत-सी जातियाँ छँट गयीं और बहुत दिनों तक ना-हिन्दू ना-मुसलमान बनी रहीं। बहुत-सी पाशुपत मत को मानने वाली और संन्यासी से गृहस्थ बनी जातियाँ धीरे-धीरे मुसलमान होने लगीं। इस प्रकार काशी की जुलाहा जाति नाथ मत को मानने वाली थी जो निरन्तर उपेक्षित रहने के कारण क्रमशः मुसलमान होती गयी। इसी जाति में मध्यकाल के स्वाधीन चेता सन्त कबीर उत्पन्न हुए थे।" (हिन्दी साहित्य, पृ. 69)। इसी प्रकार की जातीय कट्टरता के शिकार राजस्थान के दादू, महाराष्ट्र के नामदेव आदि भी हुए थे। उत्तर भारत में जुलाहा, धुनियाँ, दरजी, मोची, नाई आदि बहुत-सी पेशेवर जातियों ने इस्लाम की धार्मिक समानता की भावना से आकृष्ट होकर उसे कबूल किया था। लेकिन आगे चलकर वे जातियाँ और अधिक बदतर स्थिति में डाल दी गयीं। वे हमेशा अछूतों की श्रेणी में ही रहीं। मुसलमानों के आने के पूर्व सिद्धों और नाथों ने इस व्यवस्था की कट्टरता के प्रति विरोध प्रकट करते हुए समूची सामाजिक मर्यादा पर करारी चोट की थी। निम्नवर्गीय जातियों पर इसका प्रभाव भी दिखाई दिया।

वास्तविकता यह है कि संस्कारशील उच्चवर्ग और निम्नवर्ग के बीच संघर्ष का

इतिहास बहुत पुराना है। भारत में यह संघर्ष उच्च एवं निम्न जाति के रूप में प्रकट हुआ है। यह धर्म, संस्कृति और समाज के क्षेत्र में अनेक रूपों में प्रकट होता रहा है। लेकिन भक्ति आन्दोलन ने विशेष रूप से निर्गुण भक्ति आन्दोलन ने विशाल उपेक्षित जन-समुदाय को जितना आन्दोलित किया, अन्य किसी भी आन्दोलन ने नहीं। इसके प्रमाण का उल्लेख करते हुए मुक्तिबोध ने लिखा है : "पहली बार शूद्रों ने अपने सन्त पैदा किये, अपना साहित्य और अपने गीत सृजित किये। कबीर, रैदास, धर्मदास, नाभा, सिम्पी, सेना नाई आदि आदि महापुरुषों ने ईश्वर के नाम पर अतिवाद के विरुद्ध आवाज़ बुलन्द की। समाज के न्यस्त स्वार्थवादी वर्ग के विरुद्ध नया विचारवाद अवश्यम्भावी हुआ।" (रचनावली-5, पृ. 293-94)। यह कार्य उतनी तीव्रता और दृढ़ता के साथ वैष्णव कृष्ण भक्तों द्वारा सम्पन्न नहीं हो सका। इस दृष्टि से उनका अनुरोध आन्तरिक दबाव के अभाव में मात्र औपचारिकता बनकर रह गया।

यहाँ इस बात की चर्चा भी आवश्यक है कि कबीर, दादू आदि निर्गुण सन्तों के सामने वल्लभ सम्प्रदाय के भक्त कवियों या राम-भक्त **तुलसीदास** का साहित्य नहीं था। लेकिन तत्कालीन हिन्दू समाज में अवतारवाद की पौराणिक मान्यताओं का पूरा जोर था। राम और कृष्ण को विष्णु का अवतार मानकर उनकी उपासना का भी जोर था। मन्दिर, मूर्ति, तीर्थस्थान, विभिन्न पर्व आदि पूजा और भक्ति के केन्द्र बने हुए थे। सन्ध्या गायत्री, व्रत, तीर्थस्नान, तिलक छापा, पूजा-अर्चना आदि धर्म के अन्यान्य कर्मकाण्डी विधान समाज में प्रचलित थे। संस्कार के रूप में जन्म से लेकर मृत्यु तक और उसके बाद श्राद्ध के रूप में अनेक विधान मौजूद थे। इन सबका सूत्र ब्राह्मण समुदाय के पण्डों-पुरोहितों के हाथ में था। धार्मिक क्षेत्र की यह कर्मकाण्ड बहुलता सामाजिक क्षेत्र में वर्ण-व्यवस्थाजन्य जाति-पाँत, ऊँच-नीच, छुआ-छूत की कट्टरता को बढ़ावा दे रही थी। कबीरदास ने अपने युग की इन सामाजिक-धार्मिक विसंगतियों पर खुलकर आक्रमण किया है। समाज का एक विशाल जन-समुदाय वर्ण एवं जाति के आधार पर सभी मानवीय अधिकारों से वंचित कर दिया गया था। इस विशाल जन समाज का पक्ष लेकर कबीर ने पहली बार ब्राह्मणवादी वर्ण-व्यवस्था को खुलकर ललकारा है :

1. 'तू बामन बामनि का जाया, आन बाट है क्यों नहिं आया।'
2. *'तू बामन मैं कासी का जुलाहा, चीन्हि न मोर गियाना।'*
3. *'काहे को कीजै पाण्डे छोति बिचारा।*
   छोतिहि ते उपना संसारा।।
   हमारे कैसे लोहू, तुम्हारे कैसे दूध।
   तुम कैसे बामन पाण्डे, हम कैसे सूद।।
   छोति छोति करता, तुम्ह ही जाये।
   तो गर्भवास काहे को आये।।'

इस तरह कबीर ने शास्त्र-पुराण-मतवादी ब्राह्मणवाद और उसके छुआ-छूत, ऊँच-नीच की जातिवादी भावधारा पर निर्मम आघात किया। ऐसी आक्रामकता वैष्णव कृष्ण भक्तों के लिए असम्भव थी। इस ब्राह्मणवाद का वैचारिक आधार परम्परागत शास्त्र और शास्त्रीय कर्मकाण्ड था जिस पर भी निर्गुण सन्तों ने गिन-गिनकर चोटें की हैं। वेद, उपनिषद, स्मृति, पुराण आदि की तथाकथित शास्त्रीय मान्यता की आड़ में जिस वर्णवादी मर्यादा को लोकजीवन पर थोपा गया था, उसकी कलई कबीर ने पूरी तरह उतार दी है। रूढ़ शास्त्रमतवादी तत्कालीन सम्भ्रान्त समाज के सामने उन्होंने एक गम्भीर चुनौती इस रूप में रक्खी है :

1. *'मैं कहता आँखिन की देखी, तू कहता कागद की लेखी।'*
2. *'पोथी पढ़ि पढ़ि जग मुवा पण्डित भया न कोइ।*
   ढाई आखर प्रेम का पढ़े सो पण्डित होइ।।'

इस प्रकार कबीरदास ने समूचे धर्मशास्त्रीय ज्ञान और उसके विभिन्न भाष्यकर्ताओं के ग्रन्थबद्ध ज्ञान पर एक प्रश्नवाचक चिह्न लगा दिया। हिन्दू समुदाय के धार्मिक-सामाजिक पाखण्डों के साथ ही कबीर ने इस्लाम धर्म के बाह्याचारों पर भी जमकर प्रहार किया। रोजा नमाज, सुन्नत आदि जैसे बाहरी क्रिया-कलापों की आड़ में फैलाये जा रहे साम्प्रदायिक वैमनस्य की उन्होंने निन्दा की। 'अरे इन दोउन राह न पाई', 'सन्तो राह दुनौ हम दीठा' आदि जैसी तमाम सारी उक्तियों के माध्यम से कबीर ने हिन्दू-मुस्लिम—दोनों समुदायों के पारस्परिक भेद-भाव पर गहरी चिन्ता प्रकट करते हुए उनकी एकता पर जोर दिया। इस क्रम में उन्होंने ईश्वर की आराधना को मन्दिर और मस्जिद की चहारदीवारी से बाहर निकाल कर संघर्षपूर्ण वास्तविक जीवन के क्षेत्र में प्रतिष्ठित किया। तत्कालीन सामाजिक-सांस्कृतिक परिस्थितियों में यह कार्य निर्गुणोपासना के माध्यम से ही हो सकता था। सगुणोपासना का पूरा क्षेत्र प्रायः उच्च वर्णों के लिए सुरक्षित था। मन्दिर, मूर्ति, तीर्थ, व्रत, पर्व, सन्ध्या-वंदन, यज्ञ, जप-तप, दान-पुण्य, शास्त्र-पुराण का पठन-पाठन, निम्न एवं उपेक्षित जातियों के लिए वर्जित था। निर्गुन-निराकार की उपासना के लिए इन बाह्य-विधानों और औपचारिकताओं की आवश्यकता नहीं थी और न ही गृहत्याग तथा अपने पेशेवर नित-प्रति के कार्यों से छुटकारा पाने की ही ज़रूरत। निम्नजातीय समुदायों के लिए निर्गुण पन्थ ही एक मात्र सुगम मार्ग था। धर्म के ठेकेदारों और समाज के सत्ताधारी कुलीन वर्ग के लिए यह स्थिति प्रिय नहीं थी। अतः इसकी प्रतिक्रिया स्वाभाविक थी जो उत्तर भारत में सगुणोपासना के रूप में प्रकट हुई। इस सम्बन्ध में मुक्तिबोध ने लिखा है : "निर्गुन-मत के विरुद्ध सगुण-मत का संघर्ष निम्नवर्गों के विरुद्ध उच्चवंशीय संस्कारशील अभिरुचि वालों का संघर्ष था, जिसका आरम्भिक विकास कृष्ण-भक्ति के रूप में हुआ।" (रचनावली-5, पृ. 295)

कृष्ण-भक्ति की एक विशेषता रही है जिसके कारण उसके प्रति निम्नवर्गीय

जनता का आकर्षण आरम्भ से ही दिखाई देता है। दक्षिण भारत से लेकर महाराष्ट्र, बंगाल आदि में कृष्ण-भक्ति की परम्परा से इसका स्पष्ट प्रमाण मिलता है। उत्तर भारतीय भक्ति आन्दोलन में कृष्ण का जो रूप उभरकर सामने आया, वह महाभारत की अपेक्षा 'भागवत पुराण' पर अधिक आधारित था। कृष्ण के इस रूप में उच्चवंशीय अभिजात तत्त्वों की अपेक्षा किसान एवं चरवाहा संस्कृति की चेतना अधिक थी। इसका केन्द्र मथुरा-वृन्दावन बना। उत्तर भारत में भक्ति आन्दोलन के आरम्भिक वैष्णव भाष्यकर्ता रामानुज, मध्व, निम्बार्क आदि से लेकर रामानन्द और बंगाल के चैतन्य आदि ने भक्ति के क्षेत्र में जातीय संकीर्णता की निरर्थकता की घोषणा अवश्य की थी, लेकिन किसी ने सामाजिक क्षेत्र में इसके उन्मूलन का कारगर अभियान नहीं चलाया था। वल्लभाचार्य और गोसाईं विट्ठलनाथ के आठ प्रधान शिष्यों में से कम-से-कम तीन निम्न जाति के थे। इसके साथ ही आरम्भिक वैष्णवाचार्यों ने पुरोहिती और उसके कर्मकाण्डों को भी स्वीकृति नहीं दी थी। इसके बावजूद उत्तर भारत की कृष्ण-भक्ति में भ्रमरगीत परम्परा का सूत्रपात हुआ। **सूरदास, नन्ददास**, जैसे महत्त्वपूर्ण कृष्णभक्तों ने भ्रमरगीत का आश्रय लेकर निर्गुण के खण्डन और सगुण के मण्डन का जो जोरदार अभियान चलाया, उसे पर्याप्त सफलता मिली। इस सफलता के बावजूद निर्गुण मतावलम्बी सन्तों के वर्णाश्रम धर्म एवं जातिवाद-विरोधी विचारों पर कृष्ण-भक्त कवियों ने कभी सीधी चोट नहीं की। लेकिन कृष्ण काव्य के अन्तर्गत '**भागवत पुराण**' के प्रभाव से पौराणिक कथाओं के अत्यधिक समावेश के माध्यम से अवतारवाद की स्थापना द्वारा वर्णाश्रम धर्मी जातिवाद के लिए एक ठोस आधार बना। इसका सहारा लेकर गोस्वामी तुलसीदास को वर्णाश्रम धर्म की पुनर्विजय की घोषणा में कोई दिक्कत नहीं हुई। तुलसीदास तक पहुँच कर उत्तर भारतीय भक्ति-आन्दोलन मध्ययुगीन सामन्ती समाज की दो विरोधी सामाजिक-सांस्कृतिक शक्तियों की खुली टकराहट बन कर सामने आता है जिसके माध्यम से दो विरोधी-सांस्कृतिक अभिरुचियाँ और परस्पर विरोधी-सामाजिक हितों की भी अभिव्यक्ति हुई है।

अपनी युगीन परिस्थितियों में अवतारवाद की धारणा का अतिशय विस्तार कबीरादि निर्गुण सन्तों के लिए घातक प्रतीत हुआ। उन्होंने सभी अवतारों की निरर्थकता दिखाने के साथ ही कृष्णावतार और रामावतार पर विशेष रूप से आक्रमण किया। जहाँ तक अवतारों का प्रश्न है, वैष्णव भक्तों ने इसका कभी विरोध नहीं किया था। दक्षिण के आलवार भक्त मुख्यतः कृष्णोपासक होते हुए भी रामावतार के साथ ही सभी अवतारों के प्रति आदर-भाव रखते थे। इस परम्परा के लगभग अन्तिम भक्त **कुलशेखर आलवार** ने नौवीं शती के मध्य रामभक्ति का अत्यन्त प्रभावशाली ढंग से निरूपण किया। ग्यारहवीं शती में रामानुजाचार्य ने दार्शनिक आधार पर रामभक्ति को पूरी तरह प्रतिष्ठित करने का प्रयास किया। इन्हीं की शिष्य-परम्परा में आने वाले

रामानन्द ने रामभक्ति को उत्तर भारत में प्रचारित किया। कबीर के समय तक परब्रह्म के अवतार के रूप में दशरथ-सुत राम की भक्ति उत्तर भारतीय सामाजिक-धार्मिक जीवन में प्रतिष्ठित हो चुकी थी। इससे ब्राह्मण श्रेष्ठता, शास्त्र सम्मत मान्यताओं के प्रति आस्था, वर्ण-व्यवस्था के प्रति विश्वास-पुनर्जन्म और कर्मफल के रूप में भाग्यवाद की पुष्टि के लिए शक्तिशाली आधार निर्मित हुआ। ब्रह्म के अवतार के रूप में दाशरथि राम हिन्दू समाज की सम्पूर्ण आचार निष्ठा और सामाजिक-धार्मिक मान-मर्यादा के जीवन्त प्रतीक बन चुके थे। कबीरदास ने रामानन्द से 'रामनाम' का मन्त्र लेकर राम को निर्गुण निराकार ब्रह्म का स्वरूप प्रदान किया और पूरे विश्वास के साथ यह घोषित किया :

दशरथ सुत तिहुलोक बखाना। राम नाम का मरम है आना।।

कबीरदास पहले भक्त हैं, जिन्होंने दशरथ-सुत राम की भगवत्ता को चुनौती दी है। ब्राह्मण श्रेष्ठता, शास्त्र सम्मत वर्णाश्रमधर्मी लोक-मर्यादा के इस आधार-स्तम्भ को खण्डित करना कबीर और उनके निर्गुण पन्थ के लिए आवश्यक प्रतीत हुआ। कबीर की मृत्यु के 15-20 वर्षों बाद जन्मे तुलसीदास ने अपने आस-पास के वातावरण में गूँज रही निर्गुण पन्थ की तमाम चुनौतियों को गम्भीरता से महसूस किया था। ऐसा लगता है कि कबीर की एतद्विषयक उक्तियाँ हमेशा तुलसीदास के सामने चुनौती के रूप में रही हैं, जिन्हें अनेक युक्तियों से निरस्त करने का उन्होंने सजग प्रयास किया है। '**रामचरितमानस**' में शिव-पार्वती, कागभुसुण्डि-गरुड़ और याज्ञवल्क्य-भारद्वाज के संवाद तथा अन्यान्य कथा-प्रसंगों की योजना द्वारा तुलसीदास ने दशरथ-सुत राम की भगवत्ता के साथ ही शास्त्र-पुराण सम्मत वर्णाश्रमधर्मी सामाजिकता के आदर्शों को, लोक मर्यादा का रूप देते हुए, अत्यन्त निःशंक भाव से प्रतिष्ठित किया। प्रमाण-स्वरूप एतद्विषयक कुछ उदाहरण दर्शनीय हैं :

1. *'तुम्ह जो कहा राम कोउ आना। जेहि श्रुति गाव धरहिं मुनि ध्याना।।*
कहहिं सुनहि अस अधम नर, ग्रसे जे मोह-पिसाच।
पाखण्डी हरि-पद विमुख, जानहिं झूठ न साँच।।'—मानस

2. *'बादहिं सूद्र द्विजन सन हम तुम्हतें कछु घाटि।*
जानहिं ब्रह्म सो विप्रवर, आँख देखावहिं डाँटि।।
साखी सब दी दोहरा कहि किहनी उपखाँन।
भगति निरूपहिं भगत कलि निन्दहि वेद-पुरान।।'—दोहावली

3. *'सूद्र द्विजन्ह उपदेसहिं ज्ञाना। मेलि जनेऊ लेहिं कुदाना।।*
जे बरनाधम तेलि कुम्हारा। स्वपच किरात कोल कलवारा।।
नारि मुई घर सम्पति नासी। मुड़ मुडाइ होहिं संन्यासी।।
ते विप्रन सन आपु पुजावहिं। उभय लोक निज हाथ नसावहिं।।
सूद्र करहिं जप तप व्रत नाना। बैठि बरासन पढ़हिं पुराना।।'—मानस

4. *'आश्रम-वरन-धरम-विरहित जग*
लोक वेद मरजाद गयी है।
प्रजापतित पाखण्ड पापरत
अपने अपने रंग रई है।।'—विनय पत्रिका

5. *'बरन धरम गयो आश्रम निवास तज्यों*
त्रासन चकित सो परावनों परो सो है।'—कवितावली

वस्तुतः तुलसीदास की ये उक्तियाँ 'मानस' के कथा-प्रसंगों के दबाव की अनिवार्यता में कही गयी न होकर उनके एतद्विषयक रुख को ही अधिक प्रतिबिम्बित करती हैं। कवितावली, विनय-पत्रिका, दोहावली आदि सभी रचनाओं में तुलसीदास की ये मान्यताएँ समान रूप से व्यक्त हुई हैं।

दक्षिण की आलवार भक्ति पर अंकुश लगाने के लिए शंकराचार्य को क्यों विवश होना पड़ा? यहाँ इस तथ्य पर भी विचार करना अधिक समीचीन होगा। 'प्रस्थान त्रयी' की अपनी नयी व्याख्या में उन्होंने जिस पूर्णाद्वैत की स्थापना की थी, उसमें मात्र ब्रह्म ही सत्य का और शेष जड़-चेतन सभी वस्तुएँ अर्थात् दृश्यमान जगत् मिथ्या था। उनके अनुसार ज्ञान के द्वारा 36 मिथ्यात्व से मुक्त आत्मा ब्रह्मस्वरूप अर्थात् अपने वास्तविक स्वरूप को प्राप्त करती है। इस दार्शनिक मान्यता द्वारा सामाजिक दृष्टि से इस निष्कर्ष पर आसानी से पहुँचा जा सकता था कि यदि एक ही ब्रह्म, बाह्मण और शूद्र में समान रूप से विद्यमान है तो सभी मनुष्य बिना किसी भेद-भाव के बराबर हैं। अद्वैत-वाद से यही सामाजिक आशय निकालकर कबीर ने सबकी समानता का अभियान चलाया था। स्वयं शंकराचार्य को भी यह समझ में आ गया था कि इस तर्क का सहारा लेकर तत्कालीन सामन्ती समाज में ऊँच-नीच के भेद को असंगत ठहराया जा सकता है। इस अरुचिकर और खतरनाक स्थिति से बचने के लिए उन्होंने 'गौतम धर्मशास्त्र' के सहारे अपनी ब्राह्मण श्रेष्ठता और कुलीनतावादी दृष्टि का एक अत्यन्त असामाजिक पद्धति पर विस्तार से प्रतिपादन किया। (भारतीय चिन्तन परम्परा, पृ. 270-71)। **डॉ. सेवासिंह** ने अपनी पुस्तक 'माया और मायावाद' के अन्तर्गत पृ. 170 से 176 तक शंकराचार्य की वर्णधर्माश्रित जाति-पाँत सम्बन्धी मान्यताओं का विस्तार से परिचय दिया है। इसे यदि गोस्वामी तुलसीदास की एतद्विषयक मान्यताओं के साथ मिलाकर देखें तो अद्‌भुत समानता मिलेगी। दोनों में अन्तर यह है कि अपनी युगीन आवश्यकताओं की पूर्ति के लिए शंकराचार्य ने निर्गुण ब्रह्म का सहारा लेकर आलवारों की सगुणोपासक भक्ति पर अंकुश लगाया, जब कि तुलसीदास ने सगुण ब्रह्म का सहारा लेकर निर्गुण निराकार की उपासना पर अंकुश लगाया।

उपर्युक्त तथ्यों से यह स्पष्ट हो जाता है कि सगुण और निर्गुण मत अपने आप में कोई विशेष महत्त्व नहीं रखते। भारत की उत्तर मध्यकाल की परिस्थितियों

में समाज की वेद-उपनिषदवादी, धर्मशास्त्रवादी शक्तियों का निषेध कर सामन्ती समाज की कुलीनतावादी शक्तियों के विरुद्ध दक्षिण के आलवारों ने सगुण-साकार ईश्वर के नाम पर उत्पीड़ित जनसमुदाय के बीच सबकी समानता का आन्दोलन शुरू किया था। लेकिन आगे चलकर अत्यधिक शास्त्रसंबलित सगुणोपासना के क्षेत्र से उत्पीड़ित मानवता के अपने तत्त्व लगातार बहिष्कृत होते गये या उनके लिए अवकाश कम होता गया। वेद-उपनिषदवादी, शास्त्रीय-पौराणिक तत्त्वों का समावेश भी उसमें लगातार बढ़ता गया। एक नये धर्म-सम्प्रदाय इस्लाम के आगमन के बावजूद इससे कोई विशेष अन्तर नहीं पड़ा। परिवार, पुर या ग्राम स्तर पर पुरोहिती कर्मकाण्ड तो कुलीन समाज के व्यवहार में मूलबद्ध थे ही, इस्लाम धर्म के काजी-मुल्लाओं ने भी उसमें अपना योगदान किया। अतः कबीर के लिए परम्परागत वेद-उपनिषदवादी और नवीन-शास्त्रीय- पौराणिक मान्यताओं के साथ ही हिन्दू-मुस्लिम पुरोहिती का विरोध भी आवश्यक प्रतीत हुआ। इसके लिए निर्गुण-निराकार की उपासना ही उपयुक्त हो सकती थी।

कबीर के निर्गुण पन्थ के विरुद्ध तुलसीदास की सगुण रामभक्ति का मार्ग समस्त सामाजिक-धार्मिक मर्यादाओं का पालन करते हुए प्रशस्त हुआ है। अपने मार्ग का निर्धारण करने में तुलसीदास ने अपनी व्यक्तिगत जीवन-यात्रा के अनुभवों को लोक-यात्रा में रूपायित करते हुए अपने निजी और सामाजिक जीवन के अन्तर्विरोधों के बीच एक आकर्षक समन्वय किया है, जो शंकराचार्य के लिए सम्भव ही नहीं था। एक अजान शिशु रामबोला के रूप में तुलसी ने अनाथ निराश्रित का-सा जीवन-बसर करते हुए गरीबी और भूख की पीड़ा का बहुत निकट से अनुभव किया था। एक निराद्रित-दरिद्र की भाँति हाथ में भिक्षा-पात्र लिए हुए, कुत्ते के मुँह में गड़े टुकड़े के लिए भी लालायित रहने वाले (कवितावली) और कुत्ते की तरह जूठी पत्तल चाटकर (विनय-पत्रिका) जीवन काटने वाले रामबोला से ही महात्मा तुलसीदास का आविर्भाव हुआ था। अपनी निराश्रयता से मुक्ति के लिए राम में आश्रय खोजकर उन्होंने अपने को सनाथ किया था। विशिष्ट द्वैतवादी सेवक-सेव्य भाव से सगुण साकार की रामभक्ति की स्वीकृति, पुनर्जन्म, कर्मफल, अवतारवाद, वर्णाश्रम धर्म की शास्त्रमतवादी पौराणिक मान्यताओं और ब्राह्मण कुल में जन्म के कारण उनकी चेतना सामाजिक सम्बन्धों के सामन्तवादी दायरे में अवश्य गयी लेकिन लोकमंगल की प्रेरणा से वे कभी शून्य नहीं हुए। अतः लोकमंगल की लोकचेतना से प्रेरित और सामन्ती-सामाजिक सम्बन्धों की विरोधी चेतना से अनुशासित तुलसीदास ने एक भव्य चरित्र के रूप में राम की अवतारणा की। इसके फलस्वरूप उनकी द्वन्द्व पूर्ण विरोधात्मक चेतना की निर्मिति राम के रूप में जहाँ एक तरफ साधारण जनता ने अपना त्राणकर्ता पाया, वहीं दूसरी तरफ कुलीन सत्ताधारी वर्ग ने अपने सामन्ती सम्बन्धों के समस्त मूल्य-मानों और आदर्शों को प्रतिफलित होते देखा। इस प्रकार

उत्तर भारतीय लोक-समाज के एक बहुत बड़े समुदाय पर तुलसीदास का प्रभाव निर्णायक सिद्ध हुआ। अपनी समस्त परिवर्तनकामी क्रान्तिधारिता के बावजूद कबीर और उनके निर्गुण पन्थ को पराजय का मुख देखना पड़ा।

गोस्वामी तुलसीदास उत्तर भारतीय भक्ति आन्दोलन के अन्तिम महान् भक्त कवि रहे हैं। उनके बाद यह आन्दोलन धार्मिक दृष्टि से अत्यन्त शिथिल हो गया और साहित्य में तो इसकी लगभग समाप्ति हो गयी। भक्ति का परित्याग कर हिन्दी साहित्य एक नये मार्ग पर चल पड़ा। इस नये मार्ग की स्थिति पर विचार करने से पूर्व भक्ति आन्दोलन की उपलब्धियों, निर्गुण और सगुण के द्वन्द्व में जातिवाद विरोधी निर्गुण पन्थ की पराजय और यथास्थिति की बहाली के मूलभूत कारणों की ओर संकेत कर देना आवश्यक है।

भक्ति आन्दोलन की सबसे बड़ी उपलब्धि यह है कि समूचे देश को उसने एक सांस्कृतिक सूत्र में आबद्ध किया है। इस प्रक्रिया में दक्षिण के वैष्णव आचार्य 'प्रस्थान त्रयी' की नयी और उदार व्याख्या के साथ ही नहीं बल्कि राम और कृष्ण के साथ उत्तर की यात्रा करते हैं। चैतन्य देव के शिष्यों के माध्यम से बंगाल वृन्दावन से जुड़ता है। नाथद्वारा, द्वारका, कन्याकुमारी के साथ ही अयोध्या-वृन्दावन जैसे नये सांस्कृतिक केन्द्र स्थापित होते हैं। प्रसिद्ध शैव नगरी काशी सबसे वैष्णव तीर्थ बनती है। समूचे भारत में भक्ति आन्दोलन का आविर्भाव उत्पीड़ित निम्नजातियों के कष्टों को लेकर हुआ और अन्त तक किसी न किसी रूप में उसे सहारा देता रहा। यह सही है कि मध्यकालीन धार्मिक और तमाम सारी दार्शनिक प्रणालियाँ सामन्ती-सम्बन्धों के दबाव में थीं फिर भी रामानुजाचार्य, रामानन्द, मध्वाचार्य, निम्बार्क, वल्लभाचार्य आदि ने उसमें साधारण जनता के मानसिक तत्त्वों के समावेश के लिए भी अवकाश निकाला। समाज के अन्तर्विरोधों की तीव्रता के काल में सगुण और निर्गुण के रूप में द्वन्द्वरत होकर भी उसने ऐसे विश्वास को जन्म दिया जो साधारण जनता की सामाजिक-धार्मिक मुक्ति के अनुरूप था। श्री के. दामोदरन ने भक्ति आन्दोलन की उपलब्धियों को मार्क्स की शब्दावली के सहारे प्रस्तुत करते हुए लिखा है : "मार्क्स के शब्दों में, धर्म न केवल 'कुचले हुए मानव की आह और हृदयहीन संसार का हृदय' बन गया, बल्कि इस संसार के 'वास्तविक दुखों और यातनाओं के खिलाफ विरोध', जात-पाँत के भेद-भाव और सामन्ती दमन, आतंक के अमानवीय कृत्यों के खिलाफ विरोध बन गया।" (भारतीय चिन्तन-परम्परा, पृ. 299)

समूचे भक्ति आन्दोलन में धार्मिक-दार्शनिक मान्यताओं और सम्प्रदायगत भिन्नताओं के बावजूद जन-सामान्य की एकता तथा ईश्वर के सम्मुख सबकी समानता की स्वीकृति, जाति प्रथा का विरोध केवल सद्गुणों के आधार पर ईश्वर प्राप्ति की स्वीकृति, कर्मकाण्ड-मूर्तिपूजा, बहुदेवोपासना; तीर्थ-व्रत आदि बाह्याचारों का विरोध समान रूप से मिलता है। इन सभी भक्ति सम्प्रदायों ने हिन्दू एवं

मुस्लिम धर्मों की कट्टरता का विरोध किया है। इस पूरे आन्दोलनकारी दौर में केवल गोस्वामी तुलसीदास ही एक ऐसे भक्त हैं जिन्होंने भक्ति के क्षेत्र में ईश्वर के सम्मुख सबकी समानता की बात स्वीकार करते हुए भी पुराण मतवादी वर्णाश्रम व्यवस्था की स्वीकृति द्वारा सामाजिक स्तर पर जाति-पाँत के भेद को न्याय संगत ठहराया है। **कवितावली, मानस, दोहावली, विनय पत्रिका** आदि महत्त्वपूर्ण ग्रन्थों में उन्होंने पूरे मध्यकालीन समाज को अपनी समीक्षा का आधार बनाया है। इसके अन्तर्गत 'साखी-सबदी' में वेद-पुराण की निन्दा करने वाले और ब्राह्मणों से अपनी बराबरी का दावा करने वाले शूद्रों (कबीरादि सन्तों) के साथ ही 'भक्षाभक्ष' खाने वाले आचरण विहीन कौल-कापालिक और दोहों में 'कहनी-उपखान' कहने वाले प्रेमाख्यानक सूफी सन्त भी हैं। अपने निर्धारित कर्म-पथ से भ्रष्ट 'श्रुति बेचक द्विज' के साथ ही 'प्रजा का नित्य विडम्बन' करने वाले 'प्रजासन भूप' भी हैं। इन सबके साथ ही 'पाप और पाखण्ड' में लीन पतित और स्वेच्छाचारी प्रजा भी है। इस प्रकार तुलसीदास ने अपनी समाज-समीक्षा में प्रजा के साथ ही ब्राह्मण समुदाय और राज-समाज को भी दुत्कारा है। इस प्रक्रिया में उन्होंने तत्कालीन सामन्ती समाज की विगलित मूल्य-व्यवस्था के प्रति क्षोभ व्यक्त किया है। लेकिन तुलसीदास की विशेषता इस बात में है कि वे अपनी दृष्टि से इसका एक समाधान देते हैं उसके समान्तर एक आदर्श व्यवस्था प्रस्तुत करते हैं।

तुलसीदास सबकी सामाजिक मुक्ति का उपाय वर्णाश्रमवादी सामन्ती विश्व-दृष्टि के अनुशासन में रहकर ही खोज पाते हैं। फलस्वरूप वे समाज-स्थिति का विश्लेषण करते हुए सामाजिक दुर्दशा को कुलीन शासक वर्ग की दृष्टि से ही देख पाते हैं, गरीब और शोषित निम्नवर्ग की दृष्टि से नहीं। उन्हें समाज, धर्म, राजनीति आदि के सभी क्षेत्रों में फैली अराजकता ('परावनो परो सो है'—कवितावली) भागमभाग के कारण एक सच्चे सन्त-महात्मा के रूप में दुख अवश्य होता है। लेकिन सबसे अधिक दुख इस बात का होता है कि गरीब और निम्न जातियों के लोग अपनी गिरी हुई स्थिति के प्रति क्षोभ क्यों प्रकट करते हैं तथा सम्पन्न शासक वर्ग उन पर अत्याचार क्यों करता है? अव्यवस्था से सम्बद्ध इन सभी समस्याओं का उनके पास एक ही समाधान है—शास्त्रमतवादी-पौराणिकता पर आधारित वर्णाश्रम धर्म की स्थापना। इसे ही वे लोक और वेद की मर्यादा मानते हैं। अपनी समस्त अगतिशीलता के बावजूद इस मर्यादा की प्रतिष्ठा के लिए उन्होंने राम के रूप में एक ऐसा भव्य चरित्र प्रस्तुत किया है, जो समाज, राज्य, परिवार आदि सामाजिक जीवन के सभी क्षेत्रों को अपने आलोक से भर देता है। परिवार में पति-पत्नी, माता-पिता-पुत्र, भाई-भाई और पुरजन-परिजन के रूप में पूरा गाँव-शहर, समाज में ब्राह्मण (वसिष्ठ) से लेकर शूद्र (गुह-निषाद), स्वामी (राम), सेवक (हनुमान) और राजा के रूप में स्वयं राम और रामराज्य की प्रजा के माध्यम से एक ऐसा विराट आयोजन तुलसीदास ने किया है,

जो तत्कालीन सामन्ती-सामाजिक सम्बन्धों को अधिक रागात्मक नैतिक और उदार बनाने की क्षमता से परिपूर्ण है।

इतिहास के प्रति एक वैज्ञानिक दृष्टि अपनायी जाए तो परिवार, पुरजन-परिजन के बीच उत्पन्न बहुत सारे सामन्ती-सामाजिक मूल्य-मान आज भी हमारे लिए महत्त्वपूर्ण हैं। अतः तुलसीदास जैसे एक बड़े कवि-कलाकार पर विचार करते हुए हमें **ई.एम.एस. नम्बूदिरीपाद** की इस स्थापना को ध्यान में रखना चाहिए कि "प्रत्येक लेखक और कलाकार, जो जनता और उनकी आकांक्षाओं के प्रति सच्चा है, शोषण पर आधारित मौजूदा सामाजिक व्यवस्था के प्रति विद्रोह भी अवश्य करता है, चाहे यह विद्रोह अपने विस्तार में कितना ही छोटा क्यों न हो। अतः साहित्य एवं कला की महत्त्वपूर्ण रचनाओं के सर्जकों में यथास्थितिवाद और मौजूदा व्यवस्था के विरुद्ध विद्रोह का सम्मिश्रण अवश्य होता है।" (कला साहित्य एवं संस्कृति, पृ. 121)

यह सही है कि निम्नवर्गीय निर्गुण भक्ति में तत्कालीन सामन्तवाद-विरोधी तत्त्व सर्वाधिक थे। लेकिन सूफी सन्तों और सगुण वैष्णव कृष्ण-भक्ति ने भी हिन्दू-मुस्लिम सामन्तवाद के शोषण और उनकी धार्मिक-सामाजिक कट्टरता से क्षुब्ध हिन्दू-मुस्लिम आम जनता को पर्याप्त सहारा दिया था। मुस्लिम कट्टरता के विरुद्ध सूफी सन्तों ने परस्पर प्रेम और भाई-चारे का जो सन्देश दिया था, उसने हिन्दू-मुस्लिम आम जनता की एकता को पर्याप्त सहारा दिया। बावजूद इसके निर्गुण पन्थ पराजित हुआ, क्यों? यह एक विचारणीय प्रश्न है जिसका सुनिश्चित कारण है। यह कारण है सामन्तवादी उत्पादन की कृषि-आधारित ग्राम-व्यवस्था।

मध्यकालीन भारतीय समाज की सबसे दृढ़ इकाई गाँव थे। सामन्तवादी व्यवस्था की रीढ़ वर्ण-व्यवस्था के साथ ही उसके आर्थिक हितों को संरक्षण भी यहीं से मिलता था। एक आत्मनिर्भर और स्वतः पूर्ण इकाई के रूप में गाँव की पंचायत वहाँ के सामन्त या ज़मींदार के माध्यम से सम्राट के शासन को लागू करने के साथ ही भूमि-व्यवस्था और करों का नियमन भी करती थी। वह सेवक-सेव्य भाव (ठाकुर-प्रजा) पर आधारित वर्णाश्रम व्यवस्था के अनुरूप शास्त्र-सम्मत लोक-मर्यादा का पालन भी करवाती थी। यह ग्राम-इकाई भूमि-व्यवस्था और आर्थिक उत्पादन पर आधारित मध्यकालीन सामन्ती समाज की इतनी मज़बूत इकाई थी कि इस्लामी आक्रमण की जोरदार चुनौती को झेलते हुए उसने स्वयं अपनी ही नहीं बल्कि तत्कालीन सामन्ती सामाजिक संरचना को भी सुरक्षित रखा। इस सम्बन्ध में **डॉ. रमेश कुन्तल मेघ** ने लिखा है : "दसवीं शती में मुसलमान अपनी नयी संस्कृति, नया धर्म, नयी जीवन-पद्धति लेकर आये, जिसके माध्यम से उन्होंने एक क्रान्ति उपस्थित कर दी। शुरू में तो उन्होंने सामन्ती व्यवस्था का ढाँचा ही लड़खड़ा दिया, लेकिन कालान्तर में वे भी सूदखोर, शोषक सामन्त और बड़े-बड़े ज़मींदार हो गये। उनकी चुनौती वर्ण-व्यवस्था को थी।" (तुलसी : आधुनिक वातायन से, पृ. 8) शोषक-शासक बनने के बाद

मुसलमान भी काजी और मुल्लाओं की गिरफ्त में आ गये। उन शासकों के साथ आये उनकी सेवा-कार्य से जुड़े साधारण मुसलमान और उनकी सामाजिक-धार्मिक समता से आकर्षित सद्यः परिवर्तित निम्न जातियों के लोग भी ग्राम इकाई के अभिन्न अंग बन गये। एक भिन्न धर्म-सम्प्रदाय से सम्बद्ध होने के कारण ग्रामीण वर्ण-व्यवस्था ने उन्हें भी अधिकांशतः शूद्रों की स्थिति में डाल दिया, जिनका नियमन काजी-मुल्लाओं के हाथ में रहा।

गाँव की व्यवस्था के समुचित संचालन का काम ग्राम पंचायतों द्वारा होता था। इसके मुखिया और पंचों में ठाकुर, ब्राह्मण-पुरोहित, साहूकार, महाजन आदि प्रमुख होते थे, जो प्रायः समूचे गाँव का प्रतिनिधित्व करते थे। पंचायत का फैसला सब के लिए मान्य होता था। गाँव की अधिकांश जातियों की अपनी पंचायत भी होती थी, जो आस-पास के गाँवों के सजातीय लोगों द्वारा मिलकर बनती थी। ये पंचायतें जहाँ प्रत्येक जाति के आपसी विवाद और उनके व्यापक हितों के मसलों को सुलझाती थीं वहीं जातीय कर्मानुष्ठान के बन्धन को भी दृढ़ करती थीं। इस व्यवस्था में जाति या बिरादरी से निष्कासन एक बहुत बड़ा सामाजिक दण्ड माना जाता था। मध्ययुगीन ग्राम एवं कृषि-आश्रित अर्थव्यवस्था ने ही भारतीय जाति-व्यवस्था को एक विशिष्ट रूप दिया था।

वस्तुतः मध्यकालीन सामन्तवादी सामाजिक संरचना में जाति-व्यवस्था कृषि पर आधारित ग्राम-व्यवस्था की एक अनिवार्यता थी। इसमें काम और पेशे के अनुसार जातियों का विभाजन हुआ था। ग्राम-स्तर पर सभी जातियाँ एक-दूसरे पर आश्रित थीं। ब्राह्मण, क्षत्रिय आदि ऊँची जातियों से लेकर नाई, धोबी, कहार, दर्जी, लोहार, बढ़ई, धुनियाँ, बुनकर, माली, बरई, हरिजन आदि के अपने-अपने निश्चित जातीय कर्म थे। इनमें से अधिकांश को अपने काम के बदले भू-स्वामियों और काश्तकारों की ओर से प्रत्येक फसल के बाद एक निश्चित मात्रा में अनाज और कुछ अन्य सुविधाएँ दी जाती थीं। पर्व, त्योहार, शादी-विवाह आदि शुभ अवसरों पर भी निम्न जातियों को अपने स्वामियों की ओर से कुछ दिया जाता था। अपने गाँव की एकता को कायम रखने के साथ ही प्रत्येक व्यक्ति अपनी जातीय एकता के प्रति भी सजग रहता था। ब्राह्मण से लेकर हरिजन तक गाँव के प्रति अटूट निष्ठा रखते थे। इस सहज व्यवस्था को असहज और शोषण-मूलक बनाने में सामन्तवाद के प्रमुख स्तम्भ ब्राह्मण-पुरोहित वर्ग का विशेष हाथ है। वेद, शास्त्र-पुराण आदि की आड़ में अनेक कर्मकाण्डों और अनुष्ठानों की योजना द्वारा इस समुदाय ने निम्न जातियों के शोषण का मार्ग प्रशस्त किया। कबीर के समय तक इस जाति-व्यवस्था ने ऊँच-नीच एवं छुआ-छूत के रूप में अत्यन्त भीषण रूप धारण कर लिया था। कबीर और उनके निर्गुण पन्थ ने जातीय भेद-भाव वाली इस व्यवस्था और उसकी एक महत्त्वपूर्ण कारक शक्ति ब्राह्मणवाद पर जमकर कुठाराघात किया था। लेकिन आत्म-निर्भर ग्राम

इकाई को तोड़े बिना इस जाति-व्यवस्था की समाप्ति सम्भव नहीं थी। निर्गुण भक्ति के माध्यम से उसे एक गम्भीर चुनौती का सामना अवश्य करना पड़ा और उसमें कुछ शिथिलता भी दिखाई दी। इसका प्रभाव शहरों के आस-पास के गाँवों तक ही अधिक सीमित रहा, जहाँ कारीगर, शिल्पी और व्यवसायी आदि जातियों को बाज़ार और उसके लिए माल-उत्पादन की सुविधा मिली। भौतिक आधार की कमज़ोरी और वैकल्पिक व्यवस्था के लिए अनवकाश के कारण निर्गुण भक्ति आन्दोलन को मुँह की खानी पड़ी। इसलिए गोस्वामी तुलसीदास को अपनी सगुण राम-भक्ति के द्वारा लोक-मर्यादा के रूप में वर्ण-व्यवस्था की पुनः प्रतिष्ठा में कोई विशेष दिक्कत नहीं हुई।

इस प्रकार भक्ति आन्दोलन में समय-समय पर सामाजिक अन्तर्विरोधों से उत्पन्न विरोध और अवरोध की ऐतिहासिक शक्तियाँ अपने आप को प्रकट करती रही हैं। अतः मध्य-युग को एक सपाट और अखण्ड इकाई मानकर भक्ति आन्दोलन का मूल्यांकन नहीं किया जा सकता। उसे वर्ग-संघर्ष के रूप में भी देखना-दिखाना आवश्यक है। चूँकि भक्ति आन्दोलन अपने समस्त राजनीतिक, समाजार्थिक, धार्मिक आदि निहितार्थों की भिन्नता के बावजूद कला और साहित्य के रूप में एक सांस्कृतिक आन्दोलन भी था। अतः उसकी क्रान्तिकारी विरासत पर विचार करते हुए हमें उस युग की ऐतिहासिक अनिवार्यताओं और वर्तमान युग की अपेक्षाओं की उपेक्षा किये बिना उसे सांस्कृतिक कर्म के रूप में भी देखना होगा। इस दृष्टि से विचार करने पर अपनी समग्रता में भक्ति आन्दोलन की कई महत्त्वपूर्ण उपलब्धियाँ हमारे सामने आ सकती हैं जिनकी वजह से मध्यकालीन जनजीवन आन्दोलित हुआ है।

अपनी लोकोन्मुखता के कारण भक्ति आन्दोलन का समूचा साहित्य राजदरबारों की छाया से ही नहीं, वरन् अपने आरम्भिक दौर में अभिजातवंशीय सामन्ती आग्रहों-अनुरोधों से भी प्रायः मुक्त रहा है। मध्यकालीन शास्त्र-निरपेक्ष निर्गुण काव्य हो चाहे शास्त्र-सापेक्ष सगुण काव्य, दोनों का जीवन्त सम्पर्क अपने सामाजिक मूलाधार अथवा अपने वर्गीय जीवन के सारभूत स्पन्दनों से था। इसलिए इन दोनों काव्यधाराओं ने अपने-अपने ढंग से अपनी युगीन वर्गीय आवश्यकताओं के अनुरूप अपने समय के सामाजिक-सांस्कृतिक ह्रास को थामने का सराहनीय प्रयास किया है। **कबीर, जायसी, सूर, तुलसी** आदि सभी इस दृष्टि से हमारी महत्त्वपूर्ण सांस्कृतिक विरासत ही नहीं, बल्कि हमारी जनवादी चिन्ताधारा की भी अमूल्य विरासत है। इनके माध्यम से शायद पहली बार एक ऐसा साहित्य सामने आया है जो अभिजन समुदाय और आम जनता—दोनों की पहुँच के भीतर था, दोनों को सम्बोधित था। भक्ति-साहित्य का यह पहलू हमारे लिए सर्वाधिक अभिनन्दनीय है। मेरी समझ से इसी में उसकी वास्तविक क्रान्तिकारिता भी निहित है। क्योंकि यह साहित्य आम जनता के सिर से नहीं गुजरा है। जहाँ यह दो विरोधी सामाजिक-सांस्कृतिक शक्तियों की खुली टकराहट बनकर भी आया है वहाँ इसने तत्कालीन सामाजिक अन्तर्विरोधों

की कुछ ऐसी आधारभूत सच्चाइयों को सामने रखा है जो शोषित-उत्पीड़ित जनों को अपनी बदतर अवस्था पर सोचने के लिए मजबूर कर रही थीं। यह स्थिति सामन्ती अभिजन समुदाय के लिए केवल नागवार ही नहीं थी बल्कि गम्भीर चुनौती बन गयी थी।

यह सही है कि पौराणिक शास्त्रीयता के आधार पर गोस्वामी तुलसीदास ने इस सामाजिक-सांस्कृतिक द्वन्द्व में अभिजात वर्ग के लिए एक निर्णायक विजय हासिल की थी। लेकिन इस तरह का पौराणिक-शास्त्रीय विवाद अभिजन समुदायों के लिए पर्याप्त असुविधाजनक सिद्ध हुआ। इसी तरह की विजय शंकराचार्य ने भी अभिजन समुदाय के लिए हासिल की थी जिसकी व्यापक प्रतिक्रिया में समस्त भारत वर्ष में भक्ति आन्दोलन का सूत्रपात हुआ था। तुलसीदास के बाद भी यदि यह विवाद आगे बढ़ता, उत्पादन-सम्बन्धों की दृष्टि से जिसके लिए पर्याप्त अवकाश भी था, तो सामन्त, ज़मींदार और कुलीन समुदायों के लिए दिक्कत हो सकती थी। साहित्य के क्षेत्र में इस तरह के विवाद से संस्कारशील कुलीनों की वर्ण-धर्माश्रित सामाजिक उच्चता की मान्यता खण्डित होती थी या उस पर प्रश्नचिह्न लग रहा था। अतः इस तरह के विवाद उनके हित में नहीं थे, चाहे इससे उनके पक्ष का समर्थन ही क्यों न होता हो। साहित्य और संस्कृति का निर्माण क्षेत्र उनकी गिरफ्त से बाहर हो गया था। परिणामस्वरूप निर्गुण-सगुण के माध्यम से इस तरह के विषय साहित्य के अन्तर्गत विवादग्रस्त बने थे। वर्ण-व्यवस्था, अवतारवाद-पुनर्जन्म एवं कर्मफल की पौराणिक मान्यताएँ विवाद से परे और अकाट्य रहकर ही उनके हितों की रक्षा में ढाल का काम कर सकती थी। वाद-विवाद के दायरे में आ जाने पर उनके झूठ का पर्दाफाश आसानी से हो सकता था। इसलिए साहित्य जैसी महत्त्वपूर्ण प्राविधि पर अपनी गिरफ्त मज़बूत कर सामाजिक-धार्मिक विषयों से उसे अलग रखना प्रभुता सम्पन्न वर्ग के लिए अनिवार्य बन गया था। अन्य अनेक कारणों में से यह भी एक महत्त्वपूर्ण कारण था जिससे भक्तिकाल के महानतम कवि तुलसीदास के बाद राज्याश्रित रीति-काव्यधारा का उदय हुआ। इसने जाने-अनजाने अपने को सभी सामाजिक-धार्मिक पचड़ों से अलग रखकर एक छद्म काव्य-संस्कृति को जन्म दिया। इस काव्य-संस्कृति का मूलाधार तत्कालीन दरबारी संस्कृति थी, एक ऐसी संस्कृति, जो व्यावहारिक स्तर पर भारत के जीवन्त सांस्कृतिक मूल्यों तथा आदर्शों से विच्छिन्न हो चुकी थी।

भक्ति आन्दोलन की शिथिलता और शास्त्रीयतावाद के पुनरुत्थान के रूप में रीति-काव्यधारा के उदय और विस्तार की संगति पर विचार करते हुए **डॉ. नामवर सिंह** ने अपनी 'दूसरी परम्परा की खोज' शीर्षक पुस्तक में लिखा है : "इस विवेचन से भक्तिकाल के बाद रीतिकाल के उदय का कारण भी स्पष्ट हो जाता है। यदि आरम्भ में शास्त्र-निरपेक्ष निर्गुण-काव्य की शास्त्र-सापेक्ष सगुण परिणति की ओर

ध्यान दें तो शास्त्रीयतावाद के पुनरुत्थान के रूप में रीतिकाव्य के प्रसार की भी संगति लग जाती है।" लेकिन भक्तिकालीन 'शास्त्रीयतावाद के पुनरुत्थान' के रूप में रीति काव्य के प्रसार को न देख कर उसके एक नये संस्करण के रूप में देखा जाए तो अधिक अच्छा होगा। इससे रीतिकालीन दरबारी कविता और दरबारी संस्कृति की पारस्परिकता को भी समझने में आसानी होगी। क्योंकि रीति कवियों की शास्त्रीयता मात्र काव्य-शास्त्र की रूढ़ियों तक ही सीमित है। उसमें कृष्ण काव्य की पौराणिकता और राम काव्य के शास्त्रीयतावाद और इससे अनुशासित लोक-मर्यादा का स्पर्श तक भी नहीं है। वस्तुतः भक्ति काव्य की लोक रंजकता और गहन समाजनिष्ठता की तीव्र प्रतिक्रिया रीति काव्य में देखी जा सकती है। इसे भक्ति काव्य की शास्त्रीयता का पुनरुत्थान मानना भ्रामक है। इस काव्यधारा द्वारा एक अत्यन्त सीमित अभिजात-वर्ग का मनोविनोद मात्र हुआ है।

रीतिकाल के उदय और उसके प्रसार के सम्बन्ध में एक और तथ्य की ओर संकेत करना आवश्यक है। प्रत्येक सामाजिक संरचना के एक खास दौर में, जिसे उसका ह्रासोन्मुख या अवसान काल कहा जाता है, संस्कृति, धर्म, आचार-विचार के साथ ही साहित्य एवं अन्यान्य कलाओं के क्षेत्र में भी एक विशेष अवदशा उपस्थित होती है। ऐसी अधोगति के काल में उस सामाजिक संरचना के आरम्भ और उत्कर्ष काल में अर्जित तमाम सारे सामाजिक-सांस्कृतिक मूल्य-मानों, नैतिक एवं कलात्मक आदर्शों में निहित महत्त्वपूर्ण मानवी आशयों-अभिप्रायों की हत्या कर उसके ऊपरी साँचों की रक्षा का प्रयास किया जाता है। हिन्दी साहित्य का रीतिकाल भी सामाजिक विकास का एक ऐसा ही दौर रहा है जिसमें न रामायण-महाभारत से प्रेरणा ली जा सकती थी, न गुप्तकालीन सौन्दर्य-भावना का विकास किया जा सकता था और न ही भक्तिकाल की समाजनिष्ठता को ही प्रश्रय मिल सकता था। यदि संस्कृत साहित्य की उत्कर्षशील परम्परा से भी वे कवि-कलाकार कुछ ग्रहण करते तो उसके द्वारा भी अपनी मूल्यहीनता की भावना या विगलित मूल्य-व्यवस्था को ही सामने लाते। महाभारत और कृष्णकाव्य के लोकोद्धारक तथा लोक रंजक कृष्ण की जो दुर्गति रीति कवियों ने की है, वह हमारे सामने है।

रीति काव्य की रूप धर्मिता और विगलित मूल्य-व्यवस्था—दोनों ही एक-दूसरे से अविच्छिन्न रूप से जुड़ी हुई हैं। रूपवादी आग्रह के कारण रीति कवियों के लिए वह रास्ता ही प्रमुख रहा—जिसे उन्होंने 'कविन को पन्थ', 'सुकबीन की रीति', 'कबीर को मारग', 'कबिताई की रीति' आदि के रूप में स्वीकार किया। कविता का यह मार्ग जीवन की बहुत ही संकीर्ण गलियों से गुजरा। जीवन-क्षेत्र या भाव क्षेत्र के इस संकोच या दारिद्र्य को ढँकने के लिए 'कथ्य' की अपेक्षा 'कथन प्रणाली' को अधिक महत्त्व देना आवश्यक हो जाता है। रीति कवियों के सामने 'क्या कहना है' और 'क्यों कहना है'—यह कोई समस्या नहीं रह गयी थी। 'कैसे कहा जाए' इस समस्या

से भी उन्हें जूझना नहीं पड़ा। कविता के बने-बनाये राजमार्ग पर जिस कौशल की ज़रूरत होती है वह उन्हें किंचित् अभ्यास से प्राप्त हो गयी। कवि-कर्म स्वयं उनके लिए और उनके पाठक-श्रोता के लिए आत्मविभोर क्रीड़ा-कौशल मात्र बनकर रह गया। इस तरह के कलावादी आग्रह अपनी निरपेक्ष स्वायत्तता की रक्षा के लिए कुछ आन्तरिक निषेध भी विकसित करते हैं। इन निषेधों की जद में रूप या शिल्प ही नहीं, वरन् कला की विषय-वस्तु भी आ जाती है। इस प्रक्रिया में जीवन से जुड़े हुए बहुत सारे विषय कला के लिए विजातीय बन जाते हैं। जाने-अनजाने एक भिन्न रूप में रीतिकाल में ऐसा हुआ। आधुनिक काल के एक विशेष ऐतिहासिक दौर में पूँजीवादी सामाजिक विकास के एक ह्रासोन्मुख दौर में, इस स्थिति से हमें गुजरना पड़ा है और अब भी गुजर रहे हैं।

यहाँ मैं पुनः इस बात पर जोर देना चाहूँगा कि हर सामाजिक संरचना के पतनोन्मुख दौर की एक खास विशेषता होती है। इसके अन्तर्गत साहित्य और कलाएँ अपने मूलाधार से रस ग्रहण करना बन्द कर देती हैं। यही नहीं वरन् साहित्य एवं कलाओं के साथ ही राजनीति, धर्म, दर्शन, संस्कृति आदि भी परस्पर एक-दूसरे से विच्छिन्न हो जाते हैं। इससे यथास्थिति कायम रखने में सहायता मिलती है जो प्रभुता सम्पन्न वर्ग के हित में है। इस स्थिति में राजनीति का काम राजा और उनके अमलों का हो जाता है, पण्डित-पुरोहित धर्म कर्म करने लगते हैं, कवि-कलाकारों का काम केवल सुन्दर-सुन्दर कलाकृतियों का निर्माण रह जाता है। किसी को भी किसी दूसरे के कार्य-क्षेत्र में दखल देना वर्जित मान लिया जाता है। यह रीतिकालीन दरबारी वातावरण में घटित हुआ। इस घटना के पीछे प्रत्यक्ष या परोक्ष रूप से सत्ता-प्रतिष्ठानों का भी हाथ रहा है। रीतिकाल के उदय और रीति काव्य के प्रसार पर विचार करते हुए उसे इस सन्दर्भ में भी देखना आवश्यक है। उसने कहाँ से प्रभाव ग्रहण किया उस का सम्बन्ध किससे था, उसने किस प्रकार के रूप तन्त्र का विकास किया, किस प्रकार के अभिप्राय (मोटिफ्स) और संकेत विकसित किये—ये चीजें बाद में आती हैं। इन पर भी विचार होना चाहिए। मैंने हिन्दी के रीतिकालीन दरबारी-साहित्य को एक विशेष सन्दर्भ में रखकर देखने का अनुरोध किया है। उसे अन्य दूसरे सन्दर्भों में भी रखकर देखा जाना चाहिए।

"सर्वशक्तिमान् ईश्वर से भी बड़ी शक्ति इतिहासकार के हाथों में होती है क्योंकि वह अतीत को बदल सकता है।"

—डीन इंज

मध्यदेश में आधुनिकता का उदय : एक सांस्कृतिक चुनौती

विजेन्द्र नारायण सिंह

अंग्रेजी राज की स्थापना के पहले भारत की किसी भी भाषा में संस्कृति के लिए कोई अलग शब्द नहीं था। इस समय जो सब मूल्य संस्कृति शब्द के इर्द-गिर्द बुने जाते हैं वे सब मूल्य उस समय धर्म की अवधारणा के अन्तर्गत थे। वर्तमान अर्थ में संस्कृति शब्द अंग्रेजी शासन-व्यवस्था की देन है और कदाचित् इसका चलन रवीन्द्रनाथ ठाकुर के कारण हुआ। उपनिवेशवाद ने अधिरचना के क्षेत्र में जो कोई योगदान किये, उसमें संस्कृति की तलाश भी एक है।

औपनिवेशिक शासन ने आर्थिक बुनियाद और अधिरचना दोनों ही स्तरों पर बहुत ही बुनियादी परिवर्तन किये। आर्थिक क्षेत्र में पूँजीवादी व्यवस्था की स्थापना हुई और उससे एक नये वर्ग बुर्जुआ वर्ग-मध्य वर्ग का जन्म हुआ। भारत में इस वर्ग का जन्म और विकास उस सहज प्रक्रिया के रूप में नहीं हुआ जिस सहज प्रक्रिया के रूप में वह यूरोप में हुआ। यह एक जड़ से विच्छिन्न और फूल से रहित उखड़ा हुआ बनावटी वर्ग है। इसकी वर्ग-संरचना यथार्थ पर आधारित नहीं है। अंग्रेजी राज का भारत की सामाजिक व्यवस्था पर जो सबसे पहला और महत्त्वपूर्ण प्रभाव पड़ा, वह है एक खोटे और दोगले मध्य वर्ग का विकास। यह एक ऐसा वर्ग है जो देश के सामाजिक और आर्थिक विकास में कोई सच्ची भूमिका नहीं निभाता है—वेतन या किराये के सहारे अपना जीवन-यापन करता है, सामाजिक और आर्थिक जीवन से जिसका विलगाव होता है और जो आम लोगों से कटकर अपने सफेदपोश पेशे के हाथी दाँत की मीनार पर बैठा रहता है। यह नया मध्यवर्ग पूर्वग्रहों और अन्धविश्वासों से बहुत कुछ मुक्त है, सामाजिक रूप से बहुत कुछ स्वाधीन है। लेकिन, तब भी वह एक ऐसे मध्यवर्ग का स्थानापन्न नहीं हो सकता जो कि सामन्ती व्यवस्था के पतन और तज्जन्य निर्बाध औद्योगिक विकास से उत्पन्न होता है, जैसा कि यह इंग्लैण्ड में अठारहवीं सदी के उत्तरार्द्ध से उन्नीसवीं सदी तक स्वाभाविक रूप से विकसित हुआ। भारत में अंग्रेजी

राज ने पुराने मध्यवर्ग को ध्वस्त कर दिया और अन्यत्र तथा मध्यदेश में उन्होंने अपनी उपनिवेशवादी आकांक्षाओं की पूर्ति के लिए एक नये भूस्वामी और सफेदपोश पेशेवर वर्ग की रचना की, जिसका एकमात्र लक्ष्य एक और उपनिवेशवाद को मज़बूत करना था और उसके सहारे रोजी-रोटी के माधन जुटाने थे। यहाँ सामाजिक विकास में स्पष्ट ही एक दरार दीख पड़ती है। यह कमाऊ नहीं बल्कि खाऊ वर्ग है। कवि धूमिल के शब्दों में एक ऐसा वर्ग जो न तो रोटी बेलता है, न रोटी पकाता है बल्कि केवल रोटी खाता है। इसलिए यह वर्ग पूँजी उत्पन्न नहीं करता, बल्कि खरबों का ऋण उगाहता है। अब समय आ गया है कि यह वर्ग अपनी ऊर्जा से नयी पूँजी पैदा करे। पिछले डेढ़ सौ पौने दो सौ वर्षों में औपनिवेशिक व्यवस्था ने यही खोटा और जाली वर्ग तैयार किया। आरम्भ में इसने कुछ भूमिकाएँ अदा कीं लेकिन अब यह वर्ग केवल परजीवी और स्वार्थजीविता (कैरियरिज्म) इसका एकमात्र जीवन-लक्ष्य रह गया है। आम आदमी से इसकी दूरी बढ़ती चली गयी है और इसकी स्वार्थजीवी महत्त्वाकांक्षाओं का कोई अन्त नहीं दीखता है। यदि इस वर्ग में बुनियादी परिवर्तन नहीं आता है और कोई सांस्कृतिक क्रान्ति नहीं होती है तो फासीवाद की स्थापना अवश्यम्भावी है।

भारत में जिस इंग्लैण्ड का आगमन हुआ, वह एक गलत प्रकार का इंग्लैण्ड था और उसने एक गलत भारत को बढ़ावा दिया। आदर्शों और अदम्य साहस से युक्त राजनीतिक क्रान्ति और स्वतन्त्रता के लिए आदर्शोमुख यूरोप और इंग्लैण्ड भारत में नहीं आया! भारत में आया सामन्तवादी और रूढ़िवादी तत्त्वों से युक्त यूरोप। रवीन्द्रनाथ ठाकुर ने भारत में आये हुए यूरोप का यों विवरण दिया है, "वह दूसरा यूरोप जो बड़े सुसंगत ढंग से अपनी भौतिक शक्ति और पशुबल को समेटने में जुटा है, जो अपनी मूल उदात्त प्रकृति की अवज्ञा कर उसका उपहास कर रहा है, जिसकी अन्याय और विषमता का अम्बार आकाश तक ऊँचा उठ रहा है, जिसका आतंक ईश्वर को भी चुनौती दे रहा है और जो सुन्दर मानवीय भाव को पराजित करनेवाले अपने निष्करण व्यवसाय से सारी पृथ्वी पर असुन्दरता भौतिक और नैतिक असुन्दरता का प्रदूषण फैला रहा है।" भारत में, जातिवादी (रेसिस्ट) और उपनिवेशवादी इंग्लैण्ड और रूढ़िवादी और वर्णवादी भारत के बीच घिनौनी साँठगाँठ स्थापित होती है। यूरोप के मूल्य-निरपेक्ष उपभोक्तावादी और भारत के नवधनाढ्य वर्ग की परजीवी संस्कृति के बीच समझौता होता है। यह सब उपनिवेश काल में हुआ। स्वाधीनता के उपरान्त भारत का यह परजीवी नया एलीट वर्ग और अधिक उभरता है। पंजाब और हरियाणा तथा पश्चिमी उत्तरप्रदेश आदि में हरित क्रान्ति हुई, नये उद्योग धन्यों का विकास हुआ है, भौतिक वैभव दिखलाई पड़ता है लेकिन मनुष्य नहीं रचा जा रहा है। गरीबी और जहालत से जुड़े पतन से कहीं अधिक भयानक होता है नव धनाढ्यों के पास बेशुमार दौलत से उत्पन्न मानवीय क्षय। यह नया एलीट उपभोक्ता समाज के बीच पल रहा है और नग्न भोगवाद इसका एकमात्र जीवन-मूल्य रह गया है।

सामाजिक ढाँचे में परिवर्तन

सामाजिक ढाँचे के मुख्यतया तीन घटक हैं—वर्ण-व्यवस्था और जाति, परिवार व्यवस्था और ग्रामीण समुदाय। औद्योगिक समाज के आने से वर्ण-व्यवस्था शिथिल जरूर पड़ी है लेकिन वर्ण और जाति से मुक्त उद्योग-धन्धों और पेशों की रचना अब भी नहीं हुई है। ब्राह्मण, क्षत्रिय, खत्री और बनियों ने पश्चिमी शिक्षा पायी और उसका लाभ भी उठाया जबकि दस्तकार, मजदूर और निचली जातियों के लोग जैसे धोबी, नाई, टोकरी बनानेवाले, तेली, कुम्हार आदि सब्जी, फल तथा दूध बेचनेवाले बन गये। **हैरोल्ड गोल्ड** ने लिखा है कि उत्तर प्रदेश में ब्राह्मण और राजपूत जैसी ऊँची जातियों का ही पश्चिमीकरण हो रहा है जिसमें नागरीकरण भी सम्मिलित है और निम्न जातियों के पास आधुनिक जगत् में प्रवेश के लिए न तो साधन हैं, न प्रेरणा। गोल्ड ने उत्तर प्रदेश को दो अन्य गाँवों से भी अपनी इस धारणा के समर्थन में प्रमाण प्रस्तुत किये हैं कि आधुनिकीकरण ब्राह्मण, राजपूत और जाट जैसी उच्च जातियों में हो रहा है सबसे निचली और सबसे गरीब जातियों में नहीं।[1] मध्यदेश के अधिकांश भागों में ब्राह्मण और कायस्थ तथा उत्तर प्रदेश और पश्चिमी भारत में मुसलमान और खत्री आधुनिकीकरण की ओर पहले उन्मुख हुए।

वर्ण और जाति के सामाजिक ढाँचे में बुनियादी परिवर्तन नहीं हुए हैं। जातियाँ अब भी जड़ जमाये हुए हैं हालाँकि वे शहरी क्षेत्रों की अपेक्षा ग्रामीण क्षेत्रों में अधिक महत्त्व रखती हैं। जाति के आधार पर अब भी समाज में स्टेटस का निर्णय होता है तथा नियुक्तियों में सहायता मिलती है। वे घरेलू और सामाजिक जीवन की पद्धतियों को प्रभावित करते हैं और उसी के आधार पर गाँव के लोगों के सांस्कृतिक ढाँचे निर्णीत होते हैं। यह कहना बहुत मुश्किल है कि आधुनिकता के प्रवेश के कारण जाति की चूल हिलती है। कुछ उल्टी बातें भी हुई हैं। जातियों के संगठन बनाये गये हैं। इन जाति सभाओं द्वारा सम्पत्ति का गठन होता है, बैंकिंग की व्यवस्था होती है, विद्यालयों को आर्थिक सहायता दी जाती है, विशेष जाति के छात्रों को छात्रवृत्ति दी जाती है और जाति के आधार पर ही सहकारिता समितियों का भी गठन होता है।

एक सामाजिक बुराई के रूप में इसकी ताक़त जरूर घटी है लेकिन यह एक राजनीतिक और प्रशासनिक बुराई के रूप में बहुत ही विस्फोटक रूप से उभरी है। अपनी ही जाति के लोगों की नियुक्तियों की कोशिशें की जाती हैं, और चुनाव के पैंतरे और रणनीति जातियों के आधार पर तय किये जाते हैं। मध्यदेश में मनु के विधान के समक्ष आधुनिकता लाचार दीख पड़ती है।

परिवार

पश्चिमीकरण और आधुनिकता का सबसे बड़ा प्रभाव मध्यदेश में परिवार की संरचना पर पड़ा है। संयुक्त परिवार लगभग टूट से गये हैं और उनका स्थान आणविक परिवार लेता जा रहा है। "**एक साहित्यिक की डायरी**" नामक अपनी वार्ता में **मुक्तिबोध** यह प्रश्न उठाते हैं कि पिछले, बीस वर्षों की सबसे महान् घटना कौन-सी है और उनका उत्तर है "संयुक्त परिवार का ह्रास?" शहरी मध्यवर्ग में संयुक्त परिवार लगभग समाप्त हो गये हैं और आणविक परिवार ही रह गये हैं। मध्यदेश में दो ही जातियाँ ऐसी हैं जो भौगोलिक रूप से सारे देश में बिखरी होने पर भी पारम्परिक परिवार व्यवस्था को बचाये हुए हैं और वे हैं मारवाड़ी तथा सारस्वत ब्राह्मण। मारवाड़ी लोग नौकरी पेशा जाति नहीं हैं और संयुक्त परिवार के संगठन से उनको बाज़ार और व्यापार में सहायता मिलती है। किसी संयुक्त परिवार का युवक जब ऊँची शिक्षा प्राप्त कर लेता है और उसमें अपनी नौकरी आदि के कारण पेशेगत गतिशीलता आती है तब उसमें व्यक्तिवाद का उदय होता है और अधिक स्वाधीनता की भावना आती है। अधिक व्यक्तिगत स्वाधीनता की यह इच्छा उच्चतर जीवन-स्तर की आकांक्षा को जन्म देती है। विवाहित युवकों में अधिकांश मामलों में संयुक्त परिवार से विलग होने का प्रयत्न युवती पत्नी की ओर से आरम्भ होता है, जबकि अपने वंश और परम्परा से जुड़े रहने के कारण पति को इसमें बहुत ही झिझक और हिचकिचाहट होती है और ऐसी स्थिति में पत्नी के दबाव में वह स्थानान्तरण का उपयोग करते हैं। इस आणविक परिवार की रचना में नारी की महत्त्वाकांक्षा ने बड़ी भूमिका अदा की है। इससे एक लाभ तो यह जरूर हुआ है, स्त्री और पुरुष के रिश्ते अधिक समानता की भूमि पर उभरे हैं और सहयोगिता और प्रेम में विकास हुआ है। कदाचित् इस आणविक परिवार में स्त्री ने वही सत्ता प्राप्त कर ली है जो पितृसत्तात्मक समाज में पिता को प्राप्त थी। इस प्रकार बहुत दूर तक मर्द का काम रोटी कमाना रह गया है और औरतें घर पर राज करने लगी हैं।

संयुक्त परिवार के ह्रास और आणविक परिवार के विकास को आधुनिकता की उपलब्धि बतलाने के लिए बहुत कुछ साहस और थोड़ी बहुत मूर्खता की ज़रूरत है। दादा-दादी, ताऊ, भाई-बहन सबसे विच्छिन्न होकर भारतीय पारम्परिक जीवन की प्रशान्तता नष्ट हो गयी है। हर आदमी बेचैन, परेशान, सन्त्रास से मुक्त और प्रेम के अभाव में मानसिक गरीब-सा दीखता है। इसमें ऊर्जा के धरातल पर मर्द कमज़ोर बना है और औरत की ममता बहुत घटी है। प्रसंगात् मुक्तिबोध ने ठीक ही लिखा है कि "हमारा परिवार यदि केवल व्यक्तिवादी आधार पर बना है, यदि केवल वहाँ अहं ही प्रधान है तो उसमें संयुक्त सामन्ती परिवार से भी ज्यादा बुराइयाँ रहेंगी। तब वहाँ सिर्फ़ प्रश्न ही रहेंगे, उत्तर नहीं।"[2]

ग्रामीण समुदाय और किसान...

सामाजिक ढाँचे का तीसरा महत्त्वपूर्ण घटक है ग्रामीण समुदाय और किसानों का समाज। **श्री पूरनचन्द्र जोशी** ने ठीक ही लिखा है कि "किसानों की समस्या सम्पूर्ण औद्योगिक समाज की चली आती हुई अवधारणा को ही चुनौती देती है और औद्योगिक समाज के ऐसे नये रूपों की खोज के प्रश्न उठाती है, जो रूप किसानों के जीवन को असन्तुलित और अस्त-व्यस्त करने की बजाय पुनर्निर्माण की प्रक्रिया से जोड़ सके।"[3] भारत किसानों का ही देश है और किसानों की जीवन-पद्धति ऐसी समस्याएँ प्रस्तुत करती है जिनका समाधान कदाचित् मार्क्सवाद के पास नहीं है। भारत में बढ़ रहा आधुनिकीकरण सृजनात्मक नहीं वरन् अनुकरणात्मक है। इसका दुष्परिणाम यह है कि ये किसान न तो परम्परागत रह गये हैं और न आधुनिक बन सके हैं। मध्यदेश में किसानों की स्थिति और मानसिकता एक समान भी नहीं है। **कुसुम नायर** ने अपनी पुस्तक **"ब्लॉजम्स इन दी डस्ट"** में बताया है कि उत्तर प्रदेश के पूर्वी हिस्से में, जहाँ गरीबी की समस्या विकट है, किसान एक दार्शनिक-सा है जो एक परमाणु में ब्रह्माण्ड की कल्पना तो करता है लेकिन अपने आर्थिक, सामाजिक जीवन में छोटे से छोटा परिवर्तन लाने से घबराता है। **प्रेमचन्द** का हीरो इसी प्रकार का किसान है। इसलिए भारत में यदि ग्रामीण समुदाय और किसानों के सन्दर्भ में विचार करें तो आधुनिकता केवल तकनीक के नवीकरण में ही नहीं, वरन् उससे भी अधिक मानव के नवीकरण में निहित है। यह आधुनिकता निहित है सामाजिक समुदाय और उसके साथ व्यक्ति की निजी आकांक्षाओं को स्पर्श करनेवाले नये मूल्य-बोध की रचना में! मनुष्य के चेतन, उपचेतन और अचेतन मानस में औद्योगिक युग कवि पर आधारित समाज से रिश्ता कायम कर जब तक भारत के विशाल ग्रामीण समुदाय के मानस में एक बुनियादी परिवर्तन नहीं लाता है, तब तक केवल तकनीक और संस्थाओं के स्थानान्तरण से ही उनका आधुनिक बनना सम्भव नहीं। यह बहिर्जगत् के परिवर्तन से अन्तर्जगत् के पुनर्गठन की एक सांस्कृतिक चुनौती है।

शिक्षा

आधुनिकता का सम्बन्ध नयी शिक्षा यानी अंग्रेजी शिक्षा से जोड़ा जाता है। असल में अंग्रेजी राज के आरम्भिक दिनों में बड़े पैमाने पर लूट से देश विपन्न हो गया था। कुटीर उद्योग नष्ट हो गये थे, लगान वसूल करने के लिए जमींदारियाँ बनायी गयीं और पुराना बनिया मध्यवर्ग अंग्रेज बनिया की रणनीति में उन्मूलित हो गया था, तब विदेशी शासन और व्यवसाय को सहारा देने के लिए एक नये पगारजीवी वर्ग को बनाने की ज़रूरत थी। सत्ता यह जानती थी कि एक स्थानापन वर्ग की रचना की ज़रूरत है। इंग्लैण्ड और चीन में अपने मध्यवर्ग थे लेकिन ईस्ट इण्डिया

कम्पनी पर ऐसे वर्ग को बनाने और शिक्षित करने का दुहरा दायित्व था। ऐसे वर्ग को गढ़ने का सिद्धान्त दिया **मैकाले** ने। "हमें एक ऐसे वर्ग को बनाने के लिए सब कुछ करना चाहिए जो करोड़ों शासितों और हमारे बीच दुभाषिये का काम कर सके। एक ऐसे लोगों का वर्ग जो खून और रंग में भारतीय हो लेकिन आस्वाद, विचार, नैतिकता और बुद्धि में अंग्रेज हो।" इसी वर्ग पर भारतीय भाषाओं को समृद्ध करने का दायित्व आ पड़ा है और वे उसे समृद्ध करने के लिए पश्चिम से विज्ञान की पारिभाषिक शब्दावली की नकल कर रहे हैं। इस क्षेत्र में मैकाले की सफलता इतनी बड़ी है कि भारत का बड़े से-बड़ा देशभक्त, कवि और लेखक भी **टी.एस. एलियट, कामू** और **सार्त्र** के प्रभाव में अपने मुहावरों, वाक्य विन्यासों तथा भावबोध और विचारबोध को गढ़ रहा है।

यह नयी शिक्षा सबसे पहले बंगाल में चली और बाद में मध्यदेश में इसका प्रसार हुआ। बंगाल में **ईश्वरचन्द्र विद्यासागर** जैसे प्रबुद्ध सुधारकों के प्रभाव में इसका सम्बन्ध थोड़ा-बहुत विज्ञान से जुड़ा लेकिन मध्यदेश में, जो कि हिन्दी भाषी क्षेत्र है इसका तत्त्व साहित्यिक अतिरेक से भरा रहा। साम्राज्यवाद की आर्थिक नीति के कारण जिसका मुख्य लक्ष्य इस देश में उद्योग-धन्धों को पनपने नहीं देना था, पेशेगत प्रशिक्षण की पूरी उपेक्षा कर दी गयी। तकनीकी शिक्षा को प्रोत्साहन देना अंग्रेजों के आर्थिक हितों के विरुद्ध पड़ता था। यही कारण है कि इस शिक्षा में ब्राह्मण तथा अन्य साहित्यिक जातियों जैसे कायस्थ को अधिक लाभ हुए। इस शिक्षा से एक मानसिकता यह बनी कि विज्ञान पढ़ने की भाषा अंग्रेजी ही हो सकती है और यदि अंग्रेजी नहीं हो तो रूसी या जर्मन आदि पढ़नी चाहिए। इसका परिणाम यह हुआ कि इस देश के वैज्ञानिक देशी भाषा में कामचलाऊ अभिव्यक्ति भी नहीं कर सकते।

वैज्ञानिक चेतना और बुद्धिवाद

यूरोप के सम्पर्क से विज्ञान भारत और मध्यदेश में भी आया लेकिन हमारे वैज्ञानिक और विज्ञान के छात्र प्रयोगशाला के बाहर शायद ही कहीं आलोचनात्मक मिजाज का निदर्शन कर पाते हों। भारत में नये रहस्यवाद का मूल स्रोत बंगाल है। पता नहीं कैसे यहाँ विज्ञान के साथ धार्मिक रूढ़ियाँ और जादू-टोने के इन्द्रजाल सब स्वाकार हो गये हैं। छापेखाने का मजदूर अपना काम आरम्भ करने के पहले रोली का टीका लगाता है। लगभग सारे भारत में दुर्गाष्टमी के दिन औजारों की पूजा भगवत् भक्तिवाली निष्ठा के साथ की जाती है। औजारों की सफाई करने के साथ उनके आगे सिन्दूर, धूप तथा फूल चढ़ाने का आम रिवाज है। यह कह देना कि यह रिवाज गँवई गाँव के कुम्हार, लोहार, सुनार, बढ़ई आदि के बीच ही प्रचलित है, वास्तविकता को झुठलाना है। शहरों में मिलों और कारख़ानों के मजदूर भी ऐसे ही पूजा अधिक उत्साह से करते हैं। मोटरों, ट्रकों और बसों को धोकर भारत के नेताओं

की तरह उन्हें पुष्पहारों से लाद दिया जाता है। तात्पर्य यह कि पश्चिम की तकनीक और औद्योगीकरण का उपयोग करनेवालों ने वैज्ञानिक विश्व-दृष्टि और बुद्धिवाद को स्वीकार नहीं किया है। इसका अर्थ यह है कि भारत भौतिक और सामाजिक दृष्टि से तो औद्योगिक युग में आ गया है लेकिन मानसिकता और आध्यात्मिकता के धरातल पर वह खतरा उठाना नहीं चाहता है। भारत में मध्यवर्ग ने विज्ञान को जिस तरह अपनाया, उससे यह अपेक्षा भी नहीं की जा सकती है।

बहुलांश में अब भी कृषि पर आधारित इस देश की अर्थ-व्यवस्था में परिवर्तन लाने के लिए औद्योगीकरण और वैज्ञानिक शिक्षा अनिवार्य है। विज्ञान का यह उपयोग केवल औद्योगिक उन्नति के लिए आवश्यक नहीं है। वह शताब्दियों से चली आती हुई रूढ़ियों की जड़ काटने के लिए, समाज और मानव के रिश्ते को सही-सही समझने के लिए, प्रकृति के रहस्य जानने के लिए बहुत जरूरी है। लेकिन वैज्ञानिक मिजाज के विकास के बिना यह शिक्षा एक सांस्कृतिक द्विभाजन (डाइकोटामी) को जन्म देती है और इसका असर हमारे इतिहास-दर्शन और अर्थशास्त्र इत्यादि पर भी पड़ा है और वे बहुत ही सरल ढंग से यान्त्रिक बन गये हैं। द्वन्द्वात्मक भौतिकवाद का यह सिद्धान्त नकारा नहीं जा सकता कि चीजें एक-दूसरे से जुड़ी होती हैं : सामाजिक संस्थाएँ, विज्ञान, धर्म, राजनीति, नीतिशास्त्र और मूल्य एक-दूसरे से निरपेक्ष नहीं बल्कि परस्पर सम्बद्ध होते हैं और यदि वे परस्पर सम्बद्ध हैं तो एक में परिवर्तन से दूसरे में भी परिवर्तन आता है। उदाहरणार्थ हम यह जानते हैं कि तकनीक सामाजिक संरचना की पूर्व संकल्पना करती हैं औजार उसका उपयोग करनेवालों की मानसिकता से जुड़े होते हैं और तकनीक के क्षेत्र में नये आविष्कार सोचने-विचारने के ढंग में परिवर्तन लाते हैं। अभी तो हमारे समाज ने विशेषतः मध्यदेश के समाज ने रेलवे तार और मोटर तथा इंजन आदि के ही मूल्यगत धक्कों को आत्मसात् नहीं किया है फिर आणविक ऊर्जा और इलेक्ट्रानिक तकनीक को आत्मसात् करने का सवाल ही कहाँ उठता है। इलेक्ट्रानिक आदि ने जीवन को बाहर से बहुत प्रभावित किया है लेकिन मन और मूल्य के स्तर पर उसका बिलगाव स्पष्ट है। **रामानन्द सागर** की इलेक्ट्रानिक रामायण देखने के पहले दूरदर्शन सेट की पूजा-आरती उतारना आम घटना है। वहीं ऐसा तो नहीं है कि भारत में सर्वशक्तिमान धर्म ने विज्ञान को खा-पीकर गँवा दिया है।

असल में हमारी आधुनिकता हमारे पेशों के संकीर्ण दायरे के बाहर नहीं गयी है। जीवन के बाकी सभी क्षेत्रों में हम पुराने मूल्यों और विश्वासों से चिपके हुए हैं और इनका हम केवल उसी समय परित्याग करते हैं, जब कोई आत्मलाभ की बात हो। इससे व्यक्ति मानस और सामाजिक मानस के बीच एक बड़ी दरार पैदा हुई है, एक बड़ी फटन दिखती है। यही कारण है कि अपने युग की महान् समस्याओं से हम निरपेक्ष रहते हैं। हम तात्कालिक विशेष और क्षुद्र समस्याओं से जूझने में ही

अपनी ऊर्जा समाप्त कर देते हैं। इलेक्ट्रानिक संचार माध्यम का प्रवेश घर-घर में हो गया है कम्प्यूटर हमारे नये जीवन का पंचांग बना रहे हैं, हलों का स्थान ट्रैक्टरों ने बहुत पहले ले लिया लेकिन विश्वकर्मा न केवल अपने सिंहासन पर विराजमान हैं वरन् इलेक्ट्रानिक का उर्वर देश भी उनके साम्राज्य में शामिल हो गया है।

धर्म

यह द्विभाजनता धर्म के क्षेत्र में भी दिखलाई पड़ती है। एक ओर विशाल जन-समुदाय, शिक्षित वर्ग और विज्ञान के स्नातक आदि हैं जो धर्म की रूढ़ियों को नहीं छोड़ रहे हैं, दूसरी ओर कुछ प्रगतिशील नवयुवक हैं जो धर्म को केवल अकीम कहकर छुट्टी पा लेते हैं और वे न केवल सामाजिक तथ्यों को ही नकार देते हैं बल्कि उस ऐतिहासिक प्रक्रिया को भी नकार देते हैं जिसके इर्द-गिर्द में मूल्य रचे गये। इटली के मार्क्सवादी विचारक **ग्राम्शी** ने इस चीज को समझा और उसने लिखा कि समाजशास्त्र के विद्यार्थी को आम लोगों की भूलों, विश्वासों, मिथकों, निजन्धरी कथाओं और अन्धविश्वासों को केवल बुद्धिवाद और तर्कणा के बल पर नकार नहीं देना चाहिए क्योंकि वे उनके लिए शक्ति के स्रोत होते हैं। वास्तविकता यह है कि हम अपने जीवन में धार्मिक हों या न हों लेकिन, हमारी संस्कृति पर धर्म का लेबल लगा हुआ है। इसलिए धर्म को आधुनिकता के सन्दर्भ में अभियोजित करने की ज़रूरत है और विज्ञान को धर्म से अनुशासित करने की। धर्म की सार्थकता इस बात में निहित है कि वह मनुष्य की आत्मा को महाभ्रमण के पथ पर छोड़ देता है। आध्यात्मिकता एक जोखिम है जिसे उठाना धार्मिक व्यक्ति का सबसे महत्त्वपूर्ण लक्षण है। विज्ञान प्रकृति के रहस्यों का उद्घाटन कर अध्यात्म के मार्ग पर बढ़ने वालों के लिए नया पथ तैयार करता है और उन्हें अनदेखे जोखिम के क्षितिज की ओर ले जाता है। यही धर्म और विज्ञान का मिलन-बिन्दु है। यानी जैसा कि **रवीन्द्रनाथ ठाकुर** ने लिखा, "सच्ची आधुनिकता तो दिमागी स्वतन्त्रता में है, रुचि की दासता में नहीं।" और धर्म दिमागी स्वतन्त्रता ही नहीं आत्मा की स्वतन्त्रता की भी तलाश करता है। यही तो विज्ञान और धर्म का मिलन बिन्दु है।

भारतीयता और सामन्तवाद

धर्म और विज्ञान चूँकि एक-दूसरे से अभियोजित नहीं हो सके इसलिए भारतीयता और सामन्तीकरण एक-दूसरे के पर्याय बन गये हैं। उन दोनों में एक शर्मनाक रिश्ता स्थापित हुआ है। इसी का परिणाम है 'भारत-व्याकुल' लोगों की बिरादरी जिनके जीवन-मूल्य हैं जाति, भाषा, ग्राम और गौ। हरामों के साथ राम का रिश्ता इसी तरह स्थापित हुआ है। पुराने रीति-रिवाजों, संस्कारों और समाज के पुराने ढाँचे को

कायम रखनेवाला जो रूढ़िवादी सामन्ती मूल्यों का संरक्षक वर्ग है, वही भारतीयता को बदनाम करने का भी जिम्मेदार है।

आर्थिक परिवर्तन

एशिया के पिछड़े हुए देशों और विशेषतः भारत के सन्दर्भ में उद्योगीकरण और आर्थिक परिवर्तन पर सबसे बढ़िया विचार प्रसिद्ध अर्थशास्त्री **गुन्नार मिर्डाल** ने किया है। उनका कहना है कि एशियाई समाजों का परम्परागत ढाँचा आधुनिक योजना और विकास के विरुद्ध और कमज़ोर है। उनकी यह स्थापना मध्य देश विशेषतः उत्तर प्रदेश और मध्यप्रदेश के प्रसंग में बिल्कुल सही है। उत्तर प्रदेश और मध्यप्रदेश की गरीबी के परिपार्श्व में जब हम पंजाब और हरियाणा के आर्थिक विकास और समृद्धि को देखते हैं तब मिर्डाल की स्थापना में हमें कोई सन्देह नहीं रह जाता है। प्रशासन और सत्ता को भ्रष्टाचार का घुन लग गया है। मूल्य निरपेक्ष विज्ञान प्रौद्योगिकी और तकनीक की यह स्वाभाविक परिणति है। सत्ताधारी वर्ग जिस प्रकार का सामाजिक और राजनीतिक क्रान्ति नहीं चाहती उसे भला नौकरशाह क्यों लाएँगे, इन सारी भ्रान्तियों का नतीजा यह हुआ कि योजनाएँ केवल कागजों में मुकम्मल हुईं और गरीबों को उनसे कोई फायदा नहीं हुआ। मिर्डाल के अनुसार भारत में योजनाएँ अँगराने की दशा से आगे नहीं बढ़ पायीं। उनका विचार है कि आर्थिक उन्नति का मतलब केवल आर्थिक सुधार नहीं है। बल्कि समाज को उसकी मनोवृत्तियों तथा संस्थाओं का सम्पूर्ण रूपान्तरण है। उनके अनुसार अर्थशास्त्र का असली काम उन सिद्धान्तों का अधिग्रहण है जो विकार प्रक्रिया की व्याख्या कर सकें, उसके बाबत भविष्यवाणी कर सकें तथा उसकी दिशा निर्धारित कर सकें। उनका कहना है कि भारत में सामाजिक एवं सांस्कृतिक क्रान्तियाँ अवरुद्ध हो गयीं। हिन्दुओं और मुसलमानों के बीच बुनियादपरस्त सिद्धान्तों के प्रसार को इसी सन्दर्भ में समझा जा सकता है।

विफलता के आयाम

हमारी राय में मध्य प्रदेश में आधुनिकता के उदय से जो सांस्कृतिक चुनौती खड़ी हुई उसका कोई सम्यक् समाधान निकल नहीं सका। बात बनी नहीं। बहुत पहले इस विफलता को रेखांकित करते हुए **प्रेमचन्द** ने 'कर्मभूमि' में लिखा था कि "भारत क्रान्ति के बाबा की बातें करो। समाज के नेता तुम्हें बोलने देंगे। लेकिन जहाँ तुमने व्यवहार क्षेत्र में पाँव रखा, भारतीय समाज को सुधारने चले, वर्ण-व्यवस्था में हाथ लगाया, ऊँच-नीच का भेद मिटाने की तरफ बढ़े, वहीं जोरों से विरोध शुरू हो जाएगा।" दूसरे शब्दों में सामन्ती समाज-व्यवस्था को बदलना सबसे मुश्किल

काम है। सामाजिक कुरीतियों को मिटाना बहुत कठिन है, धार्मिक अन्धविश्वासों को निर्मूल करना दुष्कर है। आधुनिकता को नकारना अपने को कूपमण्डूक बनाना है लेकिन परम्परा के जीवन्त तत्त्वों के साथ उसका अभियोजन किये बिना केवल नकल के रूप में ग्रहण करना विनायक को वानर बना देना है। भारत के मध्यवर्ग की विडम्बना यह है कि वह पैदाइशी तौर पर एक नकलची वर्ग है और इस कारण उसकी संस्कृति एक संकीर्ण दायरे के अन्दर बँधकर रह जाती है। प्रसंगात् **जवाहरलाल नेहरू** ने लिखा है, “यह भी स्पष्ट है कि अनुकरण के आधार पर कोई भी वास्तविक सांस्कृतिक या आध्यात्मिक विकास नहीं हो सकता। सच्ची संस्कृति विश्व के सभी भागों से प्रेरणा लेती है। लेकिन, मुख्य रूप से उसकी जड़ें अपने ही घर में, अपनी ही जमीन में होती हैं और वह व्यापक सर्व साधारण के जीवन पर आधारित होती है। कला और साहित्य निर्जीव हो जाते हैं यदि वे विदेशी प्रतिमानों की नकल ही करते रहे। एक छोटे-से नाजुक मिजाज समुदाय तक ही संस्कृति के दिन अब गुजर गये। हमें अब सर्व साधारण को लेकर सोचना होगा और ऐसे सर्व साधारण की संस्कृति पुरानी प्रवृत्तियों की निरन्तरता और उनके विकास से ही बनेगी और वह नयी प्रेरणाओं और सृजनात्मकता को भी व्यक्त करेगी!”[4]

संस्कृति की द्विभाजकता, जो बद्धमूल होती जा रही है, उसका मूल कारण है पाठ्यक्रम से पारम्परिक संस्कृति का पूर्णतः निष्कासन। परम्परा और आधुनिकता के रिश्ते को द्वन्द्वात्मक, रचनात्मक और नवजीवन प्रदान करने के लिए कुछ भी नहीं किया जा रहा। आधुनिक शिक्षा की मूल्य व्यवस्था का संस्कृति के पुराने मूल्यों से कोई सम्बन्ध नहीं रह गया है। शिष्ट वर्ग का लोक-संस्कृति से कोई लगाव नहीं है और उस लोक संस्कृति की जीवन्त और ताक़तवर धारा से वे रस नहीं ग्रहण कर पा रहे हैं। प्रयोगशाला में बैठने वाला वैज्ञानिक पूरी तरह मूल्य निरपेक्ष बन गया है। इसी ठण्डे निर्वैयक्तिक और परिणामतः द्विधाविभक्त मिजाज वाले वैज्ञानिक से हम सबको भय होता है जिसके कारण विज्ञान हमारे युग में भयंकर अमानुषिकता का कारण बन गया है। विज्ञान और तज्जन्य आधुनिकता का धर्म की सनातन जीवन्त धारा के साथ कोई अभियोजन और कोई संगम आवश्यक है। आखिर धर्म और विज्ञान एक-दूसरे के विरोधी नहीं। पश्चिम में केपलर से लेकर न्यूटन और आइंस्टीन तक सभी महान् वैज्ञानिक गहन धार्मिक आस्था के मनुष्य थे। साथ ही वैज्ञानिक गवेषणाओं की सौन्दर्यबोध से भी कोई शत्रुता नहीं है।

मध्यवर्ग का शील : भय और द्वेष

भारतीय मध्यवर्ग कुण्ठाओं से भरा वर्ग है। उसके शील की दो मुख्य विशेषताएँ हैं—भय और द्वेष। प्रसाद ने मध्यवर्ग के शील के रूप में वैश्विक स्तर पर भय का निरूपण इस प्रकार किया है—

भयभीत सभी को भय देता
भय की उपासना में विलीन
प्राणी कटुता को बाँट रहा
जगती को करता अधिक दीन।

ईर्ष्या इस वर्ग का स्थायी भाव है और पर-निन्दा में ही रसदशा को प्राप्त होकर यह वर्ग "आत्मा की मुक्तावस्था" का दर्शन कर रहा है। प्रेमचन्द का '**प्रेमाश्रम**' और प्रसाद की 'कामायनी' का ईर्ष्या वर्ग मध्यवर्ग के इसी शील की साहित्यिक अभिव्यक्ति हैं। भय और ईर्ष्या पर आधारित वर्ग रचनात्मक नहीं हो सकता है। प्रत्येक भारतीय के हृदय के सीमान्त में घृणा फन उठाकर खड़ी है और अवसर मिलते ही यह सर्पिणी डस लेती है। यह भारत की आत्मा के विरुद्ध है और इससे एक सभ्यता घायल और बदहवास हो गयी है। भारत ने अपने तीन-चार हजार वर्षों की सभ्यता के इतिहास में घृणा की ऋचाएँ कभी नहीं लिखीं। 'पृथ्वीसूक्त' से लेकर **इकबाल** के 'सारे जहाँ से अच्छा हिन्दोस्ताँ हमारा" और **जयशंकर प्रसाद** के "किसी का हमने छीना नहीं" तक भारत की सांस्कृतिक परम्परा सहयोग और प्रेम की परम्परा रही है। लेकिन अब उसका स्थान घृणा के जहर ने ले लिया है और हर आदमी दूसरे को नरक समझ रहा है।

कुण्ठाओं से भरा यह मध्यवर्ग आत्मघाती बन रहा है। इसकी जीवनी-शक्ति मर रही है। आधुनिकता से उत्पन्न इस त्रासदी का वर्णन करते हुए **जवाहरलाल नेहरू** ने 'भारत की खोज' में बहुत ही उदास मन से लिखा है—"इसे जीवित रखने के लिए अधिक-से-अधिक उत्तेजक पदार्थों की आवश्यकता होती है—नींद के लिए सुलानेवाली दवा, या अन्य प्राकृतिक क्रमों को जारी रखने के लिए विविध ओषधियाँ ऐसे भोज्य या पेय पदार्थ जो जिह्वा को गुदगुदाकर, पूरे शरीर को बुनियादी रूप से दुर्बल बनाकर, क्षण-भर की उत्तेजना प्रदान करते हैं या ऐसे विशेष तरीके जो हममें सुख और रोमांच की अस्थायी अनुभूति पैदा तो करते हैं लेकिन शीघ्र ही ऐसी उत्तेजना के बाद जो प्रतिक्रिया होती है, वह एकदम खालीपन या निरर्थकता के भाव में व्यक्ति को डुबो देती है। सभी विस्मयकारी रूपों और वास्तविक उपलब्धियों के बावजूद हमारी आधुनिक सभ्यता में कुछ ऐसी चीज है जो इसे नकली और बनावटी बना देती है। विज्ञापनकर्ता हमारे युग का एक सबसे महत्त्वपूर्ण प्रतीक है जो लगातार हमें भुलावा देने, हमारे बोध की शक्तियों को मन्द करने और हमें तरह-तरह की हानिकारक और गैर-जरूरी वस्तुओं को खरीदने के लिए प्रेरित करने में ही अपनी कामयाबी समझता है।"

अतः यह स्पष्ट है कि आधुनिकता से हमारा मंगल-विधान नहीं हुआ है। आधुनिकता किस प्रकार हमारा मंगल विधान करे, यही हमारी बड़ी सांस्कृतिक चुनौती है। सीधी समस्या है कि किस तरह घृणा को प्रेम में और भय को अभय में

रूपान्तरित किया जाय। और यदि यह हो पाता है तो रचनात्मक ऊर्जा का निर्झर स्वतः शतधा विकीर्ण हो उठेगा। भारत की ऊर्जा उसकी सामाजिक गतिशील शक्तियों में निहित है। पिछले डेढ़ सौ वर्षों में एक छोटा वर्ग तैयार हुआ। कभी इसने सामाजिक विकास में कुछ अच्छी भूमिका निभायी थी। आज इसकी प्रगतिशील भूमिका निःशेष हो गयी है। लोक से इसका विलगाव बहुत बढ़ गया है। यह वर्ग इतनी कुण्ठाओं में जीता है कि नये समाज के वैकुण्ठ तक जाने में यह पूरी तरह अक्षम बन गया है। यदि यह वर्ग लोक की जीवन्त धारा से जुड़कर घृणा और भय से मुक्त नहीं होता है तो भारतीय लोकतन्त्र का सूर्य डूबता ही चला जाएगा। यही हमारी सबसे बड़ी सांस्कृतिक चुनौती है।

सन्दर्भ

1. एच.ए. गोल्ड : “संस्कृतिकरण और पश्चिमीकरण : एक गतिशील दृष्टिकोण” इकानॉमिक रिव्यू, खण्ड 13, अंक 25, 24 जून 1961
2. एक साहित्यिक की डायरी (प्रथम संस्करण), पृ. 45
3. परिवर्तन और विकास के सांस्कृतिक आयाम, पृ. 34
4. पूरनचन्द्र जोशी द्वारा “परिवर्तन और विकास के सांस्कृतिक आयाम”, पुस्तक में उद्धृत, पृ. 67

भारतीय नवजागरण की औपनिवेशिक समझ

वीरेन्द्र मोहन

भारतीय नवजागरण योरोपीय रिनासाँ की पृष्ठभूमि पर तब विकसित हुआ जब ईस्ट इण्डिया कम्पनी के मार्फत भारत में अंग्रेजीराज का प्रभुत्व स्थापित हो गया। भारत बिटेन का एक उपनिवेश हो गया। सच्चे अर्थों में यह भारतीय मानस की पराधीनता का काल है। इसलिए भारतीय नवजागरण की भी दो धाराएँ विकसित हुईं। उसकी एक धारा यदि भारतीय परम्पराओं पर साम्राज्यवादी मान्यताओं, परम्पराओं के प्रभुत्व को नवनिर्माण और नवजागरण के मिथ के बहाने कायम करने की रही है तो दूसरी परम्परा साम्राज्यवादी मान्यताओं और आकांक्षाओं से टकराने की रही है। नवजागरण की यह दूसरी धारा न तो अतीतजीवी है और न ही आधुनिकता विरोधी; यह समय नवजागरण की अभिव्यक्ति है। नवजागरण की एक धारा ने प्रकारान्तर से उस जागरण को बढ़ावा दिया जो ब्रिटिश उपनिवेशवादियों के हितों के अनुकूल सिद्ध हुआ। क्या हम इसे नवजागरण की औपनिवेशिक समझ कहेंगे?

नवजागरण जातीय अथवा राष्ट्रीय चेतना के विकास का एक ऐसा प्रारूप है जिसकी सैद्धान्तिकी के मूल में एक ओर भारत की प्राचीन विरासत से अलगाववाद और विच्छिन्नता बोध तथा दूसरी ओर अतीत से अन्य लगाव की संकीर्ण समझ तथा इन दोनों में टकराव और प्रकारान्तर से द्वन्द्व एक साथ चलता है। विभिन्न आन्दोलन, संगठन और संस्थाओं का जन्म इसी दरम्यान होता है। इसलिए नवजागरण के एक सिरे पर इतिहासबोध और इतिहास चेतना का प्रत्यय है तो इतिहासहीनता तथा ऐतिहासिक बोध की शून्यता भी। एक ओर यदि यहाँ काल का जरूरी उत्थान है तो दूसरी ओर इतिहास की व्याख्या भी। भारतीय इतिहास के प्रत्येक नवजागरण में उपर्युक्त स्थितियाँ अनिवार्य रूप से पायी जाती हैं। इसलिए नवजागरण को परिवर्तन या सुधार का एक सीमित माध्यम ही माना जा सकता है। यह अकारण नहीं कि इतिहास के विश्लेषणकर्ताओं ने उसे सुधारवादी रूप में भी देखा है।

यों तो बौद्ध और जैन दर्शन भी भारतीय समाज के नवजागरण की देन हैं और इस दिशा में भारतीय नवजागरण का एक विकसित और व्यापक रूप भक्ति चिन्तन

और आन्दोलन के रूप में दिखाई देता है। ब्रिटिश भारत में भी नवजागरण ने संगठित रूप से भारतीय समाज पर व्यापक प्रभाव डाला और स्वाधीनता आन्दोलन में शामिल हुआ। आज नवजागरण के रूप में हम इसी की चर्चा सबसे अधिक करते हैं। यदि नवजागरण की मूल निष्पत्तियों पर ध्यान दें तो यह तथ्य लक्षित किया जा सकता है कि धार्मिक आवरण में सामाजिक-सांस्कृतिक पहलू ही अधिक उजागर हुआ तथा राजनीतिक चेतना भी इसमें शामिल हुई। 1857 के प्रथम स्वाधीनता संग्राम से जो क्रान्तिकारी चिन्ताधारा नवजागरण के रूप में विकसित हुई, उसके बुनियादी प्रश्न आर्थिक चिन्तन से विकसित हुए।

अवान्तक नवजागरण की सैद्धान्तिकी अपनी चिन्ताओं को आर्थिक चिन्ता से न जोड़ने के कारण, या उन आर्थिक चिन्ताओं से जोड़ने के कारण जो उदीयमान पूँजीवाद और औपनिवेशिक सत्ता के हितों में ढलती गयी, प्रकारान्तर से भारतीय जनता का हित-साधक नहीं बन सकीं। फलतः उन प्रत्ययों की सैद्धान्तिकी विकसित की गयी जो अतीत की वस्तु को किंचित् सुधार के साथ पुनः स्वीकार कर लेते हैं। धर्म, वर्ण, जाति-व्यवस्था, मिथक आदि वे तत्त्व हैं जिनकी नयी व्याख्या ने एक समय समाज को संगठित भी किया और इनकी सीमित प्रगतिशीलता ने सामाजिक सुधारों का भी कार्य किया। परन्तु यह भी सच है कि विभाजित समाज में ये प्रत्यय भी बँटते चले गये और शासकों ने नयी रूढ़ियों से समाज को पुनः जकड़ दिया। नवजागरण के चिन्तकों तक ने नये उत्थान को रूढ़ि बनाकर सामाजिक यथास्थिति का पोषण किया। ब्रिटिश भारत के नवजागरण में ये स्थितियाँ झुठलायी नहीं जा सकतीं। इस युग में रिनासाँ की अभिव्यक्ति भी हुई और पराभव भी हुआ। ह्यूम ने भारतीय राष्ट्रीय कांग्रेस की स्थापना कर नवजागरण के राजनीतिक आशय को अंग्रेजी सत्ता के हित में ही जाने का मार्ग प्रशस्त किया। अरविन्द घोष ने अपने दर्शन से नवरहस्यवाद से सामाजिक संघर्ष की धार को कुन्द ही किया और राजा राममोहन राय ने आर्थिक प्रश्नों से सीधे न टकरा कर सामाजिक बदलाव व सुधार का भ्रम खड़ा किया। इस तथ्य पर विचार किया जाना चाहिए अंग्रेजी सत्ता केन्द्रों—कलकत्ता, बम्बई, मद्रास आदि—से ही नवजागरण की सैद्धान्तिकी क्यों विकसित हुई। इस नवजागरण में विज्ञान और तकनालॉजी की भूमिका है तो किस सीमा तक। नवजागरण का वह कौन-सा पक्ष है जो वैज्ञानिक तर्क के आधार पर केवल नीतिशास्त्र-तर्कशास्त्र को सामने रखता है। विज्ञान के युग में भी नवजागरण ने धर्म, मिथक, वर्ण, जाति से मुक्ति क्यों नहीं पायी। परम्पराओं और रूढ़ियों की आलोचना के औपनिवेशिक औजारों का प्रयोग किस विकास और परिवर्तन के लिए किया गया। सन्तों-संन्यासियों, ज़मींदारों, अभिजनों और नवजागरण के नेताओं की लोक-कल्याणकारी और सत्यं शिवं सुन्दर जैसी आयातित सूक्तियों की परिणति क्या हुई। पुनरुत्थान-मूलक सुधारों और आधुनिकता के नये पूँजीवादी मॉडल ने सामाजिक

प्रगति और परिवर्तन को किस तरह से विलम्बित और अवरुद्ध किया। उसका परिणाम और प्रभाव क्या हुआ। यह जानना ही नवजागरण की सीमाओं को जानना है।

नवजागरण का एक पहलू प्राचीन विभेदकी के स्थान पर जातीयता के नाम पर नये भेदकों की सृष्टि है। अंग्रेजी उपनिवेशवाद और आभिजात्य से आकर्षित होकर नवजागरण ने क्या खोया-पाया, यह जानना भी आवश्यक है। विश्व में ह्रासकालीन नवजागरण भारत के लिए कितना अभ्युदय और विकासशील हो सका—यह जानकर ही नवजागरण के रूप में विद्यमान उसके उपनिवेशवादी चरित्र को पहचान सकते हैं। नवजागरण का प्राचीनता मोह जिस रूप में भी है, वह नये और समकालीन समाज पर उसे घटित करना चाहता है। इस प्रकार नये रोगों का इलाज वह मृत तारीख की दवाओं में खोजता है; वह आर्थिक वर्ग संघर्ष को लगातार कमज़ोर करता है और समाज में नये वर्गों को जन्म देकर सहभाव की स्थापना चाहता है। यह नवजागरण ब्रिटिश साम्राज्य के साथ सहभाव चाहता है, स्वामी-सेवक की यह जुगलबन्दी भारतीय नवजागरण में ही सम्भव हुई जो स्वाधीनता के बाद साम्राज्यवाद के आर्थिक उपनिवेश के रूप में बढ़ती जा रही है। नवजागरण के अधिकांश नेताओं ने व्यवहारवादी और अनुभववादी बन कर यथार्थवाद को नकारा है। आर्य समाज, ब्रह्म समाज या प्रार्थना सभा की यथार्थवादी दृष्टियाँ अत्यन्त संकीर्ण हैं और उनकी परिणति व्यवहारवाद में तिरोहित हो जाती है। बौद्ध और जैन धर्म, जिन्हें पुनर्जागरण के महाप्रस्थान कहा गया, की परिणति कहाँ हुई, यह बताने की आवश्यकता नहीं।

नवजागरण की सकारात्मक उपलब्धियों को अनदेखा नहीं किया जा सकता; फिर भी इस तथ्य की ओर भी ध्यान दिया जाना चाहिए कि रिनासाँ के विचारकी का ध्यान अन्याय पर आधारित और मानव जीवन की क्रूरतम परिणति दास प्रथा की ओर क्यों नहीं गया। यदि गुलामी या दासप्रथा इन विचारकों को अस्वाभाविक और अन्यायपूर्ण नहीं प्रतीत हुई तो क्या इसे सामन्ती और ब्रिटिश उपनिवेशवादी सोच की निरन्तरता नहीं कहा जा सकता। क्या भक्ति आन्दोलन और क्या आधुनिक नवजागरण दोनों की मूल चेतना दास्य भाव पर आधारित है। धार्मिक और आध्यात्मिक पहलू के मानदण्ड और सामाजिक सुधारों के मानदण्ड में मौजूद यह अन्तर्विरोध चालाकीपूर्ण है; क्योंकि नवजागरण का धार्मिक आवरण कभी अनावृत नहीं हो सका। स्वयं बुद्ध-भक्त कवि और गाँधीजी की निम्न वर्ग या छोटी जातियों के लिए नम्रता, सहिष्णुता, उदारता और करुणा के मूल्यों की स्थापना तमाम सुधारों के बावजूद वर्गभेद और वर्ग विषमता को गहरा करते हैं। स्वयं अंग्रेजों की नीति भी भारतीय मनुष्य के जीवन को असह्य बनाने की नहीं थी। राजा राममोहन राय या गाँधीजी क्या अंग्रेजों के इस लक्ष्य को पूरा करने में मददगार नहीं साबित होते। पुनरुत्थान के द्वारा लोक कल्याण ईसाई धर्म में भी स्वीकृत रही है। वस्तुतः अंग्रेजी राज में पुरातन मध्यवर्ग को कुछ हद तक नवीन चेतना अंग्रेजों के सम्पर्क से मिली और अंग्रेजी चश्मे से अपने

जातीय पतन को देखा, इसलिए उसे सर्वत्र खोट ही खोट दिखाई दी। नये वातावरण और पारम्परिक मूल्यों में तनाव उत्पन्न हुआ। एक विशिष्ट वर्ग का जन्म हुआ। फ्रांस की क्रान्ति ने यदि समता स्वाधीनता और भ्रातृत्व का नारा दिया तो भारतीय नवजागरण ने भी इसका अनुकरण किया। एक प्रकार से अंग्रेजी राजभक्ति भारतीय नवजागरण का एक ऐसा अध्याय है जो तमाम राष्ट्रीय भावनाओं और सामाजिक सुधारों के बावजूद कहीं न कहीं ब्रिटिश उपनिवेशवाद की सत्ता को मंजूर करता है। प्रथम विश्वयुद्ध के पूर्व राष्ट्रवादी ब्रिटिश उपनिवेशविरोधी चेतना प्रबल नहीं हो पाती। गाँधीजी ने एक समय अंग्रेज भक्ति का प्रदर्शन किया। महारानी विक्टोरिया, ड्यूक ऑफ एडिनबरा, प्रिंस ऑफ वेल्स आदि की प्रशंसा नवजागरण के नेताओं ने की, यह ऐतिहासिक वास्तविकता है। भारतेन्दु और उनके युग के रचनाकारों की अनेक उपलब्धियों के बावजूद अंग्रेजी राज भक्ति को गौरवान्वित नहीं किया जा सकता। 1899 ई. में इण्डियन नेशनल कांग्रेस ने महारानी विक्टोरिया को बधाई देने का प्रस्ताव पास किया। मैथिलीशरण गुप्त की कविता 'राजभक्त हम सा न विश्व में और कहीं है' (1911) तथा एडवर्ड सप्तम की मौत पर लिखी प्रसाद की कविता 'शोकोच्छ्वास' (1910) उपनिवेशवादी पोषक विचारों को ही व्यक्त करती हैं, यद्यपि इन सबकी राष्ट्रीय चेतना को खारिज नहीं किया जा सकता।

नवजागरण के धार्मिक सुधारों का हवाला सर्वत्र मिलता है और एक तरह से नास्तिकवाद का स्वर भी उपजा और ईश्वर को चुनौती दी गयी। यह धर्म और ईश्वर मूलतः हिन्दुओं का था। पाश्चात्य व ईसाई दर्शन की धज्जियाँ इस तरह नहीं उड़ाई गयीं। ईसा या मोहम्मद के विषय में ये धारणाएँ या तो प्रशंसा में बदल जाती हैं या नाम तक नहीं लेतीं। एक अतिवादी रूप दयानन्द सरस्वती का है, जिसमें हिन्दुओं के अतिरिक्त बल्कि ब्राह्मण दर्शन के अतिरिक्त सभी की आलोचना है—जैन और बौद्धमत तक की। धार्मिक प्रजातन्त्र का रूप इसी से सम्भव हुआ। ब्रिटिश भारत में अफगानिस्तान और मिस्र में हुए युद्धों ने भारतीय सैनिकों तक को उत्तेजित किया। इस प्रकार से भी हिन्दू-मुस्लिम सद्भाव कमज़ोर हुआ।

भारतीय नवजागरण का विकास राजतन्त्र और ब्रिटिश साम्राज्यवाद की परिधि में विकसित हुआ। इसलिए भी उसके अपने अन्तर्विरोध हैं। नवजागरण ने अनेक सामन्ती और सामाजिक रूढ़ियों का तो विरोध किया परन्तु जिस ढाँचे के भीतर यह कार्य किया, यह उपनिवेशवादी व्यवस्था के भीतर निर्मित हुआ था। फलतः उत्पन्न होने वाले नये अन्तर्विरोध ही ब्रिटिश सत्ता के लिए हितकारी सिद्ध हुए। रिनासाँ ने धार्मिक मॉडल को बदला अवश्य परन्तु धार्मिक परम्परावाद से मुक्ति सम्भव नहीं हुई। नवजागरण के अनेक नेता तक इसके शिकार हुए। फलतः परवर्तीकाल में उसकी परिणति धार्मिक पुनरुत्थान या धार्मिक प्रजातन्त्र में होना ताज्जुब नहीं है। यह उपनिवेश के हित की परिणति है। इसमें पूँजीवादी अर्थतन्त्र की सक्रिय भूमिका

है। नवजागरण के इसी धार्मिक लगाव के कारण वह सामाजिक परिवर्तन में बाधक बना और विकृतियों को जन्म दिया। भारतीय नवजागरण के प्रत्येक उत्थान की यह परिणति सर्वत्र देखी जा सकती है। बौद्धों के समय से भक्ति आन्दोलन और ब्रिटिश भारत के रिनासाँ की तमाम उपलब्धियों के बावजूद इस वास्तविकता की भी खोज की जानी चाहिए। इससे यह भी सिद्ध होता है कि नवजागरण सतही तौर पर धर्म के खिलाफ खड़ा होकर भी धर्म से मुक्त नहीं होना चाहता बल्कि धर्म में सुधार चाहता है। राममोहन राय से लेकर अरविन्द घोष तक इस द्वैत के शिकार हैं। ये सुधार भी ईसाई धर्म द्वारा स्वीकृत हो चुके होते हैं या अंग्रेजी शासन की नीतियों के अनुरूप होते हैं। प्रार्थना सभाएँ सामूहिक रूप से आयोजित होना 'गिरजाघरों की मानसिकता' से प्रभावित धार्मिक क़दम है। वसुधैव कुटुम्बकम् की संगति मानवतावाद के रूप में नया रूप धारण करती है। यह पूँजीवादी मानवतावाद है जो संस्कृति और उसकी परम्पराओं को नष्ट करता है; उनके प्रति घृणाभाव उत्पन्न करता है वह अपनी ही भाषा से नफरत करना सिखाता है। यह सब अचानक घटित नहीं होता। भारतीय रिनासाँ की ये भूलें उपनिवेशवादी पूँजीवाद के लिए वरदान साबित हुईं। इस प्रकार भारतीय नवजागरण ने साम्प्रदायिक विचारधारा के विकास का भी कार्य किया। नवजागरण के नाम पर जिन संस्थाओं और आन्दोलनों का जन्म हुआ। उनके भीतर छिपे इस सत्य को भी जानना चाहिए। हिन्दुओं और मुसलमानों आदि के अलग-अलग संगठन नवजागरण के नाम पर बने। हिन्दू संगठनों में हिन्दू व्यावसायिक-व्यापारिक वर्ग सबसे अधिक सक्रिय था। राजे-रजवाड़ों के ज़मींदारों का भी एक हिस्सा था। इसी तरह मुस्लिम संगठनों में मुस्लिम सामन्तशाही खोये हुए साम्राज्य के लिए संघर्ष कर रही थी। फलतः नवजागरण के ये दोनों तरह के संगठन आपस में ही प्रतिद्वन्द्वी बन गये। हिन्दू अंग्रेजी सत्ता को अपना रक्षक मानता था। यह विद्वेष स्थायी भाव बन गया। सर सैयद अहमद खाँ आदि ने मुस्लिम समाज की धार्मिक भावनाओं का लाभ उठाकर अंग्रेजी राज का गुणगान किया। नवजागरण के प्रणेता कहे जाने वाले राजा राममोहन राय तक अंग्रेजों की प्रशंसा करते रहे। 1823 में वे लिखते हैं: 'पिछले मुसलमान शासकों के राज्य में इस देश के निवासियों की सम्पत्ति बहुधा लूट ली जाती थी—उनके धर्म का अपमान होता और अकारण उनका खून बहाया जाता, आखिर ईश्वर ने अपनी अपार दया से अंग्रेज जाति को प्रेरित किया। इन अत्याचारियों की गुलामी से मुक्त करके बंगालवासियों को सुरक्षा प्रदान की।' लार्ड वेलेजली की जीत उनके लिए प्रसन्नता का कारण बनी। व्यापारी वर्ग तथा नवजागरण के नेताओं को पसन्द आने वाले कानून बनाकर अंग्रेजी सत्ता ने नवजागरण को अपने हितों के अनुकूल मोड़ने का भी कार्य किया। सती विरोधी, बाल्य विवाह विरोधी कानून बनाने की माँग नवजागरण के नेता करते थे जो पूरी हुई। यह अकारण नहीं कि भारतेन्दु हरिश्चन्द्र के लिए अंग्रेज तक आर्य हो गये।

ग्रन्थों का सम्पादन, उनकी टीका-व्याख्या का काम तक राजा राममोहन राय, स्वामी दयानन्द आदि ने किया।

फलतः परिवर्तन के प्रति हमारा रवैया निषेध-परक भी हो जाता है। वह आधुनिकीकरण के मार्ग में बाधा बन जाता है या आयातित आधुनिकता को अंगीकार करता है। इस प्रकार ब्रिटिश शासन के शिकंजे से वह मुक्त नहीं हो पाता। पुनर्जागरण की यह प्रवृत्ति जातीय आधुनिकीकरण को रोकती है। विकसित होती आधुनिकीकरण की प्रक्रिया के साथ नवजागरण की प्रवृत्तियाँ सामने आती हैं। औपनिवेशिक समझ भारतीय नवजागरण के नेताओं में पायी जाती है। इसका एक अन्य प्रमाण तो अंग्रेजी भाषा को अंगीकार करना ही है। अपनी संस्कृति के क्षेत्र में इस समझ ने भारतीय चिन्ताधारा की दिशा मोड़ दी। नवजागरण की अपनी उपलब्धियाँ हैं। 1857 का स्वाधीनता संग्राम साम्राज्यवाद विरोधी चेतना का परिणाम है। विज्ञान की संस्कृति के प्रति जागरूकता भारतीय नवजागरण की उपलब्धि है। फिर भी भारतीय नवजागरण की अपनी विडम्बना और त्रासदी है। क्योंकि आधुनिकीकरण तथा बुद्धिवादीकरण की वाहक शक्तियाँ राष्ट्रीय न होकर औपनिवेशिक थीं। भारतीय नवजागरण के साथ जिस व्यापार-व्यवसाय का विकास हुआ, वह अंग्रेजों द्वारा परिचालित ब्रिटिश उपनिवेशवाद के हितों के अनुरूप था, जिसने भारतीय कला-शिल्प और कारीगरी का विनाश किया। फलतः एक समय औपनिवेशिक सुधारवाद ही भारतीय नवजागरण का प्रमुख स्वर हो गया। नवजागरण के नेताओं ने आधुनिक राजनीतिक चिन्तन और बौद्धिक चेतना को पश्चिम की देन माना। वस्तुतः जैसा कि मैंने पूर्व में संकेत किया, नवजागरण की दो धाराएँ रही हैं : एक राष्ट्रीय और दूसरी औपनिवेशिक। राष्ट्रीय नवजागरण ने परिवर्तन के प्रति आग्रह रखते हुए भी निरन्तरता की उपेक्षा की। परम्परा का आधुनिकीकरण इसका लक्ष्य था। औपनिवेशिक मानसिकता ने परिवर्तन की निरन्तरता को खत्म कर दिया। इसका उद्देश्य था आधुनिकीकरण की परम्परा। इसने 1857 के स्वाधीनता संग्राम की क्रान्तिकारी विचारधारा का मार्ग भी अवरुद्ध किया। 1885 में भारतीय राष्ट्रीय कांग्रेस की स्थापना के साथ सुधारवादी राजनीतिक चेतना का विकास हुआ। भले ही बाद में नेताओं ने इसे ध्वस्त किया। इसका लाभ भी अंग्रेजी राज को मिला। दादा भाई नौरोजी गोपाल, कृष्ण गोखले, फिरोजशाह मेहता जैसे राजनीतिज्ञों ने अंग्रेजी साम्राज्यवाद की प्रशंसा की।

वस्तुतः आधुनिकता के प्रस्थान की घोषणा करने वाले बौद्धिक उच्चवर्गीय थे जो समाज के निचले स्तर के जीवन की संघर्षशील वास्तविकता से अपरिचित थे। वे योरोपीय आन्दोलन को अंग्रेजी ज्ञान-विज्ञान, उद्योग-व्यवसाय, शिक्षा आदि के आधार पर केवल पुनःप्रस्तुत कर देना चाहते थे, उन्हें भारतीय शिक्षा, उद्योग-व्यवसाय और कला से कोई मतलब न था। यह स्वाधीन बौद्धिक सोच नहीं कहा जा सकता। मैकाले द्वारा पश्चिमी शिक्षा के प्रचार-प्रसार ने नवजागरण की अन्तरात्मा का पश्चिमीकरण

कर दिया। शिक्षित वर्ग का एक हिस्सा अंग्रेजीराज के सम्मोहन में फँसता गया। नवजागरण के नेता और बौद्धिक समाज सुधार की तो वकालत करते थे परन्तु उन्हें यह भ्रम भी था कि राजनीतिक मुक्ति से भारत का आधुनिकीकरण अधूरा रह जाएगा। तिलक आदि की विचारधारा अवश्य ही इसके विपरीत थी। सुधारवाद और पुनरुत्थानवाद की टकराहट भारतीय नवजागरण में लगातार सुनाई देती है। इसलिए नवजागरण के भीतर प्रतिक्रियात्मक उत्तेजनाओं ने भी अनेक विसंगतियाँ उत्पन्न कीं।

नवजागरण आन्दोलन ने वर्गीय जनाधार को अवरुद्ध कर वर्ण और वर्ग की एकता और समन्वय पर बल दिया, फलतः जनता वर्ग विषमता और शोषण के वास्तविक कारणों को जानने के बजाय आध्यात्मिक अद्वैतवाद में उलझ गयी। इस अद्वैतवादी दृष्टि ने इतिहास को निरूपित किया, अंग्रेजी इतिहास की स्थापनाओं को इस तरह से स्वीकृति प्रदान की गयी। नवजागरण के नेताओं ने साम्राज्यवादी नींव पर विकसित हो रही उत्पादन सम्बन्धों की नयी पद्धतियों की समझ को विकसित नहीं होने दिया। नवजागरण आन्दोलन क्रमशः विशिष्ट व्यक्ति और नायक पूजा की ओर अग्रसर होता गया। शासक का महत्त्व यथावत् बना रहा। इससे इतिहास की जनवादी समझ के विकसित होने में विलम्ब हुआ। इसलिए नवजागरण के आन्दोलन में जनता की सक्रिय भूमिका को द्वितीय स्थान मिला। शक्ति, शील और सौन्दर्य की प्रतिष्ठा को नवजागरण के मिथकों में ढाल दिया गया। भारत माता का चरित्र विकसित हुआ। उसकी स्वाधीनता के लिए विकसित किये गये कारक नवजागरण की राजनीत्यार्थिकी के थे। आदर्शोन्मुख यथार्थवाद का नारा जवजागरण ने दिया, इस तरह यथार्थ की वैज्ञानिक समझ का नुकसान किया। चक्रीय दृष्टिकोण के कारण ऐतिहासिक यथार्थ को नकारा गया, पश्चिमी पूँजीवाद की निष्पत्तियों को इससे स्वीकृति मिलती गयी। सोरोकिन, टायन्बी, स्पैंगलर, दुर्खीम और मैक्सवेवर की इतिहास दृष्टि और समाजवादी मान्यताओं से भारतीय समाज को देखा गया। ब्रह्म समाज, आर्य समाज, थियोसाफिकल सोसायटी, प्रार्थना समाज, रामकृष्ण और अरविन्द आदि की दृष्टियाँ इतिहास की चक्रीय व्याख्या में उलझ गयीं। इसकी भावात्मक और राजनीतिक परिणति रवीन्द्रनाथ टैगोर, गाँधीजी के चिन्तन और व्यक्तित्व में हुई।

ब्रिटिश भारत में एक ओर यदि भारतीय जनता अपने अधिकारों और गुलामी से मुक्ति के लिए संघर्ष कर रही थी और क्रान्तिकारी जागरण का मार्ग प्रशस्त कर रही थी, तो नवजागरण के बहुत से बौद्धिक और नेता पाश्चात्य शिक्षा के अनुयायी प्रकारान्तर से प्राचीन भारतीय परम्पराओं तथा रीतियों के विरोधी और कटु आलोचक थे। इन्होंने अंग्रेजों के सहयोग से नवजागरण का कार्य किया। इस प्रकार यह आन्दोलन पूँजीवादी साम्राज्यवादी हितों के ही अनुकूल सिद्ध हुआ। राजा राममोहन राय ने आर्य सभा (1815) और ब्रह्म समाज (1828) का गठन यूरोपीय पद्धति पर किया। इन संस्थाओं को भले ही सामाजिक संगठन कहा गया हो परन्तु उनके लक्षण

और चरित्र धार्मिक संगठन की तरह रहे। ज़मींदार, व्यापारी आदि इन संस्थाओं के नियन्ता रहे। राममोहन राय के पश्चात् ब्रह्म समाज का नेतृत्व द्वारकानाथ ठाकुर ने किया जो बंगाली व्यापारी और योरोपीय पद्धति पर संचालित प्रथम भारतीय व्यापारिक कम्पनी के संस्थापक थे। वस्तुतः इस नवजागरण का चरित्र उदीयमान पूँजीवादी राष्ट्रीय आन्दोलन का था। इसलिए यह आन्दोलन किसानों तथा शहरी सामान्यजन के उस हिस्से से कटा हुआ था जो विद्रोह करके ब्रिटिश सत्ता को भारत से उखाड़ने का प्रयास कर रहे थे। यही कारण था कि 1857 के प्रथम स्वाधीनता संग्राम के दौरान प्रभावशाली पूँजीवादी तबके ने इसमें भाग नहीं लिया और इससे अपने को दूर रखा। 2/8/1858 को ब्रिटिश संसद ने भारत के बेहतर शासन के लिए अधिनियम पारित किया। 1/11/1858 को महारानी विक्टोरिया ने घोषणा की कि भारत का प्रशासन ब्रिटिश सिंहासन को सौंप दिया गया और ईस्ट इण्डिया कम्पनी भंग कर दी गयी। भारत में औपनिवेशिक शासन को मज़बूत आधार प्रदान किया। सामन्तों के साम्पत्तिक अधिकार की गारण्टी और विद्रोह में शामिल सामन्तों के क्षमादान ने भारतीय नवजागरण के नेताओं की समझ को औपनिवेशिक बनाने में सहायता की। इस नये युग की शुरुआत के साथ ही औपनिवेशिक शोषण की विधियाँ नये लक्ष्यों के अनुरूप बनायी जाने लगीं। ब्रिटेन की अपनी आवश्यकताओं के लिए भारत के कच्चे माल की लूट-खसोट प्रारम्भ हुई। बाद में होने वाला स्वदेशी आन्दोलन और विदेशी वस्तुओं का बहिष्कार भी इसे रोक नहीं सका। किसानों की ऋण मुक्ति और भूमिहीनता के लिए नवजागरण ने कुछ भी नहीं किया। ब्रिटिश सत्ता औपनिवेशिक शोषण की सभी विधियों से भारतीय समाज को निचोड़ रही थी। कराधान, तैयार मालों का आयात, कच्चे माल का निर्यात आदि अनेक पक्षों की तरफ नवजागरण का ध्यान नहीं गया। भारत में जो आधुनिक राष्ट्रवाद विकसित हो रहा था, वह यूरोपीय शिक्षा की ओर आकृष्ट हुआ ताकि औपनिवेशिक शासन में उच्च पद पा सके। यह समाज का उच्च वर्ग था जो नस्ली भेदभाव के खिलाफ भी आवाज़ उठाता था। जनता के आन्दोलनों और विद्रोहों के कारण नवजागरण के उदारवादी या नरम राष्ट्रवादियों को ब्रिटिश उपनिवेशवाद के साथ सौहार्दपूर्ण सम्बन्ध बनाना पड़ा। राष्ट्रीय नवजागरण के नरमपन्थी नेता सुरेन्द्रनाथ बनर्जी, दादाभाई नौरोजी, महादेव गोविन्द रानाडे आदि ब्रिटिश सत्ता से भारतीय उद्योगों के प्रति संरक्षणवादी नीति लागू करने, कर और खिराज कम करने, ज़मींदारी भू सम्पत्तियों को बनाये रखने तथा बड़ी जमींदारियों के विकास को बढ़ावा देने के पक्ष में थे। राजनीतिक और प्रशासनिक स्तर पर वे वाइसराय तथा प्रान्तीय गवर्नरों के नेतृत्व में बनने वाले परामर्शदायी निकायों में सम्पन्न उच्चवर्ग भारतीय समाज का प्रतिनिधित्व बढ़ाने तक सीमित थे। भारतीय राष्ट्रीय कांग्रेस का चरित्र भी ऐसा ही रहा अर्थात् नरमपन्थी रहा, क्योंकि इसमें भारतीय पूँजीपति वर्ग, सामन्त वर्ग, व्यापारी और सूदखोर बढ़ते गये।

तिलक के कार्यों ने हिन्दू-मुस्लिम सम्बन्धों में दरार डाली दूसरी ओर सैयद अहमद खाँ ने अलीगढ़ कालेज की स्थापना की। कला के क्षेत्र में भी इस नवजागरण का प्रभाव पड़ा। चित्रकला में भारतीय शैली से भिन्न यूरोपीय, जापानी और चीनी शैली अपना कर बंगाल स्कूल की स्थापना की गयी। अवनीन्द्रनाथ ठाकुर, नन्दलाल बोस, असीत कुमार हाल्दार, समरेन्द्रनाथ गुप्त आदि इसी स्कूल का प्रतिनिधित्व करते हैं। फलतः भारतीय चित्रकला तक औपनिवेशिक स्वभाव में बदल जाती है।

भारतीय नवजागरण को ब्रिटिश उपनिवेशोन्मुख बनाने में ईसाई धर्म की महत्त्वपूर्ण भूमिका है। शासक वर्ग की यह नीति कि ईसाई धर्म को माध्यम बना कर वे भारतीय जनता में साम्राज्यवाद के प्रति आस्था बढ़ा सकते हैं, सुनियोजित थी। इसका एक परिणाम यह भी हुआ कि ईसाई धर्म को मानने वाले हिन्दुओं और मुसलमानों से श्रेष्ठ माने जाने लगे। ईसाई मिशनरियों ने जाति प्रथा के विरुद्ध छुआ-छूत, मूर्तिपूजा, बाल-विवाह, सती प्रथा तथा अन्य अनेक भारतीय समाज की परम्पराओं और रूढ़ियों आदि सबके विरुद्ध आवाज़ उठाकर भारतीय समाज के एक बड़े हिस्से को अपनी मानसिकता के अनुरूप ढाल लिया। धर्म परिवर्तन शुरू हुआ। विलियम कैरे, आदि ने हिन्दू और इस्लाम धर्म मानने वालों को ईसाई धर्म अपनाने के लिए तैयार किया। मिशनरियों में भारतीय भाषाओं के जानकार तैयार कर ईसाई धर्म-दर्शन से सम्बन्धित औपनिवेशिक चरित्र को बनाये रखने वाले साहित्य का प्रचार-प्रसार किया। संस्थाएँ गठित कीं। नवजागरण के धार्मिक-सामाजिक नेताओं ने आर्य सभा या रामकृष्ण मिशन ने ईसाई मिशनरियों के प्रभाव से समाज सेवा के भाव पर बल दिया। राममोहन राय ने नयी इंजील में प्रतिपादित नैतिक शिक्षाओं को अधिक महत्त्व दिया। यह ठीक है कि ब्रिटिश सत्ता ने भारत में शिक्षा की ओर ध्यान दिया और उसका लाभ भी भारतीय जनता को मिला। नवजागरण ने स्त्री शिक्षा को भी अपनी योजना में लिया। परन्तु नवजागरण के नेताओं ने इस तथ्य की ओर ध्यान नहीं दिया कि शिक्षा को ब्रिटिश सत्ता ने उपनिवेशवादी व्यवस्था के स्थायित्व के लिए एक माध्यम भी बनाया। वस्तुतः चालाकी के साथ भारतीयों को ब्रिटिश साम्राज्य के प्रति वफादार और जीवन दर्शन के रूप में पश्चिमी विचार पद्धतियों को प्रचारित करने की योजना थी ताकि भारतीय जनता अपनी ही परम्पराओं और मान्यताओं से घृणा करने लगे। इस प्रकार भारतीय ज्ञान-विज्ञान, परम्परा तथा भाषा आदि के प्रति घृणा का प्रचार ब्रिटिश उपनिवेशवाद का कार्य बन गया और भारतीय नवजागरण ने काफी सीमा तक इसमें सहयोग किया। कहा जा सकता है कि उन्नीस तथा बीसवीं शताब्दी के आरम्भिक काल में नवजागरण के जिन सामाजिक और धार्मिक सुधारों ने राष्ट्रीय जागरण में महत्त्वपूर्ण भूमिका निभायी वे सैद्धान्तिक दृष्टि से तत्त्ववादी थे और अवैज्ञानिक भी। राममोहन राय आधुनिकता के प्रवर्तक और धर्म परिवर्तन के खिलाफ थे। उनका एक तत्त्ववाद इस्लाम और ईसाई धर्म

दोनों के एकेश्वरवादी दृष्टिकोण से भी पुष्ट हुआ। उन्होंने पश्चिमी ज्ञान-विज्ञान द्वारा सृजित नये मूल्यों को आत्मसात् कर भारतीय मूल्यों में मिलाने का कार्य किया। पश्चिमी ज्ञान-विज्ञान को नये सोच के लिए जरूरी मानकर राममोहन राय ने 1817 में हिन्दू कालेज की स्थापना की जिसका नाम बाद में प्रेसीडेंसी कालेज हो गया। उन्होंने शिक्षा के लिए जिस तरह के सुझाव प्रकट किये थे, कुछ समय बाद मैकाले ने वैसी ही शिक्षा लागू की। इससे क्या सिद्ध होता है?

एक दूसरे स्तर पर नवजागरण ने धर्म से मुक्ति नहीं पायी। धर्म का जो स्वरूप विकसित हुआ वह पूँजीपति वर्ग की अभिलाषाओं के अनुरूप था। यह पूँजीवाद ब्रिटिश पूँजीवाद के विभिन्न पहलुओं की प्रशंसा करता है। ऐसे सम्बन्ध विकसित किये जा रहे थे जो नयी पूँजीवादी उत्पादन पद्धति के अनुरूप हो। ब्रह्म समाज ने इसे अधिक विकसित किया। राममोहन राय के पश्चात् देवेन्द्रनाथ ठाकुर-केशवचन्द्र सेन ने भारतीय चिन्तन और ज्ञान-विज्ञान के अनेक पक्षों की कटु आलोचना की। केशवचन्द्र सेन ब्रह्म समाज को ईसाई धर्म के निकटतम ले गये। उन्होंने इंग्लैण्ड और भारत के सम्बन्धों पर बल दिया। पूर्व और पश्चिम के मिलन के लिए केशवचन्द्र सेन ने विश्वधर्म की कल्पना की। प्रारम्भ में विवेकानन्द भी इस प्रकार के विचारों की ओर आकर्षित हुए। धार्मिक विचार और विज्ञान के बीच सन्तुलन और सामंजस्य की कोशिश की; पर वे मानवीय संघर्षशीलता और उपनिवेशवादी शोषण को भी पहचान सके।

सुधारवाद या पुनरुत्थानवाद दोनों एकांगी दृष्टिकोण के भी शिकार हुए। सामाजिक परिवर्तनशीलता को न समझ पाने के कारण एक को यदि अतीत, वेद, व्यवस्थाएँ और रूढ़ियाँ प्रिय लगीं, जिसने बाद में जातीयता या राष्ट्रीयता को हिन्दू जातीयता से परिभाषित किया तो दूसरे ने अपनी विरासत के सम्पूर्ण का निषेध कर भी एक तरह का अतिवाद ही विकसित किया। उनका कार्य योरोपीय समाज के अनुभव पर अधिक आधारित है। आर्य समाज के संस्थापक दयानन्द सरस्वती का दृष्टिकोण राममोहन राय, महादेव गोविन्द रानाडे के दृष्टिकोण से भिन्न है। 'सत्यार्थ प्रकाश' में स्वामी दयानन्द सरस्वती ने हिन्दू धर्म, हिन्दू राष्ट्र आदि के विचारों की स्थापना के लिए अन्य समस्त धर्मों—ज्ञान-विज्ञान की आलोचना की, उन्हें झूठ पर आधारित धर्म कहा और आर्य संस्कृति का शत्रु कहा। परन्तु उनके अनेक विचार ब्राह्मण-पुरोहितों की अन्य कट्टरता के आलोचक भी हैं। उन्होंने स्त्रियों को ऊँचा उठाने का कार्य किया। परन्तु साथ ही अन्य धर्म के लोगों को हिन्दू धर्म में मिलाने का कार्य ईसाई मिशनरियों जैसा कार्य हो गया। इससे हिन्दू-मुस्लिम संघर्ष बढ़ा। यह अंग्रेजी साम्राज्य के लिए फायदे का सिद्ध हुआ। इस तरह नवजागरण के विभिन्न आन्दोलन भी साम्राज्यवाद के खिलाफ एकजुट नहीं हो सके।

मुस्लिम समाज इस जागरण से अप्रभावित नहीं रहा; परन्तु उस तरह से धार्मिक

और सामाजिक जागरण वहाँ सम्भव नहीं हो सका। अंग्रेजों के प्रति नफरत भी धीरे-धीरे अंग्रेज भक्ति में बदल गयी। सर सैयद अहमद खाँ अपने उद्देश्यों की पूर्ति के लिए अंग्रेजों की सहायता और संरक्षण को आवश्यक मानते थे। उनकी वफादारी ब्रिटिश सरकार के प्रति थी इसीलिए उन्होंने पश्चिमी शिक्षा-सभ्यता के आधार पर मुसलमानों को शिक्षित करने का कार्य किया। दूसरे स्तर पर अंग्रेजों की हिमायत ही उन्हें भारतीय राष्ट्रीय कांग्रेस के विरोध में ले गयी और उन्होंने कांग्रेस को हिन्दू संगठन घोषित कर दिया। हिन्दू-मुस्लिम साम्प्रदायिकता को बढ़ावा देने में उनकी भूमिका है। जिसका विकास परवर्तीकाल में खतरनाक साबित हुआ। यह कैसा नवजागरण जिसने देश को धर्म के आधार पर विभाजित करने का कार्य किया और अंग्रेजी मंसूबों को पूरा होने दिया। नवजागरण के नेता जैसे ब्रिटिश उपनिवेशवाद के एजेण्ट बन गये हों। नवजागरण के एक नेता सुरेन्द्रनाथ बनर्जी के इस कथन पर ध्यान देना चाहिए : 'हम प्रेरणा और मार्गदर्शन के लिए इंग्लैण्ड की ओर देख रहे हैं। इंग्लैण्ड हमारा राजनीतिक नेता है। हमें अंग्रेज जनता की विशाल हृदयता और न्याय भावना में गहरा विश्वास है। हमें पार्लियामेण्टों की माता और विश्व की सबसे बड़ी प्रतिनिधि सभा में अत्यधिक आस्था है। जहाँ कहीं भी अंग्रेज झण्डा लहराता है, जहाँ कहीं भी ब्रिटिश शासन कायम हुआ है, वहाँ प्रतिनिधित्वपूर्ण संस्थाओं द्वारा सरकार चलाने का उदाहरण लागू किया गया है।' ऐसा लगता है जैसे उपनिवेशवादी समझ की खुलेआम घोषणा हो रही हो। यद्यपि विदेशी प्रभाव की निन्दा भी नवजागरण की देन है। फिर भी भारतीय नवजागरण का बड़ा भाग पश्चिम के उदारतावादी चिन्तन से प्रभावित और प्रेरित था। वस्तुतः नया शिक्षित वर्ग सामन्ती अभिजात वर्ग का स्वाभाविक उत्तराधिकारी था। यह नया वर्ग पाश्चात्य देशों के बुर्जुवा तबकों की तरह मूलतः नगरवासी और पेशेवर था। इस वर्ग ने देशीपन से लिया। विजेताओं ने विजित भारतीय समाज पर अपने आदर्शों का प्रतिष्ठान किया। इससे भारतीय समाज में हानिकर परिणाम सामने आये। उन्नीसवीं शताब्दी से ही नवजागरण के प्रबुद्ध नेताओं तथा नवोदित बुर्जुवाजी ने योरोपीय मानदण्डों का खुले दिल से स्वागत किया। योरोपीय पद्धति का अनुकरण प्रबुद्ध ज्ञानोदय का प्रमाण माना जाता था। इससे देशी परम्पराओं की क्षति हुई और औपनिवेशिक संस्कारों से मुक्त आधुनिकता का जन्म हुआ। भारतीय नवजागरण का यह कमज़ोर पक्ष है जिससे टक्कर लेने के लिए नवजागरण के भीतर ही अन्तर्द्वन्द्व प्रारम्भ हुआ। महात्मा गाँधी ने हस्तशिल्प उद्योग तथा देशी कारीगरी को पुनर्जीवित करने का प्रयास किया। उनके इस पवित्र उद्देश्य पर किसी प्रकार का सन्देह नहीं किया जा सकता, परन्तु इसकी वह मूल प्रतिज्ञा उसी समय ध्वस्त हो जाती है जब आधुनिक उद्योग-धन्यों के मालिकों से धन लिया जाता है। इसीलिए यह योजना सफल नहीं हो सकी। भले ही गाँधीजी ने 'ऑल इण्डिया स्पिनर्स एसोसिएशन' के

माध्यम से समस्त कुटीर उद्योगों को थोड़े परिवर्तित रूप में पुनर्जीवित किया हो। इसी तरह से 'ऑल इण्डिया विलेज इण्डस्ट्रीज एसोसिएशन' महात्मा गाँधी का प्राक् पूँजीवादी प्रकारान्तर से सामन्ती पद्धति का क़दम था। इस प्रकार भारतीय उद्योग शिल्प भी कोई राष्ट्रीय प्रगतिशील आन्दोलन नहीं सिद्ध हुआ। अंग्रेजों ने अथवा पूँजीपतियों ने यदि इसके लिए उदारता दिखायी तो उनके अपने स्वार्थ थे जिसके कारण नवजागरण में देशी उद्योग-शिल्प अपनी ब्रिटिश पूर्व की बेहतर स्थिति में नहीं पहुँच सका। भारतीय उत्पादनों का निर्यात व्यवसाय चरमरा गया। उपनिवेशवाद का क्रमशः आर्थिक विस्तार होता गया और भारतीय उद्योग व्यवसाय चौपट हो गया। यह उदीयमान पूँजीवाद और ब्रिटिश साम्राज्यवाद की दुरभिसन्धि से सम्भव हुआ तथा आधुनिकता और राष्ट्रीयता के नाम पर नवजागरण के नेताओं का उसे घोषित समर्थन मिला। नवजागरण के उदारवादी नेता भारत और ब्रिटिश साम्राज्य के सम्बन्धों की वास्तविक प्रकृति को नहीं पहचान सके। वे यह तक समझने से इनकार करते रहे कि भारत ब्रिटिश पूँजीवादी साम्राज्य का उपनिवेश मात्र था। उसकी दिलचस्पी भारत के जातीय उत्थान में कतई नहीं थी। इसलिए ब्रिटिश साम्राज्य भारत का मुक्त आर्थिक विकास नहीं होने दे सकता था। इसलिए भारत के औद्योगिक तथा आर्थिक विकास के लिए ब्रिटिश पूँजी की आवश्यकताओं पर निर्भर होना पड़ा। ब्रिटिश साम्राज्य की राजनीतिक सत्ता भारत में होने के कारण वह ब्रिटिश आर्थिक स्वार्थों की रक्षा कर रही थी, इसलिए ब्रिटिश सत्ता से नवजागरण आन्दोलन की यह आशा बेमानी थी कि वह भारत में मूलभूत आर्थिक और राजनीतिक परिवर्तन कर देगी।

भारतीय नवजागरण की एक सीमा धर्म है और दूसरी सीमा वर्ण, जाति, परम्परा और रूढ़ि है। इसके कारण भारत में दलित जातियों के आन्दोलन हुए या मुस्लिम समाज पर परिवर्तन का प्रभाव पड़ा तो उसे भी दलित जाति के नेताओं तथा मुसलमान नेताओं ने अंग्रेजी सत्ता की देन माना। यह धारणा हमें भीमराव अम्बेडकर तक के विचारों में दिखाई देती है। उन्होंने दलित वर्ग के उत्थान की उपलब्धियों को ब्रिटिश सत्ता द्वारा प्रदान की गयी उपलब्धियों के रूप में स्वीकार किया। दलित समाज ने जातियों के आधार पर अपने संगठन बनाये, सामाजिक और न्यायिक समानता की आवाज़ उठायी। परन्तु जातिगत आधार पर पृथक् चुनाव या ऊँची जातियों के खिलाफ नफरत का प्रचार करना, साम्प्रदायिकता को बढ़ावा देना, राष्ट्रीय एकता का विरोधी काम है। वस्तुतः दलित जातियों के हित आपस में ही नकारात्मक थे। वे नयी विकसित हो रही आर्थिक व्यवस्था को नहीं पहचान सके। 'ऑल इण्डिया डिप्रेस्ड क्लासेज एसोसिएशन' और 'ऑल इण्डिया डिप्रेस्ड क्लासेज फैडरेशन' जैसे संगठन भी दलित जातियों के हितों की रक्षा नहीं कर सके। ब्रिटिश सत्ता ने अम्बेडकर की वकालत पर उनके राजनीतिक दावे स्वीकार कर लिए और 1935 के विधान में विशेष प्रतिनिधित्व की व्यवस्था की गयी। ब्रिटिश सत्ता ने प्रकारान्तर से राष्ट्र-विरोधी

चेतना को ही बढ़ावा दिया। बींसवी शताब्दी में जब वामपन्थी चेतना का विकास हो रहा था, किसानों और मजदूरों के आन्दोलन तेज हो रहे थे, अंग्रेजी सत्ता ने भारतीय प्रतिनिधियों के माध्यम से वर्ण और जाति की जकड़बन्दी को बढ़ावा दिया। दरभंगा नरेश ने जाति-व्यवस्था को भारतीय समाज का रक्षा कवच माना। जातिगत आधार पर संगठन बने, जाति भक्ति पैदा की गयी। यह काम भले ही राष्ट्र विरोधी और प्रतिक्रियावादी रहा हो; परन्तु ब्रिटिश साम्राज्यवाद के हित में था।

मुस्लिम समाज के अन्तर्विरोध भिन्न तरह के हैं। ऊपर से सुधार और भीतर से कट्टरता लगभग उसका स्वभाव बन गया और नवजागरण के आन्दोलन में इस्लाम की प्रगतिशील शक्तियाँ भी धार्मिक और साम्प्रदायिक शक्तियों से समाज को मुक्त नहीं करा सकीं। यद्यपि सर सैयद अहमद खाँ, मौलाना अबुल कलाम आज़ाद, मोहम्मद इकबाल और जिन्ना जैसे नेता थे; परन्तु देखा जाए तो अंग्रेजी उपनिवेश की गिरफ्त में सभी थे। इसका एक कारण तो यह था कि मुसलमान सदैव यह समझते रहे कि वे भारत के शासक हैं। अंग्रेजों ने भी मुसलमान विरोधी नीति का वक्त पर प्रयोग किया; फलतः नयी शिक्षा और संस्कृति से वे बहुत दिन अपरिचित भी रहे। वैसे भी इस्लाम अखिल इस्लामवाद या मानवतावाद को स्वीकार करता है। इस्लाम के जो भी आन्दोलन हुए, अधिकांश में राष्ट्रीयता का अभाव था। अहमदिया आन्दोलन, अलीगढ़ आन्दोलन, आल इण्डिया मुस्लिम कान्फ्रेंस आदि संगठन सुधारवादी और उदारवादी बन कर रह गये। धर्मनिरपेक्षता के बावजूद धार्मिक शिक्षा इस्लाम का अंग बनी रही। इकबाल जैसे लोगों ने मुसलमानों से आग्रह किया कि वे जाति और राष्ट्र के नाम पर इस्लाम के व्यापक मानवतावादी सिद्धान्तों को न त्यागें। परवर्तीकाल में तो वे प्रतिक्रियावाद की ओर झुक गये। व्यवस्था के रूप में प्रजातन्त्र और भारतीय राष्ट्रीय आन्दोलन के विरोधी हो गये। इस प्रकार विभिन्न धार्मिक और साम्प्रदायिक आन्दोलनों ने ब्रिटिश साम्राज्यवादी हितों की रक्षा की। थियोसाफिकल सोसायटी या दादा भाई नौरोजी द्वारा स्थापित पारसी संगठन 'रहनुमाई मजदयसमन' सुधार के पक्षधर थे पर बहुत कुछ को त्यागना नहीं चाहते थे।

राजनीतिक मोर्चे पर नवजागरण की सुधारवादी और उदारवादी धारा ने ब्रिटिश शासन के अन्त करने का कोई कार्यक्रम लम्बे समय तक नहीं रखा। भारतीय राष्ट्रीय कांग्रेस के आरम्भिक नेता सुरेन्द्रनाथ बनर्जी, आनन्द मोहन बोस, दादा भाई नौरोजी, फिरोजशाह मेहता, गोपाल कृष्ण गोखले, मदनमोहन मालवीय आदि के विचार ऐसे ही थे। पूर्व में मैंने सुरेन्द्रनाथ बनर्जी के मन्तव्य को प्रस्तुत किया है। कांग्रेस के इन नेताओं का कार्यक्षेत्र पूँजीवादी बुद्धिजीवियों और उदार ज़मींदारों तक सीमित था। 1905 के कांग्रेस अधिवेशन में गोपाल कृष्ण गोखले ने स्वीकार किया कि यह अच्छा हो या बुरा, हमारा भविष्य अब इंग्लैण्ड के निवासियों के भविष्य के साथ जुड़ा है और कांग्रेस इस बात को खुले तौर पर स्वीकार करती है कि हम जो भी

प्रगति करना चाहते हैं, वह ब्रिटिश साम्राज्य के भीतर ही होगी। यद्यपि कांग्रेस के भीतर ही इन नीतियों के खिलाफ खड़े होने वाले नेता भी थे, जिनकी प्रगतिशीलता और राष्ट्रीयता पर सन्देह नहीं किया जा सकता। तिलक ने 'स्वराज्य मेरा जन्म सिद्ध अधिकार है और मैं उसे लेकर ही रहूँगा।' की घोषणा की। यह उदारपन्थ और उग्रवाद कांग्रेस का ऐसा अन्तर्विरोध है जिसका लाभ ब्रिटिश सामाज्यवाद को मिला। उग्रवाद भी मूलतः पुनरुत्थान मूलक था। इस प्रकार राजनीतिक परिदृश्य भी सामाजिक-सांस्कृतिक अन्तर्विरोधों का शिकार हुआ और अरसे तक वह ब्रिटिश उपनिवेशवाद के संरक्षण में उनके हितों के अनुरूप परिचालित रहा।

भारतीय नवजागरण के अन्तर्विरोध और उसकी सीमाएँ स्वीकार करने में सुधारवादी और राष्ट्रवादी इतिहासकारों को दिक्कत होती है क्योंकि 1857 के संग्राम और परवर्तीकाल के श्रमिक-किसान आन्दोलनों को हजम नहीं कर पाते। इस प्रकार विकसित हो रहे वर्ग सम्बन्धों और वर्ग-संघर्ष को मटियामेट करने का प्रयास करते हैं। वे यह तक भूल जाते हैं कि पूँजी और रक्षा को छोड़कर ब्रिटिश सत्ता ने सार्वजनिक निर्माण के कार्यों पर ध्यान नहीं दिया। उन्होंने भारतीय कृषि का विकास नहीं होने दिया और सिंचाई सुविधाओं का विस्तार नहीं किया। जमीन पर मालिकाना हक के बजाय ज़मींदारी और रैयतदारी को बढ़ावा दिया। भारतीय जनता पर होने वाले अत्याचार बढ़ते गये। नवजागरण ने इन पक्षों की ओर ध्यान नहीं दिया। बिना आर्थिक प्रश्नों से टकराये समाज, धर्म, संस्कृति या परम्पराओं के द्वारा किया गया नवजागरण ब्रिटिश सत्ता के लिए कभी परेशानी का कारण नहीं बना। इसीलिए वे नवजागरण के आश्रयदाता भी बने रहे। भारतीय समाज और इतिहास में नवजागरण का स्थायी महत्त्व है परन्तु उसकी सीमाओं, ब्रिटिश साम्राज्य समर्थक उसकी नीतियों और योजनाओं पर भी विचार होना चाहिए। आज जो नये सामाजिक, धार्मिक और राजनीतिक विकास जन्म ले रहे हैं, कहीं उनके मूल में वे ही धारणाएँ तो नहीं हैं जो ब्रिटिश साम्राज्य के समय नवजागरण के रूप में विकसित हुईं। किसी ने नवजागरण के इन आन्दोलनों को पूँजीपतिवर्गीय आन्दोलन गलत नहीं कहा है।

खण्ड-तीन

ऐतिहासिक द्वन्द्व, इतिहासकार और ऐतिहासिक चुनौतियाँ

"इतिहास के जिस स्वरूप से यूरोप में लोग परिचित हैं वह नितान्त असन्तुलित है। इस असन्तुलन का एक कारण तो हमारे सामने यह है ही कि संसार के अधिकांश भाग का इतिहास अभी लिखा ही नहीं गया है और न लिखा ही जा सकता है—शायद कभी भी न लिखा जा सकेगा। जो कुछ लिखा गया है, वह भी असन्तुलित है।...इसी कारण से प्रेरित होकर पूर्व की विद्याओं के महान् फ्रेंच विशेषज्ञ ग्राउसेट ने अपने 'बैलेंस शीट ऑफ हिस्ट्री' नामक ग्रन्थ की रचना की। इसमें समस्त संसार की ऐतिहासिक उपलब्धियों में से आधा श्रेय एशिया के देशों को दिया गया है जबकि अधिकांश पश्चिमी इतिहास ग्रन्थों में एशिया को दशमांश या शतांश श्रेय भी नहीं दिया जाता।"

—ई.एच. डान्स

सौन्दर्य बोध का नृतत्त्व

रमेश कुन्तल मेघ

एक मिथक के अनुसार महतगण 'वाक्' को चुराकर अपने साथ उड़ा ले गये। बाद में गौओं के विनिमय में उन्होंने वाक् वापस लौटा दी।

(I) आरम्भिक मिथकालेखनीय विश्लेषण से यह प्रतीत होता है कि पहले वाक् मात्र एक स्वर (टेर, पुकार, टेक, चीख) थी जो हवा में प्रतिध्वनित हो विलीन हो जाती थी। किन्तु 'बाद में' (कब?) जब वाक् का सम्पर्क गौओं अर्थात् इन्द्रियों अर्थात् ज्ञानेन्द्रियों-कर्मेन्द्रियों अर्थात् कानों, आँखों, जिह्वादि से हुआ, तब उसकी एक स्वरता खण्ड-खण्ड होकर, अक्षरों (शब्दों) में रूपान्तरित होकर, सार्थक वाक् अर्थात् भाषा में रूपान्तरित हो गयी। यह स्पष्ट है कि काल की दृष्टि से वह बहुत-बहुत पहले का कोई पुराकाल था, जब प्रथम शब्द का जन्म हुआ। तब मनुष्य के कण्ठ की शारीरिक रचना में तब्दीली हुई होगी।

मिथक और भाषा और विज्ञान की एक ही व्यास रेखा का पता करने पर मिथक का अवगुण्ठन खुल पड़ता है। वह काल पैंतीस हजार साल पहले का है, जब नियण्डरथल मानव (अमानव) गुम हुआ तथा क्रोमैगनान इंसान का अभ्युदय हुआ। हमारे पूर्वजों में सबसे पहले बोलना इसी ने शुरू किया अर्थात् वह नियण्डरथल मानव के विपरीत मात्र आवाज़ें (हँसना, चीखना, रोना) न निकालकर बोलने लगा क्योंकि उसके 'स्वरक्षेत्र' में परिवर्तन हुआ, जिससे शब्द, या बोधध्वनि, या अर्थपूर्ण शब्द का जन्म हुआ।

शब्द बोलने के लिए स्वरक्षेत्र में लैरिंक्स को गले के नीचे होना चाहिए। उसके नीचे फैरिंक्स आवाज़ को संगृहीत करता है। जानवरों तथा नियण्डरथल मानव में लैरिंक्स ऊपर होता है। डेढ़ साल तक इंसानी बच्चे में भी यह ऊपर होता है जिसकी वजह से वह बोल नहीं सकता। डेढ़ साल बाद उसका लैरिंक्स नीचे खिसकने लगता है। अतः पैंतीस हजार साल पहले बोलने की शक्ति आते ही मानव-विकास में अद्भुत प्रगति हुई। क्रोमैगनान मानव पृथ्वी पर अबसे पच्चीस हजार साल पहले तक रहा। उसमें वाक् के साथ-साथ बुद्धि का भी विकास हुआ।

इस कथा में मरुतों और वाक् और गौओं के मिथकीय कूट (कोड) भाषा और विज्ञान के सम्बन्ध भी उद्घाटिन करते हैं।

क्रोमैगनान मानव पत्थर के औजारों तथा हथियारों पर हड्डी और लकड़ी के हत्थे भी लगाने लगा। उसने हड्डी और सींग को भाले की शक्ल का हथियार बना लिया था (आज से बीस हजार साल पहले)। बोलने की शक्ति प्राप्त करने पर वह बात करने लगा, सलाह-मशविरा करने लगा तथा समस्याएँ सुलझाने लगा। वह पेड़-पौधों के रेशों से रस्सियाँ बनाने लगा था। छोटे-छोटे जानवरों तथा मछलियों को पकड़ने के लिए वह रस्सी से जाल भी बनाने लगा था। वह चट्टानों के गड्ढों पर हरिता से दीपक जलाने की टैक्नोलॉजी सीख गया था, जमीन में गड्ढा खोदकर पानी भी गर्म करने लगा था। उसने हड्डियों की सूई भी बना ली जिससे पेड़-पौधों के रेशों और जानवरों की ताँतों से सिलकर कपड़े (?) भी पहनने लगा था। वह कलाकार भी था। इस तरह वह आखेटक-तकनीशियन-कलाकार एक साथ था। उसने चित्रकला का भी शुभारम्भ किया : गुफा की दीवारों पर जंगली जानवरों के सुन्दर एवं रंगीन चित्र भी बनाये; हड्डियों, पत्थर, मिट्टी वगैरह से नारी की मूर्तियाँ गढ़ीं। उसने औजारों और हथियारों पर सुन्दर नक्काशी की।

तब श्रम की निचली दशा थी और श्रम का विभाजन भी नहीं हुआ था। मूल सत्त्व इन्द्रियबोध का ही था। बुद्धि और सौन्दर्य बोध क्रमशः तथा शनैः-शनैः विकसनशील थे।

अतः सौन्दर्यबोध हमारी एक नृवंशीय त्रिधर्मा वृत्ति है जो ऐन्द्रियिक भी है, उपयोगी भी तथा अजनबी भी। मानवीय श्रम से जो वस्तुएँ (कलाकृतियाँ) बनीं, वे इन्हीं रूपों में प्रकट हुईं। सौन्दर्यबोध में कल्पना का जो रूप है, वह मिथकों में बिम्ब तथा भाषा में रूपक बनकर परिलक्षित होता है। सौन्दर्यबोध की आदिम अभिव्यक्ति मिथकीय है जो प्रतीकों तथा सादृश्यात्मक (ऐनालॉजिकल) भाषा में देदीप्यमान होती है। इसमें प्रकृति की अवधारणा तथा सामाजिक सम्बन्धता अन्तर्गुंथित होती है।

सौन्दर्यबोध के लिए कौशल (तकनीक) तथा चेतना (बुद्धि) भी अनिवार्य शर्तें हैं। यह महज इन्द्रियों और भावों का ही क्षेत्र नहीं है, क्योंकि कलाओं और भौतिक उत्पादनों का सम्बन्ध दर्पणवत् न होकर उल्टा-पुल्टा भी होता है। समाज के सामान्य विकास की अपेक्षा सौन्दर्यबोध द्वारा रचित विशिष्ट कलाकृतियाँ अक्सर बहुत श्रेष्ठ और बेहद ऊँची दशा वाली होती हैं। अतः सौन्दर्यतत्त्व की चेतना वैयक्तिक सामूहिक या सामाजिक चेतनाओं से भिन्न होती है। यह कल्पना तथा अवधारणा द्वारा प्राकृतिक शक्ति का नियमन तथा रूपान्तरण भी करती है। यही सौन्दर्यबोध की विशिष्टता तथा विलक्षणता है।

(II) उक्त मिथक के बहाने आदिम मनुष्य के सामाजिक जीवन का परीक्षण करने के बाद सौन्दर्यबोध की मूल प्रकृति का निरूपण हो सकता है।

कला का अनुभव किसी विशिष्ट कला का होता है। वह एक कार्यिक अर्थात् भाषिक या निर्भाषिक होता है। प्रत्येक कला के अनुभव की पृथक् सत्ता होती है। इसकी तुलना में सौन्दर्यबोधानुभव दो, या दो से अधिक कलाओं का होता है। अतः तुलनात्मक होने के साथ-साथ यह भाषिक एवं निर्भाषिक कलाओं का एक साथ होता है। यद्यपि यह सही है कि आँख और कान को एक ही विषय की प्रतीति भिन्न-भिन्न होगी और यह बात कलानुभव पर सटीक ढंग से लागू होती है। लेकिन सौन्दर्याबोधानुभव अपनी समस्त ज्ञानेन्द्रियों के साथ विषयनिष्ठ जगत् में मनुष्य की आन्तरिक अभिपुष्टि करता है। यह भी सही है कि चूँकि सौन्दर्य-बोध बहुकलापरक है अतः इसमें ज्ञानेन्द्रियों की, व्यावहारिक ज्ञानेन्द्रियों की संगठना होती है। अतः यह एक मानवीय तथा ऐतिहासिक कृत्य है। अतः यह तात्कालिक इन्द्रियग्राह्य परिवेश से अतिक्रान्त बहुकालिक चेतना भी है। अतः इस चेतना का परिष्कार एवं प्रशिक्षण भी होता है। अतः यह विशिष्ट ऐतिहासिक अभिरुचि भी है जो निरन्तर परिवर्तमान तथा विकासमान है।

सौन्दर्यबोध में भाषा और चेतना के जो सम्बन्ध बनते हैं, वे यथार्थ तथा व्यावहारिक तो हैं, किन्तु उसकी अभिव्यंजना मिथकीय, रूपकात्मक, काल्पनिक, प्रतीकात्मक आदि है। अतः त्रिधर्मा सौन्दर्यबोध इन्द्रियबोधात्मक की सीमा को लाँघता है तथा उसके रूप उपयोगी एवं परकीय भी होते हैं। अतएव सौन्दर्यबोध मनुष्य के सैद्धान्तिक तथा व्यावहारिक पहलुओं के सार का विषयकरण (आब्जेक्टिफिकेशन) करता है, जिसके अन्तर्गत मनुष्य की ज्ञानेन्द्रियों को मानवीय बनाया जाता है तथा मानवीय और प्राकृतिक अस्तित्व की सम्पूर्णता के लिए मानवीय ज्ञानेन्द्रियों की रचना भी होती है। यह मानो सम्पुंजन की प्रक्रिया है।

(III) नियण्डरथल (अ-) मानव तथा क्रोमैगनान मानव (मनुष्य) ने रहस्य और भय तथा करुणा का अनुभव किया। विश्व पटल पर उन्होंने अपने भय के कारण भी प्रकृति की प्रत्येक वस्तु को देव बना दिया तथा उन देवताओं से भयभीत वे उन्हें क्रोधी और निर्दयी भी समझते थे। उन्हें प्रसन्न करने के लिए बलि देते थे। वे अपने देवताओं की छवियों को भयंकर, कुरूप तथा विकराल पशु-पक्षियों की मानते थे। बहुधा वे छवियाँ 'नरपशु', अर्धमानव, अर्धदेवता आदि की ईहामृगी अर्थात् मिश्रित कल्पनाएँ भी देती थीं। आतंककारी वस्तु तथा कृत्य (आखेट) का अंकन उनकी इन्द्रियों तथा चेतना में प्रचुरता से व्याप्त था। अतः पहले पहल आतंक का सौन्दर्यबोध आविर्भूत हुआ। क्लासिकीय यूनान का प्रमुख सौन्दर्यबोध 'त्रासदी' में भय तथा करुणा जैसे आवेगों से जुड़ा है जिसकी परिणति मानसिक समतोलन या 'प्रशान्ति' में होती है। भारतीय 'रूपक' में यद्यपि परिणति आनन्द की होती है तथापि करुणा और रहस्य (अपाय) की दुःखात्मक रसदशाएँ भी विद्यमान हैं।

कहा जा सकता है कि नृजातीय बर्बर-युग में मानव जाति में उच्चतर गुणों

का विकास आरम्भ हो गया था क्योंकि संयोजित परिवार, और बिरादरियाँ तथा गोत्रों में संगठित कबीलों के संघ उभर रहे थे। उस युग का कल्पना-मण्डित सौन्दर्यबोध—मिथकों, लोकगाथाओं तथा परम्पराओं की सौन्दर्यबोधात्मक (साहित्यिक) कृतियाँ मण्डित करने लगा। होमर और वाल्मीकि की कविताओं में हम क्रमशः बर्बरयुग की उन्नत अवस्था तथा कृषि-युग का गोधूलि प्रवेश पाते हैं। यहाँ मानवता के ऐतिहासिक शैशव की अवस्था की भाविता है। **हर्मन औल्डेनबर्ग** ने यह स्थापना की है कि वैदिक युग के विकास क्रम में जादूगर शनैः शनैः पुरोहित (ऋषि) के पद को प्राप्त कर चुका था। अलबत्ता, कालान्तर में उस जादूगर-पुरोहित का दार्शनिक में रूपान्तरण होता है। उपनिषदों के समय तक सांख्य और योग दर्शन ने सौन्दर्य बोध को गहराई से प्रभावित किया।

(IV) प्रकृति और मानव, मानव और समाज, इन्द्रिय और चेतना के द्वन्द्वात्मक रिश्तों से ही सौन्दर्यबोध में आतंक और आनन्द की व्यष्टिनिष्ठ और समष्टिनिष्ठ की डायलेक्टिक्स भी संचरणशील है। इसमें श्रम की भूमिका प्रमुख है।

श्रम का कौशल और माध्यम से संयोजन द्वारा 'सौन्दर्यकृति' की सृष्टि होती है। इस लेख में फिलहाल हमारा सरोकार केवल सौन्दर्यबोध से ही है—सौन्दर्यबोध के (मूल) नृतत्त्व से।

नृजातीय चक्र में हम देख आये हैं कि क्रोगमैनान-मनुष्य पत्थरों से हथियार बनाने लगता है, गुफा में रौशनी करने और चित्र अंकित करने लगता है, रस्सी तथा सूई बनाने लगता है। उससे सौन्दर्यबोध की दृष्टि का पटल शैल हो गये जबकि पूर्ववर्ती नियण्डरथल मानव मुर्दों को दफन करने की जगह पर चित्रकारी करता था। ज़ाहिर है कि सौन्दर्यबोध की साकारता में कला और कर्मकाण्ड, इच्छा और कॉमन (उपयोग) घुलेमिले रहे।

भारत में भीमबेटका (मध्यप्रदेश) की गुफाओं में भी क्रोमैगनान मनुष्य ने ही चित्रकारी की। दस हजार साल पुराने ये शैलचित्र भारतीय कला के सबसे पुराने नमूने हैं। इनमें भी पालतू तथा हिंसक पशुओं तथा आखेट के दृश्य हैं जो लकड़ी और उँगलियों से गेरू चूने कोयले द्वारा बनाये गये हैं। इन्होंने ही कला की नींव रखी। स्पष्ट है कि सौन्दर्यबोध की प्रारम्भावस्था में अनुरंजन और उपयोग का अन्तर नहीं था रहस्यात्मकता का जादू और भय की भावना थी, मानवीय सर्जना तथा उत्पादन एक-रूप थे तथा चेतना और विचार भी एकैक थे।

ऐन्द्रियिक और उपयोगी की इस प्रारम्भिक सौन्दर्यबोधात्मक एकता में परकीयकरण (एलियेनेशन) का कृषियुगीन मुखर उन्मेष नहीं मिलता। कलाकृतियाँ भी अजनबीपन के रूप में नहीं मिलतीं क्योंकि वे कर्मकाण्डों तथा आधिभौतिक कर्मों से जुड़ी हैं। अलबत्ता, आकृतियों में रहस्य, जादू, कूट आदि की सांकेतिकता से यत्र-तत्र अजनबीपन झलकता है।

प्राथमिक सौन्दर्यबोध में कलाकार और गृहीता एक ही व्यक्ति है। एक ही कलाकार-व्यक्ति समूह का अंश है। अतः वह अज्ञात नाम है। इस तरह सौन्दर्यबोध के प्रथम उन्मेष में वैयक्तिकता विशिष्टता आदि नहीं हैं। उसमें सामूहिकता तथा सामाजिकता है। उसमें सम्पूर्ण मनुष्य तथा मनुष्य की सम्पूर्णता का व्यापार है।

यह भी स्पष्ट है कि प्रथम सौन्दर्यबोध जिन आदिम साम्यवादी समाजों में अंकुरित-पुष्पित हुआ, उनमें श्रम का विभाजन और सम्भोग-क्रिया में श्रम का विभाजन नहीं था। अतः सौन्दर्यबोध, वैयक्तिकताबोध एवं सामाजिक बोध में भी एकतुल्यता विद्यमान थी। देवांगना देसाई ने भ्रूणमूर्तियों का जो विवेचन किया है, उससे प्रकट होता है कि आदि मनुष्य ने युवती, गर्भवती, वृद्ध नारी की अनोखी मूर्तियाँ बनायीं क्योंकि वह नारी को सौन्दर्य शोभा की अपेक्षा, आनन्द और उपभोग की अपेक्षा, उर्वरता एवं सृजनशीलता का बोध परिलक्षित करता था। वस्तुतः नारी को समाज और श्रम में एक बराबर की साझेदारी थी। यह भी ज्ञातव्य है कि सामूहिक एवं सामाजिक संवेगों की पीठिका पर आरम्भिक सौन्दर्यबोध उन्मीलित हुआ। यह सौन्दर्यबोध कर्म विवेक प्रेक्सिस) या कर्मकाण्ड तथा निष्पादन से केन्द्रापिसारी है, जबकि परवर्ती कृषियुग से इसका केन्द्राभिसार समाधि तथा अनुरंजन (भोग) से होता है। अजन्ता के भित्तिचित्रों में भी श्रम-विभाजनमुक्त अवस्था वाला सौन्दर्यबोध संलक्षित है जो सामाजिक एवं सामूहिक है, जो कर्मकाण्ड एवं निष्पादन से केन्द्रापसारी है। (वैसे भी कालजयी कला-रचना श्रम विभाजन से मुक्त हुआ करती है।)

समाजार्थिक-ऐतिहासिक सन्दर्भों में श्रमविभाजन की निर्णायक भूमिका होती है लेकिन कला एवं संस्कृति में ये सन्दर्भ समानान्तर हो जाया करते हैं, बहुधा। तथापि श्रम सदैव ही मनुष्य की सारपूर्ण शक्ति होता है। मनुष्य तथा पशु के श्रम का अन्तर ही यह है कि 'पशु तात्कालिक उपयोगिता के आधार पर उत्पादन करता है जबकि मनुष्य सौन्दर्य नियमों के अनुसार करता है।' **कार्ल मार्क्स** ने इसे स्पष्ट करते हुए कहा है "अनाड़ी से अनाड़ी वास्तुकार और अच्छी से अच्छी मधुमक्खी में फर्क यह होता है कि वास्तुकार वास्तव में भवन बनाने के पहले उसे अपनी कल्पना में बनाता है। प्रत्येक श्रम-क्रिया के समाप्त होने पर एक ऐसा परिणाम हमारे सामने आता है, जो श्रम-प्रक्रिया के आरम्भ होने के समय कर्मी की कल्पना में पहले से मौजूद था।" (पूँजी, खण्ड 1)

श्रमविभाजन की सीमाओं से स्वतन्त्र सौन्दर्यबोध में वैयक्तिकीकरण, विशेषीकरण तथा परकीयकरण क्षीण होता है। सामान्यीकरण के धरातल पर यह कौशल तथा चेतना के एकात्म वाला होता है। इसीलिए आरम्भिक अवस्था में कलाकार-तकनीशियन-अहेरी एक ही थे। एक ऐसी अवस्था में ही कहा जा सकता है कि उत्पादन के सम्बन्ध इतने अधिक विकसित हो जाएँ कि टैक्नोलॉजी आर्थिक उत्पादन के कार्यों से मानव-हाथों को मुक्त कर दें। ऐसी अवस्था में भी मानव समूह अपनी

अन्तर्निहित सौन्दर्यबोधात्मक कला-दक्षताओं को सिद्ध कर लेंगे। ऐसी व्यवस्था में कोई एक सुबह को संगीतकार होगा, दोपहर को चित्रकार तथा रात को साहित्यकार। तथापि पेशेवराना तौर पर वह इनमें से किसी का भी विशेषज्ञ (माहिर) नहीं होगा।

एक ऐसे तथाकथित सम्पूर्ण समाज में ऐसे तथाकथित सम्पूर्ण मनुष्य का सौन्दर्य-बोध ही सर्वप्रधान, संश्लिष्ट तथा सर्वोच्च होगा। इसकी जाँच तो ऐतिहासिक परिवर्तनों के बीच घटित **सौन्दर्यबोध के समाजशास्त्र** से हो सकेगी। यह अगला विषय है।

इतिहास में स्वतन्त्रता और आवश्यकता का द्वन्द्व : मार्क्सवादी परिप्रेक्ष्य

राजेश्वर सक्सेना

इतिहास की ज्ञान मीमांसा का अर्थ

असल बात यह है कि अभी तक दर्शन को विज्ञान और इतिहास से अलगाने की कोशिशें की जाती रही हैं। इन तमाम कोशिशों का मकसद ही यह रहा है कि दर्शन को भौतिक, लौकिक या जागतिक के व्यवहार से काट दिया जाए और इस तरह उसे धुर-आत्मगतवादी बना दिया जाए। अनन्त या निरपेक्ष की प्रेरणा और संकेत से जीवन के अस्तित्व पर और मानव की नियति पर विचार किया जाए इसीलिए हम देखते हैं कि अभी तक दर्शन की तत्त्वमीमांसा (Metaphysics) पर निर्भर रहना पड़ा है। इसका नतीजा यह हुआ है कि 'मनुष्य' अपरिभाषित रह गया है। वह मनुष्य जिसे प्रकृति का सर्वश्रेष्ठ प्राणी कहा गया है, उसका यह 'प्राकृतिक सर्वश्रेष्ठ' अपरिभाषित रह गया है। तत्त्व मीमांसा ने जीवन की भौतिक परिघटना के प्रति घोर ऋणात्मक और अभावात्मक दृष्टि बनायी, लेकिन अपनी धनात्मकता सिद्ध करने के लिए दिव्य, भव्य और अद्वितीय के रहस्यवाद को भर दिया। इस तरह भ्रम और मिथ्या को तत्त्व चिन्तन में जगह मिल गयी। इसका एक और नतीजा यह हुआ कि संज्ञानिक रूपवाद और अभिव्यंजनावाद की विशेषताओं का बढ़-चढ़कर बखान किया जाने लगा। जो जीवन-रचना के यथार्थ को देखने, पहचानने और समझने का नजरिया अवरुद्ध हो गया।

कहने का आशय यह है कि अभी तक दर्शन में भौतिक-क्रिया-निरपेक्ष व्यक्ति विशेष और उसके 'विशिष्ट वैयक्तिक' की अन्तर्मुखताओं और आत्मपरकताओं का संसार फैलता गया है। इस फैलाव की वजह से भौतिक क्रिया सापेक्ष व्यक्ति के सामान्य की क्षति होती रही है। उस सामान्य की जो बहुत नैसर्गिक और प्राकृतिक होता है, उस सामान्य की जो भौतिक व्यवहार से अपने वस्तुनिष्ठता कायम करता है और ठोस आकृति ग्रहण करता है, वह सामान्य जो सम्पूर्ण बाह्यभौतिक के आत्मिक

कल्प में प्रकट होता है। यह सामान्य तो अन्तर्बद्ध सम्बन्धों में निरन्तर विकसित होता है। ज्ञान के समाज शास्त्र की भाषा में इसी सामान्य को 'सामाजिक होने की प्रक्रिया' के द्वारा स्पष्ट किया जाता है।

प्राचीन युगों में इस भौतिक-क्रिया-सापेक्ष सामान्य की समझ सम्भव नहीं हो सकी, क्योंकि सृष्टि के, प्रकृति के और जीवन के नियमों की जानकारी नहीं थी, यदि थी भी तो बहुत कम थी और कच्ची थी। यह जानकारी वैज्ञानिक कम और भाववादी अधिक थी। (एंगेल्स ने ठीक ही कहा है कि 'मनुष्य अपने कार्यों की व्याख्या अपनी आवश्यकताओं से करने के बदले अपने विचारों से करने के आदी हो गये अतः कालक्रम में उस भाववादी दृष्टिकोण का उदय हुआ जो हावी रहा।)'[1] सच बात तो यह है कि आधुनिक युग में अणु के विखण्डन के पूर्व, सृष्टि और प्रकृति के बारे में, जीवन व्यापार के बारे में, यदि प्रत्ययमूलक अनन्तवादी दृष्टिकोण का शासन दिखाई देता है, गुण और क्रिया के भौतिक पर अर्थात् पदार्थ में ऊर्जा-गति की अन्तःक्रियाओं पर किसी अधिभूतवादी अर्थसंश्लेष के शब्द का, उस शब्द रूप का जो ब्रह्म रूप है, शासन दिखाई देता है तो बात समझ में आती है कि विज्ञान पिछड़ा हुआ है—कि मनुष्य और प्रकृति के सम्बन्ध पिछड़े हुए हैं, अर्थात् प्रकृति के साथ मनुष्य का संघर्ष पिछड़ी हुई अवस्थाओं में है और यह भी कि प्रकृति के नियमों की अर्थात् अपने ही जीवन के बारे में समझ अज्ञेयतावादी रही है। जीवन के रूपान्तरणों की प्रक्रिया के बारे में कोई संज्ञान नहीं बन पाया है। अवधारणाओं के स्रोत संशयवादी हैं। अनेक प्रकार की यान्त्रिकतावादी पद्धतियाँ हावी रही हैं। आरोपणवाद से तथा तादाम्य-तदाकारवाद से ऐन्द्रिक-भौतिक-आत्मिक के गठन की एक मनोभौतिकी क्रियाशील रही है। ऐसी मनोभौतिकी ने तत्त्व मीमांसा का खूब पोषण किया है।

इस तरह, प्राचीन युगों में इस मनोभौतिकी और तत्त्व मीमांसा ने एक छत्र राज्य किया है और इन दोनों की निरंकुशता को कभी कोई बड़ी चुनौती नहीं दी जा सकी। नतीजा यह हुआ कि जीवन और उसके विकास का कारणत्व-बोध न केवल अन्तर्मुखी होता गया बल्कि वह धुर-आत्मगततावादी भी होता गया। ऐसी तत्त्व मीमांसा की वजह से दर्शन का आचरण पक्ष अधखुला रह गया। दर्शन की आचरणगत सम्बद्धताएँ खण्डित हो गयीं। उसकी अन्तर्धाराओं में रहस्यवाद भर गया। उसमें किसी परम की अखण्ड सत्ता के आत्मपक्षों वाला अभिव्यंजनावाद झिलमिलाने लगा, इसमें सूत्रधार तो अज्ञात रहा और मनुष्य एक कठपुतली की नियति लेकर विश्व प्रपंच के केन्द्र में उपस्थित हो गया। सब कुछ 'हरिअनन्त, हरिकथा अनन्ता' की तर्ज का बन गया। सबसे महत्त्वपूर्ण तथ्य तो यह है कि इस तत्त्व मीमांसा की वजह से मनुष्य के प्राकृतिक को, प्रकृतिवादी ढंग से सामाजिक तक पहुँचाने की तो छूट मिल गयी लेकिन उसमें मनुष्य के ऐतिहासिक के लिए कोई जगह नहीं बन सकी।

इसमें इच्छा के व्यापार को अनेक रूपों और स्तरों में प्रतिपादित किया गया। और यह इच्छा अपने भौतिक स्तर पर प्राकृतिक थी और सामाजिक भी थी और यही भौतिकता मूल स्तर पर ईश्वरीय थी। इच्छा के ये तमाम रूप और भेद मनोभौतिकी के अनुकूल थे। और फिर, यह इच्छा मनुष्य के श्रम और आवश्यकता के द्वन्द्व से पूरी तरह बाहर थी। इसका नतीजा यह हुआ कि मनुष्य के ऐतिहासिक की रचना नहीं हो सकी या यह कहें कि आचरणगत यथार्थ के संज्ञान की क्रियाओं का विकास नहीं हो सका। मिथ्या और भ्रम से पूर्ण मिथक शास्त्र के अमूर्त हाथ फैलते रहे जिसमें देवता और राक्षस का द्वैत भरा मायाजाल प्रभावी होता गया। इसके तहत जीवन के रूपान्तरित को या मनुष्य की रूपान्तरित चेतना को आत्मगतिक मनोविज्ञानवाद तक सीमित किया जाता रहा। ऐसी हालत में 'सत्य की वस्तुपरक कसौटी' अवरुद्ध होती रही और स्वयं ज्ञान की आत्मवादी पद्धति से काम निकलता रहा।

लेकिन यह भी ठीक है कि 'स्वयं ज्ञान' के भीतर से 'जीवन के वस्तुनिष्ठ व्यापारों' को साधने की कोशिशें की जाती रहीं। और इस तरह आदर्शवाद की वस्तुनिष्ठ धुरी के आगे 'आत्मनिष्ठ आदर्शवाद' की अतिवादिताओं को मुँह की खानी पड़ी। मानव-जीवन के विकास का सत्य यह है कि आधुनिक युग में अणु के विखण्डन से बहुत पहले मनुष्य के इतिहास में, उक्त प्रकार की तथाकथित मनोभौतिकी को चुनौती दी जाने लगी थी तथा तत्त्व मीमांसा पर सन्देह किया जाने लगा था। सभ्यता की प्रक्रिया में पड़कर जीवनोत्पादन के संसाधनों के विकास से, नयी सम्पत्ति के अधिग्रहण से उत्पन्न नये सम्बन्धों से और इन सम्बन्धों की वस्तुनिष्ठता से दर्शन का वह चिरपरिचित क्रम जो पहले आत्मिक-भौतिक के क्रम को पेश करता था अब भौतिक-आत्मिक की धुरी पर टिकने को मजबूर होने लगा। इस तरह यहाँ से दर्शन की नयी भूमिका बनने लगी। अब दर्शन के निरपेक्ष में विज्ञान और इतिहास का प्रवेश होने लगा। दार्शनिक सोच में सापेक्षताएँ भरने लगीं तथा अवधारणात्मक परिपार्श्वों में हरकत होने लगी।

कहने का तात्पर्य यह है कि दर्शन के संज्ञान में भौतिक-क्रिया के वस्तुनिष्ठ अनुभव का इतिहास जगह पाने लगा। वह दर्शन कि जिसमें कभी प्राकृतिक-सामाजिक की नैसर्गिकतावादी धुरी से धर्मशास्त्र और नीतिशास्त्र की, अनुध्यानमूलक तर्कशास्त्र की पद्धति का निर्माण सम्भव हो सका था, अब उसमें प्राकृतिक-ऐतिहासिक की धुरी से अर्थात् प्राकृतिक-सामाजिक के ऐतिहासिक में रूपान्तरण की धुरी से अर्थात् मानव श्रम की भूमिका के तहत अर्थात् प्रकृति के मानवीय होने की भौतिक प्रक्रिया के तहत अर्थात् किसी सामाजिक अनुबन्ध या प्रकृतिवादी विकास की क्रामकता के तहत नहीं, प्रकृतिवादी अनुभववाद और मनोविज्ञानवाद के तहत नहीं, कुल मिलाकर, सामाजिक नृविज्ञान के तहत नहीं, बल्कि प्राकृतिक के ऐतिहासिक में रूपान्तरण के तहत, द्वन्द्वात्मक भौतिकवाद की सूक्ष्मता और उच्चतर नियमों की सही समझ

हासिल कर लेने के तहत—ऐतिहासिक भौतिकवाद में निरूपित किया जाने लगा। और अब इस तरह जीवन के यथार्थ की नयी ज्ञान मीमांसा खड़ी होने लगी। अब दर्शन के साथ प्राकृतिक विज्ञान के रिश्ते कायम होने लगे और संज्ञान के विकास की ऐतिहासिक परिस्थितियों की छानबीन होने लगी। जीवन की हर नयी गति को एक वस्तुनिष्ठ सम्भावना के रूप में पहचानने की सुविधा मिलने लगी। हर तरह के सर्जनात्मक उत्कर्ष में अब मनुष्य के सार्विक और सार्वजनिक का यथार्थवादी परिगठन होने लगा। और इस नये परिगठन से क्रान्तिकारी बदलाव प्रकट होने लगा। नस्ल, वर्ण, जाति, सम्प्रदाय, धर्म आदि की दृष्टि में गतिरोध दिखाई पड़ने लगा। व्यक्ति और उसके वैयक्तिक के वे आत्मगततावादी तर्क गलत साबित होने लगे जिनके द्वारा अभी तक अनेक प्रकार के कूट तर्कों को और सरलीकरणों को तरजीह दी जाती रही थी। अब प्रागानुभविक और पूर्वनिर्धारण में संकट पैदा होने लगा।

दर्शन विज्ञान और इतिहास की आन्तरिक एकता को स्वीकार करने से पश्चिमी ज्ञान के विकास की नयी शाखाएँ प्रशाखाएँ फूटने लगीं। अभी तक जो कुछ प्राकृतिक-सामाजिक के परिदृश्यगत पर टिका हुआ था या कि परिदृश्यगत विकास की नैसर्गिकतावादी परिणति पर टिका हुआ था, प्राकृतिक अवस्था और प्रकृत-इच्छा के सिद्धान्त पर टिका हुआ था, खिसकने लगा। द्वन्द्वात्मक भौतिकवाद और ऐतिहासिक भौतिकवाद की समझ से प्रगति और विकास के विज्ञान की अवधारणा बनने लगी। मानव के इतिहास में श्रम की सर्जनात्मक विशेषताओं को केन्द्रीय स्थान मिलने लगा। इस तरह प्रकृति और विकास के विज्ञान में आवश्यकता और श्रम की संगति से रूपान्तरणशील के ऐसे प्रत्यक्षीकरण की रचना हुई जिसमें सम्पूर्ण और समग्र के उन्नत और उदात्त की ठोस धारणा बनायी जा सकी और 'रूपान्तरणशील नवीन' की प्रक्रिया का यथार्थ पकड़ में आने लगा। इस यथार्थ के पकड़ में आते ही मनुष्य अब उस 'सम्पूर्ण सृष्टि का विषयी' बन गया जिसके नियमों को और जिसकी गति को उसने पहचान लिया और सिद्धान्त में बाँध लिया। मनुष्य अब इस तरह का विषयी बन गया जो भौतिक गुण-धर्म और क्रिया की कार्यकलापिकी (Praxis) का संचालन करता था।

जहाँ तक ऐतिहासिक भौतिकवाद का प्रश्न है, इसने मनुष्य के इस विषयी की अनन्तता का प्रतिपादन किया, उसकी प्रगतिशील निरन्तरता का प्रतिपादन किया और कभी न क्षीण होने वाले स्वत्व का प्रतिपादन किया। साथ ही नयी आवश्यकता और नयी सम्भावना के गत्यात्मक की भूमिका बाँध दी। इस ऐतिहासिक-भौतिकवाद ने मनुष्य के गुह्य रूपों को उलझे हुए और छिपे हुए रूपों को खोलकर रख दिया। जैसे जैसे जीवन खुलता गया वैसे वैसे यथास्थिति की परतें झरती गयीं तथा सम्बन्ध रचना के वर्गीय मूलों की समझ भी हासिल होती गयी। इस ऐतिहासिक भौतिकवाद के द्वारा यह भी ज्ञात हो सका कि मनुष्य विश्व-इतिहास की एक सृजनशील इकाई

के रूप में हमेशा अपनी सामाजिकता को ही सिद्ध करता है। और यह मनुष्य ही पूरे सामाजिक अस्तित्व के विकास का कारणत्व है। रचनाशील मनुष्य ही इतिहास में विश्व दृष्टिकोण का निर्माता है। मनुष्य के इस विश्व दृष्टिकोण में विकास की सापेक्षिक अवस्थाओं का सारतत्त्व उद्वेलित रहता है। और इसीलिए इसमें ऐतिहासिक की अवस्थानुरूप निष्पत्ति हमेशा प्रक्रियाबद्ध होती है इसमें स्थिर और समाप्तप्राय-तो कुछ भी नहीं होता।

जो लोग इस तरह के 'ऐतिहासिक' पर एक आयामी होने का और निश्चयात्मकतावादी होने का लांछन लगाते हैं, उनकी मंशा तो ऐतिहासिक भौतिकतावाद के विज्ञान को नकारने की होती है। मार्क्स ने और एंगेल्स ने तो यह बराबर स्पष्ट किया है कि ज्ञान के अर्जन की ऐतिहासिक प्रक्रिया पर सोचने के लिए जगत् की जैविक सत्ता को और उसके अविभाज्य रूप को, उसकी गत्यात्मकता को और गति के नियमों को समझना पड़ता है। और यह भी कि मनुष्य किस प्रेरणा के तहत (किसी ईश्वर की, प्राकृतिक इच्छा की या कि फिर ऐतिहासिक आवश्यकता की) किस शक्ति को (मनोजैविकीय या श्रम की) धारण करके किस परिस्थिति में (देशकाल निरपेक्ष या देशकालबद्ध-ऐतिहासिक) प्रकृति का स्वामी बन सका है और यह भी कि उसने किन साधनों से और किस विधि से (स्रोतों, साधनों की नियमगत समझ) प्रकृति पर विजय हासिल की है। स्पष्ट है कि यहाँ इच्छा और आवश्यकता के बीच श्रम को महत्त्व दिया गया है तथा परिदृश्यगत पर नहीं बल्कि उसके रूपान्तरणशील पर प्रकाश डाला गया है। यही है मार्क्सवाद की दर्शन में क्रान्ति का बीजमन्त्र जो विज्ञान और इतिहास को एक-दूसरे पर आश्रित कर देता है।

जिसे हम आज 'नया अध्यात्म' कहते हैं वह नया अध्यात्म जिसकी सक्रियताएँ, और सकारात्मकताएँ अपने समय के इतिहास की चेतनागत आवश्यकताओं से संचालित हैं और इसीलिए जिसमें अगणित सम्भावनाएँ भरी हुई हैं—और यह भी कि इस नये अध्यात्म को अणु के विखण्डन या अणु विस्फोट के बाद भौतिक विराट के संज्ञान के रूप में हासिल कर लिया गया है। कहने का आशय यह है कि भौतिक-ऊर्जा और गति के सर्वोच्च धरातल पर आत्मिक क्रिया के मूल की परख की जाने लगी है। अर्थात् अब मानव के मस्तिष्क में पृथ्वी तत्त्व का ज्ञानमय विकसने लगा है। और चूँकि हमारी इस पृथ्वी के साथ दूसरे-ग्रह नक्षत्रों के गुरुत्वाकर्षणीय रिश्ते हैं—हमारी यह पृथ्वी ब्रह्माण्ड के विराट शरीर का ही एक अंग है, उसकी अपनी जैविक सत्ता है, अतः इस पृथ्वी के ज्ञानमय में अर्थात् मानव के मस्तिष्क में, ब्रह्माण्ड व्यापी समझ का आधार भी ठोस होने लगा है। अणु विस्फोट के बाद भी यदि कोई ऐसा है जो मनुष्य के, मनुष्य जीवन के विज्ञानमय हो जाने पर सन्देह करता है तो यों तो वह अपनी कम अकली की वजह से किसी घिसीपिटी अनुदारवादी लाइन पर चलने को अभिशप्त है, या फिर, किसी

साजिश के तहत निहायत ही धूर्ततापूर्ण ढंग से प्रगति के विज्ञान और दर्शन की अवहेलना करने में जुटा हुआ है।

यहीं पर हम यह भी स्पष्ट कर देना चाहेंगे कि यदि कोई ब्रह्माण्डव्यापी भौतिक विराट के अनन्त में किसी शक्तिमान की (ईश्वर रूप में) कल्पना या फैंटेसी खड़ा कर लेता है तो हमें इसमें कोई आपत्ति नहीं है। बस शर्त केवल इतनी-सी है कि इसके लिए उसे नयी ज्ञान मीमांसा के उसूलों की समझ हासिल करनी पड़ेगी जिसमें मनुष्य और उसका परिवेश किसी पूर्व-प्रत्यय या किसी आत्मगत-इच्छा और संकल्पना का फल नहीं है कि वह तो ऐतिहासिक कार्यकलापिकी (Praxis) की उच्चतर मूल्य-परिकल्पना का फल है। इसके साथ ही इस यथार्थ की भी समझ हासिल करनी होगी कि मनुष्य मात्र व्यक्ति नहीं है, वह 'केवल' नहीं है वह एक स्वयं पूर्ण स्वायत्त इकाई नहीं है और यह भी कि वह किसी भाग्य की सत्ता के अधीन बिल्कुल नहीं है। वह वरदान से और अभिशाप से मुक्त है। वह तो अपनी क्रियाओं से ही विश्वरूप को धारण करने लायक हो सका है। अतः अब उसे अद्वैत के संज्ञान में भौतिक-आत्मिक की जैविक क्रियाओं के विधान की समझ लेनी पड़ेगी।

आज पश्चिमी जगत् में द्वन्द्वात्मक-भौतिकवाद और ऐतिहासिक भौतिकवाद का विरोध प्रकृतिवाद को बचाते हुए किया जाता है। इस प्रकृतिवाद ने पश्चिमी जगत् की ज्ञान मीमांसा में अनुभववादी, प्रत्यक्षवादी, तर्कीय-प्रत्यक्षवादी और अनेक प्रकार की प्रैग्मैटिक दृष्टियों को पैदा कर दिया है। इस प्रकृतिवाद के द्वारा योरोप अपने ऐतिहासिक को नृवैज्ञानिक में घुला-मिला सका है। और इस नृवैज्ञानिक की वजह से सामाजिक-सम्बन्धों में तथा सामाजिक-सम्बन्धों को गति देने वाली और निर्धारित करने वाली राजनीत्यार्थिकी (Political Economy) में 'ऐतिहासिक' का ठोसपन नहीं आ सका है। इसका नतीजा यह हुआ है कि 'साईकेलेबिल' और 'आइडियालॉजिकल लेबिल' में कोई संगति नहीं बन सकी है।

इसे योरोप के जीवन का विरोधाभास नहीं तो क्या कहा जाएगा कि वहाँ पर विज्ञान और तकनालाजी की प्रगति के साथ सामाजिक सम्बन्धों की कोई स्पष्ट जैविक संगति नहीं बन सकी है। कहने का आशय यह है कि विज्ञान और तकनालाजी की दिन दूनी और रात चौगुनी प्रगति के साथ समाज की प्रगति का वह नैतिक और तार्किक आधार नहीं खोजा जा सका है जिससे पूरे मनुष्य समाज को कोई सकारात्मक दृष्टिकोण उपलब्ध हो सके। योरोप का विज्ञान और वहाँ की तकनालाजी अभी तक वहाँ की सामाजिकी के परिप्रेक्ष्य का विषय नहीं बन सकी है। इसीलिए योरोप के नृविज्ञान और समाजशास्त्र में, ज्ञान के समाजशास्त्र में, (जो अनुभववादी पद्धति कला है और प्रैग्मैटिज्म को पोसने में लगा हुआ है) कोई ऐसी संगति नहीं दिखाई देती जिसके द्वारा प्रगति के सामाजिक और सार्वजनिक मानकों की व्यवस्था की जा सके। लगता है कि जैसे योरोप ने अपने नृविज्ञान और ज्ञान के समाजशास्त्र से

प्रगति को परिभाषित करने वाले प्रवर्गों को ही बाहर निकाल दिया है। और फिर इसका नतीजा यह हुआ है कि प्रक्रियाओं में बहने और आगे बढ़ने के पड़ावों की खण्ड-खण्ड व्याख्याएँ की गयी हैं। जड़ों की ओर देखने तथा स्रोतों की पहचान करने, साथ ही पल्लवन और विकसन के तर्क को अपनाने की महत्ता कम हो गयी है। इसीलिए तो जीवन के सबकुछ को अब संरचना के बाद में कार्यात्मक या प्रक्रियात्मक व्यवस्था में—परिदृश्यगत कर दिया गया है। (यह परिदृश्यगत इतिहास में रूसो की प्राकृतिक अवस्था के तर्क को तरजीह देता है और इसमें इच्छा की साइके क्रियाशील रहती है।) इस तरह प्रैग्मैटिज्म का करिश्मा भूव्यापी हो गया है। जीवन की प्रत्येक सकारात्मकता का सम्बन्ध हमारे अपने युग के इतिहास की मूलभूत आवश्यकता के सक्रिय हो उठने से है और यह भी कि जीवन के सकारात्मक यथार्थ से परिचय भी तभी हो सकता है जब हमारे पास 'उद्भव और विकास' के नियमों की तर्कसंगत परिणति का भौतिक-आधार स्पष्ट हो तभी हम विज्ञान और तकनालाजी की हर नयी प्रगति को मूल्य के दर्जे तक ले जा सकते हैं। साथ ही मनुष्य को भी एक उच्चतर अर्थ प्रदान कर सकते हैं।

प्रैग्मैटिज्म के उसूलों वाली सामाजिक व्यवस्था में मनुष्य अपने अस्तित्व के धरातल पर एकदम गैरजरूरी और अर्थहीन-सा होता जा रहा है। श्रम के गुणात्मक विकास की उच्चतर भूमिका पर पहुँचकर, भौतिक सम्पन्नता की ऊँची स्थितियों में पहुँचकर विलगाव की नियति को भोगने वाली ऐसी विषम परिस्थिति पहले कभी नहीं आयी थी। मनुष्य बड़ी तेजी से दर्शनविहीन होता जा रहा है। संस्कारविहीन होता जा रहा है, वह गैररचनात्मक होता जा रहा है। मनुष्य अब उपभोक्तावाद के साँचे में ढलता जा रहा है। उससे उसकी कार्यकलापिकी के मूल्य छीने जा रहे हैं। परिप्रेक्ष्य और प्रतिबद्धता के विरुद्ध आचरण को लोकप्रियता हासिल होने लगी है, भीड़बोध और जनचेतना के भेद को झुठलाया जा रहा है। स्पष्ट है कि परिदृश्यात्मक और प्रकृत्यात्मक की अनुभववादिता में वह सकारात्मक गुम गया है जिसमें इतिहास की नयी आवश्यकताओं की समझ से नयी प्रगतियों और नयी सम्भावनाओं की यात्रा की जा सकती है।

आज तो ऐसा लगता है कि जैसे हाथ और मस्तिष्क दोनों ही अपने 'बायोलाजिकल' से मुक्त हो गये हैं। इन दोनों का रूपान्तरण तकनालाजीकृत स्वचालिकी में हो गया है। हमें मालूम है कि यह तकनालाजीकृत 'रूपान्तरणशील नवीन' भी हमारे इतिहास की एक विशिष्ट मंज़िल है। इस मंज़िल पर पहुँचकर मानवीय संज्ञान की क्रियाओं का तकनालाजी में स्थानान्तरण सम्भव हो सका है। इस तरह मानव मस्तिष्क के साथ तकनालाजी के जैविक रूप खड़े हो गये हैं। मस्तिष्क की भौतिकता अब इस पंचभूतात्मक जैविक जगत् से अन्तर्बद्ध हो गयी है। भौतिकविराट अब संज्ञानबद्ध हो गया है। मनुष्य के वैश्विक रूप की सत्ता स्पष्ट हो गयी है। अतः ऐसी हालत

में सवाल साइके और तकनालाजी के सम्बन्धों का नहीं है, सवाल प्रवृत्तिगत और परिदृश्यगत का नहीं है—मूलभूत सवाल तो नये संज्ञान की रचना और उसके विकास की उच्चतर और सूक्ष्मतर स्थितियों की सही समझ का है—सवाल इन नयी स्थितियों की अनिवार्यता के अनुरूप आचरण का है, नये मानकों और नये मूल्य-कल्पों का है, कुल मिलाकर, सवाल नये रिश्तों को निर्धारित करने का है।

अतः अब एक प्रतिप्रश्न यह उठता है कि गुणात्मक विकास की ऐसी अवस्था में पहुँचकर क्या मनुष्य ने अपने सामाजिक सम्बन्धों की ऐतिहासिकता को पीछे छोड़ दिया है? क्या अब इतिहास से मनुष्य की सम्बद्धताएँ टूटने लग गयी हैं? क्या मनुष्य अब अपने इतिहास से बाहर होने लगा है? क्या उसकी नयी कार्यकलापिकी का कोई संस्कार नहीं रह गया है? और वह नीतिमुक्त हो गयी है? क्या मनुष्य ने ऐतिहासिक प्रगति के उस तर्क को नकार दिया है जिसमें आवश्यकता और स्वतन्त्रता की सृजनशील प्रतिस्पर्धा बनी रहती है? क्या अब उसने अपनी उस स्वतन्त्रता के बारे में विचार करना बन्द कर दिया है जिसे उसने अपने श्रम की (मानसिक और शारीरिक) ऊँची-ऊँची पहलों से उपलब्ध किया है? और क्या ज़िन्दगी का मामला अब अस्तित्ववाद के किनारे तक पहुँच गया है? 'अवस्तु', निषेध' और 'मृत्यु' की सोच से क्या अस्तित्व और सारवस्तु की किसी नयी मैटाफिजिक्स पर टिका जाने लगा है? और क्या किसी मिथिकल भूल और पाप से पैदा हुए दमित और कुण्ठित के आस्वाद का धरातल आज भी किसी त्रासद सम्मोहन को जगाये हुए है? क्या मनुष्य अब पुनः पशुवत् होने, प्रवृत्तिगत होने को बाध्य हो गया है? अतः यह सवाल हमारे जेहन में कौंधने लगता है कि उक्त तमाम प्रश्नों के बारे में इतिहास का उत्तर क्या है? इतिहास क्या बोलता है? वह इतिहास जिसे मनुष्य ने अपने श्रम की संस्कृति के तप में रचा है, वह इतिहास जो मनुष्य के द्वारा प्रकृति पर विजय हासिल करने से पैदा हुआ है और वह इतिहास कि जिसमें श्रम से उपलब्ध नयी सम्भावनाओं के द्वार अब और अधिक खुल गये हैं, वह इतिहास कि जिसने जीवन के वस्तुनिष्ठ तर्क को विजयी घोषित कर दिया है और हम विभ्रम मिथ्या और सम्मोहन के जंजाल से मुक्त हो सके हैं। इसलिए ऊपर के कथन में इतिहास की सकारात्मकता पर जोर दिया गया है।

मैं पुनः एक सवाल और उठाना चाहता हूँ कि क्या मानव के अस्तित्व की समस्या इतिहास से बाहर की कोई समस्या है? और क्या मनुष्य इतिहास से बाहर रहकर जी सकता है? क्या वह एक बेचारे की नियति को भोगता हुआ रह सकता है? मनुष्य की फितरत क्या है? अतः हमारा निष्कर्ष यह है कि आधुनिक विज्ञान और नयी से नयी तकनालाजी की प्रगति के अनुरूप ही सामाजिक सम्बन्धों की प्रगति पर ध्यान देना होगा। और यही हमारे युग के मनुष्य की ऐतिहासिक आवश्यकता है इसी में जीवन की मुक्तिदायी शक्तियों का रहस्य छिपा हुआ है।

इसी निष्कर्ष का एक हिस्सा यह भी है कि या तो अब आप अन्तिम रूप से इस लाइन पर आ जाइए कि सृष्टि और जीवन की रचना के पीछे कोई ईश्वर है, ईश्वरीय इच्छा है, कोई तत्त्वमीमांसीय परमशक्ति है। हमारी सम्पूर्ण सभ्यता और संस्कृति उसी अदृश्यमान से संचालित है और यह कि उसी की इच्छा में प्राकृतिक विज्ञान का भी विकास हो सका है, उसी की इच्छा में एटम बम बन रहे हैं और वही सर्वनाश की ओर ले जा रही है। जहाँ तक योरोप का सम्बन्ध है, वहीं का इतिहास साक्षी है कि वहाँ के ईश्वर में शक्ति के प्रयोगवाद की विशेषताएँ मिलती हैं, वह दुखान्तकी का सर्जक है। शायद इसीलिए वहाँ सर्जन के वास्ते शक्ति के प्रयोगवाद की परिस्थितियाँ शाश्वत रूप में बनी रही हैं। लेकिन इतिहास की द्वन्द्ववादी समझ से यह बात एकदम स्पष्ट हो जाती है कि जीवन के संघर्ष में किसी व्यापक कोटि की संगति के अभाव से शक्ति के प्रयोगवाद की परिस्थिति बदलने नहीं पाती। अतः क्यों न यह मान लिया जाए कि योरोप के दुखान्तवादी जीवन-दर्शन के पीछे दुःखान्तवादी मूल्य-विधान के पीछे, वहाँ की ऐतिहासिक परिस्थिति का वह संघर्ष रहा है, जिसमें नयी आवश्यकता और स्वतन्त्रता की सम्भावना का द्वन्द्व किसी निर्णायक भूमिका तक नहीं पहुँच सका है और वह आज तक जारी है। और फिर इस मुद्‌दे पर ध्यान देना भी जरूरी हो जाता है कि योरोप के चिन्तन में और व्यवहार में प्रकृति-इच्छा और ऐतिहासिक आवश्यकता में बेमतलब की होड़ बनी रही है, इस गलत होड़ की वजह से जीवन की भौतिक आवश्यकताओं के वर्गीय आधार कभी खुल नहीं सके हैं। और इसी वजह से मनुष्य के प्राकृतिक से ऐतिहासिक में प्रवेश के यथार्थ की ज्ञान मीमांसा नहीं बन सकी है।

अतः यदि इतिहास को, ऐतिहासिक यथार्थ को साक्षी माना जाए तो फिर मार्गेन के, डार्विन के और एंगेल्स के दृष्टिकोणों की ओर लौटना होगा और यह अन्तिम रूप से मान लेना होगा कि बानर से मनुष्य बनने में अर्थात् प्राकृतिक से ऐतिहासिक के रूपान्तरण में आवश्यकता और श्रम के द्वन्द्वपूर्ण सम्बन्धों की अहम भूमिका रही है। इसीलिए जिसे हम मुक्ति कहते हैं, वह तो तत्त्व मीमांसीय मोक्ष का विपरीत है। मुक्ति तो मनुष्य बनने की ऐतिहासिक प्रक्रिया में प्रगति की द्योतक है। इसी सन्दर्भ में इतिहास का मनुष्य एक सर्जनशील मनुष्य है, वह मुक्तिदायी परम्परा का पोषक मनुष्य है।

एंगेल्स की स्थापना का सार

प्रश्न है कि क्या हम अपने उपलब्ध ऐतिहासिक के सकारात्मक से पीछे हटकर अपने अस्तित्व को कायम रख सकते हैं? जबकि हमें इस वास्तविकता की समझ है कि गति के नियम सार्विक हैं और वे अपनी अनिवार्यताओं को सिद्ध करते हैं। अतः क्या इन नियमों के प्रति बेखबरी का भाव प्रदर्शित करने से या फिर इन नियमों की

अवहेलना से किसी तरह की यथास्थिति को बनाये रखा जा सकता है? जब हम इतिहास के अनुभव से सीख लेने की बात करते हैं तो यह स्पष्ट हो जाता है कि इतिहास की परिस्थिति में यह यथास्थिति है जो अस्तित्व को स्वतन्त्रता से पृथक् करती है। और तब फिर, वैसी हालत में, अस्तित्व का सम्बन्ध सम्भावना से नहीं रह जाता। वहाँ निषेध की डायलैक्टिक्स लागू हो जाती है। फलस्वरूप तरह-तरह की भाववादी तर्क दृष्टियाँ अपनी-अपनी जड़ें जमाने लगती हैं। और अस्तित्व का चिन्तन जीवन की भौतिक गतिविधि से कटने लगता है। वह अस्तित्ववाद में घटने लगता है।

मार्क्सवाद ने हमें अस्तित्व, सार, और स्वतन्त्रता के बारे में एक समावेशी और सकारात्मक दृष्टिकोण दिया है। उसके उसी दृष्टिकोण से विज्ञान और तकनालाजी की प्रगति के सामाजिक चरित्र को भी स्पष्ट किया जा सका है। सही बात तो यह है कि मार्क्सवाद से बिदकने और चिढ़ने वाले दिमाग में वह क्षमता ही नहीं होती, जो इस तरह के सवालों का ऐसा रचनात्मक उत्तर दे सके, जो जीवन की नयी गति की सार्थकता के अनुरूप हो। मानव-जीवन के सारतत्त्व को 'अवस्तु' और 'शून्य' तक घसीटकर ले जाने वाले अपने भीतर के आत्मगत खोखलेपन को कितना भी छिपाएँ, कितना भी छल करें, वाग्जाल रचें, किसी तत्त्व मीमांसा के अज्ञात का दामन थामें लेकिन इस सच्चाई को झुठला पाना सम्भव नहीं हो सकेगा कि मनुष्य के अस्तित्व की धनात्मक और समृद्धिकारक अवस्थाएँ 'ऐतिहासिक' में ही खुलती हैं। यह ऐतिहासिक है जिसमें विज्ञान और दर्शन का द्वन्द्वात्मक परिगठन होता है। अतः इस परिगठन के सिद्धान्त और उसकी पद्धति के विकास को भी समझना पड़ता है। क्योंकि हम जानते हैं कि इसी परिगठनात्मक में 'बानर से नर बनने की' इतिहास- यात्रा का सार निहित है। इसीलिए इतिहास अपनी सम्पूर्ण परिगठनात्मक अवधारणा और पद्धति-रचना के साथ मार्क्सवादी कार्यकलापिकी (Praxis) का विषय होता है।

एंगेल्स ने मार्क्सवादी कार्यकलापिकी के दृष्टिकोण को स्पष्ट करते हुए ही इतिहास में स्वतन्त्रता और आवश्यकता के द्वन्द्ववाद की भूमिका बाँधी है। वैसे तो ये स्वतन्त्रता और आवश्यकता दर्शन के दो प्रवर्ग हैं लेकिन एंगेल्स ने इनका प्रयोग आधुनिक ज्ञान-विज्ञान की प्रगति के ऐतिहासिक सन्दर्भ से जोड़कर किया है। मनुष्य का पुरुषार्थ इतिहासबद्ध है, मूल्य-मानक और प्रतिमान इतिहास-बद्ध हैं। एंगेल्स ने इतिहास-प्रक्रिया और इतिहास की वस्तु को खोलते हुए ही 'वैश्विक' के गुणात्मक उन्नयन की भौतिकता को सिद्ध किया है। इसका परिणाम यह हुआ है कि दर्शन के अन्य अनेक प्रवर्ग, मसलन, अनिवार्यता, संयोग, सम्भावना, नियतत्ववाद और सापेक्षिक-सम्बन्धवाद आदि भी इतिहास की सैद्धान्तिक और व्यावहारिक परिकल्पना को और अधिक गहन तथा विशद बना सके हैं। और फिर, हमें यह भलीभाँति मालूम है कि इतिहास के इस द्वन्द्ववाद में मानव-श्रम की केन्द्रीय भूमिका है। इस श्रम की

वजह से मानव अपने भौतिक अर्थ में उत्पादक हो सका है और मानवीय अर्थ में सर्जक के पद को प्राप्त कर सका है। और आध्यात्मिक अर्थ में वह विश्व-दृष्टिकोण सम्पन्न पुरुष बन सका है। हमारे कहने का आशय यह है कि मनुष्य की श्रेष्ठता, अद्वितीयता और भव्यता श्रमजन्य है। यह श्रम है जो मनुष्य और प्रकृति के सम्बन्धों की डायलैक्टिक्स का आधारभूत कारण है। इसी श्रम की उच्चतर गुणनशीलता से नयी-नयी जिज्ञासाएँ और कल्पनाएँ पैदा होती हैं और यह भी कि इन जिज्ञासाओं और कल्पनाओं को जीवन के यथार्थ की गति के रूप में पहचाना जा सकता है। एंगेल्स ने श्रम को स्वतन्त्रता के मूल्य का कारक माना है।

इतिहास में स्वतन्त्रता और आवश्यकता के द्वन्द्ववाद की भौतिकता को सिद्ध करने के लिए एंगेल्स मुख्य रूप से हीगल और फायरबाख के मनोगत की आलोचना करते हैं। लेकिन एंगेल्स की यह आलोचना सर्वनकारवादी नहीं है, उन्होंने हीगल और फायरबाख से बहुत कुछ ग्रहण किया है। एंगेल्स तो उस तत्त्व मीमांसा के विरोध का तर्क जुटाते हैं जो पश्चिमी जगत् में ग्रीक और रोम के युग से लेकर आजतक बराबर अपना अन्धा तर्क पेश करती रही है।

एंगेल्स कहते हैं–

'संस्कृति के क्षेत्र में उठाया गया प्रत्येक क़दम स्वतन्त्रता की ओर उठता है।'[2]

कि 'स्वतन्त्रता लाजिमी तौर पर ऐतिहासिक विकास का फल होती है।'[3]

एंगेल्स ने उक्त दोनों सूत्रों की व्याख्या योरोप के सम्पूर्ण इतिहास की वस्तु को समझते हुए की है। उन्होंने 'लुडविग-फायरबाख और क्लासिकीय जर्मन दर्शन का अन्त' में, और 'ड्युहरिंग मत-खण्डन' (नैतिकता, कानून और समानता, बल सिद्धान्त नामक अध्यायों में और इसी पुस्तक के तीसरे खण्ड) में आवश्यकता और स्वतन्त्रता के स्वरूप की और मूल्य की पूरी-पूरी विवेचना की है। इसके अतिरिक्त अपने पन्थ 'प्रकृति की द्वन्द्वात्मकता' में भी उन्होंने जगह-जगह पर स्वतन्त्रता और आवश्यकता के सम्बन्धों की वैज्ञानिकता को स्पष्ट किया है। यह कार्य उन्होंने ज्ञान के यथार्थवादी दृष्टिकोण को पुख्ता करने के उद्देश्य से किया है।

एंगेल्स कहते हैं, "यह बहुत कठिन है कि नैतिकता और कानून की चर्चा हो और तथाकथित स्वतन्त्र इच्छा, मनुष्य के मानसिक उत्तरदायित्व और आवश्यकता तथा स्वतन्त्रता के सम्बन्ध का प्रश्न सामने आकर न खड़ा हो जाए।" इसी सन्दर्भ को और आगे बढ़ाते हुए एंगेल्स ने हीगल के इस कथन की परिभाषा की है कि–

"स्वतन्त्रता आवश्यकता की अनुभूति है।" और यह भी कि "आवश्यकता केवल उसी हद तक अन्धी होती है जिस हद तक वह समझी नहीं जाती।" इसीलिए एंगेल्स अपना निष्कर्ष देते हैं कि–

"स्वतन्त्रता प्राकृतिक नियमों से स्वाधीन हो जाने के स्वप्न में निहित नहीं रहती है।"

"बल्कि यह उन नियमों के ज्ञान में तथा इस ज्ञान की सहायता से इन नियमों से निश्चित उद्देश्यों के लिए सुनियोजित ढंग से कार्य कराने की जो सम्भावना पैदा होती है, उस सम्भावना में निहित है।"[4]

एंगेल्स ने अपनी व्याख्या में सत्ता मीमांसा के भौतिकवादी दृष्टिकोण का प्रतिपादन किया है और भौतिक-आत्मिक की ज्ञान मामांसीय स्थिति को स्पष्ट किया है। वे कहते हैं "यह बात बाह्य प्रकृति के नियमों के लिए भी सच है और उन नियमों के लिए भी जो मनुष्य के शारीरिक तथा मानसिक अस्तित्व पर शासन करते हैं। नियमों के इन दोनों वर्गों को हम अधिक से अधिक केवल चिन्तन में ही एक-दूसरे से अलग कर सकते हैं।" इस तरह एंगेल्स पुनः अपने ऊपर के निष्कर्ष को पुष्ट करते हुए कहते हैं–

"इच्छा की स्वतन्त्रता का अर्थ विषय के ज्ञान के आधार पर निर्णय करने की सामर्थ्य के सिवा और कुछ नहीं है।" लेकिन एंगेल्स यह बताना नहीं भूलते कि "जब ऐसा नहीं होता है तो 'अज्ञान और अनिश्चितता के'[5] तथा 'पुनरावृत्ति के नियम'[6] चलन में रहते हैं।"

एंगेल्स के उक्त मन्तव्य को ही ध्यान में रखकर लेनिन ने भी इतिहास में स्वतन्त्रता और आवश्यकता के क्रियाकारी-मूल्यों को (Operational values) सारतत्त्व की व्याख्या की है। लेनिन ने एंगेल्स के दृष्टिकोण को और आगे बढ़ाया है और उसके व्यावहारिक पक्षों को खोलकर रख दिया है।

लेनिन कहते हैं, 'एंगेल्स अन्धी आवश्यकता के अस्तित्व पर सन्देह नहीं करते।' यह आवश्यकता अपने अन्धेपन में 'रहस्यवाद' अधिभूतवाद से, जड़सूत्रताओं, देवमूर्तियों से कारंवादी-अज्ञेय वस्तु निज रूपों से भरी रहती है। इसमें प्रकृति के नियम की और प्रकृति की आवश्यकता की पहचान सम्भव नहीं होती। इस अन्धेपन की वजह से सिद्धान्त की व्यवहार में छलाँग नहीं लग पाती। इसका नतीजा यह होता है कि शुद्धतावाद और अखण्डतावाद से विकास का मार्ग अवरुद्ध होने लगता है। लेनिन ने एकदम साफ़ शब्दों में कहा है कि "जब तक हम प्रकृति का कोई नियम नहीं जानते वह हमारे मन से बाहर तथा स्वतन्त्र रूप में विद्यमान रहते हुए और प्रभाव डालते हुए हमें अन्धी आवश्यकता का दास बना देती है।"[7]

विद्वान् पण्डित कहता है कि "मैं अपने कार्यक्षेत्र में नियतत्ववादी हूँ परन्तु इस बात की कोई चर्चा नहीं की जाती है कि दार्शनिकों को नियतत्ववाद पर आधारित सिद्धान्त और व्यवहार दोनों हासिल करनी चाहिए।"[8] परन्तु "जब एक बार हम नियम को जान जाते हैं जो हमारी इच्छा तथा मन से स्वतन्त्र रूप में काम करता है तो हम प्रकृति के स्वामी बन जाते हैं। प्रकृति पर प्रमुख जो मानव-व्यवहार में प्रकट होता है, मनुष के मस्तिष्क के अन्दर परिघटनाओं तथा प्रक्रियाओं के वस्तुपरक रूप से सही परावर्तन का फल है तथा इस तथ्य का प्रमाण है कि यहाँ परावर्तन (उस

चीज की सीमाओं के अन्तर्गत जिसे व्यवहार प्रकट करता है।) वस्तुपरक, एब्सल्यूट और शाश्वत सत्य है।"[9]

लेनिन का निष्कर्ष तो यही है कि "एंगेल्स के लिए समस्त सजीव मानव-व्यवहार स्वयं ज्ञान के सिद्धान्त में व्याप्त है और सत्य की वस्तुपरक कसौटी मुहय्या करता है।"[10] एंगेल्स ने भी यही माना है कि "संसार का वास्तविक अद्वैत उसी में निहित होता है।"[11]

हम यह भी जानते हैं कि मार्क्स ने तथा एंगेल्स ने इतिहास के विकास के नियमों का सन्धान करते हुए आधुनिक युग के पूँजीवाद पर हर्ष प्रकट किया है। उन्होंने पूँजीवाद के विकास को आधुनिक इतिहास की नयी मंज़िल के रूप में पहचाना है। और यह भी प्रतिपादित किया है कि इसी के भीतर से मनुष्य की स्वतन्त्रता के ऐतिहासिक नियम की सही और पुख़्ता जानकारी हासिल होगी।

मार्क्सवाद-लेनिनवाद के दृष्टिकोण का सार यह है कि बढ़ती हुई आवश्यकता और उच्चतर रूपों में प्रकटते हुए श्रम के द्वन्द्व से जो नयी समृद्धि होती है, जो नया अर्जन होता है—इस समृद्धि और अर्जन से सार्विक और सार्वजनिक का जो संज्ञान बनता है—मनुष्य की चेतना में जो यूनीवर्सल फलित होता है—यही वह आत्मिक है, वह आध्यात्मिक है, उत्थान की प्रक्रिया से बँधा हुआ आत्मिक और आध्यात्मिक है, अपनी देशकालबद्ध निरन्तरता में खुलता हुआ आत्मिक और आध्यात्मिक है—अतः आत्मिक और आध्यात्मिक के उत्थानमय को जब मानव जीवन के बीते हुए और पिछले युगों से तुलना करते हुए देखते हैं तो प्रगति और सम्भावना के सन्दर्भ में आवश्यकता और स्वतन्त्रता का द्वन्द्व इतिहास की प्रक्रिया के रूप में दिखाई देने लगता है।

क्या इसमें किसी तत्त्व मीमांसा का दखल हो सकता है? लेकिन इतना जरूर है कि इसमें अनेक प्रकार की आकस्मिकताओं या संयोगों की एकान्त अवहेलना नहीं की जा सकती। इतना जरूर है कि आकस्मिकताओं के बारे में अभी तक इतिहास के वैज्ञानिक तर्क से काम नहीं लिया गया है। इस आकस्मिकता या संयोग को अभी तक फ्रेगमेन्टेशन की या टुकड़ों-टुकड़ों में होकर बिखर जाने की कोई सीमित और संकीर्ण क्षेत्र वाली परिघटना के बतौर महत्त्व दिया जाता है। अधिक से अधिक उसे अनिवार्यता की सम्पूर्ति के निमित्त मान लिया जाता है। लेकिन एंगेल्स ने इस आकस्मिकता के प्रति सही दृष्टिकोण को अपनाने पर जोर दिया है। वे कहते हैं—

"Chance is not here explained by necessity, but rather necessity is degraded to the production of what is merely accidental...chance is not elevated into necessity, but rather necessity degraded into chance.[12]

और फिर हमारे आज के समय में ज्ञान-विज्ञान की प्रगति उस स्तर तक हो चुकी है कि मनोमय कोश की अर्धचेतना मूलक क्रियाओं को भी इतिहास के वैज्ञानिक

अध्ययन में जगह मिलने लगी है। हमारे साइके-लेविल के साथ विचारधारा की संगति खोजी जाने लगी है। इतिहास सम्बन्धी नयी खोजों ने इस नतीजे तक पहुँचा दिया है कि यदि अर्धचेतन के साथ चेतन के सम्बन्धों में कोई दुराव बाकी रह गया है तो यह है कि अब मनोमय जगत् के प्रीमार्डियल को अर्थात् अवचेतन मन के व्यापार को भी बाह्य भौतिक की क्रियाओं से जोड़कर देखा जाने लगा है।[13]

हमारे आज के समय में मार्क्सवादी-दृष्टिकोण के मैक्रो-माइक्रोलेविल इतने विकसित हो गये हैं कि 'इनफिनाइट' को या अनन्त को भी दिक्-काल के भौतिक आयाम में उतार लिया गया है। जिसे हम 'अवस्तु' कहते हैं, वह भी गतिचक्र का विषय बन चुकी है उसकी भी पदार्थमयता सिद्ध हो चुकी है।[14] शून्य को और विराट को अभी तक आत्मगततावाद का ही एक प्रत्यय मान लिया गया था लेकिन ब्रह्माण्ड की भौतिकी में तो अब उनके भी स्वरूपों की पहचान की जाने लगी है। ब्रह्माण्ड गतिमय है और उसकी इस गतिमयता में काल के भी भौतिक हो जाने की अनिवार्यता प्रकट होने लगी है। फिर भी इस तथ्य पर बराबर निगाह रहनी चाहिए कि अज्ञात से ज्ञात की प्रक्रिया में आते हुए जीवन की खोज को किसी यान्त्रिक ढंग के जड़सूत्रतावादी नियतत्ववादी के अधीन नहीं किया जा सकता। ऐसा करने से द्वन्द्वात्मक की स्थिति ज्ञात होती है।

एंगेल्स और बाद में लेनिन ने भी स्वतन्त्रता और आवश्यकता के ऐतिहासिक परिप्रेक्ष्यों में पूँजीवाद से समाजवाद की नियमगत यात्रा को स्पष्ट किया है। ऐसा करते हुए उन दोनों मनीषियों को ऐतिहासिक भौतिकवाद की (दर्शन, विज्ञान और इतिहास के अन्तरंग सम्बन्धों की) जटिलताएँ ज्ञात थीं। वे दोनों मनीषी रूपान्तरणशील नवीन के प्रति आशावान इसलिए थे कि वे प्रकृति के विकास के नियमों के साथ ही सामाजिक-ऐतिहासिक नियमों के विकास में पायी जाने वाली सकारात्मकता की एक सही और ठोस धारणा बना सके थे। उन्हें यह मालूम था कि जीवन की प्रतिक्रिया के विरुद्ध संघर्ष एक सही सकारात्मक प्रयत्न है, जो प्रकृति में भी दिखाई देता है और इतिहास में भी, वह मनुष्य के मानस को उद्वेलित किये रहता है। उन्हें मालूम था कि मानस और संज्ञान की रचना में प्रकृति के ऐतिहासिक में रूपान्तरण की श्रम-सापेक्ष-यात्रा के विविध पड़ावों का हमेशा विशिष्ट योगदान रहता है।

आधुनिक भारत के इतिहास में स्वतन्त्रता और आवश्यकता का वर्गीय चरित्र : कार्ल मार्क्स के विचार

कार्ल मार्क्स ने विश्व-इतिहास की प्रक्रिया को समझते हुए आधुनिक युग की औद्योगिक क्रान्ति और पूँजीवाद के विकास से प्रगति के विज्ञान की अवधारणा बनायी है। उन्होंने दुनिया भर के छोटे-बड़े देशों के इतिहासों की वस्तु को तुलनात्मक ढंग से

विश्लेषित किया है। उन्होंने आधुनिक युग में अमरीका के मुक्त होने तथा फ्रांस की राज्यक्रान्ति से इतिहास में लोक मुक्ति की हाईपोथीसिज़ खड़ी की है। उनकी इस प्रकल्पना में 'इतिहास' ज्ञान-विज्ञान के समस्त विषयों के भीतर से अपनी एक स्वतन्त्र किन्तु वैज्ञानिक छवि बनाने में सफल हो सका है। मार्क्स के लिए इस इतिहास का महत्त्व मनुष्य और प्रकृति के द्वन्द्वात्मक विकास की जैविक दृष्टि से बाहर बिल्कुल नहीं है। उनकी इतिहास सम्बन्धी परिकल्पना का आधार यही है कि उसमें क्रिया, अनुभव और संज्ञान के बेहद सूक्ष्म और बेहद जटिल यथार्थ की गतिमान सम्पूर्णता रहती है।

विश्व-इतिहास की प्रक्रिया में मानव-जीवन के यथार्थ की गतिमान सम्पूर्णता का अनुसन्धान करते हुए ही कार्ल मार्क्स ने एशिया और अफ्रीका के आधुनिक उपनिवेशों की जानकारी हासिल की है और इन उपनिवेशों के अनिवार्य रूप से मुक्त हो जाने की स्थितियों को इतिहास की आवश्यकता माना है। कार्ल मार्क्स की परिकल्पना का आधार यह है कि "इतिहास के पूँजीवादी युग को नये संसार का भौतिकवादी आधार तैयार करना है...पूँजीवादी उद्योग और व्यापार नये संसार की इन भौतिक परिस्थितियों का उसी तरह निर्माण कर रहे हैं जिस तरह कि भूगर्भ में होने वाली क्रान्तियों ने पृथ्वी के धरातल की सृष्टि की है।' वे आगे कहते हैं कि "विश्व बाज़ार तथा उत्पादन की आधुनिक शक्तियों पर एक महान् सामाजिक क्रान्ति जब अपना आधिपत्य कायम कर लेगी और उन्हें सर्वाधिक उन्नत जनता के संयुक्त नियन्त्रण के नीचे ले आएगी, केवल तभी मानवी प्रगति प्राचीन मूर्तिपूजकों के दैवरूप को तिलांजलि दे सकेगी..."[15]

यहाँ पर, मैं मार्क्स के मन्तव्य की अलग से कोई दार्शनिक व्याख्या नहीं करूँगा, लेकिन इतना जरूर कहूँगा कि अभी तक के मानवीय इतिहास में पूँजी के नये युग में प्रवेश कर जाने से एक अभूतपूर्व गुणात्मक परिवर्तन दिखाई देने लगा है—वह यह कि विश्व भर के मनुष्य समाज की भौतिक एकता के आधार को पकड़ लिया गया है और इसीलिए मार्क्स की चिन्ता यह है कि क्या एशिया की सामाजिक अवस्था में एक बुनियादी क्रान्ति के बिना मानव जाति अपने लक्ष्य तक पहुँच सकती है?[16] अपने इसी चिन्तन के तहत उन्होंने आधुनिक युग में उपनिवेशवाद के इतिहास का, पूँजीवादी विकास के साथ उपनिवेशवाद के सम्बन्धों का, साम्राज्यवादी राजनीत्यार्थिकी का और उसके विरुद्ध जनता के द्वारा की जाने वाली प्रतिक्रियाओं का अर्थात् स्वतन्त्रता आन्दोलनों का अध्ययन और विश्लेषण किया है।

मार्क्स ने इतिहास के यथार्थ की वैज्ञानिक-अवधारणा बनायी, इतिहास के यथार्थ की सैद्धान्तिकी का ढाँचा तैयार किया और इस कार्य को उन्होंने जीवनोत्पादन के संसाधनों के विकास की भूमिका को ध्यान में रखकर किया। मार्क्स ने प्रतिपादित किया कि इतिहास का यथार्थ जीवन के रूपान्तरणशील नवीन की प्रक्रिया से बाहर

नहीं होता, वह निरन्तर बदलता रहता है। इतिहास के यथार्थ में यथास्थिति के बने रहने का मतलब ही जीवन की उन पहलकारी शक्तियों के अभाव से होता है। और यह अभाव ऐतिहासिक गतिरोध के कारणत्व का पर्याय हो जाता है। अपने इसी दृष्टिकोण से मार्क्स ने उपनिवेशवादी मुल्कों के पिछड़े हुए समाजों की कभी न मिटने वाली और हर समय नये-नये रूपों में उपस्थित हो जाने वाली दुर्दशा का पता लगाया है। इसी सन्दर्भ में उन्होंने भारतीय इतिहास के भौतिक ढाँचे की आलोचना की है।

भारतीय इतिहास की खोज करते समय मार्क्स ने 'क्यों', 'कैसे' और 'फलस्वरूप' की अनेक सारणियाँ बना ली हैं। ऐसा करने से एक लाभ तो अवश्य हुआ कि वे अपनी द्वन्द्ववादी पद्धति से बाहर नहीं जा सके हैं। लेकिन, मार्क्स के पास भारतीय इतिहास के स्रोतों तक पहुँचाने वाली सामग्री बहुत कम थी। यहाँ के इतिहास की वस्तु के विकास को दर्शाने वाले प्रामाणिक साधन उनके पास कम थे। उनके पास तो विदेशियों के द्वारा अपने निहित उद्देश्यों को पूरा करने वाली संकलित सामग्री थी, यह सामग्री भी उन्हें फुटकर रूप में उपलब्ध थी। अतः भारतीय इतिहास की गतिविधि के बारे में मार्क्स के विचार, कई बार, एक अनुभववादी से हो गये हैं। चूँकि, यहाँ के इतिहास का अतीत ही उनके सामने आधा-अधूरा था, इसलिए भारतीय इतिहास के वर्तमान के साथ मार्क्स का संवाद कुछ चुने हुए मुद्दों तक सीमित दिखाई देता है।

भारतीय इतिहास के भौतिकवादी ढाँचे की किसी मूलभूत त्रुटि की ओर संकेत करते हुए उन्होंने एक सवाल उठाया है कि प्रकृति की अपार देन होते हुए भी जितना सामाजिक दारिद्र्य भारत में है, उतना और कहीं भी नहीं है।[17] और इस दारिद्र्य को बढ़ाने में अंग्रेजी उपनिवेशवाद की क्या भूमिका रही है? उन्होंने इसका भी विश्लेषण किया है। मार्क्स के विचार से भारतीय इतिहास की कार्यकलापिकी में जो जड़ता आ गयी रहती है, उसे आधुनिक युग की पूँजीवादी क्रान्ति के साथ होकर ही दूर किया जा सकता है और चिरपरिचित सामाजिक दारिद्र्य से मुक्ति पायी जा सकती है। वे यह स्पष्ट करते हैं कि अंग्रेजों के आगमन के बाद भारतीय इतिहास की आवश्यकता में क्रिया-प्रतिक्रिया का भाव पैदा हो गया है। इतिहास की वस्तु में द्वन्द्व भर गया है, सामाजिक जीवन में यथार्थ की सरगर्मी भरन लगी है। ऐसी हालत में कुछ कार्य तो अंग्रेजी उपनिवेशवाद को (अपने हितों की पूर्ति के लिए ही सही) ही करने होंगे, जिनसे भारतीयों में नयी इतिहास-चेतना का प्रादुर्भाव होगा, शेष कार्य भारत की जनता को करने होंगे। मार्क्स ने भारत की राष्ट्रीय एकता और नवजागरण के साथ यहाँ की स्वतन्त्रता (समाज में नयी आवश्यकताओं के पैदा होने से नयी स्फूर्ति, नयी महत्त्वाकांक्षा बढ़ती है और तदनुरूप इतिहास में वर्गीय पहल की भूमिकाएँ प्रकट होने लगती हैं और इन वर्गीय हितों के अनुरूप ही स्वतन्त्रता के प्रति भी उत्तरदायित्वपूर्ण दृष्टिकोण बनने लगता है।) के भविष्य-रूप की एक धारणा बना ली थी।

भारतीय इतिहास के भौतिकवादी ढाँचे पर कार्ल मार्क्स के विचार की आलोचना

मार्क्स ने भारतीय इतिहास के भौतिकवादी ढाँचे पर टिप्पणी की है। उन्होंने यहाँ के इतिहास में जीवन शक्ति के लुप्त हो जाने तथा 'समाज के निष्क्रिय आधार' की अपने तरीके से खोज कर डाली है। यहाँ हम मार्क्स के उक्त दोनों पदों की आलोचना करना चाहेंगे। इन दोनों पदों की वजह से मार्क्स भारत के इतिहास की उभरती हुई आवश्यकताओं के वर्गीय द्वन्द्व की अनदेखी कर गये हैं। फलस्वरूप इतिहास के ढाँचे का भौतिक स्वरूप अस्पष्ट रह गया है। मार्क्स ने 'भारतीय ग्राम समुदाय की व्यवस्था' के चरित्र को पहचानते हुए लिखा है, "गाँव की आन्तरिक व्यवस्था में कोई तब्दीली नहीं आती, वही गाँव-वही परिवार युगों-युगों तक कायम रहे...राज्यों के टूटने, छिन्न-भिन्न हो जाने के प्रति यहाँ के निवासियों ने चिन्ता प्रकट नहीं की। गाँव की अन्दरूनी व्यवस्था अपरिवर्तित बनी रही...ये काव्यमय ग्रामीण बस्तियाँ ही, ऊपर से चाहे जितनी भी निर्दोष दिखाई देती हों पूर्व की निरंकुशताशाही का सदा ठोस आधार रही हैं कि मनुष्य के मस्तिष्क को उन्होंने एक संकुचित से संकुचित सीमाओं में बाँधे रखा है—जिससे वह अन्ध-विश्वासों का असहाय साधन बन गया है, परम्परागत चली आयी रूढ़ियों का गुलाम बन गया है और उसकी समस्त गरिमा तथा ऐतिहासिक ओज उससे छिन गया है।... हमें यह नहीं भूलना चाहिए कि प्रतिष्ठाहीन, गतिहीन और सर्वथा जड़ जीवन ने, इस तरह के निष्क्रिय अस्तित्व ने, अपने से बिल्कुल भिन्न, विनाश की अनियन्त्रित-उद्देश्यहीन, असीमित शक्तियों को भी जगा दिया था।... हमें यह नहीं भूलना चाहिए कि इन छोटी-छोटी बस्तियों को जाति-पाँति के भेदभावों और दासता की प्रथा ने दूषित कर रखा है कि मनुष्य को परिस्थितियों का सर्वशक्तिशाली स्वामी बनने के बजाय उन्होंने उसे बाह्य परिस्थितियों का दास बना दिया है कि अपने आप विकसित होनेवाली एक सामाजिक सत्ता को उसने एक कभी न बदलने वाला स्वाभाविक प्रारब्ध का रूप दे दिया है और इस प्रकार उसने एक ऐसी प्रकृति-पूजा को प्रतिष्ठित कर दिया है जिसमें मनुष्य अपनी मनुष्यता खोता जा रहा है।"[18]

मार्क्स आगे कहते हैं, "हम जानते हैं कि (भारत के) ग्रामीण स्थानिक संगठन तथा आर्थिक आधार छिन्न-विच्छिन्न हो गये हैं; किन्तु उनका सबसे बड़ा दुर्गुण-समाज की एक ही जैसी घिसीपिटी और विशृंखल इकाइयों में बिखरा होना उनकी जीवन शक्ति के लुप्त हो जाने के बाद भी कायम है।... और इनमें उन इच्छा-आकांक्षाओं का तथा प्रयत्नों का सर्वथा अभाव है जो सामाजिक प्रगति के लिए अनिवार्य होते हैं।"[19]

मार्क्स के उक्त दोनों उद्धरणों से ऐसा प्रतीत होता है कि जैसे उन्होंने भारतीय इतिहास के अध्ययन की एक संश्लिष्ट गुटका तैयार कर ली है और इस गुटका तैयार करने की विधि भी वही है जिसे आज अमरीका और योरोप में सामाजिक नृविज्ञान

के सहारे गढ़ा गया है। अमरीका और योरोप में सामाजिक नृविज्ञान की ही एक शाखा के रूप में 'इतिहास का' और 'ऐतिहासिक' का अनुभववादी पद्धति से अध्ययन किया जाता है। मार्क्स ने भारत के इतिहास में जीवन शक्ति के लुप्त हो जाने के परिणाम को तो बताया है लेकिन वे उसके कारणों की विधिवत् खोज नहीं कर सके हैं। इसीलिए उनके भारत सम्बन्धी चिन्तन में 'समाज के निष्क्रिय आधार' वाला वह रूपवाद खड़ा हो गया है जिसें अब हमारे युग में 'संरचनावाद' कहा जाने लगा है। और यह संरचनावाद है जो सामाजिक नृविज्ञान की चिन्तन-पद्धति और कार्यविधि में फलित होता है। इस पद्धति के द्वारा इतिहास के यथार्थ का क्षरण होता है वह जीवन शक्ति के स्रोतों और साधनों से अलगाने लगता है और कुल मिलाकर, वह समाज के निष्क्रिय ढाँचे का अनुभववादी समाजशास्त्र बनकर रह जाता है। ऐसी हालत में नयी आवश्यकता के द्वन्द्व की वर्गीय विशेषताएँ महत्त्वहीन हो जाती हैं। सब कुछ दृश्यगत या परिदृश्यगत-सा हो जाता है। किसी निश्चय और किसी प्रतिबद्धता से रहित क्रिया और प्रक्रिया का व्यापार ही सब कुछ हो जाता है। इतिहास की प्रक्रिया में 'सिस्टम फंक्शनल थ्योरी' का रंग चढ़ने लगता है। इस चढ़ते हुए रंग की वजह से 'प्रगति' का विचार ही कुण्ठित हो जाता है, प्राचीनता पर निर्भरता बनी रहती है। व्यवस्था भी एक संरचना की तरह ऊपर-ऊपर तैरते हुए ही भटक-भटक जाती है और उसके इस भटकाव में आकस्मिक की निर्णायक भूमिका बनी रहती है। प्रारब्ध पर टिकाये रखने वाली तत्त्व मीमांसा का प्रभाव कम नहीं हो पाता।

विविध प्रकार की घटनावलियों के (व्यवहारवादी या कार्यात्मक) ढाँचे को इतिहास नहीं कहा जा सकता, इतिहास चित्रण नहीं है। वह प्रभावोत्पादक दृश्यकथन नहीं है, वह सिर्फ़ तथ्यों और अभिप्रायों का चिट्ठा नहीं है। इतिहास की रचना में जीवनशक्ति के स्रोतों और साधनों की भौतिकता, असन्दिग्ध रूप से भरी रहती है। भारतीय इतिहास के सन्दर्भ में मार्क्स यहाँ के मनुष्य की जिजीविषा को पहचानने में चूक गये है। भारत के सामन्ती युगों में पाये जाने वाले वर्ण और वर्ग के द्वन्द्व की सही शिनाख्त नहीं कर पाये हैं, धर्म के प्रतिपक्षकारी कार्य के महत्त्व को भी नहीं पकड़ पाये हैं। एशियाटिक उत्पादन-पद्धति की धारणा बनाते समय भी उनके पास यहाँ के दीर्घकालिक इतिहास की भौतिक गतिविधि को समीक्षित करने की सुविधा नहीं रही है। एशियाई सामन्तवाद को समझने के लिए ईसा पूर्व की अनेक शताब्दियों के भीतर घुसना पड़ता है, मार्क्स इच्छा रखते हुए भी इस क्षेत्र में प्रवेश नहीं कर सके हैं।

लेकिन जहाँ तक, आधुनिक युग में उपनिवेशवादी भारत के इतिहास का सवाल है, पूँजीवादी-साम्राज्यवादी शक्ति के फैलाव का सवाल है और इस फैलाव के विरुद्ध भारतीय जनगण की प्रतिक्रिया का सवाल है, भारत में राष्ट्रवाद के उदय और राष्ट्रीय आज़ादी की एकजुट लड़ाई की तैयारी का सवाल है। मार्क्स की समझ ऐतिहासिक भौतिकवाद के नियमों और उसूलों वाली रही है। मार्क्स ने ही यह संकेत दिया

है कि उपनिवेशवादी भारत के इतिहास में आवश्यकता और स्वतन्त्रता के वर्गीय पक्ष इतने जटिल हो गये हैं कि इस समूचे भूभाग के सम्पूर्ण जीवन में क्रान्तिकारी बदलाव की प्रक्रिया को अवरुद्ध नहीं किया जा सकेगा। मार्क्स ने 1857 से 1859 तक की घटनाओं का जैसा आकलन किया है, उससे यह स्पष्ट हो जाता है कि आधुनिक भारत का इतिहास अब उस संघर्ष के युग में पहुँच गया है जिसका सही नेतृत्व जनता ही कर सकती है।

मार्क्स ने आधुनिक भारतीय इतिहास में ऐसे अनेक प्रमाणों को भी खोज लिया है जिनके द्वारा यह विश्वास पैदा होता है कि जनता की तरफ से उठाये गये क्रान्तिकारी क़दमों के यथार्थ को सुनियोजित किया जा सकता है क्योंकि अब इतिहास की आधुनिक परिस्थिति एकदम बदली हुई है और उसमें जीवन की भौतिक आवश्यकताएँ बहुत निर्णायक हो गयी हैं।

मार्क्स ने कैम्पवेल का एक उद्धरण दिया है जिसमें यह स्पष्ट किया गया है कि "भारत की अधिकांश जनता में महान् औद्योगिक शक्ति है, उसमें पूँजी इकट्ठा करने की क्षमता है, गणित के लिए उसका मस्तिष्क विलक्षण रूप से साफ़ है और सांख्यिकी तथा तथ्य विज्ञानों के लिए उसमें मेधा है... उसकी बुद्धि बहुत तीक्ष्ण है।"[20]

यहाँ हम इस तथ्य पर जोर देना चाहते हैं कि मार्क्स ने आधुनिक भारत के इतिहास की भौतिक गतिविधि के बारे में, जनगण की कार्यवाही के बारे में अपना जो दृष्टिकोण बनाया है, उसमें 'समाज के निष्क्रिय आधार' बनाम 'जीवन शक्ति के सूत्र' का द्वन्द्व केन्द्र में है। समाज का निष्क्रिय आधार प्राचीन ग्रामीण व्यवस्था और सामन्तवाद की श्रेणी में आता है, जबकि जीवन-शक्ति के सूत्रों का सम्बन्ध आधुनिक युग की पूँजीवादी क्रान्ति का विषय है जिसके प्रभाव क्षेत्र में भारत आ चुका है। और हम यहाँ पर भी इस बात को दोबारा कहना चाहेंगे कि मार्क्स ने विश्व इतिहास में मनुष्य के जीवन के क्रान्तिकारी ढंग से बदलाव की अनिवार्यता को पहचानते हुए ही भारत के इतिहास की पुनर्रचना और यहाँ की आज़ादी के सवाल पर विचार किया है।

जब हम यह कहते हैं कि जीवनोत्पादक के स्रोतों और साधनों की नवीनता से जीवन में नयी शक्ति प्रवाहित होने लगती है और समाज का निष्क्रिय आधार टूटने लगता है तो हमारे इस मन्तव्य का आधुनिक भारत के इतिहास से सीधा सम्बन्ध दिखाई देता है। यहाँ के इतिहास में राष्ट्र की, राष्ट्रवाद की नयी दृष्टि पैदा होने लगती है, राष्ट्रीय आज़ादी के संघर्ष की राजनीतिक का विकास होने लगता है, सामाजिक परिवर्तन की प्रक्रिया तेज होने लगती है और उस नवजागरण की बुनियादें पड़ने लगती हैं, जो लोकतन्त्र, धर्मनिरपेक्षता और समाजवाद के आदर्शों वाला रहा है। जनसमूहों की अपनी भौतिक शक्ति में उठान दिखाई पड़ने लगती है।

इस प्रकार अब आधुनिक भारत के इतिहास में आवश्यकता और स्वतन्त्रता के

वर्गीय-द्वन्द्व का चरित्र भी दोहरे और तिहरे स्तरों पर दिखाई पड़ने लगता है। वह दोहरा इसलिए है कि भारत एक उपनिवेश है, वह अंग्रेजों का गुलाम है। अतः वहाँ के इतिहास में आवश्यकता और स्वतन्त्रता के द्वन्द्व का एक आयाम तो उपनिवेशवाद से या अंग्रेजी साम्राज्यवाद से ही सम्बन्धित है और इसे उपनिवेशवादी राजनीत्यार्थिकी के कार्यकलापों से ही समझा जा सकता है। यह तो अंग्रेजी साम्राज्यवाद की आवश्यकता थी कि जिसने भारत को गुलाम बनाया, इस तरह आवश्यकता के इस साम्राज्यवादी चरित्र से उत्पीड़न और अत्याचार के, शोषण के उस राज्य की नींव पड़ी जिसने भारतीय समाज को तहस-नहस कर डाला लेकिन इसकी वजह से ब्रिटेन के लोगों की आज़ादी का विस्तार हुआ। क्या आवश्यकता के इस साम्राज्यवादी चरित्र का सम्बन्ध ब्रिटेन के प्रबुद्धतावाद से नहीं रहा है? या कि फिर, वहाँ के उदारवादी प्रजातन्त्र के दर्शन से नहीं रहा है जिसने पिछड़े हुए शोषित समाजों को भी हमेशा अपने आकर्षण की धुरी से बाँधे रखा है?

लेकिन आधुनिक भारत के इतिहास में आवश्यकता के साम्राज्यवादी और उपनिवेशवादी सन्दर्भों के विपरीत एक दूसरा जातीय आयाम भी दिखाई देता है—वह यह कि जहाँ उपनिवेशवादी आवश्यकता की पूर्ति भारत की लूट से होती थी और जिससे भारतीयों की आवश्यकता का दमन होता था—उसके विरुद्ध व्यापक कोटि की प्रतिक्रिया का आधार तैयार होने लगा।

आधुनिक भारत के इतिहास में साम्राज्यवादी आवश्यकता स्वयं में एक निषेध थी अतः इस निषेध के निषेधन की क्रिया का चरित्र राष्ट्रवादी था और इससे भारतीय समाज के जीवन की नयी रचना के द्वार खुलते थे। इसीलिए आवश्यकता के राष्ट्रीय सन्दर्भ यहाँ के नवजागरण को गति देने वाले सिद्ध हुए और इससे आज़ादी की लड़ाई को भी एक स्पष्ट विचारधारात्मक परिप्रेक्ष्य हासिल हो सका। लेकिन नवजागरण की गति हमेशा एक-सी नहीं रही। मुख्यतः 1857 के बाद जब देशी पूँजीवाद का भी भारत में उदय होने लगा, तब राष्ट्रीय स्तर पर ही आवश्यकता और स्वतन्त्रता के द्वन्द्व का एक तीसरा वर्गीय आयाम दिखाई पड़ने लगा। इस तीसरे आयाम ने तो इतिहास में भारी करिश्मे कर डाले। इसने विकास की धारा में कई तरह की उलझनें पैदा कर दीं। भारत के नवोदित पूँजीपति ने अब कभी स्वतन्त्र रूप से अर्थात् यहाँ के जनगण की ज़रूरत और उसकी क्रियाविधि की अनदेखी करते हुए और कभी साम्राज्यवादी उपनिवेशवादी आवश्यकता के साथ समझौते की नीति के तहत जनता के शोषण की व्यवस्था को बनाये रखा। इस आयाम का स्पर्श पाते ही यहाँ के इतिहास की अग्रिम गति में अवरोध प्रकट होने लगता है। समाज के भीतर के ढेर सारे अन्तर्विरोध प्रकट होने लगते हैं। सामन्तवादी जीवन-दर्शन को तरह-तरह की छूटें मिलने लगती हैं पुनरुत्थानवाद की विचारधारा को उकसाया जाने लगता है। मध्यवर्गीय इच्छाओं और आकांक्षाओं का एक नया अध्याय ही लिखा जाने लगता

है। इतिहास नाम पर अतीतवाद की स्मृति जगाई जाने लगती है। जाति, धर्म, नस्ल और वर्ण की भेद-भावपूर्ण उच्चता को दर्शाने के लिए अब आत्मगततावाद की शरण में पहुँचा जाने लगता है। इस सब का नतीजा यह होता है कि वह नवजागरण जो जीवनोत्पादन के नये साधनों के विकास को यहाँ की जनता से जोड़ता था और जनवादी चेतना को पैदा करता था, राष्ट्र की सामाजिक, आर्थिक और राजनीतिक आज़ादी को आगे बढ़ाता था, और समाजवादी परिप्रेक्ष्य को पुख्ता करता था, उसमें भटकाव आने लगता है।

यह वह समय है जब योरोप में व्यापारिक पूँजी के प्रभुत्व का युग समाप्त हो रहा था और नयी औद्योगिक पूँजी एवं वित्तीय पूँजी के प्रभुत्व से योरोप के सभी राष्ट्र एक-दूसरे के आमने-सामने खड़े होने लगे थे। विश्व-बाज़ार को हड़पने के निमित्त उनमें आपस की प्रतिस्पर्धा इतनी बढ़ गयी थी कि युद्ध की छाया मँडराने लगी थी। यही वह समय है कि जब भारतीय पूँजीपति भी विश्व बाज़ार की प्रतिस्पर्धा से लाभ उठाने के लिए अंग्रेजी सत्ता से हाथ मिलाता है और उसपर दबाव बनाये रखने के लिए स्वयं के राष्ट्रवादी चरित्र को भी विकसित कर लेना चाहता है। और यही वह समय है जब भारतीय जनता की साम्राज्यवाद विरोधी-उपनिवेशवाद विरोधी लड़ाई उग्र रूप धारण करती है लेकिन इस लड़ाई में विजय पाने के लिए उसे देशी पूँजीपति की सहायता लेनी पड़ती है तथा इस देशी पूँजीपति की मक्कारी के खिलाफ अपनी लड़ाई का एक नया मोर्चा खोलना पड़ता है। इस समय तक भारत की राष्ट्रीय आज़ादी में नेतृत्व का सवाल इतना उलझ गया था कि उसके वर्गीय हितों को समझे बगैर कुछ भी नहीं कहा जा सकता है। नहीं भूलना चाहिए कि आज़ाद होने के महान् उद्देश्य से जुड़ा होने के बाद भी भारत के राष्ट्रीय आन्दोलन का इतिहास वर्गीय हितों की कूट-रणनीति का इतिहास भी है। यही वजह है कि अंग्रेजी साम्राज्यवाद ने यहाँ के देशी पूँजीवाद से मिलकर भारतीय जनता के जनवादी संघर्ष को कभी भी सही दिशा में आगे नहीं बढ़ने दिया और पुरातनवादी सामन्तवाद को सुरक्षित रखते हुए यहाँ के पूँजीवादी विकास को लोकतान्त्रिक चरित्र वाला नहीं होने दिया।

स्पष्ट है कि भारत की राष्ट्रीय आज़ादी के संघर्ष में वर्गीय आवश्यकताओं का द्वन्द्व इतना जटिल था, मध्यवर्गों का दोगलापन इतना मुखर था, जिसकी वजह से यहाँ की जनता का जनवादी संघर्ष बार-बार अपनी ऊँचाइयों पर पहुँच पहुँच कर नीचे गिरता रहा है। और इस तथ्य की पुष्टि तो इस सच्चाई से भी हो जाती है कि उन्नीस सौ सैंतालीस में राजनीतिक आज़ादी को प्राप्त कर लेने के बाद भी बड़ी आसानी से (यहाँ के राष्ट्रवादी पूँजीपति की सहमति से) भारत नव-उपनिवेशवाद और नव-साम्राज्यवाद का सहयोगी हो गया। भारत की अर्थव्यवस्था शुरू से ही साम्राज्यवादी पूँजी की मदद पर टिकने लगी। इसका नतीजा यह हुआ कि भारत की जनता पूँजीवादी व्यवस्था के चंगुल में फँस गयी, वह सामन्तवाद से मुक्त नहीं

हो सकी और उसका अपना जनवादी संघर्ष भ्रमित हो गया। यहीं पर कार्ल मार्क्स का वह कथन याद आता है कि "प्रचुर प्राकृतिक सम्पदा है लेकिन दारिद्र्य भी है।" मार्क्स ने इसके पीछे जिस ऐतिहासिक विवशता और गतिरोध की बात की है, वह आज भी है और काफी विकृत रूपों में है।

कार्ल मार्क्स ने उन्नीसवीं शती के छठे दशाब्द में भारत के इतिहास की आधुनिक रचना की समस्या पर विचार किया था। मार्क्स ने इतिहास के उपनिवेशीकरण और आधुनिकीकरण के विलोम का खुलासा किया था। मार्क्स ने साम्राज्यवाद के विरुद्ध राष्ट्रीय आज़ादी के संघर्ष की धारणा बनायी थी। लेकिन यह कार्य तो उन्होंने पूँजीवाद के उदय के साथ ही सामन्तवाद के पतन की अनिवार्यताओं को समझते हुए किया था। लेकिन यहाँ के इतिहास का यह कटु सत्य है कि सामन्तवाद की मौत नहीं हुई कि पूँजीवाद से उसका समझौता हो गया। (यह समझौता कृषि प्रधान देश में क्रान्ति के अवरोध का अचूक अस्त्र साबित हुआ) और इस समझौते के पीछे साम्राज्यवाद तथा राष्ट्रीय पूँजीवाद की मिलीभगत रही है। इसे राष्ट्रीय आन्दोलन के दौर की राजनीतिक संस्कृति में और आज़ादी के बाद की राजनीत्यार्थिकी में खुले तौर पर देखा जा सकता है। इसके तहत भारत के पूँजीपति का राष्ट्रीय चरित्र भी भ्रष्ट होता गया है, वह जनविरोधी होता गया है।

हमें यह अच्छी तरह से मालूम है कि भारत के इतिहास में जनता के विरुद्ध प्रभुवर्गों की साजिशें हमेशा होती रही हैं। यहाँ से सामन्तवादी युगों में जब महान् दर्शन की, महान् चरित्रों की और महान् उद्देश्यों की सृष्टि सम्भव हो सकी है, तब भी यहाँ की जनता प्रभु वर्गों की चेरी बनकर ही रही है। मार्क्स ने आधुनिक भारतीय इतिहास के पृष्ठों को खोलते हुए साफ़ शब्दों में कहा है कि मुग़ल की सर्वोच्चता को मुग़ल शासकों ने तोड़ा, सूबेदारों की शक्ति को मराठी ने नष्ट किया। मराठों की ताक़त को अफ़गानों ने तोड़ा। जब सब एक-दूसरे से लड़ने लगे तो अंग्रेज घुस आये।[21] और अंग्रेजों ने, इंग्लैण्ड ने भारतीय समाज के पूरे ढाँचे को ही तोड़ डाला। उसके पुनर्निर्माण के लक्षण अभी तक दिखाई नहीं दे रहे हैं। ...ब्रिटेन के शासन के नीचे हिन्दुस्तान अपनी समस्त प्राचीन परम्पराओं तथा अपने सम्पूर्ण पिछले इतिहास से कट गया।[22]

मार्क्स ने ईस्ट इण्डिया कम्पनी के भ्रष्ट चरित्र की विस्तार से आलोचना की है। यह भी बताया है कि भारत की लूट से ब्रिटेन की राजनीत्यार्थिकी में व्यापक कोटि के भौतिक परिवर्तन होने लगे थे। अंग्रेजी साम्राज्यवाद की नयी-नयी ज़रूरतें बढ़ने लगी थीं। साम्राज्यवाद और उपनिवेशवाद की ऐसी भूमिका के सन्दर्भ में ही मार्क्स ने भारतीयों की कभी न समाप्त होने वाली दरिद्रता के कारणों को खोजा है। उन्होंने पहले तो यह बताया है कि अभी तक भारतीय समाज की गति का आधार 'करघा और चरखा' है, जो 'पुराने ढर्रे की कृषि' पर टिका हुआ है—अंग्रेजों

ने उसकी सामाजिक व्यवस्था को तोड़ डाला है। वे कहते हैं कि 'कपड़े की मातृभूमि को उन्होंने अपने कपड़े से पाट दिया है।' 'अंग्रेजी भाषा और विज्ञान ने हिन्दुस्तान में खेती और उद्योग की एकता को नष्ट कर दिया है।'

यहाँ के इतिहास की आवश्यकता को उसके विकास की बहुविध परिस्थितियों के भीतर देखते हुए मार्क्स इस नतीजे पर पहुँचते हैं कि "1813 में कम्पनी आम व्यापारियों के दबाव का और अधिक सामना कर सकने में असमर्थ हो गयी। 1813 में व्यापार का मार्ग खुल जाने के बाद बहुत ही थोड़े समय के अन्दर भारत के साथ होने वाला व्यवसाय तीन गुने से भी अधिक हो गया। व्यापार का पूरा चरित्र ही बदल गया। 1813 तक भारत मुख्यतः निर्यात करने वाला देश था, पर अब वह आयात करने वाला देश बन गया। जो भारत अनादि काल से सूती कपड़े का उत्पादन के सम्बन्ध में संसार की महान् उद्योगशाला बना हुआ था, उसे अब अंग्रेजी सूत और सूती कपड़ों से पाट दिया गया।[23] मार्क्स कहते हैं कि भारत एक रणक्षेत्र बन गया था। जिसमें एक तरफ अंग्रेजों के औद्योगिक स्वार्थ थे, दूसरी तरफ थैलीशाह और शासक गुट के लोग थे।[24] (1813 में उस चार्टर ऐक्ट का निर्माण हुआ जिससे ईस्ट इण्डिया कम्पनी के व्यापार का एकाधिकार समाप्त हो जाता है और अब भारत के बाज़ार में इंग्लैण्ड के तैयारशुदा माल की खपत का मार्ग खुल जाता है, मुख्य रूप से लंकाशायर के कपड़े उद्योग का।)

अब मार्क्स यहाँ के इतिहास में उपस्थित इस नयी परिस्थिति की अनिवार्यता से पैदा होने वाले परिणामों की ओर संकेत देते हैं। वे कहते हैं, "अंग्रेजों ने भारतीय बुनकर और भारतीय सूत कातने वाले का सफाया करके, उनका आर्थिक आधार तोड़कर मिटा दिया और इस प्रकार एशिया में सबसे बड़ी और सच कहें तो एकमात्र सामाजिक क्रान्ति पैदा कर दी।"[25] और यह भी कि अंग्रेजों के औद्योगिक स्वार्थ भारत के बाज़ार के ऊपर जितने ही अधिक निर्मम होते गये, वे उतने ही अधिक इस बात की आवश्यकता अनुभव करते गये कि उसके राष्ट्रीय उद्योग को तबाह कर चुकने के बाद अब उन्हें भारत में नयी उत्पादक शक्तियों की सृष्टि करनी चाहिए। किसी देश को आप अपने माल से पाटते नहीं जा सकते जब तक कि उसे भी आप बदले में कोई उपज देने योग्य न बना दें।[26]

मार्क्स आगे आकर यह स्पष्ट करते हैं कि भारत की जनता ने किस तरह अपने इतिहास की भौतिक परिस्थितियों के साथ दो-चार होना शुरू किया। और किस तरह जनता की राजनीतिक कार्यवाही के बीज पड़ने लगे और राष्ट्रवादी एकता की ज़रूरत का एहसास होने लगा। मार्क्स इतिहास में नये भौतिक परिगठन और उसके आत्मिक प्रभाव की समीक्षा करते हैं। वे पुनर्निर्माण के शक्तिशाली साधनों का हवाला देते हैं। मार्क्स यह मानते हैं कि भारतीयों की राजनीतिक एकता को बढ़ाने में भाँति-भाँति के वैमनस्यों को मिटाने में मशीन की भौतिक भूमिका निर्णायक होगी।

मार्क्स का यह निरूपण कि "रेल व्यवस्था भारत में आधुनिक उद्योग की अग्रदूत बन जाएगी। बिजली का तार (राजनीतिक एकता को) और मज़बूत बनाएगा। स्वतन्त्र अख़बार, सिंचाई के साधन आदि के द्वारा भारतीयों की जातीयता में नवीनता पैदा होगी। ...भारत अपनी मुक्ति प्राप्त कर सके और हर विदेशी आक्रमणकारी का शिकार होने से बच सके, इसके लिए आवश्यक था कि उसकी अपनी एक देशी सेना हो, अंग्रेजों ने यह काम कर दिया है। भारत में एक नया वर्ग पैदा हो गया है जिसे सरकार चलाने का आवश्यक ज्ञान और योरोपियन विज्ञान की जानकारी है। ...इसके अलावा योरोप के साथ भारत का नियमित और तेल सम्बन्ध स्थापित कर दिया है। फलस्वरूप, अलगाव समाप्त होने लगा है। वे आगे कहते हैं कि आधुनिक उद्योग की वजह से पुश्तैनी श्रम-विभाजन का आधार लड़खड़ा गया है जिस पर यहाँ की जाति-व्यवस्था खड़ी हुई है... ।"[27]

आधुनिक भारतीय इतिहास के ऊपरी ढाँचे में जो बदलाव आ रहा था और भौतिक आधारों की जैसी बढ़त हो रही थी, उससे भारत के भविष्य की रचना का कैसा सम्बन्ध था? उपनिवेशवादी गुलामी से मुक्ति के साथ उसका कैसा सम्बन्ध था? मार्क्स ने इस तथ्य को खोलने का प्रयास किया है और भारत के बारे में यही उनकी मूल चिन्ता भी थी। मार्क्स कहते हैं "अंग्रेजी पूँजीपति वर्ग मजबूर होकर चाहे जो कुछ करे, उससे न तो भारत की आम जनता को आज़ादी मिलेगी और न उसकी सामाजिक हालत में कोई खास सुधार होगा। क्योंकि चीजें केवल इस बात पर नहीं निर्भर करतीं कि उत्पादक शक्तियों का विकास हो, बल्कि इस बात पर निर्भर करती हैं कि उन शक्तियों पर जनता का स्वामित्व हो।... हर हालत में यह आशा तो हम विश्वास के साथ कर ही सकते हैं कि देर या सबेर, उस महान् और चित्ताकर्षक देश का पुनरुत्थान अवश्य होगा जिसके निम्न से निम्न वर्गों के सौम्य नागरिकों में भी एक शान्त महानता दिखाई देती है—जिनके देश से हमारी भाषाएँ और हमारे धर्म प्राप्त हुए हैं।"[28]

इस तरह मार्क्स ने यह स्पष्ट किया है कि आधुनिक भारतीय इतिहास के भौतिकवादी ढाँचे में नयी शक्तियों का प्रादुर्भाव होने लगा है उसमें बदलते हुए जीवन की नयी आवश्यकताओं का द्वन्द्व भरने लगा है। तदनुरूप स्वतन्त्रता की लड़ाई भी दिन प्रतिदिन नयी-नयी मंज़िलों पर पहुँचने लगी है। 1857 की घटनाओं पर सोचते हुए मार्क्स डिज़रायली के इस कथन को स्वीकार करते हैं कि भारत की वर्तमान अशान्ति एक फौजी बग़ावत नहीं है, वह एक राष्ट्रीय विद्रोह है, सिपाही उसके केवल सक्रिय साधन हैं, इसमें हिन्दू-मुसलमान एक हो गये हैं।[29]

अन्त में हम यह कहना चाहेंगे कि उन्नीसवीं शती के छठे दशाब्द में मार्क्स ने आधुनिक भारत के इतिहास में परिवर्तनकारी शक्तियों की पहचान करते हुए उस मूलभूत आधार को सही ढंग से पकड़ लिया था, जहाँ से राष्ट्र के जीवन की प्रगति

और प्रतिक्रिया का कभी समापन होने वाला द्वन्द्व सक्रिय हो उठता है। मार्क्स ने यह भी स्पष्ट किया है कि प्रारम्भ के दिनों में उपनिवेशवादी व्यापारिक पूँजी और कुछ समय के बाद की औद्योगिक पूँजी ने यहाँ की सामाजिक व्यवस्था को तोड़ डाला। अर्थात् अंग्रेजों ने यहाँ के चिरपुरातन को तो उखाड़ फेंका, लेकिन वे अपने निहित स्वार्थों के कारण नये को पैदा नहीं होने दे रहे थे। मार्क्स का मानना है कि इतिहास में इस द्वैध के भर जाने से यहाँ के जीवन की अनेक आदर्शवादी मान्यताएँ ढहने लगती हैं। और इतिहास की कार्यकलापिकी का भौतिक कारण सामने खड़ा हो जाता है कि अब इतिहास की अनिवार्यता के प्रति भारतीय जनगण की एक कार्यकारी सोच पैदा होने लगती है। या इसे यूँ भी कह सकते हैं कि नयी आवश्यकता की समझ से जीवन की रचना का कारणत्व सक्रिय होने लगता है। और फिर, इस तरह के कारणत्व के सक्रिय हो जाने से इतिहास की वर्गीय छवि बनने लगती है जो सैक्यूलर चरित्र वाली होती है। और यह भी कि इतिहास में इस वर्गीय के भ्रमित होने से, उसके टूटने से इस सैक्यूलर की बड़ी हानि होती है। ऐसी हालत में मानवीय की विश्व-दृष्टि नहीं बन पाती।

मार्क्स ने यह बताया है कि इतिहास में सामन्तवाद से मुक्ति का मतलब अतीत की ओर मुँह किये हुए आधुनिक को भविष्योन्मुख करने से होता है। उन्होंने जीवन की नयी सम्भावनाओं की ओर ध्यान खींचा है और भारतीय आज़ादी की पूर्व कल्पना की है।

सन्दर्भ

1. एंगेल्स–बानर से नर बनने की प्रक्रिया की भूमिका।
2. एंगेल्स–ड्यूहरिंग मत खण्डन, पृ. 184, प्रगति प्रकाशन, मास्को, 1980
3. एंगेल्स, वही, पृ. 183
4. एंगेल्स–ड्यूहरिंग मत-खण्डन, पृ. 182
5. "अज्ञान पर आधारित वह अनिश्चितता जो बहुत से भिन्न-भिन्न प्रकार के तथा परस्पर विरोधी निर्णयों से किसी एक को मनमाने ढंग से चुनौती प्रतीत होती है, ठीक अपने इस कार्य से स्पष्ट कर देती है कि वह स्वतन्त्र नहीं है, बल्कि वह स्वयं उसी वस्तु के नियन्त्रण में है, जिसका उसे खुद नियन्त्रण करना चाहिए था।"
6. एंगेल्स पुनरावृत्ति के नियम की या इतिहास के चक्रवाद की आलोचना करते हैं कि "सामाजिक इतिहास में जब हम एक बार मनुष्य की आदिम अवस्था से आगे बढ़ जाते हैं तो परिस्थितियों की पुनरावृत्ति नियम के रूप में नहीं होती... अपवाद के रूप में होती है। और यह पुनरावृत्ति हू-ब-हू पहले जैसे हालात में कभी नहीं होती।" ड्यूहरिंग मत-खण्डन, पृ. 145
7. मार्क्स, एंगेल्स और लेनिन–द्वन्द्वात्मक भौतिकवाद, पृ. 347
8. वही, पृ. 349
9. वही, पृ. 347-348
10. वही, पृ. 347

11. एंगेल्स–ड्यूहरिंग मत-खण्डन, पृ. 76
12. Frederick Engels—Dialectics of Nature, Page 219 - 220, Progress Publishers, - 1974
13. A.S. Prangishvili, A.E. Sherozia, F.V. Bassin (Edited) The Unconscious Vol. I & II - Metsniereba Publishing House - TBILISI - 1978 इसके अलावा J.Havet के द्वारा संपादित "Main Trends of Research in the social and human sciences Part II/Vol. II की पृ. संख्या 1249 से 1259 तक 'Psychoanalysis and Human Sciences' पर विचार किया गया है।
14. यदि 'अवस्तु' को अस्तित्ववाद के भाषा शास्त्र से मुक्त कर लें और भौतिकी की द्वन्द्वात्मक समझ हासिल कर लें तब फिर यह सच्चाई प्रकट हो सकेगी। इस विषय पर R. Podolny की 'Pomething called nothing' Mir Publishers, Moscow पठनीय है।
15. कार्ल मार्क्स-एंगेल्स–'भारत का प्रथम स्वतन्त्रता संग्राम', पृ. 32-33, पीपुल्स पब्लिशिंग हाउस, नयी दिल्ली, 1980
16. कार्ल मार्क्स-एंगेल्स–'भारत का प्रथम स्वतन्त्रता संग्राम', पृ. 15
17. कार्ल मार्क्स-एंगेल्स–उपनिवेशवाद के बारे में, पृ. 99, प्रगति प्रकाशन, मास्को, 1978
18. कार्ल मार्क्स-फ्रेडरिक एंगेल्स–'भारत का प्रथम स्वतन्त्रता संग्राम', पृ. 13-14
19. कार्ल मार्क्स-फ्रेडरिक एंगेल्स–'भारत का प्रथम स्वतन्त्रता संग्राम', पृ. 29
20. कार्ल मार्क्स-एंगेल्स–'उपनिवेशवाद के बारे में', पृ. 102
21. कार्ल मार्क्स-फ्रेडरिक एंगेल्स–'भारत का प्रथम स्वतन्त्रता संग्राम', पृ. 26
22. वही, पृ. 10
23. कार्ल मार्क्स-फ्रेडरिक एंगेल्स–'भारत का प्रथम स्वतन्त्रता संग्राम', पृ. 22
24. वही, पृ. 25
25. मार्क्स-एंगेल्स–'उपनिवेशवाद के बारे में', पृ. 46
26. कार्ल मार्क्स-फ्रेडरिक एंगेल्स–'भारत का प्रथम स्वतन्त्रता संग्राम', पृ. 24
27. मार्क्स-एंगेल्स–'उपनिवेशवाद के बारे में', पृ. 102
28. कार्ल मार्क्स-फ्रेडरिक एंगेल्स–'भारत का प्रथम स्वतन्त्रता संग्राम', पृ. 31
29. कार्ल मार्क्स-फ्रेडरिक एंगेल्स–'भारत का प्रथम स्वतन्त्रता संग्राम', पृ. 35, 48

डॉ. रामविलास शर्मा का इतिहास-चिन्तन और भारतीय इतिहास के कुछ गम्भीर प्रश्न

रामकृपाल पाण्डेय

डॉ. रामविलास शर्मा मार्क्सवादी विचारक हैं, पर रूढ़िवादी नहीं, क्रान्तिकारी। कम्युनिस्ट दलों के दलदल से मुक्त स्वतन्त्र चेता। देश और विश्व की जनता से बँधे हुए निर्भीक और निर्मम सत्य-द्रष्टा। उनका इतिहास-चिन्तन ऐतिहासिक भौतिकवाद ही है पर अनेक वैशिष्ट्यों से संवलित। उनके इतिहास-चिन्तन की चर्चा का महत्त्व दिनोंदिन बढ़ रहा है और निरन्तर बढ़ता ही जाएगा। पिछले वर्षों की तुलना में उसका महत्त्व आज हजार गुना अधिक है। दुनिया का सर्वाधिक वैज्ञानिक इतिहास-दर्शन ऐतिहासिक भौतिकवाद ही समझा जाता रहा है और निस्सन्देह वह ऐसा है भी, लेकिन उसके आधार पर दुनिया में सबसे पहले समाजवाद का निर्माण करने वाला देश सोवियत संघ जब बिखर रहा हो और साम्राज्यवादी-देशों से सहायता की भीख माँग रहा हो तो उसकी वैज्ञानिकता पर सन्देह होना एकदम स्वाभाविक है। ऐसी दशा में डॉ. शर्मा का इतिहास-चिन्तन विश्व के पिछड़े हुए समाजों की, साम्राज्यवादी शोषण-उत्पीड़न की शिकार सम्पूर्ण मानवजाति को मुक्ति का मार्ग दिखाने में सक्षम है, ऐसा मेरा विचार है। अतः आइए और उनके इतिहास-चिन्तन पर विचार कीजिए। विचार ही जीवन-ज्योति को उद्दीप्त करता है और कर्म का सही मार्ग दिखाता है। कर्म और विचार के द्वन्द्वात्मक सम्बन्ध पर मार्क्सवाद के सिद्धान्त-ग्रन्थों में बहुत लिखा गया है। उस पर विचार करना यहाँ सम्भव नहीं है, पर इतना कहना आवश्यक है कि यही वह मुख्य क्षेत्र है जिसमें गड़बड़ होने पर इतिहास की गति पलट जाती है या अवरुद्ध हो जाती है। अतः हमारा प्रयत्न होना चाहिए सिद्धान्त-चिन्तन को व्यवहार से जोड़कर देखने का। हमारा गलत व्यवहार हमारे गलत ही नहीं, बल्कि सही सिद्धान्तों को भी बदनाम कर देता है और बदनाम ही नहीं उसे बर्बाद और व्यर्थ भी कर देता है। दुनिया के इतिहास में यही होता आया है। वैज्ञानिक समाजवाद के साथ भी यही हो रहा है। समाजवाद के लिए, क्रान्ति के लिए, सामन्ती-पूँजीवादी-साम्राज्यवादी

शोषण-उत्पीड़न से मुक्ति के लिए अपनी ज़िन्दगी कुर्बान कर देने वाले विश्व के लाखों-करोड़ों शहीदों के लाल और गर्म लहू की शपथ है आपको कि आप समाजवाद को बदनाम और बर्बाद करने का प्रयास स्वयं न करें।

ऐतिहासिक भौतिकवाद का आधारभूत सिद्धान्त है–'आधार और अधिरचना का सिद्धान्त' जिसका प्रतिपादन **मार्क्स** ने जनवरी 1859 में अपनी पुस्तक **"राजनीतिक, अर्थशास्त्र की समीक्षा में योगदान"** की भूमिका में किया था। पश्चिमी योरोप के तमाम तथाकथित मार्क्सवादी चिन्तक उक्त सिद्धान्त को नकारने, विकृत करने, संशोधित करने और अवमूल्यित करने में व्यस्त रहे हैं और स्वयं को **मार्क्स, एंगेल्स, लेनिन** और **स्टालिन** से आगे बढ़ा हुआ सिद्ध करते रहे हैं। इन पश्चिमी संशोधनवादियों के विपरीत डॉ. शर्मा 'आधार और अधिरचना' सिद्धान्त को ऐतिहासिक भौतिकवाद की बुनियाद मानकर उसकी रक्षा करते आये हैं। इस सिद्धान्त की वैज्ञानिक समझदारी मार्क्सवाद के बड़े-बड़े विद्वानों को भी नहीं है। डॉ. शर्मा ने उसे पूरी समग्रता में आत्मसात् किया है और उसके आधार पर भारतीय इतिहास और साहित्येतिहास के क्षेत्र में अनेक क्रान्तिकारी स्थापनाएँ की हैं। उक्त सिद्धान्त की कुछ विस्तृत चर्चा मैंने अपनी पुस्तिका **'डॉ. रामविलास शर्मा का आलोचना-कर्म'** (साम्य पुस्तिका-2, मध्य प्रदेश प्रगतिशील लेखक संघ, अम्बिकापुर द्वारा प्रकाशित, 1990 ई.) में की है। अतः यहाँ पर मैं उसके विषय में एक भी शब्द नहीं कहना चाहूँगा। इस सिद्धान्त की वैज्ञानिक समझदारी पर आधारित भारतीय इतिहास और साहित्येतिहास सम्बन्धी डॉ. शर्मा की कुछ स्थापनाओं पर मैं आगे यथास्थान विचार करूँगा। उत्पादन की पद्धतियों और सामाजिक विकास की मंज़िलों से सम्बन्धित मार्क्सवादी स्थापनाओं को डॉ. शर्मा ने स्पष्ट तथा विकसित करने का सफल प्रयत्न किया है। 'अर्थशास्त्र की आलोचना में योगदान' पुस्तक की भूमिका में मार्क्स ने उत्पादन की चार पद्धतियों का उल्लेख किया था : एशियाई (Asiatic), प्राचीन (Ancient), सामन्ती (Feudal) और वर्तमान पूँजीवादी (Modern Bourgeuis)। मार्क्सवादी लेखन में इनमें से अनेक के विषय में बड़ी भ्रान्तियाँ मिलती हैं। स्वयं मार्क्स के द्वारा किये गये इनके नामकरण में खामियाँ हैं। उनके नाम के आधार अलग-अलग हैं। अतः भ्रान्तियों के लिए अवकाश उसमें निहित है। यह स्मरणीय है कि **'कम्युनिस्ट घोषणापत्र'** में उत्पादन-पद्धतियों में 'एशियाई' का स्पष्ट उल्लेख और विवेचन नहीं है। बात यह है कि 1847 ई. तक इतिहास और उत्पादन-पद्धतियों के सम्बन्ध में मार्क्स-एंगेल्स का ज्ञान काफी सीमित था। यह बात स्वयं उन्होंने स्वीकार की है। मानवजाति के समूचे इतिहास के बारे में **'कम्युनिस्ट घोषणापत्र'** में उन्होंने स्पष्ट घोषणा की थी कि "अभी तक आविर्भूत समस्त समाज का इतिहास वर्ग-संघर्षों का इतिहास रहा है।" इस स्थापना को आज भी दुनिया के मार्क्सवादी रट लेते हैं और तोते की तरह दुहराते हैं। यह स्थापना एकदेशीय और गलत है। अपनी

भूल सुधारते हुए 1888 ई. के अंग्रेजी संस्करण में **एंगेल्स** ने एक टिप्पणी लिखी है 1847 में लिखे गये वाक्य में इतिहास का अर्थ है समस्त लिपिबद्ध इतिहास, न कि अभी तक आविर्भूत समस्त समाज का इतिहास और स्वीकार किया कि उस समय तक समाज का पूर्व इतिहास, अर्थात् लिखित इतिहास के पहले का सामाजिक संगठन, बिल्कुल अज्ञात था। इस भूल सुधार के बावजूद इतिहास की यह व्याख्या द्वन्द्वात्मक भौतिकवाद की दृष्टि से एकांगी या मेटाफिजिकल है। कारण यह कि उक्त स्थापना में विभिन्न वर्गों के भीतरी व आपसी सहयोग को एकदम नकार दिया गया है—भावुकतापूर्ण काल्पनिक ढंग से। आज तक दुनिया में न तो कोई ऐसा समाज था, न है, न हो सकता है जिसमें सिर्फ़ दो ही वर्ग रहे हों और उनमें मात्र संघर्ष ही संघर्ष रहा हो। यह बात स्वयं मार्क्स, एंगेल्स, लेनिन आदि के व्यावहारिक इतिहास के विश्लेषण से सिद्ध होती है। वर्ग-समाजों के इतिहास में प्रधान प्रवर्तक वर्ग-संघर्ष ही होता है पर उनमें वर्ग-सहयोग का अभाव भी नहीं होता। अतः वैज्ञानिकता और यथार्थ आदि के दावेदार मार्क्सवादियों को अपने भ्रान्तिपूर्ण सिद्धान्तों को सुधार लेना चाहिए। ऐसा करते समय मार्क्सवादी दर्शन और पद्धति का कठोरता के साथ पालन होना चाहिए। पर होता ठीक इसका उलटा है। गलत सिद्धान्त-सूत्रों को तोते की भाँति हम दुहराते हैं और मार्क्स-एंगेल्स-लेनिन के विवेचन की मार्क्सवादी दर्शन और विवेचन-पद्धति की उपेक्षा करते जाते हैं। यह बुनियादी भूल है। मैं यह निश्चयपूर्वक इस समय नहीं बता सकता कि डॉ. शर्मा ने कहीं उपयुक्त स्थापना या सिद्धान्त को दुरुस्त करने का प्रयत्न किया है या नहीं पर मेरा अनुमान है कि वे मानवजाति के इतिहास को मात्र वर्गसंघर्ष का इतिहास नहीं मानते। दरअसल, सहयोग के बिना संघर्ष सम्भव ही नहीं है। 'आदिम साम्यवाद' के युग के प्रसंग में उन्होंने स्पष्ट लिखा है, "यद्यपि प्राचीन महाकाव्यों में युद्ध के वर्णन भरे पड़े हैं और आधुनिक समाजशास्त्री के लिए यह कल्पना करना आसान है कि आदिम साम्यवाद के युद्ध कबीलों के सामाजिक-जीवन का अंग है, **फिर भी सभ्यता का विकास सहयोग के आधार पर हुआ है, युद्ध के आधार पर नहीं।**" (मार्क्स और पिछड़े हुए समाज, पृ. 470) ज़ाहिर है कि यह सहयोग जिसके आधार पर मानव-सभ्यता का विकास हुआ, सामाजिक विकास की अगली मंज़िलों में ख़त्म नहीं हो गया बल्कि विभिन्न रूपों में जारी रहकर विकसित होता रहा। अतः उसे सामाजिक विकास की व्याख्या करने वाले सूत्र में स्थान न देना मानवादी और मेटाफिजिकल (एकांगी और एकपक्षीय) दृष्टिकोण है, न कि पदार्थवादी और द्वन्द्वात्मक दृष्टिकोण। आज जब मार्क्सवाद और समाजवाद का विकास अवरुद्ध है और अवरुद्ध ही नहीं बल्कि पीछे जा रहा है, डॉ. शर्मा का इतिहास-चिन्तन हमें पर्याप्त आश्वस्त करता है। वह मार्क्सवाद और समाजवाद के भावी नवोत्थान की प्रेरक आधार भूमि का कार्य करेगा, ऐसा मेरा वैज्ञानिक पूर्वानुमान है। डॉ. शर्मा मार्क्सवाद को उसकी समग्रता में

आलोचनात्मक-विकासवादी दृष्टि से देखते हैं, प्रत्येक स्थापना या धारणा को आँख मूँद कर दुहराते नहीं। यहीं उनके इतिहास-चिन्तन रहित समस्त चिन्तन की सापेक्ष मौलिकता और महत्ता का आधार है।

ऊपर मैं कह चुका हूँ कि मार्क्स द्वारा किये गये उत्पादन-पद्धतियों के नामकरण में खामियाँ हैं। उनके नाम के आधार अलग-अलग हैं। 'एशियाई' नाम स्पष्टतः क्षेत्र पर आधारित है। उससे न तो कालक्रम का बोध होता है न उत्पादन-सम्बन्धों का, न उत्पादक शक्ति का। दूसरी पद्धति का नाम क्षेत्र के आधार पर होता तो उसे मार्क्स ने 'ग्रीको-रोमन' या 'यूरोपीय' या ऐसा ही और कुछ नाम दिया होता। लेकिन ऐसा न कहकर उसे उन्होंने 'प्राचीन' कहा। प्रश्न यह है कि उन्होंने 'एशियाई' पद्धति को प्राचीन क्यों नहीं कहा, जब कि कालक्रम की दृष्टि से एशियाई पद्धति तथाकथित प्राचीन पद्धति से प्राचीनतर है। लगता है तब मार्क्स एशियाई पद्धति की प्राचीनता के बारे में पूर्णतः आश्वस्त न थे। अतः उन्होंने उसे पहले स्थान पर रखते हुए भी 'प्राचीन' नहीं कहा। पर यह अनुमान सही नहीं है। एशियाई पद्धति को पहले स्थान पर रखने से ही यह प्रमाणित है कि मार्क्स 1859 में भी उसे विकास-क्रम की दृष्टि से सर्वप्रथम मानते थे। यह बात उसी पुस्तक में पृ. 33 पर दी गयी एक पाद टिप्पणी से सही सिद्ध होती है। एशियाई पद्धति से मार्क्स का आशय आदिम साम्यवाद की सामूहिक उत्पादन-पद्धति से ही था, पर चूँकि वे उसे एशिया के अनेक भागों में, विशेष कर भारत में, उस समय भी काफी व्यापक रूप में मौजूद समझते थे अतः उन्होंने उसे एशियाई नाम दिया। उनकी यह भी धारणा थी कि जर्मन, स्लाव, केल्त आदि कबीले एशिया से यूरोप पहुँचे थे और अपने साथ सामूहिक उत्पादन वाली पद्धति लाये थे। उन्होंने इस कारण भी उसे एशियाई कहना उपयुक्त समझा होगा। लेकिन यह नाम एक बड़े भ्रम का कारण बन गया। आम तौर पर यह समझा जाने लगा कि एशियाई उत्पादन-पद्धति आदिम साम्यवादी-सामूहिक उत्पादन-पद्धति से भिन्न है। डॉ. शर्मा के अनुसार "मार्क्सवादी विवेचन में उसका उल्लेख आदिम साम्यवाद के अर्थ में ही हो सकता है, उससे भिन्न अर्थ में नहीं। यह साम्यवाद भारत में अंग्रेजी राज कायम होने से कई हजार साल पहले खत्म हो गया था।" (मार्क्स और पिछड़े हुए समाज, पृ. 467) डॉ. शर्मा की दृष्टि में आदिम साम्यवाद से भिन्न "एशियाई पद्धति की यह धारणा त्रोत्सकीवादियों का खास अस्त्र है; उसका उपयोग वे भारत पर साम्राज्यवादी प्रभुत्व को जायज ठहराने के लिए करते हैं।" (वही, पृ. 467) स्पष्ट शब्दों में कहा जाना चाहिए कि भारत की अविभाजित कम्युनिस्ट पार्टी और अब कम्युनिस्ट पार्टियाँ इस भ्रम की शिकार काफी हद तक रही हैं और आज भी हैं। ऐसे अनेक भ्रमों से डॉ. शर्मा निरन्तर संघर्ष कर रहे हैं। भारतीय इतिहास से सम्बन्धित इतिहासकारों की तमाम स्थापनाओं को उन्होंने चुनौती दी है और लोगों को उन पर गम्भीर पुनर्विचार के लिए विवश कर दिया है।

एशियाई पद्धति आदिम साम्यवाद की सामूहिक उत्पादनवाली पद्धति ही है—इसके अनेक प्रमाण हैं। एंगेल्स ने **'कम्युनिस्ट घोषणापत्र'** की सन् 1888 वाली टिप्पणी में भारत से आयरलैण्ड तक फैले ग्राम समाजों को 'आदिम साम्यवादी समाज' की संज्ञा दी थी। अतः उनकी भिन्नता का आधार अन्तिम रूप से समाप्त हो जाता है। मेरा विचार है कि इन दो नामों को पर्याय मानना चाहिए, फिर भी अनेक कारणों से 'आदिम साम्यवादी' नाम का प्रयोग ही बेहतर-होगा।

मानव जाति के विकास की पहली मंज़िल आदिम साम्यवाद है। इस मंज़िल की उत्पादन-पद्धति आदिम साम्यवादी हुई। इसके बाद की किसी पद्धति को 'प्राचीन' कहना तार्किक दृष्टि से सर्वथा, असंगत है। फिर भी मार्क्स ने 'मध्यकाल' से पहले के यूनान और इटली की दास-प्रथा पर आधारित उत्पादन-पद्धति को 'प्राचीन' कहा। 'मध्यकालीन' यूरोपीय उत्पादन-पद्धति अर्थात् सामन्ती उत्पादन-पद्धति की तुलना में कालक्रम की दृष्टि से वह प्राचीन थी भी। डॉ. शर्मा ने ठीक लिखा है कि—"एशियाई शब्द के लिए जैसा आग्रह विद्वानों में है वैसा 'प्राचीन' के लिए नहीं है।" (मार्क्स और पिछड़े हुए समाज, पृ. 467) दरअसल, इस नाम की असंगति एकदम स्पष्ट है और उसका प्रयोग अत्यन्त भ्रामक और अनर्थकारी हो सकता है। अतः इस नाम के प्रति आग्रह न होना अच्छा ही है। 'प्राचीन' के स्थान पर समाज-विकास की इस मंज़िल को दास-स्वामी समाज और उसकी उत्पादन-पद्धति को तदनुरूप दासप्रथा वाली उत्पादन-पद्धति कहते हैं। इस उत्पादन पद्धति के बारे में लगभग समूचे मार्क्सवादी साहित्य में यह भ्रम फैला हुआ है कि आदिम साम्यवाद की मंज़िल के बाद दासप्रथा वाली मंज़िल आती है और इसके बाद ही उत्पादन की सामन्ती-पद्धति का विकास होता है। इस भ्रम को दूर करने का प्रयत्न कुछ मार्क्सवादी विचारकों ने किया है। डॉ. शर्मा भी इसी कोटि के चिन्तक हैं। प्रारम्भ से ही वे दासों के श्रम पर आधारित उत्पादन-पद्धति को स्वतन्त्र न मानकर, सामन्ती-उत्पादन पद्धति का एक रूप मानते आये हैं।

मार्क्स और एंगेल्स के लेखन में दो प्रकार के दासों का उल्लेख मिलता है। पितृसत्तात्मक समाज के दास अपने मालिकों के सेवक होते हैं। वे उत्पादन में अपने मालिकों की सहायता करते हैं। इस समाज में उत्पादन का लक्ष्य ग्राम-समाजों की सीमित और तात्कालिक आवश्यकताओं की पूर्ति करना होता है—बिकाऊ माल तैयार करना नहीं। ऐसे समाज में बड़े सरदार और पुरोहित युद्ध के बन्दियों को अथवा सूदखोर महाजन अपने कर्जदारों में से कर्ज न चुका पाने वालों को दास बना लेते हैं। ऐसे दास 'डॉ. शर्मा के अनुसार' समाज का बहुसंख्यक भाग और मुख्य उत्पादक समुदाय नहीं बन पाते। अतः ऐसे समाज को दास-स्वामी समाज नहीं कहा जा सकता।

दूसरी तरह के दास, जो तथाकथित दास-स्वामी समाज के अन्तर्गत पाये जाते हैं, डॉ. शर्मा के मतानुसार "मालिकों के लिए बिकाऊ माल तैयार करते हैं। उत्पादन का

लक्ष्य विनिमय के लिए माल जुटाना होता है। यह अपेक्षाकृत बड़े पैमाने का उत्पादन होता है। दास बड़े कुटुम्ब के अंश नहीं होते, वे बाज़ार में बेचे और खरीदे जाते हैं, मालिक उनसे बेहिसाब मेहनत कराके अतिरिक्त मूल्य पैदा करता है। वास्तव में पहली तरह के दास छोटे पैमाने वाले उत्पादन के समाज में, अर्थात् सामन्ती समाज में, पाये जाते हैं।' दूसरी तरह के दास बड़े पैमाने वाले उत्पादन के समाज में, अर्थात् व्यापारिक पूँजीवाद वाले समाज में पाये जाते हैं। दोनों तरह के दासों को मिलाकर एक कर दीजिए, ऐतिहासिक विकास-क्रम बुरी-तरह उलझ जाएगा। मार्क्स ने दो तरह के दासों में भेद किया है। यदि कोई इस भेद को अनदेखी करता है, समस्या को उलझाता है, तो इसके लिए मार्क्स दोषी नहीं है। ऐसा उलझाव मार्क्स के चिन्तन को उसकी समग्रता में न देखने का परिणाम है।" (वही, पृ. 468)

इतिहास के रूढ़िवादी मार्क्सवादी विवेचन में दास-स्वामी समाज पहले आता है सामन्ती समाज बाद में। डॉ. शर्मा के क्रान्तिकारी मतानुसार यह वास्तविकता के बिल्कुल विपरीत है। वैसे मार्क्सवादी विवेचन में भी यह स्वीकार किया गया है कि दासप्रथा वाला समाज, सामाजिक विकास की अनिवार्य मंज़िल नहीं है। यदि वह अनिवार्य मंज़िल नहीं है तो इससे यह सिद्ध होता है कि वास्तव में सामाजिक विकास के वस्तुगत नियम कल्पना मात्र हैं। डॉ. शर्मा सामन्तवाद के अन्तर्गत दास-प्रणाली की व्याख्या कर ऐतिहासिक विकास-क्रम को सुनिश्चित वैज्ञानिक रूप देते हैं और सामाजिक विकास के वस्तुगत नियमों के अस्तित्व की रक्षा करते हैं। इतिहास-चिन्तन के क्षेत्र में उनका यह भी एक जबरदस्त योगदान है।

'पूँजी' खण्ड 1 में दी गयी एक पादटिप्पणी के आधार पर डॉ. शर्मा ने यह महत्त्वपूर्ण क्रान्तिकारी निष्कर्ष निकाला कि प्रारम्भ में मार्क्स का चाहे जो मत रहा हो, पर **'पूँजी'** के मार्क्स के अनुसार "सामूहिक स्वामित्व के लुप्त होने के बाद और उत्पादन पर दास-प्रथा के हावी होने से पहले, छोटे पैमाने की खेती और स्वतन्त्र दस्तकारी वाली व्यवस्था कायम होती है और ये दोनों (अर्थात् खेती और दस्तकारी) उत्पादन की सामन्ती पद्धति का आधार हैं।" निष्कर्ष यह कि मार्क्स आदिम साम्यवाद से सामन्तवाद का उदय स्वीकार करते हैं। डॉ. शर्मा के अनुसार मार्क्स की यही धारणा उनकी परिष्कृत धारणा है जिसे आधार बनाकर सामाजिक विकास की मंज़िलों के ऐतिहासिक क्रम का विवेचन किया जाना चाहिए था, किन्तु "दुर्भाग्य से इतिहास के मार्क्सवादी विवेचन में यह क्रम अक्सर उलट गया है। छोटे पैमाने की खेती और स्वतन्त्र दस्तकारी से पहले ही उत्पादन पर दास-प्रथा हावी हो जाती है।" (वही, पृ. 468) दास प्रथा को सामन्तवाद के अन्दर समेटते हुए डॉ. शर्मा ने लिखा—"आदमी बाज़ार में तभी बेचा और खरीदा जाएगा जब मनुष्य के उपभोग की और चीजें भी बेची और खरीदी जाती होंगी। प्राचीन यूनान और रोम में बिकाऊ माल का चलन, बिकाऊ माल तैयार करने वाले दासों की प्रथा का चलन, अचानक नहीं हो गया।

उसके पहले छोटे पैमाने का उत्पादन चालू हुआ, विभिन्न शाखाओं में उत्पादन का विभाजन हुआ, इन शाखाओं में काम करने वालों के कौशल का विकास हुआ। मार्क्स और एंगेल्स के विवेचन से यह बिल्कुल स्पष्ट है कि आदमी साम्यवाद के बाद छोटे उत्पादन वाली सामन्ती व्यवस्था आती है, बड़े पैमाने के उत्पादन वाली दासों के श्रम की व्यवस्था उसके बाद ही आ सकती है।" (वही, पृ. 468)

डॉ. शर्मा के अनुसार आदिम साम्यवाद से सामन्तवाद की ओर संक्रमण बहुत पेचीदा होता है और सामन्ती व्यवस्था कायम करने के लिए दासों का होना अनिवार्य भी नहीं है। उनका कहना है कि–"आदिम साम्यवाद के अन्तर्गत समाज दासों और उनके स्वामियों में विभाजित हो जाए और इन दो वर्गों के फलस्वरूप साम्यवादी व्यवस्था टूट जाए, ऐसा कभी नहीं होता।" (वही, पृ. 472) आदिम साम्यवाद की आखिरी अवस्था में दासों से काम लेना शुरू होता है और सामन्तवाद की प्रारम्भिक और विकसित अवस्थाओं में जारी रहता है। इन अवस्थाओं के दास कुटुम्ब के अंग बनकर काम करते हैं और कुटुम्ब के अन्य सदस्य उनके साथ काम करते हैं। इस कोटि के दास अपने समाज के मुख्य उत्पादक नहीं बेच पाते। दास मुख्य उत्पादक बनते हैं सामन्तवाद के भीतर व्यापारिक पूँजीवाद के विकसित होने पर। अतः डॉ. शर्मा के मतानुसार यूनान और रोम के प्रसिद्ध दास-समाज न तो सामन्तवाद की पूर्ववर्ती अवस्था में थे, न सामन्तबाद की प्रारम्भिक अवस्था में; अपितु व्यापारिक पूँजीवाद की अवस्था में थे। यूरोप के पुनर्जागरण से इन दास-समाजों के गहरे सम्बन्ध का यही वास्तविक कारण है। यूनान और रोम के दास-समाजों के बाद का यूरोपीय सामन्तवाद का युग जिसे ठीक ही अन्धकार-युग कहा जाता है, उनसे पिछड़ा हुआ है। यूनान और रोम का व्यापारिक पूँजीवाद अविच्छिन्न एवं अबाध गति से आगे नहीं बढ़ा, बल्कि ह्रासोंन्मुख हुआ। उसका प्रकाश लुप्त हुआ और अन्धकार छा गया। यह अन्धकार 14वीं या 15वीं शताब्दी के आरम्भ में दूर होने लगा और पहले जैसा प्रकाश पुनः फैलने लगा। इसीलिए उसे 'रिनैसांस' अर्थात् पुनर्जागरण काल कहा जाने लगा। डॉ. शर्मा ने लिखा है–"रिनैसांस का मूल अर्थ है पुनर्जन्म। यूनान और रोम की संस्कृति का जन्म मानो फिर से हुआ। केवल संस्कृति का नहीं, मानव-जीवन की भौतिक परिस्थितियों का जन्म भी मानो फिर से हुआ।" (वही, पृ. 79)

इस प्रकार मार्क्स के द्वारा प्रस्तुत अनेक तथ्यों के आधार पर डॉ. शर्मा ने समाज के उस विकासक्रम को निरस्त कर दिया है जिसमें बँधुआ किसानों वाले सामन्तवाद को यूनान और रोम के दासों वाले समाज से आगे की विकसित कड़ी माना जाता रहा है। उसके मतानुसार बँधुआ किसानों वाला यह सामन्तवाद यूनान और रोम के दास-समाज की पूर्ववर्ती पिछड़ी अवस्था है, अगली नहीं। डॉ. शर्मा ने ठीक ही लिखा है कि सामाजिक विकास-क्रम में रोम और यूनान की दासप्रथा वाला समाज पहले है या सामन्ती समाज, यह कोरे शास्त्रीय महत्त्व का प्रश्न नहीं है, उससे

आधुनिक पूँजीवाद के विकास का प्रश्न जुड़ा हुआ है। यूरोप के मध्यकाल (5वीं से 13वीं शताब्दी तक) के बाद से लेकर औद्योगिक क्रान्ति तक का युग व्यापारिक पूँजीवाद का युग है—जिससे औद्योगिक पूँजीवाद का विकास हुआ। यूनान और रोम के प्राचीन दास समाज व्यापारिक पूँजीवाद के ही युग में थे।"

डॉ. शर्मा के इतिहास-चिन्तन में 'मानव समाज आगे बढ़ता है, पीछे की ओर भी छलाँग लगाता है। एक बार यूरोप ने पीछे की ओर छलाँग लगायी तो दो हजार साल के लिए अन्धकार युग आया। यह अन्धकार युग समाप्त हुआ, पुनर्जागरण काल आया, यूनान और रोम ने पुरानी मंज़िल जहाँ छोड़ी थी, यूरोप ने दो हजार साल बाद वहाँ से नयी मंज़िल शुरू की।" (वही, भूमिका, पृ. 15) डॉ. शर्मा के अनुसार इतिहास पुनः पीछे की ओर छलाँग लगा सकता है। इस विषय में उनका कथन है कि "यदि यूरोप और अमरीका ने पीछे की ओर छलाँग लगायी तो पुनर्जागरण काल कब आएगा, दो हजार साल बाद या बीस हजार साल बाद, कोई उसे लाने को बचेगा भी या नहीं, किसी को नहीं मालूम! यूरोप के मध्यकाल का अँधेरा सारी धरती पर न फैल गया था, सभ्यता के अनेक एशियाई केन्द्र सक्रिय बने रहे थे। किन्तु इस बार धरती के किस कोने में कितना ऑक्सीजन बचा रहेगा, निश्चयपूर्वक कोई नहीं बता सकता।" (वही, पृ. 15) यूरोप और अमेरिका पीछे की ओर छलाँग लगाएँगे या नहीं, यह तो अभी अनुमान का विषय है पर अपने यहाँ समाजवाद का निर्माण करके साम्यवाद के निर्माण की ओर अग्रसर होने का दावा करने वाला सोवियत संघ पीछे की ओर (अर्थात् पूँजीवाद की ओर) छलाँग लगा रहा है—यह तो प्रत्यक्ष है ही।

मार्क्सवादी समाज-विकास की प्रक्रिया में ह्रास और पतन का उल्लेख अवश्य पाया जाता है पर इस विकास और ह्रास के अन्तर्विरोध पर अधिक ध्यान नहीं दिया गया है। अतः आम तौर पर विकास-प्रक्रिया की जो धारणा मार्क्सवादी अपने मन में बनाते हैं उसमें निरन्तर ऊर्ध्व विकास की एकांगिता ही प्रबल होती है। विकास की इस एकांगी कल्पना के स्थान पर डॉ. शर्मा विकास की सर्वांगीण प्रक्रिया पर बल देते हैं जिसमें विकास के साथ ह्रास भी जुड़ा रहता है। "पुरानी व्यवस्था टूटती है, उत्पादन के पुराने सम्बन्ध टूटते हैं, उनकी जगह जो नये सम्बन्ध कायम होते हैं वे पहले वालों से बढ़कर होते हैं। यही प्रगति का रहस्य है। यह प्रगति केवल आर्थिक स्तर पर नहीं होती। कला और विचारधारा का सारा ताना-बाना इसी आर्थिक आधार पर टिका हुआ है। आधार बदलता है, तो ताना-बाना बदलता है, आधार पहले से श्रेष्ठ है तो ताना-बाना पहले से श्रेष्ठ होगा; इस प्रकार समाज के आर्थिक विकास के साथ उसका नैतिक, कलात्मक, दार्शनिक आदि हर तरह का विकास जुड़ा हुआ है। यह विकास की एक कल्पना हुई।" औसत मार्क्सवादी के दिमाग में विकास की प्रायः यही एकांगी धारणा होती है जो विकृत होती है। डॉ. शर्मा की व्याख्या के अनुसार "उत्पादन पद्धति में परिवर्तन होता जाए और उसके साथ मानव संस्कृति

में निरन्तर प्रगति होती जाए, विकास इस तरह नहीं होता। प्रगति के साथ दुर्गति जुड़ी होती है, यह दुर्गति आर्थिक क्षेत्र के अलावा संस्कृति में भी दिखाई देती है।" (वही, पृ. 43) डॉ. शर्मा के अनुसार–"दो विरोधी प्रक्रियाएँ घटित होती हैं, आर्थिक क्षेत्र में प्रगति के लिए उत्पादन की पुरानी पद्धति और उपकरणों को छोड़ना जरूरी होता है, सांस्कृतिक क्षेत्र में प्रगति के लिए पुरानी संस्कृति के मूल्यवान तत्त्वों को अपनाना जरूरी होता है। पुरानी संस्कृति में सब कुछ अच्छा और मूल्यवान नहीं होता, किन्तु पुरानी संस्कृति के तत्त्व और पुराने उत्पादन के उपकरण, दोनों में बड़ा फर्क है। उत्पादन के क्षेत्र में जोर है छोड़ने पर, संस्कृति के क्षेत्र में जोर है ग्रहण करने पर। उत्पादन की पद्धति के बदलने पर यह सोचना कि संस्कृति बदल गयी है, बीते हुए युग की संस्कृति से हमारा कोई सम्बन्ध नहीं है, बहुत बड़ी भूल है।" (वहीं, पृ. 43) डॉ. शर्मा की यह घोषणा बेहद महत्त्वपूर्ण है कि संस्कृति के सबसे मूल्यवान तत्त्व, जो शोषक वर्ग के हितों का विरोध करते हैं और शोषित वर्ग के हितों की रक्षा करते हैं "शोषित वर्ग को धरोहर के रूप में बहुधा वर्गहीन आदिम समाजों से प्राप्त होते हैं।" (वही, पृ. 43)

प्रगति के साथ दुर्गति और आगे बढ़ने के साथ पीछे की ओर छलाँग की व्याख्या के बिना ऐतिहासिक भौतिकवाद सुसंगत रूप से द्वन्द्वात्मक और वैज्ञानिक नहीं माना जा सकता। डॉ. शर्मा ने लेनिन का यह कथन उद्धृत किया है कि "विश्व इतिहास जब-तब पीछे को भारी छलाँग लगाये बिना (Without gigantic leaps back) सीधे समतल मार्ग पर हमेशा आगे की ओर बढ़ता जाएगा, यह धारणा द्वन्द्ववाद विरोधी, अवैज्ञानिक और सैद्धान्तिक रूप से गलत है।" **लेनिन** के इस स्पष्ट कथन के बावजूद विकास की हेगेलीय एकांगी अवधारणा प्रचलित रही है और आज भी प्रबल है। मार्क्सवाद पर भी उसका यत्किंचित् प्रभाव दिखाई पड़ता है। उसे निरस्त करने के लिए डॉ. शर्मा ने **हेगेल** के द्वन्द्ववाद और इतिहास-दर्शन की विस्तृत आलोचना की, द्वन्द्वात्मक एवं ऐतिहासिक भौतिकवाद से उसका अन्तर स्पष्ट किया और मार्क्सवादी इतिहास-दर्शन को अपने विकसित एवं परिपक्व रूप में प्रस्तुत किया। इस रूप में वे ऐतिहासिक भौतिकवाद के विकासकर्ता हैं, मात्र व्याख्याता नहीं। **वेर्नर जोम्बार्त** (Werner Sombart) ने बहुत पहले मार्क्सीय प्रणाली के विषय में कहा था कि मार्क्सीय पद्धति की समीक्षा उसके खण्डन में नहीं, अपितु उसके उच्चतर विकास में निहित है। डॉ. शर्मा ने वस्तुतः यही किया है। मार्क्सवाद की समीक्षा कर उन्होंने उसका उच्चतर विकास किया है। उनकी सर्जनात्मक समीक्षा मार्क्सवाद का खण्डन नहीं करती, अपितु उसे सम्पुष्ट करती है और उसका विकास करती है।

हेगेल के द्वन्द्ववाद और इतिहास-दर्शन का अध्ययन कर डॉ. शर्मा ने यह प्रमाणित किया कि इतिहास में विपरीत दिशा में होने वाली गति या छलाँग की व्याख्या वहाँ नहीं है; वहाँ सिर्फ़ डॉ. शर्मा के मतानुसार हेगेल के विचार से किसी भी प्रपंच में दो

परस्पर विरोधी अंश क्रियाशील होते हैं। "स्थापना, प्रतिस्थापना, इनकी विरोधजन्य गति के फलस्वरूप एक ऊँचे और नये स्तर पर संस्थापना–इस तरह प्रकृति और मानवसमाज निरन्तर गतिशील हैं और गति होती ही इस तरह है कि आगे बढ़ने अथवा ऊपर उठने की क्रिया सम्पन्न हो। इस व्यापार में पीछे हटने अथवा नीचे गिरने की गुंजाइश नहीं है।"

हमें अच्छी तरह मालूम है कि मार्क्स-एंगेल्स-लेनिन आदि के लेखन में इतिहास की विभिन्न अवस्थाओं में विपरीत दिशा में होने वाली गति का उल्लेख मिलता है–भले ही सिद्धान्त रूप में निरन्तर ऊर्ध्व विकास या अग्रगति की बात ही ज्यादा कही गयी हो। अतः हमें अपना ध्यान यथार्थ पर केन्द्रित करना चाहिए और उसी के सन्दर्भ में सिद्धान्त की सत्यता-असत्यता की परख करनी चाहिए। यदि ऐसा हम करते हैं तो हम अपने सिद्धान्तों का युगानुरूप विकास कर सकेंगे और उन्हें जीवित और उपयोगी बनाये रख सकेंगे, अन्यथा उनकी मृत्यु सुनिश्चित है।

हेगेल का द्वैत सिद्धान्त अग्रगति अथवा विकास की व्याख्या तो करता है पर पश्च या विपरीत दिशा की गति का नहीं। मार्क्स-एंगेल्स के लेखन से पश्च गति का एक और उदाहरण लेना ठीक होगा। मध्यकालीन अन्धकार युग की चर्चा की ही जा चुकी है। इटली की पश्चगति के बारे में मार्क्स ने **'पूँजी'** भाग 1, की एक टिप्पणी में निर्भ्रान्त शब्दों में लिखा है कि "इटली में, जहाँ पूँजीवादी उत्पादन सब से पहले शुरू हुआ था, कृषि-दास-प्रथा (यानि बँधुआ किसान की प्रथा) अन्य स्थानों की अपेक्षा पहले छिन्न-भिन्न हो गयी थी। भूमि पर कोई रूढ़िगत अधिकार-प्राप्त करने के पहले ही वहाँ का कृषिदास मुक्त कर दिया गया था। वह मुक्त हुआ, तो तुरन्त ही स्वतन्त्र सर्वहारा में बदल गया जिसका मालिक उन शहरों में बैठा उसकी प्रतीक्षा कर रहा था, जो प्रायः रोमन काल में विरासत में मिले थे। जब 15वीं शताब्दी के समाप्त होने के लगभग दुनिया की मण्डी में क्रान्ति आयी और उसने वाणिज्य के क्षेत्र में उत्तरी इटली की श्रेष्ठता का अन्त कर दिया, तो एक उल्टा विकास-क्रम आरम्भ हुआ (A movement in the reverse direction set in) अर्थात् विपरीत दिशा में गति शुरू हुई। तब शहरों के मजदूरों को बड़ी संख्या में गाँवों में खदेड़ दिया गया और उससे बागवानी के ढंग की छोटे पैमाने की खेती को अभूतपूर्व प्रोत्साहन मिला।" (**पूँजी** अंग्रेजी संस्करण, पृ. 670) डॉ. शर्मा ने अपने शब्दों में मार्क्स की उक्त टिप्पणी को प्रस्तुत करने के पश्चात् लिखा कि "विकास की प्रक्रिया टूटी। शहरी सर्वहारा किसान बन गये। एक बार पीछे हटे, रोमन साम्राज्य के ध्वस्त होने के बाद, दूसरी बार पीछे हटे, इटली के व्यापारिक प्रभुत्व के नष्ट होने के बाद।" (वही, मार्क्स और पिछड़े हुए समाज, पृ. 478)

स्पष्ट है कि विपरीत दिशा में होने वाली गति से, मार्क्स के उक्त स्पष्ट उल्लेख के बाद इनकार करना असम्भव है। भारत में अंग्रेजी राज की भूमिका के प्रसंग में

भी मार्क्स ने भारत के पीछे ठेल दिये जाने की घटना का उल्लेख किया है। अतः निष्कर्ष यह निकला कि विकास की गति अविच्छिन्न नहीं होती और सदैव आगे की ओर नहीं होती है। ऐतिहासिक भौतिकवाद के सैद्धान्तिक विवेचन और किसी देश के इतिहास के ठोस अध्ययन के समय इन बातों पर ध्यान देना अत्यन्त महत्त्वपूर्ण है। भौतिकवादी द्वन्द्ववाद और ऐतिहासिक भौतिकवाद के सैद्धान्तिक एवं व्यावहारिक दोनों ही पक्षों का डॉ. शर्मा ने अपने अनेक ग्रन्थों में गहन और विस्तृत अध्ययन किया है और अनेक भ्रान्तियों का निराकरण किया है। उन सबकी विवेचना यहाँ सम्भव नहीं है। फिर भी, कुछ की संक्षिप्त चर्चा मैं यहाँ करूँगा।

मार्क्सवादी इतिहास-चिन्तन प्रायः आर्थिक नियतिवाद का रूप धारण कर लेता है जिससे इतिहास में जनता और व्यक्ति दोनों की ही भूमिकाओं का अवमूल्यन होता है विशेष कर व्यक्ति की भूमिका का। यह मार्क्सवाद की भूल नहीं है। उसे समझने में होने वाली भूल है। डॉ. शर्मा ने अपनी पुस्तक '**मार्क्स त्रोत्सकी और एशियाई समाज**' में इतिहास की इस समस्या पर बड़ी गहराई से विचार किया है। उनकी स्थापना है–'मनुष्य निमित्त मात्र नहीं होता। न वह ब्रह्मा का निमित्त मात्र होता है, न इतिहास का।' (वही, पृ. 155) यह व्यक्ति की सापेक्ष स्वतन्त्रता की घोषणा है जिसे व्यवहार में प्रायः भुला दिया जाता है। डॉ. शर्मा का कहना है कि "मानव-चेतना सापेक्ष रूप से स्वतन्त्र और एक स्वतः गतिमान शक्ति है–यह सिद्धान्त मानने पर ही इतिहास में मार्क्स और लेनिन जैसे असाधारण व्यक्तियों की भूमिका समझ में आ सकती है। उन्होंने जिस अदम्य क्रान्तिकारी लगन, अपराजेय धैर्य और दुर्धर्ष चिन्तन का परिचय दिया, उसका श्रेय उन्हें व्यक्तिगत रूप से है, परिस्थितियों ने उनकी कार्यवाही सम्भव बनायी, स्वयं उस कार्यवाही को पूर्व निश्चित नहीं कर दिया।" (वहीं, पृ. 157) यह बात बिल्कुल सही है कि परिस्थितियाँ इतिहास को नियत नहीं करती हैं और मार्क्सवाद नियतिवाद नहीं है। डॉ. शर्मा कहते हैं–"मार्क्सवाद का अर्थ नियतिवाद नहीं है। संसार का प्रत्येक नियम सापेक्ष है। सामाजिक विकास के जिन नियमों को हम अटल मानते हैं, वे भी सापेक्ष हैं, उनके लागू होने के लिए कुछ अन्य नियमों का अमल में आना जरूरी होता है। अणु शक्ति से वातावरण को इतना जहरीला बना दीजिए कि आदमी का जिन्दा रहना दूभर हो जाए तो समाजवाद की ओर संक्रमण की अनिवार्यता कैसे अमल में आएगी?" (वही, पृ. 155) निष्कर्ष यह कि सामाजिक विकास के नियम पूर्णतः अटल नहीं हैं। अतः जो उन्हें अटल मानकर चलते हैं–नियतिवाद के शिकार हो जाते हैं।

पूरे विश्व के मार्क्सवादी इतिहास-चिन्तन में त्रोत्स्कीवाद का प्रभाव सन् 60 के बाद निरन्तर बढ़ा है। अपनी उपर्युक्त पुस्तक में त्रोत्स्कीवादी इतिहास-चिन्तन का विस्तृत विवेचन कर डॉ. शर्मा ने देश के वर्तमान और भविष्य के प्रति चिन्तनशील भारतीयों पर बड़ा उपकार किया है। **मारियन सावर, उम्बेर्न्तो मेलोत्ती, डेनियरन**

थॉर्नर, पेरी ऐण्डरसन, स्तावेनहागेन, गुनार मिर्डल, बैरिंगटन मूर आदि पश्चिमी विद्वानों के इतिहास-चिन्तन के साथ त्रोत्सकीवाद के प्रत्यक्ष-परोक्ष सम्बन्धों को उजागर कर डॉ. शर्मा ने सही मार्क्सवादी इतिहास-चिन्तन का मार्ग दिखाया है। उसी पुस्तक की भूमिका में डॉ. शर्मा ने अपनी भावी पुस्तक '**इतिहास और डायलेक्टिक्स**' का उल्लेख किया था। पता नहीं, वह लिखी भी गयी या नहीं पर मेरे देखने में अभी तक नहीं आयी है। '**मार्क्स और पिछड़े हुए समाज**' पुस्तक में अलबत्ता इतिहास और डायलेक्टिक्स के अनेक पक्षों पर सविस्तर विचार किया गया है।

मार्क्स और हेगेल के इतिहास-दर्शनों का अन्तर बताते हुए डॉ. शर्मा ने वहाँ लिखा है—"मार्क्स का इतिहास-विवेचन यदि ऐतिहासिक भौतिकवाद है तो हेगेल का इतिहास-विवेचन ऐतिहासिक भाववाद है; मार्क्स का विवेचन यदि अनेकान्तवादी (अथवा द्वन्द्ववादी) है तो हेगेल का विवेचन एकान्तवादी (अथवा मेटाफिजिकल) है। कुछ स्थापनाओं में समानता के बावजूद दोनों के विवेचन में ज़मीन-आसमान का अन्तर है।" (मार्क्स और पिछड़े हुए समाज, पृ. 249) हेगेल का इतिहास-दर्शन यूरोप केन्द्रित, नस्लपन्थी, भौगोलिक नियतिवादी आदि हैं। इस प्रसंग में डॉ. शर्मा ने द्वन्द्ववाद, अनेकान्तवाद, एकान्तवाद, भाववाद और भौतिकवाद के सम्बन्ध में मौलिक ढंग से विचार किया है। उदाहरण के तौर पर 'द्वन्द्ववाद और त्रैत सिद्धान्त' की संक्षिप्त चर्चा मैं करता हूँ।

मार्क्सवादी साहित्य में अक्सर 'त्रैत सिद्धान्त', दूसरे शब्दों में 'निषेध का निषेध' नामक नियम मार्क्सवाद और द्वन्द्ववाद के सार के रूप में पेश किया जाता है। यह सही और उचित नहीं है। इस बात की ओर सम्भवतः पहली बार डॉ. शर्मा ने यहाँ ध्यान आकर्षित किया है। उनकी सूक्ष्म आलोचना-दृष्टि से मार्क्स-एंगेल्स का सूक्ष्म-से-सूक्ष्म विचार परिवर्तन भी छिपा नहीं रह पाता। लेनिन ग्रन्थावली के सम्पादकों ने ग्रन्थावली खण्ड 1, के पृ. 163 पर लेनिन द्वारा प्रयुक्त पदावली 'हेगेलियन त्रैत' (Hegelian triat) के सम्बन्ध में पृ. 523 पर एक टिप्पणी दी है, जो इस प्रकार है—

"त्रैत-दर्शन में यह तीन मंज़िलों वाला विकास-सूत्र है। तीन मंज़िलों वाले विकास का विचार सब से पहले यूनान के नव्य प्लेटोवादी दार्शनिकों ने खास तौर पर, **प्रोक्लस** (Proclus) ने सूत्रबद्ध किया था। जर्मनी में हेगेल से पहले इसका उपयोग **फिशरे** और **शेलिंग** नाम के भाववादी विचारकों ने किया था। हेगेल ने इस सूत्र को पल्लवित किया, उनकी धारणा थी कि विकास की हर प्रक्रिया तीन मंज़िलों से गुजरती है—स्थापना, प्रतिस्थापना और संस्थापना (थिसिस, ऐण्टीथिसिस और सिन्थेसिस)। दूसरी मंज़िल पहली का निषेध होती है, पहली मंज़िल ही दूसरी में संक्रमित होकर विपरीत रूप ग्रहण करती है। तीसरी मंज़िल दूसरी का निषेध होती है अर्थात् निषेध का निषेध होती है। प्रारम्भ में जो रूप था, उसकी ओर लौटना होता है किन्तु यह रूप अब नयी विषयवस्तु से समृद्ध होता है और उसका स्तर पहले से ऊँचा होता

है। हेगेल का त्रैत ऐसा साँचा है जिसमें यथार्थ को कृत्रिम ढंग से फिट किया गया था। त्रैत सिद्धान्त की स्वेच्छाचारी रचना ने प्रकृति और समाज के वास्तविक विकास को विकृत रूप में प्रस्तुत किया। हेगेल के द्वन्द्ववाद के युक्तियुक्त तत्त्वों के विषय में मार्क्स, एंगेल्स और लेनिन के ऊँचे विचार थे लेकिन उन्होंने उसकी द्वन्द्वात्मक प्रणाली को आलोचनात्मक दृष्टि से नया रूप दिया और भौतिकवादी द्वन्द्ववाद को जन्म दिया जो वस्तु जगत् और मानव-विचार के विकास की सर्वाधिक सामान्य नियमों को प्रतिबिम्बित करते हैं।" लेनिन ग्रन्थावली के सम्पादकों की यह टिप्पणी यूँ ही नहीं थी, वह स्वयं लेनिन के ठोस विवेचन और उक्तियों पर आधारित थी। **'जनता के दोस्त कौन हैं'** (1894) पुस्तिका में मिखाईलोवस्की की आलोचना करते हुए लेनिन ने इस सम्बन्ध में एंगेल्स के अभिमत को ध्यान में रखते हुए लिखा था—"सभी को स्पष्ट दिखाई देगा कि एंगेल्स के तर्क का मुख्य जोर इस बात पर है कि भौतिकवादियों को इतिहास की वास्तविक प्रक्रिया ठीक-ठीक और सही ढंग से प्रस्तुत करनी चाहिए। द्वन्द्ववाद के लिए आग्रह, त्रैत को सही साबित करने के लिए उदाहरणों का चयन, हेगेलवाद के अवशेष के अलावा और कुछ नहीं है; जिस हेगेलवाद से निकालकर वैज्ञानिक भौतिकवाद विकसित हुआ, उसकी अभिव्यंजना-पद्धति के अवशेष के अलावा वह और कुछ नहीं है। दरअसल, एक बार जब यह साफ़-साफ़ कह दिया गया कि त्रैत द्वारा कोई चीज़ 'साबित करना, बेसिर-पैर की बात है और किसी ने ऐसा करने की कोशिश भी नहीं की, तब 'द्वन्द्वात्मक' प्रक्रियाओं के उदाहरणों का क्या महत्त्व रह गया।' क्या यह स्पष्ट नहीं है कि इससे केवल सिद्धान्त के उद्भव का पता चलता है और किसी बात का नहीं।" (लेनिन ग्रन्थावली, पृ. 164, हिन्दी अनुवाद डॉ. रा. वि. शर्मा का 'मार्क्स और पिछड़े हुए समाज', पृ. 293 पर)

ज्ञातव्य है कि डॉ. शर्मा मार्क्स, एंगेल्स और लेनिन का अनुसरण करते हुए, 'इतिहास की वास्तविक प्रक्रिया' के ठीक-ठीक विश्लेषण पर बल देते हैं—यान्त्रिक ढंग से त्रैत को सर्वत्र जबरदस्ती लागू करने के पक्ष में वे नहीं हैं। यह भी ज्ञातव्य है कि वे त्रैत को मेटाफिजिकल दृष्टि से पूरी तरह रद्द भी नहीं करते अपितु द्वन्द्वात्मक दृष्टिकोण अपनाते हुए उसे द्वन्द्वात्मक प्रणाली का सार मानने से इनकार करते हैं।

सामाजिक विकास और क्रान्ति से सम्बन्धित मार्क्सवादी स्थापनाओं और विविध समस्याओं पर डॉ. शर्मा ने अत्यन्त विस्तार से विचार किया है। **'भारत में अंग्रेजी राज और मर्क्सवाद'** के दूसरे भाग के पहले दो अध्याय इसी से सम्बद्ध हैं। **'मार्क्स और पिछड़े हुए समाज'** पुस्तक के दूसरे, तीसरे, छठे और सातवें और आठवें अध्याय भी इन्हीं समस्याओं से सम्बन्धित हैं। इस सम्बन्ध में डॉ. शर्मा के विचारों की चर्चा बेहद उपयोगी होती, किन्तु मुझे प्रदत्त पृष्ठों की सीमा में रहना है। अतः मैं इस पक्ष की बिल्कुल ही उपेक्षा करने के लिए विवश हूँ और पाठकों से अपेक्षा करता हूँ कि वे डॉ. शर्मा की उपर्युक्त पुस्तकों को किसी न किसी प्रकार प्राप्त कर अवश्य पढ़ेंगे।

मार्क्सवाद के गहन अध्ययन के आधार पर डॉ. शर्मा ने भारतीय इतिहास के अध्ययन में बहुत बड़ी क्रान्ति सम्पन्न की है। इस कारण अब तक का लिखा गया सारा इतिहास लड़खड़ा गया है। इस पहलू पर हमें जरा विस्तार से विचार करना चाहिए।

भारत के सम्बन्ध में मार्क्स की दो प्रकार की धारणाएँ मिलती हैं। पहली प्रकार की धारणाएँ मार्क्स की अपनी निजी धारणाएँ नहीं हैं अपितु हेगेल आदि पश्चिमी विचारकों की हैं जिन्हें वे शुरू में सत्य मानकर दुहराते थे। अंग्रेजी राज से पहले का भारत अपरिवर्तनशील ग्रामसमाजों का भारत है—वस्तुतः हेगेल की ही धारणा थी। इस धारणा के अनुसार भारत सामाजिक विकास की पहली मंज़िल भी पार न कर सका था। डॉ. शर्मा ने इस स्थापना को ध्वस्त किया और मार्क्सवादी-पद्धति से अध्ययन कर बताया कि अंग्रेजी राज से पहले का भारत व्यापारिक पूँजीवाद की अवस्था में था। 17वीं और 18वीं शताब्दी के भारत की बात की जाए, सबसे पहले यह विचारणीय है, सिन्धुघाटी की सभ्यता कैसी थी और सामाजिक विकास की किस मंज़िल में थी। इस सम्बन्ध में डॉ. शर्मा के क्या विचार हैं? डॉ. शर्मा के अनुसार उस समय के भारतीय समाज अपने विकास की दूसरी मंज़िल अर्थात् सामन्ती अवस्था में था। 'भारतीय साहित्य के इतिहास की समस्याएँ' पुस्तक में पृष्ठ 44 पर उन्होंने लिखा है, "सिन्धुघाटी के नगर विकसित सामन्ती सभ्यता के केन्द्र हैं, वे व्यापार के केन्द्र हैं और व्यापार के लिए माल छोटे पैमाने की पद्धति से तैयार किया जाता है। सिन्धुघाटी के नगर सामूहिक उत्पादन और वितरण वाले गणसमाजों के नगर नहीं हैं। यदि उस समय भी गण-व्यवस्था रही हो तो वह अन्तिम चरण में रही होगी। सामन्ती व्यवस्था के व्यापार-केन्द्रों के रूप में ऐसे नगरों का निर्माण असम्भव है। सिन्धुघाटी की सभ्यता से भारतीय इतिहास का प्राचीन काल आरम्भ नहीं होता, मुख्य बात यह है।"

निष्कर्ष यह कि यदि सामाजिक विकास की पहली मंज़िल को प्राचीन काल कहा जाए तो भारतीय इतिहास का प्राचीन काल सिन्धुघाटी की सभ्यता से पहले समाप्त हो चुका है। स्वयं सिन्धुघाटी की सभ्यता सामन्तकाल अर्थात् मध्यकाल की सभ्यता है।

वैदिक सभ्यता और सिन्धुघाटी की सभ्यता में डॉ. शर्मा कालगत विशेष अन्तर नहीं मानते। उनका कहना है कि—"विवेचन में चाहे सिन्धु घाटी की सभ्यता को लिया जाए, चाहे वैदिक सभ्यता को, काल-विभाजन के विचार से विशेष अन्तर न पड़ेगा।" (वही, पृ. 44) डॉ. शर्मा के अनुसार विशेष अन्तर न पड़ने का कारण यह है कि "वैदिक सभ्यता का समय कल्पना द्वारा निर्धारित किया गया है, उसकी शुरुआत ईसा पूर्व 1200 से मानने का कोई पुष्टि प्रमाण नहीं है। कुछ वर्ष पहले तक संस्कृत और द्रविड़ भाषाओं के विशेषज्ञ **बरो** 1200 ईसा पूर्व वाला समय स्वीकार करते थे किन्तु कुछ समय पहले उन्होंने अपनी यह मान्यता बदल दी। 1973 को **'जर्नल ऑफ रॉयल एशियाटिक सोसायटी'** नामक पत्रिका की संख्या 2

में उन्होंने **'द प्रोटो एण्डो-एरियन्स'** शीर्षक लेख प्रकाशित किया। इसमें उन्होंने यह मत प्रतिपादिन किया कि प्राचीन आर्यों का समय ईसा पूर्व 2000 तक और पीछे ले जाना चाहिए।" (वही, पृ. 44) यह प्रश्न उठाया जा सकता है कि सिन्धु एवं वैदिक सभ्यताओं में द्रविड़ और आर्य का भेद है। डॉ. शर्मा का कहना है कि–"आर्य-द्रविड़ सम्बन्धी कल्पनाएँ स्वयं दोषपूर्ण हैं; वे भाषा विज्ञान की एक अवैज्ञानिक पद्धति का परिणाम हैं।" (वही, पृ. 44)

वेदों के आधार पर डॉ. शर्मा वैदिक काल के बारे में कहते हैं–"वैदिक काल गण-व्यवस्था वाले प्राचीन काल का अन्तिम चरण है। इस चरण में उत्पादन का यथेष्ट विकास हो गया है। पूरे गण के स्थान पर कुल अर्थात् बड़े कुटुम्ब उत्पादन का आधार हैं। गण-समाजों के बीच यथेष्ट विनिमय का विकास हो चुका है। ऋग्वेद के दसवें मण्डल में वर्ण-व्यवस्था प्रकट हो जाती है। इस तरह वैदिक काल गण-व्यवस्था वाले प्राचीन युग का अवसान काल है।" (वही, पृ. 43) सिन्धु घाटी की सभ्यता के स्वरूप-निर्धारण और वैदिक सभ्यता के स्वरूप-निर्धारण में यहाँ मौलिक अन्तर तो नहीं है पर जोर या बलाघात का अन्तर अवश्य है। पहली के विषय में डॉ. शर्मा ने स्पष्टतः कहा है कि सिन्धुघाटी के नगर 'विकसित सामन्ती सभ्यता के केन्द्र' हैं और रियायत करते हुए यह भी स्वीकार किया कि 'यदि उस समय भी गण-व्यवस्था रही हो तो वह अन्तिम चरण में रही होगी'; लेकिन वैदिक सभ्यता के बारे में उन्होंने 'सामन्ती सभ्यता' का उल्लेख नहीं किया, मात्र यह कहा कि वह गण-व्यवस्था वाले प्राचीन काल का अन्तिम चरण है। अतः दोनों में अन्तर अवश्य है। वैदिक सभ्यता सिन्धुघाटी की सभ्यता का क्रमिक विकास इस विवेचन से नहीं ही प्रतीत होता! क्या यह सम्भव नहीं है कि प्राकृतिक प्रकोप अथवा बाह्य बर्बर आक्रमणों से नष्ट होने पर सिन्धु समाज का विकास अवरुद्ध हुआ हो या पीछे की ओर उसे छलाँग लगानी पड़ी हो। सिन्धुघाटी की सभ्यता और वैदिक सभ्यता के मध्य क्या कोई 'अन्धकार' युग नहीं हो सकता। हो भी सकता है। यदि वेदमन्त्रों का रचना-काल ज्ञात होता तो उनसे उनके युग पर प्रकाश पड़ता; लेकिन दुर्भाग्य से रचनाकाल तो क्या उनके संग्रह-काल का भी ठीक-ठीक कुछ भी पता नहीं। सब अटकल है। अतः वैदिककाल की अवधारणा ही ठोस आधार पर टिकी नहीं है। अतः सिन्धुतर काल को अन्धकार युग मान लेने पर, संहिता या संग्रह या तथाकथित वैदिक काल को पुनर्जागरण काल माना जा सकता है। कुछ भी हो, डॉ. शर्मा की यह स्थापना बिल्कुल सही लगती है कि–सिन्धु या वैदिक सभ्यता का काल प्राचीन काल का आरम्भ बिन्दु कदापि नहीं है–जैसा कि भारतीय इतिहासकार मानते आये हैं। जहाँ प्रारम्भिक मार्क्स के अन्य अनुयायी 17वीं-18वीं शताब्दी के भारत को भी तथाकथित 'एशियाई' उत्पादन पद्धति में पड़ा हुआ स्थिर ग्राम-समाजों वाला देश घोषित करते रहे हैं–वहाँ डॉ. शर्मा की स्पष्ट घोषणा है कि–"काल-विभाजन की इस दृष्टि से भारत में सामन्ती सभ्यता

का अभ्युदय और विकास ईसा मसीह के जन्म से कम से कम 2000 साल पहले आरम्भ हो जाता है।" (वही, पृ.44)

बौद्धकाल के बारे में डॉ. शर्मा का मत है कि—"बौद्धकालीन भारत सामन्ती भारत है, उसके निर्माण में मुख्य भूमिका लघु जातियों की है, गण-सभाओं की नहीं।" (वही, पृ. 45) गुप्तकाल अगला चरण है। इस काल में "असमान गण-समाज प्रायः विघटित हो जाते हैं, वनों-पर्वतों आदि दुर्गम स्थानों में थोड़े से ही गण-समाज बच रहते हैं।" (वही, पृ. 45) अपनी पुस्तक **'मार्क्स और पिछड़े हुए समाज'** के चौथे अध्याय में डॉ. शर्मा ने तथाकथित 'प्राचीन' और 'मध्यकालीन' भारत की उत्पादन-पद्धति और सामाजिक अवस्था का विस्तार से नये सिरे से विवेचन किया है। इस विवेचन को यदि भारत के इतिहास के वैज्ञानिक पुनर्लेखन की नींव कहा जाए तो अतिशयोक्ति न होगी।

भारतीय इतिहास के बारे में इतिहासकारों की इस सर्वमान्य धारणा को वे अपना प्रस्थान बिन्दु बनाते हैं कि भारत को बात-बात पर लूटा जाता रहा है। संसार में भारत के अलावा कोई भी दूसरा देश ऐसा नहीं जो इतनी बार लूटा गया हो। अतः प्रश्न यह है कि जो सम्पदा बार-बार लूटी गयी उसका बार-बार सृजन कैसे होता रहा क्योंकि मार्क्स के अनुसार तथा सामान्य बोध के अनुसार भी जो कुछ लूटा जाता है, उसका पुनरुत्पादन आवश्यक होता है। कहा जा सकता है कि भारत का कृषक तन्त्र अत्यन्त पिछड़ा हुआ था पर निरंकुश राज्यसत्ता निर्मम शोषण के बल पर धन बटोरती थी। उसे ही आक्रमणकारी लूट ले जाया करते थे। इस मत के विरुद्ध डॉ. शर्मा का कहना है कि—"भारतीय अर्थतन्त्र के प्रति यह दृष्टिकोण नितान्त एकांगी है, इसका पता इस बात से ही चल जाएगा कि लूटी जानेवाली सम्पदा का एक महत्त्वपूर्ण अंश वह सोना-चाँदी था, जो भारतीय माल के बदले विदेशी व्यापारियों से प्राप्त होता था।" (वही, पृ. 172) इस व्यापार के ठोस प्रमाण हैं। "रोमन लेखक **प्लिनी** ने पहली ईस्वी शताब्दी में इस बात पर खेद व्यक्त किया था कि व्यापार के कारण रोम का सोना भारत चला जा रहा है। डेढ़ हजार साल बाद यह प्रक्रिया और भी बड़े-पैमाने पर घटित हो रही थी। सत्रहवीं सदी में फ्रांसीसी यात्री **बर्नियर** ने लिखा था, दुनिया के और सभी हिस्सों से घूम-फिरकर आखिर में सोना-चाँदी हिन्दुस्तान में आकर जमा हो जाता है। इन दो उल्लेखों से स्पष्ट है कि भारत की जो सम्पदा लूटी गयी उसका एक महत्त्वपूर्ण अंश यह विदेश से प्राप्त चाँदी-सोना था।" (वही, पृ. 173) निश्चय ही यह सोना भारतीय माल के बदले प्राप्त होता था। फिर डॉ. शर्मा ने यह मूल प्रश्न उठाया कि भारत में माल किनके द्वारा और किस प्रकार तैयार होता था! **'अर्थशास्त्र'** के विस्तृत विश्लेषण के आधार पर डॉ. शर्मा ने यह निष्कर्ष निकाला कि—"**कौटिल्य** का समाज उस व्यापारिक पूँजीवाद के युग का समाज है जो सामन्ती व्यवस्था को तोड़ नहीं पाया। एक बात में यह रोमन समाज

की अपेक्षा आधुनिक पूँजीवादी समाज के अधिक निकट है। वह बात है पगार देकर श्रमिकों से श्रम कराना। सामन्ती समाज की विशेषता है रूढ़ियों के प्रभाव से और बल प्रयोग द्वारा सेवकों से अभिजात वर्ग के लिए श्रम कराना। रोमन व्यवसायी और ज़मींदार दासों से बलपूर्वक काम कराते थे, अतः काम करने के ढंग पर सामन्ती छाप गहरी थी। **कौटिल्य** के समाज में श्रमिक स्वेच्छा से काम करते हैं और जो पगार तै होती है, वह उन्हें दी जाती है। पगार देकर श्रम कराना उत्पादन की पूँजीवादी पद्धति की प्रमुख विशेषता है, वह कौटिल्य के समाज में विद्यमान है।" (वही, पृ. 203) **कौटिल्य** के समाज में व्यापारिक पूँजीवाद का अस्तित्व कल्पना प्रतीत होता हो सकता है पर जो सामाजिक विकास के नियमों से अर्थात् ऐतिहासिक भौतिकवाद के विज्ञान से परिचित हैं–उन्हें डॉ. शर्मा की सप्रमाण स्थापनाएँ मानने में हिचक न होगी।

डॉ. शर्मा का कथन है कि–"भारत में कभी पूरी तरह पगारवाले श्रम की प्रथा का नाश नहीं हुआ, इसलिए बार-बार लूटे जाने पर भी ये उद्योग-व्यापार-केन्द्र फिर विकसित हुए। इसके साथ ही इन केन्द्रों के बार-बार तबाह होने से वह सामाजिक शक्ति क्षीण हुई जो विशेषाधिकारी वर्णव्यवस्था की जड़ काटने वाली थी। इसी कारण भारतीय इतिहास में वर्णव्यवस्था बार-बार टूटती और बिखरती दिखाई देती है किन्तु पूरी तरह नष्ट नहीं होती।" यह स्थिति डॉ. शर्मा के अनुगार अंग्रेजी राज के पहले तक बनी रहती है। अंग्रेजी राज के बारे में डॉ. शर्मा का कहना है कि "जितने बड़े पैमाने पर भारत की उत्पादक शक्तियों का विनाश अंग्रेजी राज में हुआ, उतने बड़े पैमाने पर पहले कभी न हुआ था। जितने बड़े पैमाने पर भारत का देहातीकरण अंग्रेजी राज में हुआ, उतने बड़े पैमाने पर पहले कभी न हुआ था, इसलिए अंग्रेजी राज में भारत जैसा खेतिहर देश मात्र बनकर रह गया, वैसा वह पहले कभी न था। इस खेतिहर देश में वर्ण-व्यवस्था को धार्मिक अन्धविश्वासों को और हर तरह के सामाजिक रूढ़िवाद को नया जीवन मिला। अंग्रेजों के जाने के बाद यह सब कायम है, इसमें इजाफा भी हुआ है क्योंकि अंग्रेजों के बनाये हुए आर्थिक और राजनीतिक चौखटे के पूरी तरह तोड़ने में यह देश अभी तक असमर्थ सिद्ध हुआ है।" (वही, पृ. 179)

न केवल अर्थ-व्यवस्था की दृष्टि से अपितु कौटिल्यकालीन राज्यसत्ता के स्वरूप का विश्लेषण कर भी डॉ. शर्मा ने यह निष्कर्ष निकाला कि "कौटिल्य के सामने जो राज्य है, वह व्यक्तिगत सम्पत्ति के रक्षण का राज्य है, और उसकी अनेक विशेषताएँ आधुनिक पूँजीवादी राज्यसत्ता की हैं।" (वही, पृ. 199) प्रश्न यह है कि यदि डॉ. शर्मा यह समझते और मानते हैं कि कौटिल्य काल का समाज व्यापारिक पूँजीवादी समाज है तो उसी युग में जातीयता का उदय और विकास क्यों नहीं खोजते। जातियों के विकास के प्रश्न को वे 13वीं शताब्दी के तुर्क काल से क्यों जोड़ते दिखते हैं। फिलहाल, डॉ. शर्मा की ओर से इस प्रश्न का क्या उत्तर होगा, मुझे मालूम नहीं।

मुझे जहाँ तक मालूम है संस्कृत भाषा को उन्होंने कहीं भी जातीय भाषा नहीं कहा है। हिन्दी, बंगला, तमिल आदि परवर्ती भाषाओं को ही वे जातीय भाषाओं के रूप में मानते आये हैं। जब व्यापारिक पूँजीवाद का विकास उस समय हो रहा था, संस्कृत भाषा का वह व्याकरण लिखा जा चुका था, जो आज भी दुनिया का सर्वोत्तम व्याकरण है और संस्कृत में विविध प्रकार का अपार साहित्य रचा जा रहा था; और जब संस्कृत न केवल उत्तरी भारत के अपितु एक प्रकार से समूचे भारत के बौद्धिकों के परस्पर विचार-विनिमय की भाषा थी तो संस्कृत को जातीय भाषा तो क्या महाजातीय भाषा माना जा सकता है और माना जाना चाहिए। तभी इतिहास के विवेचन में पूर्ण संगति आएगी। निरन्तर बाहरी आक्रमणों और लूट के कारण वह प्राचीन व्यापारिक पूँजीवाद सामन्तवाद के ढाँचे को तोड़कर औद्योगिक पूँजीवाद का विकास नहीं कर सका, पर अनेक उतार-चढ़ाव के बाद भी उत्पादन और व्यापार के स्तर को वह बनाये रख सका यही दुनिया का बहुत बड़ा आश्चर्य है। भारत के निरन्तर लुटते रहने का इतिहास प्रकारान्तर से विश्व पर उसकी अपराजेय आर्थिक प्रभुता का इतिहास है—यह हमें नहीं भूलना चाहिए।

यदि हम यह स्वीकार कर लें कि संस्कृत एक साथ जातीय ही नहीं महाजातीय (अर्थात् बहुजातीय, सम्पूर्ण भारत की) सांस्कृतिक भाषा थी तो अंग्रेजों और अनेक पश्चिमी विद्वानों द्वारा पैदा की हुई तमाम समस्याओं के जाल से हम बड़ी आसानी से निकल सकते हैं। आर्य और द्रविड़ का सारा नस्लवादी बखेड़ा अपने आप ढह जाएगा। उत्तर और दक्षिण के जनसमूह अलग-अलग होकर भी संस्कृत हो सकते थे और थे भी। जिसे हम आर्य सभ्यता कहते हैं—वह संस्कृत सभ्यता थी और उसमें आर्य-द्रविड़ का कोई भेद नहीं था।

दो हजार वर्षों से भी अधिक लम्बे इस काल में शिक्षा सर्वजन सुलभ न थी। (इसमें कोई आश्चर्य की बात भी नहीं क्योंकि 20वीं शताब्दी के अन्तिम दशक के आज के भारत में भी तो शिक्षा सर्वजन सुलम नहीं है) अतः इस दीर्घकाल में संस्कृत और बोलचाल की लोकभाषाओं के बीच निरन्तर फर्क होता गया, अतः आगे चलकर संस्कृत को अपना स्थान छोड़ना पड़ा। संस्कृत का स्थान क्षेत्रीय लोक-भाषाओं ने ले लिया। बंगला, गुजराती, मराठी, उड़िया, हिन्दी आदि उपजातियाँ संस्कृत जाति के ही अंग हैं, जिनका गठन क्षेत्रीय भाषाओं के आधार पर आठवीं शताब्दी में शुरू हुआ।

डॉ. शर्मा का मत है कि संस्कृत मूलतः भरत गण की भाषा थी। मूलतः से उनका आशय उसके प्राचीन वैदिक रूप से है। वे यह भी मानते हैं कि "संस्कृत का एक केन्द्र सुदूर उत्तर में गन्धार में था, जहाँ के पाणिनि ने अपना महान् व्याकरण रचा। दूसरा केन्द्र सुदूर दक्षिण केरल में था, जहाँ के शंकराचार्य ने अखिल भारतीय स्तर पर वेदान्त दर्शन का प्रचार किया। केवल इन दो नामों से संस्कृत भाषा में उपलब्ध संस्कृति का अखिल भारतीय स्वरूप प्रकट हो जाता है।" (**भारतीय साहित्य**

के इतिहास की समस्याएँ, पृ. 39) निष्कर्ष यह कि संस्कृत भले ही सारे देश की बोलचाल की भाषा न रही हो, (आज भी तो कोई भी भाषा पूरे देश की बोलचाल की भाषा नहीं है) वह आज की हिन्दी आदि भाषाओं की तुलना में कई गुना व्यापक भाषा थी, जिसने सारे देश को सांस्कृतिक एकता के सूत्र में बाँध लिया था। संस्कृत भाषा की यह राष्ट्रीय व्यापकता क्या उसे तत्कालीन राष्ट्रभाषा के रूप में प्रतिष्ठापित नहीं करती? जो आज के भारत में किसी भी भाषा को प्राप्त नहीं है, निश्चय ही करती है।

दो हजार वर्षों से भी अधिक लम्बे इस व्यापारिक पूँजीवाद के काल को सुविधा की दृष्टि से प्राकृत दो भागों में हम बाँट सकते हैं—पहला चरण संस्कृत-काल है जिसे लोक भाषाओं के साहित्य में प्रतिष्ठित होने के पूर्व तक अर्थात् 8वीं शताब्दी तक माना जा सकता है। दूसरा चरण देशी भाषाओं का काल है। यह काल लगभग 8वीं शताब्दी से शुरू होता है।

कुछ भी हो डॉ. शर्मा कौटिल्यकालीन समाज में व्यापारिक पूँजीवाद को लक्षित करने के बावजूद 'जाति' (Nation) के विकास की चर्चा नहीं करते। उनका कहना है कि—"सबसे कठिन समस्या यह निर्धारित करने की है कि भारत में आधुनिक जातियों का निर्माण कब हुआ। जब भी इन जातियों का निर्माण हुआ हो, तभी से आधुनिक काल की शुरुआत मानना चाहिए।" (**भारतीय साहित्य के इतिहास की समस्याएँ**, पृ. 45) एक बार यदि हम मान लेते हैं कि बंगला, हिन्दी, तमिल आदि ही आधुनिक जातियाँ हैं इनके पूर्व आधुनिक जाति या जातियों का निर्माण नहीं हुआ या हो सकता था, तो हम कौटिल्यकाल में आधुनिक जाति या आधुनिकता की तलाश करने की कोशिश ही क्यों करें, पर मार्क्सवादी समाजविज्ञान की अपेक्षा यही है कि हम सबसे पहले सामाजिक-आर्थिक विकास के इतिहास में व्यापारिक पूँजीवाद के उदय और विकास का निर्णय करें तदुपरान्त आधुनिकता और आधुनिक जाति की समस्याओं को उसी आधार पर सुलझाएँ।

ऊपर मैंने जो प्राक्कल्पना प्रस्तुत की है यदि वह सही सिद्ध होती है तो मार्क्स की स्थिर ग्रामसमाजों वाले भारत की (ब्रिटिश राजपूर्व भारत की) बात आधी सही सिद्ध होगी। दो हजार से भी अधिक लम्बे समय तक भारत, वस्तुतः स्थिर तो रहा है पर वह 'एशियाई' या आदिम साम्यवादी भारत नहीं था, अपितु व्यापारिक पूँजीवाद के युग का भारत था अतः वह व्यापारिक पूँजीवाद में स्थिर था, 'आदिम साम्यवाद' में नहीं।

मानव-समाज के विकास की दृष्टि से यदि आदिम साम्यवादी व्यवस्था के काल को प्राचीन काल, सामन्ती उत्पादन व्यवस्था के काल को मध्यकाल माना जाए और व्यापारिक पूँजीवाद के उदय से आधुनिक काल का आरम्भ माना जाए तो कौटिल्य काल में व्यापारिक पूँजीवाद का अस्तित्व मानने पर स्वभावतः यह निष्कर्ष निकलता है

कि वह काल आधुनिक युग का प्रारम्भिक काल है। न 'प्राचीन' और न 'मध्यकाल'। 'प्राचीन' काल का भारत ज्ञात नहीं है। सिन्धु सभ्यता से लेकर संहिताकाल तक का भारत मध्यकालीन भारत है। संस्कृतकालीन भारत वास्तव में 'आधुनिक' भारत है। इस दृष्टि से जिसे इतिहासकार परम्परया 'प्राचीन कालीन' और 'मध्यकालीन' भारत कहते आये हैं, वह भारत आधुनिक भारत कहलाएगा।

साथियो, ग़ज़ब हो गया। मेरी प्राक्कल्पना एक तरह से बिल्कुल सही सिद्ध हुई है। डॉ. शर्मा उसे पहले ही सिद्ध कर चुके हैं। मुझे पता न था। अभी-अभी मैंने यह प्रश्न उठाया था कि–"यदि डॉ. शर्मा यह समझते और मानते हैं कि कौटिल्यकाल का समाज व्यापारिक पूँजीवाद का समाज है तो उसी युग में जातीयता का उदय और विकास क्यों नहीं खोजते। जातियों के विकास के प्रश्न को वे 13वीं शताब्दी के तुर्ककाल से क्यों जोड़ते दिखते हैं।" और कहा था कि "फिलहाल, डॉ. शर्मा की ओर से इस प्रश्न का क्या उत्तर होगा, मुझे मालूम नहीं।" लेकिन अब डॉ. शर्मा का उत्तर मुझे मालूम हो चुका है। 'मार्क्सवाद और भारत' शीर्षक से डॉ. शर्मा ने 6 पुस्तिकाएँ प्रकाशित करायी हैं। इनमें से तीसरी का उपशीर्षक है 'व्यापारिक पूँजीवाद : सांस्कृतिक विकास तथा आधुनिक जातियों की निर्माण प्रक्रिया।' यह 1988 में प्रकाशित हुई। निश्चय ही–'भारतीय साहित्य के इतिहास की समस्याएँ', 'हिन्दी जाति का साहित्य', 'मार्क्स और पिछड़े हुए समाज', के बाद। पुस्तिका व्यापारिक पूँजीवाद और आधुनिक जातियों की निर्माण-प्रक्रिया सम्बन्धी डॉ. शर्मा के चिन्तन के विकास का अब तक का सर्वोच्च सोपान है। इसमें स्पष्ट रूप में यह स्वीकार किया गया है कि–"प्राचीन काल में व्यापारिक पूँजीवाद के आधार पर आधुनिक जातियों का निर्माण सम्भव था।" (वही, पृ. 81) यही नहीं, उन्होंने यह स्पष्ट स्थापना भी की कि प्राचीन काल में यूनानी आधुनिक अर्थ से नेशन बना था। इस जातीय निर्माण में प्रमुख भूमिका एथेन्स नगर की थी। (वही, पृ. 81)

प्राचीन काल में एक जाति (या एक जातीय राष्ट्र) का ही निर्माण नहीं हो सकता था–अपितु एक क़दम और आगे बढ़कर डॉ. शर्मा ने यह भी स्वीकार किया है कि–"प्राचीन काल में व्यापारिक" पूँजीवाद के आधार पर यदि कहीं एक (जाति का) निर्माण हो सकता था, तो वह बिल्कुल सम्भव है कि किसी देश की विशेष परिस्थितियों में व्यापारिक पूँजीवाद के आधार पर बहुराष्ट्रीय राष्ट्र का निर्माण हो।" (वही, पृ. 89) यह तो हुई सिद्धान्त की बात। इस सिद्धान्त को भारत पर लागू करते हुए डॉ. शर्मा ने महाभारत, **कौटिल्य के अर्थशास्त्र, कालिदास के कुमारसम्भव, रघुवंश, मेघदूत, भास** के नाटक **चारुदत्त** एवं तमिल साहित्य के ग्रन्थ **शिल्प्पतिकारम** और **मणिमेखलै** आदि के आधार पर प्राचीन भारत में व्यापारिक पूँजीवाद के आधार पर बहुजातीय राष्ट्र का विकास स्पष्ट शब्दों में स्वीकार किया। उन्होंने लिखा है–ये दो उदाहरण [अर्थात् शिलप्पतिकारम (तमिल महाकाव्य) और चारुदत्त (भास कृत

नाटक) जिनमें व्यापारी को नायक बनाया गया है] इस बात के पुष्ट प्रमाण हैं कि क्या उत्तर, क्या दक्षिण, तुर्क आक्रमण से पहले भारत में अंग्रेजी राज कायम होने से बहुत पहले, यहाँ बड़े पैमाने पर व्यापार का विकास हो रहा था। **चन्द्रगुप्त मौर्य** के सिक्के भारत के अनेक भागों में मिलते हैं, दक्षिण भारत में मिलते हैं, पूर्व और उत्तर भारत में मिलते हैं। यह भी इस बात का प्रमाण है कि यहाँ आर्थिक सम्बन्ध दूर-दूर के प्रदेशों को एक-दूसरे से मिलाते हैं। यह व्यापारिक पूँजीवाद का आधार था जिस पर **भारत का बहुजातीय राष्ट्र** निर्मित हुआ। (वही, पृ. 91) स्पष्ट है कि डॉ. शर्मा के अनुसार चन्द्रगुप्त मौर्य या कौटिल्यकालीन भारत बहुजातीय राष्ट्र के रूप में विकसित हो रहा था।

डॉ. शर्मा ने यहाँ बहुजातीय राष्ट्र की बात तो कही, किन्तु तत्कालीन आधुनिक जातियों को भाषा के आधार पर विवेचित नहीं किया। कुछ भी हो भाषा के आधार पर यदि जातियों का नामोल्लेख होगा तो उस समय की सबसे बड़ी जाति संस्कृत जाति ही होगी। इसमें सन्देह नहीं, भारत में व्यापारिक पूँजीवाद के विकास और आधुनिक जातियों के निर्माण के विवेचन में डॉ. शर्मा ने अनेक मंज़िलें पार की हैं और आश्चर्यजनक सफलताएँ प्राप्त की हैं—फिर भी ऐसा लगता है कि उसकी कुछ कड़ियाँ अभी भी अविवेचित हैं। निश्चय ही डॉ. शर्मा उसे भी विवेचित कर पूरा तारतम्य बिठा सकेंगे। अब सबसे बड़ी समस्या मेरे अनुमान से यह है कि कौटिल्यकालीन आधुनिक जातियों और हिन्दी, बंगला आदि आधुनिक जातियों के बीच कैसे सामंजस्य बिठाया जाएगा और पहली से दूसरी की उत्पत्ति एवं विकास की व्याख्या कैसे की जाएगी। यह तो तय है कि अत्यन्त लम्बा व्यापारिक पूँजीवाद का युग ही जिसके विकास में बाहरी आक्रमणकारियों की लूट से व्यवधान पड़ता रहा, दुहरी आधुनिक जातियों की उत्पत्ति का आधारभूत कारण है।

इसमें सन्देह नहीं कि जातीय निर्माण की प्रक्रिया ऐसी सामन्तवाद-विरोधी प्रक्रिया है जो सामन्तवादी खोल के भीतर व्यापारिक-पूँजीवाद के विकास से जुड़ी हुई है। रूसी जाति के उद्भव और विकास का लेनिन ने जो विवेचन किया है, उससे यह असन्दिग्ध रूप से प्रमाणित है। डॉ. शर्मा ने बार-बार लेनिन के मत को उद्धृत किया है। अतः जो लोग जातियों के विकास की प्रक्रिया को औद्योगिक पूँजीवाद से जोड़ते हैं और उसी के अनुरूप भारत में 19वीं शताब्दी में जातियों की निर्माण-प्रक्रिया का प्रारम्भ मानते हैं, वे बुनियादी गलती करते हैं।

हिन्दी जाति की निर्माण-प्रक्रिया का सम्बन्ध व्यापारिक पूँजीवाद के विकास के द्वितीय उत्थान से जुड़ा हुआ है ही, साथ ही साथ हिन्दी भाषा के उद्भव और विकास से भी वह जुड़ा है। यदि संस्कृत भाषा गांधार से लेकर पाटलिपुत्र तक के शिक्षितों की भाषा के साथ पूरे जनसमुदाय की भाषा बन पायी होती तो नयी जातियों की उत्पत्ति की परिस्थितियाँ न तैयार होतीं। पर ऐसा हुआ नहीं। यदि सम्पूर्ण हिन्दी

जाति को अच्छी तरह शिक्षित नहीं किया जाता तो इस प्रकार का खतरा हिन्दी के साथ भी बना रहेगा।

'हिन्दी आदि आधुनिक जातियों की निर्माण प्रक्रिया कब शुरू हुई' के सम्बन्ध में डॉ. शर्मा का आग्रह इस बात पर है कि यह भारत में अंग्रेजी राज की स्थापना से हर हालत में बहुत पहले शुरू हुई थी, उसे अंग्रेजी राज की तथाकथित प्रगतिशील भूमिका से किसी भी प्रकार सम्बद्ध नहीं किया जा सकता। जहाँ तक शताब्दी का प्रश्न है कि वह प्रक्रिया किस शताब्दी में शुरू हुई थी गौण है, फिर भी डॉ. शर्मा इस प्रश्न का समाधान निकालने में सदा प्रयत्नशील रहे हैं। उनके प्रारम्भिक मतानुसार 13वीं या 14वीं शताब्दी में उक्त प्रक्रिया शुरू हुई थी। अब डॉ. शर्मा 11वीं-12वीं शताब्दी में उसकी शुरुआत मानने के लिए तैयार हैं। मेरा अनुमान है कि हिन्दी जाति की निर्माण-प्रक्रिया का प्रारम्भिक काल 12वीं शताब्दी में समाप्त होता है, जिसकी शुरुआत 8वीं-9वीं शताब्दी में हुई थी। 13वीं शताब्दी से (अलाउद्दीन खिलजी के शासन काल से) उस प्रक्रिया का दूसरा चरण शुरू हुआ और अंग्रेजी राज कायम होने तक (अर्थात् लगभग 1757 ई. तक) चला। अंग्रेजी राज ह्रास और पश्चगति का काल है जिसमें हिन्दी सहित समस्त आधुनिक जातियों की निर्माण-प्रक्रिया में बाधाएँ पड़ती हैं। अंग्रेजी राज के खिलाफ युद्ध अर्थात् 1857 ई. के आस-पास से हिन्दी जाति की निर्माण-प्रक्रिया में नयी गति आयी और नया चरण प्रारम्भ हुआ।

अंग्रेजी राज की तरह देशी राज ने भी हिन्दी जाति के गठन और विकास के मार्ग में जाने या अनजाने अनेक अड़चनें डालीं और भाषावार राज्यों के गठन के बावजूद हिन्दी भाषी प्रदेशों को अनेक राज्यों में बाँट कर रखा। हिन्दी के लोगों को यू पी. वाला, एम. पी. वाला आदि बनाने के बावजूद हिन्दी जाति का निर्माण और विकास आज भी जारी है, यद्यपि उतनी गति से नहीं, जितनी गति से सम्भव था। अनेक कारणों से हिन्दी लोगों में (जिन्हें पहले हिन्दुस्तानी कहा जाता था और जिन्हें आज भी बंगाली आदि पड़ोसी और बन्धु जातियाँ हिन्दुस्तानी ही कहती हैं) जातीय चेतना का पर्याप्त विकास नहीं हुआ है। साधारण जन ही नहीं, उच्चशिक्षित बुद्धिजीवी भी, यहाँ तक कि अपने आप को मार्क्सवादी मानने वाले बुद्धिजीवी भी इस सम्बन्ध में बड़ी अनाप-शनाप बातें लिखते-बकते दिखाई-सुनाई पड़ते हैं। ये लोग हिन्दी जातीयता एवं उसके बोध को संकीर्णतावाद मानते हैं और इस प्रकार का प्रश्न उठाते हैं कि 'जातीयता बोध का आग्रह क्यों?'। ये लोग समझते हैं कि जातीयता राष्ट्रीयता एवं अन्तरराष्ट्रीयता अनिवार्यतः विरोधी हैं, अतः डॉ. शर्मा की पुस्तक **'हिन्दी जाति का साहित्य'** पढ़कर भड़क उठते हैं और पूछने लगते हैं कि 'जातीयता बोध का आग्रह क्यों' तथा फौरन संकीर्णतावाद का आरोप डॉ. शर्मा पर मढ़ देते हैं। डॉ. शर्मा कितना भी कहें कि—"जातीयता और राष्ट्रीयता में अन्तर्विरोध नहीं है। जैसे राष्ट्रीयता के बिना अन्तरराष्ट्रीयता सम्भव नहीं है, वैसे ही जातीयता के बिना

राष्ट्रीयता का अस्तित्व सम्भव नहीं है, फिर राष्ट्र चाहे एकजातीय हो, चाहे बहुजातीय हो।" (भारतीय साहित्य के इतिहास की समस्याएँ, पृ. 39) पर ये लोग उस पर ध्यान नहीं देते। ये लोग अपने भीतर का गूढ़ संकीर्णतावाद डॉ. शर्मा पर आरोपित करते हैं। ज्ञान और आलोचना के क्षेत्र में व्याप्त इस रवैये की जितनी भी भर्त्सना की जाए, कम है। किसी की आलोचना करने के पहले उसे ज्यों-का-त्यों पढ़ना अनिवार्य होता है। एंगेल्स ने एक स्थान पर लिखा है–"When a man wants to deal with scientific questions, he should above all learn to real the works he wishes to use just as the author had written them and above all without reading anything into them that they do not contain."(पूँजी, भाग 3, अंग्रेजी संस्करण; पृ. 21) एंगेल्स का यह कथन सही, सार्थक और विश्वसनीय आलोचना की आधारभूमि प्रस्तुत करता है। इस ओर ध्यान आकर्षित करते हुए मैं उक्त कोटि के डॉ. शर्मा के आलोचकों से कहना चाहता हूँ कि वे डॉ. शर्मा की आलोचना लिखने से पहले उन्हें उनके वास्तविक रूप में पढ़ने की थोड़ी-बहुत कोशिश अवश्य कर लिया करें।

जातीयता बोध को संकीर्णतावाद समझने वाले कम्युनिस्ट उसी गलत समझ की परम्परा की अगली कड़ी हैं जिस समझ ने स्वाधीनता के पहले जातीयता के सिद्धान्त के आधार पर मुस्लिम साम्प्रदायिकता, मुस्लिम लीग और देश के विभाजन का प्रत्यक्ष-परोक्ष समर्थन किया था। उन कम्युनिस्टों का जातीयता-बोध यह था कि हिन्दू-मुस्लिम अलग-अलग दो जातियाँ (कौमें) हैं। उनकी दृष्टि में जातीयता का एकमात्र आधार धर्म था। गलत जातीयता बोध से साम्प्रदायिकता का समर्थन किया जाता रहा है और आज भी किया जा रहा है, वह भी धर्मनिरपेक्षता के नाम पर! उत्तर प्रदेश में उर्दू को द्वितीय राजभाषा बनाने के समर्थन की नीति खुली साम्प्रदायिकता है और जातीयता की गलत और मार्क्सवाद विरोधी समझदारी पर आधारित है। डॉ. शर्मा के अनुसार हिन्दी जाति में हिन्दी प्रदेशों के हिन्दू और मुसलमान दोनों सम्मिलित हैं। वे पृथक्-पृथक् जातियाँ नहीं हैं। हिन्दी उन सब की जातीय भाषा है। चुनावी राजनीति के लिए मार्क्सवाद को भ्रष्ट और बदनाम करना अक्षम्य अपराध है। मैंने उसका यथाशक्ति हमेशा विरोध किया है और करता रहूँगा।

निष्कर्ष यह कि कम्युनिस्ट पार्टियों के नेताओं का जातीयता बोध भले ही संकीर्णतावाद हो पर डॉ. शर्मा के जातीयता बोध में संकीर्णतावाद का लेश भी नहीं है। उसमें संकीर्णता देखना आत्म-प्रक्षेपण है। जहाँ तक उर्दू का प्रश्न है–उर्दू डॉ. शर्मा के अनुसार अपने बोलचाल के रूप में हिन्दी ही है। अतः मेरे विचार से साम्प्रदायिकता के आधार पर उसे भिन्न भाषा के रूप में निर्मित करना (जिस रूप में वह हिन्दी से भिन्न होकर अरबी हो जाती है) और कि उसे द्वितीय भाषा का दर्जा देना मार्क्सवाद नहीं है और न उर्दू प्रेम है, विशुद्ध साम्प्रदायिकता है। कम्युनिस्ट पार्टियों को चाहिए कि वे अपने भीतर व बाहर डॉ. शर्मा की रचनाओं का प्रचार-प्रसार करें और अपना

गलत जातीयता बोध छोड़कर मार्क्सवादी जातीयता बोध अपनाएँ। इसी में उनका और देश का भला है। उन लेखकों से क्या कहा जाए जो 'एडवांस गार्ड' बनने की जगह पर किसी राजनीतिक पार्टी की दुम बने हुए हैं। वे व्यावसायिक दृष्टि से कितने भी सफल क्यों न हों, उनका साहित्य निश्चय ही उस उदात्तता से सम्पन्न नहीं हो सकता जिसके हामी **प्रेमचन्द** और **निराला** थे और डॉ. रामविलास शर्मा हैं।

मेरी दृष्टि में कम्युनिस्ट पार्टियों समेत भारत की समस्त राजनीतिक पार्टियों की सोच बुनियादी तौर पर और जाति-पाँति के प्रभाव से मुक्त नहीं है। सभी पार्टियाँ जातिवाद और साम्प्रदायिकता का किसी न किसी रूप में सहारा लेती हैं और उन्हें स्वयं सहारा देती हैं—यद्यपि समान रूप से नहीं और समान तरीके से नहीं। जातिवाद के आधार पर आरक्षण का समर्थन भारतीय जनता पार्टी समेत सभी पार्टियाँ करती हैं, यहाँ तक कि सभी प्रकार की कम्युनिस्ट पार्टियाँ भी करती हैं। इसका कारण यही है कि इन सब का नजरिया बुनियादी तौर पर सामन्तवादी है। वर्ग-संघर्ष को इतिहास की मुख्य प्रेरक शक्ति मानने वाली मार्क्सवादी पार्टियाँ भारत में जातिवाद फैलाने में योग दे रही हैं। भारी अपराध कर रही हैं क्योंकि वे सर्वहारा वर्ग को तोड़कर जातियों में बाँट रही हैं। वर्ग बोध इन्हें सही मायने में प्राप्त ही नहीं हुआ है। वर्ग और जाति की वैज्ञानिक अवधारणा निश्चय ही इनके पास नहीं है। होती तो ऐसा जघन्य अपराध वे न करतीं। भारत का संविधान भी सामन्ती सोच से ग्रस्त है मूलतः जातिवाद और साम्प्रदायिकता के आधार पर पल्लवित किया गया है वह नागरिकता के आधार पर नहीं। समाजवादी की तो बात दूर, उसका चरित्र पूँजीवादी भी नहीं, तत्त्वतः सामन्तवादी है। उसको समाप्त करके नया संविधान निर्मित करने की आवश्यकता है। यह आवश्यकता ऐतिहासिक है। पर उसकी पूर्ति के लिए संकल्प का अभाव है। ऐसा घोर राजनीतिक संकट है आज कि देश की साधारण जनता आगे है और राजनीतिक दल मीलों पीछे है। देश की जनता और युवा बुद्धिवादी जातिवाद मिटाने के लिए अग्रसर हैं तो राजनीतिक दल उसे आरक्षित कर रहे हैं, इससे बढ़कर विडम्बना की बात और क्या हो सकती है। मुझे देश की जनता पर पूरा भरोसा है। इतिहास का निर्माण किसी देश की जनता ही करती है। वह अपना मार्ग स्वयं बना रही है और बनाएगी।

इस प्रश्न पर डॉ. रामविलास शर्मा के विचार चाहे जो हों पर मैं अपने विचार पर दृढ़ हूँ और रहूँगा। डॉ .शर्मा के विस्तृत विचार मुझे ज्ञात नहीं हैं। पर एकाध स्थान पर इस सम्बन्ध में उनका जो भी विचार पढ़ने को मुझे मिला है, उससे लगता है कि उनके चिन्तन की दिशा भी यही होगी। **'सदियों के सोये जाग उठे'** की भूमिका में प्रसंगतः उन्होंने लिखा है—"आज वर्णभेद बढ़ने पर वामपक्ष का एक अंग समझने लगा है, भारत में वर्ग तो हैं नहीं, यहाँ केवल वर्ग और बिरादरियाँ हैं। इनका आपसी संघर्ष जितना ही तेज होगा, सामाजिक परिवर्तन उतना ही तेजी से होगा। वास्तव

में इस नीति से सबसे ज्यादा अहित निम्न वर्ग के लोगों का ही होता है। जैसे पाकिस्तान बनने से ज्यादा अहित मुसलमानों का हुआ है। वामपक्ष का उक्त अंग एक ओर जहाँ बिरादरीवाद से समझौता करता है वहाँ दूसरी ओर वह सम्प्रदायवाद से भी एकता कायम करता है।" (पृ. 11) इसी प्रकार पृ. 24 पर उन्होंने जातिवाद पर आधारित आरक्षण के सम्बन्ध में लिखा है–"इस उपाय (आरक्षण) से समाज में वर्णभेद बढ़ता है, यह आज कोई भी देख सकता है। इन नेताओं को वर्ग-संघर्ष से परहेज़ है वर्ण-संघर्ष से परहेज़ नहीं है। वर्ग-संघर्ष से उन्हें अपनी सत्ता सुरक्षित बनाये रखने में मदद मिलती है। **जिस हद तक वामपक्ष ने आरक्षण का समर्थन किया है, उस हद तक समाज में वर्णभेद कायम रखने में सहायता की है।**" मैं डॉ. शर्मा से पूरी तरह सहमत हूँ पर यह कहना चाहूँगा कि वामपक्ष ने आरक्षण का समर्थन करके 'समाज में वर्णभेद कायम' रखने में ही सहायता नहीं की है अपितु उसे बढ़ाने में भी सहायता की है। डॉ. शर्मा ने वामपक्ष के अपराध को हल्का करके देखा है। उसके साथ नरमी बरती है। यह उचित नहीं है।

डॉ. शर्मा ने भारतीय कम्युनिस्टों के वामपन्थी एवं दक्षिणपन्थी अवसरवादों पर अपने अनेक ग्रन्थों में विस्तार से लिखा है। उनकी चर्चा करना न यहाँ सम्भव है न मेरा उद्देश्य। वर्तमान इतिहास की निर्माण-प्रक्रिया में सहायता पहुँचाने के उद्देश्य से कम्युनिस्ट पार्टियों में लगभग समान रूप से व्याप्त (न केवल भारतीय स्तर पर अपितु अन्तरराष्ट्रीय स्तर पर) उस जनतन्त्र-विरोधी तानाशाही रुझान को खत्म करने की आवश्यकता पर मैं अवश्य बल देना चाहता हूँ जो मूलतः हर स्तर पर हर प्रकार की बुराइयों एवं विकृतियों का आधारभूत स्रोत हैं। इसी के कारण नौकरशाही की विकृतियाँ पैदा होती हैं और सर्वहारा अधिनायकत्व या जनवादी अधिनायकत्व के स्थान पर माओ या चोसेस्क का अधिनायकत्व या किसी गिरोह का अधिनायकत्व स्थापित हो जाता है। दरअसल जनवादी केन्द्रीयता (Democratic centratism) के स्थान पर पार्टियों के भीतर केन्द्रीयतावाद लागू होता है और जनवाद की पूरी तरह हत्या हो जाती है। सही सिद्धान्त को व्यवहार में बिल्कुल खत्म कर दिया जाता है, यह मैं अपने अनुभव से जानता हूँ। इस बुनियादी तौर पर गलत कार्य-पद्धति को छोड़कर ईमानदारी से जनवादी केन्द्रीयता को सही ढंग से लागू करने का संकल्प कर लें तो न तो बहुत सारी कम्युनिस्ट पार्टियों की ज़रूरत रहेगी और न कुछ नेताओं की दादागीरी चलेगी और बहुत तेजी से भारतीय कम्युनिस्ट आन्दोलन अपने वर्तमान गतिरोध को तोड़कर आगे बढ़ सकता है। अतः मार्क्सवाद-लेनिनवाद को मार्गदर्शक मानकर जनवादी केन्द्रीयता की कार्यपद्धति स्वीकार कर बिना अन्य किसी शर्त के कम्युनिस्ट पार्टियों की एकता के लिए आगे बढ़ना चाहिए। बाधा बनने वालों को शत्रु समझ कर पीछे ढकेल देना चाहिए।

मुझे दिये गये पृष्ठों की सीमा समाप्त है। डॉ. प्रदीप सक्सेना ने कहा था कि

डॉ. शर्मा के इतिहास-दर्शन पर विचार करते समय मैं 'हिन्दी जातीयता के मार्क्सवादी परिप्रेक्ष्य' '1857 और भारतीय पुनर्जागरण' तथा 'इतिहास बनाम साहित्येतिहास' का विवेचन अवश्य करूँ। इनमें से पहले का कुछ विचार हो चुका है और शेष के लिए स्थान नहीं है। अतः मैं उपयुक्त सन्दर्भ में डॉ. शर्मा का यह वाक्य उद्धृत कर यह निबन्ध समाप्त करता हूँ कि—"बहुमत का समर्थन न मिले, मार्गदर्शक होने का दावा करके नेतृत्व बहुमत को अल्पमत के सामने झुकाए तो यह ब्लांकीपन्थ है, मार्क्सवाद नहीं।" (मार्क्स और पिछड़े हुए समाज, पृ. 391)

डी.डी. कोसाम्बी की इतिहास-दृष्टि

राजेन्द्र चोपड़ा

प्रोफेसर दामोदर धर्मान्द कोसाम्बी (1907-1966) बहुमुखी प्रतिभा के स्वामी थे। एक गणितज्ञ और भौतिक-शास्त्री के रूप में उनकी विशेष पहचान तो है ही और मुद्राशास्त्र पर भी उनकी खोजें बहुत महत्त्व की हैं, परन्तु एक इतिहास-विद् के रूप में उनका योगदान अनोखा है।

भारत में इतिहास को वस्तुगत दृष्टि से देखने की परम्परा चार दशक से कुछ ही ऊपर है। इससे पूर्व इतिहास ब्रिटिश इतिहासकारों की औपनिवेशिक सोच से प्रभावित था। इसके विपरीत, ऐसे इतिहासकार थे जिन्होंने अतीत के 'हिन्दू-भारत' का अतिशयोक्तिपूर्ण गुणगान किया था। **के.पी. जायसवाल** की 'हिन्दू-पोलिटी', जिसे आज भी उद्धृत किया जाता है, की ओर इतिहास के शोधार्थियों का ध्यान, वस्तुनिष्ठ दृष्टि के अभाव में पूरी तरह नहीं गया था। **पं. सुन्दरलाल** की 'भारत में अंग्रेजी राज' ने इतिहास को नयी नजर से देखा परन्तु इसका दायरा सीमित था। यह एक सुविज्ञ क्रान्तिकारी का प्रशंसनीय कार्य जरूर था, लेकिन एक इतिहासकार की निगाह इसमें कई तथ्यात्मक दोष निकाल सकती है। **जवाहरलाल नेहरू** की 'डिस्कवरी ऑफ इण्डिया' अपनी ताजगी और आधुनिक सोच के कारण एक मील का पत्थर मानी जाती है। इसकी समीक्षा प्रोफेसर कोसाम्बी ने 1946 में ही की थी, जिसकी चर्चा हम आगे करेंगे।

ऐसा माना जाता है कि भारत के प्राचीन इतिहास को मार्क्सवादी नजर से देखने का एक प्रारम्भिक प्रयास **श्रीपाद अमृत डांगे** की 1949 में प्रकाशित 'भारत : आदिम साम्यवाद से दासप्रथा तक' में था। यह पुस्तक विवादास्पद होने के बावजूद महत्त्वपूर्ण थी क्योंकि यह पहली पुस्तक थी जिसके लेखक ने मार्क्सवादी दर्शन से अभिभूत होकर, शायद जल्दी में प्राचीन ग्रन्थों का कुछ अध्ययन किया, शायद प्राचीन ग्रन्थों (वेदों, शास्त्रों, पुराणों, स्मृतियों, उपनिषदों, गीता, महाभारत, बौद्ध-धर्म के ग्रन्थ आदि) के अथाह सागर में गोते लगाने का उसे समय न मिला था। इस पुस्तक का मसौदा उसने यरवदा जेल में अक्तूबर 1942 से जनवरी 1943 के मध्य

तैयार किया था। जब 1949 में यह पुस्तक प्रकाशित हुई, उस समय भी लेखक स्वतन्त्र भारत की जेल में था। कोसाम्बी ने लेखक की सीमा का हवाला दिया और कार्यक्षेत्र में उसकी भूमिका स्वीकार भी की परन्तु कई खामियों के कारण पुस्तक की निर्मम आलोचना की। बहरहाल, कम्युनिस्ट आन्दोलन के एक चोटी के नेता द्वारा भारत के प्राचीन इतिहास का शुरुआती मार्क्सवादी विश्लेषण होने के कारण यह पुस्तक आज भी उल्लेखनीय है।

इतिहास को सर्वप्रथम पूरी तरह से वैज्ञानिक ढंग और मार्क्सवादी दृष्टिकोण से देखने का श्रेय प्रो. कोसाम्बी को जाता है। उनके चार प्रमुख ग्रन्थों और साठ लेखों ने इतिहासलेखन की दुनिया में तहलका मचा दिया, हालाँकि "अपने जीवन-काल में" प्रो. आर. एस. शर्मा के अनुसार, "उन्हें एक इतिहासकार के तौर पर औपचारिक मान्यता नहीं मिली" परन्तु "आज उनके उठाये प्रश्नों और सुझावों पर क्लासरूमों और सेमिनारों में बहस हो रही है।" दरअसल उनके ग्रन्थों, लेखों और समीक्षाओं की विविधता इतिहास को मानवजाति का इतिहास समझने वालों का ध्यान अपनी ओर न सिर्फ़ आकर्षित ही करती है बल्कि उनकी प्रतिभा पर आश्चर्य भी होता है। उनके लेखों में क्रान्ति और वैज्ञानिक प्रगति, भारत में रजत-मुद्रा का उद्‌भव और विकास, उत्तर भारत में जाति-प्रथा के प्रारम्भिक स्वरूप, भारत में जाति और वर्ग, ब्राह्मण और ब्राह्मणवाद, अवतार समन्वय और महाभारत के सम्भावित स्रोत, ब्राह्मण गोत्रों का उद्‌भव, भारतीय कालक्रम, प्राचीन कोसल और मगध, भारतीय इतिहास का काल-विभाजन, प्राचीन भारतीय इतिहास का आधार, भारत में सामन्तवाद का विकास, निरंकुशता का आधार, आदिम साम्यवाद भगवद्‌गीता का सामाजिक और आर्थिकपक्ष, भारत में लौह-युग का प्रारम्भ, ऐतिहासिक कृष्ण और भर्तृहरि का काव्य जैसे विभिन्न विषय हैं। कौटिल्य के अर्थशास्त्र पर भी बहस है। भारतीय विद्या भवन द्वारा प्रकाशित '**भारत के लोगों का इतिहास और संस्कृति**' की लम्बी समीक्षा उन्होंने 1955 में लिखी जिसमें यह प्रश्न उठाया कि वे कौन से तत्त्व हैं जिनसे भारत के इतिहास की संरचना होती है?

'**ऐतिहासिक भौतिकवाद**' को यान्त्रिक ढंग से लागू करने की प्रवृत्ति को उन्होंने अस्वीकार किया। वे विचार-धारा या सिद्धान्त को मताग्रह की हद तक मानने को हठधर्मिता समझते थे। इस पर भी उनके सामाजिक और इतिहास-सम्बन्धी विश्लेषण में मार्क्सवादी परम्परा का बेजोड़ निर्वाह है। भारत के इतिहास को समझने की उनकी पद्धति पूर्व पद्धतियों से बुनियादी तौर पर भिन्न थी। मताग्रह या कट्टरपन्थ के उनके प्रबल विरोध का एक सुफल यह हुआ कि मार्क्सवादी विद्वान् "अभद्र मार्क्सवाद" का शिकार होने से बच गये। एक सुखद पहलू यह भी कहा जा सकता है कि **प्रोफेसर रामशरण शर्मा, देवीप्रसाद चट्टोपाध्याय, रोमिला थापर, इरफ़ान हबीब, विपिनचन्द्र** और **विवेकानन्द झा** जैसे इतिहासकारों-विद्वानों की रचनाओं में मताग्रह

का दोष नहीं है। इस कथन का यह अभिप्राय नहीं कि इन विद्वानों का एकमात्र प्रेरणास्रोत कोसाम्बी ही थे या वे कोसाम्बी की लीक पर ही चले। वास्तव में, कई इतिहासकार और आगे गये और नयी भूमि की तलाश की फिर भी इसमें दो राय नहीं हो सकती कि भारतीय इतिहास को वैज्ञानिक दृष्टि से प्रस्तुत करने वालों में दामोदर कोसाम्बी अग्रगामी थे।

x x x

यह आत्मसात करने के लिए कि कोसाम्बी ने अपने ग्रन्थों में, क्या नयी जानकारी दी, हिन्दी में एक ऐसी बृहद् पुस्तक का लेखन आवश्यक है जिसमें उनके इतिहास-विषयक ग्रन्थों और लेखों का सार हो। यहाँ हमारा उद्देश्य उनकी इतिहास-दृष्टि तक सीमित है।

'भारतीय इतिहास के अध्ययन का परिचय' (1956) नामक कोसाम्बी की प्रसिद्ध पुस्तक से इतिहासकारों ने अलग-अलग काल-खण्डों में उत्पादन के सम्बन्धों को समझने का प्रयास किया। कोसाम्बी ने दिखाया कि भारतीय समाज में पश्चिम के समाजों के समरूप कई समाज थे जो पश्चिम से गुणात्मक रूप में भिन्न थे; अतः उन्हें समान या सादृश्य मान कर तुलना करना और संस्थापित उत्पादिन-प्रणाली के अनुसार उनका वर्गीकरण करना अनुचित है। भारत में दास-प्रथा का स्वरूप और सामन्ती ढाँचा भी पश्चिम यूरोप से भिन्न था। भारतीय ढाँचे की समझ और प्राचीन व मध्यकालीन इतिहास की ऐसी व्याख्या के कारण विद्वान् उन्हें नये इतिहास का **'पायनियर'** मानते हैं। कोसाम्बी की निगाह में इतिहास का विषय श्रम करने वाले लोग हैं, जो अतिरिक्त मूल्य पैदा करते हैं। उन्होंने आम आदमी के जीवन के प्रवाह को उजागर किया और बताया ज्ञानार्जन निरन्तर चलने वाली प्रक्रिया है। नया ज्ञान अर्जित ज्ञान में वृद्धि करे और ज्ञान की निधि भरती रहे। उन्होंने लिखा, "विज्ञान का इतिहास भी तो विज्ञान है।... जरूरी यह है कि हर प्रकार का ज्ञान मानव-ज्ञान की जनरल-बॉडी का हिस्सा बन जाए।" उन्होंने उदाहरण दिया—**न्यूटन** की उपलब्धियों पर कोई वैज्ञानिक शक नहीं करता। फिर भी आज एक स्नातक-पूर्व छात्र का गणित और भौतिकी का ज्ञान न्यूटन की उस समय की जानकारी से अधिक है परन्तु इस ज्ञान का विकास न्यूटन के अनुसन्धानों के बिना सम्भव न था। न्यूटन जैसे अमर वैज्ञानिक के ज्ञान को, बिना उसे नीचा दिखाए, एक स्नातक-पूर्व के छात्र से कम कहना (एक विशेष सन्दर्भ में ही सही), प्रोफेसर कोसाम्बी जैसे व्यापक दृष्टि वाले व्यक्ति का ही साहस था।

इतिहास क्या है? इस प्रश्न के उत्तर में कोसाम्बी ने लिखा कि यदि इतिहास बड़े-बड़े पागल राजाओं के नामों और भीषण युद्धों को कहते हैं तो निश्चय ही भारत का इतिहास लिखना दुःसाध्य है। लेकिन यदि यह जानना ज्यादा अहमियत रखता

है कि किसी काल-खण्ड में लोगों के पास हल था या नहीं, तो भारत का अपना इतिहास है। उन्होंने इतिहास को परिभाषित किया—"इतिहास उत्पादन के साधनों और सम्बन्धों में उत्तरोत्तर परिवर्तनों की सुव्यवस्थित ढंग से प्रस्तुति का नाम है।" इतिहास के प्रति यह रुख कोसाम्बी के लेखन में क़दम-क़दम पर है। उन्होंने लिखा कि इस बात से कोई फर्क नहीं पड़ता कि सिन्धु घाटी के लोगों का कोई राजा था या नहीं, परन्तु क्या उनके पास हल था जिससे वे नदियों के जल-आप्लावन से कीचड़-भरी भूमि को कुरेद सकते? यदि हम इस प्रश्न से बचेंगे कि धातु कहाँ से कितने परिमाण में आयी तो यह कैसे जानेंगे कि भारत पाषाण-युग से सभ्यता में कैसे विकसित हुआ? **आर.सी. मजूमदार** जैसे इतिहासकार इन प्रश्नों से बचते रहे। वे भारत के योरोपियन इतिहासकारों के मुकाबले में बिल्कुल नये किस्म के इतिहास का सूत्रपात करना चाहते थे; किन्तु विदेशी बुर्जुआ पूर्वाग्रहों के स्थान पर भारतीय बुर्जुआ पूर्वाग्रह ही स्थापित कर पाये। जहाँ विन्सेण्ट स्मिथ ने ब्रिटिश साम्राज्य की महिमा बताते हुए मज़बूत केन्द्रीय शासन, शासक की दृढ़ता और प्रजा की वफादारी का बखान किया; एक रुझान यह प्रमाणित करने की ओर था कि हम भारतीय अपने विजेताओं से किसी भी भाँति कम न थे और हमारा अतीत किसी से भी कम गौरवशाली न था।

जो हो चुका इस बारे में कोई भी इतिहासकार सब कुछ नहीं बता सकता, प्रायः वह प्राप्त स्रोतों में से जो उसे आवश्यक लगते हैं काम चलाता है। अतः इतिहास के विषय में अवधारणा समयानुसार बदलती रहती है जो इस बात पर भी निर्भर करती है कि सत्ता किस वर्ग के हाथ में है। भारतीय इतिहास के इस विशिष्ट पहलू को कि वर्ग और जाति के दोहरे भार के कारण, श्रमिक का निरन्तर शोषण होता रहा, नज़रअन्दाज़ करके अपने दर्शन और संस्कृति पर मिथ्याभिमान और आत्मश्लाघा का प्रदर्शन करने से सन्तुलित मूल्यांकन नहीं हो सकता। इस प्रकार के विचार प्रकट करते हुए, कोसाम्बी ने स्पष्ट लिखा : "एक वर्गीय समाज के समुचित अध्ययन का मतलब है शिखर पर बैठे वर्गों और शेष लोगों के हितों का विश्लेषण करना। इसका अर्थ है यह विचार करना कि किस हद तक एक उभरते हुए वर्ग ने अपने सत्ता-उत्थान के समय कौन-सा नया योगदान दिया और किस मुकाम पर वह प्रतिगामी हो गया या हो जाएगा ताकि उसके निजी स्वार्थ सुरक्षित रहें।"

x x x

प्रोफेसर कोसाम्बी के कुछ लेख **'एग्जस्प्रेटिंग ऐसेज'** नामक पुस्तिका में संग्रहित हैं। इसमें संशय नहीं कि ये लेख वास्तव में ही वाम और दक्षिण-पन्थ के कट्टरपन्थियों को उद्वेलित करते हैं परन्तु जैसा कि पुस्तिका की भूमिका में कहा गया है, "इनका

उद्देश्य उन लोगों की विचार-प्रक्रियाओं में उत्तेजना उत्पन्न करना है जिन्हें सामाजिक महत्त्व से सम्बन्धित सवालों के सही जवाबों को जानने की जिज्ञासा है।" कुछ प्रश्न जिनका उत्तर तलाशने की कोशिश की गयी है, इस प्रकार हैं : 'क्या व्यक्ति इसलिए कुछ न करे कि सामूहिक परिवर्तन अवश्यम्भावी है?', 'क्या अन्दर की आवाज़ सदा सही पथ-प्रदर्शन करती है?', 'ऐसा क्यों हुआ कि बौद्ध-धर्म जो धर्मों में सब से सौम्य है, अपने जन्म के देश से लुप्त हो गया?', 'क्या संस्कृत साहित्य वर्गीय पक्षपात से मुक्त है?', इन विषयों के चयन से अन्दाजा होता है कि कोसाम्बी में बहुमुखी पुनरुत्थान की सच्ची चाह थी। इन लेखों में विभिन्न विषयों पर '**द्वन्द्वात्मक-भौतिकवाद**' की दृष्टि से विचार किया गया है।

विचारों का जन्म अन्ततोगत्वा व्यक्ति के अनुभव से होता है। मानव-समाज के स्तर पर वातावरण भी समाज ही से मिलता है और प्राकृतिक परिवेश से उसकी अन्तःक्रिया उत्पादन सम्बन्धों से जुड़ी है लेकिन औजार बुनियादी चीज है। मार्क्सवादी दर्शन की ऐसी व्याख्या करते हुए कोसाम्बी ने कहा कि मानव की प्रगति और इतिहास का आधार उत्पादन-सम्बन्ध हैं अर्थात् वास्तविक औजार और उत्पादकता के सम्बन्ध। समाज उत्पादन के बन्धनों से जुड़ा हुआ है। मार्क्सवाद में निष्ठा रखते हुए भी कोसाम्बी ने सावधान किया : "यदि मार्क्सवाद को एक जीवित discipline रहना है तो इसे सफलतापूर्वक विज्ञान (वस्तु-कलासहित) की नवीनतम खोजों के साथ कार्यरत रहना होगा; और साथ ही इतिहास के लिए नये प्रामाणिक नतीजे प्रस्तुत करने होंगे। इसका महत्त्व अतीत की व्याख्या ही नहीं, भविष्य में किये जाने वाले कार्य के लिए गाइड के तौर पर भी है।" मार्क्सवाद को 19वीं सदी के पूर्वाग्रहों पर आधारित "डोग्मा" करार देने वाले मार्क्सवाद-विरोधियों के तर्कों का युक्तियुक्त उत्तर कोसाम्बी के ग्रन्थों में मिलता है। उन्होंने तर्क दिया कि मार्क्सवाद को तो पुरातन और गलत मान लिया जाए जबकि डार्विन और अन्य वैज्ञानिकों की खोजें विज्ञान के सामूहिक-ज्ञान का अंग बन चुकी हैं। जो 19वीं सदी की देन को पुराना करार देते हैं, उन्हें न तो मिल, बर्क, हरबर्ट स्पेन्सर ही स्वीकार्य होने चाहिए और न ही उन्हें इन से भी पुरानी भगवद्गीता में आस्था दिखानी चाहिए। इस तर्क के उत्तर में कि गीता भारतीय है और मार्क्सवादी दर्शन बाह्य विचारधारा पर न होकर इसके विदेशी होने पर है क्योंकि इससे बूर्जुआ-सिस्टम में रहने वाले लोगों की वर्गीय सुविधाओं को खतरा हो सकता है। मार्क्सवाद को हिंसा पर आधारित विचारधारा कहने वालों को उन्होंने बताया कि मार्क्स के किसी भी ग्रन्थ में युद्ध भड़काने और निरर्थक हत्याओं को उचित ठहराने के लिए वैसे खोखले तर्क नहीं दिये गये जैसे गीता में हैं।

x x x

यह दिखाकर कि सिन्धु घाटी सभ्यता के नगरों 'मोहनजोदड़ो और हड़प्पा' में तीव्र वर्ग-भेद था, कोसाम्बी ने प्रश्न उठाया कि आखिर यह वर्ग-ढाँचा बना कैसे रहा? ऐसी

कौन-सी पद्धति थी जिसने धनिक वर्गों को धन-उत्पादन करने वालों के प्रतिशोध से बचाये रखा? प्रत्येक वर्ग-भेद अन्ततः हिंसा के प्रयोग पर आधारित होता है–जिससे एक वर्ग द्वारा पैदा किया अतिरिक्त-उत्पादन अल्पसंख्यक शासक हड़प लेते हैं। हिंसा में कमी हो जाती है अगर उत्पादन करने वाले वर्ग को इसके सिवा कोई रास्ता नहीं सूझता कि उच्च वर्गों के निर्देशन में जीवन-यापन करें। अक्सर इस उद्देश्य की पूर्ति हेतु धर्म का इस्तेमाल किया जाता है ताकि काम करने वाले वर्ग को यह विश्वास दिला दिया जाए कि उन्हें अतिरिक्त-उत्पादन का त्याग करना ही चाहिए इसलिए कि दैवी शक्तियाँ उन्हें रहस्यमय माध्यमों से नष्ट न कर दें। अतिरिक्त-उत्पादन को हड़पने के लिए अन्य-विश्वासों को बढ़ावा देकर लाभ उठाया जाता था। धर्म के आधिपत्य के कारण संस्कृति 500 से भी अधिक वर्ष, सम्भवतः इससे भी तिगुने वर्षों तक, अपरिवर्तनशील रही। सिन्धु-पूर्व की बस्ती पर हड़प्पा के प्रथम आवास से, जबरदस्त विध्वंस के समय तक, हम अपकर्ष या विनाश तो देखते हैं, परन्तु कोई मूलभूत परिवर्तन दिखाई नहीं देता।

प्रोफेसर कोसाम्बी ने बताया : "उत्पादन सम्बन्धों में पहला मुख्य परिवर्तन विजित दास जन-समुदाय में से सेवक-वर्ग का बनना था। आगे चलकर इस शब्द का अर्थ helot अर्थात् एक प्रकार का गुलाम प्रचलित हुआ। जो जाति से दास था, उसे हथियार के उपक्रमण या धारण करने का अधिकार न था, उसके पास सम्पत्ति न होती थी, वह तो स्वयं एक ढोर की तरह आर्य-कबीले की सम्पत्ति था। ऋग्वेद-चारण कभी-कभार राजा द्वारा दिये गये दासों, मवेशियों और अश्वों के बारे में गाते थे। पशु शब्द जो चौपाये मवेशी के लिए प्रयुक्त होता है, एक बार मनुष्यों के लिए भी प्रयोग में लाया गया (ऋग्वेद 3.62.14) जहाँ दो पैरों वाले और चार पैरों वाले पशुओं का उल्लेख है...चूँकि पशुओं को झुण्ड में साँझा या सामूहिक तौर पर रखा जाता था और साधारणतः खेत की जुताई सामूहिक थी, दास का कबीले की सामूहिक सम्पत्ति के रूप में इस्तेमाल तर्कसंगत ही था। कबीला-प्राधिकारी, एक या अधिक दास को, यह कार्य सौंप देते थे कि वे किसी विशेष उपसमूह के लिए श्रम करें, जिससे निजी सम्पत्ति का आविर्भाव हुआ और ऐसे कुटुम्ब या परिवार-समूह का, जो ऐसी सम्पत्ति को (जो अब सामुदायिक न थी) रखता था। अनुमान हो सकता है कि ये दास उन इण्डस-सैटलर्स के वंशज थे, जो सिन्धु-घाटी नगरों के लिए अतिरिक्त (Surplus) मुहैया करते थे और जिसके लिए उन्हें बल के बजाय किसी अन्य ढंग, शायद धर्म से, फुसलाया जाता था। यह भारत में वर्ण-व्यवस्था (जाति-प्रथा) की शुरुआत थी। वर्ण शब्द का अर्थ है रंग और इसका (शब्द का) औचित्य यह बताया जाता है कि दास या दस्यु आम-तौर पर काले या गहरे रंग के कहे जाते थे। आर्यों का अपना रंग जो श्वेत था या कम-से-कम हल्का तो था ही।" (**एन इण्ट्रोडक्शन टू दि स्टडी ऑफ इण्डियन हिस्ट्री**, संस्करण 1990, पृ. 97-98)

कोसाम्बी की पक्की राय थी कि जाति-प्रथा की बुनावट ही समाज को गतिहीन ढाँचे में बनाये रखने की थी। अब इसका प्रमुख कार्य है इतिहास को नकारना और इस प्रकार प्रगति को नकारना। भारत में अपनी उपयोगिता समाप्त हो जाने और अन्य अनेक कारणों से बौद्ध-धर्म का भारत में पतन हो जाने पर, जिसका विवरण कोसाम्बी के ग्रन्थों में है, हिन्दू-धर्म का पुनः वर्चस्व और जाति-प्रथा का प्राबल्य हो गया।

x x x

जहाँ तक मेरी जानकारी है कम्युनिस्ट पार्टी के सिद्धान्तकारों ने जाति-प्रथा के गहन अध्ययन की ज़रूरत महसूस नहीं की थी। शायद उनका विचार था कि वर्ग-विभाजन की दृष्टि से समाज के विश्लेषण में जाति स्वयमेव सम्मिलित है। शायद उनका ख़याल था कि जाति-प्रथा को विशेष महत्त्व देने से ऐसा आभास होगा कि वर्ग-संघर्ष में उनका विश्वास नहीं रहा। जो हो, आज भी जब '**मण्डल-आयोग**' की सिफारिशों पर बहस हो रही है, कम्युनिस्ट पार्टियों के पास कोई ठोस समाधान नहीं है।

नयी दिल्ली से प्रकाशित '**जनयुग**' (21 अक्तूबर 1973) में श्रीपाद अमृत डाँगे का एक लेख "**वर्ज-व्यवस्था का सार-तत्व**" शीर्षक से छपा था जिसमें जाति-प्रथा पर संक्षेप में विचार किया गया था और इस गूढ़ विषय को मार्क्सवादी आईने से पेश करने की कोशिश की गयी थी। डांगे ने लिखा, "जब उत्पादन और उत्पादक शक्तियाँ पर्याप्त रूप से विकसित हो गयीं और दास सम्बन्ध आगे के विकास में बाधक बन गये तब जाति-व्यवस्था का जन्म हुआ।... वर्ण और जातियाँ गुण और कर्म, उत्पादकता और उत्पादन गतिहीन और शाश्वत नहीं है बल्कि परिवर्तनशील और वस्तुगत दृष्टि से नियन्त्रण योग्य हैं।" इसी लेख में अस्पृश्यता पर विचार करते हुए डांगे ने रेखांकित किया कि पूर्णतया अस्पृश्य जातियों में भी परस्पर अस्पृश्यता होती है। ज़ाहिर है डांगे का यह लेख सतही था और समस्या की गहराई में जाने की कोशिश इसमें कम थी। **डॉ. रामविलास शर्मा** की पुस्तिका '**सामन्तवाद : वर्ण-व्यवस्था और बिरादरी**' (1988 जनवादी साहित्य सदन, आगरा) में भी इस विषय का विवेचन है। **विवेकानन्द झा** ने भी अपने लेख 'सोशल स्ट्रेटीफिकेशन इन इण्डिया' (पार्टी लाईफ, फरवरी 1991) में इस विषय का बेहतरीन अध्ययन किया है। **एम. एन. श्रीनिवास** जाने-माने समाज-शास्त्री हैं और सामाजिक संरचना पर उनके शोध खासे चर्चित भी हैं परन्तु उनकी नजर नितान्त बूर्जुआ है। **एस.जी. सरदेसाई** की पुस्तक '**प्रोग्रेस एण्ड कंजरवेटिज्म इन इण्डिया**' (पी.पी.एच. नयी दिल्ली) में इस विषय को बारीकी से समझने का यत्न है। प्रोफेसर कोसाम्बी ने इन विद्वानों से बहुत पहले जाति-प्रथा पर गहराई से विचार किया था और एक वैज्ञानिक-इतिहासकार के ढंग से इस विषय की छान-बीन की थी। उनके प्राचीन इतिहास पर तीनों प्रमुख ग्रन्थों

में (इण्ट्रोडक्शन टू दी स्टडी ऑफ इण्डियन हिस्ट्री, कल्चर एण्ड सिविलाइजेशन ऑफ एनशिएण्ट इण्डिया, और मिथ एण्ड रिएलिटी) कई स्थलों पर जाति-प्रथा के उद्भव और बदलते स्वरूपों में निरन्तरता पर चर्चा है। उनके लेख **'कास्ट एण्ड क्लास इन इण्डिया'** जो न्यूयार्क से प्रकाशित **'साईंस एण्ड सोसायटी'** में सन् 1944 में छपा था, में इस विषय पर ताजा सोच थी। **'भारत में वर्गीय संरचना'** शीर्षक लेख में मार्क्सवादी नजर से इस विषय का सर्वेक्षण किया गया था। यह लेख न्यूयार्क के **'मन्थली रिव्यू'** (खण्ड 6, 1954) में प्रकाशित हुआ था। आज़ादी के बाद की भारत की स्थिति की विषमताओं की सारगर्भित चर्चा कोसाम्बी के इस लेख में थी।

x x x

प्रोफेसर कोसाम्बी का एक महत्त्वपूर्ण लेख है, **'दि बूर्जुआजी कम्स ऑफ एज इन इण्डिया'**। यह लेख 1940 में न्यूयार्क के **'साइंस एण्ड सोसायटी'** के दसवें खण्ड में प्रकाशित हुआ था। इस्में जवाहरलाल नेहरू की विख्यात पुस्तक **'डिस्कवरी ऑफ इण्डिया'** (जिसका प्रकाशन भी 1946 में ही हुआ था) की विस्तृत समीक्षा थी। लेख में नेहरू की पुस्तक की गरिमा को स्वीकार करते हुए, इसकी कमजोरियों पर तफसील से चर्चा थी। हो सकता है, आज हम पुस्तक की सभी आलोचनाओं को मुनासिब न समझें, परन्तु यह सच है कि जिन स्थलों पर **'ऐतिहासिक भौतिकवाद'** की दृष्टि से पुस्तक खरी नहीं उतरी, वहीं पर आलोचना ज्यादा तीखी है। यह सलूक नेहरू की पुस्तक के साथ ही हुआ था, ऐसा नहीं कहा जा सकता क्योंकि डांगे की पुस्तक **'इण्डिया फ्रॉम प्रीमिटिव कम्युनिज्म टू स्लेवरी'** की आलोचना करते समय कोसाम्बी ने कहीं तेज तीरों से प्रहार करके पुस्तक की धज्जियाँ उड़ा दी थीं। खैर, **'डिस्कवरी ऑफ इण्डिया'** की समीक्षा इसलिए भी महत्त्व की है क्योंकि इससे हमें डी.डी. कोसाम्बी की इतिहास-दृष्टि को समझने में मदद मिलती है। **'डिस्कवरी'** में उन्हें स्थितियों के 'क्यों' का अभाव लगा। उनका विचार था कि इतिहास-लेखन का कोई भी प्रयास परिपक्व नहीं समझा जा सकता, जब तक कि रचयिता, अपनी विचारधारा की सीमा में विश्लेषण का प्रयास नहीं करता। उन्होंने मत व्यक्त किया कि प्राचीन काल के सम्बन्ध में कुछ तथ्यों की व्याख्या में कठिनाई होती है क्योंकि तथ्य अस्पष्ट होते हैं किन्तु **'वर्तमान'** के सन्दर्भ में भी **'लेखक'** (नेहरू) की एप्रोच में कई दोष थे। उन्होंने पुस्तक में वर्ग विश्लेषण की कमी महसूस की और प्रश्न किया कि यदि **'लेखक'** स्वयं से पूछता कि किस काल में किस वर्ग को किस परिवर्तन से फायदा पहुँचा, तो वह अवश्य लाभान्वित होता। इससे उसे एक मसला समझ में आ जाता जिसका उल्लेख 'लेखक' ने किया था कि 'क्यों अंग्रेज भारत को वैसे सामाजिक और राजनीतिक अधिकार नहीं देते जिस पर अंग्रेजों और इंग्लैण्ड को गर्व है? कोसाम्बी

ने लिखा : "यह प्रत्यक्ष है कि अंग्रेजों के जिस वर्ग ने भारत में स्थानीय सरकारों और नागरिकों का विरोध किया उसी वर्ग ने इंग्लैण्ड में निराशाजनक रूप से निम्न वर्ग के खिलाफ लड़ाई की; परन्तु जब इंग्लैण्ड के मजदूर वर्ग का दबाव बहुत बढ़ गया, तो बूर्जुआ-फ्रण्ट को किसी स्थान पर तोड़कर, स्थानीय हल हासिल कर लिया गया। तब बूर्जुआजी की खोने वाली श्रेणी ने वही पाबन्दियाँ शेष सभी उत्पादन साधनों के मालिकों पर लागू करने के लिए लड़ाई की; और आखिर में सारे मामले पर भला चेहरा बना लिया यह घोषित करते हुए कि शासकों ने कुछ सुधार स्वेच्छा से प्रदान किये थे। तुलना में भारत में कम वर्ग विरोध हुआ क्योंकि अंग्रेजों ने यह सावधानी बरती कि जहाँ तक सम्भव हो धर्म और सामन्तशाही का परमाधिकार बना रहे?" प्रोफेसर कोसाम्बी ने मुस्लिम-समुदाय की तुलनात्मक विपन्नता के प्रश्न पर भी विचार किया क्योंकि नेहरू ने मुस्लिम-लीग व मुस्लिम पिछड़ेपन और मुस्लिम उच्च वर्गों की प्रतिक्रियावादी अभिवृत्ति के कारणों की व्याख्या नहीं की थी। नेहरू कुछ वर्गों के पास पूँजी जमा हो जाने के कारणों में भी नहीं गये और इस परिमाणात्मक परिवर्तन से भारतीय मध्यम वर्ग के चरित्र पर गुणात्मक प्रभाव को नहीं समझ सके।

इस नव-धनिक वर्ग के मुख्य लक्षण थे : असीमित लोभ की परिणति काला-बाज़ार; अधिकाधिक मुनाफा कमाने के लिए खूब रिश्वत; शेयर और सट्टेबाजी में धन लगाना और अपने ही हम-वतन भारतीयों की दुर्दशा की तरफ बेरहम लापरवाही। देहाती मजदूरों, फैक्ट्री मजदूरों, निम्न वेतन पाने वाले दफ्तर के कार्यकर्ताओं और बुद्धिजीवियों की दशा में लगातार गिरावट की तुलना में उच्च मध्यम वर्ग की जेबों में बढ़ता धन, जिसे खादी और गाँधी टोपी से ढाँप दिया गया था। उच्च मध्यम वर्ग के इस पक्ष को नेहरू ने अनदेखा कर दिया था। ब्रिटिश कैबिनेट मिशन के साथ समझौता-वार्ता भारत में नव-बूर्जुआजी को मान्यता देना था। इस बात के महत्त्व को नज़रअन्दाज़ नहीं किया जा सकता था कि "आधुनिक उद्योगपति और वित्त-दाता भारतीय राष्ट्रीय कांग्रेस को दान देते थे जबकि मुस्लिम-लीग के मुसलमान धनपतियों से गहरे सम्बन्ध थे।"

मध्यम-वर्ग की दोनों राजनीतिक संस्थाओं में वैषम्य (इस तथ्य के अतिरिक्त कि मुसलमान देश की आबादी का तीसरा हिस्सा होकर महज दसवाँ हिस्सा दौलत रखते थे) यह था कि मुसलमानों में दौलत विनिमय-उत्पादन (स्यूडो-कैपिटल या अर्ध-सामन्ती कृषिक उत्पादन) पर केन्द्रित थी और दोनों सुरक्षा के लिए ब्रिटेन की ओर ताक़ते थे। कोसाम्बी के अनुसार नेहरू ने अपनी पुस्तक में इन तथ्यों की अवलेहना की। अगस्त 1942 की झकझोर देने वाली घटनाओं पर कांग्रेस की चतुराईपूर्ण अदाकारी को भी कोसाम्बी ने बेनकाब किया। उन्होंने लेनिन को उद्धृत किया, "जब निम्न वर्ग पुराना नहीं चाहते और उच्च वर्ग पुराने ढंग से चल नहीं पाते तभी क्रान्ति की विजय हो सकती है" दूसरे शब्दों में "किसी ऐसे राष्ट्रीय संकट के बिना जिसका

प्रभाव शोषक और शोषित दोनों पर पड़ता हो, क्रान्ति का होना असम्भव है।" इस सन्दर्भ में उन्होंने लिखा कि 1942 में मेहनतकशों की दशा दयनीय और अपमानजनक होना शुरू हो गयी जबकि भारतीय बूर्जुआजी समृद्ध होता जा रहा था। महायुद्ध के समय मिले ठेके, बढ़ती कीमतों और काला-बाज़ारी करने के लिए बढ़ती हुई सुविधा से वित्त-दाता और उद्योग-पति जो चाहते थे, वह पाया। यहाँ तक कि साधारणतः असन्तोष का इज़हार करने वालों में आगे रहने वाले निम्न मध्यम वर्ग की स्थिति में भी, महायुद्ध और विस्तृत होते महायुद्धीय अर्थ-तन्त्र के कारण, कुछ सुधार हुआ। नेहरू ने इन सच्चाइयों को अपनी पुस्तक में स्वीकार नहीं किया।

अन्त में कोसाम्बी ने लिखा कि इतिहास ने भारतीय राष्ट्रीय कांग्रेस जैसे शक्तिशाली संगठन, जो अभी किसी अन्य संस्था से अधिक जनाधार रखता था, के नेतृत्व का भार नेहरू के कन्धों पर डाला था। परन्तु क्या नेहरू का मार्क्सवाद की ओर रुझान बदल न जाएगा जब कांग्रेस को समर्थन और सहायता देने वाले वर्ग के हित, निर्धन वर्गों के हितों से टकराएँगे या उनमें (नेहरू में) वर्ग-विश्लेषण के अभाव के कारण भ्रम उत्पन्न हो जाएगा? कोसाम्बी ने लिखा कि भारत में कोई भी वर्ग नव-बुर्जुआजी जैसा शक्तिशाली और सुसंगठित न था, और न इतना चालाक कि अपने स्वार्थ के लिए महात्मा गाँधी की शिक्षाओं का (जो उसे मुनाफा पहुँचा सकती हों) इस्तेमाल नहीं करेगा। कोसाम्बी ने स्पष्ट लिखा कि उन्हें 'अपशगुन' साफ़ दिखाई दे रहा था कि रास्ते बदल जाएँगे, "पता नहीं ऐसी व्यथा की घड़ी में नेहरू कौन-सा पथ चुनेंगे?" यह समीक्षा 1946 में लिखी गयी थी। कांग्रेस ने किन वर्गों के हितों की नुमायन्दगी की? उसके शासन में कौन से वर्ग फले-फूले और किन वर्गों का शोषण हुआ? नेहरू में मार्क्सवाद के प्रति जो ललक थी—उसका क्या हुआ? क्या नेहरू रास्ता बदल गये? इन प्रश्नों के उत्तर अब इतिहास बन चुके हैं। कहना न होगा कि कोसाम्बी के कथन में घटने वाले सत्य की घोषणा थी। दीवार पर अंकित आकृतियों को सही पढ़ पाने के कारण "**उनके अनुमानों में भविष्यवाणी**" जैसी सटीकता थी।

x x x

कोसाम्बी ने बौद्ध-धर्म के उत्थान और पतन पर भी विस्तार में लिखा है, जिसका जायजा एक अलग लेख में ही लिया जा सकता है। उनके गीता और महाभारत पर लेख विशेष महत्त्व रखते हैं। उनका ख़याल था कि गीता की रचना तीसरी सदी के अन्त से पहले मुश्किल थी, परन्तु इसके श्लोकों को कृष्ण के मुख से कहलवाया गया। उन्होंने गीता को महाभारत से जोड़ देने को चुनौती दी।

महाभारत के सम्बन्ध में उनका विचार था कि निम्नवर्ग प्राचीन युद्ध में वर्णित

वीरता-आख्यानों के श्रोता थे जिससे यह महाकाव्य (Epic) ऐसे प्रोपेगण्डा के लिए इस्तेमाल हुआ, जिससे ब्राह्मणों को अपनी मर्जी के धर्म-सिद्धान्त थोपने में सुविधा हुई। उन्होंने प्रश्न किया कि क्यों कृष्ण को शासक वर्ग के नव सिद्धान्तों को प्रतिपादित करने के लिए चुना गया।

जब कृष्ण-भक्ति की लोकप्रियता बढ़ रही थी तो इन्द्र (देवताओं के मुख्य) का अपना आकर्षण खो चुके थे क्योंकि इस मध्य बौद्ध-दर्शन (जो यज्ञ आदि नहीं मानता था) बोल-बाला रह चुका था। कृष्ण में हर पुरुष को अधिकतर और स्त्रियों को सब कुछ मिला। कृष्ण में कई रूपों का संश्लेषण था : मोहक चंचल किशोर गड़रिया, गोपियों का प्रेमी, असंख्य देवियों का पति, शय्या-सखा के रूप में अत्यन्त मैथुन-समर्थ। सम्पूर्ण कृष्ण-गाथा इतनी नयनाभिराम और भव्य है कि सच्चा आस्थावान निहाल हो जाए; गीता के सत्याभासी तर्कों के लिए आदर्श जमावट।

ह्वेन-सांग ने एक ब्राह्मण की छद्म-रचना का ज़िक्र किया है जिसमें उसने एक राजा को अपने ही (चचेरे) भाइयों के विरुद्ध युद्ध के लिए उकसाने के लिए लिखा था। कोसाम्बी का ख़याल था कि प्रसंग से लगता है कि शायद इशारा गीता की तरफ हो।

श्रीमद्‌भगवतगीता की सफलता का राज था भक्ति के लिए इसका नया सिद्धान्त, देवता में अटल निष्ठा। कोसाम्बी ने बताया कि यह सामन्ती विचारधारा के अनुकूल था। वफादारी का मज़बूत बन्धन जिसमें दास सामन्त से और सामन्त दास से बँधा था। यही तो सामन्ती समाज का विचारधारात्मक आधार है। इसी वफादारी के रहते कई आदिम प्रथाएँ चलती रहीं और उन्हें बर्बर नहीं माना गया। यही वफादारी थी जिसने दरबारियों को अपने शरीर का मांस काटने के लिए प्रेरित किया ताकि दुष्टात्माएँ, जो हर्ष के पिता को किसी असाध्य रोग से मार रही थीं, शान्त हो जाएँ। दक्षिण में गंगा और पल्लव नाम के दरबारी अपने शाही मालिक की कुशलता के लिए, अपना सिर किसी देवी या देवता के सामने काटने के लिए तत्पर हो गये। **मार्को पोलो** ने ऐसे दृष्टान्तों का ज़िक्र किया है कि दास शाही मालिक के शव के साथ अग्नि में कूद जाते थे। गीता के ऐतिहासिक विकास पर कोसाम्बी ने एक लम्बा लेख (एन्क्वायरी, खण्ड II, दिल्ली, 1959) में लिखा था, जिसके फुटनोट में उन्होंने भौतिक आवश्यकताओं की पूर्ति में समाज की असमर्थता को गीता के दर्शन का आधार बताया था। इस विषय पर उन्होंने अपनी पुस्तक '**कल्चर एण्ड सिविलाइजेशन ऑफ एनशिएंट इण्डिया**' में काफी विस्तार से विचार किया गया था।

x x x

प्रोफेसर कोसाम्बी की नजर में इतिहास का नायक साधारण इंसान है। "मानव रोटी के सहारे ही नहीं जीता परन्तु अभी तक हमने किसी ऐसी नस्ल को जन्म नहीं दिया

जो रोटी के बिना या किसी प्रकार के भोजन के बिना जी सके।" इस उद्धरण के मर्म में जाकर ही हम कोसाम्बी की रचनाओं के महत्त्व को समझ सकते हैं। उनकी अतीत की व्याख्या और वर्तमान के विश्लेषण ने "ऐतिहासिक और द्वन्द्वात्मक भौतिक वाद" का दामन कभी न छोड़ा। इतिहास लेखन में वे विश्व-विख्यात इतिहासकार ई.एच. कार से प्रभावित थे जिसका एक उद्धरण उन्होंने दिया था :

"इतिहास का कर्तव्य न तो अतीत से प्रेम करना है और न ही अतीत से स्वयं को मुक्त कर लेना, किन्तु इस पर आधिकारिक समझ प्राप्त करके इसे (अतीत को) वर्तमान को जानने की कुंजी समझना चाहिए। जब इतिहासकार की अतीत के विषय में कल्पना वर्तमान की समस्याओं को सूक्ष्मदृष्टि से आलोकित करती है तो महान् इतिहास का लेखन होता है। ...इतिहास से सीखना सदा एकतरफा प्रक्रिया नहीं होती। वर्तमान को अतीत की रोशनी में देखने का अर्थ यह भी है कि अतीत को वर्तमान की रोशनी में देखा जाए। इतिहास का कार्य वर्तमान और अतीत के अन्तःसम्बन्धों के द्वारा...जानकारी में वृद्धि करना है।"

सन्दर्भ

डी.डी. कोसाम्बी : एन इण्ट्रोडक्शन टु दि स्टडी ऑफ इण्डियन हिस्ट्री (बम्बई, 1990 संस्करण)

मिथ एण्ड रियलिटी (बम्बई, 1983 संस्करण)

कल्चर एण्ड सिविलाइजेशन ऑफ एनशियेण्ट इण्डिया इन हिस्टोरिकल आउटलाइन (दिल्ली, 1989 संस्करण)

साइंस, सोसायटी एण्ड पीस (पुणे, 1986)

ए.जी. सैयद : डी.डी. कोसाम्बी आन हिस्ट्री एण्ड सोसायटी (इतिहास विभाग, बम्बई विश्वविद्यालय प्रकाशन, 1989 संस्करण)

आर.एस. शर्मा : विवेकानन्द झा हिस्टॉरिकल प्रॉबिंग्स, इन मैमरी आफ डी डी कोसाम्बी (पी. पी. एच., नयी दिल्ली, 1984 संस्करण)

डी. डी. कोसाम्बी, एग्जस्प्रेटिंग एसेज (पुणे, 1957)

भारतीय प्रत्ययवाद की जनविरोधी भूमिका

सेवासिंह

अनेक कारणों से भारतीय दर्शन की पिछले ढाई हजार वर्षों की दार्शनिक गतिविधियों के नव-आकलन का प्रश्न एक चुनौती के रूप में इस समय प्रस्तुत हुआ है। औपनिवेशिक परिवेश के दार्शनिक प्रयत्नों में निरन्तर इस बात पर बल दिया जाता रहा है कि भारतीय दर्शन का सारतत्त्व 'आध्यात्मिक' है। उन्नीसवीं शताब्दी के (उदीयमान पूँजीपति वर्ग के) पूँजीवादी विकास के दौर में वेदान्त के पुनरुत्थान के अन्तर्गत नव्य वेदान्ती दार्शनिकों ने इस स्थापना को नये आयाम प्रदान किये हैं। इन प्रयत्नों के तहत 'विश्व गुरु' के गौरव से मण्डित भारतीय पुनर्जागरण का वेदान्तिक संस्करण ब्रिटिश दासता के घोर अपमानजनक दमन चक्र से पीड़ित एवं व्याकुल निरीह जनता के करुण-क्रन्दन से अपनी वर्गीय-चेतना के कारण किस सीमा तक आन्दोलित-उद्वेलित हुआ है; इसे शायद बताने की आवश्यकता नहीं है। इस प्रकार निरन्तर वेदान्त को भारतीय दर्शन की सर्वोच्च उपलब्धि के रूप में स्थापित बनाये रखने में जहाँ यथास्थिति को बल मिला है, वहाँ भारतीय जन की वैज्ञानिक दृष्टि और क्रान्तिकारी चेतना का ह्रास हुआ है। यह एक बुनियादी चिन्ता का विषय है। ऐसी स्थिति में वेदान्त की ऐतिहासिक वर्गीय भूमिका की समझ स्पष्ट किये बिना अब शायद भारतीय दर्शन के क्रान्तिकारी तथा भौतिक पक्ष की पहचान करने तथा उसके विकास को सुनिश्चित करने का प्रयत्न सम्भव नहीं हो पाएगा।

आठवीं शताब्दी के शंकराचार्य का अद्वैत वेदान्त भारतीय प्रत्ययवाद का चरम शिखर है। बाह्यार्थ-शून्यत्व अर्थात् अभिज्ञेय वस्तुओं की अवास्तविक प्रत्ययवाद की वास्तविक धुरी है। उपनिषदों में बताया गया था कि आत्मा के अतिरिक्त कुछ भी सत्य नहीं है। कालान्तर में भारतीय प्रत्ययवादी निरन्तर इसी स्थापना को प्रमाणित करने में प्रयत्नशील दिखाई देते हैं। शून्यवादियों के मतानुसार भौतिक जगत् की प्रत्येक वस्तु शून्य है, विज्ञानवादी भौतिक जगत् को एक विकृत कल्पना के रूप में देखते हैं। अद्वैतवादियों ने उसे माया से अर्थात् अज्ञान से उत्पन्न माना है। इस प्रकार शब्दों के अन्तर मात्र से वे एक बात पर सहमत हैं कि साक्षात् अनुभव में प्रत्यक्ष प्रतीत

होने वाला जगत् वास्तव में कपोल-कल्पित है, मृग मरीचिका के समान मिथ्या है।

प्रत्ययवादियों के इस केन्द्रीय प्रस्थान सूत्र के दो पक्ष हैं जिन्हें यहाँ शांकराद्वैत वेदान्त के अन्तर्गत अध्ययन का विषय बनाया गया है। एक जगत् मिथ्यात्व की प्रामाणिकता के प्रयत्न, दूसरे भारतीय प्रत्ययवाद के उद्भव की स्थितियाँ एवं शांकराद्वैत वेदान्त की सामाजिक भूमिका।

किसी वस्तु के विद्यमान होने की सूरत में हमारा ध्यान उसके अस्तित्वमान होने के कारणों पर जाता है। कारण-कार्य श्रृंखला होने की तार्किक परिणति है जिसके अभाव में किसी वस्तु की विद्यमानता की कल्पना नहीं की जा सकती। भारतीय प्रत्ययवादी जगत् शून्यता के सन्दर्भ में कारण-कार्य श्रृंखला के वास्तविक स्वरूप को ही विकृत करने का प्रयत्न करते हुए कारणता निषेध के परिणाम स्वरूप जगत्-मिथ्यात्व का प्रतिपादन करते रहे हैं। शांकर वेदान्त में कारण कार्य सिद्धान्त के रूप में 'विवर्तवाद' है, जिसके अनुसार जो कार्य दिखाई देते हैं, वे केवल नाम और रूप के मिथ्याभास हैं, माया-मात्र हैं।

शंकराचार्य के सम्मुख दो कारणतावादी सिद्धान्त थे; न्याय-वैशेषिक का असत्कार्यवाद और सांख्य का सत्कार्यवाद। सांख्य का मत है कि ऐसी कोई भी चीज पैदा नहीं हो सकती जो पहले से ही विद्यमान न हो। 'कार्य की उत्पत्ति' का मतलब है कि कारण में योगों के परिवर्तन से ऐसा गुण व्यक्त हो गया है, जो बीज रूप में पहले से ही विद्यमान था। कार्य की उत्पत्ति कारण में परमाणुओं के संयोगों का आन्तरिक परिवर्तन ही है, जो ऐसे परिवर्तन के प्रतिबन्धक होने की वजह से नहीं हो रहा था, प्रतिबन्ध हटते ही नया संयोग अर्थात् कार्य उत्पन्न हो गया।[1] सांख्य के अनुसार जिसकी स्थिति है, जिसका अस्तित्व है, उसका अनस्तित्व नहीं हो सकता, अर्थात् जो एक समय सत् है, वह असत् नहीं हो सकता। इसके साथ ही जिसका अस्तित्व नहीं है, वह उत्पन्न नहीं किया जा सकता।

न्याय वैशेषिक दार्शनिक कार्य की कारण में पूर्वस्थिति नहीं मानते हैं। इनके अनुसार किसी भी कार्य की सिद्धि में कुछ क्षमता उपादान कारण में, जैसे मिट्टी में, और कुछ क्षमता नैमित्तिक कारणों में जैसे कुम्हार का चक्र, लकड़ी आदि में होती है। इन विभिन्न कारणों की सम्मिलित क्षमता के कारण का लोप होकर नये कार्य की उत्पत्ति होती है। न्याय वैशेषिक के अनुसार कार्य अपने कारण से सर्वथा भिन्न होता है।

सत्कार्यवादी सांख्य के मत में कार्य और कारण का तादात्म्य है, उदाहरणार्थ कारण रूप तन्तु और कार्यरूप पट का तादात्म्य है। इसका अर्थ है कि तन्तु ही परिवर्तित होकर पट की अवस्था में आ जाते हैं। पर तन्तुओं से भिन्न कोई नयी वस्तु नहीं है परन्तु न्याय-वैशेषिक के अनुसार तन्तुओं से उत्पन्न होने वाला पट तन्तुओं से भिन्न सर्वथा एक नयी वस्तु है। तन्तु और पट दोनों तात्त्विक दृष्टिकोण

से भिन्न हैं। तन्तु ही बदलकर पट के रूप में नहीं आ जाते बल्कि तन्तु तो पहले के समान पट के उत्पन्न होने पर भी ज्यों के त्यों बने रहते हैं किन्तु तन्तुओं में समवाय सम्बन्ध से रहने वाला 'पट' नामक एक नया द्रव्य उत्पन्न हो जाता है। इस प्रकार न्याय वैशेषिकों के मत में तन्तुओं से पट उत्पन्न नहीं होता बल्कि तन्तुओं में पट उत्पन्न होता है। सांख्य के परिणामवाद के अनुसार पट कोई नयी वस्तु नहीं है बल्कि अव्यक्त अवस्था में पट तन्तुओं में पहले से ही विद्यमान था तथा तन्तुओं पर तात्त्विक दृष्टिकोण से एक है। न्याय वैशेषिक यह मानता है कि कारण में कार्य समवाय सम्बन्ध से उत्पन्न होकर रहता है। इस प्रकार 'तन्तु' और 'पट' दो भिन्न वस्तु हैं जिनमें से 'तन्तु' कारण, 'पट' कार्य में समवाय सम्बन्ध से रहता है। उत्पन्न होने से पूर्व 'पट' अर्थात् कार्य सर्वथा 'असत्' था इसीलिए इस सिद्धान्त को असत्कार्यवाद कहा जाता है क्योंकि कार्य 'पट' सर्वथा एक नयी वस्तु के रूप में, जिसका तात्त्विक कारण तन्तु के तत्त्व से सर्वथा भिन्न है, उत्पन्न होता है इसीलिए इसे आरम्भवाद भी कहा जाता है।

सांख्य दार्शनिकों का कथन है कि यदि कार्य कारण की अपेक्षा एक नितान्त नयी वस्तु है न कि कारण में पहले से ही विद्यमान एक वस्तु, तब किसी भी वस्तु से कोई भी वस्तु पैदा की जा सकती है। उदाहरणार्थ, धान के बीज से गेहूँ का पौधा और गेहूँ के बीज से धान का पौधा। वस्तुतः धान का पौधा धान के बीज से ही पैदा किया जा सकता है, यह स्वीकार करना पड़ेगा कि यह पौधा पहले से ही इस बीज में विद्यमान था।

शांकर वेदान्त कारणतावाद के सन्दर्भ में प्रश्न उठाता है कि इस कारण कार्य की सम्भावनाओं की पृष्ठभूमि में क्या है? वह मूल कारण क्या है—जिससे घटादि की उत्पत्ति होती है? वेदान्तियों का कथन है कि न्याय की दृष्टि में काल की अपेक्षा से कारण का पूर्ववर्ती होना आवश्यक है। परन्तु न्याय काल को सतत प्रवाहशील मानता है, निरन्तर गतिमान काल में कहीं व्यवधान नहीं है। काल का पूर्ववर्ती और अनुवर्ती होना घटनाक्रम की अपेक्षा से ही है। घटना के अभाव में काल के अनुवर्ती होने की कल्पना कठिन है। पुनः समय का पौर्वापर्य और अनुक्रम में घटनाक्रम की अपेक्षा होने से इनमें 'अन्योन्याश्रय' भाव है। अतः इनमें से किसी को भी स्वतन्त्र रूप में नहीं देखा जा सकता। जो किसी अन्य पर निर्भर है, वह स्वतन्त्र कारण के रूप में नहीं माना जा सकता। किसी कार्य के लिए दूसरी अवधि निरपवादिता अथवा अपरिवर्तनीय है। यदि इस अपरिवर्तनशीलता से अर्थ किसी वस्तु की कार्य से पूर्व निरपवाद रूप से पूर्ववर्तिता है तो फिर यह घटना भी युक्तिसंगत होनी चाहिए कि धोबी के घर अग्नि का कारण अथवा धूम्र का कारण वैशाखनन्दन होना चाहिए क्योंकि वह वहाँ निरपवाद रूप में उपस्थित रहता है। यदि इससे ऐसी पूर्ववर्तिता से अर्थ है जिसके द्वारा कार्य की सम्पन्नता में सहायता मिलती है तो यह समझना कठिन है कि

ऐसी कौन-सी वस्तु है, क्योंकि केवल पूर्ववर्तिता ही बोधगम्य वस्तु दिखाई देती है। यदि इस अपरिवर्तनीयता से उस वस्तु की ओर संकेत किया जाता है जिसके उपस्थित रहने से कार्य होता है तो यह भी निरर्थक प्रतीत होता है। जैसे केवल बीज के होने से पौधा नहीं हो सकता। पुनः यदि यह कहा जाता है कि कारण से कार्य की उत्पत्ति उसी दशा में हो सकती है कि जब उसके सहयोगी साधन भी उसके साथ हों तो भी यह समझ में नहीं आता कि कारण से क्या अर्थ है। यदि अनेक कारणों से कार्य होता है तो फिर किसी एक कारण से कार्य के होने का प्रश्न ही नहीं उठता क्योंकि यह नहीं कहा जा सकता कि कौन-सा मूल कारण है जिसके होने से कार्य अवश्य सम्पन्न होता है और न होने से नहीं होता। जहाँ अनेक कारणों से कोई कार्य होता है तब भी यह कहना कठिन है कि प्रत्येक कारण विशेष का कोई अपना विशिष्ट फल होता है क्योंकि मृत्तिका से ही एक प्रकार से घड़ा, स्थाली, पात्र, आदि अनेक प्रकार की वस्तुओं की उत्पत्ति होती है। अब यदि कारण की परिभाषा से संयोग का उल्लेख किया जाता है तो यह भी समझ में नहीं आता कि कारण संयोग से क्या अर्थ है? इस संयोग से अर्थ कारण सामग्री से है या उससे भिन्न किसी अन्य वस्तु से है? यदि इसका अर्थ कारण सामग्री में सदैव ही उपस्थित है, अतः फल होता ही रहना चाहिए। 'यदि इसका अर्थ किसी अन्य तत्त्व से है तो वह भी सदैव उपस्थित रहने से फल होता ही रहना चाहिए। सामग्री का अर्थ यदि कारण समूह की फल से पूर्ववर्ती अन्तिम क्रिया है तो कारण सामग्री से इस क्रिया का सम्बन्ध समझ में नहीं आता। क्रिया या गति क्यों होती है, यह भी विचारणीय है। यदि कार्य विशेष इस क्रिया से ही होता है तो फिर कारण सामग्री की कल्पना का कोई अर्थ नहीं रहता। यदि यह कहा जाता है कि कारण वह है जिससे कोई कार्य निश्चित रूप से होता है तो यह अवश्यम्भावी कारणवादिता तर्कसंगत दिखाई नहीं देती।

स्पष्टतः जगत् मिथ्यात्व के मायावादी सिद्धान्त की स्थापना के लिए पूर्व शर्त थी भारतीय दर्शन के ठोस और प्रामाणिक कारणतावाद का खण्डन। वेदान्तियों ने इस प्रकार कारणतावाद का खण्डन करते हुए बताया है कि कारण-कार्य शृंखला से हम किसी भी ऐसे सिद्धान्त का पता नहीं लगा सकते जिसके आधार पर यह कहा जा सके कि इस पद्धति से कोई कार्य सिद्ध होता है। अतः शंकर के यहाँ सृष्टि-विकास में कारणता नहीं है, वस्तुतः वहाँ विकास है ही नहीं, जहाँ अस्तित्व ही नहीं, तो विकास किसका? इसलिए अद्वैत वेदान्तियों ने मायारूपी भ्रमजनित-जगत् की व्याख्या के लिए 'विवर्त' का सिद्धान्त प्रस्तुत किया। उपादान कारण से विषम कार्य की सत्ता 'विवर्त' है। परमार्थ सत्य ब्रह्म से मिथ्या जगत् की सत्ता विषम होने के कारण जगत् ब्रह्म का विवर्त है। ब्रह्म को जगत् का एकमात्र कारण माना गया है परन्तु यहाँ जगत् ब्रह्म के तात्त्विक परिवर्तन का कारण नहीं है। जैसे 'मृत्तिका' एक वास्तविक कारण से कुम्भकार के व्यापार से वह घड़े, कड़ाही अथवा स्थाली

आदि में जो दिखाई देती है, वह वस्तुतः मिथ्या है। इसी प्रकार जगत् की कल्पना की गयी है। जगत् के रूप में हम जो परिवर्तन देखते हैं, वह केवल मानसिक आरोप है। जिसे वेदान्त की भाषा में 'अध्यास' कहा गया है। जगत् केवल नामरूपात्मक है, उसका कोई वास्तविक अस्तित्व नहीं है।

वास्तव में भारतीय प्रत्ययवादियों ने वस्तु के साकार होने की अवधारणा को ही अवैध घोषित कर दिया था, जिसका परिणाम था प्रत्येक वस्तु बाँझ की सन्तान के समान ही काल्पनिक है।[2] संसार में किसी भी वस्तु को साकार होते अथवा जन्म लेते नहीं माना जा सकता। इसका अर्थ है कारण-कार्य-सम्बन्ध की अवधारणा की अस्वीकृति : संसार में किसी भी वस्तु का कारण नहीं, किसी भी वस्तु की उद्भावना नहीं हो सकती और इसलिए प्रत्येक वस्तु असत्य अथवा अवास्तविक है।

भारतीय प्रत्ययवादी जगत् की अवास्तविकता को प्रमाणित करने के लिए पदार्थ की अवधारणा को समाप्त कर देने के प्रति अधिक उत्सुक हैं क्योंकि इसमें सफल हो जाने पर भौतिक वस्तुओं—अथवा, समग्र भौतिक-जगत् को यथार्थ मानने का कोई दार्शनिक औचित्य नहीं रह जाता।

दूसरे, वे अपने मत की स्थापना के लिए तर्कबुद्धि और दैनिक जीवन के अनुभवों का ही तिरस्कार करते हैं। शंकर का शारीरिक भाष्य इसी वक्तव्य से प्रारम्भ होता है कि अभिज्ञान और अनुमिति आदि सभी ज्ञान के स्रोत हमें यथार्थ ज्ञान प्रदान करने में सक्षम नहीं हैं। शंकर आत्मा को ही परमार्थ सत्य मानते हैं। इसके अतिरिक्त जब किसी अन्य वस्तु की सत्ता स्वीकार की जाती है तो यह मानने पर विवश होना पड़ता है कि उसकी आत्मा के शरीर सहित ज्ञानेन्द्रियाँ भी हैं। और ये भौतिक हैं। इसलिए प्रत्यक्ष ज्ञान की सम्भावना आत्मा पर वस्तुओं के 'अध्यारोपण' को मानकर चलती है अर्थात् आत्मा की प्रकृति के विपरीत उस पर मिथ्या वस्तुओं और गुणों के आरोपण को मानकर चलती है। जैसे रस्सी को साँप समझ लेना। रस्सी पर अज्ञानवश रस्सी की वास्तविकता के विपरीत साँप का मिथ्याभास। इस प्रकार ज्ञान के सभी स्रोत अज्ञान के प्रभाव के अधीन होते हैं, ऐसा शंकर स्थापित करना चाहते हैं ताकि प्रमाणादि ज्ञान के स्रोतों का निषेध प्रमाणित करने पर आगे चलकर जगत् की वास्तविकता के प्रश्न को ही समाप्त समझा जाए। यह एक बुनियादी बात थी जिसने भारतीय ज्ञान की उनति को अवरुद्ध करते हुए प्रज्ञापारमिता, अपरोक्षानुभूति जैसे भारी भरकम विशेषणों से अपने दर्शन को मण्डित करना चाहा है।

गौड़पाद की **'माण्डूक्यकारिका'** आचार्य शंकर के मायावाद का बीज ग्रन्थ है। आचार्य गौड़पाद ने स्वयं किसी अद्वैत वेदान्ती विद्वान् या ग्रन्थ का उल्लेख नहीं किया है। लगता है कि 'माण्डूक्यकारिका' से पूर्व उपनिषदों पर कोई अद्वैतवादी टीका उपलब्ध नहीं है। शंकर ने कहा है : 'आचार्य गौड़पाद ने अपनी बुद्धि से वेदों के अथाह सागर का मन्थन किया और भवसागर में डूबते हुए मनुष्यों के लिए वेदामृत

प्राप्त किया जो देवों को भी दुर्लभ है। ऐसे गुरु के चरणों में मैं नमस्कार करता हूँ।'[3]

गौड़पाद के ऐतिहासिक समय को अभी तक निश्चित नहीं किया जा सका है लेकिन यह निर्विवाद है कि वे अश्वघोष, नागार्जुन, असंग, वसुबन्ध आदि सभी महान् बौद्ध दार्शनिकों के बाद रहे होंगे।[4]

वस्तुतः गौड़पाद और शंकर से पूर्व ब्रह्मसूत्र पर एक भी अद्वैतवादी टीका उपलब्ध नहीं है। लगता है कि ब्रह्मसूत्र द्वैतवादी दार्शनिकों का आधार ग्रन्थ रहा होगा। उपनिषदों के एकेश्वरवाद का सुव्यवस्थित निरूपण किसी भी दार्शनिक ने गौड़पाद से पूर्व नहीं किया, ऐसा प्रतीत होता है।

बौद्ध दर्शन को लेकर गौड़पाद के सम्बन्ध में विद्वानों ने गहरी छानबीन की है। अनुसन्धाताओं का एक प्रबल वर्ग गौड़पाद की कारिका के विषय, विचारधारा एवं यहाँ तक कि इस ग्रन्थ की शैली को भी बौद्ध दार्शनिकों से पूर्णरूपेण प्रभावित सिद्ध करता रहा है।[5] गौड़पाद ने 200 ए.डी. तथा 400 ए.डी. के मध्य पड़ने वाले बौद्ध आचार्यों को बड़ी दृढ़तापूर्वक उद्धृत किया है। **पूसन** ने बताया है कि कारिका के मुख्य मन्तव्यों तथा उसमें प्रयुक्त शब्दों की विशिष्टता से अभिभूत हुए बिना इस ग्रन्थ को पढ़ पाना सम्भव नहीं है। ऐसा लगता है कि लेखक ने बौद्ध विचारों और कथनों को प्रयुक्त करते हुए इन्हें वेदान्तिक संकल्पनाओं के साथ समायोजित कर दिया है। गौड़पाद अपनी इस दोहरी प्रतिबद्धता के प्रति अत्यन्त उत्साहित हैं। शंकर के दादा गुरु होने के कारण गौड़पाद के दार्शनिक चिन्तन का यह पक्ष कम महत्त्वपूर्ण नहीं है।[6] गौड़पाद कारिका के चतुर्थ प्रकरण में सांख्यों और वैशेषिकों के यथार्थवादी सिद्धान्तों का खण्डन करते हुए अद्वैतवाद, मायावाद तथा निषेधवाद का प्रतिपादन एक ऐसी शब्दावली में किया गया है जो बड़े सशक्त रूप से हमें बौद्ध सम्प्रदायों की याद दिलाती है।[7] जैकोबी ने पाया है कि जगत् का मिथ्यात्व प्रतिपादित करने के उद्देश्य से गौड़पाद ने नितान्त बौद्ध तर्कों का ही प्रयोग किया है। शून्यवाद या विज्ञानवाद का गौड़पाद के मायावाद से इतना निकटतम सम्बन्ध है कि इनके विचार सुसंगत प्रतीत होने लगते हैं। राधाकृष्णन स्वीकार करते हैं कि भाषा तथा विचार की दृष्टि से गौड़पाद की कारिका तथा माध्यमिक यन्त्रों में अद्भुत समानता पायी जाती है और उनमें प्रयुक्त दृष्टान्त भी इसमें मिलते हैं।

अतः गौड़पाद के सम्बन्ध में दो बातें निर्विवाद रूप से कही जा सकती हैं; एक वे वेदान्तिक अद्वैतवादी आचार्य थे; दूसरे उन्होंने अद्वैत की युक्ति-युक्त प्रतिष्ठा के लिए बौद्ध प्रत्ययवादियों की तार्किक प्रविधियों, दृष्टान्तों, पारिभाषिक शब्दों एवं लेखन शैली तक का खुलकर प्रयोग किया था। वेदान्तिक परम्परा उपनिषदों को अपना उपजीव्य मानती है। कहने की आवश्यकता नहीं है कि उपनिषदों के अनेक शताब्दियों के पश्चात् बौद्ध प्रत्ययवादियों का आविर्भाव हुआ था। प्रत्ययवादी चिन्तन की ओर अग्रसर होते हुए परवर्ती बौद्धों ने निस्सन्देह बीज रूप में उपनिषदों से ही

प्रत्ययवाद के भावों को ग्रहण किया था परन्तु अपने साम्प्रदायिक आग्रह के कारण वे इस बात को स्वीकार करने की स्थिति में कदापि नहीं रहे हैं, बिल्कुल उसी प्रकार जैसे कि इनके परिवर्ती अद्वैतवादी वेदान्तिक सम्प्रदाय बौद्धों के ऋण को स्वीकार करना तो एक ओर वे इनका खण्डन करते हुए लगभग उन्हीं के निष्कर्षों तक जा पहुँचते हैं। कहा जा सकता है कि प्रत्ययवादी बौद्ध पर्याप्त सीमा तक उपनिषदों के ऋणी हैं तथा अपने समय में बौद्धों ने परवर्ती वेदान्तिक सम्प्रदायों को प्रभावित किया है। गौड़पाद ने विज्ञानवादी और शून्यवादी दर्शन के विचारों का मन्थन करते हुए यह सिद्ध करने का प्रयत्न किया है कि मूलतः ये उपनिषदों के तत्त्व-ज्ञान से ही उत्पन्न हैं। गौड़पाद वेदान्ती थे या बौद्ध, यह प्रश्न आवश्यक है। असन्दिग्ध रूप से वे यह मानते थे कि उपनिषदों में वर्णित महान् परम आत्मा के ही स्वरूप को बौद्ध दर्शन में अवर्णनीय, अनिर्वचनीय, अरूप विज्ञान के रूप में देखा गया है, जो महाशून्य के समान सर्वत्र विद्यमान है।[8] गौड़पाद एक अद्वैतवादी दार्शनिक हैं। वे द्वैत को मायामात्र स्वीकार करते हुए पारमार्थिक दृष्टिकोण से अद्वैत को ही अन्तिम सत्य मानते हैं।[9] शंकर भी इस कारिका पर अपनी टिप्पणी करते हैं कि अद्वैत परमार्थ है और क्योंकि द्वैत अर्थात् नानात्व उस अद्वैत का भेद अथवा उसका कार्य है, जैसा कि 'एकमेवाद्वितीयम्' आदि श्रुतियों से तथा समाधि, मूर्छा अथवा सुपुप्ति में अपने चित्त के स्फुरण का अभाव हो जाने पर द्वैत का भी अभाव हो जाने के कारण युक्ति से भी सिद्ध होता है; इसलिए द्वैत उसका भेद कहा जाता है।

गौड़पाद ने जगत् को माया और स्वप्न की भाँति गन्धर्व-नगर के समान नितान्त काल्पनिक बताया है।[10] उन्होंने अपने इस अद्वैत तत्त्व की स्थापना के लिए श्रुतियों के अनेक उद्धरणों की ओर संकेत किया है। निस्सन्देह उन्होंने उन्हीं श्रुति वाक्यों को लिया है जो उनके अद्वैतवाद के साथ सुसंगत एवं युक्तिसंगत हैं। वस्तुतः उपनिषदें गम्भीर रूप से किसी एक मतवाद का प्रत्याख्यापन नहीं करतीं, उनमें अनेक मतवादों के बीजांकुर विद्यमान हैं। अपने अद्वैतवादी विचारों की व्याख्या के लिए ही उन्होंने **माण्डूक्य उपनिषद्** का चुनाव किया होगा। इस उपनिषद् का अद्वैत साहित्य में महत्त्वपूर्ण स्थान है। इस दृष्टि से **वृहदारण्यक उपनिषद्** दूसरे स्थान पर है। गौड़पाद ने अनेक स्थानों पर इस उपनिषद् को उद्धृत किया है। उन्होंने एक कारिका में बताया है कि स्वप्न में दिखाई देने वाले रथादि का अभाव तर्कपूर्वक श्रुति में सुना जाता है। अतः स्वप्नादि की युक्ति से सिद्ध मिथ्यात्व को ही श्रुति में स्पष्ट किया गया है।[11] यहाँ वृहदारण्यक उपनिषद् के उस पद्य की ओर संकेत है[12] जिसमें बताया गया है कि उस अवस्था में न रथ है न रथ में जोते जाने वाले अश्वादि हैं और न मार्ग ही हैं। परन्तु वह (स्वप्न में) रथ, रथ में जोतने वाले अश्वादि और रथ के मार्गों की रचना कर लेता है।

वेदान्तियों का अद्वैतवाद जगत् के अनुभवों को मिथ्या प्रतिपादित किये बिना

प्रमाणित नहीं किया जा सकता। जगत् की मिथ्या प्रतीति के फलस्वरूप ही अद्वैत तत्त्व की स्थापना की गयी है। अद्वैतवादी गौड़पाद ने अनेक दृष्टान्तों द्वारा जगत् के मिथ्यात्व को प्रतिपादित किया है। उनके लिए अद्वैतता की अनुभूति के मार्ग में सबसे बड़ी बाधा हमारे जाग्रतावस्था के अनुभव हैं। जाग्रतावस्था के अनुभवों को भ्रमजन्य एवं मिथ्या सिद्ध करने के लिए गौड़पाद की सबसे प्रसिद्ध प्रविधि स्वप्न के काल्पनिक अनुभवों की समकक्षता में जाग्रतावस्था के अनुभवों को प्रस्तुत करना है। सबसे पहले गौड़पाद स्वप्न में देखे गये अन्य अनेक पदार्थों के मिथ्यात्व का उल्लेख करते हैं; स्वप्नावस्था में सब पदार्थ शरीर के भीतर स्थित होते हैं; अतः स्थान के संकोच के कारण मनीषीगण स्वप्न में सब पदार्थों का मिथ्यात्व प्रतिपादित करते हैं। समय की अदीर्घता के कारण वह देह से बाहर जाकर उन्हें नहीं देखता तथा जागने पर भी कोई पुरुष उस देश में विद्यमान नहीं रहता।[13] इसी से जाग्रतावस्था में भी पदार्थों का मिथ्यात्व है क्योंकि जिस प्रकार वे वहाँ स्वप्नावस्था में मिथ्या होते हैं, उसी प्रकार जाग्रतावस्था में भी मिथ्या होते हैं। केवल शरीर के भीतर स्थित होने और स्थान के संकुचित होने में ही स्वप्नदृष्ट पदार्थों का भेद है।[14] शंकर ने इस कारिका की व्याख्या करते हुए बताया है कि जाग्रतावस्था में देखे हुए पदार्थ मिथ्या हैं—यह प्रतिज्ञा है। दृश्य होने के कारण—यह उसका हेतु है। स्वप्न में देखे हुए पदार्थों के समान—यह दृष्टान्त है। जिस प्रकार वहाँ स्वप्न में देखे हुए पदार्थों का मिथ्यात्व है, उसी प्रकार जाग्रत में भी उनका दृश्यत्व समान रूप से ही है—यह हेतूपनय है। अतः जागृति में भी उनका मिथ्यात्व माना गया है—यह निगमन है। अन्तःस्थ होने और स्थान का संकोच होने में स्वप्नदृष्ट भावों का जाग्रतदृष्ट भावों से भेद है। दृश्यत्व और असत्यत्व तो दोनों ही अवस्थाओं में समान हैं।

स्वप्नावस्था एवं जाग्रतावस्था के अनुभवों को एक समान मिथ्या प्रमाणित करने के उपरान्त समस्त जागतिक वास्तविकता की प्रतीति स्वप्न में देखे गये विविध पदार्थों के समान नितान्त काल्पनिक घोषित कर दी गयी है। गौड़पाद ने कहा भी है कि इस प्रकार प्रसिद्ध हेतु से ही पदार्थों में समानता होने के कारण विवेकी पुरुषों ने स्वप्न और जाग्रत अवस्थाओं को एक ही बतलाया है।[15] जिस प्रकार मनुष्य भ्रान्तिवश जाग्रतावस्था में अचिन्त्य पदार्थों को यथार्थवत् ग्रहण करता है, उसी प्रकार स्वप्न में भी भ्रान्तिवश स्वप्नकालीन पदार्थों को वहीं उसी अवस्था में देखता है।[16] स्वप्नावस्था में भी चित्त के भीतर कल्पना किया हुआ पदार्थ असत् और चित्त के बाहर इन्द्रियों द्वारा ग्रहण किया हुआ पदार्थ सत् जान पड़ता है किन्तु इन दोनों का ही मिथ्यात्व देखा गया है।[17] इसी प्रकार जाग्रतावस्था में भी चित्त के भीतर कल्पना किया हुआ पदार्थ असत् तथा चित्त से बाहर ग्रहण किया हुआ पदार्थ सत् समझा जाता है। परन्तु इन दोनों का ही मिथ्यात्व मानना उचित है।[18] स्वप्न में हम पदार्थों का अनुभव करते समय उन्हें अस्तित्वमयी के रूप में प्रतीत करते हैं, उसी प्रकार

जागते हुए भी जागतिक पदार्थ सत्य प्रतीत होते हैं। गौड़पाद ने ऐसा माया के कारण होना बताया है। वे कहते हैं कि जिस प्रकार स्वप्न काल में मन माया से ही द्वैतभाव से स्फुरित होता है, उसी प्रकार जाग्रतकाल में भी वह माया से ही द्वैताभास रूप से स्फुरित होता है। इसमें सन्देह नहीं कि स्वप्नावस्था में अदृश्य मन ही द्वैतरूप से भासने लगता है; इसी प्रकार जाग्रतकाल में भी निसन्देह अदृश्य मन ही द्वैत रूप से भासता है।[19] क्योंकि स्वप्नद्रष्टा स्वप्न में घूमते-घूमते दसों दिशाओं में स्थित जिन अण्डज अथवा स्वेदज जीवों को सर्वदा देखा करता है, वे सब स्वप्नद्रष्टा के चित्त के दृश्य उससे पृथक् नहीं होते। इसी प्रकार उस स्वप्नद्रष्टा का यह चित्त भी उसी का दृश्य माना जाता है। इस दृष्टान्त के अनुरूप गौड़पाद यह बताना चाहते हैं कि इसी प्रकार जाग्रतावस्था में भी जाग्रतावस्था का साक्षी दसों दिशाओं में स्थित जिन अण्डज अथवा स्वेदज जीवों को सर्वदा देखता है, वे जाग्रत चित्त के दृश्य उससे पृथक् नहीं हैं।[20] इससे गौड़पाद का निष्कर्ष यह है कि जीव और चित्त दोनों एक-दूसरे के दृश्य हैं; और दोनों ही प्रमाण शून्य हैं और केवल तच्चित्तता के कारण ही ग्रहण किये जाते हैं। अभिप्राय यह कि जीव और चित्त अर्थात् चित्त और चित्त के विषय–ये दोनों ही अन्योन्य दृश्य अर्थात् एक-दूसरे के विषय हैं। जीवादि-विषय की अपेक्षा से चित्त है और चित्त की अपेक्षा से जीवादि दृश्य। अतः वे एक-दूसरे के दृश्य हैं। वस्तुतः चित्त अथवा चित्त का दृश्य–इनमें से कोई भी वस्तु है नहीं–क्योंकि जिस प्रकार स्वप्न में हाथी और हाथी को ग्रहण करने वाला चित्त नहीं होता, उसी प्रकार जाग्रतावस्था में भी उनका अभाव है। शंकराचार्य की टिप्पणी है कि वे चित्त और चैत्य दोनों ही लक्षणाशून्य प्रमाण रहित हैं। जिससे कोई पदार्थ लक्षित होता है, उसे 'लक्षणा' अथवा 'प्रमाण' कहते हैं। और वे तन्मत्त-तच्चित्तता से ही ग्रहण किये जाते हैं क्योंकि न तो घटबुद्धि को त्यागकर घट का ही ग्रहण किया जाता है और न घट को त्यागकर घटबुद्धि का ही। तात्पर्य यह कि उनमें प्रमाण और प्रमेय के भेद की कल्पना नहीं की जा सकती।[21]

स्वप्न के दृष्टान्तों के अतिरिक्त जगत् के प्रस्तुत होने वाले अर्थात् पदार्थनिष्ठ स्वरूप के कारण भी गौड़पाद ने इस जगत् को मिथ्या कहा है। जिस प्रकार निश्चय न की हुई रज्जु अन्धकार में सर्प-धारा आदि भावों की कल्पना की जाती है, उसी प्रकार आत्मा में भी तरह-तरह की कल्पनाएँ की जाती हैं।[22] और जिस प्रकार रज्जु का निश्चय हो जाने पर उसमें सर्पादि का विकल्प निवृत्त हो जाता है तथा 'यह रज्जु ही है' ऐसा अद्वैत निश्चय होता है, उसी प्रकार आत्मा का निश्चय है।[23] गौड़पाद ने संसार को इसके सब कालों में स्थिर न होने के कारण भी मिथ्या कहा है–प्रत्येक वस्तु जो आरम्भ में असत् थी और अन्त में असत् रूप में परिणत हो जाएगी, मानना चाहिए कि मध्यकाल में भी असत् थी।[24] दूसरे शब्दों में वह सब जिसका आदि व अन्त है, अयथार्थ एवं मिथ्या है।[25] जिस प्रकार अलात का घूमना ही सीधे-टेढ़े आदि

रूपों में भासित हो रहा है, उसी प्रकार विज्ञान का स्मरण ही ग्रहण और ग्राहक आदि रूपों में भास रहा है।[26] जिस प्रकार स्पन्दन रहित अंगारा हमें स्पन्दन करता हुआ प्रतीत होता है, वास्तव में उसकी कोई गति नहीं होती, उसी प्रकार हमारी चेतना गतिशील दिखाई देती है अन्यथा स्पन्दन रहित विज्ञान आभास शून्य और अज है। सारी कल्पना के रूप इस चेतना पर प्रतिस्थापित कर दिये जाते हैं यद्यपि चेतना में इन कल्पनाओं का कोई वास्तविक रूप नहीं होता। चेतन और इन काल्पनिक आभासों में कोई कार्य-कारण सम्बन्ध नहीं है। द्रव्य का कारण द्रव्य ही हो सकता है और जो द्रव्य नहीं है उसका कारण अद्रव्य होना चाहिए। परन्तु यह आभास न द्रव्य है न अद्रव्य अतः यह न चित्त से उत्पन्न हो सकता है न चित्त इस माया से उत्पन्न हो सकता है। इस कारण-कार्य के विचार से ही इस काल्पनिक संसार की उत्पत्ति होती है। जैसे ही इस कल्पना का अन्त हो जाता है, संसार की भी समाप्ति हो जाती है क्योंकि वास्तव में यह प्रपंचात्मक संसार है ही नहीं।"[27] यह जगत् न तो आत्मा के साथ तादात्म्य-स्वरूप है और न उससे पृथक् तथा भिन्न ही है। जगत् केवल स्वप्न मात्र अथवा भ्रान्ति है और सब भेद केवल प्रतीति स्वरूप हैं।"[28]

जगत् की मिथ्याप्रतीति को प्रमाणित करने की दिशा में गौड़पाद का अजातवाद उल्लेखनीय सिद्धान्त माना जाता रहा है। वस्तुओं के उद्‌भव पर ही यदि प्रश्न-चिह्न लगा दिया जाए तो वास्तविक जगत् का मिथ्यात्व प्रमाणित करने की आवश्यकता ही क्या रह जाती है? अजातवाद के अन्तर्गत यह सिद्ध किया जाता है कि इस प्रपंचात्मक जगत् एवं इसके पदार्थों की उत्पत्ति ही नहीं होती। इनका जन्म नहीं होता और जिसका उद्‌भव नहीं होता, वह अकारण है। गौड़पाद ने एक स्थल पर बताया है—न कश्चिज्जायते जीवः सम्भवोऽस्य न विद्यते—अर्थात् कोई भी जीव उत्पन्न नहीं होता; क्योंकि उसका कोई कारण नहीं है।[29] स्वतः अथवा परतः कोई वस्तु उत्पन्न नहीं होती, सत्, असत् अथवा सदसत् ऐसी कोई भी वस्तु उत्पन्न नहीं होती।[30] एक अन्य स्थल पर बताया गया है कि कोई जीव उत्पन्न नहीं होता उसके जन्म की सम्भावना ही नहीं है।[31] परमार्थ दृष्टि से सब कुछ अज ही है।[32]

गौड़पाद ने अजातवाद के समर्थन में श्रुतियों के अनेक उद्धरण प्रस्तुत किये हैं जिनके अनुसार उन्होंने यह प्रतिपादित करने का प्रयत्न किया है कि परमात्मा भी माया से ही उत्पन्न होता है।' श्रुति में सम्भूति (हिरण्यगर्भ) की निन्दा द्वारा कार्य वर्ग का प्रतिषेध किया गया है तथा 'इसे कौन उत्पन्न करे' इस वाक्य द्वारा कारण का प्रतिषेध किया गया है।[33] 'ईशावास्योपनिषद्'[34] में सम्भूति के विषय में बताया गया है कि जो असम्भूति (अव्यक्त प्रकृति) की उपासना करते हैं, वे घोर अन्धकार में प्रवेश करते हैं और जो सम्भूति (कार्यब्रह्म) में रत हैं, वे उनसे भी अधिक अन्धकार में प्रवेश करते हैं। शंकर की व्याख्या है—सम्भवन (उत्पन्न होने) का नाम सम्भूति है। वह जिस कार्य का धर्म है, उसे सम्भूति कहते हैं। उससे अन्य असम्भूति-प्रकृति-कारण

अथवा अव्याकृत नाम की अविद्या है। उस असम्भूति अर्थात् अव्याकृत नाम वाली प्रकृति-कारण अर्थात् अज्ञात्मिका अविद्या की जो लोग उपासना करते हैं, वे उसके अनुरूप ही अज्ञान रूपी घोर अन्धकार में प्रवेश करते हैं तथा जो सम्भूति नामक कार्यब्रह्म में रत हैं, वे तो उससे भी गहरे अन्धकार में प्रवेश करते हैं। अध्यारोप और अपवाद की प्रविधि द्वारा श्रुति आत्मा के सभी लक्षणों का निषेध करती है।[35] इस प्रकार कारिकाकार का निष्कर्ष है कि क्योंकि 'स एव नेति नेति' आदि श्रुतिवाक्य से आत्मा का अग्राह्यत्व के कारण पहले बतलाये हुए सभी भावों का निषेध करती है अतः इस हेतु के द्वारा ही अजन्मा आत्मा प्रकाशित होता है।[36] इसके साथ ही गौड़पाद का कथन है कि 'सद्वस्तु का जन्म माया से ही हो सकता है, वस्तुतः नहीं। जिसके मत में वस्तुतः जन्म होता है उसके अनुसार भी उत्पत्तिशील वस्तु का ही जन्म हो सकता है।'[37] इस पर शंकर की टिप्पणी है : उस आत्मतत्त्व के विषय में यह शंका होती है कि यदि आत्मतत्त्व सर्वदा अग्राह्य ही है तो वह असत् होना चाहिए। परन्तु ऐसा कहना ठीक नहीं, क्योंकि उसका कार्य देखा जाता है। जिस प्रकार सद् स्वरूप मायावी का माया से जन्म लेना कार्य है, उसी प्रकार यह दिखाई देनेवाला जगत् का जन्म रूप कार्य जगत् जन्मरूप माया के आश्रयभूत परमार्थ सत् मायावी के समान आत्मा का बोध कराता है, क्योंकि माया से रचे हुए हाथी आदि कार्य के समान सत् अर्थात् विद्यमान कारण से ही जगत् का जन्म होना सम्भव है, किसी अविद्यमान कारण से नहीं। तथा तत्त्वतः तो आत्मा का जन्म होना सम्भव है ही नहीं अथवा जिस प्रकार रज्जु आदि से सर्पादि के समान सत् अर्थात् विद्यमान वस्तु का जन्म माया से ही हो सकता है, तत्त्वतः नहीं, उसी प्रकार अग्राह्य होने पर भी सत्स्वरूप आत्मा का, रज्जु से सर्प के समान, जगत् रूप से जन्म होना माया से ही सम्भव है–उस अजन्मा आत्मा का तत्त्वतः जन्म नहीं हो सकता।

असद् वस्तु का किसी भी प्रकार जन्म होना गौड़पाद ने स्वीकार नहीं किया–असद् वस्तु का जन्म माया से अथवा तत्त्वतः किसी प्रकार भी होना सम्भव नहीं है। वन्ध्या का पुत्र न तो वस्तुतः उत्पन्न होता है और न माया से ही।[38] आत्मा के अतिरिक्त जगत् के समस्त पदार्थ अद्वैतवादियों के लिए वन्ध्या पुत्र के समान अस्तित्व रखते हैं और स्वप्न की भाँति नितान्त काल्पनिक होने के कारण वे असद् कहे गये हैं जिस प्रकार स्वप्न में मन माया से ही द्वैताभास रूप से स्फुरित होता है उसी प्रकार जाग्रतकाल में भी वह माया से ही द्वैताभास रूप से स्फुरित होता है।[39] इस प्रकार गौड़पाद के अनुसार आत्मा अजन्मा है और कुछ भी ऐसा नहीं है जिसका उत्पाद हो।

सभी भारतीय प्रत्ययवादी एक सिरे से जगत् की भ्रामक प्रतीति को प्रमाणित करना चाहते हैं लेकिन जिस जगत् में वे स्वयं रह रहे हैं, उसकी व्यावहारिक वास्तविकता से आँख मूँद लेना क्या इतना ही आसान है? इसके समाधान में वे अनेक दार्शनिक दुष्चक्रों में फँसते चले जाते हैं। सबसे पहले वे व्यावहारिक जीवन

के पूर्णतया अन्तरिम सत्य एवं दार्शनिक प्रज्ञा के चरम सत्य के बीच अन्तर दिखाना चाहते हैं। दूसरे वे स्थापना करते हैं कि इस सत्य संसार की प्रतीति हमारे किसी दोष के कारण होती है और यह दोष मुख्यतः हमारे अज्ञान का द्योतक है। इस अज्ञान को अविद्या और माया कहा गया है।

पारमार्थिक और व्यावहारिक ज्ञान का भेद प्रस्तुत करते हुए प्रत्ययवादियों ने 'प्रतीत्यमान सत्य' अथवा व्यावहारिक जीवन के काम चलाऊ सत्य अर्थात् उनकी अपनी शब्दावली में संवृत्ति सत्य की चर्चा की है। लेकिन स्वयं उनके अनुसार जब इस 'प्रतीत्यमान सच' में सचमुच कोई सत्य नहीं है और उसे मिथ्या घोषित किया जाता रहा है तो प्रत्ययवादी उसे एक प्रकार का सत्य क्यों कहता है? सत्य और असत्य परस्पर विपरीत होते हैं, ऐसा कोई लक्षण नहीं होता जिसे 'सत्य' माना जाए और कहा जाए कि दोनों में ही इसका सामान्य सम्बन्ध है। 'प्रतीत्यमान सत्य' को मिथ्या मानते हुए भी इन शब्दों के प्रयोग का उनका उद्देश्य यही है कि संवृत्ति की कल्पना से वे वस्तुपरक जगत् की असारता के सिद्धान्त की असंगतियों को छिपा लेना चाहते हैं ताकि किसी भाँति यह स्पष्ट किया जा सके कि वास्तव में वस्तुओं के अस्तित्वमान होने की कल्पना क्यों की जाती है जबकि वे अस्तित्वमान नहीं हैं। रस्सी में सर्प देखने की भाँति सर्प को सर्प समझना भी एक भ्रम है फिर भी प्रत्ययवादी सर्प को सर्प समझने के विरुद्ध व्यावहारिक सतर्कता बरतने का औचित्य सिद्ध करना चाहते हैं क्योंकि यह माना जाता है कि उसमें व्यावहारिक जीवन का सत्य है जो अपने अन्तरिम रूप में निस्सन्देह एक प्रकार का भ्रम है। इसी तरह यद्यपि तर्क की अथवा और भी व्यापक रूप में अनुभव अथवा तर्कबुद्धि जैसे प्रमाणों की वास्तव में अपनी कोई प्रासंगिकता नहीं है तो भी प्रत्ययवादी स्वयं तर्क का सहारा लेकर अपनी स्थिति को प्रमाणित करना औचित्यपूर्ण समझते हैं। ऐसा करते समय वे केवल व्यावहारिक उद्देश्यों के निमित्त तर्क की वैधता को स्वीकार करते हैं। वे जिन तथाकथित प्रमाणों का उपयोग करते हैं उनकी उनके दृष्टिकोण से कोई वैधता नहीं; अर्थात् परमसत्य के दृष्टिकोण से उनकी यद्यपि कोई वैधता नहीं, तथापि केवल व्यावहारिक उद्देश्यों के निमित्त उनकी एक प्रकार की वैधता है।

इस प्रकार जगत् की प्रतीति जो केवल व्यावहारिक रूप में ही सत्य है अन्यथा अपने अन्तरिम रूप में मिथ्या है, शांकर वेदान्तियों ने इस कपटपूर्ण परस्पर विरोधी स्थापना का समाधान प्रस्तुत करने के लिए ही मायावाद का सिद्धान्त स्थापित किया है।

अद्वैत वेदान्तियों का मुख्य प्रतिपाद्य है कि केवल ब्रह्म ही एकमात्र सत्ता है एवं अन्य सब मिथ्या हैं। शंकर से पूर्व बौद्ध शून्यवादियों ने 'इस सब मिथ्या' की स्वप्न आदि के दृष्टान्तों से व्याख्या करते हुए कहा कि जिस प्रकार स्वप्न स्वयं अपना कोई सत् स्वरूप धारण न करते हुए भी सत् की वस्तुगत प्रतीति को प्रस्तुत करते हैं उसी प्रकार बाह्य पदार्थों एवं जगत् के अनुभवों की प्रतीति भी मिथ्या है। शंकराचार्य ने

ब्रह्मसूत्र पर लिखे अपने भाष्य में कहा कि जड़ और चैतन्य आदि धर्म तथा अहंकार और आत्मरूपधर्मी अत्यन्त भिन्न होने पर भी उनका परस्पर भेद न समझाकर एक-दूसरे में एक-दूसरे के स्वरूप का तथा धर्मों का अध्यास कर सत्य और असत्य को मिलाकर 'यह मैं' और 'यह मेरा' इस प्रकार का लोक-व्यवहार मिथ्या ज्ञान से स्वाभाविक रूप में होता रहता है। इस अध्यास के सम्बन्ध में बताया गया है कि प्रथम देखी हुई वस्तु का दूसरी वस्तु में स्मृति रूप से अवभास ही अध्यास है। इसी को कोई एक में अन्य के धर्म का अध्यास कहते हैं तो कोई इसको जिसका जहाँ पर अध्यास होता है उन दोनों के भेद का ज्ञान न होने के कारण होने वाला भ्रम कहते हैं, दूसरे कोई उसको जिस वस्तु में जिस वस्तु का अध्यास होता है, उस वस्तु में अन्य विपरीत धर्मों की कल्पना करना कहते हैं। परन्तु सब मतों में अन्य वस्तु में अन्य धर्म का भास होना ही भ्रम है। लोगों का अनुभव ऐसा ही है; जैसे सीप रजत-सी दिखती है चाँद के एक होते हुए दो हों, ऐसा भासता है।[40] अध्यास अज्ञान मूलक होता है। अज्ञान को ही अविद्या कहा है। शंकराचार्य ने अविद्या एवं माया को पर्यायवाची रूप में प्रयुक्त किया है। 'शुक्त-रजत' भ्रम में अविच्छन्न अविद्या को ही रजत का कारण कहा गया है।

इस अज्ञान की आवरण और विक्षेप, दो शक्तियाँ हैं। जिस प्रकार मेघ खण्ड अनेक योजन विस्तृत सूर्यमण्डल को आच्छादित-सा कर देता है, उसी प्रकार अज्ञान सीमित होते हुए भी असीम एवं असंसारी आत्मा को, द्रष्टा की बुद्धि को आवृत करने के कारण आच्छादित-सा कर लेता है; ऐसा माया की आवरण शक्ति का सामर्थ्य है। जिस प्रकार कि रज्जु विषयक अज्ञान अपने स्वावृत्त रस्सी में अपनी शक्ति से सर्प आदि की कल्पना करता है उसी प्रकार आत्म विषयक अज्ञान भी स्वावृत्त अज्ञान से आवृत्त आत्मा में विक्षेप शक्ति से आकाशादि प्रपंच की कल्पना कर लेता है।[41] शंकराचार्य ने एक स्थल पर उल्लेख किया है कि आवरण और विक्षेप शक्तियों से ही पुरुष बन्धन को प्राप्त हुआ है और इन्हीं में मोहित होकर वह देह को आत्मा मानकर संसार चक्र में भ्रमण करता रहता है।[42]

इस प्रकार एक ओर माया की आवरण-शक्ति ब्रह्म के यथार्थ स्वरूप का तिरोधान करती है, दूसरी ओर इसकी विक्षेप शक्ति उसमें अयथार्थक रूप जगत् की प्रतीति का प्रकटीकरण करती है। यह विशेष शक्ति ही सूक्ष्म शरीर से लेकर ब्रह्माण्ड तक जगत् की सृष्टि करती है।[43] माया को अविद्या के रूप में परमात्मा की अव्यक्त बीज शक्ति कहा गया है। गौड़पाद कारिका भाष्य में शंकराचार्य ने जगत् की प्रतीतियों, जो कि मूलतः मिथ्या हैं, का कारण माया बताया है।[44]

शंकराचार्य ने अपने मायावाद की स्थापना के लिए उपनिषदों तथा ब्रह्मसूत्र को आधार ग्रन्थ माना है। जबकि असन्दिग्ध रूप से उपनिषदों का भीतरी ढाँचा स्पष्ट कर देता है कि उनमें संकलित विषयवस्तु विभिन्न प्रकार की है और उनकी रचना

अनेक अंशों को जोड़कर की गयी है। उपनिषदों में अनेक विचारसूत्र परस्पर इस प्रकार उलझे पड़े हैं कि उन्हें अलग-अलग चिह्नित करना मुश्किल है। इनमें कुछ ऐसे स्थल हैं जिनका मुख्य विषय स्पष्टतया द्वैतात्मक एवं ईश्वरवादी है। तथा किसी भी भाषा चातुर्य द्वारा विश्वासप्रद रूप से यह सिद्ध नहीं किया जा सकता कि इसके अर्थ शंकर के शास्त्रीय मत की पुष्टि करते हैं। ब्रह्मसूत्र भी शंकर के दार्शनिक सिद्धान्त की पुष्टि नहीं करते हैं। अपितु कुछ सूत्र ऐसे भी हैं जिनकी व्याख्या स्वयं शंकर ने द्वैतात्मक ढंग से की है। इसके विपरीत शंकराचार्य का मत है कि उसने अपने अद्वैत वेदान्त का समय स्वरूप उपनिषदों एवं ब्रह्मसूत्रों से ग्रहण किया है। इस अन्तर्विरोध से बचने के लिए वे व्यावहारिक दृष्टि एवं परमार्थिक दृष्टि में भेद प्रस्तुत करते हैं और उपनिषदों की व्याख्या इस कल्पना पर करते हैं कि उनमें कई ऐसे अंश हैं जो शुद्ध दार्शनिक दृष्टि से ही वस्तुओं का वर्णन करते हैं जबकि अन्य कई ऐसे अंश भी हैं जो वस्तुओं का वास्तविक जगत्, वास्तविक जीवात्मा एवं वास्तविक सृष्टिकर्ता के रूप में ईश्वर का केवल व्यावहारिक द्वैतात्मक दृष्टि से ही उल्लेख करते हैं। व्याख्या की यह पद्धति शंकर ने न केवल उपनिषदों पर लिखे गये अपने भाष्यों में अपितु ब्रह्मसूत्र के अपने भाष्य में भी अपनायी है। लेकिन इसमें कोई सन्देह नहीं कि इन ग्रन्थों में अद्वैत तत्त्व के अन्तर्गत जगत् के मिथ्यात्व का स्वरूप लक्षित था—जिसने परवर्ती बौद्धों के शून्यवाद एवं विज्ञानवाद के लिए मार्ग प्रशस्त किया। कालान्तर में वेदान्त के विकसित रूप में गौड़पादाचार्य से लेकर परवर्ती अद्वैत वेदान्तियों में उपनिषदों में ब्रह्म को बौद्धों के सर्व शून्यत्व की चरम स्थिति तक ले जाने का सफल प्रयत्न हुआ। उस रूप में प्रतिपादित जगत् मिथ्यात्व की तार्किक परिणति के फलस्वरूप शंकर ने मायावाद की स्थापना की।

मिथ्याप्रतीतियों से घनीभूत जगत् के उद्भव का निमित्तोपादान कारण स्वरूप अविकारी, निर्विशेष ब्रह्म के निरन्तर अविकारी बने रहने की तार्किक न्यायोचितता माया जैसी किसी रहस्यमयी कल्पना के आधार पर ही प्रस्तुत की जा सकती थी। जबकि शून्यवादी बौद्धों के लिए इस प्रकार का आग्रह आवश्यक नहीं था। वे अपने सर्वशून्यता में इस प्रकार की अनर्गल कल्पना से बचकर निकल सकते थे। निस्सन्देह इन बौद्धों ने उपनिषदों के अनेक प्रयोगों की भाँति माया शब्द का उल्लेख जगत् के मिथ्यात्व के रूप में, अज्ञान के रूप में, अविद्या के रूप में अनेक बार किया है परन्तु उन्हें पारमार्थिक सत् ब्रह्म की शक्ति के रूप में इस धारणा की कल्पना की अनिवार्यता नहीं थी—जिसे वे मिथ्या जगदुद्भव का कारण मानकर चलते। परन्तु शून्यवादियों को दो सत्यों—परमसत्य और संवृत्ति—को मानकर अवश्य चलना पड़ा है। परवर्ती शून्यवादी चन्द्रकीर्ति ने 'संवृत्ति' शब्द का अर्थ अज्ञान बताया है। इस रूप में कार्य कारणात्मक हमारे अनुभवों का सम्पूर्ण जगत् अज्ञान द्वारा, आच्छादित प्रतीति को हमारे समक्ष प्रस्तुत करता है। जगत् की भासित सत्ता पर अज्ञान का

रहस्यपूर्ण आवरण पड़ा हुआ है। इसे बौद्धों ने 'लोक संवृत्ति' अथवा 'तथ्य संवृत्ति' कहा है, जो वस्तुतः जादू, मृगतृष्णाजनित प्रतिबिम्बों आदि के सामान्य भ्रम के रूप में प्रयुक्त मिथ्या संवृत्ति से भिन्न है।[45] इन्द्रिय दोष अथवा अन्य कारणों से उत्पन्न होने के कारण अनुभव में बाधित होने वाली कई प्रतीतियों को मिथ्या संवृत्ति कहते हैं क्योंकि उनका मिथ्यात्व अनुभव में प्रकट होता है।[46] तथापि जगत्-प्रतीतियों के मिथ्यात्व का अनुभव उसी समय होता है जब सहेतुक संयुक्तों के सारहीन सन्तान के परमार्थ रूप को उचित प्रकार से समझ लिया जाता है। जगत् सत्तावान और अबाध रहता है तथा व्यावहारिक अनुभव में जगत् में सत् का भास होता रहता है किन्तु जब इस बात का ज्ञान हो जाता है कि इन पदार्थों का कोई निजी स्वभाव नहीं है, केवल तभी उनको मिथ्या माना जाता है।

वेदान्तिक अद्वैत परम्परा के प्रथम मायावादी आचार्य गौड़पाद की विचारधारा का बौद्ध शून्यवादियों से इस सीमा तक निकट का सम्बन्ध है कि इनकी उद्भावनाएँ सुसंगत प्रतीत होने लगती हैं।[47] अपने सांख्य प्रवचन भाष्य में विज्ञान भिक्षु ने उल्लेख किया है कि जहाँ तक माया की विलक्षण-प्रकल्पना का सम्बन्ध है, जिसका प्रचार अपने को वेदान्ती कहने वालों ने किया है, यह केवल बौद्धों के विषयी विज्ञानवाद का ही रूप है।[48] परन्तु दोनों में मुख्य अन्तर यह है कि बौद्धों ने प्रतीतियों की परस्पराश्रित अर्थात् महात्मा बुद्ध के आद्य भौतिकवादी प्रतीत होने वाले कार्यकारण सम्बन्धों की श्रृंखला रूप में प्रतिपादित प्रतीत्यसमुत्पाद की नितान्त भाववादी व्याख्या करते हुए, स्वप्नादि की मिथ्या प्रतीतियों के दृष्टान्तों के बल पर जगत् को शशश्रृंग, वन्ध्यापुत्र के समान शून्य तथा सारहीन सिद्ध किया है; अद्वैत वेदान्ती जगत् के मिथ्यात्व को अधिक चतुराई से प्रस्तुत करना चाहते हैं। अपने सिद्धान्त की व्यावहारिक असंगता को वे बौद्धों की अपेक्षा स्पष्टता से देख पा रहे थे। उनकी स्थापना है कि जिस प्रकार सर्प-रज्जु के विख्यात दृष्टान्त में सर्प के मिथ्याभास में रज्जु की सत्यता का कुछ आधार होता है, इसे उन्होंने अधिष्ठान सिद्धान्त के अन्तर्गत समझाने का प्रयत्न किया है, जगत् ब्रह्म में अध्यस्त है, ब्रह्म ही एक मात्र पारमार्थिक सत्य है और अनिवार्यतः जगत् मिथ्या है।

जैसा कि बताया जा चुका है कि भारतीय प्रत्ययवाद के विकास में महायानी बौद्धों की विज्ञानवादी और शून्यवादी विचारधाराएँ तथा वेदान्तिक परम्परा में शंकराचार्य के अद्वैतवाद अथवा मायावाद का प्रस्थान बिन्दु उपनिषद् हैं। उपनिषदों के आत्मचिन्तन तथा शुद्ध ज्ञान से बौद्ध प्रत्ययवादियों ने अपने शून्यवाद का विकास किया है और आगे चलकर गौड़पाद शंकर आदि वेदान्तियों ने अपनी साम्प्रदायिक विद्वेषता के बावजूद बौद्धों की समस्त बारीकियों को ग्रहण करते हुए लगभग उन्हीं परिणामों को स्थापित किया है जिनके अन्तर्गत जगत् के मिथ्यात्व को प्रतिपादित किया गया।

भारतीय चिन्तनधारा में उपनिषदों में ही आत्म चिन्तन तथा शुद्धज्ञान के

प्रारम्भिक प्रयास विद्यमान हैं। वस्तुतः ये वे ग्रन्थ थे जिनमें यद्यपि चरम सीमा के प्रत्ययवाद की सम्भावनाएँ प्रगट हो रही थीं, फिर भी आदिम भौतिक अनुभूतियों का लौकिक स्वरूप अभी लुप्तप्राय नहीं हुआ था। उपनिषदों में अनेक स्थलों पर ऐसे उद्धरण प्रचुर मात्रा में उपलब्ध हैं जिनमें आदि आर्यों के सहज एवं सरल जीवन की अभिव्यक्ति के स्मृति चिह्न विद्यमान हैं। आत्मचिन्तन के इन प्रारम्भिक प्रयासों के अनन्तर उपनिषदों की अन्तश्चेतना के दो स्तरों को लक्षित किया जा सकता है। मात्र, उन्हें स्मृति-अवशेषों में विद्यमान, अपने पूर्वजों के आदिम प्रकार के लौकिक अनुभवों की यथार्थता से मुक्त होना अनिवार्य प्रतीत हो रहा था, क्योंकि बहुत पहले से ही समाजार्थिक सम्बन्धों में मात्रात्मक एवं गुणात्मक परिवर्तनों ने तत्कालीन यथार्थ को सामुदायिक पूर्ववर्गीय व्यवस्था से वंचित कर दिया था। दूसरे, आदिम प्रकार के भौतिकवाद पर आधारित सामुदायिक पूर्ववर्गीय आर्थिक सम्बन्धों के पतन के परिणामस्वरूप ही प्रत्ययवाद अर्थात् आत्मचिन्तन के विकास की सम्भावनाओं का उद्‌भव हुआ था।

भौतिक अनुभवों से विच्छिन्न शुद्ध ज्ञान का प्रादुर्भाव उन्हीं परिस्थितियों में सम्भव हो पाता है, जब समाज का आर्थिक विकास एक वर्ग द्वारा उपार्जित अतिरिक्त साधनों पर अन्य वर्ग को जीवनयापन की सुविधाएँ प्रदान करने में सक्षम बनने लगता है। इस प्रकार, वह सुविधासम्पन्न वर्ग शारीरिक श्रम की अनिवार्यताओं से मुक्त बने रहने की स्थिति में होता है और इसीलिए भौतिक विश्व की यथार्थता को स्वीकार करने की आवश्यकता से भी क्योंकि शारीरिक श्रम के अनन्तर ही मानवीय चेतना भौतिक वस्तुस्थिति को स्वयं में एक स्वतन्त्र शक्ति के रूप में स्वीकार करने के लिए विवश होती है।[49]

लक्ष्य करने की बात है कि उपनिषद्‌कालीन भारत में नये आर्थिक सम्बन्धों के अन्तर्गत पनप रही वर्ण-व्यवस्था ने तत्कालीन मेधा की ज्वलन्त चिन्ताओं के रूप निर्माण में विशिष्ट भूमिका प्रस्तुत की है। वर्ण-व्यवस्था के उद्‌भव की मिथकीय विवेचना के अन्तर्गत वृहदारण्यक उपनिषद् में बताया गया है–'विश्व की आदिसत्ता ब्रह्म है किन्तु उसे अपने एकत्व से सन्तोष न हुआ। एकाकी होने के कारण कुछ अभाव-सा प्रतीत होता था। अतः उसने एक श्रेयस क्षत्रिय वर्ग की सृष्टि की। इस प्रकार आदि ब्रह्म से इन्द्र, वरुण, सोम, रुद्र, पर्जन्य, यम, मृत्यु, ईश आदि देवताओं की सृष्टि हुई। ये स्वर्गलोक के क्षत्रिय वर्ग हैं। पुनः क्षत्रिय वर्ग की सृष्टि के बाद भी ब्रह्म को सन्तोष न हुआ। इस पर उसने स्वर्ग में वैश्य वर्ग की सृष्टि की जिसमें वसु, रुद्र आदित्य, मरुत, विश्वदेव आदि गणदेवता हैं। फिर भी उसे एक अभाव का अनुभव हुआ तो उसने स्वर्ग में शूद्र वर्ग की सृष्टि की, जिसका प्रतिनिधि पूषण है। पुनः अपने को पूर्णता प्रदान करने के लिए ब्रह्म ने धर्म की, स्थापना की जो इन विभिन्न चारों वर्णों को एकसूत्र में बाँधता है। अन्त में ब्रह्म अग्नि का रूप धारण

कर लेता है, जो देवताओं का ब्राह्मण है। इसके बाद हमें यह बताया गया है कि स्वर्ग के वर्ण-विधान के आदेश पर ही पृथ्वी पर वर्ण-व्यवस्था की स्थापना हुई।[50]

यह निर्विवाद है कि उपनिषद्‌कालीन भारत की समाज व्यवस्था में विशेषाधिकार प्राप्त वर्ग थे, यद्यपि शूद्र की स्थिति के अधिक ब्योरे अभी प्राप्त नहीं हुए हैं। आत्मज्ञान अथवा ब्रह्म ज्ञान का अधिकार इन्हीं सम्पन्न जातियों को ही था।[51] द्रष्टव्य है कि कालान्तर में प्रत्यक्ष श्रमजन्य जीविकोपार्जन के साधनों से इन वर्गों का सरोकार धर्मशास्त्रों द्वारा नितान्त वर्जित घोषित कर दिया गया था। बौधायन[52] ने वेद और कृषि को परस्पर विपरीत कार्य बताया है। मनुस्मृति में कृषि को नितान्त निकृष्ट धन्धा घोषित करते हुए ब्राह्मण को आदेश दिया गया है कि आपत्तिकाल में वैश्य का व्यवसाय धारण करने पर भी उसे कृषि व्यवसाय में कदापि संलग्न नहीं होना चाहिए।[53] इसके साथ ही हमें यह स्मरण रखना चाहिए कि ऋग्वेद के प्राचीन स्थलों में वर्ण-विभाजन तथा श्रम के प्रति किसी प्रकार के घृणाभाव का उल्लेख नहीं है। यहाँ तक कि आदिम तथा अर्द्ध आदिम अभिव्यंजनाओं का यह विशाल पुंज कबीलाई सामुदायिक भावना के आधार पर श्रमजन्य व्यवसायों में संलग्न 'त्वष्टा' को एक देवता के रूप में स्वीकार करता है।

ऋग्वेद और उपनिषदों के बीच में पड़ने वाले 'ब्राह्मण' संज्ञक ग्रन्थ भारतीय चेतना के मानसिक और सामाजिक विकास के सबसे महत्त्वपूर्ण युग की जानकारी प्रदान करने में एकमात्र नहीं तो सबसे मुख्य स्रोत हैं।[54] नयी अर्थव्यवस्था के अन्तर्गत वर्ण-विभाजन का स्वरूप ब्राह्मण ग्रन्थों में बड़ी विशदता तथा स्पष्टता से बताया गया है। पूर्वोद्‌धृत स्मृतियों ने हमें सूचना दी है कि क्षत्रिय, ब्राह्मण और वैश्य—इन तीन वर्गों को सीधे श्रमजन्य उत्पादनशील व्यवसायों के उत्तरदायित्व से मुक्त कर दिया गया था; जबकि चौथे वर्ग शूद्र के सम्बन्ध में ब्राह्मण ग्रन्थों की घोषणा है, "शूद्र निम्न स्तर के प्राणी हैं, उनके लिए केवल दूसरे वर्गों की सेवा ही वांछित है।" सामान्य विवेक के आधार पर अनुमान किया जा सकता है कि प्रथम तीन वर्ग-निश्चित रूप से समाज की नितान्त नगण्य संख्या में एक प्रकार से परजीवी अर्थात् शोषक रहे होंगे, जिन्हें बदली हुई स्थितियों में बहुजन समुदाय श्रमिकों के उत्पादित साधनों पर सुख-सुविधाओं भरा सम्पन्न जीवन जीने का विशेषाधिकार था। यह अध्ययन का एक अलग विषय है कि किस प्रकार शूद्र संज्ञा से अभिहित इन श्रमिकों की निरन्तर पददलित एवं शोषित यथास्थिति बनाये रखने के प्रयत्न में शासकीय शक्तियों की दुरभिसन्धि के अन्तर्गत कालान्तर में ऐसे ग्रन्थों का निर्माण किया गया जिनके तहत उन्हें समस्त मानवीय एवं सहज-अधिकारों से वंचित किये रखने की न्यायोचितता प्रस्तुत की जाती रही है।

उपनिषदों में रूप ले रहे प्रत्ययवादी चिन्तन को इस नयी वर्गव्यवस्था से असम्बद्ध नहीं किया जा सकता। क्योंकि दार्शनिक सत्य के लिए प्रतिबद्ध होता है, परन्तु सत्य

तत्कालीन समाज व्यवस्था के प्रति दृष्टिकोण का सूचक होता है और इसी व्यवस्था से ही शासकीय एवं आभिजात्य शक्तियाँ रूप ग्रहण करती हैं।[55] नयी अर्थ-व्यवस्था के अन्तर्गत सुविधा सम्पन्न वर्ग के स्थायित्व प्राप्त कर लेने पर ही उपनिषदों में एक ऐसे दर्शन का प्रादुर्भाव हुआ, जिसका आधार शुद्ध ज्ञान था। निस्सन्देह उपनिषदों के सैद्धान्तिक प्रश्न तथा उनके प्रस्तुत समाधान एक प्रकार के बौद्धिक विकास के सूचक थे तथा ज्ञान-मीमांसा की दृष्टि से नयी सम्भावनाओं को व्यक्त कर रहे थे परन्तु जीवन-जगत् की लौकिक अनुभूतियों से अविच्छिन्न उनका शुद्ध चिन्तन, बौद्धिक प्रयत्नों की अपेक्षा श्रमजन्य गतिविधियों को निम्न कोटि का स्वीकार करने के लिए बाध्य था। समस्त श्रमजीवी जन को निम्न जाति का घोषित कर दिया गया। उत्पादन सम्बन्धी व्यवसायों में संलग्न श्रमिकों को तिरस्कृत करने की स्थिति को भौतिक विकास के लिए अपेक्षित यथार्थ प्रकृति के प्रति वैज्ञानिक एवं तकनीकी दृष्टिकोण के ह्रास के साथ देखा जाना चाहिए। ज्ञान का अभिप्राय, लौकिक जगत् और प्रकृति की अधिक समझ की अपेक्षा 'स्व' साध्य होकर रहस्यमय बन गया। प्रत्यक्ष लौकिक अनुभवों को श्रमजन्य स्वीकार कर लेने पर, उपनिषदों के दार्शनिक को अपने प्रश्नों के समाधान के लिए स्वप्न, गहरी नींद तथा अन्त में मृत्यु तक की शरण में जाने के लिए बाध्य होना पड़ा।[56] **याज्ञवल्क्य** ने आत्मा के विषय में बताया कि वही स्वप्न होकर इस लोक का अतिक्रमण करता है और मृत्यु के रूपों का भी अतिक्रमण करता है।[57] इसी उपनिषद् में बताया गया है कि पुरुष जन्म लेते समय शरीर को आत्मभाव से प्राप्त होता हुआ घावों से संश्लिष्ट हो जाता है तथा मरते समय-उत्क्रमण करते समय, पापों को त्याग देता है। इस पुरुष के दो ही स्थान हैं—इहलोक और परलोक सम्बन्धी स्थान; तीसरा स्वप्न स्थान सन्ध्यस्थान है। उस सन्ध्यस्थान में स्थित होकर यह इस लोकरूप स्थान और परलोक स्थान—इन दोनों को देखता है। जिस समय यह सोता है, उस समय इस सर्वावान लोक की मात्रा को लेकर, स्वयं ही इस स्थूल शरीर को अचेत करके तथा स्वयं अपने वासनामय देह को रचकर, अपने प्रकाश से अर्थात् अपने ज्योतिस्वरूप से शयन करता है; इस अवस्था में यह पुरुष स्वयं ज्योतिस्वरूप होता है। उस अवस्था में न रथ हैं, न रथ जोते जाने वाले हैं और न मार्ग ही हैं। परन्तु वह रथ, रथ में जोते जानेवाले और रथ के मार्गों की रचना कर लेता है। उस अवस्था में आनन्द, मोद और प्रमोद भी नहीं है; किन्तु वह आनन्द, मोद और प्रमोद की रचना कर लेता है। वहाँ छोटे-छोटे कुण्ड, सरोवर और नदियाँ नहीं हैं, वह कुण्ड, सरोवर और नदियों की रचना कर लेता है।[58] अतः याज्ञवल्क्य स्वप्न के विषय में कहते हैं, 'आत्मा स्वप्न के द्वारा शरीर को निश्चेष्ट कर स्वयं न सोता हुआ सोये हुए समस्त पदार्थों को प्रकाशित करता है। वह शुद्ध-इन्द्रिय मात्रा रूप को लेकर पुनः जाग्रत स्थान में आता है। हिरण्मय (ज्योतिस्वरूप) पुरुष अकेला ही (दोनों स्थानों में) जानेवाला है। इस निकृष्ट

शरीर की प्राण से रक्षा करता हुआ वह अमृत धर्म शरीर से बाहर विचरता है। वह अकेला विचरने वाला हिरण्मय अमृत पुरुष जहाँ वासना होती है वहाँ चला जाता है। वह देव स्वप्नावस्था में ऊँच-नीच भावों को प्राप्त होता हुआ बहुत-से रूप बना लेता है।'[59] याज्ञवल्क्य का कथन है कि कुछ लोग ऐसे कहते हैं कि यह स्वप्न-स्थान इसका जाग्रत देश ही है; क्योंकि जिन पदार्थों को यह जागने पर देखता है, उन्हीं को सोया हुआ भी देखता है किन्तु यह ठीक नहीं है क्योंकि इस अवस्था में यह पुरुष स्वयं ज्योति होता है।[60] लेकिन जाग्रतावस्था के अनुभव अथवा विभिन्न प्रकार के भय स्वप्नावस्था में समाप्त नहीं हो जाते; यद्यपि अज्ञानवश ही पुरुष उन्हें स्वीकार करता है।[61] जबकि गहन निद्रावस्था में इस प्रकार की आशंका की कदापि सम्भावना नहीं रहती, जिस प्रकार इस आकाश में श्येन अथवा सुपर्ण सब ओर उड़कर थक जाने पर पंखों को फैलाकर घोंसले की ओर ही उड़ता है, इसी प्रकार, यह पुरुष इस स्थान की ओर दौड़ता है जहाँ सोने पर यह किसी भोग की इच्छा नहीं करता और न कोई स्वप्न देखता है।[62]

लौकिक अनुभवों को भ्रमजन्य स्वीकार कर लेने पर एक प्रत्ययवादी दार्शनिक के लिए निद्रावस्था को ही आदर्शरूप मान लेने के लिए विवश होना पड़ा है जिसमें उन्हें ब्रह्म साक्षात्कार की सम्भावनाएँ प्रतीत होती हैं। निद्रावस्था के विषय में उपनिषदों का कथन है, वह इसका काम रहित, पाप रहित और अभयरूप है। व्यवहार में जिस प्रकार अपनी प्रिया भार्या को आलिंगन करने वाले पुरुष को न कुछ बाहर का ज्ञान रहता है और न भीतर का, इसी प्रकार यह पुरुष प्रज्ञात्मा से आलिंगन होने पर न कुछ बाहर का विषय जानता है और न भीतर का, यह उसका आरतकाम, आत्मकाम, अकाम और शोकशून्य रूप है। इस सुप्तावस्था में पिता, अपिता हो जाता है, माता, अमाता हो जाती है, लोक, अलोक हो जाते हैं, देव, अदेव हो जाते हैं और वेद, अवेद हो जाते हैं। यहाँ चोर अचोर हो जाता है, भ्रूण हत्या करने वाला अभ्रूणध हो जाता है तथा चाण्डाल अचाण्डाल हो जाता है, पौल्क्स अपौल्क्स, श्रमण अश्रमण और तापस अतापस हो जाते हैं। उस समय यह पुरुष पुण्य से असम्बद्ध तथा पाप से भी असम्बद्ध हो जाता है और हृदय के सम्पूर्ण शोकों को पार कर लेता है। जिस प्रकार जाग्रतावस्था में जहाँ आत्मा से भिन्न अन्य सा होता है वहाँ अन्य अन्य को देखता है, अन्य अन्य को सूँघता है, अन्य अन्य को चख सकता है, अन्य अन्य को बोल सकता है, अन्य अन्य को सुन सकता है, अन्य अन्य का मनन कर सकता है, अन्य अन्य का स्पर्श कर सकता है, अन्य अन्य को जान सकता है; परन्तु अपनी निद्रावस्था में वह पुरुष एक अद्वैत द्रष्टा के रूप में अपनी परमगति को प्राप्त होता है।[63] सम्राट जनक को उपदेश करते हुए याज्ञवल्क्य ने बताया, 'यह ब्रह्म लोक है, यह इसकी परमगति है, यह इसकी परम सम्पत्ति है, यह इसका परमलोक है, यह इसका परमानन्द है।'[64] परन्तु यहाँ प्रश्न यह था कि गहन निद्रावस्था के बाद

जागने पर पुरुष पुनः द्वैत स्थिति में पहुँच जाता है। उपनिषदों के पास अनन्त निद्रा ही इसका समाधान हो सकता था; जिसके लिए मृत्यु अपेक्षित थी क्योंकि वांछित अद्वैतता की निरन्तरता के लिए स्वप्न तथा निद्रा के बाद मृत्यु ही उनके पास एकमात्र विकल्प था। मृत्यु की गौरवपूर्ण अद्वैत स्थिति का वर्णन करते हुए उपनिषदों ने बताया, 'मृत्यु के बाद जो लोग कहते हैं कि मृतक 'नहीं देखता' तो उस समय चक्षुइन्द्रिय लिंगात्मा से एक रूप हो जाती है—तो 'नहीं सूँघता' ऐसा कहते हैं, ज्ञानेन्द्रिय एक रूप हो जाती है तो 'नहीं चखता' ऐसा कहते हैं; वागिन्द्रिय एकरूप हो जाती है तो 'नहीं बोलता' ऐसा कहते हैं श्रोत्रेन्द्रिय एक रूप हो जाती है तो 'नहीं सुनता' ऐसा कहते हैं, मन एक रूप हो जाता है तो 'मनन नहीं करता' ऐसा कहते हैं, त्वगिन्द्रिय एक रूप हो जाती है तो 'स्पर्श नहीं करता' ऐसा कहते हैं और यदि बुद्धि लिंगात्मा से एकरूप हो जाती है तो 'नहीं जानता' ऐसा कहते हैं। उस हृदय का अग्र (अर्थात् मृत्यु प्राप्त व्यक्ति का) अत्यन्त प्रकाशित होने लगता है, उसी से यह आत्मा नेत्र से, मूर्छा से अथवा शरीर के किसी अन्य भाग से बाहर निकलता है। उसके उत्क्रमण करने पर उसके साथ ही प्राण उत्क्रमण करता है, प्राण के उत्क्रमण करने पर सम्पूर्ण प्राण उत्क्रमण करते हैं; उस समय यह आत्मा विशेष विज्ञानवान् होता है।'[65]

अतः शुद्ध ज्ञान पर अवलम्बित इस आत्मचिन्तन में अन्तिम सत्य का साक्षात्कार मृत्यु के अन्तर्गत ही किया जा सकता था। प्रत्ययवादी दार्शनिक विवश थे कि वे समस्त विज्ञानों को इतना ही नहीं, ज्ञान की समस्त सम्भव शाखाओं को मिथ्या घोषित करें ताकि चैतन्य को, इस समूचे विश्व का, जिसमें यह शरीर भी शामिल है, जिसके एक व्यापार विशेष का नाम चैतन्य है—स्रष्टा प्रमाणित किया जा सके। और उलट बाँसी जैसी बात यह है कि इस चैतन्य सर्वस्ववाद को आत्म-संगत बनाने के लिए चैतन्य को मौत की नींद सुलाया गया। स्वस्थ जागृतिकालीन अनुभव के साक्ष्य को ठुकरा दिये जाने के परिणामस्वरूप उपनिषदों के दार्शनिक के लिए अन्तिम शरण स्वप्न रह गये, गहरी स्वप्नरहित नींद रह गयी और अन्त में जैसा कि याज्ञवल्क्य के साथ हुआ, मृत्यु रह गयी।[66] उपनिषदों द्वारा प्रतिपादित 'शुद्ध ज्ञान' का एक अन्य पक्ष सम्भवतः तत्कालीन दार्शनिक भंगिमाओं को समझ पाने में हमारा मार्ग प्रशस्त कर सकता है। जैसा कि बताया गया है कि उपनिषदीय ज्ञान का अभिप्राय प्रकृति तथा उसके नियमों का सन्धान न होकर बल्कि एक प्रकार की किसी रहस्यात्मक आध्यात्मिक उपलब्धि प्राप्त करना था। इस ज्ञान की उल्लेखनीय बात यह है कि इसका मात्र दार्शनिक चिन्तन से ही सम्बन्ध न होकर इसकी एक विशिष्ट व्यावहारिक उपयोगिता भी थी। उपनिषदों में बार-बार वर्णन किया गया है कि जो इस प्रकार के रहस्यमूलक ज्ञान को धारण कर लेता है, वह सर्वशक्तिमान, अभेद्य और अमर हो जाता है।[67]

वृहदारण्यक उपनिषद् में एक स्थल पर वर्णन मिलता है कि उपनिषदों का

एक प्रसिद्ध दार्शनिक याज्ञवल्क्य अपनी अपार सम्पत्ति को अपनी दो पत्नियों में परस्पर बाँटना चाहता है।[68] 'याज्ञवल्क्य के अपार धन संचय का स्रोत ढूँढ़ने के लिए उपनिषदों में ही अनेक तथ्य विद्यमान हैं।' विदेह जनक आसन पर स्थित था। तभी उसके पास याज्ञवल्क्य आये। उनसे जनक ने कहा, 'याज्ञवल्क्य कैसे आये? पशुओं की इच्छा से अथवा सूक्ष्मान्त के लिए?'

'राजन्! मैं दोनों के लिए आया हूँ।' ऐसा कहा।

लक्ष्य किया जा सकता है कि उपनिषदों का अति सम्माननीय दार्शनिक याज्ञवल्क्य को भौतिक जगत् को भ्रमजन्य घोषित करते हुए भी अपने सुविधा सम्पन्न जीवन-यापन के लिए भौतिक पदार्थों की अपेक्षा थी। राजा जनक को अमरत्व चाहिए था, जिससे वह मृत्यु भय से मुक्त हो सके और उसके पास पर्याप्त साधन थे; जिससे वह एक विशेष वर्ग को इस प्रकार के चिन्तन में संलग्न किये रख सकता था, जिससे केवल उसके लिए ही नहीं बल्कि उस सम्पूर्ण परजीवीवर्ग के लिए जो श्रमिकों के अतिरिक्त उत्पादन को ग्रहण करने में सक्षम था—किन्हीं रहस्यमूलक प्रक्रियाओं द्वारा अमरत्व का भ्रम पैदा किया जाता रहे! उल्लेख है कि राजा जनक याज्ञवल्क्य को दर्शन के प्रत्येक सूक्ष्म विवेचन के पश्चात् एक सहस्र गायें और एक साँड़ भेंट करता है।[69] संख्या की अतिशयोक्ति हो सकती है लेकिन स्मरण रहे कि तत्कालीन समाज में गायें ही विनिमय का मुख्य साधन थीं। अन्त में राजा जनक आत्मज्ञान के लिए आभार प्रकट करते हुए याज्ञवल्क्य से कहता है—हे याज्ञवल्क्य। जिन आपने मुझे अभय ब्रह्म का ज्ञान कराया है उन आपको अभय प्राप्त हो, आपको नमस्कार हो, ये विदेह देश और यह मैं आपके अधीन हूँ।[70] देखने की बात है कि ये दार्शनिक आत्मज्ञान में यद्यपि आश्चर्यजनक संकल्पनाओं को प्रस्तुत कर रहे थे परन्तु इन प्रयत्नों के परिणामस्वरूप उपलब्ध होने वाले धन के प्रति भी वे नितान्त सचेत थे। एक स्थल पर याज्ञवल्क्य अपने प्रयोजन में तनिक भी अस्पष्टता नहीं रहने देते—'ब्रह्मिष्ठ को हम नमस्कार करते हैं, हम तो गौओं की इच्छा वाले हैं।' इसी उद्धरण में बताया गया है कि एक बार विदेह राजा जनक ने एक बड़ी भारी दक्षिणा वाले यज्ञ द्वारा यजन किया। इसमें कुरु और पांचाल देशों के ब्राह्मण एकत्रित हुए, उस राजा जनक को यह जानने की इच्छा हुई कि इन ब्राह्मणों में अनुवचन करने में सबसे बढ़कर कौन है? इसलिए उसने एक सहस्र गौएँ गौशाला में रोक लीं। उनमें से प्रत्येक के सींगों में दश-दश पाद सुवर्ण बँधे हुए थे। उसने उनसे कहा—पूज्य ब्राह्मणगण! आप में जो ब्रह्मिष्ठ हो, वह उन गायों को ले जाए। किन्तु उन ब्राह्मणों का साहस न हुआ। तब याज्ञवल्क्य ने अपने ब्रह्मचारी से कहा, 'हे सोम्य सामश्रवा, तू इन्हें ले जा।' तब वह उन्हें ले चला। इससे वे ब्राह्मण 'यह सबमें अपने को ब्रह्मिष्ठ कैसे कहता है' इस प्रकार कहते हुए क्रुद्ध हो गये। विदेह राजा जनक का होता अश्चल था; उसने इससे पूछा, 'याज्ञवल्क्य। हम सब में तुम ही ब्रह्मिष्ठ हो?' स्पष्टतया याज्ञवल्क्य उस

समय का अत्यधिक प्रभावशील दार्शनिक तो था ही, साथ ही वह अपने ज्ञानार्जन की चेष्टाओं के लिए अपने यजमान से धन ग्रहण करने के प्रति भी सचेत था।

राजा जनक की सभा में उपस्थित अन्य ब्राह्मण याज्ञवल्क्य की विद्वत्ता के प्रति आश्वस्त होने के लिए अनेक प्रश्न ऋषि के प्रत्युत्तर हेतु प्रस्तुत करते हैं। उनमें सबसे प्रथम प्रश्न ही अमरत्व के सम्बन्ध में किया गया था—'यह सब जो मृत्यु से व्याप्त है, मृत्यु द्वारा स्वाधीन किया हुआ है, उस मृत्यु की व्याप्ति का यजमान किस साधन से अतिक्रमण करता है।'

उपनिषदों का आशय है कि अपने यजमान के लिए केवल याज्ञवल्क्य ही इस प्रश्न के उत्तर से अर्थात् अमरत्व के रहस्य से परिचित है—जिससे दार्शनिक को अपार सम्पत्ति प्राप्त होने की सम्भावना बनी रहती है। वह अपने आत्मचिन्तन की प्रस्तावना में ऐसे भावलोक को प्रस्तुत करता है जिसमें इन्द्रिय ग्राह्य भौतिक यथार्थता का भ्रमप्रतीति में विलीनीकरण हो जाता है। इसके अन्तर्गत मृत्यु को भी जन्म की भाँति भ्रमजन्य सिद्ध करते हुए एक ऐसा विषयिगत रूपान्तरण प्रस्तुत कर दिया जाता है जिसमें मृत्युत्रास से मुक्त होने अर्थात् अमरत्व पाने की काल्पनिक सुखद अनुभूति की सम्भावना पैदा की जा सकती है।

भारतीय प्रत्ययवाद का चरम शिखर शांकराद्वैत वेदान्त है। शंकराचार्य ने उपनिषद् संज्ञक ग्रन्थ, ब्रह्मसूत्र, और गीता पर भाष्य करते हुए अपने मत की स्थापना की है। इन्हें प्रस्थानत्रयी भी कहा जाता है। परम्परा में ऋग्वेद सहित ये ग्रन्थ 'श्रुति' रूप में विख्यात हैं। श्रुति का शाब्दिक अर्थ जो हो ये वेदान्त परिधि में पड़ने वाले चिन्तन के प्रामाणिक ग्रन्थ मान लिए गये हैं। यही कारण है कि वेदान्त के विभिन्न सम्प्रदायों को अपने मत की स्थापना के लिए श्रुति ग्रन्थों के भाष्यों पर आधारित होना पड़ा है। जैसा कि पहले बताया गया है कि यद्यपि गौड़पादाचार्य के अद्वैतवाद के माध्यम से शंकर शून्यवाद तथा विज्ञानवादी बौद्धों की तर्क पद्धति एवं पारिभाषिक शब्दावली ग्रहण करते हुए ही जगत् मिथ्यात्व के घोर मायावादी सिद्धान्त प्रतिपादित करने में सक्षम हुए हैं। यद्यपि महायानी बौद्धों की प्रत्ययवादी विचारधारा भी बहुत सीमा तक उपनिषदों के आत्मवादी चिन्तन से प्रभावित थी। साम्प्रदायिक आग्रहों के कारण ही शंकर अपने भाष्यों में बौद्धों के प्रत्ययवाद का खण्डन करते हुए श्रुतियों से सीधे सम्बद्ध होने का दावा करते हैं। कालान्तर के अन्य वेदान्तिक सम्प्रदायों को शायद इसी कारण शंकर को प्रच्छन्न बौद्ध कहने में कोई असमंजस नहीं था। उपनिषदों का आत्मवाद, महायानी बौद्धों का शून्यवाद और विज्ञानवाद एवं शंकराचार्य का मायावाद—ये भारतीय प्रत्ययवाद के विकास चरण हैं। ऐतिहासिक कालखण्डों के समाजार्थिक परिवर्तनों के अन्तर्गत इन विचारधाराओं का अध्ययन हमें असन्दिग्ध रूप से प्रत्ययवादी दर्शन के वर्ग विद्वेषमूलक परजीवी तथा निहित स्वार्थपूर्ण चरित्र को स्पष्ट कर सकता है जैसा कि हमने अभी-अभी भारतीय प्रत्ययवाद के स्रोत ग्रन्थ

उपनिषदों के ऋषि 'याज्ञवल्क्य-जनक' प्रकरण में देखा है। विद्वानों ने ऐसे यथेष्ट उदाहरण एवं प्रामाणिक साक्षियाँ प्रस्तुत की हैं जिनके आधार पर यह निर्विवाद रूप से सिद्ध किया जा सकता है कि आदिम प्रकार के भौतिकवाद पर आधारित सामुदायिक पूर्ववर्गीय अर्थव्यवस्था के पतन के परिणामस्वरूप ही प्रत्ययवाद अथवा आत्मचिन्तन की सम्भावनाओं का उदय हुआ था। भौतिक अनुभवों से विच्छिन्न शुद्ध ज्ञान का प्रादुर्भाव उन्हीं परिस्थितियों में सम्भव हो पाता है—जनसमाज का आर्थिक विकास, एक वर्ग द्वारा उपार्जित अतिरिक्त साधनों पर अन्य वर्ग को जीवन-यापन की सुविधाएँ प्रदान करने में सक्षम बनने लगता है। इस प्रकार, ऐसा सुविधा सम्पन्न वर्ग शारीरिक श्रम की अनिवार्यताओं से मुक्त बने रहने की स्थिति में होता है और इसीलिए भौतिक विश्व की यथार्थता को स्वीकार करने की आवश्यकता से भी क्योंकि उत्पादन कर्म में संलग्न ही मानवीय चेतना भौतिक वस्तु स्थिति को स्वयं में एक स्वतन्त्र शक्ति के रूप में स्वीकार करने के लिए विवश होती है। 'भौतिक जगत् की मानवीय चेतना प्रारम्भ में व्यक्ति या उसके प्राकृतिक वातावरण के परस्पर-सम्बन्ध द्वारा नहीं बल्कि उन सम्बन्धों द्वारा निर्धारित होती थी जो वह उत्पादन के विकास में अपने सहकर्मियों के साथ स्थापित करता था...केवल इसी रूप में ही इस बात की व्याख्या करना सम्भव है कि विभिन्न सांस्कृतिक स्तरों पर खड़े लोगों को भौतिक जगत् क्यों विभिन्न रूप में दिखाई देता है।'[71] इस वस्तुनिष्ठ दृष्टि से ही हम शंकर के मायावाद के वर्गीय चरित्र को अधिक स्पष्टता से देख पाने में सक्षम हो सकते हैं।

भारतीय परम्परा में श्रुति और स्मृति संज्ञक ग्रन्थों का विशेष उल्लेखनीय स्थान है। श्रुति ग्रन्थों की पहले चर्चा की जा चुकी है; जिनकी प्रामाणिकता शंकर के दर्शन के लिए अक्षुण्ण है। ये वे रचनाएँ हैं जिन्हें कालान्तर में अपौरुषेय मानकर, आत्मवादी चिन्तन का मूलस्रोत घोषित किया गया है। उपनिषद् इनमें प्रमुख है। पुराणों में कहा गया है कि धर्म के दो भाग हैं—श्रौत एवं स्मार्त। श्रौत धर्म में उन कृत्यों एवं संस्कारों का समावेश था, जिनका मुख्य सम्बन्ध वैदिक संहिताओं एवं ब्राह्मण ग्रन्थों से था। स्मार्त धर्म में उन विषयों का समावेश था जो विशेषतः स्मृतियों में वर्णित है यथा वर्णाश्रम से सम्बन्धित हैं।[72] स्मृति ग्रन्थ प्राचीन भारत के एक प्रकार के सामाजिक विधि-विधान के परिचायक हैं। सौ के लगभग स्मृति ग्रन्थों की गणना की जाती है लेकिन मुख्य रूप से मनु ने अपने को छोड़कर छः स्मृतिकारों—अत्रि, उतथ्य के पुत्र, भृगु, वसिष्ठ, वैखानस एवं शौनक की चर्चा की है। विश्वसनीय स्मृतियाँ कई युगों की कृतियाँ हैं। कुछ अति प्राचीन हैं और ईसा से कई सौ वर्ष पूर्व प्रणीत हुई थीं यथा गौतम, आपस्तम्ब, बौधायन के धर्मसूत्र एवं मनुस्मृति। **काणे** महोदय का मत है कि मनु स्मृति की रचना ई. पू. दूसरी शताब्दी तथा ईसा के उपरान्त दूसरी शताब्दी के बीच कभी हुई होगी।[73]

इस सन्दर्भ में शंकराचार्य का मनुस्मृति को अपने दर्शन की स्थापना के प्रयत्न

में प्रामाणिक रूप से ग्रहण करना, प्रत्ययवादी चिन्तन के वर्गीय स्वरूप में सन्देह की गुंजायश नहीं रहने देता। काणे ने उल्लेख किया है कि वेदान्त सूत्र के भाष्य में शंकराचार्य ने मनु को अधिकतर उद्धृत किया है। वेदान्त सूत्र के लेखक मनुस्मृति पर बहुत निर्भर रहते हैं, ऐसा शंकराचार्य ने कहा है।[74] विशिष्ट समाजशास्त्रीय ग्रन्थों के प्रति एक दार्शनिक की इस सीमा तक सम्बद्धता का अपना महत्त्व है। जिस तरह मनु को अपने सामाजिक मानदण्ड की सैद्धान्तिक सुरक्षा के लिए अद्वैत वेदान्त के आदर्श के समर्थन में रुचि है, उसी प्रकार शंकर को मनु के समाजविज्ञान में रुचि है क्योंकि वह समझते हैं कि केवल इस तरह ही उनके दर्शन के लिए स्पष्टतः आवश्यक भौतिक सुरक्षा प्राप्त हो सकती है।[75]

शंकराचार्य ने ब्रह्मसूत्र भाष्य में एक स्थल पर बताया है कि 'शूद्र को ब्रह्मविद्या का अधिकार नहीं है क्योंकि जिसने वेद का अध्ययन किया है तथा जो वेद के अर्थ को जानता है; वही वेद-विषयक चर्चा कर सकता है।' शूद्र को वेदाध्ययन से वंचित रखा गया है क्योंकि उपनयन-संस्कार पर ही कोई व्यक्ति वेद-अध्ययन का अधिकारी बन पाता है जबकि उपनयन का विधान केवल, ब्राह्मण, क्षत्रिय, वैश्य–तीन वर्णों के लिए ही है।[76] छान्दोग्य उपनिषद् में ब्रह्म ज्ञान प्राप्त करने के इच्छुक रैक्व को शूद्र कहा गया है, शंकराचार्य का मत है कि यहाँ शूद्र शब्द का प्रयोग जाति के लिए नहीं, बल्कि शूद्र के शाब्दिक अर्थ में हुआ है। एक अन्य स्थल पर भी शंकराचार्य ने बताया है कि ब्रह्मविद्या के सम्बन्ध में संस्कारों की आवश्यकता है और शूद्र को उपनयन आदि संस्कार का अभाव श्रुति में कहा है इसलिए शूद्र को ब्रह्म विद्या का अधिकार नहीं है।[77] अभिप्राय यह है कि उपनयन संस्कार के बिना ब्रह्म विद्या प्राप्त नहीं की जा सकती और शूद्र-उपनयन का अधिकारी नहीं है इसलिए शूद्र कभी ब्रह्म विद्या ग्रहण नहीं कर सकता, और ब्रह्म विद्या से वंचित होने पर भारत की वेदान्त परम्परा का मोक्षादर्श प्राप्त नहीं किया जा सकता। इस मन्तव्य के लिए हमारा दार्शनिक पुनः पुनः सामाजिक विधि-विधान के धर्म शास्त्रों अर्थात् स्मृतियों की आधिकारिक साक्षियाँ प्रस्तुत करने में तनिक भी संकोच नहीं करता। शंकराचार्य स्मृतियों के आदेशानुसार, शूद्रों के वेदाध्ययन प्रतिबन्ध की घोषणा करता है इसलिए भी शूद्र को ब्रह्म विद्या का अधिकार नहीं है कि स्मृति से शूद्र के वेद सुनने, पढ़ने और अर्थ जानने का प्रतिषेध होता है अर्थात् स्मृति में शूद्र के लिए वेद पढ़ने, सुनने और वेदार्थ के ज्ञान और अनुष्ठान का निषेध है।[78]

मनुस्मृति में कहा है कि ब्राह्मण, क्षत्रिय और वैश्य, ये तीन वर्ण-द्विजाति हैं और चौथा एक वर्ण शूद्र है।[79] लहसुन, प्याज आदि अभक्ष्य पदार्थ खाने पर शूद्र को कोई पातक नहीं होता क्योंकि उसका उपनयनादि संस्कार नहीं होता।[80] उपनयन संस्कार से रहित शूद्रों के सम्बन्ध में धर्म शास्त्रों में बड़े विस्तार से प्रकाश डाला गया है। एक श्रुति वाक्य है (विधाता ने) गायत्री (छन्द) से ब्राह्मण की रचना की, त्रिष्टुप

(छन्द) से राजन्य (क्षत्रिय) की, जगती (छन्द) से वैश्य की, किन्तु शूद्र की किसी भी छन्द से निर्मिति नहीं की है अतः शूद्र संस्कार के अयोग्य है।[81]

शूद्रों के सम्बन्ध में स्मृतियों एवं दार्शनिकों के एक समान तिरस्कारपूर्ण दृष्टिकोण का क्या अभिप्राय हो सकता है? इतना ही नहीं, शूद्रों का घोर अमानवीय रूप निरन्तर दृढ़ बनाये रखने में प्रयासरत मनु के प्रति एक दार्शनिक का समर्पण भाव शंकराचार्य के दार्शनिक प्रयोजनों को समझ पाने में एक दिशा प्रदान करता है। इस विषय पर आगे बढ़ने से पूर्व स्मृतियों के कतिपय अन्य उद्धरणों को देखा जा सकता है।

शतपथ ब्राह्मण ने कहा है, 'शूद्र असत्य है, शूद्र श्रम है—एक दीक्षित व्यक्ति को शूद्र से भाषण नहीं करना चाहिए।' ऐतरेय ब्राह्मण में कहा गया है कि शूद्र दूसरों से अनुशासित होता है, वह किसी की आज्ञा पर उठता है, उसे कभी भी पीटा जा सकता है।[82] गौतम धर्मसूत्र में उस शूद्र के लिए, जो आर्य नारी के साथ सम्भोग करता है, कड़े दण्ड की व्यवस्था है।[83] मनु तथा अन्य आचार्यों के अनुसार, 'शूद्र अपने स्वामी द्वारा छोड़े गये पुराने वस्त्र, छाता, चप्पलें, चटाइयाँ आदि प्रयोग में लाता था, स्वामी द्वारा त्यक्त उच्छिष्ट भोजन करता था।[84] शूद्रों के लिए वेदाध्ययन मना था ही, उनके समीप भी वेदाध्ययन का निषेध था।[85] यदि शूद्र जानबूझकर स्मरण करने के लिए वेद-पाठ सुनें तो स्मृतियों का आदेश है कि उसके कर्ण कुहरों को सीसा और लाख से भर देना चाहिए।[86] केवल लँगड़े-लूले, वेद ज्ञान-विहीन, नपुंसक एवं शूद्रों को छोड़कर सभी यज्ञ कर सकते हैं।[87] शूद्रों के लिए कड़े दण्ड का विधान था, यदि कोई शूद्र उच्च वर्णों की किसी नारी के साथ व्यभिचार करता था तो उसका लिंग काट लिया जाता था और उसकी सारी सम्पत्ति छीन ली जाती थी।[88] यदि कोई शूद्र किसी धरोहर-रूप में रखी स्त्री के साथ व्यभिचार करता था तो उसे प्राण-दण्ड दिया जाता था।[89] वशिष्ठ एवं मनु ने कहा है कि यदि शूद्र किसी ब्राह्मण स्त्री के साथ उसकी इच्छानुसार या इच्छाविरुद्ध सम्भोग करे तो उसे प्राणदण्ड मिलना चाहिए, किन्तु यदि कोई ब्राह्मण किसी ब्राह्मणी के साथ बलात्कार करे तो उस पर एक सहस्र कार्षापण का दण्ड का विधान है।[90] यदि कोई ब्राह्मण किसी अरक्षित क्षत्रिय, वैश्य या शूद्र नारी से सम्भोग करे तो उसे पाँच सौ कार्षापण का दण्ड दिया जाता था।[91] किसी ब्राह्मण की भर्त्सना या गाली-गलौज करने पर शूद्र को शारीरिक दण्ड दिया जाता था या उसकी जीभ काट ली जाती थी किन्तु इस अपराध पर क्षत्रिय या वैश्य को सौ या एक सौ पचास कार्षापण का ही दण्ड दिया जाता था।[92] यदि ब्राह्मण किसी शूद्र से दुर्वचन कहे तो उसके लिए केवल बारह कार्षापण का ही दण्ड था।[93]

शूद्र जीवन क्षुद्र समझा जाता था। याज्ञवल्क्य एवं मनु ने स्त्री, शूद्र, वैश्य और क्षत्रिय को मार डालना उपपातक माना है किन्तु इसके लिए जो प्रायश्चित्त एवं दान की व्यवस्था बतायी गयी है, उससे स्पष्ट है कि शूद्र का जीवन नगण्य था। क्षत्रिय

को मार डालने पर प्रायश्चित्त था छः वर्ष का ब्रह्मचर्य, एक हजार गायों एवं बैलों का दान। वैश्य को मारने पर तीन वर्ष का ब्रह्मचर्य, सौ गायों एवं एक बैल का दान प्रायश्चित्त रूप में देना पड़ता था, किन्तु शूद्र का वध करने पर केवल एक वर्ष का ब्रह्मचर्य एवं दस गायों तथा एक बैल का दान पर्याप्त था। यही व्यवस्था गौतम, मनु तथा याज्ञवल्क्य की स्मृतियों में उपलब्ध है। आपस्तंब ने तो यहाँ तक कहा है कि शूद्र को मार डालने पर इतना ही पातक है जितना कि एक कौआ, गिरगिट, मोर, चक्रवाक, मरल, भास, मेढक, नेवला, छछूँदर, कुत्ता आदि निकृष्ट कोटि के जीवों को मार डालने से होता है। शूद्रों का स्पर्श हो जाने पर स्नान, प्राणायाम, तप आदि प्रक्रियाओं से ही शुद्ध हुआ जा सकता था।[94]

वस्तुतः स्मृतियों का समाजशास्त्र समाज को दो वर्गों में विभाजित किये था, एक ओर समाज के तीन वर्ण थे : ब्राह्मण, क्षत्रिय और वैश्य और दूसरी ओर शूद्र थे। प्रथम तीन वर्णों को 'द्विज' कोटि में रखा गया, जैसा कि मनु ने बताया, 'ब्राह्मण, क्षत्रिय और वैश्य द्विज हैं।'[95] द्विज का अर्थ है दो बार जन्म लेने वाला अर्थात् दूसरी बार पैदा होने का अभिप्राय था 'उपनयन संस्कार'। इस संस्कार के विशेषाधिकार के कारण ये समाज के विशिष्ट व्यक्ति थे। आदिम सामुदायिक कबीलाई समाजों में प्रवेश पाने के लिए इस प्रकार के कर्मकाण्डों का प्रचलन रहा है। ऐसा विश्वास किया जा सकता है कि आर्यों के पूर्ववर्गीय सामुदायिक कबीलाई समाज में ऐसा कोई 'उपनयन' संज्ञक कर्मकाण्ड रहा होगा जो उनके कबीलाई संगठन का अभिन्न अंग होगा। लेकिन उनके सामुदायिक स्वरूप के टूट जाने पर, विषमतापूर्ण बदली हुई समाजार्थिक स्थितियों में ऐसे तथा अन्य अनेक कर्मकाण्ड रूपान्तरित वर्गीय हितों की पूर्ति में परिणत होते चले गये हैं। जैसा कि बताया गया है शूद्रों को उपनयन संस्कार का अधिकार न था, वह विशिष्ट जन-समाज बाह्य था। जिन्हें धर्मशास्त्रों ने 'काम' कहा है, असत्य कहा है, वे प्रत्येक प्रकार के सामान्य अधिकारों से वंचित घोषित किये गये। निस्सन्देह ये शूद्र उस समाज के बहुसंख्यक श्रमिक थे, जिनके अतिरिक्त उत्पादन पर ही समाज का विशेषाधिकार प्राप्त शासक पुरोहित एवं व्यापारी सुविधा सम्पन्न जीवन-यापन कर पाने की स्थिति में था। इस प्रकार की यथास्थिति को बनाये रखना तत्कालीन परजीवी वर्ग के लिए अनिवार्य था, तथा वे इसके लिए निरन्तर सजग एवं प्रयत्नशील थे। दार्शनिकों का एक वर्ग जगत् के मिथ्यात्व की घोषणा करता हुआ श्रमिकों को दीन-हीन सिद्ध करने वाले स्मृति ग्रन्थों के प्रति श्रद्धायुत था। ऐसे दार्शनिकों की वर्गीय प्रतिबद्धता में कोई सन्देह नहीं हो सकता। इस रूप में उनका चिन्तन भी भौतिक विकास में बहुत बड़ी बाधा था। जैसा कि चट्टोपाध्याय[96] ने उल्लेख किया है कि शुद्धात्मा की परम सत्ता के रूप में चरम परिणति-भौतिक जगत् को यथार्थ से रिक्त कर देती है और जगत् की वास्तविकता को स्वप्नवत् और ऐसा भ्रांत सिद्ध करती है कि मानो यथार्थता का उद्भव हमारे

मन में, विचारों में हुआ हो। भौतिक जगत् या प्रकृति को ऐसे दार्शनिकों ने यथार्थतः रहित बताया है। प्रकृति का वास्तविक ज्ञान, जिसे आज के युग में विज्ञान कहा जाता है, उनके लिए शून्य, कपोल-कल्पित, आकाश-कुसुम था, केवल नाम-रूप था। **एंगेल्स** ने एक स्थल पर इस प्रकार के प्रत्ययवादी दर्शन के उद्‌भव की परजीवी स्थितियों का उल्लेख करते हुए बताया है, 'समाज के विकास के आदिम स्तरों पर श्रमिक स्वयं ही श्रम का आयोजक था। कालान्तर में श्रमिकों के सरल-उत्पादनों को पृष्ठभूमि में धकेल दिये जाने के कारण श्रमिकों के श्रम का नियन्त्रण दूसरे लोग करने लगे। परिणामस्वरूप सभ्यता के द्रुत विकास की सभी सम्भावनाएँ मन तथा मस्तिष्क पर आरोपित कर दी गयीं। व्यक्ति अपनी गतिविधियों की व्याख्या इस रूप में करने में अभ्यस्त हो गया कि उसकी समस्त क्रियाएँ बाह्य आवश्यकताओं की अपेक्षा उसके चिन्तन से पैदा होती हैं। और इस प्रकार समय पाकर प्रत्ययवादी चिन्तन का विकास हुआ है। जिसने विशेष रूप से आदिम काल के पतन के बाद से मानव मन पर प्रभुत्व स्थापित कर रखा है।[97]

भारतीय प्रत्ययवाद अपने चरम विकास में शंकराचार्य के अद्वैत वेदान्त में खुले रूप में ऐसे ग्रन्थों को अपना उपजीव्य मान लेता है, जो वर्ण-व्यवस्था के अन्तर्गत शूद्रों के रूप में श्रमिकों के अमानवीय शोषण की न्यायोचितता सिद्ध करने के प्रति निरन्तर प्रयत्नशील थे। इतना ही नहीं, लोकचेतना तथा जगत् यथार्थता से सम्बद्ध भारतीय चिन्तन धारा को हेय एवं शूद्रों की भाँति घृणास्पद घोषित करते हुए कहा गया कि बौद्धों, पाशुपातों, जैनियों, लोकायतों, कापिलों, धर्मच्युत ब्राह्मणों, शैवों एवं नास्तिकों को छू लेने पर मलिन हुए व्यक्ति को पुनः स्वच्छ होने के लिए तुरन्त वस्त्रों सहित स्नान कर लेना चाहिए।[98] इस तिरस्कार का कारण स्पष्ट था। प्रत्ययवादी दार्शनिक के लिए 'मुक्त चिन्तन' गम्भीर चुनौती प्रस्तुत कर सकता था। इस आशंका से ही आतंकित अद्वैत वेदान्ती तथा अन्य भारतीय प्रत्ययवादी भी अपने साम्प्रदायिक ग्रन्थों में रूढ़ आस्था की परिधि से बाह्य सब प्रकार के तर्क एवं चिन्तन को घोर त्याज्य एवं निन्दनीय मानते हैं। मनु[99] ने कहा है, "पाखण्डी (वेद वचन के विरुद्ध व्रत एवं तपस्वी की वेश-भूषा-जटा-काषाय वस्त्रादि धारण करने वाले), विरुद्ध कर्म करने वाले (बौद्ध भिक्षुकपणक आदि), वैडालव्रती शठ (वेद-स्मृति के वचनों में विश्वास न करने वाले), हेतुवादी (धर्म को वेदवचन के अनुसार न मानकर तर्क करने वाले), वकवृत्ति अतिथियों का वचनमात्र से भी पूजन न करें।" दास गुप्त[100] ने बताया है कि स्मृति में वर्णित हेतुवादी से अर्थ तार्किक से है, जो वेद वचनों से बाह्य मुक्त चिन्तन में रुचि रखता है। चट्टोपाध्याय ने भी स्मृतियों के अनेक उद्धरणों से स्पष्ट किया है कि हैतुकों से अभिप्राय है नास्तिक। ये लोग इस बात को मानते हैं कि पुनर्जन्म नहीं होता, पण्डितों को दान देने का कोई लाभ नहीं है, बलि देने का कोई लाभ नहीं है। कुलक भट्ट सहज में हैतुकों

की व्याख्या धार्मिक ग्रन्थों की प्रामाणिकता पर तर्क करने वालों के रूप में करता है। इस पर चट्टोपाध्याय[101] की टिप्पणी है कि स्मृतिकार हमें यह बताना चाहता है कि धार्मिक ग्रन्थ अथवा वेद पुनर्जन्म, देवत्व, दान तथा बलियों का वर्णन करते हैं। धार्मिक ग्रन्थों की प्रामाणिकता पर प्रश्नचिह्न लगाने का अर्थ है इन सब अन्धविश्वासों पर प्रश्नचिह्न लगाना। स्वाभाविक है कि एक प्रत्ययवादी की दृष्टि में हैतुकी एक विकार है, क्योंकि धार्मिक ग्रन्थों, उन पर पोषित अन्धविश्वासों पर तर्क करने अथवा प्रश्नचिह्न लगाने से, इनके वर्ण-विभाजित मर्यादित समाज की यथास्थिति पर संकट आ सकता है।

उल्लेखनीय है कि भारतीय दर्शन को वैदिक परम्परा ने आस्तिक और नास्तिक कोटियों में विभाजित किया है। मनु के अनुसार आस्तिक दार्शनिक वे हैं जो वेदों की प्रामाणिकता में आस्था रखते हैं और नास्तिक वे हैं जो श्रुति संज्ञा से विख्यात वेदादि की प्रामाणिकता के प्रति समर्पित न होकर मुक्त चिन्तन में विश्वास करते हैं। मोटे रूप में न्याय, वैशेषिक सांख्य, योग, मीमांसा तथा वेदान्त आस्तिक दर्शन है तथा जैन, बौद्ध और चार्वाक नास्तिक कोटि में रखे गये हैं। मनु ने कहा है : 'वेदों और स्मृतियों में कहे गये धर्म का अनुष्ठान करता हुआ मनुष्य इस संसार में यश पाता है, वेद को श्रुति तथा धर्मशास्त्र को स्मृति जानना चाहिए, वे सभी विषयों में प्रतिकूल तर्क करने योग्य नहीं हैं क्योंकि उन दोनों से ही धर्म का उद्‌भव हुआ है। जो मनुष्य तर्कशास्त्र के आधार पर इन दोनों अर्थात् श्रुति एवं स्मृति का अपमान करे नास्तिक एवं वेदनिन्दक वह मनुष्य सज्जनों के द्वारा बहिष्कृत करने योग्य है।' इसके साथ ही मनु का कथन है : 'जो मनुष्य ऋषि दृष्ट-वेद तथा तन्मूलक स्मृति शास्त्रों को वेदानुकूल-तर्क से विचारता है, वही धर्मज्ञ है, दूसरा नहीं', धर्म से परिस्फुट वेद को जिन्होंने पढ़ा है, वेद के तत्त्व को प्रत्यक्ष करने वाले उन ब्राह्मणों को शिष्ट जानना चाहिए।

अतः स्मृतियों ने वेद बाह्य तर्क को स्वीकार नहीं किया। वेद एवं इसके साथ-साथ स्मृतियाँ अन्तिम सत्य हैं। इस सम्बन्ध में शंकराचार्य बिल्कुल स्पष्ट हैं। वे घोषित करते हैं कि जो शास्त्र का विषय है, उसके सम्बन्ध में तर्क उठाना समीचीन नहीं है। शास्त्र-प्रमाण से रहित पुरुष की कल्पना के आधार पर उठाया हुआ तर्क प्रमाणित नहीं होता, क्योंकि बुद्धि से उठाया गया तर्क निरंकुश होता है, इसी से एक का उठाया हुआ तर्क दूसरे को आभास रूप प्रतीत होता है और दूसरे का उठाया हुआ तर्क तीसरे को आभास रूप जान पड़ता है। पुरुषों की मति भिन्न-भिन्न होने से उनके ऐसे तर्कों को प्रमाण रूप मानना ठीक नहीं है। शंकराचार्य तर्क का इसलिए भी निषेध करते हैं क्योंकि तर्क ज्ञान में एक-दूसरे का विरोध होने से उनमें विभिन्नता देखने में आती है एक तर्कवादी जिसका सम्यक् ज्ञान रूप से प्रतिपादन करता है, दूसरा उसी ज्ञान का भिन्न प्रकार से प्रतिपादन करता है और दूसरे ने जिस

वस्तु का प्रतिपादन किया होता है, तीसरा उस वस्तु का खण्डन करता है। ऐसा होने से एक ही प्रकार के प्रतिपादन न करने वाला तर्कशास्त्र सम्यक् ज्ञान रूप कैसे हो सकता है। भूत, वर्तमान और भविष्य तीनों काल के सभी तर्कवादियों को एक स्थान पर उपस्थित करना असम्भव है। यदि ऐसा सम्भव होता तो किसी एक विषय में उनका जो मत है, वही सम्यक् ज्ञान है, ऐसा निश्चित होता। दूसरे वेद नित्य है और विज्ञान की उत्पत्ति का कारण है, इसलिए उसका विषय निश्चित अर्थवाला है और उससे उत्पन्न हुआ ज्ञान ही सम्यक् ज्ञान है। भूत, वर्तमान अथवा भविष्य में कोई भी तर्कवादी उस ज्ञान का निषेध करने में समर्थ नहीं है। इससे सिद्ध होता है कि उपनिषदों में जो ज्ञान है, वही सम्यक् ज्ञान हैं।[102] एक अन्य स्थल पर शंकराचार्य ने शास्त्र-प्रमाण अन्तिम मानते हुए तर्क को भ्रान्तिपूर्ण कहा है।[103] श्रुति सम्भव तर्क ही मान्य हैं। तार्किकों को दया का पात्र कहा गया है।[104] तार्किक सींग और पूँछ रहित वृषभ के समान हैं। तार्किकों को शंकर ने प्रश्नोपनिषद् भाष्य में मांसाहारी पशुओं के समान बताया जो स्वार्थ-सिद्धि के लिए एक-दूसरे के विरुद्ध झगड़ते हैं और तत्त्व से दूर हो जाते हैं। इस प्रकार शंकराचार्य ने उसी तर्क को मान्यता प्रदान की है जो श्रुति वाक्यों की समझ में प्रतिपादित किया जाता है।[105] अतः सार्थक तर्क वह है जो श्रुति पर आधारित है।[106] उन्होंने ऐसे तार्किकों का घोर तिरस्कार किया है जो 'तत्त्व है' और 'तत्त्व नहीं है', 'वह कर्ता है' और 'वह कर्ता नहीं है' पर विवाद करते हुए श्रुति के वास्तविक तात्पर्य के विषय में भ्रम उत्पन्न करते हैं।[107] तर्क का निषेध करते हुए, शंकराचार्य सम्भवतः अनुभव कर रहे थे कि व्यावहारिक जगत् के साक्षात् प्रत्यक्ष अनुभवों को मिथ्या सिद्ध करने का उनका मायावादी दर्शन, तर्क की कसौटी पर टिक नहीं पाएगा, और जिन परिस्थितियों ने इस दर्शन के उद्भव की सम्भावनाएँ पैदा की थीं, वे स्वयं तार्किक दृष्टिकोण से न्यायोचित नहीं मानी जा सकती थीं। अतः जैसा कि बताया गया है, विषम एवं अन्यायपूर्ण समाजार्थिक परिवेश में रूप ग्रहण कर रहे सामाजिक विधि-विधान जिनकी चर्चा स्मृति आदि ग्रन्थों में की गयी है; ऐसे दर्शन का अभिन्न अंग थे। इन्हीं ग्रन्थों की एकसुरता में दार्शनिक ने अपने दर्शन के घातक पक्ष तर्क को तिलांजलि देने के प्रयोजन से श्रुति संज्ञक ग्रन्थों को आरतवचन एवं अपौरुषेय कहकर अन्तिम सत्य प्रमाणित कर दिया था। जबकि जनसमुदाय को इन आप्तवचनों के पढ़ने, सुनने, जानने का कठोर निषेध लागू करवा दिया गया था तो फिर दार्शनिक की ऐसी घोषणाओं और दावों को परखने की गुंजाइश ही कहाँ थी? इस प्रकार के अन्धविश्वासपूर्ण परिवेश में ही शोषण का दमनचक्र उन्मुक्त भाव से जारी रखा जा सकता था, अन्यथा अत्यन्त अमानवीय स्तर पर जीवन-यापन के लिए विवश किये जा रहे जन-समुदाय द्वारा विद्रोह किये जाने की सम्भावना बनी रह सकती थी।

सन्दर्भ

1. वेदान्त परिभाषा-1, वेदान्त सार-21, शारीरिक भाष्य ब्र.स. 2/1/27
2. स्तचेवत्स्की, 'कॉन्सेपशन ऑफ बुद्धिस्ट निर्वाण' 181
3. गौड़पाद कारिका पर शांकर भाष्य, आनन्दाश्रम संस्करण, पृ. 214
4. म.प्र. विधुशेखर भट्टाचार्य ने इनका समय ईसा की पाँचवीं शताब्दी निर्धारित किया है।
   दे. दि आगम शास्त्र ऑफ गौड़पाद', कलकत्ता, 1943
   डॉ. राधाकृष्णन का अनुमान है कि ये सातवीं शताब्दी के अन्त या आठवीं शताब्दी के प्रारम्भ में रहे होंगे।
   दे. भारतीय दर्शन, भाग-2, पृ. 466
   डॉ. दास गुप्त ने आठवीं शताब्दी इनका आविर्भावकाल बताया है।
   दे. भारतीय दर्शन, प्रथम भाग, पृ. 426
5. पूसन, जे. आर.ए.एस. (1910), पृ. 134
6. मैक्स वलेसर, जे.आर.ए.एस. (1910), पृ. 1363
7. हरमन जैकोबी, जे. ए.ओ.एस. (1913), पृ. 52 तथा 54
8. राधाकृष्णन : 'भारतीय दर्शन', प्रथम भाग, पृ. 446
9. दे. गौड़पाद कारिका, 2.31 तथा लंकावतार 10.144, पृ. 283, नागार्जुन, माध्यमिक कारिका, 17.33
10. माधवन, टी.एम.पी. : 'गौड़पाद ए स्टडी इन अर्ली अद्वैत', पृ. 202
11. गौड़पाद कारिका 2.31
12. वही, 2.3
13. वही, 2.1
14. वही, 2.2
15. वही, 2.4
16. वही, 2.5
17. वही, 4.41
18. वही, 2.9
19. वही, 2.10
20. वही, 3.29-30, 4.61-62
21. वही, 4.63-66
22. वही, 4.67 पर शांकर भाष्य
23. वही, 2.17
24. वही, 2.18
25. वही, 2.6
26. वही, 2.7
27. वही, 4.47
28. वही, 1.17
29. वही, 3.19, 2.4, 4.45, 2.18
30. वही, 3.48
31. वही, 4.22
32. वही, 4.71

33. वही, 4.57
34. वही, 3.24
35. वही, 3.25
36. ईशावास्योपनिषद्, 12
37. वृहद. उप 3.9.26, 3.9.28, 4.2.4, 4.5.15
38. गौ. कारिका 326
39. वही 3.27
40. ब्र.सू.शां. भा. उपोद्घात
41. वेदान्त सार, पृ. 36-37
42. विवेक चूड़ामणि, 146
43. वेदान्त सार, पृ. 36
44. गौ.का.शां.भा. 1.17
45. बोधिचर्यावतार-पंजिका, पृ. 353
46. वृहदारण्यक उप. 1.4.11
47. याज्ञवल्क्य स्मृति 3.191
48. बोधायन धर्मसूत्र 1.5.101
49. चट्टोपाध्याय, देवीप्रसाद : बट इज़ लिविंग एण्ड बट इज़ डैड इन इण्डियन फिलॉसाफी, पृ. 115
50. वृहदारण्यक उपनिषद् 4.3.7
51. वही 4.3.8-9-10
52. बोधायन धर्मसूत्र 1.5.101
53. मनुस्मृति 10.83-84
54. ऐतरेय ब्राह्मण 7-29
55. चट्टोपाध्याय, पूर्वोद्धृत, पृ. 115
56. वृहदारण्यक उपनिषद्, 4.3.14
57. वही 4.3.20
58. वही 4.3.19
59. वही 4.3.21-22
60. वही 4.3.31-32
61. वृहदारण्यक उपनिषद् 4.4.2-6
62. वही 4.5.2
63. वही 4.5.3-4
64. वही 4.2.4
65. वही 3.2.1
66. चट्टोपाध्याय, देवीप्रसाद : बट इज़ लिविंग एण्ड बट इज़ डैड इन इण्डियन फिलॉसाफी, पृ. 125
67. वृहदारण्यक उपनिषद् 3.1.1-2
68. वही 3.1.3
69. वही
70. वही
71. थामसन : 'स्टडीज इन एनशियंट ग्रीक सोसायटी', प्रथम खण्ड, पृ. 45-46
72. वायु पुराण 59.31-32, 39

73. काणे, पाण्डुरंग वामन : धर्मशास्त्र का इतिहास, प्रथम भाग, पृ. 41
74. वही, पृ. 46
75. चट्टोपाध्याय, देवीप्रसाद : पूर्वोद्धृत, पृ. 191
76. ब्रह्मसूत्र शांकर भाष्य 1.3.34
77. छान्दोग्य उपनिषद् 4.1.3
78. ब्र.सू.शा.भा. 1.3.36
79. वही 1.3.38
80. मनुस्मृति 1.4
81. वही 10.126, वसिष्ठ 4/3, अपरार्क द्वारा उद्धृत पृ. 23, आपस्तम्ब, प्रथम भाग 1.1.1.6, दे. काणे, पाण्डुरंग वामन, धर्मशास्त्र का इतिहास, पृ. 112
82. एतरेय ब्राह्मण 35.3
83. गौतम 12.3
84. वही, 10/60-61, मनु 10/124-125
85. वसिष्ठ, 18/13, गौतम 16/18-19
86. गौतम 12/4, मृच्छकटिक 9/21
87. कात्यायन-श्रौतसूत्र 1.4.5
88. गौतम 1.2
89. वसिष्ठ 21.1, मनु 8.366
90. मनुस्मृति 8.378
91. वही 8.385
92. वही 8.270
93. वही 8.238
94. दे. काणे, वही, पृ. 165-66, याशवल्क्य 3.236, मनु 11.60, गौतम 22/14-16, अपरार्क, पृ. 1196
95. मनुस्मृति 10.4
96. चट्टोपाध्याय, देवीप्रसाद : 'बट इज़ लिविंग एण्ड बट इज़ डैड इन इण्डियन फिलासफी', पृ. 21
97. एंगेल्स : 'डायलैटिक्स ऑफ नेचर', पृ. 180
98. स्मृति चंद्रिका, पृ. 118
99. मनुस्मृति 4.30
100. दासगुप्त, वही, तृतीय खण्ड, पृ. 518
101. चट्टोपाध्याय, देवीप्रसाद, वही पृ. 186-187, मनुस्मृति 2.9-11, वही 12.106, 109
102. ब्र.सू.शां.भा 2.1.11
103. वही 2.1.6
104. वृहदारण्यक उपनिषद् शांकर भाष्य 2.1.20
105. प्रश्नोपनिषद् भाष्य 6.3
106. वृहदारण्यक उपनिषद् भाष्य 3.9.7
107. ब्र.सू.शां.भा. 2.1.6

भारतीय समाज में समाजवाद के निर्माण के सन्दर्भ में इतिहास-तर्क और ऐतिहासिक भौतिकवाद का 'समसामयिक' अर्थ

प्रदीप सक्सेना

"क्रान्ति सत्य की सच्ची आवाज़ है, क्रान्ति न्याय का खरा रूप है; क्रान्ति न्याय का निर्दोष मार्ग है और क्रान्ति सामाजिक जीवन का नीरोगीकरण।" वैद्यक परिभाषा में क्रान्ति को जुलाब कह सकते हैं और काव्य की परिभाषा में उसे आँधी कह सकते हैं। जिस तरह इन्द्रियों के पास जिह्वा लोलुप जन नाना प्रकार के मिर्च-मसाले आदि अप्राकृत पदार्थ रखकर और तरह-तरह के मिथ्या आहार-विहार करके अनेक जाति के रोगोन्मूलक परमाणुओं को शरीर में बसाकर रोगी हो जाते हैं और जुलाब देकर जिस प्रकार उनके शरीर से समस्त दूषित पदार्थ निकाले जाकर शरीर शुद्ध और निर्मल किया जाता है, ठीक उसी प्रकार मनुष्य समाज ईर्ष्या, द्वेष, अज्ञान और स्वार्थवश जब अनेक बुराइयों से परिपूर्ण हो जाता है, तब क्रान्ति का जुलाब देकर उसे विशुद्ध और सबल बनाकर फिर नये सिरे से व्यवहार जारी किया जाता है और जैसे भीषण गर्मी से उन्मत्त होकर वायु प्रचण्ड हो, रेत को उड़ा आँधी ले आती है और उसके पीछे चार बूँदें पड़ने से प्रकृति सौम्य बनती है, वैसे ही क्रान्ति की आँधी एक भीषण गर्जन-तर्जन करके समाज के समस्त दोषों को उड़ा ले जाती है और समाज को सुश्रृंखल बना देती है।

'चाँद' के फाँसी अंक का सम्पादकीय

(1)

वर्तमान उन समस्त समाजों में जो पूँजीवादी हो चुके हैं या जिनमें पूँजीवाद की प्रक्रिया जारी है या जो उससे आगे की मंज़िल में पहुँच गये थे और समाजवाद का प्रादर्श जिन्होंने पेश किया था, या अब फिर से 'यूरोपीय बिरादरी' में जिनकी वापसी हो

रही है—अर्थात् उन समाजों में जो पूँजीवाद के सम्पर्क में किसी भी तरह आ गये हैं, पिछले दो-सौ वर्षों में इतिहास ने ऐसी प्रक्रिया आरम्भ कर दी है, जिसके परिणाम स्वरूप प्रत्येक सर्वोकृष्ट राजनीतिक प्रश्न ही वैज्ञानिक-दार्शनिक प्रश्न बनता गया है और प्रत्येक सर्वोच्च दार्शनिक मत राजनीतिक।

(2)

इतिहास भी इस प्रक्रिया से बाहर आत्मवत् स्वतन्त्र और निरपेक्ष, गुण-कर्महीन, कोई वस्तु नहीं है। बल्कि वह भी इसी प्रक्रिया का सारांश है जो विज्ञान और दर्शन के साथ अपना त्रिक बनाता है। सर्वाधिक प्रखर राजसत्ता के सन्दर्भों से जुड़कर जो एक अप्रतिम भौतिक शक्ति बन जाता है। राजसत्ताएँ सदा ही इतिहास-शक्ति के सामने बड़े-बड़े, टेढ़े और गहरे सवालों को उछालती रही हैं और उसकी गति को या तो उन्होंने रुद्ध किया है या मोड़ दिया है। लेकिन अक्सर इतिहास-शक्ति भी राजसत्ताओं के सामने ऐसे सवाल खड़े कर देती है, जिनका या तो जवाब दिया जाए, नहीं तो राजसत्ता इतिहास में कहीं गर्क होने के लिए तैयार रहे। देश के जनगणों के बीच सर्वाधिक तनाव भरे क्षण वे ही होते हैं जब राजसत्ताएँ इतिहास को और इतिहास राजसत्ता को स्पष्ट उत्तर न देकर एक-दूसरे को निगल जाने की तैयारी कर रहे होते हैं; चाहे उनका आर्थिक अन्तरराष्ट्रीय केन्द्र किसी को दिखे या न दिखे।

क्या भारत में भी ऐसा ही क्षण तो आ उपस्थित नहीं हो गया है?

(3)

हिन्दी में इतिहास लेखन का प्रश्न राष्ट्रीय महत्त्व का, वामपन्थ के विकास का, एकता और धर्मनिरपेक्षता की रक्षा का और भारतीय समाज के जनवादी पुनर्जागरण का निर्णायक प्रश्न है। यह केवल हिन्दी के विश्वविद्यालयी परिसर का, एम.ए., पीएच. डी. की शिक्षाओं का, चन्द नौकरियों और प्रोफेसरों द्वारा भाषा तथा साहित्य के इतिहासों के सम्पादन का प्रश्न नहीं है। यह प्रश्न है हिन्दी बोलनेवाले करोड़ों लोगों की अस्मिता का, भारतीय राष्ट्र की संरचना में उनके अस्तित्व को बनाये रखने का और उन करोड़ों लोगों को जनवादी आन्दोलनों में खींच लाने का। इस प्रश्न की संवेदनशीलता यह है कि इसके उपयोग की परिस्थितियाँ जनवादी शक्तियों के पक्ष में नहीं हैं। इस प्रश्न का दुर्भाग्य यह है कि यह उस दौर में उभर रहा है जबकि राष्ट्र साम्प्रदायिक शक्तियों के शिकंजे में जकड़ता जा रहा है। इस प्रश्न का संकट यह है कि इसे जनान्दोलन तय नहीं कर रहे बल्कि वे चंद बुद्धिजीवी तय कर रहे हैं—या तो जिनका एक अंश व्यवस्था ने खरीद लिया है या जिनके एक अंश में सामाजिक अलगाव जितना अधिक है, उतनी ही वस्तुनिष्ठता का दावा किया जा रहा है या जिनके लिए हिन्दी महज 'साहित्य' है। इस प्रश्न का

दुखान्त यह है कि स्वयं मार्क्सवादियों ने इसे धक्के मारकर बाहर निकाल दिया है और अपनी सुविधाओं को सुरक्षित बनाकर प्रतिक्रिया के हाथों एक शक्ति बना दिया है। जब भी यह प्रश्न उठता है उसे भावुकता के साथ लिया जाता है। किसी को हिन्दी लदती हुई और दूसरी भाषाओं का हक छीनती नजर आती है। किसी को 'हिन्दी साम्राज्य' नजर आता है जो दूसरी संस्कृतियों का उत्पीड़न कर रहा है और ये सब अति क्रान्तिकारी और गहरे मार्क्सवादीजनों की बातें होती हैं साधारण जनों की नहीं क्योंकि वहाँ भी 'हिन्दी महज़ एक भाषा है। उसमें इतना पिछड़ापन है कि वह विश्व ज्ञान का भार नहीं ढो सकती। और अंग्रेजी ने हमें अन्तरराष्ट्रीय चिन्तन से समृद्ध किया है, जैसी धारणाएँ प्रचलित हैं।' क्या भारतेन्दु के लिए हिन्दी केवल साहित्य की भाषा थी? क्या बालकृष्ण भट्ट केवल साहित्यिक निबन्ध लिखते थे हिन्दी में? क्या प्रेमचन्द ने उपन्यासों के लिए हिन्दी भाषा सीखी? प्रेमचन्द हिन्दी में **लिखते** नहीं—**सोचते** हैं। लाखों लोग जिस भाषा में सोचते हैं, बोलते हैं, जीवन-व्यवहार करते हैं, राष्ट्रीय गतिविधियाँ करते हैं, वे उसी भाषा में समस्त संज्ञान पाते हैं। वे अपनी कृतियों में अपने समय का अर्थशास्त्र, राजनीति और दर्शन प्रस्तुत करते हैं। शिक्षा, समाज, धर्म, नैतिकता, संघर्ष, बलिदान, क्रान्ति सभी से सम्बद्ध सर्वोत्कृष्ट विचारों की वाहक है उनकी हिन्दी। वह केवल उपन्यास की भाषा नहीं है। साहित्य की भाषा नहीं है। जिन्हें प्रेमचन्द में कला नहीं मिलती भाषा और शैली का सौन्दर्य नहीं मिलता वे ही लोग हैं जो हिन्दी को महज साहित्य की भाषा समझते हैं, समस्त संज्ञान की नहीं। वे प्रेमचन्द की कला का क्या मूल्य आँक सकते हैं, जब उस महान् कला की समझ ही नहीं जिसमें समस्त संज्ञान उत्कट संश्लिष्ट रूप में प्रकाशित हो रहा है।

हिन्दी के समस्त लेखकों से, विद्वानों और पाठकों से यह प्रश्न है कि स्वतन्त्रता प्राप्ति के पश्चात् उच्च और मौलिक चिन्तन के लिए, सामाजिक अनुशासनों-विज्ञानों और प्राकृतिक विज्ञानों व मानविकी के गहन क्षेत्रों की जिम्मेदार संस्थाओं ने हिन्दी में क्या किया है? क्या हमारे संविधान में यह दर्ज है कि 'भारतीय इतिहास अनुसन्धान परिषद' हिन्दी में एक भी पत्रिका नहीं निकालेगी इतिहास की? या कि 'आई.सी. एस.एस.आर.' अपवित्र हो जाएगी जो एक भी मौलिक आयोजन हिन्दी में प्रस्तुत करेगी?

कैसे तोड़ा जाएगा यूरोपीय मेधा का नकारात्मक वर्चस्व? क्या इस आधे देश की जनता में एक भी व्यक्ति ऐसा नहीं जो कुछ भी बता सके?

हिन्दी की त्रासदी है कि वह सिर्फ़ और 'साहित्य' बन गयी है। प्रत्येक संज्ञान से, संज्ञानों के स्तर की उच्चता से वंचित हो गयी है। हर प्रान्त की अकादमी अपने इतिहास को देखे तो पाएगी कि जिन संज्ञानों का आर्थिक प्रक्रियाओं और जीवन से, उत्पादनों से सीधा सम्बन्ध है, उनके लिए भी, उसने कोई पत्रिका नहीं निकाली जबकि

उसकी खपत का व्यापक आधार घटिया शिक्षा प्रणाली और बदतरीन नौकरशाही तक ने सुरक्षित कर दिया था। कम से कम उन्हें सब्सिडी का संकट नहीं था।

हिन्दी के विकास के चरण जनान्दोलनों के विकास के ही प्रतिबिम्ब हैं जैसा कि मलयालम, तमिल या बंगला भाषा के। लेकिन ये सभी महज साहित्य की भाषा नहीं रहीं, उच्च चिन्तन का सीमित ही सही किन्तु एक आधार उन्होंने बनाये रखा है जबकि हिन्दी सिर्फ़ साहित्य में सिमट गयी है। करोड़ों प्रतिभाओं का कोई उपयोग नहीं कर पा रही है। यही कारण है कि हिन्दी-प्रदेश की जनता के लिए या तो इतिहास का अर्थ 'ऐसा-ही-था' बताया जा सका है या फिर 'बाबरी मस्जिद और रामजन्म भूमि विवाद।' उसकी अपनी समझ का जो इतिहास है; उसकी विकृतियों के लिए एक सीमा तक कम्युनिस्ट पार्टियाँ भी जिम्मेदार हैं जिन्होंने अपने प्रोग्रामों में चेतना के निर्माण को, उच्च चिन्तन से सर्वहारा वर्गों की बात तो दूर, निम्न पूँजीवादी दिमागों को भी उससे जोड़ने की प्रक्रिया को प्रमुखता नहीं दी। और जनता में व्याप्त महान् प्रगतिशील मूल्यों का भी कोई उपयोग नहीं किया। प्रमाण?

इसके दो सबसे बड़े उदाहरण हैं—पंजाब और हिन्दी प्रदेश। याने 2/3 देश। जिन प्रदेशों में सबसे प्रचण्ड लहर उठी साम्राज्यवाद विरोध की और 1857 के संग्राम के नाम से जानी गयी और जिससे सीधा मार्ग जनवाद की ओर निकलता है, उस क्षेत्र के जनगणों में इस लहर से उत्पन्न प्रभावों का विस्तार या उपयोग नहीं किया। यहाँ तक कि उसकी जातीय स्मृतियों की भी अवहेलना की क्योंकि उनके लिए नं. 1 क्रान्तिकारी विरासत के उपयोग का परिप्रेक्ष्य स्पष्ट नहीं है। नं. 2 अंग्रेजों की प्रगतिशीलता के भूत ने उन्हें पकड़ रखा है और अभी भी वे इससे मुक्त नहीं हैं। दूसरा उदाहरण पंजाब है जहाँ सूफी सन्तों से लेकर 'गुरु साहिबानों' तक प्रगतिशील तत्त्वों की अत्यन्त अमीर विरासत उपलब्ध है, जिसका कोई इस्तेमाल उन्होंने नहीं किया। इस अपराध की गुरुता यह है कि आज यदि पंजाब में पिछले दस वर्षों में व्यवस्था की पूरी इच्छा के बावजूद साम्प्रदायिक दंगा नहीं हुआ तो उसका कारण पाश्चात्य धर्म निरपेक्षता नहीं है, न ही चन्द भाषण, या प्रस्ताव, या अपीलें, या डर, बल्कि उसका कारण है भारतीय इतिहास के वे प्रगतिशील तत्त्व जो सदियों से वहाँ की सांस्कृतिक विरासत और इतिहास-चेतना का अंग बने रहे हैं, जन साधारण की इतिहास-चेतना का, जिनमें हिन्दू, मुस्लिम, सिख सभी का संश्लिष्ट योगदान है, जिसे ब्रिटिशों ने पूरी शक्ति से खण्डित करने का प्रयास किया। इस धर्म निरपेक्ष विरासत में जो बल है वह फ्रांसीसी क्रान्ति के दौरान उपजे आदर्श से किसी कीमत कम नहीं है। लेकिन इसका उपयोग नहीं किया गया—विशेषकर वामपन्थ द्वारा। इसका उपयोग किया उग्रवादियों ने और एक सीमा तक सिख जनता में अपना समर्थन जुटाने में वे कामयाब हुए।

(4)

इस तरह हिन्दी में उच्च चिन्तन का अर्थ या विकास का प्रश्न केवल भाषा और साहित्य का, युनिवर्सिटियों और कालेजों की आवश्यकताओं का प्रश्न नहीं है।

इसका अर्थ है समस्त भारतीय जनगणों की जीविकाएँ—जीवन-विधियाँ, जिस भी सम्प्रेषण से जुड़ी हैं, वह कितना ही आदिम और सीमित क्यों न हो, उस-उस सम्प्रेषण में चेतना के समग्र विकास की गारण्टी की जाए और प्रगतिशील-जनवादी नेतृत्व इस प्रक्रिया को अपने कार्यक्रम में शामिल करे क्योंकि यह एक ऐतिहासिक आवश्यकता है।

(5)

भारतीय पुनर्जागरण उसी तरह विवेच्य है जैसे योरपीय। इसे औपनिवेशिक फ्रेम से बाहर निकालना वामपन्थ का प्राथमिक दायित्व है—

5.1 भारतीय पुनर्जागरण की कोई सैद्धान्तिकी भारत की किसी भी भाषा में निर्मित नहीं है।

5.2 भारतीय पुनर्जागरण का अर्थ निर्धारित किये बिना ही इसका प्रयोग धड़ल्ले से किया जा रहा है।

5.3 भारतीय पुनर्जागरण का काल और दिक् से कोई सम्बन्ध नहीं रखा गया है।

5.4 भारतीय पुनर्जागरण मार्क्सवादियों, जनवादियों, उदार जनतान्त्रिक आस्थाओं वाले लोगों के लिए आवश्यक और कठिन चुनौती है।

5.5 भारतीय पुनर्जागरण बंगला या हिन्दी नवजागरण मात्र नहीं है।

5.6 भारतीय पुनर्जागरण के औपनिवेशिक फ्रेम को तोड़ डालना परमावश्यक है।

5.7 मार्क्स की भारत सम्बन्धी मान्यताएँ आरम्भिक वर्षों में मुख्यतः ऐसे स्रोतों से प्रभावित रही हैं जिनका उद्देश्य उपनिवेशन रहा है तथा जो यूरोपीय दर्प की शिकार हैं।

5.8 मार्क्स की मान्यताएँ उनकी तथा दार्शनिक पद्धति की सीमाएँ नहीं हैं बल्कि वे उन स्रोतों की प्रकृति और सीमाएँ हैं जो सही तस्वीर पेश कर ही नहीं सकते थे।

5.9 मार्क्स की इस सीमा का अतिक्रमण ही मार्क्सवाद का विकास है न कि विरोध।

5.10 यूरोप और एशिया के उत्पीड़क-उत्पीड़ित सम्बन्धों के परिप्रेक्ष्य के बिना इतिहास-लेखन का पुनर्जागरण पक्ष बुर्जुआ-साम्राज्यवादी शक्तियों को ही मदद देगा।*

---

* द्रष्टव्य : 'सम्भव' अंक-7 में प्रकाशित लेखक का बृहत् लेख-1887, भारतीय नवजागरण, राष्ट्रवाद और जनवादी क्रान्ति के सवाल।

(6)

क्या इतिहास अपने युग के राजनीतिक आदर्शों से मुक्त हो सकता है? क्या वस्तुनिष्ठता उतनी ही अस्पष्ट संधारणा नहीं है, जितनी तटस्थता? राजनीतिक आदर्शों से मुक्त इतिहास की बातें सिर्फ़ बदतरीन तत्त्व, अत्याचारी तानाशाह, लुटेरे और लहू के प्यासे साम्राज्यवादी ही किया करते हैं। लेकिन यहाँ जो खतरा वामपन्थ में होता है और अभी काफी समय रहेगा, वह यह कि ये राजनीतिक आदर्श वर्गीय स्वरूपों को तजकर पार्टी, केन्द्रीय परिषदों या पदेन व्यक्तियों की महत्त्वाकांक्षाओं का रूप ले लेते हैं, जो वास्तविक इच्छा शक्ति और इच्छित इतिहास-शक्ति को धुँधला देते हैं।

(7)

जब तक राजसत्ताएँ रहेंगी इतिहास, विज्ञान और दर्शन जैसे गहन संज्ञानानुशासन राजनीतिक आदर्शों से मुक्त नहीं होंगे और यदि ऐसा किया जाता है तो वह किसी भी देश की जनता के विरुद्ध प्रतिक्रिया की शक्तियों को लाभान्वित करना होगा। जाँचना यह चाहिए, कैसे हैं ये राजनीतिक आदर्श?

(8)

इतिहास में कोई सत्य उसी तरह 'पूर्ण सत्य' नहीं होगा, तर्कतः, जैसा कि दूसरे किसी भी अनुशासन में नहीं होता, यहाँ तक कि विज्ञान में भी, दर्शन में भी। उसकी सापेक्षताएँ होंगी, पक्षधरताएँ होंगी, भले ही निरपेक्षता या तटस्थता का दावा कितना भी ऊँचा क्यों न हो? **पूर्ण सत्य सिर्फ़ एक काल्पनिक श्रेणी है जैसे कि अनन्त।** वैज्ञानिकता आदि की बातें परिणामगत नहीं, पद्धतिगत हैं और उसी का सही होना शाश्वत् जैसी किसी संज्ञा का अवबोध करा सकता है; जैसे कि द्वन्द्ववाद तर्क की एक पद्धति है और पूरे विश्व में उसका एकछत्र राज रहा है। आदर्शवाद और भौतिकवाद के संसर्ग से यह पद्धति कितने ही रूपों में दर्शन को, विज्ञान और इतिहास को समृद्ध करती रही है। यह सत्य परिणाम की जगह नहीं ले सकता; उससे केवल दृढ़ समर्थन जुटा सकता है।

(9)

तारीखें, स्थान, समय और व्यक्ति भी सत्य न होकर 'ऐतिहासिक सत्य' की भूमिका अदा करते हैं। उन्हें पूर्ण सत्य में बदल देना एक शुद्ध प्रतिक्रियावादी राजनीतिक कर्म है। जैसा कि कृष्ण, राम जैसे सन्दर्भों में, ईसा या अन्य कौमों के पैगम्बरों के सन्दर्भ में सिद्ध होता है।

(10)

तारीखें, जो इतिहास का सर्वाधिक अकाट्य तर्क समझी जाती है, के सन्दर्भ में ई. एच. डांस ने अपनी प्रसिद्ध पुस्तक 'हिस्ट्री दी बिट्रेयर' में एक पूरी सूची दी है, जिसमें यूरोप, एशिया और भारत के धार्मिक पूर्वाग्रहों को स्पष्ट रूप से देखा जा सकता है। यहाँ तक कि पुस्तक का होना भी (आकार, मात्रा) पूर्वाग्रहों को बढ़ाता है, "क्योंकि आकार में पुस्तक जितनी ही छोटी होगी, उतनी ही अधिक वह पक्षपात के जहर में बुझी हुई होगी क्योंकि छोटी पुस्तक में, अन्य बातों के समान होते हुए भी, तथ्य का चयन अधिक कड़ाई से करना पड़ता है।" डांस ने बहुत ही महत्त्वपूर्ण संकेत किया है।

(11)

इतिहास के बड़े क्षेत्र में अवगाहन करने से पहले उसके बहुत छोटे से क्षेत्र पाठ्य-पुस्तकों के क्षेत्रों को देखने से उपर्युक्त स्थितियाँ स्पष्ट हो जाती हैं। इतिहास यहाँ सर्वाधिक राजनीतिक आदर्शों की अभिव्यक्तियाँ मात्र हो जाते हैं। इसका सबसे धूर्ततापूर्ण पहलू यह है कि सम्बद्ध पक्ष यह मान लेता है कि वह तो पक्षपात कर ही नहीं सकता, पक्षपात केवल दूसरे करते हैं। शताब्दियों से ब्रिटिशों का यह मनोविज्ञान दम्भ से बदल चुका है कि वे कभी पक्षपात कर ही नहीं सकते। समस्या यह नहीं है कि यहाँ राजनीतिक प्रचार का काम इतिहास से लिया जा रहा है बल्कि समस्या यह है कि शोषण अब प्रच्छन्न नहीं है, खुला है और प्रचार, शोषण को प्रच्छन्न समझ कर किया जा रहा है, यह एक ऐतिहासिक अन्तर्विरोध है।

(12)

इस स्तर पर संघर्ष को घोर निर्ममतापूर्वक चलाना पड़ता है। यदि एक ओर इतिहास में पार्लियामेण्टरी प्रवृत्ति की आवश्यकताएँ अपनी 'स्वतन्त्रता' का विकास कर रही हैं तो दूसरी ओर नाजियों, फासिस्टों को भी यह हक हासिल हो गया है कि वे डंके की चोट पर इन संस्थाओं व उनसे उत्पन्न मूल्यों को इतिहास से निकाल बाहर करें। तो फिर कम्युनिस्टों को ही इस 'प्रचार की स्याही' से क्यों पोता जाता है? सबके पवित्र कर्तव्य हैं। क्या अमेरिका की शिक्षा-पुस्तकों में यह दावा उपलब्ध नहीं कि "इतिहास के अध्ययन में प्रत्येक विद्यार्थी को जनसत्तात्मक राजनीतिक परिपाटी के महत्त्व के प्रति अटूट आस्था होनी चाहिए...उसे इसके मार्ग में सदा उपस्थित होने वाले अवरोधों के प्रति सजग रहते हुए इस परिपाटी के सीमित होने से बचाकर उसके प्रसार के लिए कटिबद्ध रहना चाहिए?" क्या कोई भी पूँजीवादी योरोपीय देश, क्या इस भाव या आदर्श की आलोचना करेगा? क्या वे उसकी धज्जियाँ उड़ा सकेंगे, जिसके नाम पर विश्व का शोषण कर रहे हैं? नहीं करेंगे! किन्तु यदि कोई देश "विश्वन्यायी

जनवादी धारणा के विकास के लिए" पंक्ति डाल कर कोई पुस्तक प्रकाशित करेगा तो पूरा यूरोप चीख उठेगा, "इतिहास को प्रचार के लौह पंजे से बचाओ!" इतिहास स्वयं अनेको ऐतिहासिक विडम्बनाएँ पैदा करता है। उनमें से एक विडम्बना यह भी है कि अपने अज्ञान को घन-गर्जना से, अयोग्यता को, आयोजनों से, तेजस्विता को नौकरी से और प्रतिभा को अतीव प्रशंसा या गाढ़ मौन से मार डालो। रहा सवाल आन्दोलनों का—न वे होंगे, न कोई उभरेगा : निश्चिन्त रहो! लेकिन इस सन्तोष की आयु उतनी ही है जितनी कि आन्दोलनों में देर है।

ऐसे समस्त इतिहास-लेखन के बारे में यह कहा जा सकता है कि अपने से विरोधी विचार रखने वाले की विचार निष्ठा पर सन्देह करना ही इतिहास-पुस्तकों की भ्रान्तियों का स्रोत है।

(13)

उपर्युक्त सभी बातें यूरोप और एशिया, पूँजीवाद और समाजवाद जैसी व्यापक अवधारणाओं और कार्यक्षेत्रों के अनुभवों से सम्बद्ध हैं लेकिन जो स्पष्टतः सिद्ध होता है, वह यह कि चाहे सही हो या गलत, सभी राष्ट्र घटनाओं को अपने ही ढंग से देखने के अभ्यासी हैं और उनकी इतिहास-पुस्तकें, विशेषतया स्कूली पाठ्य पुस्तकें, इसी दोष से मुक्त हैं। ज़ाहिर है कि एक निहायत बर्बर कारवाई, जिसे हम युद्ध कहते हैं और जो हर कौम के इतिहास का श्रृंगार है, का वर्णन राष्ट्र के शौर्य की चाशनी में पगे बिना किया ही नहीं जा सकता। और ऐसा करते समय मामला अत्यन्त स्थानीय हो जाता है। यही नहीं कि ब्रिटिश उपनिवेशों के ही सन्दर्भ में ऐसा करते हैं, वे फ्रांस के सन्दर्भ में और फ्रांस उनके सन्दर्भ में ऐसा ही करता है।

(14)

यह राष्ट्रवाद इतिहास को विशेषकर विश्व-इतिहास को कभी बल नहीं पहुँचा सकता। स्पष्ट है कि कोई भी "राष्ट्रीय शौर्य" जब तक विश्व में 'राष्ट्र' ही विकास का मानक रहेगा; इतिहास में विश्व के विरुद्ध अड़ंगा डालता रहेगा। कोई विश्व व्यवस्था ही इस उन्माद को रोक सकती है। एक समय पूँजीवाद ने यह भूमिका अदा की थी और उसके बाद समाजवाद ने। लेकिन पहले के मामले में उत्पादन की अराजकता और दूसरे के मामले में सैन्य अर्थव्यवस्था ने ऐसी विकट भूमिका अदा की कि ये दोनों व्यवस्थाएँ अभी विश्व व्यवस्था को कोई स्थायी ढाँचा नहीं दे सकीं। इसका सबसे बड़ा कलंक अमरीका के माथे पर है; यद्यपि वह इसे 'सुन्दरता में चार चाँद लगाने वाला तिल' कहकर प्रवंचना में कामयाब हो जाता है क्योंकि वही 'सच्चा' पूर्ण पूँजीवादी शिशु बनकर पैदा हुआ था, किन्तु उसी ने सबसे पहले दोनों विश्व व्यवस्थाओं की पीठ में छुरा घोंपा।

(15)

यह एक कटु सत्य है और इतिहास इसे प्रमाणित करेगा कि अब तक की समाजवादी व्यवस्था एक देशीय, देश-समूह या द्विदेशीय कोई भी रही हो; वह सिर्फ़ बड़े राष्ट्र की 'आवश्यकताओं' की ही पूर्ति करती रही है। इससे न केवल विश्व व्यवस्था का स्वप्न विघटित हुआ है बल्कि राष्ट्रों की स्वायत्तता तक नष्ट हुई है, जिससे एकबारगी साम्राज्यवादियों को सारे संसार में "राष्ट्रीय शौर्य" का ठेका बहुराष्ट्रीय निगमों को सौंप डालने का असाधारण अवसर प्राप्त हो गया है।

(16)

लेकिन यह समस्या उन राष्ट्रों में अत्यन्त कठिन रूप ले लेती है, जो विविध राष्ट्रीयताओं वाले राष्ट्र हैं। उनमें "राष्ट्रीय शौर्य" का जन्म तभी होगा, जब एक देश-विशेष के राजनीतिक भू-भाग पर बसने वाली समस्त जातियाँ देशी या विदेशी उत्पीड़क राजसत्ता के विरुद्ध या बेहतरीन राजसत्ता के पक्ष में एकजुट हो जाएँ। चाहे वह रूस हो, चीन हो या भारत हो। संसदीय प्रणाली के चलन के बाद यह समस्या और भी जटिल हो जाती है जिसमें स्वयं राजसत्ता इस शौर्य को अनिवार्यतः विखण्डन के कगार तक ले आती है। लेकिन विखण्डित होने से रोकती रहती है, ताकि उत्पादक शक्तियाँ अन्तरराष्ट्रीय उत्पादक शक्तियों के पेट में सीधे-सीधे न चली जाएँ। ऐसी स्थिति में जो देश अनेकधा अन्तःविभाजित हो; जिसका सबसे सफल वर्णन मार्क्स ने किया है; उस देश के सामने अभूतपूर्व ऐतिहासिक संकट पैदा हो जाता है। मेरा तात्पर्य भारत जैसे देश से है।

(17)

इस ऐतिहासिक संकट को तीव्र करने में औद्योगिक पिछड़ेपन और समाजवादी उत्पादन-प्रक्रिया में निहित रही पूँजीवादी अराजकता का बहुत बड़ा योगदान रहा है।

इस संकट की भयानक अभिव्यक्ति 'जातियों के आत्मनिर्णय के अधिकार' में व्यक्त हुई है, जिसका एकमात्र परिणाम अमेरिकी साम्राज्यवाद की सेवा है और बहुराष्ट्रीय निगमों को लूट की खुली छूट है। यद्यपि इससे इस सत्य को नहीं छिपाया जा सकता कि बड़ी जाति ने छोटी जातियों से जितना लिया है, बदले में दिया कम है तथा अनेक बार छोटी जातियों को इसी तरह बड़ी जातियों को खदेड़ देने का अवसर प्राप्त हो गया है।

(18)

एक समय में रूसियों ने इस सम्बन्ध में कुछ प्रतिमान प्रस्तुत किये थे और चीन का मजाक उड़ाते हुए कहा था कि "वहाँ सोशलिज्म, कम्युनिज्म या ऐतिहासिक

भौतिकवाद के नाम पर जो कुछ है, वह शर्मनाक राष्ट्रवाद के अलावा कुछ और नहीं है।" गैर चीनी आबादी के क्षेत्रों में चीनियों की भरमार की जाती है, दूसरी राष्ट्रीयताओं की संस्कृति का चीनीकरण किया जाता है, मंगोलों से कहा जाता है कि "मंगोलियाई भाषा और लिपि बहुत दिनों तक जीवित रहने वाली नहीं है।" यह तब कहा जा रहा था जब रूस ठीक यही काम अपने गणराज्यों में कर रहा था और भारत कश्मीर, पंजाब और उग्रवाद प्रभावित क्षेत्रों में। जब सम्बन्ध बिगड़े तो सोवियत विचारक-प्रचारक एस.एल. टिखविन्सकी, वी एम. एलेक्सीयेव, आई. एलेज, जी. दावदोवा और वाहियात नेचायेव तक जा पहुँचे जो मार्क्स-एंगेल्स के समय में 'बैरक कम्युनिज्म' के लिए बदनाम हो गया था।

(19)

क्या बहुजातीय कोई भी राष्ट्र स्वतन्त्र आत्मनिर्णय के अधिकार को दे सका? भले ही वह समाजवादी हो या पूँजीवादी, यह साहस कोई नहीं कर सकता? इससे केवल अर्थव्यवस्था के सैन्यीकरण का मार्ग, जातियों की गुलामी का मार्ग 'दू वर्ल्ड आर्डर' प्रशस्त होगा। क्योंकि अधिकार का परिप्रेक्ष्य समाजवादी नहीं है। और जब तक साम्राज्यवाद विश्व का चौधरी है, आत्मनिर्णय का लाभ उसी को मिलेगा।

(20)

भारतीय इतिहास के ताजे दौरों में स्वाधीनता प्राप्ति की अन्तिम लहर के दौरान यह प्रश्न साम्राज्यवाद ने इस तरह ऐतिहासिक बना दिया था कि कम्युनिस्ट आन्दोलन को इसकी भारी कीमत चुकानी पड़ी। इसी सिद्धान्त की नासमझी तथा इतिहास की धारा का रुख सही-सही न पहचान पाने के कारण उन पर यह 'इल्जाम' लगेगा कि एक ओर तो उन्होंने ब्रिटिश साम्राज्यवाद को भारी मदद पहुँचायी तो दूसरी ओर 'राष्ट्रीय शौर्य' के बृहत् अंश को अपने सीधे विरुद्ध कर, अपने आन्दोलन को कम-से-कम दो दशकों के लिए पीछे धकेल दिया। आज फिर जो अतिक्रान्तिकारी मार्क्सवादी उग्रवादियों के समर्थन में इसी सिद्धान्त को उछाल रहे हैं, वे भारतीय जनता के उज्ज्वल भविष्य की हत्या कर रहे हैं। यह एक सुखद ऐतिहासिक परिस्थिति है कि उनकी मात्रा याने संख्या अल्प है और वे मनमाना नुकसान नहीं पहुँचा सकते।

(21)

हम जानते हैं कि शताब्दियों से इतिहास को रंगो-नस्ल, जाति और धर्म ने जकड़ रखा है। धर्म का पलड़ा कुछ इसलिए और भी भारी है क्योंकि उसकी संख्या मानव सभ्यताओं से भी अधिक रही है। ऐतिहासिक विडम्बना यह है कि इस मामले में

पूर्व का पलड़ा पश्चिम से भारी भी है; पश्चिम के पास एक ही धर्म है—ईसाई धर्म। लेकिन उसने इसी धर्म को इतिहास से ऐसे एकमएक कर दिया है कि आरम्भिक पाठ्यपुस्तकों में ही नहीं, उपनिवेशों पर लिखे इतिहास ग्रन्थों में ईसाई गिरजाघरों, धर्म संस्थानों, पोप और पादरियों, बिशपों और मठों के विवरणों को ही नहीं, सीधे-सीधे ईसा के उपदेशों को पढ़ा जा सकता है।

(22)

इससे भी अधिक उल्लेखनीय बात यह है कि यह ईसाई दृष्टिकोण जब किसी भी उपनिवेश के इतिहास लेखन का मामला होता है तो सर्वाधिक बीभत्स ढंग से पूरे पश्चिम में एक ही रूप लेने लगता है जैसे 1857 के गर्हित इतिहास लेखन में इंग्लैण्ड, फ्रांस और अमेरिका के इतिहासकारों का एक ही दृष्टिकोण है कि "प्रभु ईशु ने बर्बरों को रास्ते पर लाने का आदेश दिया था।"

(23)

उपनिवेशों का आरम्भिक इतिहास उनके स्वामियों द्वारा ही लिखा गया है। अत्यन्त स्थूल विभाजन किया जाए तो यदि एशिया एक उपनिवेश है, लचीले अर्थ में, तो यूरोप ने ही इसका 'प्रामाणिक' इतिहास लिखा है, जिसमें जंगली बर्बर, असभ्य, जड़ कमीने पूरबवासियों के अतिरिक्त और कुछ किसी को नहीं मिला और यह उपनिवेशों की अपनी शक्तियों का फैसला था कि उन्होंने उन मान्यताओं को ज्यों का त्यों बरकरार रखा है; यहाँ तक कि 'दुगुने भयानक ओज से उनका मन्त्रोच्चार किया है।' जैसे-जैसे जन-शक्ति साम्राज्यवाद के विरुद्ध केन्द्रित होती गयी है, इतिहास के उपर्युक्त राजनीतिक आदर्श की छुट्टी होती गयी थी लेकिन स्वतन्त्र भारत की पूँजी इसका विकास नहीं कर सकी, उसने समझौता कर लिया।

(24)

इस प्रक्रिया में सर्वाधिक महत्त्वपूर्ण तथ्य यह है कि स्वयं उत्पीड़क देश के भीतर शोषण और लूट को अपने सर्वहारा वर्ग में एक सीमा तक बाँट देने के बावजूद जो व्यवस्था विरोध रहा तथा जो विश्व सैद्धान्तिक आदर्श उसने प्रस्तुत किये थे, उनमें स्वयं उसके अपने बुद्धिजीवी वर्ग के एक अंश का मोहभंग हुआ, या उत्कट ईमानदार विश्वचेतना ने जो दबाव बढ़ाया उसने इतिहास में जबर्दस्त दरारें डाल दीं। इससे उपनिवेशों के इतिहास-लेखन को बड़ी शक्ति प्राप्त हुई। जैसा कि भारत के सन्दर्भ में स्पैंग्लर के काम को देखा जा सकता है। 'डेक्लाइन ऑफ दि वेस्ट' का प्रकाशन यूरोप के लिए कैसी भी घटना हो, एशिया की इतिहास चेतना को इसने घनघोर ढंग से बदल दिया। 'कभी न डूबने वाले सूर्य' की थ्योरी को इस एक पुस्तक ने धराशायी कर दिया।

(25)

एशियाई ही नहीं यूरोपीय मस्तिष्कों पर भी इस पुस्तक का भूत सवार हो गया था। प्रथम विश्व युद्ध के बाद सांस्कृतिक जगत् की यह प्रचण्डतम घटना थी। इसके आगे 'आउट लाइन्स ऑफ हिस्ट्रीज़' और 'फिलास्फीज़ ऑफ हिस्ट्री' सब लुप्त हो गयीं। यहाँ तक कि पण्डित जवाहरलाल नेहरू ने प्रथम एशियाई इतिहास कांग्रेस में दशकों बाद भी इसका उतनी ही गरिमा से उल्लेख किया, जैसी कि इसके प्रकाशन के समय थी। हम यहाँ इस बहस को निरर्थक समझते हैं कि यह जर्मनी के पेटी-बूर्ज्वा की आह थी जो कैसर के शक्तिशाली जर्मनी के भरभराकर गिर पड़ने से निकली थी या यह अमेरिकन सोशियोलॉजी की 'कल्चरल लैग थ्योरी' से प्रभावित थी। न ही इस तथ्य की यहाँ कोई प्रासंगिकता है कि इसकी सीमाएँ क्षुद्र राष्ट्रीयता में विलुप्त हो जाती हैं और इसका आन्तरिक ढाँचा मैटाफिज़िकल है।

(26)

जहाँ तक बूर्ज्वा वर्ग की अपनी दुनिया में 'क्राइसिस' का प्रश्न है, उसे इससे कितने ही पहले 1880 में फ्रेडरिक नीत्शे प्रकाश में ला चुका था। स्पेंग्लर क्योंकि नीत्शे का अनुयायी था इसलिए उसने ऐसा लिखा, यह सोचना बेहद यान्त्रिक उपागम का परिणाम होगा। यहाँ सिर्फ़ एक तथ्य की ओर संकेत किया गया है—वस्तुएँ अपने निर्माण से भिन्न और स्वतन्त्र उद्देश्य ग्रहण कर लेती हैं। यह रहस्य इतिहास का एक चुम्बकीय क्षेत्र रहा है, जिसमें 'सराउंडिंग्स' की भूमिकाएँ अपने आप परिणाम को खींच लेती हैं। जो एक तीली स्पेंग्लर ने जलायी थी, भले ही जर्मनी को सिगरेट सुलगाने के लिए हो, जब वह एशिया के बारूदी मसलों की तरफ से गुजरी तो विस्फोट हो गया, जिसको न स्पेंग्लर ने सोचा था, न प्लान किया था। इतिहास की अपनी कार्य-पद्धति में 'आकस्मिकता' और 'संयोग' अत्यन्त परिणाम उलट देने वाले तत्त्व रहे हैं।

लेकिन यह नहीं भूलना चाहिए कि आकस्मिकता और संयोग कोई आध्यात्मिक वस्तुएँ नहीं हैं। वे शुद्ध परिस्थितियों के संघात मात्र हैं, इससे भाववादियों को बड़ी ठेस लग सकती है।

(27)

इस तरह हम इस तथ्य तक आ पहुँचे हैं कि इतिहास में ये 'दो बहनें' यूरोप और एशिया, जिसे आधुनिक काल कहा जाता है, उस समय से उत्पीड़क और उत्पीड़ित सम्बन्धों में बँधी रही हैं और इतिहास लेखन में यह सम्बन्ध पूरी निर्लज्जता से प्रकट हुआ है। पुनर्जागरण का इससे घनिष्ठ सम्बन्ध है।

(28)

भारतीय इतिहास-चेतनाएँ जो चाहे साहित्य के इतिहास की हों, चाहे नीले थोथे और सूत के इतिहास की, सभी में यह एक बड़ी समस्या है कि 'वेस्ट' का अर्थ सिर्फ़ इंग्लैण्ड से लिया जाता है। काफी हद तक यह कमज़ोरी मार्क्सवादियों में भी पायी गयी है। जिस तरह ये इतिहासकार 'वेस्ट' का अर्थ, नितान्त भ्रामक और भ्रष्ट इंग्लैण्ड करते हैं, उसी तरह 'ईस्ट' का भ्रष्ट अर्थ भारत कर डालते हैं, इससे 'ओरिएण्टल' फेनामेना साफ़ बच जाता है, जिसके बिना इतिहास को वैज्ञानिक नहीं बनाया जा सकता।

(29)

इतिहासकार कौन है?

भारतीय इतिहासकार व अन्य बुद्धिजीवी इस मामले में इस कदर 'लिबर्टी' लेते हैं कि विश्वसनीयता के अलावा शेष सब सुरक्षित रहता है। क्या पण्डित नेहरू इतिहासकार हैं? क्या 'डिस्कवरी ऑफ इण्डिया' कोई इतिहास की पुस्तक है? किस काल का इतिहास है वह? भारत के जन्म से लेकर आज़ादी तक का? या वह किसी वरिष्ठ भारतीय का ऐसा कार्य है जो कुछेक इतिहास ग्रन्थों से प्रस्थान सूत्र जुटाता है? क्या लाला लाजपत राय भी इतिहासकार हैं? उन्होंने भी एक छोटी-सी ऐतिहासिक प्रकृति की चीज लिखी थी? क्या दादा भाई नौरोजी, सर सैयद अहमद, एनीबेसेण्ट—ये सभी ऐसे ही इतिहासकार नहीं थे? हिन्दी के कई साहित्यकार क्या ऐसे ही इतिहासकार नहीं हैं?

अवश्य यह निर्धारित करना चाहिए कि इतिहास के किस अर्थ में हम किसी को इतिहासकार कह रहे हैं।

भारतीय इतिहास-चेतना से, पिछले दो-सौ वर्षों से, अन्तर्विरोधों की समझ को गायब करने का प्रयत्न किया जाता रहा है। साम्राज्यवादी-औपनिवेशिक और बूर्ज्वा इतिहासकार कहीं कोई अन्तर्विरोध नहीं पाते—यही कारण है कि एक अंग्रेज सिपाही, पोस्टमैन, कर्नल-जनरल से लेकर नाई तक सभी इतिहासकारों की कोटि में आते हैं और धड़ल्ले से उद्धृत किये जाते हैं। हर जिलाधिकारी इतिहासकार है। हर रिपोर्ट उसकी इतिहास का मानक तथ्य है। और जहाँ तक गवर्नर जनरलों का सवाल है, वे तो 'बौर्न्ड हिस्टोरियन्स' हैं।

इसी तरह यदि कोई प्रधानमन्त्री है या मुख्यमन्त्री है या कुछ भी है वह इसीलिए इतिहासकार है, यह एक ऐतिहासिक अपराध है।

(30)

भारतीय इतिहास लेखन की एक और ऐतिहासिक विडम्बना है—**यात्रियों के विवरण!**

कोई विदेशी इतिहासकार मुझे ऐसा नहीं मिला, जिसने भारत की बर्बरता और अन्धकार युग की पुष्टि में किसी यात्री का विवरण न दिया हो। यहाँ तक कि मार्क्स भी। क्या ये सभी यात्री इतिहास शोध संस्थानों के इंस्ट्रक्टर थे? इनकी हर बात खुदाई से निकले प्रमाणों से भी अधिक ग्राह्य क्यों है? प्रमाणों को तो पुरातत्त्वविद् साफ़ करके पढ़ते होंगे जबकि इनकी मान्यताएँ क्या शब्द तक ईशु के वचनों की तरह आँख मींच कर दोहराये जाते हैं! ऐसा क्यों? क्योंकि सभी इतिहासकार हैं। वे मनुष्य नहीं हैं। न उनमें भावनाएँ हैं। न राग। न द्वेष। सभी कम्प्यूटर हैं जो देखा सो दर्ज और देखा सत्य=इतिहास का तथ्य!

यदि यह मान भी लिया जाए और मैं कुछ समय के लिए मान भी लेता हूँ कि यात्री ही सच्चे इतिहासकार हैं तो वे यात्री क्यों नहीं, जिन्होंने भारत में बर्बरता या जंगली अवस्थाओं की जगह बाज़ार की प्रगति, भवनों का निर्माण, महान् संस्थाएँ लायब्रेरियाँ, कौमों की एकता, और जनतान्त्रिक मूल्य देखे? क्या वे सत्य नहीं? क्या उनका पुनर्जागरण से कोई सम्बन्ध नहीं?

(31)

क्योंकि अन्तर्विरोधों को भुलाकर सपाट इतिहास-चेतना का उत्पादन करने में ही व्यवस्था को लाभ है अतः वह हजारों इतिहासकारों से देश को पाट देती है। और हर अंग्रेज चाहे वह समुद्री डकैत हो या महाराज कपूरथला का नाई, सब प्रगतिशील, सब सुशिक्षित, सब महान् नायकों में बदल जाते हैं जबकि प्राथमिक शिक्षा तक इंग्लैण्ड में 1870 में शुरू हो पायी थी।

भारतीय इतिहासकार इसकी भी परवाह नहीं करते कि वे जिन इतिहासकारों को ताज पहनाकर निकाल रहे हैं, उन्हें खुद उनका देश गधे पर भी बैठाने के लिए तैयार नहीं। यहाँ तक कि प्रसिद्ध इतिहासकार मिस्टर होम्स को भी इंग्लैण्ड के इतिहासकार क्या समझते हैं?

मार्क्स ने अंग्रेजों को सूअर कहा था या कुत्ता कहा था, या पाजी कहा था, यह एक बात है। दूसरी महत्त्वपूर्ण बात यह है कि एंगेल्स ने 1842-44 के दौरान 'इंग्लैण्ड का सामाजिक इतिहास' लिखने की एक योजना बनायी थी। विस्तृत योजना। जो दुर्भाग्यवश पूरी न हो सकी लेकिन 'इंग्लैण्ड में सर्वहारा वर्ग की स्थिति' को लिखने से पहले उन्होंने मार्क्स को 19/11/1844 के पत्र में लिखा था—"मैं अंग्रेजों के समक्ष उनके अपराधों की एक लम्बी सूची पेश करूँगा। मैं अंग्रेज बुर्जुआ वर्ग को सारी दुनिया के समक्ष कत्ले आम, लूट-खसोट और अन्य जघन्य अपराधों का दोषी ठहराऊँगा।" उन्होंने जर्मन बुर्जुआ वर्ग पर भी प्रहार किया था लेकिन पाया था कि यह जर्मन बुर्जुआ वर्ग बुरा तो है लेकिन अंग्रेज बुर्जुआ की तरह "वह अपने कसाईपन में इतना साहसी, सुसंगत तथा दक्ष नहीं है।"

ये पंक्तियाँ शायद इसलिए पसन्द नहीं आयें क्योंकि मार्क्स-एंगेल्स की हैं। तो कुछ और विश्वसनीय मत देखें–

डूप्ले ने बेक्वेन कोर्ट को 15 फरवरी 1753 में अवगत कराया था कि "कम्पनी कर्मचारियों और अधिकारियों के रूप में ऐसे भिखमंगों को भेजती है जिनके पास तन ढँकने ले लिए एक कमीज भी नहीं होती।"

(32)

हो सकता है कि मार्क्स-एंगेल्स जर्मन थे और डूप्ले फ्रांसीसी था, इसलिए ब्रिटिशों के साथ अन्याय प्रतीत हो भारतीय अंग्रेज भक्तों के लिए; तो महान् कार्नवालिस की फौज के बारे में श्री ए.वी. कीथ का कथन देखें–"उसकी सेना यद्यपि बहुत बड़ी कुल मिलाकर 70,000 थी, किन्तु बहुत घटिया किस्म की थी, **विशेषकर कम्पनी की सेना** के वे 6,000 यूरोपियन जो लन्दन की गलियों के निम्न लोगों और जेलों से भागे हुए थे तथा जिनके अधिकारी नष्ट-भ्रष्ट युवक या धन के पीछे भागने वाले लोलुप व्यक्ति थे।" एक अन्य विद्वान् का कथन है कि–"इतिहास का यह विचित्र सत्य है कि इस विशाल और दुर्धर्ष शक्ति के एजेण्ट भी घातक, सिद्धान्त शून्य, लालची, झगड़ालू और ईर्ष्यालु व्यक्ति थे तथा इन दुस्साहसियों के नियन्त्रण में उनके ही देश के वे लोग निम्न श्रेणी के वे लोग थे, जिनमें से बहुत से सचमुच पृथ्वी के अभिशाप-अपराधी, धर्मत्यागी, वर्णसंकर और **यूरोप की सभी जातियों के नीच जन थे।**"

(33)

मुझे भी आपकी तरह बहुत पीड़ा हुई थी। कड़ा आघात लगा था। 'महान् अंग्रेज जाति! मैं यह क्या पढ़ रहा हूँ तेरे बारे में' ऐसी भावनाओं में डूबता-उतराता रहा था लेकिन धन्य हो यह द्वन्द्वात्मक ऐतिहासिक भौतिकवाद! इसने मुझे स्पष्ट किया कि अन्तर्विरोधों को देखो! कोई भी कौम पूरी की पूरी न शानदार है, न कमीनी। वह सभी तरह के तत्त्वों का संयोग है।

(34)

हिन्दी के विद्वान् अक्सर इस बात की अधिक इच्छा रखते हैं कि यह तो हुआ इतिहासकारों का मामला, वे तो 'ऐसे ही' तथ्य और हवाले ढूँढ़ते रहते हैं। हिन्दी साहित्य ने अंग्रेजी से इतना कुछ लिया है; इतना ऋण है हम पर उनका; विधा से लेकर सुविधा तक; किसी साहित्यकार ने तो अंग्रेजों के बारे में ऐसी घटिया बातें नहीं कहीं–न ही भारतवासी अंग्रेज ही सारे अंग्रेज हैं; हो सकता है कुछ नीच और दुष्टात्मा इधर आ गये हों, अच्छे-अच्छे उधर रह गये हों, उनका तो मनोविज्ञान महान् होगा जो इंग्लैण्ड में रह गये थे, हमने उनसे सीखा और सबकुछ लिया है। इनमें दुर्भाग्य

से मार्क्सवादी विद्वान् भी शामिल हैं और ऐसे कि जो प्रत्येक पल नेतृत्व देते रहते हैं तथा हिन्दी को अंग्रेजी से समृद्ध करते रहते हैं। मुझे दुख है कि उनका मत खण्डित करना पड़ रहा है। अंग्रेजी के प्रसिद्ध साहित्यकार बर्नार्ड शॉ से वे सभी परिचित होंगे और शायद यह भी मान लें कि शॉ का एक स्तर भी है और थोड़ी-बहुत इतिहास चेतना भी शॉ रखते हैं। उन्होंने ब्रिटिश मनोविज्ञान का एक चित्र दिया है, जो मैं इन मूर्धन्य विद्वानों को दिखाना चाहता हूँ–

"प्रत्येक अंग्रेज एक जादुई शक्ति से युक्त होकर उत्पन्न होता है–जिससे वह संसार का स्वामी बन जाता है। जब वह किसी चीज को चाहता है तो वह कभी अपने से यह नहीं कहता कि मैं इसे चाहता हूँ। वह तब तक प्रतीक्षा करता है जब तक कि उसके मन में पता नहीं कैसे, अटूट विश्वास उत्पन्न हो जाता है कि **मेरा यह नैतिक और धार्मिक कर्तव्य है कि मैं उन लोगों को जीत लूँ, जिनके पास वह चीज मौजूद है, जिसकी मुझे चाह है।** फिर इसके बाद उसके सामने कोई और सोच-विचार नहीं ठहर जाता। नवाब की तरह वह जो चाहता है, सो करता है और लगन के साथ अपने लक्ष्य का पीछा करता है। परिश्रम और लगन की यह प्रवृत्ति उसे प्रबल धार्मिक विश्वास और गम्भीर नैतिक जिम्मेदारी की भावना से प्राप्त होती है। वह कभी अपने कार्यों का उचित कारण ढूँढ़ निकालने से चूकता नहीं है। कोई भी बात एक अंग्रेज के लिए इतनी बुरी या भली नहीं है कि वह उसे करने से हिचकिचाए। **मजा यह है कि आप किसी अंग्रेज को रँगे हाथों पकड़ नहीं सकते। जब वह आपसे लड़ता है तो देशभक्ति के नाम पर, जब वह आपको लूटता है तो व्यापार के नाम पर, जब वह आपको गुलाम बनाता है तो साम्राज्यवादी सिद्धान्त के नाम पर, जब वह आप पर धौंस जमाता है तो पौरुष के नाम पर। वह जब अपने राजा का समर्थन करता है तो राजभक्ति के सिद्धान्त पर और जब वह राजा का सिर काट लेता है तो प्रजातन्त्र के सिद्धान्तों के नाम पर।** कर्तव्य है उसका मूलमन्त्र। और वह यह कभी नहीं भूलता कि जो जाति कर्तव्य को स्वार्थ के आड़े आने देती है वह कभी फलती-फूलती नहीं।"

इससे अधिक श्रेष्ठ ब्रिटिश मनोविज्ञान का चित्र मेरे सीमित ज्ञान क्षेत्र के अनुसार और कहीं उपलब्ध नहीं है। क्या इस मनोविज्ञान का इतिहास-लेखन में कोई हस्तक्षेप नहीं रहा होगा। इनमें से कितनी ही विशेषताएँ हमारे टटपुँजिया बुद्धिजीवियों और लेखकों में मिल जाएँगी। एक उदाहरण मैंने पाया है कि 'सावधान महान' कभी भी लिखित प्रशंसा नहीं करेगा चाहे वह मार्क्सवादी हो या गैर मार्क्सवादी, गोष्ठियों में वह आपके पुल बाँध देगा तथा अपने अज्ञान और उद्धतता को छिपाने के लिए सब काटकर फेंकता रहेगा। करेगा वह यह सब जनता, जनवाद और प्रगतिशीलता के नाम पर। सोचता हूँ, भारतीय चिन्तन पर अंग्रेजों का कितना ऋण है!

(35)

इतिहास में ऐसे तत्त्व रंग-जाति या धर्म के ही विविध मिश्रणों के रूप में आते हैं। स्वयं स्पेंग्लर इस बात के सख्त खिलाफ था कि इतिहास 'टर्मिनॉलॉजी' को दूसरे प्राकृतिक विज्ञानों से बचाना चाहिए और खुद बायोलॉजी का जमकर इतिहास-करण करता रहा।

(36)

इतिहास में काल-विभाजन, दार्शनिक विचार, काल और दिक् की बड़ी समस्याओं को यहाँ लेखकी सीमा में स्पर्श न करके कतिपय मार्क्सवादी इतिहास-तर्क व उनके माध्यम से कुछ भारतीय इतिहास-प्रश्नों पर विचार कर पाना ही सम्भव होगा। इन प्रश्नों की अन्तर्वस्तु भी समाज-राजनीतिक है न कि अन्य कोई। कुछ सूत्रात्मक विवेचन ही सम्भव है। मार्क्सवादी इतिहास-लेखन के मामले में एक प्रबल भ्रान्ति यह रही है कि उसमें 'डॉग्मा' की ओर धकेलने की प्रवृत्ति है तथा यह कि वह उद्देश्य विशेष का एक प्रचार है। सभी इतिहास उद्‌देश्य से ही संचालित होते हैं। कोई भी इतिहासकार, किसी भी मत, दल का या व्यक्ति-इतिहासकार ऐसा कहने का दुस्साहस नहीं करेगा कि वह उद्देश्य विहीन इतिहास लिख रहा है। यदि ऐसा करेगा तो उसका स्थान तुरन्त निश्चित हो जाएगा। सभी इतिहास प्रचार हैं। तथा यह कि प्रचार बहुत बुरी चीज नहीं है। उसके भी अनेक स्तर हैं। बुर्जुआ वर्ग जितनी ही धूर्तता करता है उतना ही उत्कृष्ट प्रचार करता है और प्रचार अपना भी नहीं करता बल्कि यह करता है कि कम्युनिष्ट कितना खतरनाक है! मानवविरोधी वगैरह है। और इसके लिए वह बड़े-बड़े इतिहासकारों व संस्थानों को नियुक्त करता है।

(37)

इतिहास में प्रचार का अंश तब तक बना रहेगा जब तक कि वर्ग भेद रहेंगे। हाँ, उसका स्तर तब अवश्य गिर जाएगा जब वह वर्ग की जगह पार्टी-प्रचार, कमेटी-प्रचार या चन्द सर्वोच्च नेताओं का प्रचार बन जाएगा जैसा कि सोवियत संघ की कम्युनिस्ट पार्टी (बोल्शेविक) के इतिहासों से प्रमाणित होता है और राजनेताओं को यह याद रखना चाहिए कि वे 'ऑल इन वन' नहीं हैं। जब भी इतिहास में व्यापक राजनीतिक आदर्श की जगह संकीर्ण और क्षुद्र पहलू प्रवेश करेंगे, वह एक घृणित और छिछली वस्तु बन जाएगा।

क्या कोई "डॉग्मेटिक मार्क्सवाद" है या "कट्टर" या "लिबरल" या "वैज्ञानिक-अवैज्ञानिक"? ये समस्त श्रेणियाँ बुर्जुआ बौद्धिकों का उत्पादन हैं जिनसे सहमत होनेवाले मार्क्सवादी वे ही हैं जो स्वयं इस बात से अनभिज्ञ हैं कि मार्क्स-एंगेल्स ने पूरी ज़िन्दगी इसी लड़ाई को जीतने में लगा दी कि मार्क्सवाद 'डॉग्मा' न बन जाये।

इसी तरह न कोई लिमिटेड, प्राइवेट लिमिटेड या अनलिमिटेड मार्क्सवाद है।

इसी तरह 'वाद' कोई पिशाच नहीं है जो किसी की आँतें बाहर निकाले डालता हो। मैंने सैकड़ों लोगों को मार्क्स (वादी) या प्रगति (वादी) होने पर मुँह बिचकाते देखा तो उनकी धूर्तता और पक्षधरता का ऐसा दर्शन हुआ कि पता लगा इनमें से कोई भी प्रयोग (वादी) होने में, छाया (वादी) होने में या अस्तित्व (वादी) यहाँ तक कि अज्ञेय (वादी) होने में भी नहीं शर्माता था। पूरा भक्ति साहित्य घोर 'वादी' है। अनेकों अंश नितान्त संकीर्ण सम्प्रदाय (वादी) है, वहाँ भी कोई ऐतराज नहीं। बरसात के गुड़ पर भी इतने चींटे नहीं होंगे जितने भक्ति साहित्य में 'वाद' उपलब्ध है। क्योंकि मुसीबत तो क्रान्ति है। डर उससे है। और हो सकता है इस क्रान्ति से उनका भी भला हो लेकिन इसके 'वाद' से फिलहाल उन्हें बहुत घृणा है। कँपकँपी आती है।

(38)

जब से पेरेस्त्रोइका शुरू हुआ है या तो विचारक मार्क्सवाद से भाग रहा है या उसका 'अपने हिसाब' से विकास करने में लगा पड़ा है। ये दोनों तत्त्व मार्क्सवादी नहीं हैं। क्योंकि अनुभव और सिद्धान्त की परस्पर प्रवेशी प्रक्रिया से दोनों दूर हैं। ये सिर्फ़ शोषक शक्तियों का भला कर रहे हैं क्योंकि ऐसे विद्वान् मार्क्सवाद के अत्यन्त स्थूल, बुनियादी बिन्दु वर्ग और उनके हितों को वर्तमान तक में अपने देश में पहचानने में असमर्थ हैं, इतिहास की तो बात ही क्या!

(39)

पिछले कुछ वर्षों में इस 'वेस्ट' ने पूर्व के साथ-साथ पश्चिम को भी एक और वितण्डावादी अवधारणा दी थी कि 'मार्क्स अधिक शार्प थे, अधिक गहन, तीव्र और...' एंगेल्स नहीं; अतः उनके निष्कर्षों को तो यों भी लिया जा सकता है और अब तो मार्क्स भी गलत सिद्ध हो गये हैं। जिसे मार्क्सवाद के ढह जाने का, या उसकी निस्सारता या डॉग्मेटिक होने का गहरा अध्ययन करना हो, वह प्रभाष जोशी से मिल सकता है, उनके सम्पादन में, जनसत्ता के बड़े-बड़े पृष्ठों पर ऐसा बहुत-सा इतिहास परोसा जा रहा है, जिसकी तत्त्ववादियों और उनके सरपरस्त अमरीकियों को बेहद ज़रूरत है।

(40)

मार्क्सवाद के बारे में आम धारणा यह बना दी गयी है कि यह तो केवल आर्थिक सम्बन्धों की बात करता रहता है। अर्थ ही सब कुछ नहीं है और आदमी केवल रोटी ही नहीं खाता। स्वयं मार्क्सवादी भी इस बात से सहमत हो जाते हैं कि वास्तव में अर्थ पर बहुत जोर दे दिया है मार्क्स ने। उत्पादन सम्बन्धों का ताप

उन्हें सताता है और कई बार बड़ी मासूमियत से कहा जाता है कि 'भई मार्क्सवाद अकेला विज्ञान तो नहीं है और भी अच्छे समाज विज्ञान हैं—दर्शन हैं—थ्योरियाँ हैं, हम सबकी देखते हैं' जरूर देखिए लेकिन इस तरह नहीं कि मार्क्सवाद को भी न समझ पाएँ और नया भी देख न पाएँ! कई बार एक विचित्र हादसा और हो जाता है कि जो योगदान जिसका हो, उसे ही छीनकर उसी को उपकृत किया जाए। उदाहरण के लिए; मार्क्सवाद ही था जिसने समाजशास्त्र का बहुमुखी और सम्पूर्ण परिप्रेक्ष्य उजागर किया लेकिन अब समाजशास्त्र को ही मार्क्सवाद की जगह प्रस्थापित करने की कोशिश हो रही है। 'साहित्य का समाजशास्त्रीय चिन्तन' इस दिशा में खतरनाक कार्य कर रहा है।

(41)

मार्क्स-एंगेल्स ने कभी इस पर बल नहीं दिया कि कोई केवल आर्थिक सम्बन्धों पर टिक जाए। उन्होंने सब सावधान किया कि ये ही निर्णायक हैं किन्तु अन्ततः तथा प्रभावित होते हैं अधिरचना से। इनकी भी द्वन्द्वात्मक प्रक्रिया है। लेकिन विद्वान् तो 'अर्थ' के टीले से उतर कर देखते ही नहीं। वहीं से फतवा दे देते हैं—"अर्थ! अर्थ!! घोर अनर्थ!!!"

मार्क्स-एंगेल्स पूरे जीवन यह समझाते रहे कि ऐतिहासिक भौतिकवाद कोई जड़ मत नहीं बल्कि यही एक मत है जो सतत गतिशील और नवनवोन्मेषी है क्योंकि अन्तर्विरोधों के गुण के कारण इसमें सदा ही अनुभवों और नवीनतम सिद्धान्तों को आत्मसात करने की क्षमता है और दोनों में एकता का आदर्श स्थापित करने की क्षमता भी इसी में है। विद्वान् कह रहे हैं, यह डॉग्मा है, कट्टरता, पुरानापन और क्लासिक फार्म है! क्या पूँजीवाद भी डॉग्मा, कट्टर, पुराना और क्लासिक नहीं है? इस बारे में भी कुछ मुखर होइए भगवन्!

क्या मार्क्स-एंगेल्स ने यह कहा था कि पूरे इतिहास को आप केवल एक सूत्र से व्याख्यायित कर डालें और बिना सन्दर्भ के 'कम्युनिस्ट मेनीफेस्टो' या 'लुई बोनापार्ट की अठारहवीं ब्रूमेर' से, या 'जर्मन आइडियालॉजी' या 'ड्यूहरिंग मत खण्डन' कहीं से भी कोई लाइन 'पिक अप' कर लें और 'डिक्लेयर' कर दें—"इतिहास एक सूत्र मात्र नहीं है।" वे भी यही कहते हैं कि ऐतिहासिक भौतिकवाद परिवर्तन का दर्शन है—एक संश्लिष्ट दर्शन है—सूत्र मात्र नहीं!

(42)

मार्क्स-एंगेल्स ने विश्व इतिहास का जितना गहरा अध्ययन किया था वैसा उदाहरण विरल है। इतिहास का उनके लिए जितना बड़ा अर्थ था, उसे पूरी तरह देखने का भारतीय मनीषा ने अभी कष्ट नहीं किया है। इतिहास का स्वरूप उनके लिए 'कनक

भूधराकार हनुमत् शरीर' या कृष्ण के विराट् रूप से कम न था। वे उस महान् चिन्तक के शिष्य थे, जिसने इतिहासों का प्रचण्ड संकलन और अवगाहन किया था। महापण्डित हीगेल को वे जिस कारण सम्मान देते थे, उसमें सबसे ऊपर उनका इतिहास का अगाध पाण्डित्य था। आज जब इतिहासकार हीगेल की धारणा को 'बकवास' सिद्ध करते हैं, तो स्पष्ट हो जाता है कि वे दर्शन को, उसकी क्रिश्चियनिटी को, विचारधारात्मक व्यवस्था के इतिहास में प्रवेश कराने की गहन क्षमता को, कितना कम मानते-समझते हैं। हीगेल ने भारत व एशिया विरोधी मान्यताएँ पेश कीं, यह सही है लेकिन इतिहास-लेखन को जो ऊँचाई उसने प्रदान की, वैसी उसके काल में विश्व में कहीं नहीं है। महज इसलिए कि वह क्रिश्चियन था, उसे कक्षा दस के बच्चे से भी 'कंडैम' कराया जा सकता है लेकिन क्रिश्चियनिटी का उसके लिए क्या अर्थ था, इसे जानने-समझने में 10 वर्ष भी लग सकते हैं।

(43)

मार्क्स-एंगेल्स की महान् इतिहास-चेतना को यहाँ सीमित सा ही उद्‌घाटित कर पाने से पहले यह स्पष्ट कर देना चाहूँगा कि 'समर्थन-सामग्री' का विवरण सूचनात्मक ही होगा न कि विश्लेषणात्मक, जैसी कि लेख की सीमा है तथा यह भी कि यदि पॉपुलर सूत्रों का उपयोग न दिखाई दे तो भी कोई हर्ज नहीं होगा, क्योंकि कम पॉपुलर सूत्र भी मार्क्स-एंगेल्स के ही हैं और उतने ही महत्त्वपूर्ण।

(44)

एंगेल्स ने 1890 में चिन्ता व्यक्त करते हुए कहा था—"और देखा ही होगा कि **पार्टी के साथ लग जाने वाले** साहित्यिक नौजवानों में से कितने कम राजनीतिक अर्थशास्त्र, राजनीतिक अर्थशास्त्र के **इतिहास**, व्यापार, उद्योग और कृषि के इतिहास, समाज की विरचनाओं के इतिहास का अध्ययन करने की तकलीफ गवारा करते हैं? कितने हैं जो 'मारर' के नाम के सिवा उसके बारे में कुछ और जानते हों?" बिल्कुल यही प्रश्न कम्युनिस्टों को अपने से व अपनी पार्टी से करने चाहिए।

आगे उन्होंने कहा कि "वे एक पत्रकार की प्रगल्भता से ही पूरा काम चला लेना चाहते हैं और नतीजा भी ऐसा ही दिखता है।" एंगेल्स के समय में फिर भी विशेषता सुरक्षित थी 'पत्रकारिता' की आज तो ऐसी फौज हमें दिखाई देती है जो सिर्फ़ प्रगल्भता से ही सबकुछ कर डालना चाहती है। इसके बाद एंगेल्स ने वह महान् सूत्र दिया जो अवधारणा तो नहीं है लेकिन समस्त अवधारणाएँ बेकार हैं, यदि यह सूत्र नहीं है—"अक्सर ऐसा लगता है कि इन महानुभावों के ख़याल में मजदूरों के सामने जैसा-तैसा कुछ भी पेश कर देना ही काफी है। काश, उन्हें पता होता कि मार्क्स सोचा करते थे कि उनकी सर्वोत्तम चीज भी मजदूरों के लिए पर्याप्त उत्तम

नहीं है, वह मजदूरों को सर्वोत्कृष्ट से कम कुछ भी देना अपराध समझते थे।" क्या हमारे इतिहासकार, लेखक बन्धु व बुद्धिजीवी मार्क्स से यह सीखना चाहेंगे?

(45)

कहा जा सकता है कि इतिहास का मार्क्सवाद में वही स्थान है जो शरीर-क्रिया-विज्ञान में कोशिकाओं का। एक ओर इतिहास स्वयं भी कोशिका-भूमिका निभाता है तथा इतिहास में कितनी ही कोशिकाएँ सक्रिय होती हैं। लॉर्ड ऐक्टन के जमाने से बढ़ता हुआ, चक्रिक से रैखिक की ओर आता हुआ इतिहास-चिन्तन जिन फैलते क्षितिजों को ई. एच. कार के ग्रन्थ में 1976 में भारतीय पाठकों को परिचित कराता है, उन क्षितिजों को 100 वर्ष पहले एंगेल्स ने कैसे पकड़ा था, यह देखने की चीज है। 1890 में उन्होंने इसे विविध ज्ञानों के संश्रय के रूप में, ज्ञान के द्वन्द्ववाद, मनुष्य और प्रकृति और मनुष्य-मनुष्य के अन्तर्विरोधों के रूप में व्याख्यायित किया था।

(46)

उस युग की बुनियादी कमज़ोरी सौ साल से बराबर समस्त देशों के इतिहास-चिन्तन में मौजूद रही है। एंगेल्स ने नोट किया था—**नये लेखकों के लिए 'भौतिकवादी' शब्द केवल एक खोखले फिकरे का काम देता है** जिसे लेबुल के रूप में हर चीज पर बिना उसका और अध्ययन किये चिपका दिया जाता है। वे यह लेबुल चिपका देते हैं और सोच लेते हैं कि समस्या निबट गयी। पर **इतिहास की हमारी धारणा सर्वोपरि अध्ययन की पथ निर्देशक है**, चिन्तन की एक इमारत खड़ी कर लेने का साधन नहीं है, जैसा हीगेलवाद में है।"

बिल्कुल ठीक है इतिहास क्या दर्शन विहीन कोई ज्ञान है? या विचारधारा से इसका कोई रिश्ता नहीं है? या नवीनतम वैज्ञानिक उपलब्धियाँ इसके कार्यक्षेत्र से बाहर हैं? या उत्पादन और वितरण पर टिके सामाजिक संगठन इस पर प्रभावी नहीं हैं? एंगेल्स अन्त तक इस बात पर बल देते रहे कि "समस्त इतिहास का अवश्य ही नये सिरे से अध्ययन करना चाहिए।"

(47)

नये से उनका क्या तात्पर्य था? क्या इतिहास-ग्रन्थों को बार-बार पढ़ने लगना? हर्गिज नहीं, उनका नया सिरा था—"समाज की विभिन्न रचनाओं के अस्तित्व की अवस्थाओं का तफसील के साथ अध्ययन करने के बाद ही उनसे तदनुरूप राजनीतिक, नागरिक व विधि विषयक, सौन्दर्यबोधी, दार्शनिक, धार्मिक आदि अवधारणाएँ निगमित करने की चेष्टा।"

यह मार्क्सवाद डॉग्मा है?

यह केवल आर्थिक सम्बन्धों पर जोर है?

यह मार्क्सवाद संकीर्ण और एकांगी दृष्टि दे रहा है?

यह कट्टर मार्क्सवाद है—पुराना पड़ चुका है?

अभी यह मार्क्सवाद भारत में तो शुरू भी नहीं हुआ और जो हुआ है वह तो इतिहास का शैशव है। संश्लिष्ट इतिहास की बाल्यावस्था भी नहीं! अधिक से अधिक आर्थिक-राजनीतिक परिप्रेक्ष्य को ही समेट सका है।

(48)

एंगेल्स क्या थे, स्वयं वे अच्छी तरह जानते थे और इससे भी अच्छी तरह जानते थे कि मार्क्स क्या थे? आज के वक्त कहीं वे होते तो भ्रष्टाचार की जो हालत है, उसमें मार्क्स की 'पूँजी' अपने नाम से छपवा देते। भारतीय एंगेल्स तो कम-से-कम नहीं चूकते। मित्रता का ऐसा नम्र, सजग और चेतन आदर्श विश्व में दूसरा नहीं हुआ। एक ही दर्शन के दो व्याख्याता! दो सिद्धान्तकार! क्या ऊँचाई और कैसी दुर्लभ नम्रता। एंगेल्स ने मार्क्स के बारे में जो कहा है, उससे यूरोप को ज़रूरत ही नहीं थी कि वह 'मार्क्स अधिक शार्प थे' जैसी वाहियात थ्योरी पेश करे। एंगेल्स का मत था—"यहाँ (मार्क्सवादी सिद्धान्त) इस सिद्धान्त में मेरे योगदान की बारम्बार चर्चा हुई है, अतः इस प्रश्न के समाधान के लिए कुछ कहना मेरे लिए जरूरी हो गया है। मैं इससे इनकार नहीं कर सकता कि मार्क्स के साथ चालीस वर्षों के अपने सहयोग के समय और इससे पहले भी इस सिद्धान्त की बुनियाद डालने और विशेषकर इसे विकसित करने में मेरा एक हद तक स्वतन्त्र योगदान रहा है। पर इसके मूर्द्धन्य, मूलभूत सिद्धान्तों का अधिकतर भाग, खासकर अर्थशास्त्र और इतिहास के क्षेत्र में और सर्वोपरि इन सिद्धान्तों का अपने अन्तिम तीखे रूप में निरूपण मार्क्स की देन है। मेरा जो योगदान है—बहरहाल, कुछ विशेष क्षेत्रों को छोड़कर—उसकी पूर्ति मार्क्स आसानी से मेरे बिना भी कर लेते। पर मार्क्स की उपलब्धि मेरी उपलब्धि नहीं हो सकती थी। मार्क्स बाकी हम सभी लोगों से ऊँचे थे, अधिक दूर तक देखते थे, उनकी दृष्टि अधिक व्यापक थी और अधिक क्षिप्र भी। मार्क्स महामनीषी थे, बाकी हम लोगों को अधिक से अधिक साधारण प्रतिभा सम्पन्न कहा जा सकता है। उनके बिना यह सिद्धान्त कभी वह न होता जो है। इसलिए मार्क्स के नाम पर उसका नाम (मार्क्सवाद) होना एकदम ठीक है।"

ईमानदारी का ऐसा उदाहरण अन्यत्र देखने में नहीं आता। ऐसा एंगेल्स इसीलिए कर सके क्योंकि उनके पास डॉग्मा या कट्टरता नहीं थी बल्कि एक तरल इतिहास-चेतना थी जिसमें नैतिकता और वस्तुनिष्ठता अपने सर्वश्रेष्ठ रूप में निहित थी।

(49)

इतिहास के मामले में एंगेल्स बहुत गम्भीर थे, चिन्तित और व्यग्र थे। उनका मानना था—"अभी तक इस मामले में जो कुछ किया गया है, वह नगण्य है क्योंकि बहुत थोड़े ही लोगों ने गम्भीरता के साथ इस काम को अपनाया है।" उनकी स्पष्ट माँग थी कि 'इस क्षेत्र' में हमें बड़ी सहायता की ज़रूरत है। साथ ही उन्हें यह भी स्पष्ट था कि 'यह एक बहुत बड़ा क्षेत्र है और गम्भीरतापूर्वक काम करनेवाला कोई भी व्यक्ति बहुत कुछ उपलब्ध कर सकता है। नाम भी कमा सकता है।'

एंगेल्स ने इतिहास को "बहुत बड़ा क्षेत्र" कहा है। जब वे ऐसा कहते हैं तो उनके मस्तिष्क में उस महाविभूति की छवि रहती है, जिसे मार्क्स सीधा खड़ा कर देते हैं, याने हीगेल की छवि। इतिहास की जो क्षेत्रीय विशालता हीगेल के यहाँ मिलती है वह अन्यत्र कहाँ! यह अलग बात है कि हम उनके दृष्टिकोण से सहमत न हों बल्कि एंगेल्स तो चीखते थे कि यह व्यक्ति भी 'जर्मन कूपमण्डूकता' का थोड़ा-सा पुछल्ला लगाये हुए था। एंगेल्स ने साथ ही उचित गर्व से कहा—"लेकिन थे अपने विशाल क्षेत्र के वे देवाधिदेव!"

ऊँचा विद्वान् ही समान का आदर करना जानता है। यहाँ एक-एक पैम्फलेट पढ़कर लोग उसे यों झटक देते हैं कि 'हुँह हीगेल!' कई तो समझते हैं कि वे कितने बड़े हैं कि उन्होंने हीगेल की मूर्खता पकड़ ली! बेचारा क्रिश्चियन!! हिन्दी में ही नहीं भारत के अंग्रेजीदाँ कलम घसीटों का भी यही हाल है। हीगेल की हर कमज़ोरी पर एंगेल्स और मार्क्स ने भी प्रहार किया था लेकिन उनकी ऊँचाई का मान करते हुए।

(50)

हीगेल के "विशाल क्षेत्र" से एंगेल्स ने इतिहास का वह विराट् रूप तैयार किया, जिसके आगे भारतीय इतिहास लेखन का बहुलांश अत्यन्त इकहरा प्रतीत होता है—"इस विशाल क्षेत्र में उसने (हेगेलवादी पद्धति) विचारों का एक ऐसा भण्डार प्रस्तुत किया, जो आज भी (1886 में) विस्मयजनक है।" यह एंगेल्स का विचार था तब, जब वे स्वयं इतिहास रच रहे थे—"मस्तिष्क की फिनामिनालॉजी (जिसे हम मस्तिष्क के भ्रूण विज्ञान और जीवाश्म विज्ञान का समानान्तर कह सकते हैं, अर्थात् अपनी भिन्न-भिन्न अवस्थाओं से गुजरती हुई वैयक्तिक चेतना का विकास, जो मानव चेतना द्वारा ऐतिहासिक क्रम में तय की हुई मंज़िलों की संक्षिप्त प्रत्युत्पत्ति के रूप में विन्यस्त है) तर्कशास्त्र, प्राकृतिक दर्शन, मस्तिष्क के दर्शन, धर्म के दर्शन, दर्शन के इतिहास, सौन्दर्यशास्त्र आदि—इन सभी भिन्न-भिन्न ऐतिहासिक क्षेत्रों में हीगेल ने विकास के प्रधान सूत्र को ढूँढ़ने और प्रत्यक्ष करने का परिश्रमपूर्ण प्रयास किया और चूँकि वह सृजनात्मक प्रतिभा से ही नहीं, वरन् सर्वव्यापक ज्ञान से भी सम्पन्न थे, इसलिए इन सभी क्षेत्रों में उन्होंने युगान्तरकारी कार्य किया।"

क्या यह हीगेल की स्थापना है?

यह है उनका मूल्यांकन जो केवल एंगेल्स जैसे मार्क्सवादी ही कर सकते हैं क्योंकि वे जानते हैं विरासत का मूल्यांकन कैसे और क्यों किया जाना चाहिए। विश्व और भारत में आजकल ऐसे मार्क्सवादियों की कमी नहीं है जिनके लिए सारा इतिहास 1917 के बाद शुरू होता है और पेरेस्त्रोइका के साथ खत्म हो जाता है।

(51)

'जर्मन आइडियोलॉजी', 'ग्रुण्ड्रिसे' तथा 'कम्युनिस्ट पार्टी का घोषणा पत्र' सभी में इतिहास की वैश्विक धरती विद्यमान है, यह सही है, लेकिन बहुत से महत्त्वपूर्ण सूत्र इन ग्रन्थों के बाहर भी बिखरे पड़े हैं। एंगेल्स ने 1895 में मार्क्स के प्रसिद्ध इतिहास सूत्र को दोहराया—"मार्क्स के दृष्टिकोण के अनुसार बड़ी घटनाओं के सिलसिले में आज तक की सारी इतिहास धारा अचेत रूप से प्रवाहित हुई है, अर्थात् ये घटनाएँ और उनके आगे के परिणाम मानव-इच्छा का फल नहीं थे।"

अर्थात् "ऐतिहासिक घटनाओं में भाग लेनेवाले या तो कुछ सर्वथा भिन्न प्राप्त करना चाहते थे या फिर उन्होंने जो कुछ प्राप्त किया उसके सर्वथा भिन्न, अकल्पित परिणाम निकले।" यह वही धारणा है जो उनके आरम्भिक चिन्तन में विद्यमान है। इसे केवल द्वन्द्वात्मक भौतिकवाद ही समझा सकता है क्योंकि "वह कोई मत नहीं है।"

आश्चर्य है मार्क्सवाद को पुराना घोषित करने वाले और यह कहने वाले कि दूसरे भी दर्शन हैं, ऐसे विद्वान् यह नहीं समझते कि **मार्क्सवाद कोई मत नहीं, विधि है।**

(52)

एंगेल्स ने कहा था कि "इतिहास की भौतिकवादी अवधारणा के अनुसार, इतिहास का निर्णायक तत्त्व अन्ततोगत्वा वास्तविक जीवन का उत्पादन और पुनरुत्पादन है।" लेकिन साथ ही यह भी कहा कि "इससे अधिक न मार्क्स ने और न मैंने ही कभी कहा है। अतः यदि कोई इसे तोड़-मरोड़कर यों कहे कि आर्थिक तत्त्व ही **एकमात्र** निर्णायक तत्त्व है, तो वह हमारी प्रस्थापना को निरर्थक, अमूर्त्त और खोखली शब्दावली मात्र बना देता है।" जाँच कीजिए फिर आर्थिक तत्त्व की बकवास लोग क्यों करते हैं? यहाँ तक कि मार्क्सवादी भी ऐसे क्यों आतंकित रहते हैं इस आर्थिक तत्त्व से? क्या सुपरिगठन की कोई भूमिका नहीं बतायी गयी थी?

(53)

उदाहरण के लिए वर्ग संघर्ष के राजनीतिक रूप और परिणामों का अध्ययन करें तो जैसे विजयी वर्ग द्वारा "संघर्ष में सबलता प्राप्त करने के बाद संस्थापित राजकीय

व्यवस्था, आदि कानूनी रूप और इनके साथ इन वास्तविक संघर्षों का उनमें भाग लेने वालों के मस्तिष्कों पर अक्स ही नहीं व्यवस्था पर अधिकार के साथ ही राजनीतिक, न्यायिक, दार्शनिक सिद्धान्त, धार्मिक मत और जड़ सूत्री पद्धतियों के रूप में उनका विकास" भी होता है और इन सारे तत्त्वों की **अन्योन्य क्रिया** भी चलती है जिसमें आकस्मिक घटनाओं के अनन्त समूह के मध्य से आर्थिक तत्त्व, जो कि **गति** का ही एक सघन रूप है, प्रकट होता है। लेकिन फिर सवाल यह होता है कि मार्क्स का लोकप्रिय सिद्धान्त "मनुष्य अपने इतिहास की रचना स्वयं करते हैं" कैसे स्पष्ट हो? यह प्रक्रिया परिस्थितियों को बदलने की मानवी शक्ति की समझ से स्पष्ट हो जाती है। बेशक यह कार्य होता है अनिश्चित मान्यताओं और परिस्थितियों के अन्तर्गत ही पर, राजनीतिक और अन्य परिस्थितियाँ यहाँ तक कि "मानव मस्तिष्क पर छायी परम्पराएँ" भी एक भूमिका अदा करती हैं। "यद्यपि वे निर्णायक नहीं होतीं।"

ये हैं वे इतिहास सूत्र जिनसे इतिहास का मार्क्सवादी दृष्टिकोण बनता है न कि आर्थिक तत्त्व का डण्डा जिससे उनके पूरे परिप्रेक्ष्य को कठमुल्ले मार्क्सवादी पीटते रहते हैं।

(54)

दूसरी बात यह है कि इतिहास इस तरह निर्मित होता है कि **अन्तिम परिणाम** सदा अनेक वैयक्तिक इच्छाओं के द्वन्द्वों से आविर्भूत होता है, जो स्वयं जीवन की अनगिनत विशिष्ट परिस्थितियों द्वारा निर्मित हुई होती हैं। इस प्रकार, इतिहास के रूप में "असंख्य प्रतिच्छेदक शक्तियाँ होती हैं, शक्ति के समान्तर चतुर्भुज की एक अनन्त शृंखला होती है जिससे एक 'परिणामी ढाल' उत्पन्न होता है।"

यही है ऐतिहासिक घटना।

जब हम इन सूत्रों को भूल जाते हैं तो हम अन्तर्विरोधों की तह क्या सतह को भी नहीं देख-समझ सकते। इससे एक और ऐतिहासिक घटना होती है। हम बिना पढ़े और समझे ही मार्क्सवाद की 'अहा हा वादी' प्रशंसा करने लगते हैं या फिर उसे क्लासिक, न्यू, पुराना, कट्टर वगैरह फिजूल की बूर्ज्वा शब्दावली का इस्तेमाल करते हुए रिजेक्ट करने लगते हैं। दोनों ही परिस्थितियों में मार्क्सवाद को कहीं भी लागू नहीं किया जाता। यही कारण है कि पेरेस्त्रोइका हमें परेशान करता है।

(55)

साम्राज्यवादी-पूँजीवादी व्यवस्था की बौखलाहट देखिए, भारतीय प्रेस को देखिए, ज्ञान के माध्यमों को देखिए, एक साथ कितनी खुशी, कितना डर, घबराहट वे व्यक्त कर रहे हैं मार्क्सवाद चला गया है। 70 साल पुराना हो गया है। मॉडल टूट गया। धज्जियाँ उड़ गयीं। बड़ी खुशी की बात है कि विश्व-व्यवस्था के पूँजीवादी सरगने अब चैन से

सो सकेंगे। लेकिन फिर डर क्या? क्या करें बेचारे भारतीय प्रतिक्रियावादी! मार्क्सवाद अब भूत बनकर न सताने लगे!! भूतों को इस देश में वैसे ही भारी सम्मान प्राप्त है।

वास्तविकता यह है कि मार्क्सवाद सच साबित हो रहा है। एशिया के शोषण का सवाल पूरी प्रचण्डता से लहरा रहा है। राष्ट्रवाद और जातियों के प्रश्न उठ खड़े हुए हैं। यूरोप अन्तर्द्वन्द्वों से मुक्त है? वहाँ कोई 'क्राइसिस' नहीं है? कोई प्रतियोगिता या अराजकता नहीं है? जब तक एशिया की लूट यूरोप अपने श्रमजीवी वर्गों में बाँटता-खाता रहेगा 'क्राइसिस' दबी रहेगी। **पश्चिम की क्रान्तिकारिता का विनाश पूर्व की लूट के सानुपातिक बँटवारे में निहित है।** देखना यह है कि इतिहास के इस दौर में एशिया की अग्रगामी शक्तियाँ शोषण को रोक पाएँगी, उस प्रक्रिया को समझ पाएँगी या अपना मैदान खुला छोड़कर भाग खड़ी होंगी! क्या कम्युनिस्ट पार्टियाँ इस दायित्व को निभा पाएँगी?

मार्क्सवादी इतिहास चेतना तो पुकार-पुकार कर कह रही है कि आर्थिक तत्त्व ही निर्णायक नहीं है। उदाहरण के लिए गरीबी है, भयंकर शोषण है, तो फिर क्रान्ति क्यों नहीं हो जाती? इसके विपरीत कहीं ऐसा तो नहीं कि मार्क्सवादी देश सहयोगी देशों का उसी तरह दोहन कर रहे हों जैसे पूँजीवादी? व्यवस्था हो समाजवादी और अराजकता हो पूँजीवादी? दुश्मन हो मज़बूत हमने कहा हो काग़ज़ का शेर? मार्क्सवाद का जाप हो और निम्न पूँजीवादी क्रान्तिवाद का बोलबाला हो?

शोषण, लूट, दमन, उत्पीड़न आदि यदि अमूर्त्त अभिव्यक्तियाँ हैं तब तो कोई बात नहीं, यदि वे वास्तविकताएँ हैं तो वे अवश्य ही इस माहौल का अन्त कर देंगी। दार्शनिक स्तर पर मार्क्सवाद की अपराजेयता बनी रहने के कारण ही "सारे विश्व को बमों से बरबाद कर दो" के नतीजे पर पहुँचा गया है और "कम्युनिस्टों की हत्याएँ ही" मुक्ति का मार्ग घोषित हुआ है।

(56)

कोई भी सिद्धान्त अपने व्यवहार के बिना क्या है? 'जल कहि तृषा बुझाई!' यदि पानी कहने मात्र से प्यास नहीं बुझती तो मार्क्सवाद भी कहने मात्र से विजयी नहीं हो जाता। ठोस प्रश्नों के ही ठोस उत्तर होंगे।

'साम्यानुमान' पराजित हो चुका दो सौ वर्ष पहले।

केवल तर्क शास्त्र सिर्फ़ बौद्धिक अय्याशी है।

अन्तर्वस्तु विहीन तर्कणा का परिणाम सिर्फ़ शून्य है।

"वह पेड़ अपने आधे से ठीक दुगुना है" या "सभी अविवाहित क्वाँरे होते हैं" जैसी प्रतिपत्तियों से मार्क्सवाद के अग्नि स्फुलिंगों को दबाया नहीं जा सकता। इसकी कठिन सैद्धान्तिक निहाई पर जब जीवन-व्यवहारों का घन पड़ता है तो टेढ़ी-मेढ़ी धातुओं में रूप निकल आता है, उनमें ऐसी अन्तर्वस्तु पैदा हो जाती है कि पहले

की अनगढ़ दशा की दुनिया कभी नहीं लौटती। इसीलिए व्यवस्था इस घन और निहाई का सम्बन्ध नहीं बनने देती। यह भी इतिहास के सन्तुलन में कहीं गड़बड़ी का द्योतक है।

(57)

आधुनिक भारतीय इतिहास-लेखन में एक दोष यह विद्यमान है कि मूल स्रोतों को सिर्फ़ अंग्रेजी से लिया जाता है और इस तरह पहले ही इतिहास को एक चश्मा पहना दिया जाता है। स्थानीय भाषिक स्रोतों के अतिरिक्त अत्यन्त प्रामाणिक सामग्री अरबी-फारसी स्रोतों से ही पायी जा सकती है, वैसे ही जैसे पुरातन सामग्री का स्रोत संस्कृत परिवार से ही मिल सकता है। लेकिन वह एक स्रोत है। और भारतीयों को 'एशियाइयों को' नीच साबित करने के लिए यही स्रोत अधिक बरता गया है। यहाँ तक कि जब मार्क्स एशियाई उत्पादन पद्धति की धारणा विकसित कर रहे थे तो पुष्टि के लिए उनके पास केवल 'मनुस्मृति' उपलब्ध थी, जिससे नकारात्मक मान्यता को पर्याप्त बल मिला। जबकि हीगेल इस हद तक भारतीय ग्रन्थों के पीछे पड़े थे कि इधर महाभारत और वेदों के कुछ अंश छपे और उनके पास मौजूद! यह दुर्भाग्य था कि वे उन्हें पढ़ नहीं सके उस तरह और न उनका वैसा उपयोग कर सके। यदि इसकी जगह मार्क्स जीमूतवाहन को पढ़ लेते जिनके ग्रन्थ तब उपलब्ध थे तो बहुत कुछ धारणा बदलती, महाभारत व अन्य स्मृतियों की तो बात ही क्या!

(58)

व्यवस्था अक्सर अपने आदर्शों के दबाव में कुछ ऐतिहासिक क़दम उठाती है विशेषकर अपनी आरम्भिक स्थापना के दौर में लेकिन यदि अग्रगामी शक्तियों को, वामशक्तियों को, उनका अपना परिप्रेक्ष्य स्पष्ट हो तो एक सीमा तक वह उनका लाभ ले सकती हैं। यदि नहीं तो व्यवस्था को ऐसे खातों में कोई दिलचस्पी नहीं, जिनमें प्रचण्ड प्रगतिशील ऐतिहासिक तथ्य विद्यमान हों और जो उसी के खिलाफ जाते हों। कैसे?

आज़ादी के तुरन्त बाद के दशक में भारत सरकार ने अपने समस्त संग्रहालयों में छानबीन करने की छूट दी थी कि वे जाएँ और पहले स्वाधीनता संग्राम 1857 सम्बन्धी जो भी तथ्य पाएँ उससे सिद्ध करें कि वह क्या था?

तब नेतृत्व किसने सँभाला? क्या वामपन्थियों ने? कम्युनिस्ट पार्टी ने? बिल्कुल नहीं, क्योंकि अपने देश की महानतम क्रान्तिकारी घटना के मूल्यांकन का महत्त्व उनके लिए (1957 में) स्पष्ट न था। आज भी उतना स्पष्ट नहीं है। ऐतिहासिक विडम्बना यह है कि नारा होगा 'हमें विद्रोही होना चाहिए लेकिन विद्रोहों का मूल्यांकन नहीं करना चाहिए।' दुनिया की कोई ही कम्युनिस्ट पार्टी ऐसी होगी जो क्रान्तिकारी विरासत से अपने अनुयायियों को न जोड़े। यहाँ विद्रोह कोई मूल्य ही पैदा नहीं

करते। 1957 तक पार्टी में इतिहास चेतना के विकास का प्रश्न प्रमुख नहीं था यद्यपि एक पैरा इस सम्बन्ध में उसके प्रोग्राम में दर्ज था।

लिहाजा नेतृत्व सँभाला बंगाली इतिहासकार त्रिक सर्व श्री रमेशचन्द्र मजूमदार, डॉ. शशिभूषण चौधरी और सुरेन्द्रनाथ सेन ने। इन सभी ने वही किया जो इन्हें करना था। यानि कि अंग्रेज प्रगतिशील थे, संग्राम प्रतिक्रियावादी और लड़ाई राष्ट्रवाद की कांग्रेस ने ही ठीक से शुरू की। ऐसे में अकेले डॉ. रामविलास शर्मा हिन्दी की ओर से आगे आये और उन्होंने पहला महत्त्वपूर्ण क़दम उठाया 'अठारह सौ सत्तावन की राज्य क्रान्ति' और इन इतिहासकारों के मत की उचित और कड़ी भर्त्सना की। यह श्रेय उन्हें है कि उन्होंने प्रतिक्रियावादी इतिहास दृष्टि पर अपेक्षित, आवश्यक और जमकर प्रहार किया। लेकिन यह ग्रन्थ उस तरह इतिहास ग्रन्थ नहीं था, जैसा कि अन्य इतिहासकारों के थे। अर्थात् प्रमाणों की प्रकृति, विस्तार व तथ्य संकलन की दृष्टि से इतना नहीं बल्कि अपने दृष्टिकोण के कारण अधिक महत्त्वपूर्ण ग्रन्थ था यह।

इसका परिणाम यह रहा कि ऐसे सभी प्रमाण दब गये जिनसे इस घटना का महान् राष्ट्रीय चरित्र, पुनर्जागरण का एक गम्भीर प्रस्थान बिन्दु, एकता के प्रेरक और साम्राज्यवादी विरोधी, तत्त्ववादी विरोधी, धर्म और जाति-पाँत विरोधी उपलब्धियों का समुच्चय बेकार हो गया। कोई भी लेखक इसके महत्त्व को नज़रअन्दाज़ नहीं कर पा रहा था और न इसकी महान् दृष्टि ही समझ पा रहा था। अतः कुछ भयानक ऐतिहासिक भ्रान्तियों ने जन्म लिया। उनमें से एक थी कि "सिखों ने विश्वासघात किया, सिख कौम गद्दार है...काश। पंजाब ने साथ दिया होता?" स्वयं डॉ. शर्मा इसका सबल और विस्तृत खण्डन नहीं कर सके। इसका परिणाम यह हुआ कि जब पंजाब में उग्रवादियों के समर्थन में उनका बुद्धिजीवी वर्ग मैदान में आया तो उसने अर्ध्वबाहु यह घोषणा की कि "बिल्कुल ठीक! सिखों ने तब भी हिन्दुओं का साथ नहीं दिया और उनमें तथा हिन्दुओं में कोई एकता न थी, न हो सकती है।" बदले में इतिहास से प्रमाण कि "1857 में सिख अंग्रेजों के साथ थे। इससे बड़ा झूठ 1857 के मामले में कोई दूसरा नहीं कि सिख अंग्रेजों के साथ थे।" दूसरी बात यह कि 1857 केवल हिन्दू संग्राम था?

(59)

इसी तरह बंगला नवजागरण अंग्रेजों की देन था, यह एक पक्ष है। दूसरा पक्ष यह है कि बंगला नवजागरण का जो साम्राज्यवाद विरोधी, ब्रिटिश विरोधी पक्ष है उसे उभारने में इतिहासकारों की कोई दिलचस्पी नहीं है। केवल यह रट लगाये जाना कि "वह महान् था—महान् था" इतिहास नहीं, स्तुति है। साइंस नहीं, सरमन है। उसके दूसरे पक्ष को उभारा जाना चाहिए। इससे राष्ट्रीय चेतना के मसले सुलझते हैं। भारतीय राष्ट्रवाद के विकास का ठेका और कांग्रेसी चौधराहट टूटती है। भारत

में राष्ट्रवाद का विकास अठारहवीं शताब्दी के उत्तरार्द्ध में इस हद तक विकसित हो चुका था कि उच्च राजसत्ता का प्रश्न इससे जुड़ गया था। सैकड़ों इतिहासकारों ने, हिन्दी के लेखक-बुद्धिजीवियों और मार्क्सवादी प्रोफेसरों ने, जो अंग्रेजों की प्रगतिशील भूमिका पर जान देते हैं, बड़े जोर से यह घोषणा की है कि 1857 में कोई राष्ट्रीय चेतना नहीं थी, उन सभी का खण्डन करने वाले प्रमाण एक-दो नहीं, सैकड़ों की संख्या में उपलब्ध हैं लेकिन अधैर्य, श्रम न करने में प्रवीण और द्वन्द्ववाद की ऊँचाई से अनभिज्ञ मार्क्सवादी विद्वान् उन्हें 'ऐसे' नहीं पा सके, बदनीयत और बिके हुए, संस्थाबद्ध व्यवस्था प्रिय इतिहासकारों ने उन्हें 'वैसे' नहीं पाया।

(60)

इतिहास के कई महान् शिकंजे इतने सूक्ष्म होते हैं कि उनके विरुद्ध विचार ही नहीं उत्पन्न होता। वे इतिहास-चेतना की परम्परा बन जाते हैं। उन्हें भेद पाना कठिन होता है उदाहरण के लिए—'अशोका दि ग्रेट' का मामला ही लें। दशकों से यह 'दी ग्रेट' चल रहा है। वैसे ही जैसे 'दि ग्रेट मुग़ल' चल रहे हैं या 'अकबर दि ग्रेट' चल रहा है। जब आप कुछ भी 'दि ग्रेट' घोषित कर देते हैं तर्ज चाहे विक्टोरिया की हो या नेपोलियन की, उसी वक्त आप उसके अन्तर्विरोधों का परिप्रेक्ष्य नष्ट कर देते हैं। वह मनुष्य नहीं रहता। या तो दिव्य हो जाता है या भव्य या पिशाच। फिर इतिहास का दूसरा पक्ष नष्ट हो जाता है याने यहाँ फ्रेडरिक नीत्शे का जन्म होता है, जो दूसरे पक्ष को समझने का गर्व तो रखता है पर समझ नहीं रखता। इस 'दि ग्रेट' का दूसरा पक्ष क्या है?

इस 'दि ग्रेट' के दूसरे पक्ष के लिए हम अशोक का ही उदाहरण लेते हैं। उसकी महानता की तुलना में मुझे इतिहास में कलिंग के उन लाखों लोगों की बहादुरी बहुत ही 'ग्रेट' लगती है जिन्होंने उसकी साम्राज्य लिप्सा को रोकने का परम प्रचण्ड और अभूतपूर्व प्रयत्न किया। सम्राट की विजेता तलवार के आगे उन्होंने जिस अदम्यता, शौर्य, जातीयता, स्वाधीनता, प्रेम और गण सत्ता का घोर प्रदर्शन किया उसके बारे में इतिहास मौन रहे, चाहे अनादर प्रकट करे लेकिन उनके बलिदान और संघर्ष की त्रासदी का जो मौन स्तूप है, उस पर जो अंकित है, उसके समक्ष अशोक के शिलालेखों की सामग्री मुझे बहुत अभद्र और तुच्छ प्रतीत होती है।

(61)

इन 'दि ग्रेट्स' की 'प्लेसिंग' यदि ठीक से न की जाये तो ये हिन्दू, मुस्लिम, सिख या क्रिश्चियन बदतरीन तत्त्ववादियों की ही मदद करते हैं और इतिहासकार जाने-अनजाने अक्सर इस तरह पुनरुत्थानवाद का पथ प्रस्तुत करते हैं।

(62)

ठीक इसी तरह बँगला नवजागरण का मामला है, वह भी 'दि ग्रेट' ही है। जब एक 'दि ग्रेट' पैदा हो गया तो फिर दूसरा 'दि ग्रेट' हिन्दी नवजागरण भी पैदा हो गया। अब उनके शिलालेख तैयार होने लगे तो फिर अन्तर्विरोधों को देखने का प्रश्न ही नहीं रहा। इसलिए यह 'दि ग्रेट' मूल्यांकन पद्धति इतिहास की कोई विश्वसनीय पद्धति नहीं है। यद्यपि इसके लिए सामाजिक परिवेश के तर्क 'प्रबोधन युग' के इतिहासकारों से उधार लेकर दिये जाते रहे हैं और उनका बार-बार द्वन्द्वात्मक शब्द से मेल कराकर मार्क्सवाद भी बनाया जाता रहा है।

(63)

इप्पोलित तेन ने जब यह घोषित किया था कि विज्ञान के रूप में इतिहास का काम अन्ततः 'मनोवैज्ञानिक काम' है और विचारों और आचार-व्यवहार की आम अवस्था न केवल कला, साहित्य तथा दर्शन के विभिन्न स्वरूपों की सृष्टि करती है बल्कि सम्बन्धित कौमों, उनके उद्योगों तथा उसकी समस्त सामाजिक संस्थाओं का निर्माण भी करती है, तो बाकायदे एक 'ऐतिहासिक सम्मतिवाद' का दर्शन ही चल पड़ा। उधर से इसके विरोध में एक लहर थी भौगोलिक भौतिकवाद, जिसकी टक्करों से पूरा फ्रांस गुंजायमान था और जर्मनी तक जिसकी अनुगूँज सुनाई देती थी। उस समय भी केन्द्र में सामाजिक परिवेश था। विचारों से सामाजिक परिवेश का रास्ता ही हीगेल के परम विचार में और वहाँ से इतिहास में प्रकट हुआ था। लेकिन इसका विप्रतिषेध था—'सामाजिक परिवेश विचारों तथा आचार-व्यवहार की अवस्था का निर्धारण करते हैं।' एक ओर तेन थे दूसरी ओर फ. ब्रुनेतेर। लेकिन दोनों ही सामाजिक परिवेश के पारस्परिक विप्रतिषेधों को हल नहीं कर सके। इसे हल किया मार्क्स के ऐतिहासिक सिद्धान्त ने। जैसा कि प्लेखानोव कहते हैं : "मगर यह तो तभी है न जब लोगों के पास सुनने के लिए कान हों और सोचने के लिए दिमाग।"

(64)

आर्थिक सम्बन्ध या उत्पादक शक्तियाँ और सामाजिक परिवेश की अन्योन्य क्रिया को इसलिए अक्सर नहीं समझा जाता क्योंकि आर्थिक कारणों का मस्तिष्क में अत्यन्त सरल प्रारूप गढ़ लिया जाता है, जैसे कि कोई कहे 'सिद्धार्थ घर छोड़ कर क्यों भाग गये?' और उत्तर मिले—'देयर वाज सम मनी प्राब्लम्स'—फिर चिल्लाना शुरू हो जाता है मार्क्सवाद तो बड़ी घटिया अवधारणा देता है आर्थिक सम्बन्ध की, वगैरह-वगैरह।

ज़ाहिर है कि सामाजिक परिवेश की विशेषताएँ प्रत्येक युग में उस समय की उत्पादक शक्तियों की अवस्था द्वारा निर्धारित होती हैं। उत्पादक शक्तियों की अवस्था का निश्चय होते ही सामाजिक परिवेश की विशेषताओं का भी निश्चय

हो जाता है और इसी तरह उसके अनुरूप मनोवृत्ति का, तथा परिवेश और विचारों तथा आचार-व्यवहार की पारस्परिक अन्योन्य क्रिया का भी रूप निश्चित हो जाता है। ब्रुनेतेर कहते हैं कि "हम राजनीतिक अथवा ऐतिहासिक परिवेश के प्रभाव का अनुभव करते हैं, हम सामाजिक परिवेश के प्रभाव का अनुभव करते हैं, भौतिक परिवेश के प्रभाव का भी हम अनुभव करते हैं। किन्तु यह नहीं भुला दिया जाना चाहिए कि यदि हम इसका अनुभव करते हैं, तो हम इसका विरोध भी कर सकते हैं।" यही बात है। सही है कि मनुष्य को परिस्थितियाँ प्रभावित करती हैं लेकिन वही उन्हें बदल भी सकता है। अपनी आवश्यकता के अनुसार हम ढाल भी लेते हैं। प्लेखानोव कहते हैं—"अब आप पूछेंगे कि फिर वे आवश्यकताएँ कहाँ से आती हैं जो हमारे परिवेश की विशेषताओं से **मेल नहीं खातीं**?" ये उसी ऐतिहासिक गतिशीलता के कारण, उत्पादक शक्तियों के उसी विकास के कारण, वे हमारे अन्दर पैदा होती हैं जिसकी बदौलत देर-सबेर प्रत्येक सामाजिक व्यवस्था असन्तोषप्रद या पुरानी पड़ जाती है और ऐसी हो जाती है कि बुनियादी तौर से उसका पुनर्निर्माण किये बिना या उठाकर घूरे पर फेंके बिना आगे काम नहीं चल सकता। ऐसा कहते समय हमारे दिमाग में न केवल मनुष्यों की भौतिक बल्कि तमाम तथाकथित आत्मिक आवश्यकताएँ भी हैं। यहाँ तक कि इतिहास में पड़ोस भी एक प्रभावी कारक के रूप में काम करता रहता है जैसे कि अंग्रेजों के लिए ज़ारशाही रूस और भारत का पड़ोस उनकी हर नीति को प्रभावित करता था और अब पाकिस्तान और भारत का पड़ोस परस्पर कर रहा है।

(65)

एक तो प्रत्येक समाज के लिए एक विशेष **सामाजिक, ऐतिहासिक** परिवेश मौजूद होता है, जो उसे प्रभावित करता है, दूसरे उसका पड़ोस। लेकिन "प्रत्येक समाज द्वारा अपने पड़ोसियों की ओर से अनुभव किये जाने वाले प्रभावों का योग उन प्रभावों के योग के बराबर कभी नहीं हो सकता जिन्हें एक दूसरा समाज उसी समय अनुभव करता है।" प्लेखानोव ने बिल्कुल सही निष्कर्ष निकाला। इसलिए 'प्रत्येक समाज स्वयं अपने विशेष ऐतिहासिक परिवेश में रहता है जो कि वास्तव में उस ऐतिहासिक परिवेश से, जो दूसरे राष्ट्रों को घेरे हुए है, बहुत कुछ मिलता-जुलता हो सकता है और बहुत अक्सर ऐसा होता भी है, **किन्तु बिल्कुल उसके जैसा न कभी हो सकता है, और न कभी होता ही है।**'

(66)

इसलिए सभी योरोपीय समाज पूँजीवादी होते हुए भी निज-विशिष्ट चरित्र रखेंगे। वे आपस में भी मॉडल नहीं बन सकते और जब ऐसा है तो योरोप एशिया का

मॉडल कैसे हो सकता है? और वह पूर्व को जानता ही कितना था? यहाँ तो उसे पूरे हिन्दुस्तान में एक आलमारी के बराबर भी पुस्तकें नहीं मिली थीं? अब भी वह पूर्व की आलमारी से कुछ निकालकर पढ़ना अपनी तौहीन समझता है।

(67)

उपर्युक्त सैद्धान्तिक सूत्रों की सीमा में हम केवल यह दिखाना चाहेंगे कि एक अत्यन्त छोटे से मामले में, जिसे अंग्रेजों की बड़ी दयालुता कहा जाता है कि वे हमें **सभ्य** बनाने आये थे, कुछ दस्तावेज़ शिक्षा के प्रस्तुत हैं—ताकि पाठक यह जाँच सके कि 1857 का पूर्वाधार इस देश में क्या था और इतिहासकारों ने कैसे इसकी उपेक्षा की—इस जाँच में कोई सिद्धान्त कथन निरर्थक होगा। यही कहना काफी होगा कि उपर्युक्त सूत्र यहाँ जाँच-परीक्षण की प्रक्रिया में ही निहित है।

(68)

भारत ऋणी है अंग्रेजी शिक्षा का। इससे बहुत बड़ा जागरण आया। उसे बंगला नवजागरण कहा जाता है। इस शिक्षा के अन्तर्विरोध क्या थे? यह एक इतिहास-प्रश्न इस लेख के लिए मैंने चुना है—

सर जॉन मैलकम ने ब्रिटिश पार्लियामेण्ट की जाँच कमेटी के सामने 1813 में ये शब्द कहे—"इस समय हमारा साम्राज्य इतनी दूर तक फैला हुआ है कि जो असाधारण ढंग से हुकूमत हमने इस देश में कायम की है, उसके बने रहने के लिए केवल जिस बात का हमें सहारा है, वह यह कि जो बड़ी-बड़ी जातियाँ इस समय अंग्रेज सरकार के अधीन हैं, वे सब एक-दूसरे से अलग-अलग हैं और जातियों में भी फिर अनेक जातियाँ और उपजातियाँ हैं, जब तक कि ये लोग इस तरह विभाजित रहेंगे, तब तक कोई भी बलवा हमारी सत्ता को हिला नहीं सकता। जितनी-जितनी लोगों में एकता पैदा होती जाएगी और उसमें वह बल आता जाएगा जिससे वे वर्तमान अंग्रेजी सरकार की सत्ता को अपने ऊपर से हटाकर फेंक सकें, उतना ही हमारे लिए शासन कठिन होता जाएगा।"

यह वही दौर है 'जब राजा राममोहन राय को लगा था कि भारत में रेनेसांस जैसा कुछ घटित हो रहा है' यह ध्यान देने की बात है।

(69)

भारत पर अपने प्रशासन को लेकर ब्रिटिश चिन्तन ने कई मतवाद प्रचारित किये—जैसे—"भारत पर अंग्रेजी नियन्त्रण विमनस्कता की स्थिति में ही स्थापित हो गया" यह प्रोफेसर सीले का विचार है। अल्फ्रेड लायल का मत था कि "कम्पनी व्यापार के लिए आयी थी किन्तु भारत में उसे साम्राज्य मिला।" ली वार्नर कहते

हैं—"भारत के अंग्रेज शासकों पर साम्राज्य थोपा गया।" बंगला नवजागरण के इतिहासकार कहते हैं कि "हम बेहद गिर गये थे अतः उन्होंने हमें उठाकर कुछ वरदान जैसा दिया।" सभी तब यह मानते थे कि "भारत एक ऐसा देश ही नहीं है जिसकी समस्याएँ खराब और निवासी पथभ्रष्ट हैं बल्कि ऐसा देश भी है जो स्वभाव से ही नीच था और कभी अच्छा नहीं बन सकता था।"

श्री फिलिप्स ने गर्जना की कि "हमारा ईसाई धर्म पवित्र तथा कल्याणकारी है। भारतीय धार्मिक पद्धति क्रूर, कमीनी तथा व्यभिचारी है। वह एक महा घृण्य वस्तु है।" जेम्स मिल का भी यही विचार था। और बंगाली भद्रलोक का भी। लिहाजा गड्ढे से आवाज़ आयी, 'हमें शिक्षा दो, सभ्य बनाओ, हमारा जंगलीपन दूर करो!'

(70)

इतिहास की विडम्बना ही है कि ठीक यही परिस्थिति कभी इंग्लैण्ड के साथ थी। टैसीटस दर्शाता है—"जूलियस ऐग्रीकोला, जो ईसा से 78 वर्ष बाद इंग्लिस्तान का रोमन गवर्नर नियुक्त हुआ था और जिसने इस देश में रोमन साम्राज्य की नींव को पक्का किया, की यह नीति थी कि बड़े-बड़े अंग्रेजों के लड़कों को रोमन साहित्य और रोमन विज्ञान की शिक्षा दी जाए और उनमें रोमन सभ्यता के ऐश आराम की रुचि पैदा कर दी जाए।" श्री ट्रेवेलियन इसे समझते हैं—"हम सब जानते हैं कि जूलियस ऐग्रीकोला की यह नीति इंग्लिस्तान में कितनी सफल साबित हुई! जो अंग्रेज पहले रोमन लोगों के कट्टर शत्रु थे, वे शीघ्र ही उनके विश्वासपात्र बन गये।" सर चार्ल्स ट्रेवेलियन, जो मैकाले के बहनोई थे, ने 1853 में अपने नवजागरणी उद्गार कमेटी के सामने इस तरह रखे—"मुसलमानों को सदा यह बात याद आती रहेगी कि हम विधर्मी ईसाइयों ने मुसलमानों के अनेक सुन्दर से सुन्दर-प्रदेश छीनकर अपने अधीन कर लिए हैं और हिन्दुओं को सदा यह याद रहेगा कि अंग्रेज लोग इस तरह के नापाक दरिन्दे हैं, जिनके साथ किसी तरह का मेल-जोल रखना लज्जाजनक है।" पूछा गया ऐसे घृणित विचार किन लोगों के हैं?

उत्तर मिला 'जिन्हें हम अंग्रेजी शिक्षा' नहीं दे पाये। "इतना फर्क?" पूछा गया। उत्तर मिला—"अंग्रेजी साहित्य का प्रभाव राज के लिए हितकर सिद्ध हुए बिना नहीं रह सकता। जो भारतीय युवक हमारे साहित्य द्वारा हमसे भली भाँति परिचित हो जाते हैं, वे हमें विदेशी समझना प्रायः बन्द कर देते हैं। वे हमारे महापुरुषों का जिक्र उसी उत्साह के साथ करते हैं जिस उत्साह के साथ हम करते हैं।"

तथा जिस तरह अंग्रेज रोमनों का करने लगे थे।

ट्रेवेलियन ने इतिहासकारों की घटना के विपरीत पूरी बेशर्मी से यह कहा—"हमारी ही जैसी शिक्षा, हमारी ही जैसी रुचि और हमारे ही जैसे रहन-सहन के कारण इन लोगों में हिन्दोस्तानियत कम हो जाती है और अंग्रेजियत अधिक आ जाती है।"

परिणाम क्या होता है? "बजाय इसके कि वे हमारे तीव्र विरोधी हों या यदि हमारे अनुयायी भी हों तो उनके हृदय में हमारी ओर से क्रोध भरा रहे, वे हमारे जोशीले और चतुर मददगार बन जाते हैं (देखिए बंगला भद्र लोक व अभिजात वर्गीय मुस्लिमों व सिखों के सन्दर्भ) फिर वे हमें अपने देश से बाहर निकालने के प्रचण्ड उपाय सोचना बन्द कर देते हैं।"

यह था शिक्षा का असली लीवर! नवजागरण का कीर्तन इस लीवर को नहीं देखता। ट्रेवेलियन ने स्पष्ट कहा है—"भारतीय राष्ट्र के विचारों को दूसरी ओर मोड़ने का केवल एक उपाय है। वह यह कि उनके अन्दर पाश्चात्य विचार पैदा कर दिये जाएँ।" बिल्कुल सही है। बिना इसके ब्रिटिश साम्राज्य की जड़ें यहाँ कैसे जमेंगी? बंगाल के सन्दर्भ में इस उद्धरण को देखें और यंग बंगाल आन्दोलन का मूल्यांकन करें—"जो लड़के हमारे स्कूलों और कॉलेजों में पढ़ते हैं, वे फिर उस जंगल तानाशाही को, (मार्क्स का एशियाटिक डेस्पॉटिज्म) जिसके अधीन उनके पूर्वज रहा करते थे, घृणा की दृष्टि से देखने लगते हैं और फिर अपनी राष्ट्रीय संस्थाओं को अंग्रेजी ढंग पर ढालने की आशा करते हैं।"

ट्रेवेलियन ने **जागृति फैलाने के किसी उद्देश्य पर कोई प्रकाश नहीं डाला।** न ही 1813 में मैलकम ने डाला। चेतनापूर्वक वे ब्रिटिश परस्त शिक्षा का लक्ष्य घोषित करते हैं। यह काम उन्होंने भारतीय पिछलग्गू इतिहासकारों के लिए छोड़ दिया कि वे इसमें से भी 'लोक-मंगल' खोज डालें। देखें—ट्रेवेलियन के पेपर का शीर्षक था—"ए पेपर ऑन दि पालिटिकल टेण्डेंसी ऑफ दि डिफरेंस सिस्टम्स ऑफ एजूकेशन इन यूज ऑफ इण्डिया।"

(71)

ट्रेवेलियन बारह वर्ष पूरे भारत में 'मनोवृत्तियों' का पता लगाता रहा था। बंगाल के बारे में उसने कहा है—"इसके बाद मैं कुछ साल बंगाल में रहा। वहाँ मैंने शिक्षित भारतवासियों में बिल्कुल दूसरी तरह के विचार देखे। अंग्रेजों के गले काटने का विचार करने के स्थान पर वे लोग अंग्रेजों के साथ जूरी बनकर अदालतों में बैठने या बेंच मजिस्ट्रेट बनने की आकांक्षाएँ कर रहे थे।" उसने निष्कर्ष निकाला—"पाश्चात्य शिक्षा पाये हुए युवक स्वाधीनता के लिए प्रयत्न करना बन्द कर देते हैं।" ऐसा सारतत्त्व उसने पेश किया है कि पिट्ठू इतिहासकारों की धज्जियाँ उड़ जाएँ—"नयी और उन्नत शिक्षा पद्धति के अनुसार विचार करने वाले भारतवासी यह समझते हैं कि उनका उद्देश्य बहुत धीरे-धीरे पूरा होगा और उन्हें अन्तिम लक्ष्य तक पहुँचते-पहुँचते सम्भव है युग बीत जाएँ।" एक उत्पीड़क औपनिवेशिक साम्राज्यवादी सत्ता को इससे बढ़कर और क्या चाहिए?

(72)

इसके विपरीत जहाँ नवजागरण नहीं था उस 'जंगली', 'नीच' उत्तर भारत का उसका अनुभव यह रहा–"मैं बारह वर्ष भारत में रहा। इनमें से पहले 6 वर्ष मैंने उत्तर भारत में गुजारे। मेरा मुख्य स्थान दिल्ली था। शेष 6 वर्ष मैंने कलकत्ता में बिताये। उत्तर भारत में भारतवासियों की **देशभक्ति** केवल एक ही रूप धारण करती थी (देखिए आरोप–लोगों में देश की चेतना नहीं थी) वे हमारे विरुद्ध साजिशें करते रहते थे, हमारे विरुद्ध विविध शक्तियों को मिलाने की तजवीजें सोचते रहते थे।" अंग्रेज इतिहासकार प्रचार करते हैं कि ग़दर अचानक फूट पड़ा। हमें पता नहीं चला। हम तो सो रहे थे। नहीं तो सब कुछ नियन्त्रित हो सकता था। ट्रेवेलियन 1853 में कहता है कि **"वहाँ पूरे उत्तर भारत में षड्यन्त्र हो रहे थे। हर व्यक्ति स्वाधीनता की बात करता था। जबकि बंगाल में लोग नौकरियों से सन्तुष्ट होने की योजना बना रहे थे।"**

(73)

लॉर्ड माण्टीगल ने पूछा–"आपकी राय में इन दोनों मार्गों में से किस मार्ग पर चलने से हिन्दोस्तान और इंग्लिस्तान का सम्बन्ध अधिक से अधिक देर तक कायम रह सकता है?" अर्थात् हे भगवन् लूट का कोई स्थायी उपाय बताइए? ट्रेवेलियन बोले–"अवश्य है" और वह यह कि "शिक्षा को बढ़ाने और भारतवासियों को नौकरियाँ देने से यह लूट स्थायी हो सकती है।" यह शिक्षा कैसी हो? इस बारे में सर जान मैलकम 1813 में ही कह चुके थे–"कोई भी इस तरह की शिक्षा, जिससे हमारी भारतीय प्रजा के इस समय के जात-पाँत के भेद धीरे-धीरे टूटने की सम्भावना हो या जिसके जरिए उनके दिलों से यूरोपियनों का आदर कम हो, **अंग्रेज राज के राजनीतिक बल** को बढ़ा नहीं सकती।"

इससे अधिक निर्लज्जतापूर्वक कोई राजसत्ता और कुछ नहीं कह सकती मगर मजाल है भारतीय इतिहासकार इन बातों पर नजर डाल लें, इससे पहले कि एकतरफा उनकी प्रगतिशीलता, नवजागरण या योगदान का कीर्त्तन शुरू हो।

देखना चाहिए कि जो भी जागरण था, वह किसी स्वतन्त्र प्रक्रिया का प्रभाव था या ब्रिटिश सत्ता चेतनापूर्वक उसे ला रही थी और यदि वह सिर्फ़ प्रभाव था जो उनकी योजनाओं के विपरीत और स्वतन्त्र पड़ा था तो उसका श्रेय देने की आवश्यकता के पीछे के कारणों की जाँच करनी चाहिए और बुर्जुआ धूर्तताओं का भण्डाफोड़ करना चाहिए तथा मार्क्सवादी इतिहासकारों को अपनी मान्यताओं की पुनर्समीक्षा करनी चाहिए।

शिक्षा व्यवस्था साम्राज्यवादी हितों के लिए एक सुरक्षा कवच मात्र थी और प्रत्यक्ष रूप से इसका जागरण से कोई सम्बन्ध नहीं था। तथा उस समय की भारतीय शिक्षा-व्यवस्था के बारे में समस्त श्रेष्ठ साक्ष्यों को दो सौ साल तक दबाया जाता रहा।

उपनिवेशों को दबाये रखने के लिए साम्राज्यवादी एक न एक गलत मुद्दे से इतिहास को हाँके रहते थे। बड़े क्षेत्र के लिए बड़ा मुददा था, छोटे क्षेत्र के लिए छोटा मुद्दा था। एशिया के लिए 'स्टैगनेशन' और 'डेस्पॉटिज्म' था तो भारत के लिए **अशिक्षा** और चीन के लिए **जनसंख्या**। भारत में विविधता का विलाप इतनी जोर से किया जाता था कि अमेरिका और फ्रांस की भी नींद खुल जाती थी। भारत कैसे एक हो सकता है? यहाँ तो 222 भाषाएँ बोली जाती हैं। चीन कैसे सुधर सकता है वहाँ पर जनसंख्या ही इतनी है। दोनों कैसे सुधर सकते हैं—बर्बर एशियाई!

अब तो माओत्से-तुंग का योगदान रेखांकित करना एक सामाजिक अपराध माना जाने लगा है लेकिन कभी उन्होंने भी चीन के निर्माण में हाथ बँटाया था। 16 सितम्बर 1949 को माओ ने 'इतिहास की आदर्शवादी धारणा का दिवालियापन' उद्घाटित किया था। और अमरीकी पूँजीपति वर्ग के प्रवक्ता अचेसन की नीचतापूर्ण कुख्यात मान्यताओं का विश्लेषण किया था।

अचेसन ने कहा था—"अठारहवीं और उन्नीसवीं दोनों सदियों में चीन की आबादी दुगुनी हो गयी जिससे भूमि पर असहनीय दबाव आ पड़ा। चीन की हर सरकार के सामने सबसे पहली समस्या यह रही कि इस आबादी की खुराक की समस्या को कैसे सुलझाया जाए। इस समस्या को सुलझाने में आज तक कोई भी सरकार सफल नहीं हुई। क्वोमिन्तांग ने अधिनियम ग्रन्थ में भूमि सुधार पर बहुत से कानून शामिल करके इस समस्या को सुलझाने की कोशिश की।"

माओ ने प्रश्न किया उलट कर, यह प्रश्न भारत के लिए भी बड़े महत्त्व का है—"तो क्या क्रान्तियाँ आबादी की अत्यन्त अधिकता के कारण होती हैं? प्राचीन काल और आधुनिक काल में चीन और विदेशों में कितनी ही क्रान्तियाँ हो चुकी हैं क्या वे सबकी सब आबादी की अत्यन्त अधिकता के कारण हुईं?"

यह वैसी ही समझ है कि भयंकर गरीबी से क्रान्ति हो जाती है।

उन्होंने पूछा—"क्या 174 वर्ष पहले बरतानिया के विरुद्ध अमरीकी क्रान्ति भी आबादी की अत्यन्त अधिकता के कारण हुई थी?" या कि "मंगोलिया में जहाँ भूमि इतनी विशाल है और आबादी इतनी कम, अचेसन के तर्क के अनुसार क्रान्ति होने की कल्पना भी नहीं की जा सकती, फिर भी काफी समय पहले वहाँ क्रान्ति हो चुकी है।"

माओ ने अपनी इतिहास चेतना को पेश किया—"यह एक बहुत अच्छी बात है कि चीन की आबादी बहुत बड़ी है।" और अपनी योजनाएँ पेश कीं। ठीक वैसे ही जैसे राष्ट्रीय आन्दोलनों के विकास के साथ साम्राज्यवादी इतिहास-तर्क भारत की भूमि से उखड़कर लन्दन जा गिरे।

जैसा कि भारत की प्रगति का हर श्रेय पश्चिम ले लेता है वैसे ही अचेसन ने

जब कोई दलील नहीं चली तो यह शोर मचाया कि 'क्रान्ति घटित हो नहीं सकती थी यदि चीन पर पश्चिम का प्रभाव नहीं होता।' उसने कहा–

"तीन हजार वर्ष से भी अधिक समय तक चीनियों ने अपनी उन्नत संस्कृति व सभ्यता का विकास किया, जो बाहरी प्रभाव से काफी हद तक अछूती रहीं। सामरिक पराजय के शिकार होने पर भी चीनी लोग सदैव आक्रमणकारियों को वशीभूत करके अपने अन्दर विलीन करते रहे। इसलिए यह स्वाभाविक ही था कि चीनी अपने आपको विश्व का केन्द्र तथा सभ्य मानव की उच्चतम अभिव्यक्ति समझते रहे। और तब, 19वीं सदी के मध्य में चीन के अब तक के अलगाव की दुर्भेद्य दीवार को तोड़कर पश्चिम के लोगों ने उसके भीतर प्रवेश किया। बाहर से आये हुए ये लोग अपने साथ उद्यमशीलता लाये, पश्चिमी तकनालॉजी का अनुपम विकास लाये और एक उच्च स्तर की संस्कृति लाये।"

ऐसे सभी तर्क अंग्रेज भारत के सन्दर्भ में दे चुके थे। और अनेक मार्क्सवादी भी इनकी पुष्टि करते रहे हैं। माओ ने दर्शाया कि यह 'पश्चिम का प्रभाव' आखिर है क्या चीज? "जैसा कि मार्क्स-एंगेल्स ने 1848 के घोषणा पत्र में कहा है यह और कुछ नहीं बल्कि आतंक के जरिये दुनिया को अपने साँचे में ढालने की पश्चिमी पूँजीपति की एक कोशिश मात्र है।"

नवजागरण के सन्दर्भ में माओ की यह समझ बहुत सटीक है–"प्रभाव डालने या अपने साँचे में ढालने की इस प्रक्रिया में चूँकि पश्चिम के पूँजीपति वर्ग को अपने दलालों और पाश्चात्य रीतिरिवाजों से परिचित चाकरों की आवश्यकता थी, इसलिए उसे चीन जैसे देशों में स्कूल खोलने और विद्यार्थियों को विदेश भेजने की मंजूरी देनी पड़ी तथा इस प्रकार उसने चीन का "नये विचारों से परिचय कराया।"

ठीक इसी समय किसानों का एक विशाल दिवालिया वर्ग भी पैदा हुआ और एक विशाल अर्द्ध-सर्वहारा। माओ कहते हैं–"इस प्रकार पश्चिम के पूँजीपति वर्ग ने पूर्व के लोगों में दो श्रेणियों की सृष्टि की : एक थी अल्पसंख्यक लोगों की श्रेणी, जिसमें साम्राज्यवाद के चाकर थे तथा दूसरी थी बहुसंख्यक लोगों की श्रेणी जिसमें साम्राज्यवाद विरोधी मजदूर वर्ग, किसान वर्ग, शहरी निम्न-पूँजीपति वर्ग, राष्ट्रीय पूँजीपति वर्ग और इन वर्गों से आये बुद्धिजीवी थे।"

सारतत्त्व क्या रहा?

"ऐसा नहीं है कि पश्चिम से आने वाले **नये विचारों के तथाकथित** प्रवेश ने 'हलचल-अशान्ति' को उभारा, बल्कि दरअसल यह एक साम्राज्यवादी आक्रमण था–जिसने प्रतिरोध को उभारा।

(75)

लम्बे समय तक इतिहास में प्रकृति के इतिहास के तत्त्वों का बोलबाला रहा है।

अक्सर पुराने भौतिकवाद की आकर्षण प्रहार शैली में लिखने का मोह रहा है लेकिन कठिन रहा है द्वन्द्वात्मकता को पहचान पाना। जैसे समाज के इतिहास और प्रकृति के इतिहास को ही लें। एंगेल्स ने दर्शाया—"प्रकृति के अन्दर—जहाँ तक हम प्रकृति पर मनुष्य की प्रतिक्रिया की उपेक्षा करते हैं—हमें केवल अन्धी, अचेतन, एक-दूसरे से टकराती हुई क्रिया शक्तियाँ मिलती हैं, जिनकी परस्पर क्रिया के द्वारा सामान्य नियम परिचालित होते हैं। वहाँ जितने व्यापार होते हैं—चाहे वे सतह पर दिखाई देने वाली अनगिनत प्रगटतः आकस्मिक घटनाएँ हों या वे अन्तिम परिणामों में हों, जो इन आकस्मिक घटनाओं में अन्तर्निहित नियमबद्धता की पुष्टि करते हैं—उनमें कोई भी **चेतन रूप** से इच्छित लक्ष्य की पूर्ति के रूप में नहीं होता।" इसके विपरीत, "**समाज के इतिहास में** कार्य करने वाले लोग चेतना-सम्पन्न होते हैं; वे ऐसे लोग हैं जो सोच-विचार या जोश के साथ काम करते हैं, उनके कार्य का एक विशेष लक्ष्य होता है; कोई भी चीज बगैर सचेतन ध्येय के, बगैर किसी उद्दिष्ट अभिप्राय के नहीं होती।"

कुल मिलाकर यहाँ भी सभी व्यक्तियों के चेतन रूप से इच्छित लक्ष्यों के बावजूद प्रगटतः सतह के ऊपर आकस्मिकता का ही राज दिखाई देता है। "जिसकी इच्छा की जाती है, वह बिरले ही कभी होता है; अधिकांशतः अनगिनत इच्छित ध्येय आपस में टकराते हैं और एक-दूसरे के मार्ग में बाधक होते हैं; या ये लक्ष्य स्वयं ऐसे होते हैं जो आरम्भ से ही असाध्य होते हैं अथवा उनकी पूर्ति के साधन ही अपर्याप्त होते हैं।" इस तरह इतिहास के क्षेत्र में अनगिनत व्यक्तिगत इच्छाओं और व्यक्तिगत क्रियाओं के टकराव द्वारा एक ऐसी स्थिति उत्पन्न हो जाती है जो जड़ प्रकृति के क्षेत्र में प्रभावी स्थिति के बिल्कुल समान होती है।

यहीं पर मार्क्स का वह प्रसिद्ध सूत्र सामने आता है कि 'मनुष्य अपना इतिहास स्वयं बनाते हैं।' किस मायने में?

"और परिणाम चाहे कुछ भी हो—प्रत्येक व्यक्ति अपने सचेत, इच्छित लक्ष्य का अनुसरण करता है और भिन्न दिशाओं में क्रियाशील इन अनेक इच्छाओं तथा बाह्य जगत् पर उनके बहुविधि प्रभावों का परिणाम ही इतिहास है।" अतः यह सवाल इस बात का है कि ये बहुत से व्यक्ति चाहते क्या हैं? या इच्छा कैसे निर्धारित होती है? तत्क्षण आवेग या सोच-विचार निर्धारित करने वाले लीवर कौन से हैं?

"अंशतः ये बाह्य पदार्थ हो सकते हैं और अंशतः भाव मूलक प्रेरक-महत्त्वाकांक्षा, 'सत्य और न्याय' का आग्रह व्यक्तिगत घृणा अथवा महज किसी किस्म की व्यक्तिगत झाक।"

पुराने भौतिकवाद ने यह प्रश्न कभी नहीं पूछा। उसके पास इतिहास के लिए तैयार धारणा थी—'वह इतिहास के पात्रों को उदात्त और नीच में' बाँट देता था। फलमूलक कसौटी रखता था और इस नतीजे पर पहुँच जाता था कि 'आम तौर

से उदात्त लोग धोखा खाते हैं और नीचों के माथे पर विजय का सेहरा बँधता है।' निष्कर्ष यह होता था कि "इतिहास से हम कुछ भी नहीं सीख सकते। इसमें असंगतता इस बात में नहीं है जैसा कि एंगेल्स कहते हैं कि भावमूलक प्रेरक शक्तियों को मान्यता दी गयी है बल्कि इस बात में है कि यह छानबीन न की गयी कि उनके पीछे क्या है? उनके प्रेरक कारण क्या हैं?" इस भौतिकवाद का विप्रतिषेध हीगेल ने इस तरह प्रस्तुत किया था कि "इतिहास मंच पर कार्यशील मनुष्यों की प्रत्यक्ष तथा वास्तव में चालक प्रेरणा-शक्तियाँ ऐतिहासिक घटनाओं के आद्य के कारण कदापि नहीं हैं बल्कि इन शक्तियों के पीछे अन्य प्रेरक शक्तियाँ हैं जिनकी खोज होनी चाहिए।"

ये दोनों ही शक्तियों की तलाश इतिहास के अन्दर नहीं करते बल्कि उन्हें बाहर से, दार्शनिक विचारधारा से (हीगेल) इतिहास के अन्दर लाने की कोशिश करते हैं।

(76)

यही उनकी सीमा थी जिसके कारण इतिहास की महान् अन्यान्य क्रियाएँ वे नहीं देख सके। इसका हल प्रस्तुत किया मार्क्सवाद ने। उसने सिद्ध किया कि प्रश्न अलग-अलग व्यक्तियों का है न कि व्यक्तियों का। उन शक्तियों का, जैसा कि एंगेल्स कहते हैं जो "उन विशाल जन-समूहों को, पूरे के पूरे राष्ट्रों को और प्रत्येक राष्ट्र में पूरे के पूरे वर्गों को—केवल क्षणिक काल के लिए नहीं, भभक कर बुझ जाने वाली पयाल की आग की तरह किसी क्षणिक उत्तेजक कार्रवाई के लिए नहीं बल्कि इतिहास में महान् रूपान्तरण करने वाले स्थायी कार्य के लिए गतिशील करती है। उन प्रेरक कारणों को ज्ञात करना जो यहाँ क्रियाशील जनगण और उनके नेताओं—तथाकथित महान् पुरुषों—के दिमाग में चेतन प्रेरणा बन कर स्पष्ट या अस्पष्ट, प्रत्यक्ष या विचारधारात्मक या आदर्शीकृत रूप तक में प्रतिबिम्बित होते हैं—यही अकेला मार्ग है जो हमें नियमों की ओर अग्रसर कर सकता है, जो समग्रतः इतिहास और विशेष युगों में तथा विशेष देशों दोनों में ही प्रभावशाली रहते हैं।"

(77)

इसे वर्गों की समझ से ही ग्रहण किया जा सकता है। व्यक्ति के कार्यों को समझना और वर्गों की प्रक्रियाओं के प्रतिबिम्बों को उसमें पाना बिल्कुल भिन्न और कठिन वस्तुएँ हैं। यह रट लेना बहुत आसान है कि समाज में वर्ग होते हैं। ऐसा तो मार्क्स से बहुत पहले तमाम पूँजीवादी अर्थशास्त्री कह चुके थे। लेकिन वे बने कैसे और उनमें संघर्ष कैसे होता है? क्यों होता है? यह मार्क्स ही दर्शा सके। एंगेल्स ने इस सूक्ष्म अन्तर को स्पष्ट किया था—"यदि पहली नजर में पहले की सामन्ती बड़ी भू-सम्पत्ति की उत्पत्ति का कारण—कम-से-कम प्रारम्भिक कारण—राजनीतिक ठहराना

यानि उसे जबर्दस्ती कब्जा कर लेना कहना सम्भव था, तो पूँजीपति वर्ग और सर्वहारा वर्ग के सम्बन्ध में ऐसा नहीं किया जा सकता।"

इसमें क्या निहित है?

इसमें निहित हैं विशुद्ध आर्थिक कारण जिनके बिना इतिहास की गति नहीं होती और न उस गति को समझा जा सकता है।

राजनीतिक सत्ता तो इस गति के लिए, आर्थिक गति के लिए साधन के रूप में उपयोग में लायी गयी। उदाहरण के लिए 'पूँजीपति वर्ग द्वारा गतिमान की गयी नयी उत्पादक शक्तियाँ–प्रथमतः श्रमविभाजन और एक ही आम कारख़ाने में भिन्न-भिन्न काम करने वाले श्रमिकों का एकत्रण और इन उत्पादक शक्तियों द्वारा विकसित विनिमय की परिस्थितियाँ एवं आवश्यकताएँ इतिहास के क्रम में चली आतीं एवं कानून द्वारा प्रतिष्ठित, तत्कालीन उत्पादन-व्यवस्था के साथ, अर्थात् शिल्प संघीय विशेषाधिकारों के साथ संगत न रह गयीं। जिन उत्पादक शक्तियों का प्रतिनिधि पूँजीपति वर्ग था, उन्होंने उत्पादन-व्यवस्था के विरुद्ध, जिसके प्रतिनिधि सामन्ती भू-स्वामी तथा शिल्प संघों के उस्ताद-कारीगर थे, विद्रोह कर दिया। परिणाम ज्ञात है–इंग्लैण्ड में **धीरे-धीरे** और फ्रांस में **एक ही प्रहार** में सामन्ती बेड़ियाँ चूर-चूर हो गयीं। जर्मनी में यह प्रक्रिया अभी तक समाप्त नहीं हुई है।'

एंगेल्स ने ये विचार 1888 में व्यक्त किये थे। स्पष्ट है कि यूरोप में भी आर्थिक प्रक्रियाओं की गति एक समान अन्तर्वस्तु के बावजूद उसी काल में भिन्न-भिन्न रही। इंग्लैण्ड में **धीरे-धीरे**। फ्रांस में **एक ही प्रहार** में और जर्मनी में **प्रवहमान**।

इसी तरह ये आर्थिक प्रक्रियाएँ भारत जैसे असमान विशेषताओं वाले विशाल देश में अलग-अलग प्रान्तों-प्रदेशों में एक-सा प्रभाव कैसे पैदा कर सकती हैं? जबकि वे न केवल दिक् बल्कि काल की दृष्टि से भी नितान्त भिन्नता लिए हुए हैं। अर्थात् 'अनईवन डेवेलपमेण्ट' इतिहास की एक विकट समस्या है।

(78)

असमान विकास भारत के सम्बन्ध में हर वस्तु के इतिहास के लिए एक अत्यन्त कठिन और संजटिल सन्धारणा है। भारतीय पुनर्जागरण, भारतीय राष्ट्रवाद और जनवादी क्रान्ति जैसी महत्त्वपूर्ण प्रक्रियाओं की व्याख्या करते समय निष्कर्षों के गलत हो जाने की पूरी सम्भावना इसीलिए बराबर बनी रही है।

कैसे? उदाहरण के लिए हम देखते हैं कि इतिहासकार लिख रहे हैं–

'भारतीय नवजागरण के प्रणेता और संस्थाएँ'–एक साँस में लिखा जाएगा–ब्रह्म समाज, आर्य समाज, रामकृष्ण मिशन, थियोसोफिकल सोसाइटी...वगैरह। कितने ही इतिहास ग्रन्थों में यह संक्रामक रोग मौजूद है। लेकिन हो सकता है यह आर्य

समाज किसी प्रान्त में नितान्त प्रतिक्रियावादी भूमिका निभा रहा हो। पूना सार्वजनिक सभा दिल्ली में कुछ न करती हो। समग्र और संश्लिष्ट, द्वन्द्वात्मक अन्तर्विरोधों के परिप्रेक्ष्य के अभाव में जो निष्कर्ष निकाले गये हैं उनसे समस्त कौमों के तत्त्ववादियों को ही फायदा पहुँच रहा है।

(79)

परिप्रेक्ष्य के नष्ट हो जाने से क्या हो रहा है?

यह पता नहीं चल रहा है, पुनर्जागरण है क्या? लोक-जागरण है या नव-जागरण? कोई इसे भक्तिकाल में देख रहा है, कोई राजा राममोहन राय से शुरू करता है, कोई 1857 से, कोई विवेकानन्द से एनीबेसेण्ट तक जा पहुँचता है। 1400 से लेकर 1900 तक एक ही प्रक्रिया देखी जा रही है—पुनर्जागरण। अभी यह प्रक्रिया और आगे बढ़ी है और आज़ादी की लड़ाई तक जा पहुँची है। छायावाद तक नवजागरण में आ ही गया है तो क्या सन् 1456 और 1956 के बीच कोई अन्तर्विरोध नहीं है? बंगाल, पंजाब दक्षिण भारत कहीं कोई निजी वैशिष्ट्य नहीं है? करोड़ों लोगों ने 400 साल में कोई अन्योन्य क्रिया, कोई विप्रतिषेध, कोई वाद-प्रतिवाद नहीं उत्पन्न किया?

आधुनिकता, देशभक्ति, साम्राज्यवाद विरोध, सामन्त विरोधी संघर्ष, सशस्त्र विद्रोह और अहिंसक आन्दोलन, विदेशी संघात, स्वदेशी विघटन, कहीं कोई विभाजक रेखा नहीं खींची जाएगी? क्या 500 साल में न कोई वर्ग बना, न मिटा? यह कैसी इतिहास-प्रक्रिया है?

(80)

या इतिहास कोई पार्टी पैम्फलेट है? यदि है भी तो वह तो आज़ादी के बाद के ही राजनीतिक सारतत्त्व को पेश कर सका है, इससे पूर्व के इतिहास के बारे में मौनहै।

आधुनिक भारतीय समाज की 1885 के बाद के समाज की अधिकाधिक व्याख्याएँ हुई हैं, इसका एक स्पष्ट कारण है कि सर्वहारा वर्ग का उदय जिन समाजों में हो चुका होता है, वहाँ वर्गीय संरचनाएँ ध्रुवीकरण की प्रक्रियाओं के कारण अधिक स्पष्ट हो चुकी होती हैं, और स्वयं बूर्ज्वा वर्ग ढेरों सम्बन्धित सामग्री स्वयं ही अपने लाभार्थ प्रकाशित करने लगता है, जिससे सर्वहारा के पक्षधर लेखकों को भारी सहायता मिलती है, जो कि बूर्ज्वा वर्ग की इच्छा के विपरीत व उससे स्वतन्त्र होती है।

लेकिन भारतीय इतिहास लेखन की समस्या का सबसे भयावह पहलू है पूर्व सर्वहारा भारतीय समाज की अन्योन्य क्रियाओं के सम्बन्ध में न्यूनतम सामग्री व परिप्रेक्ष्य का अभाव। पूर्व सर्वहारा समाज में प्रगतिशील वर्ग कौन-सा है? प्रगतिशीलता

की अवधारणा तब क्या थी और तीन सौ वर्षों के बीच देश-काल-भेद से इसमें क्या परिवर्तन हुए हैं?

या तो आप घोषणा कर दें कि मैं मार्क्सवादी हूँ लेकिन वर्गों को नहीं मानूँगा, अन्योन्य क्रिया को भी नहीं मानूँगा, आर्थिक प्रक्रियाओं को भी नहीं मानूँगा लेकिन रहूँगा मार्क्सवादी; तब तो आप जैसा चाहे इतिहास लिखें, कौन उसे चुनौती दे सकता है? लेकिन यदि आप उस दर्शन की ऊँचाई को समझते हैं, उसमें आस्था रखते हैं, उसके संगत और वैज्ञानिक निष्कर्षों तक पहुँचने की क्षमता से परिचित हैं, तो आपको इतिहास में वर्गीय हितों का पता लगाना ही होगा।

व्यापारिक पूँजी की प्रचण्ड शक्ति, उसका औद्योगिक पूँजी में संक्रमण और साम्राज्यवादी हस्तक्षेप के अन्तःसम्बन्धों को उजागर करना ही होगा।

आप पूर्व सर्वहारा समाज का ज्ञान न रखें लेकिन रीतिकाल और भक्तिकाल, जो कि बृहत् इतिहास में आधुनिक काल में पड़ते हैं, उनकी व्याख्या कर दें ऐसा कैसे हो सकता है? हिन्दी साहित्य के इतिहास की स्वायत्तता में सबसे बड़ा घपला यह है कि भारतेन्दु युग के बाद का इतिहास तो आर्थिक, राजनीतिक, सामाजिक इतिहास के प्रकाश में लिखा और व्याख्यायित किया जा रहा है लेकिन रीतिकाल और भक्तिकाल के मामले में स्वायत्तता दर्शायी जा रही है। केवल ग्रन्थों में व्यक्त प्रवृत्तियों के आधार पर निर्णय किये जा रहे हैं न कि इन प्रवृत्तियों के कारणों की खोज और न दूसरी इतिहास सामग्री ही विश्लेषित की जा रही है। ऐसा ही अन्य साहित्येतिहासों के मामले में देखा जा रहा है।

(81)

हिन्दी के लेखकों का यह परिदृश्य विचारणीय है।

हिन्दी के समस्त लेखक संगठनों व स्वतन्त्र लेखकों में सभी खेमों के प्रगतिशील-जनवादी लेखकों की संख्या लगभग 3000 ठहरती है। पाँच-पाँच सौ लेखक प्रत्येक वाम संगठन में हैं, जैसा कि वे दावा करते हैं। इन 3000 लेखकों में इतिहास-चेतना का हाल क्या है? जब दो अच्छी इतिहास पुस्तकों की आवश्यकता होती है तो विद्वानों को इंग्लिश और अमेरिकी पुस्तकालयों की ओर दौड़ते देखा जाता है। यहाँ तक कि साहित्य के लिए भी 'आइडिया ऑफ हिस्ट्री' वे नहीं बना पाते। विचारधारा क्या है? इसके लिए भी एन्साक्लोपीडिया ब्रिटेनिका चाहिए। हिन्दी की इस पीढ़ी से पहले मार्क्सवादी हिन्दी लेखकों ने यह कीर्तिमान स्थापित किया था कि वे सभी गम्भीर इतिहास-चेतना रखते थे। यहाँ तक कि कई स्वयं इतिहासकारों की श्रेणी में जा पहुँचे और कोई इतने ऊँचे उठे कि उन्होंने इतिहास को एक दिशा दी। लेकिन यह विश्वविद्यालयी-कॉलेजी पीढ़ी उन पर दो अच्छे लेख भी नहीं लिख सकी।

महापण्डित राहुल सांकृत्यायन और रांगेय राघव आदि की इतिहास-चेतना की

समीक्षा करने की तो बात ही क्या, आचार्य हजारी प्रसाद द्विवेदी, अमृतलाल नागर, सन्हैयालाल ओझा तक की ऐतिहासिक कृतियाँ यों ही रह गयीं।

हिन्दी की ऐतिहासिक रचनाओं पर इन 3000 लेखकों में से कोई स्थापना नहीं कर सका। और अब डॉ. रामविलास शर्मा की कृतियों का मामला सामने है 'आलोचना' में प्रकाशित 'भारत में अंग्रेजी राज और मार्क्सवाद' तथा 'मार्क्स और पिछड़े हुए समाज' की समीक्षाएँ क्या दर्शाती हैं? क्या दर्शाता है उनके इतिहास पर साधा गया मौन? जबकि कोई अपने लिए मार्क्सवादी कहे और इतिहास में उसकी दिलचस्पी और पकड़ न हो तो यह कोई ऐसा सोना होगा जो पीताभ तो होगा लेकिन जंग से न बच सकेगा। केवल बुर्जुआ पत्रिकाओं का पेट भरने वाला होगा।

(82)

इतिहास चेतना की दुर्बलता का इससे भी बड़ा प्रमाण लेखक संगठनों का निर्माण, संरचना और कार्यपद्धति है। दुनिया का कोई भी इतिहासकार यह सिद्ध नहीं कर सकता कि कला और संस्कृति-साहित्य के क्षेत्र, राजनीतिक क्षेत्रों की तुलना में अधिक संकीर्ण होते हैं। जिन राष्ट्रों में राजनीतिक तौर पर आगे बढ़ने की गुंजाइश नहीं होती, वे भी सांस्कृतिक रूप से एक-दूसरे के निकट आने का मार्ग खोले रहते हैं। लेकिन यहाँ इतिहास का दुश्चक्र कुछ इस तरह से चल रहा है कि और सब क्षेत्रों के लोग मिल बैठकर संयुक्त प्रोग्राम चला रहे हैं, केवल संस्कृति-कर्मी ही एक-दूसरे का सिर काटने पर आमादा हैं।

मार्क्सवादी कम्युनिस्ट पार्टी, भारतीय कम्युनिस्ट पार्टी से मिल सकती है, सभी वामपन्थी पार्टियाँ जनता दल और अकाली धड़ों से मिल सकती हैं, यहाँ तक कि कांग्रेस, भाजपा और बसपा के साथ दोनों पार्टियाँ प्रोग्राम चला सकती हैं, लेकिन मजाल है कि लेखक संगठन मिलकर कोई प्रोमाम चला लें!

(83)

इतिहास में ज़ाहिल व्यक्तिवाद भी कमाल की वस्तु है। इससे सूचना मिलती है कि भारतीय जनगणों की दुख-तकलीफों से कितना अलगाव इन लेखकों का बढ़ गया है। निम्न पूँजीवादी क्रान्तिवाद का विकास अपने शिखर पर पहुँच रहा है और सामाजिक परिवर्तन में एक नागरिक के तौर पर उनकी दिलचस्पी कितनी कम हो गयी है। पार्लियामेण्ट और पार्टियों के युग में प्रतिक्रिया की जड़ें गहरी और प्रलोभन की दरें ऊँची होते जाने के दौर में साम्राज्यवाद जब सारी दुनिया पर अपनी शर्तें लादने और कर्जों तथा खुले बल-प्रयोग के द्वारा 'जनतन्त्र' का विस्तार करने पर आमादा हो गया है, बौद्धिक वर्ग मूल श्रमजीवी वर्गों से अलगाव को गहराता हुआ, इतिहास चेतना के सामान्य स्तर से भी नीचे गिरता और परस्पर विभाजित होता हुआ, साम्प्रदायिक

ध्रुवीकरणों और राष्ट्रीय विघटन के मार्ग को प्रशस्त करता हुआ अपनी ऐतिहासिक जिम्मेदारी के खिलाफ खड़ा होकर यह सूचना दे रहा है कि भारतीय समाज में आने वाला संकट सर्वग्रासी और अभूतपूर्व होगा।

कैसे?

जब इतिहासकार कल्पना, काव्यों और मिथकों को प्रमाण मानने लगें, विज्ञान का अर्थ केवल शब्द का उल्लेख मात्र रह जाए, जनभावनाएँ अपना परिप्रेक्ष्य खो दें, वर्गों की, अन्तर्विरोधों, हितों और संघर्षों की अनदेखी की जाये, समाजवाद का अर्थ किसी एक देश का मॉडल रह जाए, अन्तर्विरोध विलुप्त कर दिये जाएँ, तथ्यों का सामना करने का साहस न रहे, अन्तरराष्ट्रीय हस्तक्षेपों की अनदेखी की जाए, साम्राज्यवाद, पूँजीवाद व सामन्तवाद के आपसी तालमेल की अनदेखी की जाये, दर्शन सिर्फ़ बाँझ तर्कावली बन जाए और विचारधारा महज आग्रह, स्वायत्तताएँ अपने क्षेत्र से बाहर न निकलने दें और संशोधनवाद के सारतत्त्व को भुला दिया जाए, सम्बन्ध सिर्फ़ प्रशासनिक हो और सत्य सब निर्धारित, उद्देश्य सामने न हो, और ज्ञान सिर्फ़ आँकड़ा हो, मनुष्य हों अमूर्त और सम्बन्धों में अराजकता हो, उपलब्धियों की दिशा न मिले और दिशा में उपलब्धियाँ न हो, 'जन' बन जाए 'मास' और अभिजन का हो अभूतपूर्व विकास, राष्ट्र एक हो तो व्यवस्था खतरे में व्यवस्था की आवश्यकताओं से राष्ट्र खतरे में स्वयं अपनी ही संस्थाओं को खोखला घोषित कर दिया हो, पूंजीपति वर्ग ने और समाजवादी संस्थाओं को बनने न देता हो सरकार की इच्छा और साँसें बजटों में बजती हों और जनता में भाग्य और भगवान का बोलबाला हो, हत्याओं पर कोई सोचता न हो और जीवन-सामग्री विरल होती जाती हो, लहू की इफरात हो और पानी की तंगी, हवा में साम्प्रदायिक तलवारें भांजते हों, नंगी, राजनीतिक जोश अर्थवाद के कुएँ में चिंघाड़ता हो, सिर्फ़ सबकुछ विघटित हो रहा हो, संगठित कुछ नहीं तो वह संकट अभूतपूर्व ही होगा।

(84)

जब हर कौम के भीतर नम्र, सहनशील, धर्मनिरपेक्ष और जनवादी-जनभक्त तत्त्वों की हत्या उसी कौम के जिम्मेदार लोग सहने लगें तो चेतना का स्तर मुस्लिम व ईसाई धर्मयुद्धों व हिन्दुओं-सिखों की आन-बान-शान के मध्ययुगों की ओर ही बढ़ता जाएगा चाहे वह कितना ही उदार और जनतान्त्रिक बाना क्यों न ओढ़ ले?

यहाँ इतिहास ने हमें ऐसे चौराहे पर ला खड़ा किया है जहाँ आधुनिक शरीर में एक हजार वर्ष पुराने मस्तिष्क लिए घूमने वालों की तादाद बढ़ती जा रही है।

(85)

जब समाजवाद एक ठोस आकृति में ढल रहा था तब उसकी शक्ति, उच्चता, गम्भीरता और आकर्षण का हाल यह था कि घोर परम्परावादी राष्ट्रीय दम्भ से

परिपूर्ण रंगों-नस्ल को केन्द्र में रखकर ज्ञान का उत्पादन करने वाले विश्वविद्यालय ने महान् इतिहास-विज्ञानी जे.डी. बर्नाल, जोसेक नीधम, जे.बी.एस. हाल्डेन, हार्मैन लेवी और हॉगबेन जैसी वैज्ञानिक प्रतिभाओं को विश्व को सौंपा था। आज समाजवाद अपने अन्तर्विरोधों का सामना कर रहा है, उसका विश्वकेन्द्र टूट चुका है। उसका भौतिक संसार पूँजीवादी भौतिक संसार की अराजकता को स्थायी आघात नहीं पहुँचा पाया है। लेकिन क्या इतिहास ने उसके विरुद्ध फैसला दे दिया है? क्या इतिहास भी सी.आई.ए. की किसी फाइल का नाम है?

इतिहास यदि विज्ञान है और विज्ञान यदि सारे संसार का सर्वविश्वसनीय ज्ञान है और समस्त विश्व यदि उसी की पद्धति व निष्कर्षों पर ईमान लाता है तो विचारधारा और 'फाल्सिफिकेशन' के बारे में विज्ञान की शिक्षाएँ भी उसे माननी होंगी।

सारे संसार में जब ब्रिटिश रूढ़िवादी न्यूटन के नाम पर घमण्ड-घन-गर्जन कर रहे थे, तब इतिहास ने आइंस्टीन को पेश किया था। आइंस्टीन तो एशियाई या भारतीय न था लेकिन उसे भी मान नहीं मिला। तब तक, जब तक अंग्रेजी सूर्य अस्ताचल की ओर नहीं बढ़ने लगा था। आज आइंस्टीन का सापेक्षतावाद और न्यूटन के सिद्धान्त दोनों ही खण्डित हो चुके हैं लेकिन गलत और खण्डित हुए सिद्धान्तों को क्या विज्ञान अपने क्षेत्र से बाहर फेंक सका? ऐसा करके विज्ञान क्या इतिहास में मुँह दिखा सकेगा?

तब जो सिद्धान्त आज तक विश्व मेधाएँ खण्डित न कर सकीं, क्या वह यों ही विलीन हो जाएगा? कोई प्रैक्टीकल गलत हो जाने से सिद्धान्त नहीं मर जाते और जब तक ये सिद्धान्त नहीं कटते प्रैक्टीकल होते रहेंगे और यदि कोई परिवर्तन होता भी है तो वह व्यवहार के प्रकाश में ही होगा। लिहाजा विज्ञान की तरह इतिहास में भी समाजवाद के विकास के इतिहास में भी 'फाल्सिफिकेशन्स' यदि कुछ हुए भी तो वे उसे केवल समृद्ध करेंगे।

(86)

एक बार हिन्दी को एक ऐतिहासिक विडम्बना के प्रकाश में देखना होगा—इतिहास लालसा और ऐतिहासिक भौतिकवाद के अन्तर्विरोध को।

इस दृष्टि से सबसे महत्त्वपूर्ण है पिछले दशक में उत्पन्न ऐतिहासिक विवाद से जुड़ी हुई एक शौर्यवादी इतिहास-चेतना जो ऐतिहासिक भौतिकवाद के बिल्कुल विरोध में जाती है। यह ऐतिहासिक विवाद है—

महाकवि तुलसी और क्रान्तिकारी कबीर विवाद
आचार्य रामचन्द्र शुक्ल और आचार्य हजारी प्रसाद द्विवेदी विवाद
डॉ. रामविलास शर्मा और डॉ. नामवरसिंह विवाद
क्रमशः समर्थक और क्रमशः समर्थक विवाद

यह विवाद किस कदर घृणित है, यह न चाहते हुए भी देखना होगा क्योंकि इस विवाद ने हिन्दी आलोचना को मधुमेह से ग्रस्त कर दिया है।

86.1 इस विवाद की माँग यह है कि आप किसी एक को ही चुनें। तुलसी या कबीर? शुक्ल या द्विवेदी? शर्मा या सिंह?

86.2 इस विवाद की माँग है कि ऐतिहासिक भौतिकवाद का यही अर्थ लिया जाए कि कौन क्रान्तिकारी है और कौन नहीं? और केवल निर्धारित अर्थ में?

86.3 इस विवाद की माँग है कि मार्क्सवाद में से अन्तर्विरोध गायब करके या तो समग्र तुलसी या समग्र कबीर को शत-प्रतिशत आधुनिक अर्थ में जनवादी घोषित कर दिया जाए। उसी तरह उनके प्रस्तुतकर्ताओं को आचार्य शुक्ल या आचार्य द्विवेदी को मार्क्सवादी सिद्ध किया जाए। और इस तरह ऐतिहासिक भौतिकवाद को ऐसे लागू किया जाए कि इतिहास में जब चाहे जिसको मार्क्सवादी बनाया जा सके चाहे मामला मार्क्स के जन्म लेने से पहले का ही क्यों न हो?

86.4 इस विवाद की माँग है जो यह न माने उसे ध्वस्त कर दो। उसका हुक्का-पानी बन्द! बिरादरी बाहर। और खबरदार जो ऐतिहासिक परिप्रेक्ष्य की माँग की। परिप्रेक्ष हम स्वयं हैं।

ऐसी प्रवृत्तियाँ जहाँ एक ओर पेशेवराना अहं को द्योतित करती हैं, वहीं इस बात पर भी प्रकाश डालती हैं कि सम्बन्ध बिगड़ जाने का भय भी इतिहास-चेतना का निर्धारक तत्त्व हो सकता है। यह सही है कि सम्बन्ध बिगड़ते ही हैं क्योंकि वे अपने अन्तर्य में गम्भीर ऐतिहासिक सामाजिक आवश्यकता को प्रतिबिम्बित नहीं करते बल्कि पेटी ट्रेडर को तुच्छ लेन-देन करने वालों की अहमिका वृत्ति का निदर्शन करते हैं और उनसे आलोचक का बहुत कुछ छिन जाने का डर होता है। इसे ही मैंने यू.जी.सी. मार्का मार्क्सवाद कहा है। दूसरी ओर समर्थन में रह जाती है सारविहीन अवधारणात्मक शब्दावली जिसे मैं मार्क्सवादी रीतिवाद कहता हूँ।

लेकिन जो सम्बन्ध सर्वहारा वर्ग की सेवा के लिए न हों, उनका टूट जाना ही बेहतर है। इतिहास का यह प्रश्न हम सबसे है कि क्या हम इन सम्बन्धों को टूटने देने की समझ रखते हैं या नहीं?

और अन्ततः देखना होगा कि वैज्ञानिक अवधारणाओं का दर्शन मार्क्सवाद भी कैसी वस्तु है, इसका सत्य ही ऐसा है कि एक क्या दस-बारह पेरेस्त्रोइका भी इसमें कोई दरार नहीं डाल सकते।

सच है वैज्ञानिक अन्तर्य ही इसका केन्द्रक है।

वैज्ञानिक सपत्तियाँ ही तो यह घोषणा करती हैं कि वहाँ कोई थ्योरी कभी स्थायी नहीं होती और हर थ्योरी मनुष्य जाति के लिए सैकड़ों परिणामों से समृद्ध करती है।

वहाँ कुछ भी अमर नहीं है न शाश्वत। शाश्वत याने जड़, वहाँ तो जड़ तक गतिशील है।

क्या भौतिकी, क्या रसायन, क्या जीव और पादप विज्ञान सभी सिद्धान्तों और परिणामों की एक-से-एक विरोधी शृंखला प्रस्तुत करते हैं लेकिन क्या इससे भौतिकी या रसायन का अस्तित्व मिट जाता है? क्या विज्ञान मर जाता है? मर ही नहीं सकता विज्ञान क्योंकि वह किसी अवधारणा या निष्कर्ष का नाम नहीं है।

वह तो एक विधि है। वह मनुष्य जाति की सर्वोच्च उपलब्धि है। परिणाम मिटते-मरते रहेंगे। विधि नहीं मरेगी। जब तक एक भी मनुष्य जीवित है–विधि रहेगी।

और मार्क्सवाद क्या है? क्या वह भी एक विधि नहीं है? यही है उसका ऐतिहासिक सारतत्त्व।

वह इतिहास का पुत्र भी है और पिता भी। जीवन्त, गतिशील और सतत समृद्ध होने वाला। उसकी शिक्षा है–"मनुष्य अपने इतिहास की रचना स्वयं करते हैं।" यह ऐसी शिक्षा है जो मनुष्य जाति के अस्तित्व तक कायम रहेगी और स्वयं इतिहास भी चाहे तो इसे झुठला नहीं सकता क्योंकि "मनुष्य अपने इतिहास की रचना स्वयं करते हैं।"

❐❐